Троицкій
Православный Русскій
КАЛЕНДАРЬ
на 2020 годъ

Свято-Тро́ицкій Монасты́рь
Тѵпогра́фія преп. Іова Поча́евскаго
въ Джорданви́ллѣ

Напечатано по благословенію Высокопреосвященнѣйшаго
ИЛАРІОНА
Митрополита Восточно-Американскаго и Нью Іоркскаго

С П И С О К Ъ архіереевъ, священнослужителей и приходовъ Русской Зарубежной Церкви съ ихъ адресами 363

Liturgical Calendar and Rubrics 2020
©2020 by Holy Trinity Monastery

ISBN 978-0-88465-431-5

All rights reserved.
No part of this book may be reproduced in any manner without written permission from the Publisher.

Отъ Издательства

Благодареніе Господу, мы теперь вступаемъ въ новый 2019-й годъ.

Нашъ **Троицкій Православный Календарь** съ самаго своего начала, съ 20-ыхъ годовъ прошлаго столѣтія, ставитъ себѣ цѣлью — обслуживать нужды нашей Русской Зарубежной Церкви. Поэтому въ календарѣ помѣщаются самыя необходимыя церковно-богослужебныя свѣдѣнія, нужныя для священнослужителей, а также и для клироса — для регентовъ и псаломщиковъ.

Въ первомъ отдѣлѣ помѣщаются: — общія календарныя свѣдѣнія; во второмъ отдѣлѣ — печатается Мѣсяцесловъ съ указаніемъ ветхозавѣтныхъ, апостольскихъ и евангельскихъ чтеній на каждый день; а въ третьемъ отдѣлѣ — помѣщенъ Типиконъ, сіесть церковный богослужебный уставъ на 2019 годъ, въ которомъ указаны особенности богослуженія на всѣ воскресные и праздничные дни года, а также и дни Великаго поста и Цвѣтной тріоди.

Согласно постановленію Архіерейскаго Сѵнода Русской Православной Церкви Заграницей, отъ 1-го сентября 2009 года, вносимъ измѣненія въ уставѣ чтеній Священнаго писанія. Съ 2010 года Русская Зарубежная Церковь слѣдуетъ указаніямъ Евангельскихъ чтеній по 10-й главѣ Тѵпикона (т. н. «Воздвиженской отступкѣ»).

Отдѣльнымъ приложеніемъ къ Календарю, какъ и въ прошлые годы, будетъ разсылаться списокъ архіереевъ, священнослужителей и приходовъ Русской Православной Церкви Заграницей съ ихъ адресами.

Издательство Троицкаго Календаря.

Въ этомъ году исполняется 50 лѣтъ со дня прославленія преподобнаго Германа Аляскинскаго.

ПРАВОСЛАВНЫЙ КАЛЕНДАРЬ на 2020 годъ

(Годъ високосный въ 366 дней)

Отъ Рождества по плоти Бога Слова.................................2020-й годъ
Отъ сотворенія міра..7528-й годъ
Отъ крещенія Русскаго народа...1032-й годъ

Начало астрономическаго года 1-го января по новому стилю
(19-го декабря 2019-го года по старому стилю) въ полночь

ВРЕМЕНА ГОДА

Начало весны — 7/20 марта; лѣта — 6/21 іюня;
осени — 10/23 сентября; зимы — 8/21 декабря

ЗРЯЧАЯ ПАСХАЛІЯ НА 2020 ГОДЪ

Индиктъ — 13; Кругъ солнцу — 24; Вруцѣлѣто — 2;
Кругъ лунѣ — 4; Основаніе — 17; Епакта — 4

СВЯЩЕННАЯ ПАСХАЛІЯ НА 5 ЛѢТЪ

Годъ	Нач. Тріоди	Мясопустъ	Пасха	Пятидесятница
2020	27 янв./9 фев.	10/23 фев.	6/19 апр.	25 мая/7 іюня
2021	8/21 фев.	22 фев./7 мар.	19 апр./2 мая	7/20 іюня
2022	31 янв./13 фев.	14/27 фев.	11/24 апр.	30 мая/12 іюня
2023	23 янв./5 фев.	6/19 фев.	3/16 апр.	22 мая/4 іюня
2024	12/25 фев.	26 фев./10 мар.	22 апр./5 мая	10/23 іюня

ПОСТЫ:

Навечеріе Богоявленія — 5 янв.
Великій постъ 18 фев. — 5 апр.
Петровъ постъ 2 іюн. — 28 июня
Успенскій постъ 1 авг. — 14 авг.
Усѣкновеніе главы Іоанна Крестителя — 29 августа

Воздвиженіе Креста Господня — 14 сентября
Рождественскій постъ (Филипповъ) 15 нояб. — 24 декабря
Среда и пятница всего года, кромѣ сплошныхъ седмицъ

СПЛОШНЫЯ СЕДМИЦЫ:

Рождественскія святки — 25 дек. — 4 янв.
Седмица мытаря и фарисея — 28 янв. — 3 фев.

Седмица сырная 11 фев. — 17 фев.
Седмица Пасхальная 7 апр. — 13 апр.
Троицкая седмица 26 мая — 1 іюн.

МЯСОѢДЫ:

Съ 25 декабря (2018) — 10 фев.
Съ 6 апр. — 1 іюня

Съ 29 іюня — 31 іюля
Съ 15 августа — 14 ноября

ДНИ, ВЪ КОТОРЫЕ НЕ СОВЕРШАЮТСЯ БРАКИ:

Во всѣ посты. На канунѣ всѣхъ воскресныхъ дней и дней великихъ праздниковъ. На канунѣ среды и пятницы. Въ дни Рождественскихъ святокъ съ 25 декабря по 6 января. Въ теченіе Сырной седмицы. Въ теченіе Свѣтлой седмицы.

ДНИ ПОМИНОВЕНІЯ УСОПШИХЪ:

Пом. усоп. пострадавшихъ в годину гоненій за вѣру Христову — 28 янв. и 25 окт.
Родительская мясопустная суббота — 9 фев.
Субботы 2-я, 3-я и 4-я Вел. поста. — 1, 8 и 15 мар.

Радоница — 15 апр.
Троицкая суббота — 24 мая
Пом. православныхъ воиновъ на полѣ брани убіенныхъ — 26 апр. и 29 авг.
Димитріевская поминальная суббота — 25 окт.

АМЕРИКАНСКІЕ УЗАКОНЕННЫЕ ПРАЗДНИКИ. AMERICAN LEGAL HOLIDAYS.

Нов. стиль		
	Every Sunday	Каждое воскресенье въ году
1 января	New Year	Новый годъ (19 дек. ст. ст.)
20 января	M. L. King Day	День рожденія М. Л. Кинга
17 февраля	President's Day	День рожденія Президентовъ Георгія Вашингтона и Авраама Линкольна
10 апрѣля	Good Friday	Великая Пятница
12 апрѣля	Easter	Пасха
25 мая	Memorial Day	День поминовенія усопшихъ
4 іюля	Independence Day «Fourth of July»	День провозглашенія Независимости Соединенныхъ Штатовъ
7 сентября	Labor Day	День въ честь Трудящихся
27 ноября	Thanksgiving Day	День Благодаренія
25 декабря	Christmas Day	Рождество Христово

100-лѣтіе основанія
Русской Православной Церкви Заграницей
1920-2020

Блаженнѣйшій митрополитъ
АНТОНІЙ
(Храповицкій)
1920-1936

Блаженнѣйшій митрополитъ
АНАСТАСІЙ
(Грибановскій)
1936-1964

Митрополитъ
ФИЛАРЕТЪ
(Вознесенскій)
1964-1985

Митрополитъ
ВИТАЛІЙ
(Устиновъ)
1986-2001

Митрополитъ
ЛАВРЪ
(Шкурла)
2001-2008

Митрополитъ
ИЛАРІОНЪ
(Капралъ)
2008-Present

Въ этомъ году исполняется 100 лѣтъ со дня блаженной кончины святителя Нектарія Пентапольскаго.

| Дни недѣли | Январь | День имѣетъ 10 ч., а ночь 14 ч. |

Январь

Вторникъ

1/14 **Обрѣзаніе Господне. Свят. Василія Великаго, архіеп. Кесаріи Каппадокійскія (379). Новый годъ.**
Муч. Василія Анкирскаго (ок. 362). Свят. Григорія, еп. Назіанзскаго (отца св. Григорія Богослова) (374). Прав. Еміліи, (матери св. Василія Великаго) (375). Свят. Фульгентія, еп. Руспійскаго (ок. 530). Преп. Ѳеодосія, игум. Триглійскаго (VIII в.). Муч. Петра Пелопонезскаго (1776). Свят. Аѳанасія, еп. Полтавскаго и Мгарскаго, чуд. (1801). Преподобномуч. Іереміи (Леонова) Валаамскаго (1918). Священномуч. Платона, еп. Ревельскаго и иже съ нимъ Михаила Блейве и Николая Бежаницкаго пресвв. (1919). Священномуч. Александра (Трапицына), архіеп. Самарскаго, Александра Иванова, Александра Органова, Василія Витевскаго, Вячеслава Инфантова, Іакова Алферова, Іоанна Смирнова, Іоанна Сульдина и Трофима Мячина пресвв. (1938). Муч. Ѳеодота.

На веч.. 1) Быт. **17**, 1-7, 9-12, 14, 2) Притч. **8**, 22-30. 3) Притч. **10**, 31 — **11**, 12. Утр. Іоан. (зач. 36) **10**, 9-16.

Литургія свят. Василія Великаго.

На литургіи: Нед. предъ Просвѣщеніемъ: 2 Тим. (зач. 298) **4**, 5-8: Марк. (зач. 1) **1**, 1-8.

Праздника: Кол. (зач. 254) **2**, 8-12: Лук. (зач. 6) **2**, 20-21, 40-52.

Свят.: подъ зач.: Евр. (зач. 318) **7**, 26 — **8**, 2: Лук. (зач. 24) **6**, 17-23.

Январь

Среда
2/15 *Предпразднство Просвѣщенія.* Свят. Сильвестра, папы Римскаго (335). **Преставленіе (1833) и второе обрѣтеніе мощей (1991) преп. Серафима Саровскаго.** Прав. Ѳеодоты (III). Свят. Домна, еп. Антіохійскаго (273). Муч. Сергія Кесарійскаго (304). Священномуч. Ѳеогена, еп. Парійскаго (320). Преп. Аммона Тавеннисіотскаго (V). Свят. Космы, архіеп. Константинопольскаго (1081). Преп. Сильвестра Печерскаго (XII). Св. прав. Іуліаніи Лазаревскія (1604). Свят. Герасима, патр. Александрійскаго (1714). Мучч. Ѳеописта и Зорсиса (1770). Муч. Василія Петрова (1942). Преп. Ѳеопемпта. Преп. Марка глухаго.
На веч.: Преп.: 1) Прем. Сол. **3**, 1-9. 2) Прем. Сол. **5**, 15 — **6**, 3. 3) Прем. Сол. **4**, 7-15.
Утр.: Матѳ. (зач. 43) **11**, 27-30.
Преп.: Галат. (зач. 213) **5**, 22 — **6**, 2: Лук. (зач. 24) **6**, 17-23.

Четвергъ
3/16 *Предпразднство Просвѣщенія.* Пророка Малахіи (IV в. до Р.Х.). Муч. Гордія Каппадокійскаго (IV). Преп. Геновефы Парижскія (512). Преп. Ѳомаиды Константинопольскія (X). Священномуч. Василія Холмогорова пресв. (1938). Прав. Евѳимія, человѣка Божія, Тбилисскаго (1953).
ряд.: Іак. (зач. 50) **1**, 1-18: Марк. (зач. 56) **12**, 28-37.
подъ зач.: Іак. (зач. 51) **1**, 19-27: Марк. (зач. 57) **12**, 38-44.
Муч.: 2 Тим. (зач. 292) **2**, 1-10: Матѳ. (зач. 36) **10**, 16-22.

Пятница
4/17 *Предпразднство Просвѣщенія.* Соборъ 70-ти Апостоловъ: Іакова, брата Господня, ев. Марка, ев. Луки, Клеопы, Симеона, Варнавы, Іосіи (Іуста), Ѳаддея, Ананіи, Стефана, Филиппа, Прохора, Никанора, Тимона, Пармена, Тимоѳея, Тита, Филимона, Онисима, Епафраса, Архиппа, Силы, Силуана, Крискента, Криспа, Епенета, Андроника, Стахія, Амплія, Урвана, Наркисса, Апеллія, Аристовула, Родіона (Иродіона), Агава, Руѳа, Асинкрита, Флегонта, Ерма, Патрова, Ермія, Лина, Гаія, Филолога, Лукія, Іасона, Сосипатра, Олимпа (Олимпана), Тертія, Ераста, Куарта (Кварта), Евода, Онисифора, Климента, Сосѳена, Аполлоса, Тихика, Епафродита, Карпа, Кодрата, Марка, Зины, Аристарха, Пуда, Трофима, Марка, Артемы, Акиллы, Фортуната, Ахаика, Діонисія Ареопагита и Симеона Нигера (I-II). Преп. Ѳеоктиста Сикелійскаго (800). Преподобномуч. Зосимы Киликійскаго и муч. Аѳанасія комментарисія (III-IV). Препп. Евагрія и Иліи діакона

Январь

Зедазенскихъ (VI). Преподобномуч. Евѳимія Ватопедскаго и съ нимъ 12-ти монаховъ (ок. 1275). Свят. Евстаѳія, архіеп. Сербскаго (1285). Преп. Ахилы, діакона Печерскаго (XIV). Свят. Симеона, Митр. Смоленскаго (1699). Преподобномуч. Онуфрія Хіосскаго (1818). Священномучч. Александра Скальскаго, Стефана Пономарева и Филиппа Григорьева пресвв. (1933). Священномуч. Марка, еп. Сергіевскаго (1938). Священномуч. Николая Маслова пресв. (1939). Священномуч. Павла Фелицына пресв. (1941). Мучч. Хрисанѳа и Евфиміи.

Царскіе часы: 1) Исаіи **35**, 1-10: Дѣян. (зач. 33) **13**, 25-32: Матѳ. (зач. 5) **3**, 1-11. 3) Исаіи **1**, 16-20: Дѣян. (зач. 42) **19**, 1-8: Маркъ. (зач. 1) **1**, 1-8. 6) Исаіи **12**, 3-6: Рим. (зач. 91) **6**, 3-11: Маркъ. (зач. 2) **1**, 9-15. 9) Исаіи **49**, 8-15: Тит. (зач. 302) **2**, 11-14 — **3**, 4-7: Матѳ. (зач. 6) **3**, 13-17.

Литургіи нѣтъ.

Суббота

5/18 *Суббота предъ Просвѣщеніемъ.*

Навечеріе Богоявленія. Священномуч. Ѳеопемпта, еп. Никомидійскаго и муч. Ѳеоны волхва (303). Преп. Синклитикіи Александрійскія (350). Прор. Михея 1-го (IX в. до. Р.Х.). Препп. женъ Талиды (367) и Таоры (391) и двухъ подвижницъ Ѳивскихъ. Преп. Аполлинаріи дѣвицы (470). Преп. Мины Синайскаго (VI). Преп. Григорія Акритскаго (820). Преп. Фостирія (IX). Преподобномуч. Романа Аѳонскаго (1694). Муч. Іосифа Беспалова и съ нимъ 37-ми мучч. (1921). Мучц. Евгеніи Доможировой (1933). Священномуч. Сергія Лаврова пресв. (1934). Муч. Матѳея Гусева (1938). Преп. Симеона Псково-Печерскаго (1960). Преп. Ѳеофана Рыхловскаго (1977). Муч. Ѳеоида, Муч. Саиса. Препп. женъ Домнины и Татіаны.

Литургія свят. Іоанна Златоуста.

Суббота предъ Просвѣщеніемъ: 1 Тим. (зач. 284) **3**, 14 — **4**, 5: Матѳ. (зач. 5) **3**, 1-11.

ряд.: Кол. (зач. 249 отъ полу) **1**, 3-6: Лук. (зач. 88) **18**, 2-8.

На вечернѣ: 1) Быт. **1**, 1-13. 2) Исх. **14**, 15-18, 21-23, 27-29. 3) Исх. **15**, 22 — **16**, 1. 4) Іис. Нав. **3**, 7-8, 15-17. 5) 4 Цар. **2**, 6-14. 6) 4 Цар. **5**, 9-14. 7) Исаія **1**, 16-20. 8) Быт. **32**, 1-10. 9) Исх. **2**, 5-10. 10) Суд. **6**, 36-40. 11) 3 Цар. **18**, 30-39. 12) 4 Цар. **2**, 19-22. 13) Исаія **49**, 8-15.

1 Кор. (зач. 143) **9**, 19 — **10**, 4. Лук. (зач. 9) **3**, 1-18.

Въ концѣ вечерни освященіе воды въ храмѣ.

На освященіе воды: 1 Кор. (зач. 143 отъ полу) **10**, 1-4: Марк. (зач. 2) **1,** 9-11.

День постный.

Воскресеніе

6/19 **Недѣля 31-я по Пятидесятницѣ.** Гласъ 6-й. **Богоявленіе. Крещеніе Господне.**

Свят. Мелана исп., еп. Редонскаго (ок. 530). Священномуч. Романа Лакедемонецъ (1695). Свят. Ѳеофана, затворника Вышинскаго (1894). Священномуч. Андрея Зимина пресв. и иже съ нимъ: мучч. Лидіи, Домники, Маріи и двухъ дочерей его (1919).

Утр.: Марк. (зач. 2) **1**, 9-11.

Литургія свят. Василія Великаго.

На литургіи: Тит. (зач. 302) **2**, 11-14; **3**, 4-7: Матѳ. (зач. 6) **3**, 13-17.

Крестный ходъ на Іорданъ. На освященіе воды: 1 Кор. (зач. 143 отъ полу) **10**, 1-4: Марк. (зач. 2) **1**, 9-11.

Понедѣльникъ

7/20 **Седмица 32-я по Пятидесятницѣ.** *Соборъ честнаго и славнаго Пророка, Предтечи и Крестителя Господня Іоанна.* Муч. Аѳанасія Атталійскаго (1700).

Апостольскія и евангельскія чтенія 32-й седмицы.

ряд.: Іак. (зач. 53) **2**, 14-26: Марк. (зач. 48) **10**, 46-52.

Предтечи: Дѣян. (зач. 42) **19**, 1-8: Іоан. (зач. 3) **1**, 29-34.

Вторникъ

8/21 Преп. Георгія Хозевита (VII). Преп. Домники Константинопольскія (ок. 474). Преп. Еміліана исп. (IX). Священномуч. Картерія, пресв. Кесаріи Капподакійскія (304). Муч. Іуліана и Василиссы и иже съ ними: Кельсія, Маріониллы, Антонія, Анастасія, 7 отроковъ и 20 воиновъ (313). Муч. Ѳеофила діакона и Елладія (IV). Преп. Иліи, пустынника Египетскаго (IV). Преп. Агаѳона Египетскаго (IV). Святт. Аттика (426) и Кира (714), патрр. Константинопольскихъ. Муч. Або Тифлисскаго (786). Свят. Григорія, еп. Мизійскаго (XI). Преп. Григорія, затворника Печерскаго (XIII). Священномуч. Исидора пресвитера и съ нимъ 72 отъ латинъ въ Юрьевѣ пострадавшихъ (1472). Преп. Паисія Угличскаго (1504). Священномуч. Виктора Усова пресв. (1937). Священномучч. Димитрія Плышевскаго, Владиміра Пастернацкаго пресвв., преподобномуч. Пафнутія (Костина) и муч. Михаила Новоселова (1938). Священномуч. Василія Архангельскаго пресв. (1939). Муч. Іоанна Малышева

Январь

(1940). Прав. Михаила Розова пресв. исп. (1941). Муч. Іоанна Любимова (1942).

ряд.: Іак. (зач. 54) **3**, 1-10: Марк. (зач. 50) **11**, 11-23.

Среда
9/22 Муч. Поліевкта Мелитенскаго (259). **Свят. Филиппа, митр. Московскаго и всея Руси (1569).** Прор. Самея (X в. до Р.Х.). Свят. Петра, еп. Севастійскаго (391). Преп. Евстратія Тарсійскаго, чуд. (832). Преп. Іоны, въ схимѣ Петра, Кіевскаго (1902). Священномуч. Павла Никольскаго пресв. (1943).

Утр.: Лук. (зач. 24) **6**, 17-23.

ряд.: Іак. (зач. 55) **3**, 11 — **4**, 6: Марк. (зач. 51) **11**, 23-26.

Свят.: Евр. (зач. 335) **13**, 17-21: Іоан. (зач. 36) **10**, 9-16.

Четвергъ
10/23 Свят. Григорія, еп. Нисскаго (395). Преп. Дометіана, еп. Мелитинскаго (601). Преп. Маркіана, пресв. Константинопольскаго (471). **Свят. Ѳеофана, затворника Вышинскаго (1894).** Блаж. Ѳеозвы діакониссы (385). Преп. Аммонія отшельника Египетскаго (ок. 403). Преп. Макарія Писемскаго (XIV). Преп. Павла Комельскаго (Обнорскаго) (1429). Преп. Антипы Валаамскаго (1882). Священномуч. Петра Успенскаго пресв. (1930). Священномуч. Анатолія, митр. Одесскаго и Херсонскаго (1938). Преподобномуч. Арсеніи (Добронравовой) въ схимѣ Ѳомы Шуйскія (1939). Преп. Маркіана Печерскаго.

Утр.: Іоан. (зач. 35 отъ полу) **10**, 1-9.

ряд.: Іак. (зач. 56) **4**, 7 — **5**, 9: Марк. (зач. 52) **11**, 27-33.

Свят. Ѳеофану: Евр. (зач. 318) **7**, 26 — **8**, 2: Іоан. (зач. 36) **10**, 9-16.

Пятница
11/24 **Преп. Ѳеодосія Великаго, общихъ житій начальника (529).** Муч. Маира (IV), Преп. Ѳеодосія Антіохійскаго (ок. 412). Свят. Ѳеодосія, митр. Трапезунтскаго (XIV). Преп. Романа Виддинскаго (ок. 1375). Преп. Михаила Клопскаго (ок. 1453). Священномучч. Николая Маціевскаго, Ѳеодора Антипина и Владиміра Фокина пресвв. (1919). Прав. Владиміра Хираско исп. пресв. (1932). Свят. Стефана плакидіанина. Препп. Ѳеодора и Агапія архимандрита. Иконы Божіей Матери «Елецкія».

Утр.: Лук. (зач. 24) **6**, 17-23.

ряд.: 1 Пет. (зач. 58) **1**, 1-2, 10-12, **2**, 6-10: Марк. (зач. 53) **12**, 1-12.

Преп.: 2 Кор. (зач. 176) **4**, 6-15: Матѳ. (зач. 43) **11**, 27-30.

Январь

Суббота

12/25 *Суббота по Просвѣщеніи.*
Мучц. Татіаны дѣвицы и иже съ нею (226-235). Муч. Мертія воина (ок. 300). Муч. Аркадія Мавританскаго (ок. 302). Муч. Петра Авесаламита (ок. 309). Преп. Евпраксіи Тавенскія (393). Свят. Саввы, архіеп. Сербскаго (1237). Препп. Мартиніана (1483) и Галактіона (1506) Бѣлозерскихъ. Преп. Пахомія Кенскаго (XVI). Муч. Евѳасіи. Иконъ Божіей Матери «Акаѳистная», «Млекопитательница» и «Попская».
Суббота по Просвѣщеніи: Ефес. (зач. 233) **6**, 10-17: Матѳ. (зач. 7) **4**, 1-11.
ряд.: 1 Сол. (зач. 273) **5**, 14-23: Лук. (зач. 84) **17**, 3-10.

Воскресеніе

13/26 **Недѣля 32-я по Пятидесятницѣ**, *она же по Просвѣщеніи.* **Гласъ 7-й.**
Мучч. Ермила и Стратоника (ок. 315). Муч. Петра Анійскаго (309). Свят. Агриція, еп. Трирскаго (329). Свят. Леонтія, еп. Кесаріи Каппадокійскія (337). Свят. Іакова Низибійскаго (350). Преп. Максима Капсокаливита, Аѳонскаго (1354). Преп. Иринарха затворника, Ростовскаго чуд. (1616). Преп. Елеазара Анзерскаго (1656). Мучч. Аѳанасія, Пахомія и Папирина. *(Служба Препп. отецъ въ Синаи и Раиѳѣ избіенныхъ, 14 янв., переносится на сей день.)*
Утр.: Еван. 10-е: Іоан. (зач. 66) **21**, 1-14.
На лит.: Нед. по Просв.: Ефес. (зач. 224 отъ полу) **4**, 7-13: Матѳ. (зач. 8) **4**, 12-17.

Понедѣльникъ

14/27 **Седмица 33-я по Пятидесятницѣ.** *Отданіе Богоявленія.*
Препп. отецъ въ Синаи и Раиѳѣ избіенныхъ: Исаіи, Саввы, Моисея и ученика его Моисея, Іереміи, Павла, Адама, Сергія, Домна, Прокла, Ипатія, Исаака, Макарія, Марка, Евсевія, Веніамина, Иліи и иныхъ съ ними (IV-V). Св. Равноап. Нины, просвѣтительницы Грузіи (335). Священномуч. Барбасцемина, еп. Селевкійскаго (348). Свят. Иларія, еп. Поатьерскаго (368). Преп. Іосифа Аналитина (IV). Преп. Ѳеодула, сына преп. Нила Синайскаго (V). Свят. Кентигерна, еп. Глазго и Стретчглайда (612). Преп. Стефана, основ. обители Ханолакковой (716). Свят. Акакія, еп. Тверскаго (1567). Свят. Мелетія, еп. Рязанскаго (1900). Мучч. вел. князей Павла, Николая, Димитрія и Георгія (1919). Раиоскихъ новопреподобномучч.: Сергія, Іосифа, Антонія, Варлаама, Іова, Петра и мірянъ Василія и Стефана (1930). Преп. Іоанна

Январь

(Кевролѣтина) исп. (1961). Муч. Агніи дѣвы.
Апостольскія и евангельскія чтенія 32-й седмицы.
ряд.: Іак. (зач. 53) **2**, 14-26: Марк. (зач. 48) **10**, 46-52.

Вторникъ
15/28 Преп. Павла Ѳивейскаго (341). Преп. Іоанна Кущника (V). Преподобномуч. Пансофія Александрійскаго (ок. 249). Свят. Максима, еп. Ноланскаго (ок. 250). Преп. Алпсидія, епископа (IV). Прав. Саломіи Уджармскія и Пережавры Сивнійская (IV). Преп. Прохора Пшинскаго (X). Преп. Гавріила Лѣсновскаго (XI). Свят. Нектарія, архіеп. Тобольскаго (1667). Свят. Герасима, патр. Александрійскаго (1714). Священномуч. Михаила Самсонова пресв. (1942).
ряд.: Іак. (зач. 54) **3**, 1-10: Марк. (зач. 50) **11**, 11-23.
Препп.: Гал. (зач. 213) **5**, 22 — **6**, 2: Матѳ. (зач. 43) **11**, 27-30.

Среда
16/29 Поклоненіе честнымъ веригамъ св. ап. Петра. Мучч. Спевсиппа, Елевсиппа и Мелевсиппа, Лениллы, Неона, Турвона и Іовиллы (161-180). Муч. Данакта чтеца (II). Свят. Гонората, еп. Арльевскаго (429). Преп. Ромила Раваницкаго (1375). Прав. Максима пресв. Тотемскаго (1650). Священномуч. Николая, пресв. Митилинскаго (1771). Преподобномуч. Дамаскина Хилендарскаго (1771). Священномуч. Іоанна Петтайя пресв. (1919).
ряд.: Іак. (зач. 55) **3**, 11 — **4**, 6: Марк. (зач. 51) **11**, 23-26.
Ап. Петра: Дѣян. (зач. 29) **12**, 1-11: Іоан. (зач. 67) **21**, 15-25.

Четвергъ
17/30 **Преп. Антонія Великаго (356).** Св. царя Ѳеодосія Великаго (395). Преп. Ахилы Скитскаго исп. (V). Преп. Антонія Римлянина, Новгородскаго (1147). Преп. Антонія Дымскаго (1224). Преп. Антонія новаго, Верійскаго (XIV). Преп. Антонія Краснохолмскаго (1481). Преп. Антонія Черноезерскаго (XVI). Преп. Макарія Калогеры, Патмосскаго (1737). Муч. Георгія Янинскаго (1838). Священномуч. Виктора Европейскаго пресв. (1931). Священномуч. Павла Успенскаго пресв. (1938).
Утр.: Матѳ. (зач. 43) **11**, 27-30.
ряд.: Іак. (зач. 56) **4**, 7 — **5**, 9: Марк. (зач. 52) **11**, 27-33.
Преп.: Евр. (зач. 335) **13**, 17-21: Лук. (зач. 24) **6**, 17-23.

Пятница
18/31 Святт. Аѳанасія Великаго (373) и Кирилла (444), архіепп. Александрійскихъ. Преп. Маркіана Кирскаго (383). Преп. Силвана Палестинскаго (IV). Преп. Ефрема малаго, фило-

софа (1101). Свят. Іоакима, патр. Тырновскаго (1235). Препп. Кирилла и Маріи, род. преп. Сергія Радонежскаго (ок. 1337). Свят. Максима, архіеп. Сербскаго (1516). Преп. Аѳанасія Сяндемскаго (1550). Прав. Аѳанасія Новолоцкаго (XVII). Новосвященномуч. Михаила Каргополова пресв. (1919). Преп. Алексія Теклатскаго (1923). Священномучч. Евгенія Исадскаго пресв. (1930). Священномучч. Александра Русинова, Владиміра Зубковича, Николая Красовскаго и Сергія Лебедева пресвв. (1938). Мучц. Ксеніи.

ряд.: 1 Пет. (зач. 58) **1,** 1-2, 10-12, **2,** 6-10: Марк. (зач. 53) **12,** 1-12.

Святт.: Евр. (зач. 334) **13,** 7-16: Матѳ. (зач. 11) **5,** 14-19.

Суббота
19/1ф. Преп. Макарія Великаго Египетскаго (390). Мучц. Евфрасіи дѣвы (303). Преп. Макарія Александрійскаго (394). Преп. Антонія, столпника Марткобскаго (VI). Свят. Арсенія, архіеп. Керкирскаго (VIII). Перенесеніе мощей свят. Григорія Богослова (950). Преп. Макарія, инока Печерскаго (XII). Преп. Мелетія Валлисіота (1286). Блаж. Ѳеодора, Христа ради юродиваго, Новгородскаго (1392). Преп. Макарія, діакона Печерскаго (XIV). Свят. Марка, архіеп. Ефесскаго (1444). Преп. Макарія Римлянина, Новгородскаго (XVI). Обрѣтеніе мощей преп. Саввы Сторожевскаго (1652). Священномуч. Петра Скипетрова пресв. (1918). Священномуч. Николая Восторгова пресв. (1930). Муч. Ѳеодора Гусева (1940). Преп. Евѳимія (Кереселидзе) исп. (1944).

Преп.: Гал. (зач. 213) **5,** 22 — **6,** 2: Матѳ. (зач. 43) **11,** 27-30.

ряд.: 1 Сол. (зач. 273) **5,** 14-23: Лук. (зач. 84) **17,** 3-10.

Воскресеніе
20/2 **Недѣля 33-я по Пятидесятницѣ. Гласъ 8-й.**
Преп. Евѳимія Великаго (473). Мучч. Инны, Пинны и Риммы скиѳовъ (II). Мучч. Васса, Евсевія, Евтихія, Василида (303). Прав. царя Льва Великаго (474). Препп. Печерскихъ Евѳимія молчальника (XIV) и Лаврентія затворника (XIV). Свят. Евѳимія, патр. Тырновскаго (1403). Преп. Евѳимія Сянжемскаго (1465). Преп. Евѳимія Архангелородскаго (ок. 1523). Муч. Захаріи Патрскаго (1782). Прав. Ѳеодора Томскаго (1864). Священномуч. Павла Добромыслова пресв. (1940). Мучч. Фирса и Агны.   Утр.: Еван. 11-е: Іоан. (зач. 67) **21,** 15-25.

ряд.: 1 Тим. (зач. 285 отъ полу) **4,** 9-15 (нед. 32-я): Лук. (зач. 94) **19,** 1-10 (нед. 32-я).

Январь

Преп.: Евр. (зач. 335) **13**, 17-21: Лук. (зач. 24) **6**, 17-23.

Понедѣльникъ

21/3 **Седмица 34-я по Пятидесятницѣ.** Преп. Максима исповѣдника (662). Муч. Неофита Никейскаго (303). Мучч.: Евгенія, Канидія (Кандида), Валеріана и Акилы (303). Мучц. Агніи дѣвы, Римскія (304). Муч. Анастасія Римскаго (662). Преп. Неофита Ватопедскаго (XIV). Преп. Максима Грека (1556). Преп. Тимона Надѣевскаго (1840). Священномуч. Иліи Березовскаго пресв. (1938). Иконъ Божіей Матери «Ктиторская», «Отрада» или «Утѣшеніе» и «Ксенофонскія».
Апостольскія и евангельскія чтенія 32-й седмицы.
ряд.: 1 Пет. (зач. 59) **2**, 21 — **3**, 9: Марк. (зач. 54) **12**, 13-17.
Преп.: Евр. (зач. 330) **11**, 33-40: Лук. (зач. 64) **12**, 8-12.

Вторникъ

22/4 Ап. Тимоѳея отъ 70-ти (ок. 96). Препмуч. Анастасія персянина (628). Мучч. Мануила, Георгія, Петра, Леонтія епископовъ, Сіонія, Гавріила, Іоанна, Леонта, Парода и проч. 377 (814-817). Преподобномуч. Анастасія, діакона Печерскаго (XII). Преп. Іосифа освященнаго, Критскаго (1511). Преп. Макарія Жабынскаго, Бѣлевскаго чудотворца (1623). Священномучч. Іакова Зяблицкаго, Іоанна Доброхотова, Іоанна Коржавина, Іоанна Розанова, Іоанна Успенскаго, Евѳимія Тихонравова, Николая Бухарина и Петра Зяблицкаго пресвв. (1938).
ряд.: 1 Пет. (зач. 60) **3**, 10-22: Марк. (зач. 55) **12**, 18-27.
Апост.: 2 Тим. (зач. 290 отъ полу) **1**, 3-9: Лук. (зач. 50) **10**, 1-15.

Среда

23/5 Священномуч. Климента Анкирскаго и муч. Агаѳангела (312). Преп. Мавсимы Сирина (IV). Преп. Евсевія Сирійскаго (IV). Преп. Саламана молчальника (ок. 400). Свят. Павлина милостиваго, еп. Ноланскаго (431). Преп. Геннадія Костромскаго (1565). Перенесеніе мощей свят. Ѳеоктиста, архіеп. Новгородскаго (1786). Преп. Варлаама Чикойскаго (1846). Преподобномуч. Серафима (Булашова), преподобномучцц. Евдокіи (Кузьминовой), Екатерины (Черкасовой) и мучц. Милицы Кувшиновой (1938). Воспоминаніе VI-го Вселенскаго собора (680-681). Соборъ Костромскихъ святыхъ.
ряд.: 1 Пет. (зач. 61) **4**, 1-11: Марк. (зач. 56) **12**, 28-37.
Свящмуч.: Евр. (зач. 334) **13**, 7-16: Іоан. (зач. 36) **10**, 9-16.

Четвергъ

24/6 Преп. Ксеніи Римляныни (ок. 430). **Блаженныя Ксеніи, Христа ради юрод., Петербургскія (1803).** Священномуч.

Фелиціана, еп. Фолинійскаго и мучц. Мессалины (250). Муч. Вавилы Сицилійскаго и учениковъ его: Тимоѳея и Агапія (III). Мучч. Павла, Павсирія и Ѳеодотіана Египетскихъ (303). Преп. Македонія Сирійскаго (ок. 420). Преп. Филона, еп. Калпасійскаго (V). Преп. Лупицина Липидіакскаго (500). Перенесеніе мощей преподобномуч. Анастасія персянина (632). Преп. Неофита затв. Кипрскаго (1220). Свят. Герасима Пермскаго (1441). Муч. Іоанна Казанскаго (1529). Преп. Діонисія Олимпійскаго (1541). Муч. Николая Цикури (1918). Преп. Филиппика пресв. Муч. Варсимы съ 2-мя братьями. Преп. Зосимы Синайскаго.

Утр.: Лук. (зач. 78) **15**, 1-10.
ряд.: 1 Пет. (зач. 62) **4**, 12 — **5**, 5: Маркъ. (зач. 57) **12**, 38-44.
Святой: Лит.: Гал. (зач. 208) **3**, 23 — **4**, 3: Матѳ. (зач. 104) **25**, 1-13.

Пятница
25/7 **Свят. Григорія Богослова, архіеп. Царьградскаго (389). Новосвященномуч. Владиміра, митр. Кіевскаго (1918).** Мучц. Филицаты и 7 сыновей ея: Іаннуарія, Феликса, Филиппа, Силвана, Александра, Виталія и Марціала (ок. 164). Свят. Кастина, еп. Византійскаго (240). Свят. Ветрана, еп. Томійскаго (378). Преп. Поплія Сирійскаго (ок. 380). Преп. Мара пѣвца Омирицкаго (ок. 430). Преп. Димитрія скевофилакса, Константинопольскаго (VIII). Свят. Моисея Новгородскаго (1362). Преп. Григорія, игум. Голутвинскаго (1405). Муч. Авксентія Константинопольскаго (1720). Преп. Анатолія (старш.) Оптинскаго (1894). Свят. Гавриила, еп. Имеретинскаго (1896). Священномуч. Петра, архіеп. Воронежскаго (1929). Священномуч. Василія, еп. Прилукскаго (1930). Священномуч. Стефана Грачева пресв. и муч. Бориса Заварина (1938). Иконъ Божіей Матери «Утоли моя печали» и «Въ скорбѣхъ и печалехъ утѣшеніе». *(Служба святителя Іоанна Златоуста, 27 янв., переносится и соединяется со службой св. Григорія.)*

Утр.: Іоан. (зач. 35 отъ полу) **10**, 1-9.
ряд.: 2 Пет. (зач. 64) **1**, 1-10: Маркъ. (зач. 58) **13**, 1-8.
Свят.: 1 Кор. (зач. 151) **12**, 7-11: Іоан. (зач. 36) **10**, 9-16.

Суббота
26/8 Преп. Ксенофонта, Маріи и чадъ ихъ: Аркадія и Іоанна (V-VI). Мучч. Ананіи, Петра и съ ними седьми воиновъ (295).

Январь 21

Преп. Аммона еп., Скитскаго (350). Преп. Симеона ветхаго (ок. 390). Преп. Павлы Палестинскія (404). Преп. Гавріила, игум. Іерусалимскаго (490). Свят. Іосифа, архіеп. Солунскаго (830). Перенесеніе мощей преп. Ѳеодора Студійскаго (845). Благов. Давида III Возобновителя, царя Иверскаго (1125). Муч. Іоанна Попова (1938).

ряд.: 2 Тим. (зач. 293) **2**, 11-19: Лук. (зач. 88) **18**, 2-8.

Воскресеніе

27/9 **Недѣля о мытарѣ и фарисеѣ.** Гласъ 1-й.
Соборъ Новомучениковъ и Исповѣдниковъ Церкви Русской. Перенесеніе мощей свят. Іоанна Златоуста, архіеп. Царьградскаго (438). Преп. Петра Египетскаго (ок. 400). Муч. Димитрія Галатскаго (1784). *Поминовеніе всѣхъ усопшихъ въ годину гоненій за вѣру Христову.* (Служба святителя Іоанна Златоуста переносится на 25 января.)

На веч.: 1) Исаіи **43**, 9-14. 2) Прем. Сол. **3**, 1-9, 3) Прем. Сол. **4**, 7-15.

Утр.: Еван. 1-е: Матѳ. (зач. 116) **28**, 16-20.

ряд.: 2 Тим. (зач. 296) **3**, 10-15: Лук. (зач. 89) **18**, 10-14

Новомуч.: Рим. (зач. 99) **8**, 28-39: Лук. (зач. 106) **21**, 12-19.

Понедѣльникъ

28/10 **Седмица 35-я по Пятидесятницѣ.** Преп. Ефрема Сирина (378). Преп. Палладія пустынника Сирскаго (IV). Преп. Исаака Сирина, еп. Ниневійскаго (VII). Преп. Ефрема Новоторжскаго чудотворца (1053). Преп. Ефрема Печерскаго, еп. Переяславскаго (ок. 1098). Преп. Ѳеодосія Тотемскаго (1568). Прав. Ѳеодора Богоявленскаго исп., пресв. (1933). Свят. Арсенія исповѣдника, митр. Новгородскаго и Старорусскаго (1936). Священномучч. Игнатія, еп. Скопинскаго, Владиміра Пищулина пресв., преподобномуч. Варѳоломея (Ратныхъ) и мучч. Ольги Евдокимовой (1938). Преп. Леонтія (Стасевича) исп (1972). Иконы Божіей Матери «Суморинскія-Тотемскія».

Апостольскія и евангельскія чтенія 34-й седмицы.

ряд.: 2 Петр. (зач. 66) **1**, 20 — **2**, 9: Марк. (зач. 59) **13**, 9-13.

Преп.: Гал. (зач. 213) **5**, 22 — **6**, 2: Матѳ. (зач. 43) **11,** 27-30.

(Сплошная седмица)

Вторникъ

29/11 Перенесеніе мощей священномуч. Игнатія Богоносца (438). Свят. Варсимея, еп. Едесскаго (II). Мучч. Романа, Іакова, Филоѳея, Иперихія, Авива, Іуліана и Паригорія (297). Мучч.

Силвана епископа, Луки діакона и Мокія чтеца (312). Свят. Валерія, еп. Трирскаго (ок. 320). Преп. Афраата Сирійскаго (370). Муч. Ашота, царя Тао-Кларджетскаго (829). Преп. Лаврентія Печерскаго, еп. Туровскаго (1194). Свят. Игнатія, еп. Смоленскаго (1210). Святт. Пермскихъ: Герасима (1441), Питирима (1456) и Іоны (1470). Муч. Димитрія Хіосскаго (1802). Священномучч. Іоанна Гранитова, Леонтія Клименко пресвв., Константина Звѣрева діакона и съ ними 5-ти мучениковъ (1920). Соборъ Екатеринбургскихъ святыхъ.

ряд.: 2 Петр. (зач. 67) **2**, 9-22: Марк. (зач. 60) **13**, 14-23.
подъ зач.: 2 Петр. (зач. 68) **3**, 1-18: Марк. (зач. 61) **13**, 24-31.
Свящмуч.: Евр. (зач. 311) **4**, 14 — **5**, 6: Марк. (зач. 41) **9**, 33-41.

Среда
30/12 **Соборъ трехъ святителей. Василія Великаго (379), Григорія Богослова (389) и Іоанна Златоуста (407).** Священномуч. Ипполита, папы Римск. и съ нимъ: Кенсорина, Савина, Хрисіи дѣвы, Филикла, Максима, Геркулина, Венерія, Стиракина, Мины, Коммода, Ерма, Мавра, Евсевія, Рустика, Монагрея, Амандина, Олимпія, Кипра, Ѳеодора, Тривуна, Максима пресв., Архелая діак. и Кирина еп. (III). Свят. Агриппина, патр. Александрійскаго (179). Свят. Макарія, патр. Іерусалимскаго (II). Преп. Зинона, ученика св. Василія Вел. (414). Благов. Батильды, королевы Французскія (680). Муч. Ѳеофила новаго (784). Прав. Петра, царя Болгарскаго (970). Преп. Зинона постника Печерскаго (XIV). Муч. Ѳеодора Митиленскаго (1784). Муч. Димитрія Сливенскаго (1841). Блаж. Пелагіи Дивѣевскія (1884). Священномуч. Владиміра Хрищеновича пресв. (1933). Муч. Стефана Наливайко (1945). Иконы Божіей Матери «Тиносскія».

На веч.: 1) Втор. **1**, 8-11, 15-17. 2) Втор. **10**, 14-21. 3) Прем. Сол. **3**, 1-9.
Утр.: Іоан. (зач. 36) **10**, 9-16.
Святт.: Евр. (зач. 334) **13**, 7-16: Матѳ. (зач. 11) **5**, 14-19.

Четвергъ
31/13 Свв. безсребр. и чудотв. Кира и Іоанна (311). Мучц. Аѳанасіи и дочерей ея: Ѳеоктисты, Ѳеодотіи и Евдоксіи (311). Мучц. Трифены Кизическія (I). Мучч. Викторина, Виктора, Никифора, Клавдія, Діодора, Серапіона и Папія (251). Мучц. Маркеллы Римскія (410). Свят. Никиты затворника Печерскаго, еп. Новгородскаго (1108). Преподобномуч. Иліи Аѳонскаго

Январь

(1686). Преп. Арсенія Паросскаго (1877). Муч. Евгенія Поселянина (1931).

ряд.: 1 Іоан. (зач. 69) **1**, 8 — **2**, 6: Марк. (зач. 62) **13**, 31 — **14**, 2.
Безср.: 1 Кор. (зач. 153) **12**, 27 — **13**, 8: Матѳ. (зач. 34 отъ полу) **10**, 1, 5-8.

| Дни недѣли | Февраль | День имѣетъ 11 ч., а ночь 13 ч. |

Февраль

Пятница

1/14 *Предпразднство Срѣтенія.* Муч. Трифона Апамейскаго (250). Ап. Закхея, еп. Кесарійскаго, быв. мытаря (I). Мучц. Перпетуи и съ нею: Сатира, Ревоката, Саторнила, Секунда и Фелицитаты Карѳагенскихъ (ок. 203). Преп. Петра Галатійскаго (ок. 429). Преп. Вендеміана Виѳинійскаго (512). Преп. Бригитты Кильдерскія (ок. 525). Преп. Серіола Пенмонскаго (VI). Свят. Василія исп., архіеп. Солунскаго (ок. 870). Свят. Трифона, еп. Ростовскаго (1466). Муч. Анастасія навпліота (1655). Священномуч. Николая Мезенцева пресв. (1938).

ряд.: 1 Іоан. (зач. 70) **2**, 7-17: Марк. (зач. 63) **14**, 3-9.

подъ зач.: 2 Тим. (зач. 295) **3**, 1-9: Лук. (зач. 103) **20**, 45 — **21**, 4.

Муч.: Рим. (зач. 99) **8**, 28-39: Лук. (зач. 51 отъ полу) **10**, 19-21.

Суббота

2/15 **Срѣтеніе Господне.**

Муч. Агаѳадора Капподакійскаго (IV). Муч. Іордана Трапезунтскаго (1650). Преподобномуч. Гавріила Константинопольскаго (1676). Иконы Божіей Матери «Умягченіе злыхъ сердецъ».

На вечернѣ: 1) Числ. **8**, 16: Лев. **12**, 1-4, 6, 8: Числ. **8**, 16-17. 2) Исаіи **6**, 1-12, 3) Исаіи **19**, 1-5, 12, 16, 19-21.

Утр.: Лук. (зач. 8) **2**, 25-32.

Лит: Евр. (зач. 316) **7**, 7-17: Лук. (зач. 7) **2**, 22-40.

Февраль

Воскресеніе
3/16 **Недѣля о блудномъ сынѣ.** Гласъ 2-й.
Св. прав. Симеона Богопріимца и Анны пророчицы (I). Пророка Азаріи (X в. до Р.Х.). Мучч. Папія, Діодора и Клавдіана (250). Муч. Власія вукола (т.е. пастуха) Кесарійскаго (III). Муч. Павла Сирійца (305). Мучч. Адріана и Еввула (ок. 308). Свят. Лаврентія, архіеп. Кентерберійскаго (619). Преп. Вербурги Честерскія (699). Свят. Ансгарія, еп. Гамбургскаго, просвѣтителя Даніи и Швеціи (865). Благов. вел. кн. Святослава, въ крещеніи Гавріила и сына его Димитрія (1253). Благов. князя Романа Угличскаго (1285). Свят. Симеона, еп. Тверскаго (1289). Свят. Іакова, архіеп. Сербскаго (1292). Преп. Саввы Янинскаго (XV). Свят. Игнатія Маріупольскаго, митр. Готѳейскаго (1786). Свв. равноапп. Николая, архіеп. Японскаго (1912) и Иннокентія, митр. Московскаго (1879). Священномучч. Іоанна Томилова, Тимоѳея Изотова, Адріана Троицкаго, Василія Залесскаго пресвв., преподобномуч. Владиміра (Загребы) и муч. Михаила Агаева (1938). Соборъ святыхъ Пермскія митрополіи.
Утр.: Еван. 2-е: Марк. (зач. 70) **16**, 1-8.
ряд.: 1 Кор. (зач. 135) **6**, 12-20: Лук. (зач. 79) **15**, 11-32.

Понедѣльникъ
4/17 **Седмица 36-я по Пятидесятницѣ.** Преп. Исидора Пелусіота (ок. 436). Мучч. Исидора и Іадора (III). Священномуч. Филея, еп. Тмуинскаго и муч. Филорома трибуна (307). Свят. Іоанна еп. Иринопольскаго (ок. 325). Священномуч. Авраамія, еп. Арвильскаго (ок. 344). Преп. Евагрія, сподвижника преп. Шіо Мгвимскаго (VI). Преп. Николая исп., игум. Студійскаго (868). Св. благов. велик. князя Георгія Владимірскаго и благов. кн. Агаѳіи (1238). Преп. Авраамія и Копрія Печенгскихъ (XV). Преп. Кирилла Новоезерскаго чуд. (1532). Муч. Іосифа Алепскаго (1686). Священномуч. Діонисія, еп. Измаильскаго (1918). Священномуч. Меѳодія, еп. Петропавловскаго (1921). Священномучч. Александра Минервина, Александра Покровскаго, Александра Соколова, Алексія Княжескаго, Алексія Лебедева, Алексія Шарова, Андрея Бѣднова, Аркадія Лобцова, Бориса Назарова, Димитрія Кедроливанскаго, Евстаѳія Сокольскаго, Іоанна Алешковскаго, Іоанна Артоболевскаго, Іоанна Тихомирова, Михаила Рыбина, Николая Голышева, Николая Поспѣлова, Петра Соколова, Сергія Соловьева, Ѳеодосія Бобкова пресвв., преподобномуч. Серафима (Вавилона), пре-

Февраль

подобномучцц. Анны (Ефремовой), Екатерины (Декалиной), Маріи (Виноградовой), Рафаилы (Вишняковой), мучч. Василія Иванова, Димитрія Ильинскаго, Димитрія Казамацкаго, Іоанна Шувалова и Өеодора Пальшкова (1938).
Апостольскія и евангельскія чтенія 35-й седмицы.
ряд.: 1 Іоан. (зач. 71) **2**, 18 — **3**, 10: Марк. (зач. 49) **11**, 1-11.

Вторникъ
5/18 Муч. Агаөіи Панормскія (251). **Свят. Өеодосія, архіеп. Черниговскаго (1696).** Муч. Антонія Аөинскаго (1774). Преподобномуч. Александры (Каспаравой) и муч. Михаила Амелюшкина (1942). Иконъ Божіей Матери «Елецкія-Черниговскія», «Сицилійскія» или «Дивногорскія» и «Взысканіе погибшихъ».
Утр.: Іоан. (зач. 35 отъ полу) **10**, 1-9.
ряд.: (зач. 72) 1 Іоан. **3**, 10-20. Марк. (зач. 64) **14**, 10-42.
Свят.: Евр. (зач. 318) **7**, 26 — **8**, 2: Іоан. (зач. 36) **10**, 9-16.

Среда
6/19 Преп. Вукола, еп. Смирнскаго (ок. 100). Мучц. Дороөеи и съ нею: Христины, Каллисты и Өеофила (288-300). Мучц. Фавсты дѣвы и съ нею: Евиласія и Максима (305-311). Муч. Іуліана Емесскаго (312). Преп. Іоанна Ликонскаго (IV). Преп. Іакова Сирійскаго (ок. 460). Свят. Маела, еп. Ардахскаго (488). Препп. Іоанна пророка и Варсануфія Великаго (ок. 563). Свят. Фотія, патріарха Царьградскаго (891). Преп. Арсенія Икалтойскаго (1127). Преп. Дороөеи Кашенскія (1629). Священномуч. Димитрія Рождественскаго пресв. и муч. Анатолія сына его (1921). Священномуч. Василія Надеждина пресв. (1930). Священномуч. Александра Телемакова пресв. (1938). Мучц. Марөы, Маріи и брата ихъ Ликаріона отрока.
ряд.: 1 Іоан. (зач. 73) **3**, 21 — **4**, 6: Марк. (зач. 65) **14**, 43 — **15**, 1.

Четвергъ
7/20 Преп. Парөенія, еп. Лампсакійскаго (IV). Преп. Луки Елладскаго (ок. 946). Мучениковъ 1003-хъ Никомидійскихъ (303). Преп. Мастридіи Палестинскія (ок. 580). Муч. Георгія Критскаго (1867). Священномуч. Александра Талызина пресв. (1938). Священномуч. Варлаама, еп. Гомельскаго и Алексія Троицкаго пресв. (1942). Преп. Апріона, еп. Кипрскаго. Преп. Петра Моневматійскаго.
ряд.: 1 Іоан. (зач. 74) **4**, 20 — **5**, 21: Марк. (зач. 66) **15**, 1-15.

Пятница
8/21 *Отданіе Срѣтенія.* Великомуч. Өеодора Стратилата (219). Прор. Захаріи Серповидца (ок. 520 до Р.Х.). Муч. Конита

Александрійскаго (249). Свят. Саввы 2-го, архіеп. Сербскаго (1271). Свят. Макарія, еп. Пафскаго (1688). Блаж. Любови Рязанскія (1921). Священномучч. Андрея Добрынина, Петра Маркова, Сергія Любомудрова, и Симеона Кульгавца пресвв. (1938). Священномуч. Александра Аббисова пресв. (1942).

ряд.: 2 Іоан. **1,** (зач. 75) 1-13: Марк. (зач. 68) **15,** 22-25, 33-41.

Суббота
9/22 *Мясопустная родительская суббота*
Муч. Никифора изъ Антіохіи Сирскія (ок. 257). Священномучч. Маркелла, еп. Сицилійскаго, Филагрія, еп. Кипрскаго и Панкратія, еп. Тавроменійскаго (I). Муч. Аполлоніи Александрійскія (248). Мучч. Аммона и Александра Кипрскихъ (248-251). Преп. Тейло, еп. Лландафскаго (ок. 580). Преп. Панкратія Печерскаго (XIII). Муч. Петра Дамаскина (XII). Препп. Никифора (1557) и Геннадія (ок. 1516) Важеозерскихъ. Обрѣтеніе мощей свят. Иннокентія Иркутскаго (1805). Священномуч. Василія Измайлова пресв. (1930). Священномуч. Іоанна Фрязинова пресв. (1938). Обрѣтеніе мощей свят. Тихона, патр. Московскаго (1992).

ряд.: 1 Кор. (зач. 146) **10,** 23-28: Лук. (зач. 105) **21,** 8-9, 25-27, 33-36.

За упокой: 1 Сол. (зач. 270) **4,** 13-17: Іоан. (зач. 16) **5,** 24-30.

Воскресеніе
10/23 Недѣля мясопустная, о страшномъ судѣ. Гласъ 3-й.
Священномуч. Харалампія, еп. Магнисійскаго и съ нимъ мучч. Порфирія и Ваптоса воиновъ и трехъ женъ (202). Мучц. дѣвъ Еннаѳы, Валентины и Павлы (308). Преп. Схоластики, сестры преп. Венедикта (543). Свят. Анастасія, патр. Іерусалимскаго (705). Благов. вел. княгини Анны Новгородскія (1056). Преп. Прохора Печерскаго (1107). Святт. Новгородскихъ: Іоакима (1030), Луки (1059), Германа (1096), Аркадія (1162), Григорія (1193), Мартирія (1199), Антонія (1231), Василія (1352), Симеона (1421), Геннадія (1504), Пимена (1571) и Афѳонія (1653). Преп. Іоанна Чимчимели (XIII). Прав. Іуліаніи, матери бл. Николая Кочанова (1383). Преп. Лонгина Коряжемскаго (1540). Священномучч. Петра Грудинскаго и Валеріана Новицкаго пресвв. (1930). Иконы Божіей Матери «Огневидная».

Утр.: Еван. 3-е: Марк. (зач. 71) **16,** 9-20.

ряд.: 1 Кор. (зач. 140) **8,** 8 — **9,** 2: Матѳ. (зач. 106) **25,** 31-46.

Февраль

Понедѣльникъ

11/24 **Седмица сырная.** Священномуч. Власія, еп. Севастійскаго и съ нимъ двухъ отроковъ и семь женъ (ок. 316). Свят. Евтропія, еп. Адріанопольскаго (IV). Священномуч. Лукія, еп. Адріанопольскаго (348). Преп. Кедмона Уитбійскаго (680). Преп. Венедикта Аніанскаго (821). Прав. Ѳеодоры царицы Греческія (867). Благов. вел. князя Всеволода Псковскаго, въ крещеніи Гавріила (1138). Преп. Димитрія Прилуцкаго (1392). Муч. Георгія новаго, Софійскаго (1515).
(Сплошная седмица)
Апостольскія и евангельскія чтенія сырной седмицы.
ряд.: 3 Іоан. (зач. 76) **1**, 1-15: Лук. (зач. 96) **19**, 29-40; **22**, 7-39.

Вторникъ

12/25 Свят. Мелетія, архіеп. Антіохійскаго (381). **Свят. Алексія, митр. Московскаго и всея Руси (1378).** Священномуч. Урвана, еп. Римскаго (230). Преп. Маріи, переименованной въ Марина, и отца ея преп. Евгенія (VI). Свят. Эѳильвальда, еп. Линдисфарна (740). Преп. Калліи Константинопольскія (891). Свят. Антонія, патр. Константинопольскаго (895). Препп. Прохора (1066), Луки (1277) и Николая (1314) и проч. святыхъ жившихъ въ Грузинскихъ монастыряхъ въ Іерусалимѣ. Преп. Вассіана Угличскаго (1509). Муч. Христа Албанскаго (1748). Свят. Мелетія, архіеп. Харьковскаго (1840). Свят. Василія исп., архіеп. Каневскаго (1933). **Иконы Божіей Матери «Иверскія».**
Утр.: Іоан. (зач. 36) **10**, 9-16.
ряд.: Іуд. (зач. 77) **1**, 1-10: Лук. (зач. 109) **22**, 39-42, 45 — **23**, 1. Свят. Евр. (зач. 335) **13**, 17-21: Лук. (зач. 24) **6**, 17-23.

Среда

13/26 Преп. Мартиніана (422). Св. ап. Акилы и жены его Прискиллы (I). Свят. Тимоѳея, архіеп. Александрійскаго (385). Прав. Кастора, пресв. Карденскаго (ок. 400). Свв. женъ Зои и Фотиніи (Свѣтланы) (V). Свят. Евлогія, архіеп. Александрійскаго (607). Преп. Симеона Мѵроточиваго (въ мірѣ Стефана), князя Сербскаго (1200). Свят. Георгія, архіеп. Могилевскаго (1795). Священномучч. пресвв. Василія Тріумфова и Гавріила Преображенскаго (1919). Священномуч. Сильвестра, архіеп. Омскаго (1920). Священномучч. Василія Горбачева, Владиміра Покровскаго, Зосимы Трубачева, Іоанна Калабухова, Іоанна Косинскаго, Іоанна Покровскаго, Леонтія Гримальскаго, Михаила Попова, Николая Добролюбова, Парѳенія Грузинова пресвв., Евгенія Никольскаго

Февраль

діакона, преподобномучцц. Анны (Корнѣевой), Вѣры (Морозовой), Ирины (Хвостовой) и муч. Павла Соколова (1938). Свят. Серафима, архіеп. Богучарскаго (1950).

Литургіи нѣтъ. На 6 ч. Іоил. **2**, 12-26. На веч. Іоил. **3**, 12-21.

Четвергъ

14/27 Преп. Авксентія Виѳинскаго (ок. 470). Преп. Марона, пустынника Сирійскаго (423). Свят. Авраамія, еп. Каррійскаго (444). Преп. Шіо Мгвимскаго (VI). Равноап. Кирилла, въ схимѣ Константина, первоучит. славянъ (869). Препп. 12 грековъ, здателей каменныя соборныя Успенскія церкве Кіево-Печерскія Лавры (XI). Преп. Исаакія, затворника Печерскаго (ок. 1190). Муч. Николая Кориноскаго (1554). Перенесеніе мощей муч. князя Михаила Черниговскаго и болярина его Ѳеодора (1572). Муч. Георгія Митиленскаго (1693). Преп. Иларіона Грузинскаго, Аѳонскаго (1864). Священномуч. Онисима, еп. Тульскаго (1937). Священномуч. Трифона Родонежскаго діакона (1938).

ряд.: Іуд. (зач. 78) **1**, 11-25; Лук. (зач. 110) **23**, 1-34, 44-56.

Пятница

15/28 Ап. Онисима отъ 70-ти (ок. 109). Муч. Маіора Газскаго (ок. 304). Преп. Евсевія, пустынника Сирійскаго (430). Преп. Пафнутія и дочери его Евфросиніи (V). Преп. Ѳеогнія, еп. Витилійскаго (522). Преп. Пафнутія, затворника Печерскаго (XIII). Муч. Іоанна Ѳессалоникійскаго (1776). Священномучч. Михаила Питаева и Іоанна Куминова пресвв. (1930). Священномучч. Алексія Никитскаго, Алексія Сирнова, Николая Морковина пресвв., Симеона Кулямина діакона, преподобномуч. Павла (Козлова) и преподобномучц. Софіи (Селиверстовой) (1938). Преп. Анѳима Хіосскаго (1960). Иконъ Божіей Матери «Виленскія» и «Далматскія».

Литургіи нѣтъ. На 6 ч.: Захар. **8**, 7-17.

Суббота

16/29 *Память всѣхъ святыхъ, въ постничествѣ просіявшихъ.*
Муч. Памфила пресвитера и иже съ нимъ: Валента діакона, Павла, Селевка, Порфирія, Ѳеодула, Іуліана и пяти египтянъ: Иліи, Іереміи, Исаіи, Самуила и Даніила (307-309). Мучч. персидск. Мартирополськихъ (IV). Преп. Маруѳы, еп. Месопотамскаго (422). Преп. Вавилы скомороха Тарсійскаго (VII). Преподобномуч. Романа Карпенисійскаго (1694). Прав. Василія Павлово-Посадскаго (1869). Свят. Макарія (Невскаго), митр. Московскаго (1926).

На веч.: Тріоди: Захар. **8**, 19-23:

ряд.: Рим. (зач. 115) **14**, 19-26: Матѳ. (зач. 16) **6**, 1-13.
Препп. отецъ: Гал. (зач. 213) **5**, 22 — **6**, 2: Матѳ. (зач. 43) **11**, 27-30.

Воскресеніе
17/1 м. Недѣля сыропустная, воспоминаніе Адамова изгнанія. Гласъ 4-й. (Прощеное воскресенье).

Великомуч. Ѳеодора Тирона (ок. 306). **Свят. Ермогена, патр. Московскаго и всея Руси (1612).** Св. Маріамны, сестры ап. Филиппа (I). Свят. Авксивія 1-го, еп. Кипрскаго (102). Благов. царя Маркіана (457) и супруги его Пульхеріи (453). Свят. Финана, еп. Линдесфарна (661). Обрѣт. мощей муч. Мины Калликелада (IX). Преп. Ѳеодора молчаливаго Печерскаго (XIII). Препп. Ѳеодосія (1362) и Романа (ок. 1370) Болгарскихъ. Муч. Михаила Адріанопольскаго (1490). Муч. Ѳеодора Митилинскаго (1795). Священномуч. Ѳеодора Аджарскаго (1822). Преп. Варнавы Геѳсиманскаго (1906). Прав. Николая, пресв. Аѳинскаго (1932). Священномучч. Михаила Никологорскаго и Павла Косминкова пресвв. (1938). Мучц. Анны Четвериковой (1940).

Заговѣніе на Великій постъ.

На веч.: Свят.: 1) Притч. **10**, 7, 6; **3**, 13-16; **8**, 6, 34-35, 4, 12, 14, 17, 5-9; **1**, 23; **15**, 4. 2) Притч. **10**, 31 — 32; **11**, 1-2, 4, 3, 5-12. 3) Прем. Сол. **4**, 7-15.

Утр.: Еван. 4-е: Лук. (зач. 112) **24**, 1-12.

ряд.: Рим. (зач. 112) **13**, 11 — **14**, 4: Матѳ. (зач. 17) **6**, 14-21.

Свят.: Евр. (зач. 335) **13**, 17-21: Іоан. (зач. 36) **10**, 9-16.

Понедѣльникъ
18/2 Начало Великаго поста. Чистый понедѣльникъ.

Седмица 1-я Великаго поста. Свят. Льва, папы Римскаго (461). Мучч. Льва и Паригорія Патарскихъ (ок. 258). Свят. Агапита исп., еп. Синадскаго и мучч. Виктора, Дороѳея и Ѳеодула и Агриппы (IV). Священномуч. Абида епископа (IV). Свят. Флавіана исп., патріарха Царьградскаго (449). Свят. Колмана, еп. Линдесфарнскаго (676). Преп. Власія Аѳонскаго (IX). Преп. Космы Яхромскаго (1492). Свят. Николая, католикоса Грузинскаго (1591). Преп. Владиміра (Терентьева) исп. (1933). Обрѣт. мощей мучц. Ирины Лезвійскія (1961).

На 6-мъ часѣ: Исаіи **1**, 1-20. На веч.: Быт. **1**, 1-13: Притч. **1**, 1-20.

Вторникъ
19/3 Чистый вторникъ.

Апостолъ отъ 70-ти: Архиппа, Филимона, и мучц. равноап.

Февраль

Апфіи (I). Свят. Авксивія 2-го, еп. Кипрскаго (II). Мучч. Максима, Ѳеодота, Исихія и Асклипіодоты (305-311). Препп. Макарія и Евгенія Антіохійскихъ исповѣдн. (363). Преп. Равулы Константинопольскаго (ок. 530). Преп. Конона Палестинскаго (ок. 555). Преп. Досиѳея Газскаго (VII), ученика аввы Дороѳея. Преп. Филоѳеи Аѳинскія (1589). Преп. Ѳеодора Санаксарскаго (1791). Священномуч. Никиты Епирскаго, Серрскаго (1809). Новомуч. Димитрія Волкова (1942).

На 6-мъ часѣ: Исаіи **1**, 19 — **2**, 3. На веч.: Быт. **1**, 14-23: Притч. **1**, 20-33.

Среда
20/4 **Чистая среда.**

Преп. Льва, еп. Катанскаго (780). Священномуч. Елевѳерія, еп. Византійскаго (II). Свящмуч. Садока, еп. Персидскаго и съ нимъ 128 мучениковъ (342-344). Преп. Агаѳона, еп. Римскаго (681). Свят. Евхарія, еп. Орлеанскаго (743). Благов. кн. Ярослава мудраго (1054). Преп. Агаѳона Печерскаго (XIV). Преподобномучч. Корнилія Псковопечерск. и ученика его Вассіана Муромскаго (1570). Преподобномучч. Валаамскихъ отъ лютеровъ избіенныхъ: Тита, Тихона, Геласія, Сергія, Варлаама, Саввы, Конона, Сильвестра, Кипріана, Пимена, Іоанна, Самона, Іоны, Давида, Корнилія, Нифонта, Аѳанасія, Серапіона, Варлаама, Аѳанасія, Антонія, Луки, Леонтія, Ѳомы, Діонисія, Филиппа, Игнатія, Василія, Пахомія, Василія, Ѳеофила, Іоанна, Ѳеодора и Іоанна (1578). Священномуч. Николая Розова пресв. (1938). Свят. Киндея, еп. Писидійскаго.

Литургія Преждеосвященныхъ Даровъ. На 6-мъ часѣ: Исаіи **2**, 3-11. На веч.: Быт. **1**, 24 — **2**, 3: Притч. **2**, 1-22.

Четвергъ
21/5 **Чистый четвертокъ.**

Преп. Тимоѳея, иже въ Символѣхъ (795). Свят. Евстаѳія, архіеп. Антіохійскаго (337). Священномуч. Северіана, еп. Скиѳопольскаго (452). Свят. Іоанна схоластика, патр. Константинопольскаго (577). Свят. Захаріи, патр. Іерусалимскаго (632). Свят. Георгія, еп. Амастридскаго (803). Священномучч. Александра Вислянскаго, Григорія Хлѣбунова и Даніила Алферова пресвв. (1930). Священномуч. Константина Пятикрестовскаго пресв. и Павла Широкогорова діакона (1938). Мучч. Ольги Кошеловой (1939). Иконы Божіей Матери «Козельщанскія».

Февраль

На 6-мъ часѣ: Исаіи **2**, 11-21. На веч.: Быт. **2**, 4-19: Притч. **3**, 1-18.

Пятница
22/6 **Чистый пятокъ.**

Обрѣт. мощей мучч. иже въ Евгеніи (ок. 400). Свят. Авилія, патр. Александрійскаго (98). Свят. Телесфора, еп. Римскаго (127). Священномуч. Папія, еп. Іеропольскаго (II). Мучч. Маврикія и сына его Фотина, и съ ними: Ѳеодора, Филиппа и проч. 70-ти воиновъ (ок. 305). Свят. Тита, еп. Бостры (378). Мучч. Евѳерія, Палатина, Викторины, Павлы, Емериты, Антоніаны, Дативы, Рогатіаны, Антиги, Урваны, Максимы, Марины, Матроны, Перегрины, Секундулы, Іусты, Кастулы, Флорентія, Виктора, Маркеллины, Касты, Донатулы, Либозы, Флавіи, Доты, Фурнаты, Лукіана, Амика, Регины, Киріака, Галатія, Валерія и Горгіана Никомидійскихъ (IV). Препп. Ѳалассія, Лимнія и Варадата, пустынниковъ Сирійскихъ (V). Преп. Вавилы скомороха и двухъ женъ его Комиты и Никосы (VII). Преп. Аѳанасія Павлопетрійскаго исп. (ок. 821). Преп. Германа Столобенскаго (1614). Священномучч. Владиміра Ильинскаго, Іосифа Смирнова и Михаила Лисицына пресвв., Іоанна Касторскаго діакона и муч. Іоанна Перебаскина (1918). Священномучч. Андрея Ясенева, Виктора Моригеровскаго, Іоанна Орлова, Іоанна Парусникова, Михаила Горбунова, Павла Смирнова пресвв. (1938). Сергія Бѣлокурова пресв., преподобномучч. Антипы (Кириллова), Сергія (Букашкина), преподобномучц. Параскевы (Макаровой), мучч. Николая Некрасова, Стефана Франтова, мучч. Варвары Лосевой, Елисаветы Тимохиной и Ирины Смирновой (1938). Муч. Андрея Гневышева (1941). Преподобномуч. Филарета (Пряхина) (1942).

Литургія Преждеосвященныхъ Даровъ. На 6-мъ часѣ: Исаіи **3**, 1-14. На веч.: Быт. **2**, 20 — **3**, 20: Притч. **3**, 19-34.

Суббота
23/7 **Ѳеодоровская суббота.**

Великомуч. Ѳеодора Тирона (ок. 306). Священномуч. Поликарпа, епископа Смирнскаго (167). Преп. Горгоніи (372), сестры свят. Григорія Богослова. Преп. Александра, чина неусыпающихъ первоначальника (ок, 430). Свят. Полихронія, еп. Апамейскаго (ок. 431). Препп. пустыножителей Сирійскихъ: Іоанна, Антіоха, Антонина, Моисея, Зевина, Полихронія, другаго Моисея и Даміана (V). Преп. Іоанна Стиларскаго (1054). Преп. Даміана Есфигменскаго (1280).

Февраль

Преп. Моисея Бѣлозерскаго (1480). Муч. Даміана, инока Аѳонскаго (1568). Священномуч. Лазаря Пелопонезскаго (1618). Преп. Поликарпа Брянскаго (1620). Преп. Назарія Валаамскаго (1809). Священномучч. Алексія Никольскаго, Михаила Ражкина и Николая Димитріева пресвв., муч. Сергія Бородавкина (1938). Иконы Божіей Матери «Сокольскія».

ряд.: Евр. (зач. 303) **1**, 1-12: Марк. (зач. 10) **2**, 23 — **3**, 5.

Св. Ѳеодора: 2 Тим. (зач. 292) **2**, 1-10: Іоан. (зач. 52) **15**, 17 — **16**, 2.

Воскресеніе

24/8 **Недѣля 1-я Великаго поста.** *Торжество Православія.* **Гласъ 5-й.**

Первое (IV) и второе (452) обрѣтеніе честныя главы Предтечи и Крестителя Господня Іоанна. Мучч. Монтана, Лукія, Іуліана, Виктора, Квартилозіи, Викторина, Флавіана и Рена Карѳагенскихъ (259). Преп. Еразма Печерскаго (1160). Обрѣт. мощей благ. кн. Романа Угличскаго (1486). Иконы Божіей Матери «Кипрскія» въ селѣ Стромынь Московской обл.

На веч.: Предтечи: 1) Исаіи **40**, 1-3, 9; **41**, 17-18; **45**, 8; **48**, 20-21; **54**, 1. 2) Мал. **3**, 1. Марк. **1**, 2. Мал. **3**, 2-3, 5-7, 12, 17-18; **4**, 4-6. 3) Прем. **4**, 7, 16-17, 19-20; **5**, 1-7.

Утр.: Еван. 5-е: Лук. (зач. 113) **24**, 12-35.

ряд.: Евр. (зач. 329 отъ полу) **11**, 24-26, 32 — **12**, 2: Іоан. (зач. 5) **1**, 43-51.

Предтечи: 2 Кор. (зач. 176) **4**, 6-15: Матѳ. (зач. 40) **11**, 2-15.

Понедѣльникъ

25/9 **Седмица 2-я Великаго поста.** Свят. Тарасія, архіеп. Царьградскаго (806). Священномуч. Ригина, еп. Скопельскаго (ок. 355). Преп. Пафнутія Кафалискаго (IV). Благов. короля Эѳельберта Кентскаго (616). Преп. Вальбурги Хайденхаймскія (779). Священномуч. Александра Виноградова пресв. и преподобномучц. Мстиславы (Фокиной) (1938). Священномуч. Николая Троицкаго пресв. (1945).

На 6-мъ часѣ: Исаіи **4**, 2-6; **5**, 1-7. На веч.: Быт. **3**, 21 — **4**, 7: Притч. **3**, 34 — **4**, 22.

Вторникъ

26/10 Свят. Порфирія, архіеп. Газскаго (420). Мучч. Севастіана и Христодула (ок. 66). Преп. Севастіана Пошехонскаго (ок. 1500). Муч. Іоанна Калфы (1575). Священномуч. Сергія Воскресенскаго (1933). Священномучч. Іоанна, еп. Рыльскаго и Іоанна Дунаева пресв.; преподобномучц.

Февраль

Анны (Благовѣщенской) (1938). Иконы Божіей Матери «Межетскія».

На 6-мъ часѣ: Исаіи **5**, 7-16. На веч.: Быт. **4**, 8-15: Притч. **5**, 1-15.

Среда
27/11 Преп. Прокопія Декаполита исп. (ок. 750). Мучч. Іуліана, Евна (Кроніона) слуги его, Безы (Виса) воина и Мекара (ок. 249). Муч. Геласія лицедѣя Геліопольскаго (297). Свят. Макарія, еп. Іерусалимскаго (333). Преп. Ѳалалея Сирійскаго (ок. 460). Препп. Асклипія и Іакова Сирійскихъ (V). Преп. Стефана Царьградскаго (ок. 614). Преп. Тита, пресвитера Печерскаго (XIV). Муч. Иліи Трапезундскаго (1749). Свят. Рафаила, еп. Бруклинскаго (1915). Священномуч. Сергія Увицкаго пресв. (1932). Священномуч. Петра Успенскаго пресв. и муч. Михаила Маркова (1938).

Литургія Преждеосвященныхъ Даровъ. На 6-мъ часѣ: Исаіи **5**, 16-25. На веч.: Быт. **4**, 16-26: Притч. **5**, 15 — **6**, 3.

Четвергъ
28/12 Преп. Василія (ок. 750), спостника Прокопіева, исп. Апп. Нимфы (Немфана) и Еввула (I). Священномуч. Нестора, еп. Магиддійскаго (250). Препп. женъ: Марины, Киры и Домники Сирійскихъ (ок. 450). Священномуч. Протерія, патр. Александрійскаго (457). Блаж. Николая Салоса, Христа ради юродиваго Псковскаго (1576). Мучц. Киръ-Анны Солунскія (1751). Благов. вел. кн. Ярослава. Священномуч. Арсенія, митр. Ростовскаго (1772).

На 6-мъ часѣ: Исаіи **6**, 1-12. На веч.: Быт. **5**, 1-24: Притч. **6**, 3-20.

Пятница
29/13 Преп. Іоанна-Кассіана Римлянина (435). Преп. Іоанна, нареченнаго Варсанофіемъ, Дамасскаго (V). Преп. Германа Дакійскаго (V). Преподобномуч. Ѳеостирикта (Ѳеоктириста) Пеликитскаго (VIII). Свят. Освальда, еп. Іоркскаго (992). Преп. Кассіана затворника Печерскаго (XIV). Иконы Божіей Матери «Девпетерувскія».

Литургія Преждеосвященныхъ Даровъ. На 6-мъ часѣ: Исаіи **7**, 1-14. На веч.: Быт. **5**, 32 — **6**, 8: Притч. **6**, 20 — **7**, 1.

| Дни недѣли | Мартъ | День имѣетъ 12 ч., а ночь 12 ч. |

Мартъ

Суббота

1/14 *Суббота 2-я Великаго поста, родительская.*
Преподобномуч. Евдокіи Иліопольскія (152). Мучч. Нестора еп. и Тривимія діакона (ок. 250). Мучч. Марекелла и Антонія (III). Мучц. Антонины (ок. 305). Преп. Домнины Сирійскія (ок. 450). Свят. Давида, еп. Валлійскаго (ок. 600). Преп. Свитберта Кайзервертскаго (713). Преп. Агапія Ватопедскаго (XIII). Преп. Мартирія Зеленецкаго (1603). Мучц. Параскевы Трапезундскія (1659). Священномучч. Василія Никитскаго, Веніамина Фаминцева, Іоанна Стрельцова, Михаила Букринскаго, Петра Любимова пресвв., преподобномуч. Антонія (Коржа), преподобномучцц. Александры (Дьячковой), Анны (Макандиной), Ольги (Жильцовой), муч. Василія Архипова и мучц. Надежды Аббакумовой (1938). Священномуч. Александра Ильенкова пресв. (1942), Священномуч. Василія Константинова-Гришина пресв. (1943).
ряд.: Евр. (зач. 309) **3**, 12-16: Марк. (зач. 6) **1**, 35 44.
За упокой: 1 Сол. (зач. 270) **4**, 13-17: Іоан. (зач. 16) **5**, 24-30.

Воскресеніе

2/15 **Недѣля 2-я Великаго поста.** *Свят. Григорія Паламы, архіеп. Ѳессалоникійскаго (1360).* **Гласъ 6-й.**
Священномуч. Ѳеодота, еп. Киринейскаго (ок. 326). Мучц. Евѳаліи дѣвы (257). Муч. Троадія Неокесарійскаго (III). Муч.

Исихія Антіохійскаго (ок. 304). Преп. Агаѳона Египетскаго (V). 440 мучениковъ иже въ Италіи (ок. 579). Свят. Чада, еп. Личфильдскаго (672). Свят. Арсенія, еп. Тверскаго (1409). Препп. Саввы (XV), Варсонофія (ок. 1467), Савватія (ок. 1434) и Евфросина (1460) Тверскихъ. Преп. Іоакима Ватопедскаго (1868). Соборъ Кіево-Печерскихъ преподобныхъ отецъ. Иконы Божіей Матери «Державная».

Утр.: Еван. 6-е: Лук. (зач. 114) **24,** 36-53.

ряд.: Евр. (зач. 304) **1**, 10 — **2**, 3: Маркъ. (зач. 7) **2**, 1-12.

Свят. Григорія: Евр. (зач. 318) **7**, 26 — **8**, 2: Іоан. (зач. 36) **10**, 9-16.

Понедѣльникъ

3/16 **Седмица 3-я Великаго поста.** Мучч. Евтропія, Клеоника и Василиска (ок. 308). Преп. Піамы дѣвы (337). Преп. Александры Александрійскія (ок. 376). Преп. Винвало Бретонскаго (532). Свят. Іоанна IV, католикоса Грузинскаго (1001). Преподобномучч. Марѳы (Ковровой) и муч. Михаила Строева (1938). Прав. Зинона и Зоила. Иконы Божіей Матери «Волоколамскія».

На 6-мъ часѣ: Исаіи **8**, 13 — **9**, 7. На веч.: Быт. **6**, 9-22: Притч. **8**, 1-21.

Вторникъ

4/17 Преп. Герасима, иже на Іорданѣ (475). Муч. Павла и сестры его Іуліаніи и съ ними: Квадрата, Акакія и Стратоника (ок. 273). Преп. Іакова постника Финикійскаго (VI). Перенесеніе мощей св. князя Вячеслава Чешскаго (938). Преп. Герасима Вологодскаго (1178). Свят. Григорія, еп. Асскаго (1185). Благов. князя Василія (Василька) Ростовскаго (1238). Преподобномуч. Іоасафа Снѣтногорскаго (1299). Преподобномуч. Василія Мирожскаго (1299). Благов. князя Даніила Московскаго (1303). Прав. Петра Томскаго (1820). Священномуч. Димитрія Иванова пресв. (1933). Священномуч. Александра Лихарева пресв. (1938). Свят. Григорія, еп. Констанціи Кипрскаго.

На 6-мъ часѣ: Исаіи **9**, 9 — **10**, 4. На веч.: Быт. **7**, 1-5: Притч. **8**, 32 — **9**, 11.

Среда

5/18 Муч. Конона Исаврійскаго (I). Муч. Онисія Исаврійскаго (I). Свят. Ѳеофила, еп. Кесаріи Палестинскія (ок. 200). Муч. Конона градаря (огородника) (ок. 251). Мучч. Ираиды и съ нею: Архелая и 152 мучениковъ (308-310). Преп. Марка постника Египетскаго (V). Свят. Кіерана, еп. Сайгерскаго

Мартъ

(530). Свят. Виргилія, архіеп. Арелатскаго (618). Преп. Исихія Виѳинскаго (790). Переенесеніе мощей благов. князя Ѳеодора Смоленскаго и Ярославскаго и чадъ его: Давида и Константина (1463). Преп. Адріана Пошехонскаго (1550) и преп. Леонида (1549), сподвижника его. Муч. Іоанна Болгарскаго (1784). Священномуч. Николая Покровскаго пресв. (1919). Священномуч. Іоанна Миротворцева пресв., преподобномучч. Мардарія (Исаева) и Ѳеофана (Графова) (1938). Свят. Николая, еп. Жичскаго (1956). Обрѣт. мощей свт. Луки исп., архіеп. Симферопольскаго (1996). Мучч. Евлогія и Евлампія Палестинскихъ. Иконы Божіей Матери «Воспитаніе».

Литургія Преждеосвященныхъ Даровъ. На 6-мъ часѣ: Исаіи **10**, 12-20: На веч.: Быт. **7**, 6-9: Притч. **9**, 12-18.

Четвергъ
6/19 42 мучениковъ Амморейскихъ: Ѳеодора, Константина, Аетія, Ѳеофила, Мелиссена, Васоя, Каллиста и проч. (ок. 845). Преподобномуч. Конона Иконійскаго и сына его Конона діакона (ок. 275). Свят. Тиранна, еп. Антіохійскаго (311). Преп. Аркадія Кипрскаго (IV) и учениковъ его мучч. Іуліана и Еввула (ок. 361). Муч. Григориса Армянскаго (IV). Свят. Евагрія исп., патр. Константинопольскаго (IV). Преп. Фридолина, игум. Сакингенскаго (538). Преп. Іова, въ схимѣ Іисуса, Анзерскаго (1720). Обрѣт. честнаго Креста и честныхъ гвоздей св. царицею Еленою (326). Иконъ Божіей Матери «Ченстоховскія», «Шестоковскія» и «Благодатное Небо».

На 6-мъ часѣ: Исаіи **11**, 10 — **12**, 2. На веч.: Быт. **7**, 11 — **8**, 3: Притч. **10**, 1-22.

Пятница
7/20 Священномучч. Херсонскихъ: Ефрема (ок. 315), Василія (309), Евгенія (311), Елпидія (311), Агаѳодора (311), Евѳерія (324) и Капитона (по 325). Преп. Павла препростаго (IV). Свят. Павла исп., еп. Прусіадскаго (ок. 850). Преп. Лаврентія Саламинскаго (1770). Священномуч. Николая Розова пресв. (1930). Преподобномуч. Нила (Тютюкина), преподобномучцц. Анны (Гороховой), Антонины (Новиковой), Евдокіи (Синициной), Екатерины (Константиновой), Ксеніи (Петрухиной), Маріи (Грошевой), Матроны (Грошевой) и Надежды (Кругловой) (1938). Препп. Нестора и Аркадія, епп. Тримиѳунта Кипрскаго. Преп. Еміліана Италійскаго, въ мірѣ Викторина. Иконъ Божіей Матери «Споручница грѣшныхъ»

въ Корцѣ, въ Ординѣ и въ Москвѣ.

Литургія Преждеосвященныхъ Даровъ. На 6-мъ часѣ: Исаіи **13**, 2-13. На веч.: Быт. **8**, 4-21: Притч. **10**, 31 — **11**, 12.

Суббота
8/21 *Суббота 3-я Великаго поста, родительская.*
Преп. Ѳеофилакта исп., еп. Никомидійскаго (ок. 845). Ап. Ерма отъ 70-ти (I). Священномуч. Ѳеодорита пресв. Антіохійскаго (ок. 363). Преп. Дометія персіянина (IV). Свят. Феликса Бургундскаго, еп. Данвичскаго (648). Препп. Лазаря (1391) и Аѳанасія (XV) Муромскихъ. Священномуч. Іоанна Знаменскаго пресв. (1923). Новомуч. Владиміра Ушкова (1942). Иконы Божіей Матери «Знаменіе» Курскія-Коренныя, въ память чудеснаго спасенія иконы отъ посяганія революціонеровъ-безбожниковъ (1898 г.).

ряд.: Евр. (зач. 325) **10**, 32-38: Марк. (зач. 8) **2**, 14-17.
За упокой: 1 Сол. (зач. 270) **4**, 13-17: Іоан. (зач. 16) **5**, 24-30.

Воскресеніе
9/22 **Недѣля 3-я Великаго поста.** *Крестопоклонная.* **Гласъ 7-й. Сорока мучениковъ Севастійскихъ:** Киріона, Кандида, Домна, Исихія, Ираклія, Смарагда, Евноика, Валента, Вивіана, Клавдія, Приска, Ѳеодула, Евтихія, Іоанна, Ксанѳія, Иліана, Сисинія, Ангія, Аетія, Флавія, Акакія, Екдикія, Лисимаха, Александра, Илія, Горгонія, Ѳеофила, Дометіана, Гаія, Леонтія, Аѳанасія, Кирилла, Сакердона, Николая, Валерія, Филоктимона, Северіана, Худіона, Аглая и Мелитона (ок. 320). Муч. Урпасіана Никомидійскаго (ок. 295). Правед. Кесарія (369), брата свят. Григорія Богослова. Преп. Филорома Галатійскаго исп. (IV). Перенес. мощей муч. Авраамія Болгарскаго (1230). Свят. Іоны, архіеп. Новгородскаго (1470). Прав. Ѳеодосія Балтскаго (1845). Священномучч. Алексія Смирнова, Димитрія Гливенко, Михаила Маслова, Сергія Лебедева, Сергія Цвѣткова пресвв., Николая Горюнова діакона, преподобномуч. Іоасафа (Шахова), преподобномучцц. Александры (Самойловой) и Наталіи (Ульяновой) (1938). Прав. Тарасія чуд. Ликаонійскаго. Иконы Божіей Матери «Албазинскія» именуемой «Слово плоть бысть».

На веч.: 40 мучениковъ: 1) Исаіи **43**, 9-14. 2) Прем. Сол. **3**, 1-9. 3) Прем. Сол. **5**, 15 — **6**, 3.

Утр.: Еван. 7-е: Іоан. (зач. 63) **20**, 1-10.

ряд.: Евр. (зач. 311) **4**, 14 — **5**, 6: Марк. (зач. 37) **8**, 34 — **9**, 1.
40 мучч.: Евр. (зач. 331) **12**, 1-10: Матѳ. (зач. 80) **20**, 1-16.

Мартъ

Понедѣльникъ

10/23 **Седмица 4-я Великаго поста.** Муч. Кодрата и иже съ нимъ: Кипріана, Діонисія, Анекта, Павла, Крискента, Діонисія (другого), Викторина, Виктора, Никифора, Клавдія, Діодора, Серапіона, Папія, Леонида и св. женъ: Харіессы, Нунехіи, Василиссы, Ники, Калисы Гали, Галины, Ѳеодоры и многихъ другихъ (250-258). Муч. Кодрата Никомидійскаго и съ нимъ Саторина, Руфина и проч. (III). Преп. Анастасіи патрикіи (ок. 568). Преп. Георгія Арселаита, брата преп. Іоанна Лѣствичника (VI). Преп. Іоанна Хахульскаго (XI). Муч. Михаила Солунскаго (1544). Блаж. Павла Таганрогскаго (1879). Священномуч. Димитрія Легейдо пресв. (1938).

На 6-мъ часѣ: Исаіи **14**, 24-32. На веч.: Быт. **8**, 21 — **9**, 7: Притч. **11**, 19 — **12**, 6.

Вторникъ

11/24 Свят. Софронія, патр. Іерусалимскаго (644). Свящмуч. Піонія, пресв. Смирнскаго и съ нимъ: Асклипіада, Македоніи, Лина, Сабины (250). Перенесеніе мощей муч. Епимаха (250). Преп. Георгія Синаита (VI). Преп. Іоанна Мосха (622). Преп. Энгуса, еп. Клоненахскаго (ок. 830). Священномуч. Евлогія, архіеп. Кордубскаго (859). Преп. Георгія новаго чуд., Константинопольскаго (ок. 970). Преп. Ѳеодоры, царицы Арты (1275). Преп. Софронія, затворника Печерскаго (XIII). Свят. Евѳимія, архіеп. Новгородскаго (1458). Свят. Софронія, еп. Врачанскаго (1813). Преп. Алексія Голосѣевскаго (1917). Преп. Патрикія (Петрова) исп. (1933). Прав. Василія Малахова исп., пресв. (1937).

На 6-мъ часѣ: Исаіи **25**, 1-9. На веч.: Быт. **9**, 8-17: Притч. **12**, 8-22.

Среда

12/25 Преп. Ѳеофана исп. Сигріанскаго (818). Прав. Финееса первосвященника Израильскаго (1500 до Р.Х.). Преп. Аввакира или Кира Александрійскаго (VI). Свят. Григорія Двоеслова, еп. Римскаго (604). Преп. Симеона Благоговѣйнаго (987). Преп. Симеона Новаго Богослова (1022). Муч. Димитрія царя Грузинскаго (1289). Благов. Стефана Драгутина, въ мон. Ѳеоктиста, короля Сербскаго (1316). Прав. Александра Державина исп. пресв. (1933). Священномучч. Іоанна Плеханова, Константина Соколова пресвв. и преподобномуч. Владиміра (Волкова) (1938). Священномуч. Сергія Скворцова пресв. (1943). Иконы Божіей Матери «Римскія» или «Лиддскія».

Литургія Преждеосвященныхъ Даровъ. На 6-мъ часѣ: Исаіи **26**, 21 — **27**, 9. На веч.: Быт. **9**, 18 — **10**, 1: Притч. **12**, 23 — **13**, 9.

Четвергъ

13/26 Перенесеніе мощей свят. Никифора, патр. Константинопольскаго (846). Священномуч. Пуплія, еп. Аѳинскаго (II). Муч. Савина Египетскаго (287). Мучч. Африкана, Пуплія и Терентія (III). Священномуч. Александра пресв. Македонскаго (ок. 305). Мучц. Христины Персидскія (IV). Священномуч. Николая Попова пресв. (1919). Священномуч. Григорія Поспѣлова пресв. (1921). Священномуч. Стефана, еп. Ижевскаго (1933). Священномуч. Михаила Околовича пресв. (1938). Преп. Анина пресв. чуд. Иконы Божіей Матери «Молдавскія».

На 6-мъ часѣ: Исаіи **28**, 14-22. На веч.: Быт. **10**, 32 — **11**, 9: Притч. **13**, 20 — **14**, 6.

Пятница

14/27 Преп. Венедикта Нурсійскаго (543). Муч. Евстаѳія иже въ Каррахъ съ дружиной его (741). Свят. Евсхимона, еп. Лампсакійскаго (IX). Благов. вел. кн. Кіевскаго Ростислава-Михаила Мстиславича (1167). Свят. Ѳеогноста, митр. Кіевскаго (1353). Преп. Андрея, игум. обители Рафаиловской-Тобольской (1820). Иконы Божіей Матери «Ѳеодоровскія-Костромскія».

Литургія Преждеосвященныхъ Даровъ. На 6-мъ часѣ: Исаіи **29**, 13-23. На веч.: Быт. **12**, 1-7: Притч. **14**, 15-26.

Суббота

15/28 *Суббота 4-я Великаго поста.*

Муч. Агапія и съ нимъ 7 мучч.: Пуплія, Тимолая, Ромила, двухъ Діонисіевъ и двухъ Александровъ (302). Священмуч. Александра пресв. Сидіи Памфилійскія (ок. 275). Муч. Никандра Египетскаго (ок. 302). Свят. Захаріи, папы Римскаго (752). Преп. Никандра Городноезерскаго (1603). Муч. Мануила Критскаго (1792). Священномуч. Алексія Виноградова пресв. (1938). Священномуч. Михаила Богословскаго пресв. (1940). Обрѣт. мощей преп. Варсонофія Херсонскаго, исп. (2007).

ряд.: Евр. (зач. 313) **6**, 9-12: Маркъ (зач. 31) **7**, 31-37.

За упокой: 1 Кор. (зач. 163) **15**, 47-57: Іоан. (зач. 16) **5**, 24-30.

Воскресеніе

16/29 **Недѣля 4-я Великаго поста.** *Преп. Іоанна Лѣствичника (649).* **Гласъ 8-й.**

Муч. Савина Египетскаго (287). Муч. Папы Ликаонскаго (ок. 305). Ап. Аристовула отъ 70-ти, еп. Вританійскаго

Мартъ

(Британскаго) (I). Священномуч. Александра, еп. Римскаго (115). Священномучч. Трофима и Ѳала, пресвитеровъ Лаодикійскихъ (ок. 300). Муч. Іуліана Аназарвскаго (ок. 305). Преп. Христодула Патмосскаго чудотворца (1111). Препп. Пимена юродиваго и Антонія Месхи (XIII). Свят. Серапіона, архіеп. Новгородскаго (1516). Свят. Амвросія исп., католикоса Грузіи (1927). Преп. Евтропіи Херсонскія (1968).

Утр.: Еван. 8-е: Іоан. (зач. 64) **20**, 11-18.

ряд.: Евр. (зач. 314) **6**, 13-20: Марк. (зач. 40) **9**, 17-31.

Преп.: Ефес. (зач. 229) **5**, 9-19: Матѳ. (зач. 10) **4**, 25 — **5**, 12.

Понедѣльникъ

17/30 **Седмица 5-я Великаго поста.** Преп. Алексія, человѣка Божія (411). Муч. Марина воина (260). Преп. Патрикія, просвѣтителя Ирландіи (V). Преп. Гертруды Нивельскія (659). Преп. Беккана Румскаго (677). Преподобномуч. Павла Критскаго (767). Преп. Макарія Калязинскаго (1483). Священномуч. Гавріила малаго (1802). Преп. Парѳенія Кіевскаго (1855). Свят. Гурія, архіеп. Таврическаго (1882). Священномуч. Александра Поливанова пресв. (1919). Священномуч. Виктора Киранова пресв. (1942).

На 6-мъ часѣ: Исаіи **37**, 33 — **38**, 6. На веч.: Быт. **13**, 12-18: Притч. **14**, 27 — **15**, 4.

Вторникъ

18/31 Свят. Кирилла, архіеп. Іерусалимскаго (386). Мучч. Трофима, Евкарпія и Сократа Никомидійскихъ (ок. 300). Свят. Тетрика, еп. Лангрскаго (572). Преп. Даніила Египетскаго (VI). Муч. Эдуарда, короля Англіи (979). Преп. Кирилла Астраханскаго (1576). Священномуч. Димитрія Розанова пресв., и преподобномучц. Наталіи (Баклановой) (1938). Преподобномучц. Маріи (Скобцовой) (1945). Преп. Анина монаха. Преп. Ананіи Евфратскаго.

На 6-мъ часѣ: Исаіи **40**, 18-31. На веч.: Быт. **15**, 1-15: Притч. **15,** 7-19.

Среда

19/1 а. Мучч. Хрисанѳа и Даріи, и съ ними Клавдія, жены его Иларіи, двухъ сыновъ ихъ Іасона и Мавра, Діодора пресвитера и Маріана діакона (283). Муч. Панхарія Никомидійскаго (ок. 302). Благов. кн. Маріи Владимірскія, въ мон. Марѳы (1206). Преп. Вассы Псково-Печерскія (ок. 1473). Преп. Иннокентія Вологодскаго (1521). Муч. Димитрія Торнары (1564). Прав. Софіи, кн. Слуцкія (1612). Блаж. Николая Вологодскаго, Христа ради юрод. (1837). Прав. Іоанна

Мартъ

Блинова исп. (1933). Преподобномучч. Матроны Алексѣевой (1938). Преп. Симеона Дайбабскаго (1941). Преп. Симеона Псково-Печерскаго (1960). Иконы Божіей Матери «Умиленіе-Смоленскія».

Литургія Преждеосвященныхъ Даровъ. На 6-мъ часѣ: Исаіи **41**, 4-14. На веч.: Быт. **17**, 1-9: Притч. **15**, 20 — **16**, 9.

Четвергъ
20/2 *Андреево стояніе.*

Препп. отецъ въ обители св. Саввы избіенныхъ: Іоанна, Сергія, Патрикія и проч. (796). Муч. Фотины (Свѣтланы) Самаряныни, сыновей ея Виктора нареченнаго Фотиномъ и Іосіи, мучцц. Анатоліи, Фото, Фотиды, Параскевы, Киріакіи, Домнины и муч. Севастіана (ок. 61). Мучцц. 7 дѣвъ: Александры, Клавдіи, Евфрасіи, Матроны, Іуліаніи, Евфиміи и Ѳеодосіи (310). Свят. Мартина, еп. Брагскаго (580). Свят. Куѳберта, еп. Линдисфарнскаго (687). Муч. Михаила Савваита (691). Муч. Арчила, царя Иверскаго (744). Свят. Никиты исповѣд., арх. Аполлоніадскаго (ок. 820). Преп. Евфросина Синоезерскаго (1612). Муч. Мирона Критскаго (1793). Священномуч. Василія Соколова діакона (1938). Муч. Родіана.

Литургія Преждеосвященныхъ Даровъ. На 6-мъ часѣ: Исаіи **42**, 5-16. На веч.: Быт. **18**, 20-33: Притч. **16**, 17 — **17**, 17.

Пятница
21/3 Преп. Іакова Катанскаго, исп., епископа (по 775). Свят. Кирилла, еп. Катанскаго (II). Преп. Серапіона Нитрейскаго (358). Преп. Серапіона, еп. Тмуисскаго (ок. 366). Преп. Лупиціана Кондатскаго, отшельника (480). Преп. Енды Ирландскаго (ок. 530). Преп. Софронія Палестинскаго (542). Свят. Ѳомы, патр. Константинопольскаго (610). Преп. Пахомія Нерехтскаго (1384). Муч. Михаила Солунскаго (1752), Священномуч. Владиміра Введенскаго пресв. (1931). Преп. Серафима Вырицкаго (1949).

Литургія Преждеосвященныхъ Даровъ. На 6-мъ часѣ: Исаіи **45**, 11-17. На веч.: Быт. **22**, 1-18: Притч. **17**, 17 — **18**, 5.

Суббота
22/4 *Суббота 5-я Великаго поста, Акаѳистная. Похвала Пресвятыя Богородицы.*

Священномуч. Василія, пресв. Анкирскаго (363). Мучц. Дросиды и съ нею дѣвъ Аглаиды, Аполлинаріи, Даріи, Мамфусы и Таисіи (ок. 117). Мучцц. Каллиники и Василиссы Римскихъ

Мартъ

(ок. 252). Свят. Павла, еп. Нарбоннскаго (III). Преп. Исаакія Далматскаго (383). Свят. Деогратія, еп. Карѳагенскаго (V). Преподобномуч. Евѳимія Константинопольскаго (1814). Священномуч. Василія, еп. Прилуцкаго (1930). Преп. Софіи Кіевскія исп. (1941). Иконы Божіей Матери «Азъ есмь съ вами и никтоже на вы».

ряд.: Евр. (зач. 322) **9**, 24-28: Марк. (зач. 35) **8**, 27-31.

Богородицы: Евр. (зач. 320) **9**, 1-7: Лук. (зач. 54) **10**, 38-42; **11**, 27-28.

Воскресеніе

23/5 **Недѣля 5-я Великаго поста.** *Преп. Маріи Египетскія (522).* **Гласъ 1-й.**

Преподобномуч. Никона, еп. и 199 учениковъ его съ нимъ мучившихся (251). Мучч. Филита, Лидіи, Македона, Ѳеопрепія, Кронида и Амфилохія (117-138). Муч. Дометія перса (IV). Преп. Никона, игум. Печерскаго (1088). Свят. Вассіана, архіеп. Ростовскаго (1481). Муч. Василія Мангазейскаго (1602). Преподобномуч. Луки новаго Мителенскаго (1802). Преп. Елены Кіево-Флоровскія (1834). Священномуч. Макарія Квиткина пресв. (1931). Священномуч. Стефана Преображенскаго пресв. (по 1937). Священномуч. Василія Коклина пресв., преподобномуч. Иліи (Вятлина), преподобномучцц. Анастасіи (Бобковой), Варвары (Конкиной) и муч. Алексія Скоробогатова (1938). Преп. Сергія (Сребрянскаго) исп. (1948).

Утр.: Еван. 9-е: Іоан. (зач. 65) **20,** 19-31.

ряд.: Евр. (зач. 321 отъ полу) **9**, 11-14: Марк. (зач. 47) **10**, 32-45.

Преп. Маріи: Гал. (зач. 208) **3**, 23-29: Лук. (зач. 33) **7**, 36-50.

Понедѣльникъ

24/6 **Седмица 6-я Великаго поста.** *Предпразднство Благовѣщенія.* Свят. Артемона (Артемія), еп. Селевкіи Писидійской (II). Преп. Захаріи монаха иже въ Латрѣ (IV). Преп. Сеннуфія знаменосца (IV). Преп. Ѳомы игумена (542). Преп. Каймина Святоосторвскаго (ок. 644). Свят. Севира Катанскаго (811). Преп. Іакова исп. (IX). Преп. Захаріи постника Печерскаго (XIV). Мучч. Стефана и Петра Казанскихъ (1552). Священномуч. Парѳенія, патр. Константинопольскаго (1657). Священномуч. Владиміра Паньника пресв. (1920). 8-ми мучч. изъ Кесаріи Палестинскія. Преп. Мартина Ѳивеянина. Иконы Божіей Матери «Тучная гора».

Мартъ

На 6-мъ часѣ: Исаіи **48**, 17 — **49**, 4. На веч.: Быт. **27**, 1-41: Притч. **19**, 16-25 и праздника 3: 1) Быт. **28**, 10-17. 2) Іез. **43**, 27 — **44**, 4. 3) Притч. **9**, 1-11.

Вторникъ

25/7 **Благовѣщеніе Пресвятыя Богородицы.**
Свят. Тихона исповѣдника, патріарха Московскаго и всея Россіи (1925). Преп. Саввы новаго Колимносскаго (1948).
На утр.: Праздника: Лук. (зач. 4) **1**, 39-49, 56.
Вечерня съ литургіи свят. Іоанна Златоуста.
На 6-мъ часѣ: Исаіи **49**, 6-10. На веч.: Быт. **31**, 3-16: Притч. **21**, 3-21 и праздника 2: 1) Исх. **3**, 1-8. 2) Притч. **8**, 22-30.
Праздника: Евр. (зач. 306) **2**, 11-18: Лук. (зач. 3) **1**, 24-38.

Среда

26/8 *Отданіе праздника Благовѣщенія.* Соборъ Архангела Гавріила. Священномуч. Иринея, еп. Сирмійскаго (304). Священномучч. Монтана пресв. Сирмійскаго и Максимы супруги его (304). Мучч. Ваѳусія и Верка пресвитеровъ, Арпилы монаха, мірянъ: Авипа, Агна, Реаса, Игаѳракса, Искоя, Силы, Сигица, Сонирила, Суимвла, Ѳерма, Филла, и отъ женъ: Анны, Аллы, Ларисы, Моико, Мамики, Уирко, Анимаисы, Гааѳы и Дуклиды (ок. 375). Преп. Малха Сирійскаго (IV). Свят. Брауліо, еп. Сарагосскаго (646). Свят. Лудгера, еп. Мимигардскаго (809). Преп. Василія Новаго (ок. 944). Муч. Георгія Софійскаго (1437). Мучц. Параскевы Кочневой (1939). Иконы Божіей Матери «Мелитинскія».
Литургія Преждеосвященныхъ Даровъ. На 6-мъ часѣ: Исаіи **58**, 1-11. На веч.: Быт. **43**, 26-31; **45**, 1-16: Притч. **21**, 23 — **22**, 4.

Четвергъ

27/9 Мучц. Матроны Солунскія (III). Пророка Ананіи (X в. до Р.Х.). Мучч. Мануила и Ѳеодосія (304). Преп. Іоанна прозорливаго Египетскаго (395). Преп. Пафнутія Гераклейскаго (IV). Преп. Павла, еп. Коринѳскаго (IX). Свят. Ефрема, архіеп. Ростовскаго (1454). Преп. Александра Вочскаго (XV). Свят. Антонія, митр. Тобольскаго (1740). Преп. Кирика Ѳракійскаго.
На 6-мъ часѣ: Исаіи **65**, 8-16. На веч.: Быт. **46**, 1-7: Притч. **23**, 15 — **24**, 5.

Пятница

28/10 Преп. Иларіона новаго, игум. Пеликитскаго (ок. 754). Мучч. Приска, Малха и Александра (260). Мучч. Іоны и Варахисія

Мартъ

и съ ними Заниѳана, Лазаря, Маруѳана, Нарсина, Иліи, Марина, Авива, Сивсиѳина и Саввы (ок. 330). Св. Исихія Богослова, пресв. Іерусалимскаго (434). Преп. Стефана чудотв. (815). Мучч. Бояна, кн. Болгарскаго, Георгія еп., Парода и Петра пресвв. (833). Преподобномуч. Евстратія Печерскаго (1097). Преп. Иларіона Гдовскаго (1476). Преп. Діонисія милостиваго, еп. Ларисскаго (1510). Преп. Іоанна, еп. Манглисскаго (1751). Прав. Николая Постникова исп. пресв. (1931). Священномуч. Николая Писканскаго пресв. (1935). Священномуч. Василія Малинина пресв. (1938). Муч. Іоанна Чернова (1939).

Литургія Преждеосвященныхъ Даровъ. На 6-мъ часѣ: Исаіи **66**, 10-24. На веч.: Быт. **49**, 33 — **50**, 26: Притч. **31**, 8-32.

Суббота
29/11 *Лазарева суббота. Воскрешеніе праведнаго Лазаря.*

Прав. Лазаря четверодневнаго съ сестрами его Марѳой и Маріей (I). Преподобномуч. Марка, еп.Ареѳуссійскаго, Кирилла діакона и иныхъ при Іуліанѣ мучителѣ пострадавшихъ (360-363). Преп. Іоанна пустынника (IV). Свят. Евстаѳія исповѣдника, еп. Виѳинійскаго (IX). Препп. Іоны (1480) и Марка (XV) Псково-Печерск. Священномуч. Павла Войнарскаго и иже съ нимъ мучч. Павла и Алексія (1919). Прав. Михаила Викторова исп. пресв. (1933).

ряд.: Евр. (зач. 333 отъ полу) **12**, 28 — **13**, 8: Іоан. (зач. 39) **11**, 1-45.

Воскресеніе
30/12 Недѣля Ваій. Входъ Господень во Іерусалимъ.

Преп. Іоанна, списателя «Лѣствицы» (649). Пророка Іоада (XV в. до Р.Х.). Апост. отъ 70-ти: Сосѳена, Аполлоса, Кифы, Кесаря и Епафродита (I). Прав. Еввулы (ок. 303), матери великомуч. Пантелеимона. Свят. Іоанна, патріарха Іерусалимскаго (417). Преп. Іоанна безмолвника (558). Преп. Зосимы, еп. Сиракузскаго (662). Священномуч. Захаріи, еп. Коринѳскаго (1684). Свят. Софронія, архіеп. Иркутскаго (1771). Прав. Монаки Александрійскія.

Веч.: 1) Быт. **49**, 1-2, 8-12. 2) Соф. **3**, 14-19. 3) Зах. **9**, 9-15.
Утр.: Матѳ. (зач. 83) **21**, 1-11, 15-17.
Литургія свят. Іоанна Златоуста.
Праздника: Филип. (зач. 247) **4**, 4-9: Іоан. (зач. 41) **12**, 1-18.

Мартъ

Понедѣльникъ
31/13 **Великій понедѣльникъ.**
Страстная седмица. *Прав. Іосифа Прекраснаго (XVII в. до Р.Х.).* Свят. Ипатія чудотв., еп. Гангрскаго (360). Прав. Іосифа прекраснаго (XVIII в. до Р.Х.). Преп. Акакія исп., еп. Мелитинскаго (251). Преп. Аполлонія Египетскаго (395). Мучч. Авды епископа и Веніамина діакона (424). Преп. Ипатія, игум. Руфіанскаго (ок. 446). Преп. Власія Аморейскаго (ок. 908). Преп. Ипатія, цѣлителя Печерскаго (XIV). Свят. Іоны, митр. Московскаго (1461). Свят. Иннокентія, митр. Московскаго (1879). Священномуч. Іоанна Блюмовича пресв. (1938). Иконы Божіей Матери «Иверскія».
Утр.: Матѳ. (зач. 84) **21,** 18-43.
Литургія Преждеосвященныхъ Даровъ. На 6-мъ часѣ: Іезек. **1,** 1-20. На веч.: Исх. **1,** 1-20: Іова **1,** 1-12. Лит.: Матѳ. (зач. 98) **24,** 3-35.

| Дни недѣли | Апрѣль | День имѣетъ 13 ч., а ночь 11 ч. |

Апрѣль

Вторникъ
1/14 **Великій вторникъ.**
Преп. Маріи Египетскія (522). Свят. Мелитона, еп. Сардійскаго (II). Мучч. Геронтія и Василида (III). Преп. Макарія исп. Пеликитскаго (ок. 830). Преп. Прокопія Сазавскаго (1053). Муч. Авраамія Болгарскаго (1229). Преп. Іоанна Шавтели, еп. Гаенатскаго (XIII). Преп. отрока Геронтія, канонарха Печерскаго (XIV). Преп. Евѳимія, архим. Суздальскаго (1404). Свят. Пахомія, еп. Романскаго (1724). Преп. Варсонофія Оптинскаго (1913). Священномуч. Сергія Заварина пресв. (1938). Свят. Макарія (Васильева), схи-епископа, исп. (1944). Прав. Ахаза. Муч. Георгія Самосскаго.
Утр.: Матѳ. (зач. 90) **22**, 15 — **23**, 39.
Литургія Преждеосвященныхъ Даровъ. На 6-мъ часѣ: Іезек. **1**, 21 — **2**, 1. На веч.: Исх. **2**, 5-10: Іова **1**, 13-22. Лит.: Матѳ. (зач. 102) **24**, 36 — **26**, 2.

Среда
2/15 **Великая среда.**
Преп. Тита чудотворца (IX). Мучч. Амфіана и Едесія Патарскихъ (306). Муч. Поликарпа Александрійскаго (IV). Свят. Никиты, еп. Ліонскаго (573). Преп. Георгія Ацкурскаго (X). Свят. Саввы, архіеп. Сурожскаго (XII). Преп. Григорія Никомидійскаго (1290).

Утр.: Іоан. (зач. 41 отъ полу) **12,** 17-50.

Литургія Преждеосвященныхъ Даровъ. На 6-мъ часѣ: Іезек. **2, 3 — 3,** 3. На веч.: Исх. **2,** 11-22: Іова **2,** 1-10. Лит.: Матѳ. (зач. 108). **26,** 6-16.

Четвергъ
3/16 **Великій четвертокъ. Воспоминаніе Тайной Вечери.**

Преп. Никиты исп., игум. Мидикійскаго (824). Мучч. Елпидифора, Дія, Виѳонія и Галика (III). Мучч. Кассія, Филиппа и Евтихія Солунскихъ (304). Муч. Ульфіана Тирскаго (306). Мучц. Ѳеодосіи дѣвы, Тирскія (308). Мучч. Евагрія, Бенигна, Христа, Ареста, Киннудія, Руфа, Патрикія и Зосимы Томійскихъ (ок. 310). Преп. Бургундофары Фармульерскія (657). Преп. Нектарія Бѣжецкаго (1492). Преп. Иллирика чуд., Мирсинонскаго. Иконы Божіей Матери «Неувядаемый цвѣтъ».

Утр.: Лук. (зач. 108 отъ полу) **22,** 1-39. На 1-мъ часѣ: Іерем. **11,** 18 — **12,** 5, 9-11, 14-15.

На вечерни съ литургіей свят. Василія Великаго: 1) Исх. **19,** 10-19. 2) Іов. **38,** 1-23; **42,** 1-5. 3) Исаія **50,** 4-11. Апост. 1 Кор. (зач. 149) **11,** 23-32. Еванг. Матѳ. (зач. 107) **26,** 1-20; Іоан. **13,** 3-17; Матѳ. **26,** 21-39; Лук. **22,** 43-45; Матѳ. **26,** 40 — **27,** 2.

Пятница
4/17 **Великій пятокъ. Воспоминаніе Святыхъ и Спасительныхъ Страстей Господа нашего Іисуса Христа.**

Преп. Іосифа Пѣснописца (883). Преп. Георгія Малеина (IX). Мучц. Фервуѳы дѣвы, сестры и рабыни ея (341-343). Преп. Зосимы, обрѣтшаго Марію Египетскую (VI). Преп. Іосифа многоболѣзненнаго Печерскаго (XIV). Преп. Ѳеоны, митр. Солунскаго (1541). Преп. Зосимы Ворбозомскаго (ок. 1550). Преп. Іакова Галичскаго (XVI). Священномуч. Никиты Албанскаго (1808). Преподобномучч. Веніамина (Кононова) и Никифора (Кучина) (1928). Священномуч. Николая, еп. Вѣльскаго и преподобномучц. Маріи (Леляновой) Гатчинскія (1932). Священномуч. Іоанна Вечорко пресв. (1933). Муч. Іоанна Колесникова (1943). Преп. Иліи Макѣевскаго (1946). Иконы Божіей Матери «Герондисса».

На утрени чтеніе 12-ти евангелій: 1) Іоан. (зач. 46) **13,** 31 — **18,** 1, 2) Іоан. (зач. 58) **18,** 1-28. 3) Матѳ. (зач. 109) **26,** 57-75. 4) Іоан. (зач. 59) **18,** 28 — **19,** 16. 5) Матѳ. (зач. 111) **27,** 3-32. 6) Марк. (зач. 67) **15,** 16-32. 7) Матѳ. (зач. 113) **27,** 33-54. 8) Лук. (зач. 111) **23,** 32-49. 9) Іоан. (зач. 61) **19,** 25-37. 10) Марк. (зач. 69) **15,** 43-47. 11) Іоан. (зач. 62) **19,** 38-42. 12) Матѳ. (зач. 114)

Апрѣль

27, 62-66.

На часахъ: 1) Захаріи **11,** 10-13. Гал. (зач. 215 отъ полу) **6,** 14-18. Матѳ. (зач. 110) **27,** 1-56. 3) Исаіи **50,** 4-11. Рим. (зач. 88 отъ полу) **5,** 6-11. Марк. (зач. 67) **15,** 16-41. 6) Исаіи **52,** 13 — **54,** 1. Евр. (зач. 306) **2,** 11-18. Лук. (зач. 111) **23,** 32-49. 9) Іерем. **11,** 18 — **12,** 5, 9-11, 14-15. Евр. (зач. 324) **10,** 19-31. Іоан. (зач. 59) **18,** 28 — **19,** 37.

На веч.: 1) Исх. **33,** 11-23. 2) Іов. **42,** 12-17. 3) Исаіи **52,** 13 — **54,** 1. Апост.: 1 Кор. (зач. 125) **1,** 18 — **2,** 2. Еванг.: Матѳ. (зач. 110) **27,** 1-38; Лук. **23,** 39-43; Матѳ. **27,** 39-54; Іоан. **19,** 31-37; Матѳ. **27,** 55-61.

Суббота
5/18 **Великая суббота.**

Мучч. Ѳеодула и Агаѳопода, и иже съ ними (ок. 303). Преп. Пуплія Египетскаго (IV). Препп. Ѳеоны, Симеона и Форвина (IV). Преп. Марка Аѳинскаго (400). Преп. Платона исповѣдника, игум. Студійскаго (814). Преп. Ѳеодоры Солунскія (892). Перенесеніе мощей свят. Іова, патр. Московскаго (1652). Муч. Георгія Ново-Ефесскаго (1801). Муч. Панагіона Іерусалимскаго (1820). Священномуч. Алексія Кротенкова пресв. (1930). Священномуч. Николая Симо пресв. (1931).

Утр.: Іезек. **37,** 1-14: Апост.: 1 Кор. (зач. 133) **5,** 6-8; Гал. **3,** 13-14: Еванг.: Матѳ. (зач. 114) **27,** 62-66.

На вечерни съ литургіей свят. Василія Великаго: 1) Быт. **1,** 1-13. 2) Исаіи **60,** 1-16. 3) Исх. **12,** 1-11. 4) Іоны **1,** 1 — **4,** 11. 5) Іис. Нав. **5,** 10-15. 6) Исх. **13,** 20 — **14,** 32; **15,** 1-19. 7) Софон. **3,** 8-15. 8) 3 Цар. **17,** 8-23. 9) Исаіи **61,** 10 — **62,** 5. 10) Быт. **22,** 1-18. 11) Исаіи **61,** 1-9. 12) 4 Цар. **4,** 8-37. 13) Исаіи **63,** 11 — **64,** 5. 14) Іерем. **31,** 31-34. 15) Дан. **3,** 1-56; 57-88. Апост.: Рим. (зач. 91) **6,** 3-11. Еванг.: Матѳ. (зач. 115) **28,** 1-20.

Воскресеніе
6/19 **Свѣтлое Христово Воскресеніе. Пасха Господня.**

Свят. Евтихія, патр. Константинопольскаго (582). Мучч. Іереміи и Архилія Римскихъ (III). Преп. Платониды Сирскія (308). Мучч. 120 въ Персидѣ. (344-347). Преп. Павла Студійскаго (V). Св. равноап. Меѳодія, архіеп. Моравскаго, первоучителя славянъ (885). Преп. Григорія Аѳонскаго (1326). Муч. Николая Лезвійскаго (1463). Свят. Афѳонія, митр. Новгородскаго (1653). Муч. Павла Русскаго (1683). Священномуч. Геннадія Аѳонскаго (1818). Мучч. Петра Жукова и Прохора Михайлова (1918). Священномуч. Іоанна Бойкова пресв. (1934). Священномуч. Іакова Бойкова пресв. (1943). Преп. Севастіана исп., Карагандинскаго (1966).

На лит.: Дѣян. (зач. 1) **1**, 1-8: Іоан. (зач. 1) **1**, 1-17.

На веч.: Іоан. (зач. 65) **20**, 19-25.

Понедѣльникъ

7/20 **Свѣтлый понедѣльникъ.**

Седмица 1-я по Пасхѣ. Преп. Георгія, еп. Мелитинскаго (820). Прав. Егезиппа (180). Муч. Калліопія Помпеопольскаго (304). Мучч. Руфина діакона, Акилины и съ ними 200 воиновъ (ок. 310). Преп. Серапіона Синдонита (V). Свят. Георгія, патр. Іерусалимскаго (807). Преп. Нила Сорскаго (1508). Обрѣт. мощей преп. Серапіона Новгородскаго (1517). Преп. Даніила Переяславскаго (1540). Преп. Герасима Патмосскаго (1739). Свят. Гавріила, архіеп. Рязанскаго (1862). Священномуч. Аркадія Добронравова пресв. (1933). Преподобномуч. Евдокіи (Павловой) (1939). Иконы Божіей Матери «Сладкое лобзаніе».

(Сплошная седмица)

ряд.: Дѣян. (зач. 2) **1**, 12-17, 21-26: Іоан. (зач. 2) **1**, 18-28.

Вторникъ

8/21 **Свѣтлый вторникъ.**

Свв. Апостолъ отъ 70-ти: Иродіона, Агава, Руфа, Асинкрита, Флегонта, Ерма и иже съ ними (I). Муч. Павсилиппа (138). Преподобномучч. Іосіи и Іосифа Персидскихъ (ок. 341). Свят. Келестина, папы Римскаго (432). Свят. Нифонта, еп. Новгородскаго, Печерскаго (1156). Преп. Руфа послушливаго, затворника Печерскаго (XIV). Преподобномучч. отцевъ Давидо-Гареджійскія обители (1616). Муч. Іоанна Навклира (1669). 179 преподобномучч. Дау-Пенделійскихъ (1680). Препп. Ѳеохарія (1828) и Апостола (1845) Дуйя. Священномуч. Сергія Родаковскаго пресв. (1933). Иконъ Божіей Матери «Иверскія», «Шуйскія-Смоленскія».

ряд.: Дѣян. (зач. 4) **2**, 14-21: Лук. (зач. 113) **24**, 12-35.

Среда

9/22 **Свѣтлая среда.**

Муч. Евпсихія Кесарійскаго (362). Свят. Максима, патр. Александрійскаго (282). Мучч. Фортуната, Доната, 12 дѣвъ и 6 другихъ Сирмійскихъ (304). Мучч. Дисана, еписк., Маріава, пресвитера Авдіеса и проч. 270-ти (362). Преподобномуч. Вадима, архим. Персидскаго (376). Свят. Акакія, еп. Амид-

Апрѣль

скаго (V). Преп. Аѳанасія Высоцкаго младшаго (1395). Мучч. Рафаила архим., Николая діак., и Ирины Лесбосскихъ (1463). Муч. Гавріила Ѳомина (1942). Соборъ преподобныхъ отцевъ на горѣ Синай подвизавшихся. Иконы Божіей Матери «Касперовскія».

ряд.: Дѣян. (зач. 5). **2,** 22-36: Іоан. (зач. 4) **1,** 35-51.

Четвергъ
10/23 **Свѣтлый четвертокъ.**

Мучч. Терентія, Помпія и иже съ ними: Африкана, Макарія, Макарія, Зинона, Александра и прочихъ 33-хъ (249-251). Пророчицы Олды (Олдамы) (VII в. до Р.Х.). Свят. Мильтіада, папы Римскаго (314). Мучч. Іакова пресвитера, Азадана и Авдикія діаконовъ (ок. 380). Мучч. избіенныхъ въ обители Квабтахевской (1386). Преподобномучц. Анастасіи, игум. Углическія и съ нею 35 монахинъ (1609). Преподобномуч. Арсенія и проч. препп. отецъ въ Давидо-Гареджійской пустыни избіенныхъ (1615). Священномуч. Мисаила, архіеп. Рязанскаго (1655). Муч. Дима Адріанопольскаго (1763). Священномуч. Григорія V-го, патр. Константинопольскаго (1821). Преподобномуч. Хрисанѳа Ксенофонтскаго (1821). Преп. Анастасіи кн. Кіевскія (1900). Священномуч. Флегонта Понгильскаго пресв. (1938). Муч. Димитрія Вдовина (1942).

ряд.: Дѣян. (зач. 6) **2,** 38-43: Іоан. (зач. 8) **3,** 1-15.

Пятница
11/24 **Свѣтлый пятокъ.**

Празднованіе Живоносному Источнику Божіей Матери.
Священномуч. Антипы, еп. Пергамскаго (ок. 68). Мучч. Прокесса и Мартиніана (ок. 67). Священномуч. Даміона (Домнія), еп. Салонскаго и съ нимъ 8 воиновъ (ок. 100). Свят. Филиппа, еп. Гортинскаго (180). Преп. Фармуѳія Египетскаго (IV). Преп. Гутлака отш. Краулэндскаго (714). Преп. Іоанна, ученика свят. Григорія Декаполита (IX). Преп. Іакова Желѣзноборовскаго (1442) и Іакова Брылѣевскаго сподвижника его (XV). Препп. Евѳимія (до 1465) и Харитона (1509) Сянжемскихъ. Свят. Варсонофія, еп. Тверскаго (1576). Свят. Каллиника Черникскаго, еп. Рымникскаго (1868). Священномуч. Николая Гаварина пресв. (1938).

ряд.: Дѣян. (зач. 7) **3,** 1-8: Іоан. (зач. 7) **2,** 12-22.
Богородицы: Филип. (зач. 240) **2,** 5-11: Лук. (зач. 54) **10,** 38-42; **11,** 27-28.

На освященіе воды: Евр. (зач. 306) **2,** 11-18: Іоан. (зач. 14) **5,** 1-4.

Апрѣль

Суббота
12/25 Свѣтлая суббота.
Преп. Василія, еп. Парійскаго (754). Священномуч. Зинона, еп. Веронійскаго (360). Преп. Исаака Сирина Сполетскаго (550). Преподобномучч. Мины, Давида и Іоанна (по 636). Преп. Анѳусы дѣвы (801). Преп. Аѳанасіи, игуменіи Эгинскія (860). Свят. Сергія II-го, патр. Константинопольскаго (1019). Свят. Василія, еп. Рязанскаго (1295). Муч. Акакія, инока Аѳонскаго (1730). Преподобномуч. Сергія (Крестникова) (1938). Перенесеніе честнаго пояса Богоматери въ Царьградъ (942). Иконъ Божіей Матери «Муромскія-Рязанскія» и «Бѣлыничскія».
ряд.: Дѣян. (зач. 8) **3,** 11-16: Іоан. (зач. 11) **3,** 22-33.

Воскресеніе
13/26 Недѣля 2-я по Пасхѣ. *Ѳомина или Антипасхи.*
Священномуч. Артемона, пресвитера Лаодикійскаго (303). Муч. Елевѳерія Персидскаго (IV). Муч. Зоила Римскаго (IV). Мучц. Ѳомаиды Александрійскія (476). Свят. Мартирія, архіеп. Іерусалимскаго (486). Преп. Мартія Клермонтскаго (ок. 530). Муч. Димитрія Пелопонезскаго (1803). Преподобномучц. Марѳы (Тестовой) (1941). Муч. Крискента изъ Мѵръ-Ликійскихъ.
Утр.: Еван. 1-е: Матѳ. (зач. 116) **28,** 16-20.
ряд.: Дѣян. (зач. 14) **5,** 12-20: Іоан. (зач. 65) **20,** 19-31.

Понедѣльникъ
14/27 Седмица 2-я по Пасхѣ. Свят. Мартина исп., папы Римскаго (655). Преп. Фронтона Нитрійскаго (II). Муч. Ардаліона лицедѣя (311). Мучч. 1000 и съ ними Азата скопца (344). Свят. Тассаха, еп. Рахолпскаго (495). Преп. Христофора савваита (797). Мучч. Антонія, Іоанна и Евстаѳія Виленскихъ (1347). Муч. Димитрія Триполитанскаго (1803). Прав. Александра Орлова исп. пресв. (1941). Иконъ Божіей Матери «Виленскія-Одигитріи» и «Виленскія-Остробрамскія».
ряд.: Дѣян. (зач. 9) **3,** 19-26: Іоан. (зач. 6) **2,** 1-11.

Вторникъ
15/28 *Радоница — поминовеніе усопшихъ.*
Апостолъ отъ 70-ти: Аристарха, Пуда и Трофима. (ок. 67). Мучцц. Василиссы и Анастасіи Римскихъ (ок. 68). Муч. Сухія и дружины его: Андрея, Анастасія, Талале, Ѳеодорита, Ивхиріона, Іордана, Кодрата, Лукіана, Мимненоса, Нерангіоса, Поліевкта. Іакова, Фоки, Доментіана, Виктора и Зосимы (100-130). Муч. Саввы Готѳскаго (372). Свят. Леонида, еп. Аѳин-

Апрѣль

скаго (IV), Преп. Руадхана Лоррхскаго (584). Благ. вел. князя Мстислава-Ѳеодора Кіевскаго (1132). Муч. Василія Поляномерульскаго (1767). Прав. Даніила Ачинскаго (1843). Священномуч. Александра Гнѣвушева пресв. (1930).

ряд.: Дѣян. (зач. 10) **4,** 1-10: Іоан. (зач. 10) **3,** 16-21.

Среда
16/29 Мучцц. дѣвъ Агапіи, Ирины и Хіоніи Иллирійскихъ (304). Муч. Леонида и съ нимъ женъ: Харіессы, Ники, Галины, Калисы, Нунехіи, Василиссы и Ѳеодоры (258). Мучц. Ирины Кориноскія (258). Мучч. Феликса епископа, Іануарія пресв., Фортуната и Септимина Ликаонскихъ (304). Преп. княгини Ѳеодоры-Вассы, Нижегородскія (1378). Блаж. Іоанна Верхотурскаго, Христа ради юродиваго (1701). Муч. Михаила Вурліота (1772). Преподобномуч. Христофора Адріанопольскаго (1818). Священномуч. Константина Жданова пресв. (1919). Иконъ Божіей Матери «Тамбовскія», «Черниговскія» и «Шуйскія».

ряд.: Дѣян. (зач. 11) **4,** 13-22: Іоан. (зач. 15) **5,** 17-24.

Четвергъ
17/30 Священномуч. Симеона, епископ. Персидскаго и съ нимъ Авделая и Ананіи пресвитеровъ, Усѳазана евнуха, Фусика, Аскитреи дочери его, Азата и иныхъ многихъ (344). Муч. Адріана Кориноскаго (251). Преп. Акакія, еп. Мелетинскаго (435). Преп. Агапита, еп. Римскаго (536). Священномуч. Доннана Эйггскаго (ок. 618). Преп. Ефрема Ацкурскаго (IX). Преп. Зосимы Соловецкаго (1478). Обрѣтеніе мощей преп. Александра Свирскаго (1641). Преп. Макарія Нотара, еп. Кориноскаго (1805). Преп. Паисія Кіевскаго, Христа ради юрод. (1893). Прав. Михаила Новицкаго исп. пресв. (1935). Священномуч. Ѳеодора Недосѣкина пресв. (1942).

ряд.: Дѣян. (зач. 12) **4,** 23-31: Іоан. (зач. 16) **5,** 24-30.

Пятница
18/1 м. Преп. Іоанна, ученика свят. Григорія Декаполита (850). Мучч. Виктора, Зотика, Зинона, Акиндина, Северіана и Кесарія (303). Преп. Василія Ратшивили (XIII). Свят. Космы, еп. Халкидонскаго и сподвижника его Авксентія (815-820). Препп. Антонія (1435), Евѳимія и Феликса (1418) Корельскихъ. Муч. Іоанна Яницкаго (1526). Муч. Іоанна Кулики (1564). Священномуч. Виссаріона Селинина пресв. (1918). Преподобномучц. Тамары (Сатси) (1942). Иконы Божіей Матери «Максимовскія».

ряд.: Дѣян. (зач. 13) **5,** 1-11: Іоан. (зач. 17) **5,** 30 — **6,** 2.

Апрѣль

Суббота

19/2 Преп. Іоанна ветхопещерника (VIII). Мучч. Ѳеоны, Христофора и Антонина воиновъ (303). Священномуч. Пафнутія Іерусалимскаго (IV). Свят. Георгія исп., еп. Антіохіи Писидійскія (820). Свят. Трифона, патр. Константинопольскаго (933). Муч. Омира Іерусалимскаго (1579). Преп. Симеона Босаго (1594). Обрѣт. мощ. преп. Іоакима Опочскаго (1621). Преподобномуч. Агаѳангела Есфигменскаго (1819). Священномуч. Виктора, еп. Глазовскаго (1934). Блаж. Матроны Московскія (1952). Преп. Никифора, игум. Катавадскаго.

ряд.: Дѣян. (зач. 15) **5,** 21-33: Іоан. (зач. 19) **6,** 14-27.

Воскресеніе

20/3 **Недѣля 3-я по Пасхѣ.** *Свв. женъ мѵроносицъ Маріи Магдалины, Маріи Клеоповы, Маріи Іаковлевы, Саломіи, Іоанны, Марѳы, Маріи, Сусанны и иныхъ; правв. Іосифа Аримаѳейскаго и Никодима фарисея (I).* **Гласъ 2-й.**

Преп. Ѳеодора Трихины (400). Ап. Закхея, еп. Кесарійскаго, быв. мытаря (I). Свят. Ветрана, еп. Малой Скиѳіи (ок. 378). Свят. Ѳеотима, еп. Малой Скиѳіи (ок. 412). Свтт. Григорія (593) и Анастасія (599), патр. Антіохійскихъ. Священномуч. Анастасія II-го, патр. Антіохійскаго (609). Преп. Анастасія Синаита (ок. 699). Благ. царицы Тамары Грузинскія (1213). Препп. Аѳанасія (1380) и Іоасафа (1422) игум. Метеорскихъ. Преп. Александра Ошевенскаго (1479). Муч. младенца Гавріила Слуцкаго (1690). Свят. Ѳеодосія исп., еп. Коломенскаго (1937). Перенесеніе мощей свят. Николая Жичскаго (1991). Соборъ Ѳессалоникійскихъ святыхъ. Иконъ Божіей Матери «Кипяжскія» и «Кипрскія».

Утр.: Еван. 3-е: Марк. (зач. 71) **16,** 9-20.

ряд.: Дѣян. (зач. 16) **6,** 1-7: Марк. (зач. 69) **15,** 43 — **16,** 8.

Понедѣльникъ

21/4 **Седмица 3-я по Пасхѣ.** Священномуч. Іаннуарія еп. и съ нимъ мучч.: Фавста, Прокула, Соссія діаконовъ, Дисидерія чтеца, Евтихія и Акутіона мірянъ (ок. 305). Священномуч. Ѳеодора и матери его Филиппіи, Діоскора жреца и двухъ воиновъ: Сократа и Діонисія (ок. 140). Мучч. Исаакія, Аполлоса и Кодрата (303). Свят. Максиміана, патр. Царьградскаго (434). Преп. Беуно Клиннгогскаго (ок. 660). Преп. Іакова Стромынскаго (XIV). Преп. Аѳанасія Высоцкаго младшаго (1395). Прав. Алексія Бортсурманскаго (1848). Священномуч. Іоанна Пригоровскаго пресв. (1918). Прав.

Апрѣль

Николая Писаревскаго исп. пресв. (1933). Священномуч. Алексія Протопопова пресв. (1938). Обрѣт. мощей преп. Ѳеодора Санаксарскаго (1999). Иконы Божіей Матери «Касперовскія».

ряд.: Дѣян. (зач. 17) **6,** 8 — **7,** 5, 47-60: Іоан. (зач. 13) **4,** 46-54.

Вторникъ
22/5 Преп. Ѳеодора Сикеота, еп. Анастасіопольскаго (613). Апп. отъ 70-ти: Наѳанаила, Луки и Климента (I). Муч. Епипода Ліонскаго (ок. 170). Мучч. Леонида, Аратора, Киріака, и Василія Александрійскихъ (202). Муч. Неарха воина (III). Преп. Виталія монаха (620). Перенесеніе мощей благ. князя Всеволода-Гавріила Псковскаго (1834). Священномуч. Евстаѳія Малаховскаго пресв. (1918). Священномуч. Платона, еп. Банья-Лукскаго (1941). Муч. Димитрія Власенкова (1942).

ряд.: Дѣян. (зач. 18) **8,** 5-17: Іоан. (зач. 20) **6,** 27-33.

Среда
23/6 **Великомуч. Георгія Побѣдоносца (303).** Мучц. царицы Александры (303). Муч. Анатолія и Протолеона (303). Муч. Гликерія, земледѣльца. Аѳанасія волхва, Валерія, Доната и Ѳерина (303). Блаж. Георгія Шенкурскаго, Христа ради юродиваго (XV). 172 преподобномучч. обители Двадцати финикіанокъ (1507). Муч. Георгія Птолемаидскаго (1752). Муч. Лазаря Болгарскаго (1802). Священномуч. Іоанна Ансерова пресв. (1940). Преп. Софіи Хотокуриду (1974). Иконы Божіей Матери «Иверскія».

На веч.: 1) Исаіи **43,** 9-14. 2) Прем. Сол. **3,** 1-9. 3) Прем. Сол. **4,** 7-15.

Утр.: Лук. (зач. 63) **12,** 2-12.

ряд.: Дѣян. (зач. 19) **8,** 18-25: Іоан. (зач. 21) **6,** 35-39.

Муч.: Дѣян. (зач. 29) **12,** 1-11: Іоан. (зач. 52) **15,** 17 — **16,** 2.

Четвергъ
24/7 Муч. Саввы Стратилата и съ нимъ 70-ти воиновъ (272). Муч. Александра Ліонскаго (177). Мучч. Пасикрата и Валентина Доростольскихъ (228). Мучч. Евсевія, Неона, Леонтія, Лонгина и иже съ ними (303). Преп. Елисаветы игуменіи, чуд. Царьградскія (540). Преп. Иннокентія пресв. Елеонскаго (IV). Преп. Ѳомы юродиваго Сирійскаго (VI). Свят. Вильфрида, архіеп. Іоркскаго (709). Преп. Эгберта Ратмельсигійскаго (729). Преп. Ксенофонта Аѳонскаго (1018). Препп. Саввы и Алексія затворника Печерскихъ (XIII). Муч. Луки (1564). Свят. Симеона, митр. Трансильванскаго (1656). Святт. Иліи

(1678) и Саввы (1683), митр. Ердельскихъ. Свят. Іосифа исп., еп. Марамурешскаго (1712). Муч. Дуки Византійскаго (1776). Муч. Георгія Анатолійскаго (1796). Муч. Николая Магнезійскаго (XVIII). Прав. Алексія Тофта пресв. (1909). Муч. Сергія Архангельскаго (1938). Священномуч. Бранко пресв. Велюсскаго (1941). Иконы Божіей Матери «Молченскія».

ряд.: Дѣян. (зач. 20) **8,** 26-39: Іоан. (зач. 22) **6,** 40-44.

Пятница
25/8 **Апостола и Евангелиста Марка (63).** Свят. Аніана, еп. Александрійскаго (86). Священномуч. Стефана, еп. Антіохійскаго (479). Свят. Македонія, патр. Константинопольскаго (516). Преп. Сильвестра Обнорскаго (1379). Преп. Василія Поляномерульскаго (1767). Священномуч. Сергія Рохлецова пресв. (1938). Иконы Божіей Матери «Цареградскія».

Утр.: Лук. (зач. 50) **10,** 1-21.

ряд.: Дѣян. (зач. 21) **8,** 40 — **9,** 19: Іоан. (зач. 23) **6,** 48-54.

Апостола: 1 Петр. (зач. 63) **5,** 6-14: Марк. (зач. 23) **6,** 7-13.

Суббота
26/9 Священномуч. Василія, еп. Амасійскаго (322). Прав. Глафиры, дѣвы (322). Преп. Рихарія Пикардійскаго (645). Преп. Калантія Кипрскаго (VIII). Преп. Георгія Кипрскаго (по 1091). Преп. Іоанникія Дѣвиченскаго (XIII). Свят. Стефана, еп. Пермскаго (1396). Священномуч. Іоанна Панкова пресв. и мучч. Николая и Петра сыновей его (1918). Преп. Іусты. ***Поминовеніе православныхъ воиновъ на полѣ брани убіенныхъ.***

ряд.: Дѣян. (зач. 22) **9,** 19-31: Іоан. (зач. 52) **15,** 17 — **16,** 2.

Воскресеніе
27/10 **Недѣля 4-я по Пасхѣ.** *О разслабленномъ.* **Гласъ 3-й.**
Прав. Тавиѳы Іоппійскія (I). Ап. и священномуч. Симеона, еп. Іерусалимскаго, сродника Господня (107). Прав. Евлогія странноприімца (IV). Свят. Флориберта, еп. Льежскаго (746). Преп. Іоанна, игумена каѳаровъ (ок. 832). Свят. Стефана, игум. Печерскаго, еп. Владимірскаго на Волыни (1094). Перенесеніе мощей муч. Авраамія Болгарскаго (1230). Священномучч. Павла Свѣтозарова и Іоанна Рождественскаго пресвв., мучч. Петра Языкова, Николая Малкова, Авксентія Калашникова, Сергія Меѳодіева, и мучц. Анастасіи (1922). Преподобномучц.

Апрѣль

Маріи (Носовой) (1938). Священномуч. Іоанна Спасскаго пресв. (1941). Перенесеніе мощей священномуч. Иларіона, архіеп. Верейскаго (1999). Мучч. Поппліона и Лолліона. Иконы Божіей Матери «Казанскія» въ Александровкѣ (С.П.Б.).
Утр.: Еван. 4-е: Лук. (зач. 112) **24,** 1-12.
ряд.: Дѣян. (зач. 23) **9,** 32-42: Іоан. (зач. 14) **5,** 1-15.

Понедѣльникъ

28/11 **Седмица 4-я по Пасхѣ.** Апостолъ отъ 70-ти: Іасона и Сосипатра и съ ними пострадавшихъ Керкиры дѣвы, Саторнія, Іакисхола, Фавстіана, Іаннуарія, Марсалія, Евфрасія, Маммія, Мурина, Зинона, Евсевія, Неона и Виталія (I). Мучч. Дады, Максима и Квинтиліана (286). Муч. Тибальда Паннонскаго (304). Преп. Кронана Роскрейвкаго (626). Свят. Кирилла, еп. Туровскаго (1183). Преп. Киріака Каргопольскаго (1402). Преп. Кирилла Сырьинскаго (XVI). Мучц. Анны (Шашкиной) (1940). Обрѣт. мощ. преп. Софіи (Гриневой) исп. Кіевской (2012).
ряд.: Дѣян. (зач. 24) **10,** 1-16: Іоан. (зач. 24) **6,** 56-69.

Вторникъ

29/12 9-ти мучч. въ Кизицѣ: Ѳеогнида, Руфа, Антипатра, Ѳеостиха, Артемы, Магна, Ѳеодота, Ѳавмасія и Филимона (ок. 299). Преп. Мемнона чуд. (II). Мучч. Діодора и Родопіана діакона (ок. 305). Преп. Никиты, игум. Синадскаго (IX). Преп. Іоанна Калоктена, еп. Ѳиванскаго (XII). Свят. Арсенія, архіеп. Суздальскаго (1625). Свят. Василія Осторжскаго (1671). 300 мучч. въ горахъ Дудикваті и Папаті пострадавшихъ (XVII-XVIII). Муч. Станко пастуха (1712). Преп. Нектарія Оптинскаго (1928). Преп. Амфилохія Почаевскаго (1970).
ряд.: Дѣян. (зач. 25) **10,** 21-33: Іоан. (зач. 25) **7,** 1-13.

Среда

30/13 *Преполовеніе Пятидесятницы.*
Апостола Іакова Зеведеева, брата Іоанна Богослова (44). Свят. Игнатія, еп. Кавказскаго и Черноморскаго (1867). Священномуч. Евтропія, еп. Сентскаго и мучц. Евстеллы (III). Обрѣт. мощей священномуч. Василія, еп. Амасійскаго (322). Свят. Доната, еп. Еврійскаго (ок. 387). Свят. Эрконвальда, еп. Лондонскаго (693). Преп. Климента Александрійскаго, пѣснописца (по 868). Обрѣт. мощей свят. Никиты, еп. Новгородскаго (1558). Мучц. Аргиры Константинопольскія (1721). Муч. Максима Ефесскаго. Иконы Божіей Матери

«Моздокскія».

Веч. праздника: 1) Михея **4,** 2-3, 5; **6,** 1-5, 8; **5,** 4. 2) Исаіи **55,** 1-13. 3) Притч. **9,** 1-11.

Утр.: Апост.: Іоан. (зач. 67) **21,** 15-25 или Свят.: Іоан. (зач. 35 отъ полу) **10,** 1-9.

ряд.: Дѣян. (зач. 34) **14,** 6-18: Іоан. (зач. 26) **7,** 14-30.

Апостола: Дѣян. (зач. 29) **12,** 1-11: Лук. (зач. 17) **5,** 1-11 или Свят.: Евр. (зач. 318) **7,** 26 — **8,** 2: Іоан. (зач. 36) **10,** 9-16.

На освященіе воды: Евр. (зач. 306) **2,** 11-18: Іоан. (зач. 14) **5,** 1-4.

| Дни недѣли | Май | День имѣетъ 14 ч., а ночь 10 ч. |

Май

Четвергъ

1/14 Пророка Іереміи (VI в. до Р.Х.). Преподобномуч. Ваты Персянина (IV). Свят. Асафа, еп. Лланъ-Эльвійскаго (601). Преподобномуч. Романа Раккскаго (780). Преп. Михаила Халкидонскаго (IX). Благ. царицы Тамары Грузинскія (1213). Преп. Пафнутія Боровскаго (1477). Священномуч. Макарія, митр. Кіевскаго (1497). Преп. Герасима Болдинскаго (1554). Свят. Зосимы, еп. Кумурдинскаго (XVI). Свят. Панарета, еп. Пафскаго (1791). Преподобномучч. Аѳонскихъ: Акакія (1813), Евѳимія (1814) и Игнатія (1814). Преп. Никифора Хіосскаго (1821). Мучч. Маріи Мерамвельскія (1826). Мучц. Нины Кузнецовой (1938). Иконъ Божіей Матери «Нечаянная Радость», «Византійскія», «Мѵроносицкія» или «Царевококшайскія» и «Андрониковыя».

ряд.: Дѣян. (зач. 26) **10,** 34-43: Іоан. (зач. 29) **8,** 12-20.

Прор.: 1 Кор. (зач. 156) **14,** 20-25: Лук. (зач. 14) **4,** 22-30.

Пятница

2/15 Свят. Аѳанасія Великаго, патр. Александрійскаго (373). Мучч. Еспера, Зои и чадъ ихъ: Киріака и Ѳеодула (ок. 124). Благов. князя Бориса-Михаила Болгарскаго (907). Перенесеніе мощей благ. князей страстотерпцевъ Бориса и Глѣба, въ крещеніи Романа и Давида (1115). Преп. Аѳанасія Свирскаго (1550). Свят. Аѳанасія Лубенскаго, патр. Константинопольскаго (1654). Блаж. Василія Рязанскаго, Христа ради юрод. (1848).

Иконъ Божіей Матери «Путивльскія» и «Вутиванскія».
ряд.: Дѣян. (зач. 27) **10,** 44 — **11,** 10: Іоан. (зач. 30) **8,** 21-30.
Свят.: Евр. (зач. 318) **7,** 26 — **8,** 2: Матѳ. (зач. 11) **5,** 14-19.

Суббота

3/16 Муч. Тимоѳея чтеца и Мавры (ок. 304). **Преп. Ѳеодосія, игум. Печерскаго (1074).** Мучц. Ксеніи Пелопоннесскія (318). Свят. Мамая, католикоса Грузинскаго (744). Препп. Михаила и Арсенія Улумбійскихъ (IX). Преп. Петра, еп. Аргосскаго (ок. 928). Преп. Икуменія, еп. Триккскаго (ок. 945). Перенесеніе мощ. преп. Луки Стридонскаго (953). Препп. Іуліаніи игумѣніи (1393) и Евпраксіи (1394) Московскихъ. Свят. Ѳеофана, митр. Перефеорійскаго (XIV). Муч. Ахмеда краснописца Константинопольскаго (1682). Священномуч. Николая Беневолѣнскаго пресв. (1941). Соборъ новомучениковъ въ Бутовѣ пострадавшихъ. Иконъ Божіей Матери Успенія «Кіево-Печерскія», «Свѣнскія», «Печерскія», «Яскинскія» и «Влахернскія».
Утр.: Лук. (зач. 24) **6,** 17-23.
ряд.: Дѣян. (зач. 29) **12,** 1-11: Іоан. (зач. 31) **8,** 31-42.
Преп.: Евр. (зач. 334) **13,** 7-16: Матѳ. (зач. 43) **11,** 27-30.

Воскресеніе

4/17 **Недѣля 5-я по Пасхѣ.** *О самарянынѣ.* **Гласъ 4-й.**
Мучц. Фотины (Свѣтланы) самаряныни (I). Преп. Пелагіи дѣвы Тарсійскія (ок. 290). Священномуч. Еразма, еп. Формійскаго и иже съ нимъ (303). Муч. Флоріана Лоршскаго и иже съ нимъ (304). Священномуч. Альвіана, еп. Анійскаго и учениковъ его (304). Прав. Моники, матери блаж. Августина (307). Священномуч. Силвана, еп. Газскаго и съ нимъ 40 мучч. (311). Преподобномучч. Палестинскихъ Афродисія, Леонтія, Антонія, Валеріана, Макровія и проч. (IV). Преп. Эѳельреда, короля Мерсійскаго (ок. 716). Преп. Никифора, игум. Мидикійскаго (813). Перенесеніе мощей прав. Лазаря и равноап. Маріи Магдалины (898). Свят. Аѳанасія, еп. Коринѳскаго (X). Преп. Никифора Аѳонскаго (1340). Перенесеніе мощей препп. братьевъ Алфановыхъ Никиты, Кирилла, Никифора, Климента и Исаака Новгородскихъ (1775). Прав. Іоны пресв. Одесскаго чуд. (1924). Священномуч. Димитрія, архіеп. Гдовскаго (1935). Священномуч. Іоанна Васильева пресв. (1942). Священномуч. Николая Тохтуева діакона (1943). Иконы Божіей Матери «Старорусскія».
Воспоминаніе о возстановленіи полноты братскаго общенія

Май

въ помѣстной Русской Православной Церкви (2007 г.).
Утр.: Еван. 7-е: Іоан. (зач. 63) **20,** 1-10.
ряд.: Дѣян. (зач. 28) **11,** 19-26, 29-30: Іоан. (зач. 12) **4,** 5-42.

Понедѣльникъ

5/18 **Седмица 5-я по Пасхѣ.** Великомучц. Ирины (II). Препп. Мартина и Ираклія Иллирійскихъ (IV). Свят. Иларія, еп. Арелатскаго (449). Преп. Евѳимія Фракійскаго (ок. 990). Преп. Варлаама Серпуховскаго (1377). Преп. Ефрема Новомакрійскаго (1426). Преп. Адріана Монзенскаго (1610). Обрѣт. мощ. преп. Іакова Желѣзноборскаго (1613). Мучч. Неофита, Гаіа и Гаіана. Иконы Божіей Матери «Неупиваемая Чаша».
ряд.: Дѣян. (зач. 30) **12,** 12-17: Іоан. (зач. 32) **8,** 42-51.

Вторникъ

6/19 Св. праведнаго Іова Многострадальнаго (ок. XX-XV в. до Р.Х.). Мучч. Димитріона, Данакта, Месира и Ферина (250). Мучч. Варвара воина, Вакха, Каллимаха и Діонисія (ок. 362). Свят. Кассіана, еп. Нарнскаго (VII). Свят. Эдберта, еп. Линдисфарнскаго (698). Перенесеніе мощей свят. Фульгентія, еп. Руспійскаго (714). Муч. Варвара Епирскаго, бывш. разбойника (IX). Перенесеніе мощей свят. Саввы Сербскаго (1238). Преп. Михея, ученика преп. Сергія Радонежскаго (1385). Препп. Синаитовъ Сербскихъ Ромила Раваницкаго, Романа Джунисскаго, Нестора, Мартирія Рукумійскаго, Сисоя, Зосимы Туманскаго и Іова (XIV). Преп. Іова, игумена и чудотворца Почаевскаго (1651). Обрѣт. мощ. преп. Пахомія Нерехтскаго (1675). День рожденія Царя-мученика Николая II-го (1868). Муч. Вукашина Ясеновацкаго (1943).
ряд.: Дѣян. (зач. 31) **12,** 25 — **13,** 12: Іоан. (зач. 33) **8,** 51-59.
Святаго: Гал. (зач. 213) **5,** 22 — **6,** 2: Матѳ. (зач. 43) **11,** 27-30.

Среда

7/20 *Отданіе Преполовенія.* Воспоминаніе знаменія честнаго Креста въ Іерусалимѣ (357). Муч. Акакія сотника (303). Мучц. Домитиллы (IV). Свят. Дометіана, еп. Маастрихтскаго (560). Препп. Іоанна Зедазнійскаго и 12 учениковъ его: Авива, Антонія, Давида, Зинона, Ѳаддея, Исе (Иессея), Іосифа, Исидора, Михаила, Пирра, Стефана и Шіо (VI). Свят. Іоанна, еп. Іоркскаго (721). Преп. Нила Сорскаго (1508). Обрѣт. мощ. преп. Нила мѵроточиваго Аѳонскаго (1815). Преподобномуч. Пахомія русскаго, Аѳонскаго (1730). Иконъ Божіей Матери «Жировицкія» и «Любечскія».
ряд.: Дѣян. (зач. 32) **13,** 13-24: Іоан. (зач. 18) **6,** 5-14.

Май

Четвергъ

8/21 **Апостола и Евангелиста Іоанна Богослова (98-117).** Преп. Арсенія Великаго (ок. 450). Прав. Еміліи, матери свят. Василія Вел. (375). Преп. Іеракса Египетскаго (V). Преп. Уиро, благовѣстника Нидерландскаго (753). Преп. Пимена постника Печерскаго (XII). Преп. Арсенія, трудолюбиваго Печерскаго (XIV). Препп. Зосимы и Адріана Волоколамскихъ (XV-XVI). Перенесеніе мощ. преп. Арсенія Новгородскаго, Христа ради юрод. (1787). Муч. Никифора Зайцева (1942). Иконы Божіей Матери «Кассіопійскія».

На веч.: 1) 1 Іоан. **3**, 21 — **4**, 6. 2) 1 Іоан. **4**, 11-16. 3) 1 Іоан. **4**, 20 — **5**, 5.

Утр.: Іоан. (зач. 67) **21**, 15-25.

ряд.: Дѣян. (зач. 35) **14**, 20-27: Іоан. (зач. 35) **9**, 39 — **10**, 9.

Апостола: 1 Іоан. (зач. 68) **1**, 1-7: Іоан. (зач. 61) **19**, 25-27; **21**, 24-25.

Пятница

9/22 Пророка Исаіи (VIII в. до Р.Х.). Муч. Христофора Ликійскаго (ок. 250). **Перенесеніе мощей Святителя Николая, архіеп. Мѵръ Ликійскихъ чудотворца (1087).** Мучцц. Акилины и Каллиники Ликійскихъ (ок. 250). Муч. Епимаха новаго, Александрійскаго (250). Муч. Гордіана Римскаго (362). Преп. Шіо Мгвимскаго (VI). Преподобномуч. Николая Вунени (700). Перенесеніе мощей муч. младенца Гавріила (1775). Священномучч. Николая и Георгія пресвв. и проч. мучч. Новосельскихъ (1876). Преп. Іосифа Оптинскаго (1911). Священномуч. Димитрія Воскресенскаго пресв. (1938). Священномуч. Василія Колосова пресв. (1939). Иконы Божіей Матери «Перекопскія».

Веч. святителя: 1) Притч. **10**, 7, 6; **3**, 13-16; **8**, 6, 34-35, 4, 12, 14, 17, 5-9; **1**, 23; **15**, 4. 2) Притч. **10**, 31 — 32; **11**, 1-2, 4, 3, 5-12. 3) Прем. Сол. **4**, 7-15.

Утр.: Іоан. (зач. 35 отъ полу) **10**, 1-9.

ряд.: Дѣян. (зач. 36) **15**, 5-34: Іоан. (зач. 37) **10**, 17-28.

Свят.: Евр. (зач. 335) **13**, 17-21: Лук. (зач. 24) **6**, 17-23.

Суббота

10/23 **Ап. Симона Зилота (Кананита) (I).** Мучч. Филадельфа, Кипріана, Алфія, Онисима, Еразма и иже съ ними (251). Преп. Исидоры Египетскія, Христа ради юрод. (ок. 365). Муч. Исихія Антіохійскаго (IV). Блаж. Таисіи Египтяныни (V). Преп. Конлета Килдарскаго (250). Преп. Лаврентія, инока Египетскаго (VI). Преп. Симона, чуд. Печерскаго, еп.

Владимірскаго и Суздальскаго (1226). Блаж. Симона Юрьевскаго, Христа ради юрод. (1584). Перенесеніе мощ. муч. Василія Мангазейскаго (1670). Преп. Синесія, архим. Иркутскаго (1787). Прав. Ѳеодора Андреева исп. пресв. (1929). Иконы Божіей Матери «Кіево-Братскія».

Утр.: Іоан. (зач. 67) **21,** 15-25.

ряд.: Дѣян. (зач. 37) **15,** 35-41: Іоан. (зач. 38) **10,** 27-38.

Апостола: 1 Кор. (зач. 131) **4,** 9-16: Матѳ. (зач. 56) **13,** 54-58.

Воскресеніе

11/24 **Недѣля 6-я по Пасхѣ.** *О слѣпомъ.* **Гласъ 5-й.**

Священномуч. Мокія пресв. Амфипольскаго (ок. 295). **Свв. Равноапостольныхъ Меѳодія (885) и Кирилла (въ схимѣ Константина) (869) первоучителей Словенскихъ.** Обновленіе Царьграда (330). Преп. Комгалла Бангорскаго (ок. 603). Равноап. Ростислава, кн. Великоморавскаго (870). Преп. Софронія, затворника Печерскаго (XIII). Свят. Никодима, архіеп. Сербскаго (1325). Священномуч. Іосифа, митр. Астраханскаго (1672). Блаж. Христесіи, въ мон. Христофора, Гареджійскаго (1771). Мучч. Діоскора новаго и Аргира Солунскаго (1806). Свят. Антонія, архіеп. Воронежскаго (1846). Свят. Ѳеофилакта, еп. Ставропольскаго (1872). Священномуч. Александра, архіеп. Харьковскаго (1940). Иконы Божіей Матери «Константинопольскія». Иконы Божіей Матери «Страстная».

Утр.: Еван. 8-е: Іоан. (зач. 64) **20,** 11-18.

ряд.: Дѣян. (зач. 38) **16,** 16-34: Іоан. (зач. 34) **9,** 1-38.

Святымъ: Евр. (зач. 318) **7,** 26 — **8,** 2: Матѳ. (зач. 11) **5,** 14-19.

Понедѣльникъ

12/25 Седмица 6-я по Пасхѣ. Свят. Епифанія, епископа Кипрскаго (403). Свят. Германа, патр. Царьградскаго (740). Муч. Панкратія отрока Римскаго (304). Святт. Савина, архіеп. Кипрскаго (V) и Полувія, еп. Ринокирскаго (V). Священномуч. Филиппа пресв. Агирскаго (V). Преп. Ѳеодора Киѳерскаго (X). Муч. Іоанна Серрскаго (XVI). Преп. Діонисія Радонежскаго (1633). Муч. Іоанна Влаха (1662). Преподобныхъ отцевъ Молченскихъ: Софронія (1692), Ѳеодосія (1802), Серапіона (1718) и Сергія (1879). Преп. Антонія, Радонежскаго (1877). Прославленіе свят. Ермогена, патр. Московскаго (1913). Священномуч. Петра Попова пресв. (1937). Мучц. Евдокіи Мартишкиной (1938). Второе обрѣт. мощей прав. Симеона Верхотурскаго (1992). Иконы Божіей Матери «Кипрскія» въ Н.-Новгородѣ».

Май

ряд.: Дѣян. (зач. 39) **17,** 1-15: Іоан. (зач. 40) **11,** 47-57.

Святт.: Евр. (зач. 318) **7,** 26 — **8,** 2: Матѳ. (зач. 11) **5,** 14-19.

Вторникъ

13/26 Мучц. Гликеріи дѣвы и съ нею Лаодикія, стража темничнаго (ок. 177). Муч. Александра Римскаго (ок. 305). Свят. Серватія, еп. Маастрихтскаго (384). Священномуч. Александра, еп. Тиверіадскаго (IV). Свят. Павсикакія, еп. Синадскаго (606). Прав. Георгія исп., Ирины супруги его со чадами (IX). Преп. Евѳимія, основателя Иверскаго монастыря на Аѳонѣ (1028) и его сподвижниковъ: Іоанна (998), Георгія (1065) и Гавріила (X). Препп. отцевъ въ обители Иверскія отъ латинянъ избіенныхъ (XIII). Преп. Макарія Глушицкаго (ок. 1480). Прав. дѣвы Гликеріи Новгородскія (1522). Перенесеніе мощей препобномуч. Макарія Овручскаго (1688). Преп. Евфросина Иверскаго (XVIII). Священномучч. Василія Соколова, Александра Заозерскаго и Христофора Надеждина пресвв., преподобномуч. Макарія (Телегина) и муч. Сергія Тихомирова (1922). 103 священномучч. Черкасскихъ (XX).

ряд.: Дѣян. (зач. 40 отъ полу) **17,** 19-28: Іоан. (зач. 42) **12,** 19-36.

Среда

14/27 *Отданіе Пасхи.*

Муч. Исидора Хіосскаго (250). Муч. Максима купца Азійскаго (ок. 250). Свят. Апронкула исп., еп. Клермнонскаго (ок. 488). Преп. Серапіона Синдонита (V). Преп. Никиты, еп. Новгородскаго, затв. Печерскаго (1108). Свят. Леонтія, патр. Іерусалимскаго (1187). Блаж. Исидора, Христа ради юрод., Ростовскаго чуд. (1474). Муч. Марка Смирнскаго (1643). Муч. Іоанна Болгарскаго (1802). Преп. Андрея, игум. Тобольскаго (1820). Первое обрѣт. мощей свят. Тихона Задонскаго (1846). Преп. Матѳея Яранскаго (1927). Священномуч. Петра Рождествина пресв. (1939). Соборъ Старобѣльскихъ святыхъ. Иконъ Божіей Матери «Ярославскія», «Теребинскія» и «Серафимо-Понетаевскія».

ряд.: Дѣян. (зач. 41) **18,** 22-28: Іоан. (зач. 43) **12,** 36-47.

Четвергъ

15/28 **Вознесеніе Господне.**

Преп. Пахомія Великаго (348). Свят. Ахиллія, еп. Ларисійскаго (ок. 330). Свят. Исаіи, еп. Ростовскаго (1090). Преп. Исаіи Печерскаго (1115). Преп. Андрея отш. Каланскаго

Май

(XIII). Препп. Пахомія игум. (1384) и Силуана (Силвана) Нерехтскихъ. Препп. Евфросина (1481) и Серапіона (1480) Псковскихъ. Благов. царевича Димитрія Московскаго (1591). Преп. Ареѳы, архим. Верхотурскаго (1903). Мучч. въ долинѣ Ферейданъ (Иранъ) отъ персовъ пострадавшихъ (XVII). Иконы Божіей Матери «Тупическія».

Веч.: 1) Исаіи **2,** 2-3. 2) Исаіи **62,** 10-12; **63,** 1-3, 7-9. 3) Зах. **14,** 4, 8-11.

Утр.: Марк. (зач. 71) **16,** 9-20.

Лит.: Дѣян. (зач. 1) **1,** 1-12: Лук. (зач. 114) **24,** 36-53.

Пятница

16/29 Преп. Ѳеодора Освященнаго (368). Свят. Александра, еп. Іерусалимскаго (249). Мучч. Вита, Модеста и Крискентіи (ок. 303). Священномуч. Авдисуса епископа и съ нимъ 16 іереевъ, 9 діаконовъ, 7 дѣвъ и 6 монаховъ (ок. 375). Свят. Поссидія, еп. Каламскаго (440). Блаж. отроковицы Музы Римскія (V). Преп. Брендона странника Клонфертскаго (ок. 577). Преп. Варды Петрскаго (VI). Препп. отцевъ въ лаврѣ преп. Саввы избіенныхъ (614). Муч. Петра Влахернскаго (761). Свят. Ѳомы, патр. Іерусалимскаго (820). Свят. Георгія, еп. Митиленскаго (842). Свят. Николая Мистика, патр. Константинопольскаго (925). Препп. Кассіана (1537) и Лаврентія (1548) Комельскихъ. Перенесеніе мощей преп. Ефрема Перекомскаго, Новгородскаго чуд. (1545). Священномуч. Ѳеодора, еп. Вршацкаго (1594). Муч. Николая Триккальскаго (1617).

ряд.: Дѣян. (зач. 42) **19,** 1-8: Іоан. (зач. 47) **14,** 1-11.

Суббота

17/30 Ап. отъ 70-ти Андроника и святой Іуніи помощницы его (I). Мучч. Солохона, Памфамира и Памфалона воиновъ (ок. 305). Преп. Мелангеллы Уэллськія (VI). Свят. Стефана, архіеп. Константинопольскаго (893). Благов. кн. Евдокіи, въ инокиняхъ Евфросиніи, Московскія (1407). Препп. Нектарія (1550) и Ѳеофана (1544) Метеорскихъ. Обрѣт. мощей преп. Адріана Ондрусовскаго (1551). Муч. Николая Софійскаго (1555). Свят. Аѳанасія новаго, еп. Христіанопольскаго (1735). Батакскіе мученики (1876). Прав. Іоны, пресв. Одесскаго (1924). Иконъ Божіей Матери «Споручница грѣшныхъ» и «Шуйскія».

ряд.: Дѣян. (зач. 43) **20,** 7-12: Іоан. (зач. 48) **14,** 10-21.

Май

Воскресеніе
18/31 Недѣля 7-я по Пасхѣ. *Свв. Отцевъ I-го Вселенскаго собора.* Гласъ 6-й.

Муч. Ѳеодота Анкирскаго и съ нимъ 7 мученицъ дѣвъ: Текусы, Александры, Клавдіи, Фаины, Евфрасіи, Матроны и Іуліи (303). Мучч. Петра, Діонисія и иже съ ними: Андрея, Павла и Христины Лампсакійскихъ (ок. 250). Мучч. Ираклія, Павлина и Венедима Аѳинскихъ (ок. 250). Мучц. Евфрасіи Никейскія (ок. 303). Мучч. Симеона, Исаака и Вахтисія Персидскихъ (339). Священномуч. Патамона, еп. Ираклійскаго (341). Мучч. Давида и Таричана Грузинскихъ (693). Преп. Макарія Алтайскаго (1847). Прав. Іоанна пресв. Кормянскаго (1917). Священномуч. Михаила Виноградова пресв. (1932). Священномуч. Даміана пресв. Граховскаго (1941). Священномуч. Василія Крылова пресв. (1942). Святыхъ отцевъ семи Вселенскихъ соборовъ. Соборъ Карпаторусскихъ святыхъ. Иконы Божіей Матери «Псково-Печерскія».

На веч.: 1) Быт. **14,** 14-20. 2) Втор. **1,** 8-11, 15-17. 3) Втор. **10,** 14-21.

Утр.: Еван. 10-е: Іоан. (зач. 66) **21,** 1-14.

Лит.: Дѣян. (зач. 44) **20,** 16-18, 28-36: Іоан. (зач. 56) **17,** 1-13.

Понедѣльникъ
19/1ін. Седмица 7-я по Пасхѣ. Священномуч. Патрикія, еп. Прусскаго и дружины его: Акакія, Менандра и Поліена пресвв. (ок. 100). Муч. Парѳенія Римскаго (250). Муч. Калуѳа Египетскаго (303). Мучц. Ѳеотимы Никомидійскія (311). Преп. Іоанна, еп. Готѳскаго (790). Свят. Дунстана, архіеп. Кантерберійскаго (988). Благов. вел. кн. Владиміра Мономаха (1125). Преподобномучч. Кантарскихъ: Іоанна, Конона, Іереміи, Кирилла, Ѳеоктиста, Варнавы, Максима, Ѳеогноста, Іосифа, Геннадія, Герасима, Марка и Германа (1234). Благовѣрныхъ вел. кнн. Димитрія Донского (1389) и супруги его Евдокіи, въ инокиняхъ Евфиміи (1407). Преп. Корнилія Палеостровскаго (ок. 1420). Благов. кн. Іоанна Угличскаго, въ монашествѣ Игнатія (1522). Преп. Корнилія Комельскаго (1537). Преп. Сергія Шухтомскаго (1609). Священномуч. Матѳія Вознесенскаго пресв. (1919). Священномуч. Виктора Каракулина пресв. (1937). Священномучч. Онуфрія, архіеп. Курскаго и Обоянскаго, Антонія, еп. Бѣлгородскаго, Александра Ерошова,

Май

Александра Саульскаго, Василія Иванова, Максима Богданова, Митрофана Вильгельмскаго, Михаила Дейнеки, Николая Кулакова, Николая Садовскаго, Павла Брянцева, Павла Попова пресвв. и муч. Михаила Вознесенскаго (1938). Преподобномуч. Валентина (Лукьянова) (1940). Соборъ Харьковскихъ новосвященномучч. Соборъ новомучениковъ и исповѣдниковъ Бѣлгородскихъ.

ряд.: Дѣян. (зач. 45) **21,** 8-14: Іоан. (зач. 49) **14,** 27 — **15,** 7.

Вторникъ
20/2 Муч. Ѳалалея врача и съ нимъ мучениковъ: Александра и Астерія (ок. 284). **Обрѣт. мощей свят. Алексія, митр. Московскаго чуд. (1431).** Муч Аскалона Ѳиваидскаго (ок. 287). Препп. Завулона и Сосанны, родителей равноап. Нины (III-IV). Преп. Ѳалассія мѵроточца, Ливійскаго (ок. 660). Муч. Эѳельберта, короля Восточной Англіи (794). Препп. Никиты, Іоанна и Іосифа Хіосскихъ (ок. 1050). Св. Довмонта-Тимоѳея, князя Псковскаго (1299). Преп. Стефана Пиперскаго (1697). Преподобномучц. Олимпіады (Вербицкой), игум. Козельщанскаго мон. (1938). Иконы Божіей Матери «Межирицкія».

Утр.: Іоан. (зач. 35 отъ полу) **10,** 1-9.

ряд.: Дѣян. (зач. 46) **21,** 26-32: Іоан. (зач. 53) **16,** 2-13.

Свят.: Евр. (зач. 335) **13,** 17-21: Лук. (зач. 24) **6,** 17-23.

Среда
21/3 **Равноапостольныхъ царей Константина Великаго (337) и матери его Елены (327).** Священномуч. Секунда пресв. Александрійскаго и иже съ нимъ (356). Преп. Госпитія Ниццкаго (581). Преп. Додо Гараджійскаго (623). Благов. князя Муромскаго Константина (Ярослава) (1129) и чадъ его: Михаила и Ѳеодора (XII). Свят. Кирилла, еп. Ростовскаго (1262). Преп. Елены Дечанскія (ок. 1350). Преп. Кассіана грека, Угличскаго чуд. (1504). Преподобномуч. Агапита Маркушевскаго (1584). Муч. Пахомія Аѳонскаго (1730). Преп. Моисея Уфимскаго (1982). Обрѣт. мощей блаж. Андрея Симбирскаго, Христа ради юрод. (1998). Соборъ Уфимскихъ святыхъ. Соборъ Карельскихъ святыхъ. Соборъ Симбирскихъ святыхъ. Срѣтеніе иконы Божіей Матери «Владимірскія». Иконы Божіей Матери «Оранскія».

На веч.: 1) 3 Цар. **8,** 22-23, 27-30. 2) Исаіи **61,** 10-11; **62,** 1-5. 3) Исаіи **60,** 1-16.

Утр.: Іоан. (зач. 36) **10,** 9-16.

Май

ряд.: Дѣян. (зач. 47) **23,** 1-11: Іоан. (зач. 54) **16,** 15-23.
Святымъ: Дѣян. (зач. 49) **26,** 1-5, 12-20: Іоан. (зач. 35 отъ полу) **10,** 1-9.

Четвергъ

22/4 Муч. Василиска воина (ок. 308). Прав. Мелхиседека, царя Салимскаго (XX в. до Р.Х.). Священномуч. Доната, еп. Тмуисскаго, Макарія пресв. и Ѳеодора діакона (ок. 316). Память II-го Вселенскаго собора (381). Мучч. Квитеріи дѣвы (476). Преп. Давида Гареджійскаго (VI). Св. царя страстотерпца Іоанна-Владиміра Сербскаго (1015). Прав. Іакова Боровичскаго (ок. 1540). Священномуч. Захаріи Прусскаго (1802). Преподобномуч. Павла Триполитанскаго (1818). Священномуч. Максима, еп. Серпуховскаго (1931). Священномуч. Михаила Борисова пресв. (1942). Обрѣт. мощей блаж. Павла Таганрогскаго (1998). Мучч. Маркелла, Кодра и Софіи врачебницы. Иконы Божіей Матери «Умиленіе». *(Ради праздника Пятидесятницы, служба Предтечи переносится на сей день.)*

На веч.: Предтечи: 1) Исаіи **40,** 1-3, 9; **41,** 17-18; **45,** 8; **48,** 20-21; **54,** 1. 2) Мал. **3,** 1. Марк. **1,** 2. Мал. **3,** 2-3, 5-7, 12, 17-18; **4,** 4-6. 3) Прем. **4,** 7, 16-17, 19-20; **5,** 1-7.
Утр.: Лук. (зач. 31) **7,** 17-30.
ряд.: Дѣян. (зач. 48) **25,** 13-19: Іоан. (зач. 55) **16,** 23-33.
Предтечи: 2 Кор. (зач. 176) 4, 6-15: Матѳ. (зач. 40) **11,** 2-15.

Пятница

23/5 *Отданіе Вознесенія.* Преп. Михаила исповѣдника, еп. Синадскаго (821). Св. мѵроносицы Маріи Клеоповой (I). Свят. Синесія, еп. Карпасійскаго (V). Преп. Додо Гареджійскаго (623). Преп. Даміана Гареджійскаго (1157). Обрѣт. мощей свят. Леонтія, еп. Ростовскаго (1164). Преп. Евфросиніи, княжны Полоцкія (1173). Преподобномуч. Михаила черноризца (IX). Преп. Паисія Галичскаго (1460). Обрѣт. мощей мучцц. Евдокіи Шейковой, Даріи Тимагиной, Даріи Улыбиной и Маріи Неизвѣстной (2001). Муч. Салона Римлянина. Соборъ Ростово-Ярославскихъ святыхъ.
ряд.: Дѣян. (зач. 50) **27,** 1-44: Іоан. (зач. 57) **17,** 18-26.

Суббота

24/6 *Троицкая родительская суббота.*
Преп. Симеона столпника на Дивной горѣ (596). Мучч. Мелетія стратилата, Стефана, Іоанна и съ ними 1218 воиновъ съ женами и дѣтьми (ок. 218). Мучч. Серапіона египтянина, Каллиника волхва, Ѳеодора и Фавста (ок. 218). Свят.

Май

Викентія, еп. Леринскаго (ок. 450). Преп. Марѳы, игуменіи Монемвасійскія и съ нею трехъ подвижницъ (990). Перенесеніе мощей преп. Георгія святогорца (1067). Преп. Никиты столпника, Переяславскаго, чуд. (1186). Преп. Григорія, архіеп. Новгородскаго (1193).

ряд.: Дѣян. (зач. 51) **28**, 1-31: Іоан. (зач. 67) **21**, 15-25.

За упокой: 1 Сол. (зач. 270) **4**, 13-17: Іоан. (зач. 16) **5**, 24-30.

Воскресеніе

25/7 **Пятидесятница — Св. Троица**
Сошествіе Св. Духа на Апостоловъ.
Третіе обрѣтеніе честныя Главы св. и славнаго Пророка, Предтечи и Крестителя Господня Іоанна (ок. 850). Священномуч. Ѳерапонта, еп. Кипрскаго (IV). Свят. Иннокентія, архіеп. Херсонскаго и Таврическаго (1857). Преподобномучц. Елены (Коробковой) (1938). Преподобномуч. Тавріона (Толоконцева) (1939). Преп. Олвіана. Муч. Келестина. Воспоминаніе возсоединенія 3.000.000 уніатовъ съ Православной Церковью въ г. Вильно (1831). Соборъ Холмскихъ и Подляшскихъ мучениковъ. *(Ради праздника Пятидесятницы, служба Предтечи переносится въ четвергъ напреди.)*

Веч.: 1) Числ. **11**, 16-17, 24-29. 2) Іоил. **2**, 23-32. 3) Іезек. **36**, 24-28.

Утр.: Іоан. (зач. 65) **20**, 19-23.

Лит.: Дѣян. (зач. 3) **2**, 1-11: Іоан. (зач. 27) **7**, 37-52: **8**, 12.

Понедѣльникъ

26/8 **День Святаго Духа.**
Седмица 1-я по Пятидесятницѣ. Апостолъ отъ 70-ти: Карпа и Алфея (I). Мучч. Аверкія и Елены (I). Священномуч. Елевѳерія, папы Римскаго (189). Преп. Іоанна исп. Константинопольскаго (IX). Перенесеніе мощей великомуч. Георгія новаго, Софійскаго (1515). Обрѣт. мощей преп. Макарія Колязинскаго (1521). Муч. Александра Смирнскаго (1794). Священномучч. Милана Баняча и Милана Голубовича прссвв. (1941). Иконы Божіей Матери «Селигерскія-Владимірскія».

(Сплошная седмица.)

ряд.: Ефес. (зач. 229) **5**, 8-19: Матѳ. (зач. 75) **18**, 10-20.

Вторникъ

27/9 **Третій день Святой Троицы.**
Священномуч. Ѳерапонта, еп. Сардійскаго (259). Муч. Іулія Доростольскаго (ок. 302). Мучч. Ѳеодоры дѣвы и Дидима

Май

воина (304). Преп. Михаила Парехскаго (IX). Преп. Василія Хахульскаго (XI). Преп. Ѳерапонта Бѣлозерскаго (1426). Перенесеніе мощей (1472) святт. Кіевскихъ: Кипріана (1406), Фотія (1431) и Іоны (1461). Преп. Ѳерапонта Монзенскаго (1597). Обрѣт. мощей преп. Нила Столобенскаго (1667). Прав. Іоанна Русскаго, исп. (1730).

ряд.: Рим. (зач. 79) **1,** 1-7, 13-17: Матѳ. (зач. 10) **4,** 25 — **5,** 13.

Среда
28/10 Преп. Никиты исп., еп. Халкидонскаго (IX). Священномуч. Евтихія, еп. Мелетинскаго (I). Мучц. Еликониды Ѳессалоникійскія (244). Мучч. Крискента, Павла и Діоскора Римскихъ (326). Свят. Александра, еп. Солунскаго (IV). Свят. Германа, еп. Парижскаго (576). Священномуч. Елладія епископа (VII). Свят. Геронтія, митр. Московскаго (1489). Преп. Софронія Болгарскаго (1510). Муч. Димитрія Триполицкаго (1794). Муч. Захаріи Прусскаго (1802). Преп. Елены Дивѣевскія (1832). Священномуч. Николая Аристова діакона, преподобномучч. Макарія (Моржова) и Діонисія (Петушкова), мучч. Игнатія Маркова и Петра Юдина (1931). Преп. Ираклія (Мотяха) исп. (1936). Преподобномучц. Гермогены (Кадомцевой) (1942). Блаж. Домники Алешковскія (1967). Иконъ Божіей Матери «Никейскія», «Антіохійскія», «Орловскія», «Умиленіе» и «Галичскія».

ряд.: Рим. (зач. 80) **1,** 18-27: Матѳ. (зач. 12) **5,** 20-26.

Четвергъ
29/11 Преподобномучц. Ѳеодосіи дѣвицы Царьградскія (730). Мучч. Кирилла, Кареля отрока, Примола, Финода, Венуста, Гуссина, Александра, Тредентія и Іокунда Кесарійскихъ (ок. 259). Священномуч. Олвіана, еп. Анеусійскаго съ учениками его (ок. 303). Мучц. дѣвы Ѳеодосіи Тирскія (308). Свят. Александра, патр. Александрійскаго (328). Правв. Іоанна и Маріи Устюжскихъ (XIII). Муч. Андрея Хіосскаго (1465). Блаж. Іоанна, Христа ради юродиваго, Устюжскаго чуд. (1494). Муч. Іоанна Смирнскаго (1802). Священномуч. Іоанна Преображенскаго діакона и муч. Андрея Трофимова (1938). Свят. Луки исп., архіеп. Симферопольскаго (1961). Обрѣт. мощей преп. Іова, въ схимѣ Іисуса, Анзерскаго (2000). Память 1-го Вселенскаго собора (325). Иконъ Божіей Матери «Недремлющее Око», «Мателикійскія», «Цесарскія-Боровскія» и «Споручница грѣшныхъ». Иконы Божіей Матери «Споручница грѣшныхъ» Корецкія.

Май

ряд.: Рим. (зач. 81) 1, 28 — 2, 9: Матѳ. (зач. 13) 5, 27-32.

Пятница
30/12 Преп. Исаакія Далматскаго исп. (383). Мучч. Наталія и Салона (III). Прав. Василія, дѣда Василія Вел., и супруги его Макрины (V). Благов. греческаго царя-муч. Константина (1453). Преп. Іакова Галичскаго (XV), Священномуч. Василія Смоленскаго пресв. (1942). Мучч. Романа и Телетія.
ряд.: Рим. (зач. 82) **2,** 14-29. Матѳ. (зач. 14) **5,** 33-41.

Суббота
31/13 *Отданіе Пятидесятницы.* Ап. Ерма (Ермія) отъ 70-ти (I). Муч. Ермія Команскаго (II). Муч. Мага волхва (II). Муч. Философа Александрійскаго (252). Свят. Евстаѳія, патр. Константинопольскаго (1025). Свят. Филоѳея, въ схимѣ Ѳеодора, митр. Тобольскаго (1727). Муч. вел. кн. Михаила и муч. Николая (1918). Священномуч. Философа Орнатскаго пресв. и сыновей его мучч. Бориса и Николая (1918). Священномуч. Іероѳея, еп. Никольскаго (1928). Обрѣт. мощей муч. Николая, діакона Мелитинскаго (1960). 5 мучч. Асколонскихъ. Икона Божіей Матери «Нерушимая стѣна».
ряд.: Рим. (зач. 79 отъ полу) **1,** 7-12: Матѳ. (зач. 15) **5,** 42-48.

| Дни недѣли | Іюнь | День имѣетъ 15 ч., а ночь 9 ч. |

Іюнь

Воскресеніе

1/14 **Недѣля 1-я по Пятидесятницѣ.** *Всѣхъ Святыхъ.* **Гласъ 8-й.**

Муч. Іустина Философа и другого Іустина и съ ними: Харитона, Хариты жены, Евелписта, Іеракса, Пеона и Валеріана (166). Муч. Ѳеспесія Каппадокійскаго (230). Муч. Фирма Магусскаго (ок. 303). Свят. Метрія земледѣльца (912). Преп. Агапита, безмезднаго врача Печерскаго (1095). Преп. Діонисія Глушицкаго (1437). Преподобномучч. Шіо новаго, Давида, Гавріила и Павла Гареджійскихъ (1696 1700). Священномуч. Василія Преображенскаго пресв. и мучц. Вѣры Самсоновой (1940). Преставленіе (1979) и перенесеніе мощей (2014) преп. Іустина (Поповича), архим. Челійскаго (1979). Иконы Божіей Матери «Нерушимая стѣна».

Заговѣніе на Петровскій постъ.

 На веч.: 1) Исаіи **43,** 9-14. 2) Прем. Сол. **3,** 1-9. 3) Прем. Сол. **5,** 15 — **6,** 3.

Утр.: Еван. 1-е: Матѳ. (зач. 116) **28,** 16-20.

ряд.: Евр. (зач. 330) **11,** 33 — **12,** 2: Матѳ. (зач. 38) **10,** 32-33, 37-38; **19,** 27-30.

Понедѣльникъ

2/15 **Начало Петрова поста.**

Седмица 2-я по Пятидесятницѣ. Свят. Никифора исп.,

Іюнь

патр. Константинопольскаго (828). Священномуч. Поѳина, еп. Ліонскаго и съ нимъ муч. Бландина и др. (177). Священномуч. Еразма Охридскаго (303). Свят. Одо, архіеп. Кентерберійскаго (959). Свят. Никифора, еп. Милетскаго (XI). Великомуч. Іоанна Сочавскаго (1330). Благов. кн. Андрея Нижегородскаго (1365). Муч. Димитрія Филадельфійскаго (1657). Муч. Константина изъ агарянъ (1819). Обрѣт. мощей прав. Іуліаніи, кн. Вяземскія, Новоторжскія (1819). Иконы Божіей Матери «Кіево-Братскія».

ряд.: Рим. (зач. 83) **2,** 28 — **3,** 18: Матѳ. (зач. 19) **6,** 31-34: **7,** 9-11.

Вторникъ
3/16 Муч. Лукилліана и съ нимъ 4-хъ отроковъ: Клавдія, Ипатія, Павла, Діонисія и Павлы дѣвы (ок. 270). Священномуч. Лукіана еп. и съ нимъ: Максіана пресв., Іуліана діак., Маркеллина и Сатурнина (ок. 86). Преп. Іеріи Сирискія (ок. 320). Свят. Ахиллы, патр. Александрійскаго (313). Прав. Клотильды, королевы Франціи (545). Преп. Кевина, игум. Глендалохскаго (618). Преп. Аѳанасія чуд. Виѳинскаго (925). Преп. Димитрія Прилуцкаго (1392). Перенесеніе мощей муч. царевича Димитрія Московскаго (1606). Священномуч. Іосифа, митр. Ѳессалоникійскаго (1821). Преподобномуч. Кипріана (Нелидова) (1934). Священномуч. Михаила Маркова пресв. (1938).

ряд.: Рим. (зач. 86) **4,** 4-12: Матѳ. (зач. 22) **7,** 15-21.

Среда
4/17 Свят. Митрофана, 1-го патр. Константинопольскаго (326). Свв. мѵроносицъ Марѳы и Маріи, сестеръ Лазаря (I). Мучч. Фронтасія, Северина, Северіана и Силана (I). Священномуч. Астія, еп. Диррахійскаго (98). Муч. Конкордія Туисскаго (ок. 175). Свят. Тита, еп. Византійскаго (III). Священномуч. Кирина, еп. Сиськаго (309). Свят. Оптата, еп. Мелевитскаго (376). Преп. Алонія Египетскаго (V). Преп. Зосимы Киликійскаго, еп. Вавилона Египетскаго (VI). Преподобномуч. Іоанна игум. Монагрійскаго (761). Преп. Софіи Фракійскія (XI). Преп. Меѳодія Пѣшношскаго (1392). Препп. Елеазара и Назарія Олонецкихъ чуд. (XV). Священномуч. Петра Бѣляева пресв. (1918). Священномуч. Іоанникія, митр. Черногорскаго (1941). Священномуч. Саввы, еп. Горне-Карловацкаго (1941). Обрѣт. мощей священномуч. Петра, архіеп. Воронежскаго (1999).

ряд.: Рим. (зач. 87) **4,** 13-25: Матѳ. (зач. 23) **7,** 21-23.

Іюнь

Четвергъ

5/18 Священномуч. Дороѳея, еп. Тирскаго (362). Мучч. Маркіана, Никандра, Иперехія, Аполлона, Леонида, Арія, Горгія, Селинія, Иринія и Памвона (305-311). Свят. Иллидія, еп. Клермонскаго (385). Преп. Анувія, исп., пустынника Египетскаго (V). Преп. Ѳеодора чуд., пустынника Іорданскаго (583). Преп. аввы Дороѳея Палестинскаго (VI). Преп. Дороѳея Хиліокамскаго (XI). Перенесеніе мощей блаж. Игоря-Георгія, въ мон. Гавріила, вел. кн. Черниговскаго и Кіевскаго (1150). Свят. Константина, митр. Кіевскаго (1159). Благ. кн. Ѳеодора Ярославича, Новгородскаго (1233). Преп. Петра Коришскаго (XIII). Препп. Агапита и Никодима Ватопедскихъ (XIV). Обрѣт. мощей препп. Вассіана и Іоны Пертоминскихъ (1599). Муч. Марка Смирнскаго (1801). Священномуч. Михаила Вотякова пресв. (1931). Священномуч. Николая Рюрикова пресв. (1943). Мучч. Христофора и Конона Римскихъ. Иконъ Божіей Матери «Игоревскія» и «Свято-Крестовскія».

ряд.: Рим. (зач. 89) **5,** 10-16: Матѳ. (зач. 27) **8,** 23-27.

Пятница

6/19 Преп. Виссаріона Египетскаго (466). Свят. Іуста, патр. Александрійскаго (130). Препмучцц. дѣвъ: Архелаи, Ѳеклы и Сусанны Салернскихъ (293). Мучч. Аманда, Луція, Александра и Авлальда Нивидунскихъ (IV). Свят. Іарлафа, еп. Туамскаго (ок. 550). Свят. Клавдія, еп. Бѣзансонскаго (699). Преп. Иларіона Далматскаго (845). Преп. Варлаама Хутынскаго (1192). Обрѣт. мощей преп. Варлаама Хутынскаго (1452). Свят. Іоны, еп. Пермскаго-Устьвымскаго (1470). Преп. Паисія Угличскаго (1504). Преп. Іоны Климецкаго (1534). Преп. Рафаила (Шейченко) исп. (1957). Иконы Божіей Матери «Пименовскія». Иконъ Божіей Матери «Табынскія» и «Курскія-Коренныя».

ряд.: Рим. (зач. 90) **5,** 17 — **6,** 2: Матѳ. (зач. 31) **9,** 14-17.

Суббота

7/20 Священномуч. Ѳеодота Анкирскаго (303). Свят. Анаклета, еп. Римскаго (I). Мучцц. Есіи и Сосанны (I). Священномуч. Маркеллина, еп. Римскаго и съ нимъ Клавдія, Кирина и Антонина (304). Мучц. Потаміены Александрійскія (304). Мучцц. Киріакіи, Калеріи и Маріи Кесаріи Палестинскія (304). Священномуч. Маркелла, еп. Римскаго и съ нимъ мучч. Сисинія и Киріака діаконовъ, Смарагда, Ларгія, Апроніана, Сатурнина, Папія, Мавра и Крискентіана, и свв. мучцц. женъ Прискиллы, Лукины и Артеміи царевны (309). Преп.

Іюнь

Даніила Скитскаго (420). Свят. Колмана, еп. Дроморскаго (VI). Преп. Антонія Кенскаго (1592). Препп. Герасима и Ѳаддея Луховскихъ (XVI). Преп. Паисія Кефалонскаго (1888). Священномучч. Андроника, архіеп. Пермскаго, Александра Махетова, Александра Осетрова, Александра Преображенскаго, Валентина Бѣлова, Веніамина Луканина, Виктора Никифорова, Владиміра Бѣлозерова, Игнатія Якимова, Михаила Денисова, Николая Конюхова, Николая Онянова, Николая Рождественскаго, Павла Аношкина и Павла Соколова, пресвв., Григорія Смирнова діакона, мучч. Аѳанасія Жуланова и Александра Зуева (1918). Священномуч. Петра Кузнецова пресв. (1919). Прославленіе блаж. Павла Таганрогскаго (1999). Соборъ Иваново-Вознесенскихъ святыхъ. Иконы Божіей Матери «Рудосельскія».

ряд.: Рим. (зач. 84) **3,** 19-26: Матѳ. (зач. 20) **7,** 1-8.

Воскресеніе

8/21 **Недѣля 2-я по Пятидесятницѣ. Всѣхъ святыхъ въ землѣ Русской просіявшихъ. Гласъ 1-й.**

Преподобныхъ отцевъ на Аѳонѣ подвизавшихся. Перенесеніе мощей великомуч. Ѳеодора Стратилата (IV). Мучч. Никандра и Маркіана Доростольскихъ (ок. 303). Преп. Меланіи старицы (410). Преп. Аѳра Египетскаго (V). Свят. Ефрема, патр. Антіохійскаго (545). Свят. Медарда, еп. Нуайонскаго (558). Преп. Зосимы Финикійскаго (VI). Муч. Павла Каіюмскаго (766). Преп. Навкратія Студійскаго (848). Свят. Ѳеодора, еп. Суздальскаго (ок. 1043). Свят. Ѳеолипта, еп. Филадельфійскаго (1325). Преп. Ѳеофила Лужскаго (1412). Обрѣт. мощей благов. кнн. Василія и Константина Ярославскихъ (1501). Муч. Ѳеофана Константинопольскаго (1559). Священномуч. Ѳеодора Квелтскаго (1609). Соборъ Болгарскихъ святыхъ. Соборъ Румынскихъ святыхъ. Иконъ Божіей Матери «Ярославскія» и «Урюпинскія».

На веч.: 1) Исаіи **43,** 9-14. 2) Прем. Сол. **3,** 1-9. 3) Прем. Сол. **5,** 15 — **6,** 3.

Утр.: Еван. 2-е: Марк. (зач. 70) **16,** 1-8.

ряд.: Рим. (зач. 81 отъ полу) **2,** 10-16: Матѳ. (зач. 9) **4,** 18-23.

Святымъ: Евр. (зач. 330) **11,** 33 — **12,** 2: Матѳ. (зач. 10) **4,** 25 — **5,** 12.

Понедѣльникъ

9/22 **Седмица 3-я по Пятидесятницѣ.** Свят. Кирилла, архіеп. Александрійскаго (444). Мучцц. Ѳеклы, Марѳы и Маріи въ Персіи (346). Преп. Колумбы Іонскаго (597). Преп. Байтена

Іюнь

Тирійскаго (600). Преп. Іоанна Шавтели, еп. Гаенатскаго (XIII). Преп. Кирилла Бѣлозерскаго (1427). Преп. Александра, игум. Куштскаго (1439). Преп. Рафаила Агапійскаго (1645). Прав. Алексія Мечева, пресв. Московскаго (1923). Обрѣт. мощей преп. Рафаила (Шейченко) исп. (2005). Иконы Божіей Матери «Коломенскія».

ряд.: Рим. (зач. 94) **7**, 1-13: Матѳ. (зач. 34) **9**, 36 — **10**, 8.

Вторникъ
10/23 Священномуч. Тимоѳея, еп. Прусскаго (363). Мучч. Александра и Антонины дѣвы (ок. 313). Преп. Ѳеофана Антіохійскаго (369). Преп. Пансеміи Сирійскія (369). Свят. Астерія, еп. Петрскаго (IV). Свят. Вассіана, еп. Лавдійскаго (409). Преп. Канида Каппадокійскаго (460). Преп. Силуана схимника Печерскаго (XIV). Обрѣт. мощей свят. Василія, еп. Рязанскаго (1609). Свят. Іоанна, митр. Тобольскаго (1715). Священномуч. Митрофана пресв. и иже съ нимъ мучч. многихъ въ Пекинѣ (1900). Преп. Ѳамари (Марджановой) исп. (1936). Священномуч. Тимоѳея Ульянова пресв. (1940). Муч. Неаникса мудраго Александрійскаго. Соборъ Сибирскихъ святыхъ. Соборъ Рязанскихъ святыхъ.

ряд.: Рим. (зач. 95) **7**, 14 — **8**, 2: Матѳ. (зач. 35) **10**, 9-15.

Среда
11/24 **Апостоловъ Варѳоломея (I) и Варнавы (I).** Преп. Варнавы Ветлужскаго (1445). Преп. Вассіана Угличскаго (1509). Перенесеніе мощей преп. Ефрема Новоторжскаго (1572). Перенесеніе мощей преп. Аркадія Вяземскаго (1677). Иконъ Божіей Матери «Достойно есть» и «Абульскія».

Утр.: Іоан. (зач. 67) **21**, 15-25.

ряд.: Рим. (зач. 96) **8**, 2-13: Матѳ. (зач. 36) **10**, 16-22.

Апп.: Дѣян. (зач. 28) **11**, 19-26, 29-30: Лук. (зач. 51) **10**, 16-21.

Четвергъ
12/25 Преп. Онуфрія Великаго (400). Преп. Петра Аѳонскаго (734). Свят. Амфіана исп., еп. Киликійскаго (ок. 310). Препп. пустынножителей: Іоанна, Андрея, Ираклемона и Ѳеофила Египетскихъ (IV). Свят. Олимпія исп., еп. Ѳракійскаго (IV). Преп. Тимоѳея Египетскаго (IV). Преп. Іоанна Аѳонскаго (1005). Преп. Арсенія Коневскаго (1447). Преп. Онуфрія Мальскаго (1492). Преп. Стефана Комельскаго (1542). Препп. Вассіана и Іоны Соловецкихъ (1561). Преп. Онуфрія, игум. Катромскаго (XVI). Препп. Онуфрія и Авксентія Вологодскихъ (XVI). Обрѣт. мощей благов. кн. Анны Кашинскія (1650). Обрѣт. мощей блаж. Іоанна Московскаго, Христа ради

Іюнь

юрод. (1672).

ряд.: Рим. (зач. 98) **8,** 22-27: Матѳ. (зач. 37) **10,** 23-31.

Препп.: Гал. (зач. 213) **5,** 22 — **6,** 2: Матѳ. (зач. 43) **11,** 27-30.

Пятница

13/26 Мучц. Акилины Финикійскія (293). Свят. Трифиллія, еп. Левкусіи Кипрскія (ок. 370). Мучц. Антонины (ок. 305). Свят. Антипатра, еп. Бостры Аравійской (V). Преп. Анны (826) и сына ея Іоанна (IX). Препп. Андроника (ок. 1395), Саввы (1410) и Александра (по 1427) Московскихъ. Священномуч. Анѳима, митр. Унгро-Валахійскаго (1716). Преп. Александры Дивѣевскія (1789). Священномуч. Алексія Архангельскаго пресв. (1918). Священномуч. Димитрія Смирнова пресв. (1940). Мучц. Пелагіи Жидко (1944). Обрѣт. мощей преподобномуч. Николая Лесбосскаго (1960). Соборъ новомучч. и испп. Запорожскихъ.

ряд.: Рим. (зач. 101) **9,** 6-19: Матѳ. (зач. 38) **10,** 32-36; **11,** 1.

Суббота

14/27 Прор. Елиссея (IX в. до Р.Х.). Свят. Меѳодія, патр. Константинопольскаго (847). Преп. Іулитты (Юліи) Тавенскія (IV). Свят. Іоанна, митр. Евхаитскаго (1100). Благов. кн. Мстислава-Георгія Новгородскаго (1180). Преп. Саввы Ватопедскаго (1349). Преп. Меѳодія, игум. Пѣшношскаго (1392). Преп. Нифонта Аѳонскаго (1411). Преп. Елиссея Сумскаго (XVI). Священномуч. Іосифа Сикова пресв. (1918). Священномучч. Александра Парусникова, Николая Виноградова, Павла Иванова пресвв. и Николая Запольскаго діакона (1938). Соборъ Дивѣевскихъ святыхъ.

Прор.: Іак. (зач. 57) **5,** 10-20: Лук. (зач. 14) **4,** 22-30.

ряд.: Рим. (зач. 85) **3,** 28 — **4,** 3: Матѳ. (зач. 24) **7,** 24 — **8,** 4.

Воскресеніе

15/28 **Недѣля 3-я по Пятидесятницѣ. Гласъ 2-й.**

Прор. Амоса (VIII в. до Р.Х.). **Свят. Іоны, митр. Московскаго (1461).** Апп. Ахаика и Фортуната отъ 70-ти (I). Свят. Кердона, патр. Александрійскаго (106). Муч. Исихія воина и двухъ иныхъ (ок. 302). Мучч. Вита, Модеста и Крискентіи (ок. 303). Муч. Дулы Киликійскаго (ок. 315). Преп. Орсисія Тавенисіотскаго (IV). Мучц. Лениды Сирійскія (IV). Преп. Іеронима Стридонскаго (420). Блаж. Августина, еп. Иппонійскаго (430). Преп. Авраамія Клермонскаго (480). Преп. Дулы страстотерпца Египетскаго (V). Свят. Михаила, митр. Кіевскаго (992). Перенесеніе мощей преп. Ѳеодора Сикеота (IX). Свят. Спиридона пѣснописца, патр. Сербскаго

(1389). Великомуч. Лазаря, царя Сербскаго (1389). Свят. Ефрема, патр. Сербскаго (1400). Свят. Симеона, архіеп. Новгородскаго (1421). Обрѣт. мощей (1524) препп. Григорія (1392) и Кассіана (1392) Авнежскихъ. Священномуч. Амоса Иванова пресв. (1919). Свят. Гликерія, митр. Слатіоарскаго (1985). Соборъ новомучениковъ Турецкаго ига. Соборъ Новгородскихъ святыхъ. Соборъ Бѣлорусскихъ святыхъ. Соборъ Псковскихъ святыхъ. Соборъ Санктъ-Петербургскихъ и Ладожскихъ святыхъ. Соборъ Вологодскихъ святыхъ. Соборъ Одесскихъ святыхъ. Соборъ Сербскихъ мучениковъ.

Утр.: Еван. 3-е: Марк. (зач. 71) **16**, 9-20.

ряд.: Рим. (зач. 88) **5**, 1-10: Матѳ. (зач. 18) **6**, 22-23.

Свят.: Евр. (зач. 318) **7**, 26 — **8**, 2: Іоан. (зач. 36) **10**, 9-16.

Понедѣльникъ

16/29 **Седмица 4-я по Пятидесятницѣ.** Свят. Тихона, еп. Амаѳунтскаго (425). Мучч. Тигрія пресвитера и Евтропія чтеца (ок. 404). Преп. Тихона Медынскаго, Калужскаго (1492). Преп. Тихона Луховскаго (1503). Преп. Никифора Калужскаго (XVI). Преподобномуч. Кайхосро Грузинскаго (1612). Преп. Моисея Оптинскаго (1862). Священномучч. Ермогена, еп. Тобольскаго, Ефрема Долганова, Михаила Макарова, Петра Корелина пресвв. и муч. Константина Минятова (1918). Перенесеніе мощей свят. Ѳеофана, затворника Вышенскаго (2002).

ряд.: Рим. (зач. 102) **9**, 18-33: Матѳ. (зач. 40) **11**, 2-15.

Вторникъ

17/30 Мучч. Мануила, Савела и Исмаила Персидскихъ (362). Прав. Соломона, царя Израильскаго (X в. до Р.Х.). Священномуч. Филонида, еп. Курійскаго (ок. 306). Препп. Іосифа и Піора, учениковъ преп. Антонія Великаго (IV). Преподобномуч. Нектана, Хартландскаго (VI). Муч. Шалвы Ахалтихскаго и 10,000 мучч. Грузинскихъ (1227). Обрѣт. мощей правв. братьевъ Алфановыхъ: Никиты, Кирилла, Никифора, Климента и Исаака (1562). Преп. Ананіи Новгородскаго (1581). Священномуч. Аверкія Сѣверовостокова пресв. (1918). Преподобномуч. Максима (Попова) исп. (1934). Священномуч. Милана Поповича, пресв. Рманьскаго (1941). Мучч. Пелагіи Балакиревой (1943).

ряд.: Рим. (зач. 104) **10**, 11 — **11**, 2: Матѳ. (зач. 41) **11**, 16-20.

Святымъ: Ефес. (зач. 233) **6**, 10-17: Лук. (зач. 106) **4**, 25 — **5**, 12.

Іюнь

Среда
18/1іл. Муч. Леонтія Финикійскаго и съ нимъ Ипатія и Ѳеодула (73). Муч. Еѳерія Никомидійскаго (305). Преп. Марины дѣвы Виѳинскія (VIII). Преп. Леонтія отрока, канонарха Печерскаго (XIV). Преп. Леонтія прозорливаго Аѳонскаго (ок. 1580). Священномучч. Александра Крутицкаго, Василія Крылова, Василія Смирнова и Сергія Кроткова пресвв. и преподобномуч. Никанора (Морозкина) (1938). Обрѣт. мощей священномуч. Виктора, еп. Глазовскаго (1997). Иконъ Божіей Матери «Боголюбскія» и «Пюхтицкія» именуемой «У источника».
ряд.: Рим. (зач. 105) **11**, 2-12: Матѳ. (зач. 42) **11**, 20-26.
Муч.: Дѣян. (зач. 29) **12**, 1-11: Іоан. (зач. 52) **15**, 17 — **16**, 2.

Четвергъ
19/2 **Апостола Іуды, брата Господня по плоти (ок. 80).** Св. мѵроносицы Маріи Іаковлевой (I). Муч. Зосимы воина Аполлоніадскаго (116). Преп. Зинона Египетскаго (IV). Преп. Паисія Великаго (400). Преп. Іоанна, отшельника Іерусалимскаго (586). Преп. Ромуальда Камальдолійскаго (1027). Преп. Варлаама Шенкурскаго (1462). Свят. Іова, патріарха Московскаго (1607). Преп. Паисія Хилендарскаго (XVIII). Свят. Іоанна, архіеп. Шанхайскаго и Санъ-Францисскаго (1966).
Утр.: Апостолу: Іоан. (зач. 67) **21**, 15-25.
ряд.: Рим. (зач. 106) **11**, 13-24: Матѳ. (зач. 43) **11**, 27-30.
Апост.: Іуды (зач. 77) **1**, 1-25: Іоан. (зач. 48 отъ полу) **14**, 21-24.

Пятница
20/3 Священномуч. Меѳодія, еп. Патарскаго (312). Перенесеніе мощей мучч. Инны, Пинны и Риммы скиѳовъ (II). Мучч. Павла, Киріака, Павлы, Феликіланы, Ѳомы, Феликса, Мартирія, Виталія, Криспина и Емилія Томійскихъ (290). Мучч. Аристоклія пресв., Димитріана діак. и Аѳанасія чтеца (306). Свят. Левкія, еп. Врунтисіопольскаго (V). Преп. Студія, основателя Студійскаго мон. (V). Преп. Наума Охридскаго (910). Свят. Мины, еп. Полоцкаго (1116). Благов. князя Глѣба Андреевича, Владимірскаго (1175). Преп. Каллиста, патр. Константинопольскаго (1363). Свят. Николая Кавасила, еп. Диррахійскаго (1397). Перенесеніе мощей свят. Гурія, архіеп. Казанскаго (1630). Обрѣт. мощей священномуч. Рафаила Лесвійскаго (1959). Преп. Каллиста византіанина и 2-хъ пустынниковъ. Иконы Божіей Матери «Моденскія».
ряд.: Рим. (зач. 107) **11**, 25-36: Матѳ. (зач. 44) **12**, 1-8.
подъ зач.: Рим. (зач. 92) **6**, 11-17: Матѳ. (зач. 26) **8**, 14-23.

Іюнь

Суббота

21/4 **Свят. Іоанна, архіеп. Шанхайскаго и Санъ-Францисскаго (1966).** Муч. Іуліана Тарсійскаго (ок. 305). Священномуч. Терентія (Тертія), еп. Иконійскаго (I). Препп. Іулія пресв. (391) и Іуліана діакона (400). Муч. Арчила II-го, царя Иверскаго (744). Преп. Анастасіи, матери свят. Саввы Сербскаго (1200). Муч. Луарсаба II-го, царя Карталинскаго (1622). Муч. Никиты Нисиросскаго (1792). Священномуч. Іоанна Будрина пресв. (1918). Преп. Георгія (Лаврова) исп. (1932). Священномучч. Алексія Скворцова, Николая Розанова и Павла Успенскаго пресвв. и преподобномуч. Іоны (Санкова) (1938). Муч. Никиты Сухарева (1942). Обрѣт. мощей преп. Максима Грека (1996). Муч. Афродисія Киликійскаго.

На веч.: 1) Притч. **10,** 7, 6; **3,** 13-16; **8,** 6, 34-35, 4, 12, 14, 17, 5-9; **1,** 23; **15,** 4. 2) Притч. **10,** 31-32; **11,** 1-2, 4, 3, 5-12. 3) Прем. Сол. **4,** 7-15.

Утр.: Іоан. (зач. 35 отъ полу) **10,** 1-9.

Свят.: Евр. (зач. 318) **7,** 26 — **8,** 2: Іоан. (зач. 36) **10,** 9-16.

Воскресеніе

22/5 **Недѣля 4-я по Пятидесятницѣ. Гласъ 3-й.**
Священномуч. Евсевія, еп. Самосатскаго (380). Мучч. Зинона и слуги его Зины (304). Муч. Албана Веруламскаго (ок. 305). Свят. Аѳанасія, еп. Хитрскаго (IV). 1480 мучч. въ Самаріи (ок. 615). Преп. Василія, игум. Пателарійскаго (IX). Свят. Григорія, митр. Валашскаго (1834). Священномучч. Ѳеодора (Смирнова) и Гавріила Архангельскаго діаконовъ (1938). Мучч. Помпіона, Галактіона, Сатурнина и Іуліаніи Константинопольскихъ. Соборъ Псково-Печерскихъ преподобныхъ. Иконы Божіей Матери «Коробейниковскія-Казанскія».

Утр.: Еван. 4-е: Лук. (зач. 112) **24,** 1-12.

ряд.: Рим. (зач. 93) **6,** 18-23: Матѳ. (зач. 25) **8,** 5-13.

Понедѣльникъ

23/6 **Седмица 5-я по Пятидесятницѣ.** Мучц. Агрипины Римляныни (ок. 253). **Срѣтеніе Владимірскія иконы Божіей Матери (1480).** Мучч. Евстохія, Гаія, Провія, Лоллія, Урвана и иже съ ними (300-305). Преп. Эѳельдреды Элійскія (679). Прав. отрока Артемія Веркольскаго (1545). Прав. Параскевы дѣвы Переминскія (XVI). Препп. Іосифа (1612), Антонія и Іоанникія (XVII) Вологодскихъ. Перенесеніе мощей свят. Германа, архіеп. Казанскаго (1714). Священномуч. Александра Миропольскаго, Алексія Введенскаго и Петра Сморо-

Іюнь

динцева пресвв. (1918). Священномучч. Митрофана, архіеп. Астраханскаго и Леонтія еп. Енотаевскаго (1919). Соборъ Владимірскихъ святыхъ. Иконъ Божіей Матери «Заоникіевскія» и «Псково-Печерскія» именуемой «Умиленіе».

Утр.: Лук. (зач. 4) **1,** 39-49, 56.

ряд.: Рим. (зач. 109) **12,** 4-5, 15-21: Матѳ. (зач. 45) **12,** 9-13.

подъ зач.: Рим. (зач. 114) **14,** 9-18: Матѳ. (зач. 46) **12,** 14-16, 22-30.

Богородицы: Филип. (зач. 240) **2,** 5-11: Лук. (зач. 54) **10,** 38-42; **11,** 27-28.

Вторникъ
24/7 Рождество Предтечи и Крестителя Господня Іоанна.

Мучч. Орентія, Фарнакія, Ероса, Фирмоса, Фирмина, Киріака и Лонгина (III-IV). Свят. Никиты, еп. Ремесіанскаго (ок. 420). Преп. Іоанна отшельника, Богемскаго (904). Преп. Антонія Дымскаго (ок. 1224). Преп. Іоанна Яренгскаго (Соловецкаго) (1561). Правв. отроковъ Іакова (1566) и Іоанна (1569) Менюжскихъ. Перенесеніе мощей благов. вел. кн. Михаила Тверскаго (1320). Великомуч. Іоанна Сочавскаго (1330). Муч. Панагіота Кесарійскаго (1765). Свят. Герасима, еп. Астраханскаго (1880).

На веч.: 1) Быт.: **17,** 15-17, 19; **18,** 11-14; **21,** 1-2, 4-8. 2) Суд.: **13,** 2-8, 13-14, 17-18, 21. 3) Исаіи: **40,** 1-3, 9: **41,** 17-18; **45,** 8: **48,** 20-21; **54,** 1.

Утр.: Лук. (зач. 3) **1,** 24-25, 57-68, 76, 80.

Предтечи: Рим. (зач. 112) **13,** 11 — **14,** 4: Лук. (зач. 1) **1,** 1-25, 57-68, 76, 80.

Среда
25/8

Преподобномучц. Февроніи дѣвы (ок. 304). Мучцц. Леониды, Ливіи и Евтропіи Сирійскихъ (ок. 305). Преп. Симеона Синайскаго (V). Благов. кнн. Петра, въ монашествѣ Давида и княгини Февроніи въ мон. Евфросиніи, Муромскихъ чудотворцевъ. (1228). Препп. Діонисія (ок. 1389) и Дометія (ок. 1405) Аѳонскихъ. Преп. Далмата Исетскаго (1697). Преподобномуч. Прокопія Смирнскаго (1810). Священномуч. Василія Милицына пресв. (1918). Преп. Никона исп., Оптинскаго (1931). Священномуч. Василія Протопопова пресв. (1940).

ряд.: Рим. (зач. 117) **15,** 7-16: Матѳ. (зач. 48) **12,** 38-45.

Препмучц. 2 Кор. (зач. 181) **6,** 1-10: Лук. (зач. 33) **7,** 36-50.

Іюнь

Четвергъ

26/9 Преп. Давида Солунскаго (540). **Явленіе иконы Божіей Матери «Тихвинскія».** Мучч. Галликана патрикія, Іоанна и Павла Римлянина (361-363). Свят. Іоанна, еп. Готѳскаго (ок. 800). Муч. Пелагія Кордувійскаго (924). Свят. Діонисія, архіеп. Суздальскаго (1385). Обрѣт. мощей преп. Тихона Луховскаго, Костромскаго (1569). Преподобномуч. Давида Аѳонскаго (1813). Священномуч. Георгія Степанюка пресв. (1918). Иконъ Божіей Матери «Нямецкія», «Седміезерныя» и «Лиддскія».
Утр.: Лук. (зач. 4) **1,** 39-49, 56.
ряд.: Рим. (зач. 118) **15,** 17-29: Матѳ. (зач. 49) **12,** 46 — **13,** 3.
Богородицы: Филип. (зач. 240) **2,** 5-11: Лук. (зач. 54) **10,** 38-42; **11,** 27-28.

Пятница

27/10 Преп. Сампсона страннопріимца (ок. 530). Св. Іоанны мѵроносицы (I). Муч. Анекта Кесарійскаго (304). Преп. Севира пресв. Валерійскаго (VI). Преп. Георгія Иверскаго, Святогорца (1065). Преп. Мартина Туровскаго (1150). Преп. Серапіона Кожеезерскаго (1611). Священномуч. Кирилла, патр. Константинопольскаго (1638). Священномуч. Киріона, католикоса-патріарха Грузинскаго (1918). Священномучч. Александра Сидорова, Владиміра Сергѣева и Григорія Никольскаго пресвв. (1918). Священномуч. Петра Остроумова пресв. (1939). Обрѣт. мощей преп. Амвросія Оптинскаго (1998). Священномуч. Піерея, пресв. Антіохійскаго.
ряд.: Рим. (зач. 120) **16,** 1-6: Матѳ. (зач. 50) **13,** 4-9.
Преп.: Гал. (зач. 213) **5,** 22 — **6,** 2: Лук. (зач. 67) **12,** 32-40.

Суббота

28/11 Перенесеніе мощей безсребренниковъ и чудотворцевъ Кира и Іоанна (412). Преп. Австолла Корнуэльскаго (VI). Преп. Павла врача Коринѳскаго (VII). Преп. Сергія магистрата Критскаго (IX). Преп. Ксенофонта, игум. Робейскаго (1262). Препп. Сергія и Германа Валаамскихъ чудотв. (ок. 1353). Священномуч. Василія Сытникова діакона (1918). Преподобномучц. Севастіаны (Агеева-Зуевой) (1938). Священномуч. Григорія Самарина діакона (1940). Иконы Божіей Матери «Троеручицы».
ряд.: Рим. (зач. 97) **8,** 14-21: Матѳ. (зач. 30) **9,** 9-13.
Безср.: 1 Кор. (зач. 153) **12,** 27 — **13,** 8: Матѳ. (зач. 34 отъ полу) **10,** 1, 5-8.

Іюнь

Воскресеніе

29/12 **Недѣля 5-я по Пятидесятницѣ.** Гласъ 4-й.
Свв. Первоверховныхъ Апостоловъ Петра и Павла (ок. 67).
Преподобномучч. Неофита (1558), Іоны (1561), Неофита (1609), Іоны (1635) и Парѳенія (1696) Липсійскихъ. Обрѣт. мощей преп. Никандра Псковскаго (1686).
На веч.: 1) 1 Петр. (зач. 58 отъ полу) **1,** 3-9. 2) 1 Петр. (зач. 58 отъ полу) **1,** 13-19. 3) 1 Петр. (зач. 58 отъ полу) **2,** 11-24.
Утр.: Еван. 5-е: Лук. (зач. 113) **24,** 12-35.
ряд.: Рим. (зач. 103) **10,** 1-10: Матѳ. (зач. 28) **8,** 28 — **9,** 1.
Апп.: 2 Кор. (зач. 193) **11,** 21 — **12,** 9: Матѳ. (зач. 67) **16,** 13-19.

Понедѣльникъ

30/13 **Седмица 6-я по Пятидесятницѣ.** *Соборъ 12-ти Апостоловъ:* Петра, Андрея, Іакова Зеведеева. Іоанна брата его, Филиппа, Варѳоломея, Ѳомы, Матѳея, Іакова Алфеева, Іуды Іаковлева или Ѳаддея, Симона Зилота и Матѳія. Благов. царицы Динары Грузинскія (X). Благ. кн. Андрея Боголюбскаго (1175). Преп. Петра, царевича Ордынскаго, Ростовскаго (1290). Свят. Геласія Рымецкаго, еп. Трансильванскаго (XVI). Муч. Михаила Аѳинскаго (1770). Прав. Стефана Омскаго (1877). Прославленіе свят. Софронія, еп. Иркутскаго (1918). Священномуч. Тимоѳея Петропавловскаго пресв. и преподобномуч. Никандра (Прусака) (1918). Преподобномуч. Ѳеогена (Козырева) (1939). Муч. Александра Шмореля Мюнхенскаго (1943). Муч. Іоанна Демидова (1944). Обрѣт. мощей преп. Иларіона Троекуровскаго (1999). Иконъ Божіей Матери «Балыкинскія» и «Горбаневскія».
ряд.: Рим. (зач. 121) **16,** 17-24: Матѳ. (зач. 51) **13,** 10-23.
Апп.: 1 Кор. (зач. 131) **4,** 9-16: Марк. (зач. 12) **3,** 13-19.

| Дни недѣли | Іюль | День имѣетъ 14 ч., а ночь 10 ч. |

Іюль

Вторникъ

1/14 Безсребренниковъ Космы и Даміана Римскихъ (284). Муч. Потита отрока Гаргарскаго (II). Мучч. Іулія и Аарона Уэльскихъ (304). Свят. Галла, еп. Клермонскаго (551). Преп. Епархія Ангулемскаго (581). Свят. Сервана, еп. Калросскаго (VI). Преп. Петра Константинопольскаго (854). Преп. Василія Каппадокійскаго (X). Перенесеніе мощей преп. Іоанна Рыльскаго (1469). Свят. Леонтія Радовецкаго (XV). Преп. Ангелины, депотиссы Сербскія (1520). Преп. Никодима Святогорца (1809). Священномуч. Аркадія Гаряева пресв. (1918). Священномуч. Алексія Дроздова діакона (1942).

ряд.: 1 Кор. (зач. 122) **1**, 1-9: Матѳ. (зач. 52) **13**, 24-30.
Безср.: 1 Кор. (зач. 153) **12**, 27 — **13**, 8: Матѳ. (зач. 34 отъ полу) **10**, 1, 5-8.

Среда

2/15 *Положеніе ризы Пресвятыя Богородицы во Влахернѣ (V)*. Свят. Іувеналія, патр. Іерусалимскаго (ок. 458). Преп. Монегунды Шартрскія (530). Свят. Фотія, митр. Кіевскаго (1431). Благов. кн. Стефана великаго, Молдавскаго (1504). Муч. Лампра Макрійскаго (1835). Иконъ Божіей Матери «Ахтырскія», «Пожайскія», «Турковицкія» и «Ѳеодотьевскія».

ряд.: 1 Кор. (зач. 127) **2**, 9 — **3**, 8. Матѳ. (зач. 53) **13**, 31-36.
Богородицѣ: Евр. (зач. 320) **9**, 1-7: Лук. (зач. 54) **10**, 38-42; **11**, 27-28.

Іюль 85

Четвергъ

3/16 Муч. Іакинѳа Кесаріи Каппадокійскія (108). Мучч. Діомида, Евлампія, Асклипіодота и мучц. Голиндухи (108). **Перенесеніе мощей священномуч. Филиппа, митр. Московскаго (1652).** Свят. Клавдіана, патр. Александрійскаго (167). Святт. Анатолія и Евсевія, епп. Лаодикійскихъ (III). Мучч. Мокія и Марка (IV). Преп. Александра, первонач. обители Неусыпающихъ (ок. 430). Свят. Анатолія, патр. Царьградскаго (458). Свят. Германа, еп. Мэнскаго (ок. 474). Преп. Исаіи отшельника (ок. 489). Преп. Георгія Богоносца, съ Черной Горы (1068). Преп. Анатолія Печерскаго (XII). Благов. князей Василія (1249) и Константина (1257) Ярославскихъ. Свят. Василія, еп. Рязанскаго (1295). Преп. Анатолія (иного) затворника Печерскаго (XIII). Свят. Василія Калики, архіеп. Новгородскаго (1352). Блаж. Іоанна, Христа ради юрод., Московскаго (1589). Преп. Никодима Кожеезерскаго (1640). Блажж. Михаила, Иродіона, Василія и Ѳомы, Христа ради юродд. Солвычегодскихъ (XVII). Преп. Іоакима Нотенскаго (XVII). Преподобномуч. Герасима новаго, Карпенисійскаго (1812). Блаж. Евфросиніи Колюпановскія, Христа ради юродивыя (1855). Священномуч. Антонія, архіеп. Архангельскаго (1931). Обрѣт. мощей священномуч. Сильвестра, архіеп. Омскаго (2005).

Утр.: Лук. (зач. 24) **6,** 17-23.

ряд.: 1 Кор. (зач. 129) **3,** 18-23: Матѳ. (зач. 54) **13,** 36-43.

подъ зач.: 1 Кор. (зач. 130 отъ полу) **4,** 5-8: Матѳ. (зач. 55) **13,** 44-54.

Свят.: Евр. (зач. 335) **13,** 17-21: Іоан. (зач. 36) **10,** 9-16.

Пятница

4/17 Свят. Андрея, архіеп. Критскаго (712). Преп. Марѳы, матери преп. Симеона Дивногорца (551). **Свв. Царственныхъ мучениковъ — Царя-муч. Николая II-го, царицы-мучц. Александры, царевича-муч. Алексія, царевенъ-мучцц: Ольги, Татіаны, Маріи, Анастасіи и иже съ ними убіенныхъ: мучч. Евгенія, Анны, Іоанна, Климента, Іоанна, Анастасіи, Екатерины, Василія, Иліи и Алексія (1918).** Мучч. Ѳеодота и Ѳеодотіи Кесарійскихъ (108). Священномучч. Иннокентія и Савватія Сирмійскихъ и съ ними 33 мучч. (304). Священномуч. Ѳеодора, еп. Киринейскаго и съ нимъ мучцц. Киприллы, Іарои и Лукіи (308). Священномуч. Доната Ливійскаго (ок. 360). Перенесеніе мощей свят. Мартина Милостиваго, еп. Турскаго (490). Свят. Ульриха, еп.

Аугсбургскаго (973). Благов. князя Андрея Боголюбскаго (1174). Преп. Андрея Рублева иконописца (1430). Обрѣт. мощей преп. Евѳимія Суздальскаго (1507). Прав. Андрея Русскаго исп., Каирскаго (ок. 1850). Преподобномуч. Нила Полтавскаго (1918). Священномучч. Саввы, еп. Горно-карловацкаго и Георгія пресв. (1941). Священномуч. Димитрія Казанскаго пресв. (1942). Препп. Тихона, Василія и Никона Соловецкихъ. Иконы Божіей Матери «Галатскія».

Мучч. Веч.: 1) Прем. Сол. **3,** 1-9. 2) 3 Цар. **8,** 22-23, 27-30. 3) Исаіи **61,** 10 — **62,** 5.

Утр.: Матѳ. (зач. 36) **10,** 16-22.

Мучч.: Рим. (зач. 99) **8,** 28-39: Іоан. (зач. 52) **15,** 17 — **16,** 2.

Суббота

5/18 **Преп. Аѳанасія Аѳонскаго (1000). Обрѣт. мощей преп. Сергія Радонежскаго (1422). Преподобномучцц.: вел. княгини Елисаветы, инокини Варвары и иже съ ними мучч. князей: Іоанна, Игоря, Константина, Сергія, Владиміра и муч. Ѳеодора (1918).** Священномуч. Стефана, еп. Регійскаго и съ нимъ Свера еп. и женъ Агніи, Филикиты и Перпетуи (I). Мучцц. Анны и Кириллы (304). Муч. Аѳанасія, діак. Іерусалимскаго (451). Благов. княгини Морвенны Корнуолльскія (VI). Преп. Лампада чуд., Иринопольскаго (X). Препп. Ѳеодосія и Аѳанасія Череповецкихъ (1382). Препмуч. Кипріана Аѳонскаго (1679). Священномуч. Геннадія Здоровцева пресв. (1918). Преп. Агапита (Таубе) исп. (1936). Соборъ Черниговскихъ святыхъ. Иконы Божіей Матери «Экономисса».

Утр.: Матѳ. (зач. 43) **11,** 27-30.

Преп.: Гал. (зач. 213) **5,** 22 — **6,** 2: Лук. (зач. 24) **6,** 17-23.

ряд.: Рим. (зач. 100) **9,** 1-5: Матѳ. (зач. 32) **9,** 18-26.

Воскресеніе

6/19 **Недѣля 6-я по Пятидесятницѣ. Гласъ. 5-й.**

Преп. Сисоя Великаго (429). Мучч. Марѳы, Марина, Авдифакса, Аввакума, Кирина, Валентина пресв. и Астерія въ Римѣ (269). Муч. Васта трибуна (ок. 270). Муч. Коинта Фригійскаго (ок. 283). Мучч. Исавра діак., Иннокентія, Феликса, Ерміи, Василія, Перегрина, Руфа и Руфина (283-4). Мучц. Лукіи дѣвицы и иже съ нею: Рикса, Антонія, Лукіана, Исидора, Діона, Діодора, Кутонія, Ароноса, Каписа и Сатура (301). Преп. Гоара, отш. Рейнскаго (649). Преп. Сисоя Печерскаго (XIII). Свят. Арсенія, еп. Тверскаго (1409). Обрѣт. мощей св. Іуліаніи, княжны Ольшанскія (ок. 1550). Препп. Тихона,

Іюль

Василія и Никона Соколовскихъ (XVI). Преподобномуч. Евѳимія (Любовичева) (1931). Преподобномуч. Ѳеодора (Богоявленскаго) (1943). Соборъ Радонежскихъ святыхъ. Соборъ Тверскихъ святыхъ.
Иконы Божіей Матери «Богородско-Уфимскія».
Утр.: Еван. 6-е: Лук. (зач. 114) **24,** 36-53.
ряд.: Рим. (зач. 110) **12,** 6-14: Матѳ. (зач. 29) **9,** 1-8.

Понедѣльникъ

7/20 **Седмица 7-я по Пятидесятницѣ.** Преп. Ѳомы Малеина (X). Преп. Акакія иже въ Лѣствицѣ (VI). Мучч. Перегрина, Лукіана, Помпея, Исихія, Папія, Саторнина и Германа (II). Прав. Пантена исп., учителя Александрійскаго (203). Препмучч. Епиктета пресвитера и Астіона монаха (290). Мучч. Киріакіи Никомидійскія (ок. 303). Священномуч. Евангела, еп. Румынскаго (IV). Свят. Хедды, еп. Винчестерскаго (705). Свят. Виллибальда, еп. Айжштетскаго (ок. 786). Благ. вел. кн. Евдокіи, въ инокиняхъ Евфросиніи, Московскія (1407). Священномуч. Павла Чернышева пресв. (1918). Обрѣт. мощей священномуч. Владиміра, митр. Кіевскаго (1992). Иконы Божіей Матери «Влахернскія».
ряд.: 1 Кор. (зач. 134) **5,** 9 — **6,** 11: Матѳ. (зач. 56) **13,** 54-58.

Вторникъ

8/21 Великомуч. Прокопія Кесарійскаго (303). **Явленіе «Казанскія» иконы Божіей Матери (1579).** Мучц. Ѳеодосіи, матери Прокопіевой (IV). Муч. Митридата, царя Карталинскаго (410). Блаж. Прокопія, Христа ради юродиваго, Устюжскаго чуд. (1303). Преп. Ѳеофила мѵроточиваго (1548). Прав. Прокопія Устьянскаго (ок. 1600). Преподобномуч. Анастасія Янинскаго (1743). Перенесеніе мощей преп. Димитрія Басарбовскаго (1774). Священномучч. Александра Попова, Николая Брянцева и Ѳеодора Распопова пресвв. (1918). Иконы Божіей Матери «Песчанскія».
Утр.: Лук. (зач. 4) **1,** 39-49, 56.
ряд.: 1 Кор. (зач. 136) **6,** 20 — **7,** 12: Матѳ. (зач. 57) **14,** 1-13.
Богородицѣ: Филип. (зач. 240) **2,** 5-11: Лук. (зач. 54) **10,** 38-42; **11,** 27-28.

Среда

9/22 Священномуч. Панкратія, еп. Тавроменійскаго (I). Священномуч. Кирилла, еп. Гортинскаго (ок. 303). Муч. Александра воина, Египетскаго (IV). Препп. Патермуфія и Копрія, подвиж. Египетскихъ (IV). Священномучч. Кіліана, еп. Вюрцбургскаго, Колмана пресв. и Тотмана діак.

(689). Свят. Ѳеодора, еп. Едесскаго (848). Преп. Ѳеодосія столпника Едесскаго (IX). Священномуч. Петра пресв. Сольвычегодскаго (1613). Муч. Михаила Аѳинскаго (1771). Священномуч. Меѳодія, еп. Лампскаго (1793). Священномуч. Константина Лебедева пресв. (1918). Иконъ Божіей Матери «Кипрскія» и «Колочскія».

ряд.: 1 Кор. (зач. 137) **7,** 12-24: Матѳ. (зач. 60) **14,** 35 — **15,** 11.

Четвергъ

10/23 45-ти мучч. въ Никополѣ Арменскомъ: Леонтія, Маврикія, Даніила, Антонія, Александра, Менея, Іаникиты, Сисинія, Вирилада, Тимонія и другихъ (ок. 318). **Преп. Антонія Кіево-Печерскаго (1073).** Муч. Аполлонія Сардійскаго (III). Препп. 10,000 пустынниковъ египетскихъ, огнемъ и дымомъ уморенныхъ (398). Мучч. Віанора и Силуана Писидійскихъ (IV). Преп. Силуана, схимника Печерскаго (XIV). Священномуч. Іосифа, пресв. Дамасскаго и иже съ нимъ (1860). Препп. Парѳенія (1905) и Евменія (1920) Гортинскихъ. Священномучч. Василія Побѣдоносцева, Петра Зефирова, Стефана Луканина пресвв., Георгія Бегмы и Нестора Гудзовскаго діаконовъ (1918). Положеніе честныя ризы Господней въ Москвѣ (1625). Иконы Божіей Матери «Коневскія».

Утр.: Матѳ. (зач. 43) **11,** 27-30.

ряд.: 1 Кор. (зач. 138) **7,** 24-35: Матѳ. (зач. 61) **15,** 12-21.

Преп.: Гал. (зач. 213) **5,** 22 — **6,** 2: Матѳ. (зач. 10) **4,** 25 — **5,** 12.

Пятница

11/24 Великомучц. Евфиміи прехвальныя (304). Равноапостольныя Ольги, кн. Россійскія, во св. крещеніи Елены (969). Священномуч. Киндея пресв. Памфилійскаго (ок. 300). Преп. Дросдана Абердинскаго (610). Преп. Никодима Ватопедскаго (1320). Препмуч. Никодима славянина (1722). Преподобномуч. Нектарія Аѳонскаго (1820). Священномучч. Дабро-Боснійскихъ: Момчило, Доброслава, Милана, Михаила, Іоанна, Іоанна, Божидара, Богдана, Тифуна, Веліміра, Божидара, Миладина, Варнавы еп., Марка, Димитрія, Будиміра, Рельи, Лазаря, Саввы, Саввы, Милорада, Ратиміра, Михаила, Душана, Доброслава, Нестора, Серафима, Андрея, Слободана, Симо, Мирко, Милана, Вукосава, Милана, Родолюба и Даміана (1941-45). Обрѣт. мощей священномуч. Иларіона, архіеп. Верейскаго (1998). Иконъ Божіей Матери «Ржевскія», «Шуйскія-Смоленскія» и «Борколабовскія».

Іюль

ряд.: 1 Кор. (зач. 139) **7,** 35 — **8,** 7: Матѳ. (зач. 63) **15,** 29-31.
Мучч. 2 Кор. (зач. 181) **6,** 1-10: Лук. (зач. 33) **7,** 36-50.

Суббота
12/25 Мучч. Прокла и Иларія Калиптянъ (II). Преп. Михаила Малеина (962). Прав. Вероники, исцѣленной Іисусомъ Христомъ (I). Мучц. Голиндухи, въ крещеніи Маріи (591). Мучч. Ѳеодора и сына его Іоанна, въ Кіевѣ (983). Препп. Іоанна (988) и Гавріила (X) Святогорцевъ. Свят. Серапіона, еп. Владимірскаго (1275). Преп. Арсенія Новгородскаго (1570). Преп. Симона Воломскаго (1641). Свят. Григорія, митр. Ираклійскаго (1925). Иконы Божіей Матери «Троеручица».
ряд.: Рим. (зач. 108) **12,** 1-3: Матѳ. (зач. 39) **10,** 37 — **11,** 1.

Воскресеніе
13/26 **Недѣля 7-я по Пятидесятницѣ.** *Память Свв. Отецъ 6-ти Вселенскихъ Соборовъ.* **Гласъ 6-й.**
Соборъ Архангела Гавріила. Преп. Стефана Савваита (794). Свят. Іуліана, еп. Кеноманійскаго (I). Муч. Серапіона (ок. 205). Муч. Маркіана Иконійскаго (258). Преп. Сарры, подвиж. Египетскія (370). Преп. Милдреды Танетскія (ок. 700). Соборъ препп. отцевъ обители Хилендарскія.
На веч.: Отцевъ: 1) Быт. **14,** 14-20. 2) Втор. **1,** 8-11, 15-17. 3) Втор. **10,** 14-21.
Утр.: Еван. 7-е: Іоан. (зач. 63) **20,** 1-10.
ряд.: Рим. (зач. 116) **15,** 1-7: Матѳ. (зач. 33) **9,** 27-35.
Отцевъ: Евр. (зач. 334) **13,** 7-16: Іоан. (зач. 56) **17,** 1-13.

Понедѣльникъ
14/27 **Седмица 8-я по Пятидесятницѣ.** Апостола Акилы отъ 70-ти (I). Муч. Іуста воина Римскаго (I). Свят. Иракла, патр. Александрійскаго (246). Преп. Еллія Египетскаго (IV). Муч. Іоанна Мервскаго (IV). Преп. Онисима, Магнезійскаго чуд. (IV). Преп. Маркеллина Девентерскаго (775). Преп. Стефана Махрищскаго (1406). Священномуч. Константина Богоявленскаго пресв. (1918). Священномуч. Николая Порѣцкаго пресв. (1933). Обрѣт. мощей преп. Ѳеофила Кіевскаго, Христа ради юродиваго (1993). *(Ради праздника св. Владиміра, служба мучч. Кирика и Іулитты переносится на сей день.)*
ряд.: 1 Кор. (зач. 142) **9,** 13-18: Матѳ. (зач. 65) **16,** 1-6.
подъ зач.: 1 Кор. (зач. 144) **10,** 5-12: Матѳ. (зач. 66) **16,** 6-12.
Мучч.: 1 Кор. (зач. 154 отъ полу) **13,** 11 — **14,** 5: Лук. (зач. 51 отъ полу) **10,** 19-21.

Іюль

Вторникъ
15/28 Св. Равноап. вел. князя Владиміра (Василія), просвѣтителя Русскаго народа (1015). Мучч. Кирика и Іулитты (ок. 305). Муч. Авудима Тенедосскаго (IV). Свят. Свитхуна, еп. Винчестерскаго (862). Преп. Зосимы Владимірскаго (1710). Преп. Никандра Борисоглѣбскаго (1911). Преп. Іова Угольскаго (1985). Священномуч. Петра Троицкаго діакона (1938). Соборъ Кіевскихъ святыхъ. *(Ради праздника св. Владиміра, служба свв. Кирика и Іулитты переносится на день напреди.)*
Веч.: 1) 3 Цар. **8**, 22-23, 27-30. 2) Исаіи **61**, 10-11; **62**, 1-5. 3) Исаіи **60**, 1-16.
Утр.: Іоан. (зач. 36) **10**, 9-16.
Святаго: Галат. (зач. 200) **1**, 11-19: Іоан. (зач. 35 отъ полу) **10**, 1-9.

Среда
16/29 Священномуч. Аѳиногена, еп. Иракліопольскаго и 10-ти учениковъ его (311). Мучч. Павла, Алевтины (Валентины) и Хіоніи (308). Мучч. Антіоха врача и Фавсты (IV). Мучц. Іуліи дѣвы (440). Святыхъ отцевъ IV-го Вселенскаго собора (451). Муч. Гелерія Джерсійскаго (VI). Муч. Іоанна Тырновскаго (1822). Блаж. Матроны Анемнясевскія исп. (1936). Священномучч. Іакова, архіеп. Барнаульскаго, Петра Гаврилова, Іоанна Можирина пресвв., преподобномуч. Ѳеодора (Никитина) и муч. Іоанна Протопопова (1937). Преподобномуч. Ардаліона (Пономарева) (1938). Иконы Божіей Матери «Чирскія».
ряд.: 1 Кор. (зач. 145) **10**, 12-22: Матѳ. (зач. 68) **16**, 20-24.

Четвергъ
17/30 Великомучц. Марины (Маргариты) Антіохійскія (IV). Муч. Кенельма, царя Мерсіи. (821). Перенесеніе мощей преп. Лазаря Галасійскаго (1054). Преп. Иринарха, игум. Соловецкаго (1628). Преп. Леонида Устьнедумскаго (1654). Препп. Софронія (1692) и Серапіона (1718) Молченскихъ. Иконы Божіей Матери «Святогорскія».
ряд.: 1 Кор. (зач. 147) **10**, 28 — 11, 7: Матѳ. (зач. 69) **16**, 24-28.
Мучц. 2 Кор (зач. 181) **6**, 1-10: Лук. (зач. 33) **7**, 36-50.

Пятница
18/31 Муч. Емиліана (363). Муч. Іакинѳа Амастридскаго (IV). Преп. Памвы, пустынника Египетскаго (ок. 373). Свят. Филастрія, еп. Бриксійскаго (387). Священномуч. Фридриха, еп. Утрехтскаго (838). Свят. Стефана, архіеп. Константинопольскаго (928). Свят. Іоанна II-го исп., еп. Халки-

Іюль

донскаго (IX). Преп. Іоанна многострадальнаго, Печерскаго (1160). Преп. Памвы, затворника Печерскаго (1241). Преп. Леонтія, игум. Новгородскаго (1429). Священномуч. Космы Давидо-Гареджійскаго (1630).

ряд.: 1 Кор. (зач. 148) **11,** 8-22: Матѳ. (зач. 71) **17,** 10-18.

подъ зач.: Рим. (зач. 111) **13,** 1-10: Матѳ. (зач. 47) **12,** 30-37.

Суббота

19/1а. Преподобныя Макрины (380), сестры Василія Великаго. Преп. Дія, игум. Антіохійскаго (430). **Первое обрѣтеніе мощей преп. Серафима Саровскаго чуд. (1903).** Блаж. князя Рязанскаго Романа Олеговича (1270). Преп. Паисія Печерскаго (XIV). Блаж. Стефана (1427), короля Сербскаго и матери его Милицы (1405). Соборъ Курскихъ святыхъ. Иконы Божіей Матери «Серафимо-Дивѣевскія».

Веч.: 1) Прем. Сол. **3,** 1-9. 2) Прем. Сол. **5,** 15 — **6,** 3. 3) Прем. Сол. **4,** 7-15.

Утр.: Матѳ. (зач. 43) **11,** 27-30.

Преп.: Гал. (зач. 213) **5,** 22 — **6,** 2: Лук. (зач. 24) **6,** 17-23.

Воскресеніе

20/2 **Недѣля 8-я по Пятидесятницѣ. Гласъ 7-й.**
Прор. Божія Иліи Ѳесвитянина (IX в. до Р.Х.). Прав. Аарона первосвященника (XVI в. до. Р.Х.). Свят. Тимоѳея, патр. Александрійскаго (385). Свят. Флавіана, патр. Антіохійскаго (512). Свят. Иліи, патр. Іерусалимскаго (518). Мучц. Саломіи Грузинки (XIII). Преп. Авраамія Галичскаго (1375). Преп. Саввы Стромынскаго (1392). Обрѣтеніе мощей преп. Аѳанасія, игум. Брестскаго (1649). Прав. Иліи Чавчавадзе (1907). Священномуч. Іувеналія Ушакова діакона (1919). Священномучч. Александра Архангельскаго, Георгія Никитина, Іоанна Стеблина-Каменскаго, Сергія Гортинскаго и Ѳеодора Яковлева пресвв., преподобномучч. Тихона (Кречкова), Георгія (Пожарова), Космы (Вязникова) и мучч. Евѳимія Гребенщикова и Петра Вязникова (1930). Прав. Алексія Медвѣдкова, пресв. Парижскаго (1934). Священномуч. Алексія Знаменскаго пресв. (1938). Преподобномуч. Ѳеодора Абросимова (1941). Священномуч. Димитрія Клепнинина пресв. и муч. Георгія Скобцова (1944). Преподобномучц. Маріи (Скобцовой) (1945). Иконъ Божіей Матери «Абалацкія», «Чухломскія», «Оршанскія» и «Валаамскія».

Веч.: 1) 3 Цар. **17,** 1-23. 2) 3 Цар. **18,** 1, 17-40, 44, 42, 45-46; **19,** 1-16. 3) 3 Цар. **19,** 19-21; 4 Цар. **2,** 1, 6-14.

Утр.: Еван. 8-е: Іоан. (зач. 64) **20,** 11-18.
ряд.: 1 Кор. (зач. 124) **1,** 10-18: Матѳ. (зач. 58) **14,** 14-22.
Пророка: Іак. (зач. 57) **5,** 10-20: Лук. (зач. 14) **4,** 22-30.

Понедѣльникъ

21/3 **Седмица 9-я по Пятидесятницѣ.** Препп. Симеона, Христа ради юродиваго и Іоанна спостника его (ок. 590). Прор. Іезекіиля (VI в. до Р.Х.). Священномуч. Зотика, еп. Команскаго (204). Муч. Виктора Марсельскаго (III). Препп. Онуфрія молчальника и Онисима затворника Печерскихъ (XII). Обрѣт. мощей преп. Анны Кашинскія (1649). Священномуч. Петра Голубева пресв. (1938). Священномучч. Симо и Мирко Гламочскихъ (1941). Обрѣт. мощей прав. Романа Медвѣдя исп. пресв. (1999).

ряд.: 1 Кор. (зач. 150) **11,** 31 — **12,** 6: Матѳ. (зач. 74) **18,** 1-11.

Вторникъ

22/4 Св. Мѵроносицы равноап. Маріи Магдалины (I). Перенесеніе мощей священномуч. Фоки, еп. Синопійскаго (403). Свят. Кирилла I-го, патр. Антіохійскаго (298). Преподобномуч. Маркеллы Хіосскія (III). Блаж. Кипріана Суздальскаго, Христа ради юрод. (1622). Преп. Корнилія Переяславскаго (1693). Священномуч. Алексія Ильинскаго пресв. (1931).

ряд.: 1 Кор. (зач. 152) **12,** 12-26: Матѳ. (зач. 76) **18,** 18-22; — **19,** 1-2, 13-15.
Святыя: 1 Кор. (зач. 141) **9,** 2-12: Іоан. (зач. 64) **20,** 11-18.

Среда

23/5 Мучч. Трофима, Ѳеофила и проч. 13 мучч. Ликійскихъ (305). Священномуч. Аполлинарія, еп. Равеннскаго (ок. 75). Преп. Анны Левкадійскія (919). **Воспоминаніе чуда явленія Божіей Матери на горѣ Почаевской для спасенія Лавры отъ нашествія турокъ (1675).** Священномуч. Михаила Троицкаго пресв. и муч. Андрея Аргунова (1938). Преп. Іоанна, новаго Хозевита (1960). Прославленіе прав. воина Ѳеодора (Ушакова) (2001). Иконы Божіей Матери «Всѣхъ скорбящихъ радости», что на стеклянномъ заводѣ въ Петроградѣ.

Утр.: Лук. (зач. 4) **1,** 39-49, 56.
ряд.: 1 Кор. (зач. 154) **13,** 4 — **14,** 5: Матѳ. (зач. 80) **20,** 1-16.
подъ зач.: 1 Кор. (зач. 155) **14,** 6-19: Матѳ. (зач. 81) **20,** 17-28.
Богородицы: Евр. (зач. 320) **9,** 1-7: Лук. (зач. 54) **10,** 38-42: **11,** 27-28.

Іюль

Четвергъ
24/6 Мучц. Христины Тирскія (ок. 300). **Благов. князей-страстотерпцевъ Бориса, въ крещеніи Романа, и Глѣба, въ крещеніи Давида (1015).** Прав. Аѳинагора Аѳинскаго, апологета (ок. 190). Преп. Иларіона Твалели (1041). Преп. Поликарпа, архим. Печерскаго (1182). Преп. Пахомія Каменскаго (XV). Муч. Ѳеофила Закинѳскаго (1635). Прав. Боголѣпа Черноярскаго (1654). Муч. Аѳанасія Кійскаго (1670). Священномуч. Алфея Корбанскаго діакона (1937). Пребиловацкіе мучч. (1941). Правв. Николая Понгильскаго пресв. (1942) и Іоанна Калинина пресв. (1951) испп. Обрѣт. мощей преп. Далмата Исетскаго (1994).
Утр.: Лук. (зач. 106) **21,** 12-19.
Свв.: Рим. (зач. 99) **8,** 28-39: Іоан. (зач. 52) **15,** 17 — **16,** 2.

Пятница
25/7 *Успеніе праведныя Анны, матери Пресвятыя Богородицы (I).* Свв. женъ Олимпіады діакониссы (408) и Евпраксіи дѣвы, Тавеннскія (413). Мучч. Ліонскихъ: Сакта діак., Маттура, Аттала, Бландины, Вивліи, Веттія, Епагаѳа, Понтика, Александра и др. (ок. 177). Муч. Кукуфаса Барселнскаго (304). Свв. отцевъ V-го Вселенскаго собора (553). Преп. Макарія Желтоводскаго (1444). Преп. Христофора Сольвычегодскаго (ок. 1572). Священномуч. Николая Удинцева пресв. (1927). Священномучч. Родолюба Куленъ-Вакуфскаго и Вукослава Миланковича пресвв. (1941). Прав. Ираиды Тиховой испц. (1967).
ряд.: 1 Кор. (зач. 157) **14,** 26-40: Матѳ. (зач. 83) **21,** 12-14, 17-20.
Св. Аннѣ: Гал. (зач. 210 отъ полу) **4,** 22-31: Лук. (зач. 36) **8,** 16-21.

Суббота
26/8 Священномуч. Ермолая и съ нимъ: Ермиппа и Ермократа, іереевъ Никомидійскихъ (ок. 305). Преподобномучц. Параскевы Римлянины (II). Мучц. Ореозиллы Византійскія (ок. 250). Преп. Моисея Угрина, Печерскаго (ок. 1050). Преп. Геронтія Аѳонскаго (XIII). Свят. Саввы III, архіеп. Сербскаго (1360). Прав. Іакова Нецвѣтова пресв. (1864). Священномуч. Сергія Стрѣльникова пресв. (1937). Преп. Ѳеодосія Кавказскаго (1948).
ряд.: Рим. (зач 113) **14,** 6-9: Матѳ. (зач. 64) **15,** 32-39.

Воскресеніе

27/9 **Недѣля 9-я по Пятидесятницѣ. Гласъ 8-й.**
Великомуч. и цѣлителя Пантелеимона (305). Преп. Сисинія чуд. (IV). Преп. Анѳисы игуменіи Мантинейскія и 90 сестеръ ее (759). Препп. Климента (916), Ангеляра (ок. 886), Горазда (896), Наума (910) и Саввы (X), учениковъ свв. Кирилла и Меѳодія. Блаж. Николая Кочанова, Христа ради юродиваго, Новгородскаго (1392). Свят. Іоасафа, митр. Московскаго (1555). Муч. Христодула Солунскаго (1777). Священномучч. Амвросія, еп. Сарапульскаго, Платона Горныхъ и Пантелеимона Богоявленскаго пресвв. (1918). Священномуч. Іоанна Соловьева пресв. (1941). День прославленія преп. Германа Аляскинскаго чуд. (1970). Соборъ Смоленскихъ святыхъ.
Утр.: Еван. 9-е: Іоан. (зач. 65) **20,** 19-31.
ряд.: 1 Кор. (зач. 128) **3,** 9-17: Матѳ. (зач. 59) **14,** 22-34.
Муч.: 2 Тим. (зач. 292) **2,** 1-10: Іоан. (зач. 52) **15,** 17 — **16,** 2.

Понедѣльникъ

28/10 **Седмица 10-я по Пятидесятницѣ.** Свв. апостоловъ отъ 70-ти и діаконовъ: Прохора, Никанора, Тимона и Пармена (I). **Явленіе иконы Божіей Матери Смоленскія «Одигитріи».** Муч. Іуліана Далматскаго (II). Муч. Евстаѳія воина Анкирскаго (ок. 316). Муч. Акакія Апамейскаго (ок. 321). Свят. Сампсона, еп. Дольскаго (565). Преп. Павла Ксиропотамита, Аѳонскаго (820). Преп. Ирины Каппадокійскія (921). Преп. Георгія Иверскаго (1029). Преп. Моисея, чудотворца Печерскаго (XIII). Свят. Питирима, еп. Тамбовскаго (1698). Священномуч. Николая Пономарева діакона (1918). Преподобномуч. Василія (Эрикаева); преподобномуччц. Анастасіи (Камаевой) и Елены (Асташкиной), мучч. Ареѳы Еремкина, Іоанна Ломакина, Іоанна Сельманова, Іоанна Милешкина и мучц. Мавры Моисеевой (1937). Мучц. Дросиды. Соборъ Тамбовскихъ святыхъ. Иконъ Божіей Матери «Умиленіе» «Дивѣевскія», «Гребневскія» и «Костромскія».
Утр.: Лук. (зач. 4) **1,** 39-49, 56.
ряд.: 1 Кор. (зач. 159) **15,** 12-19: Матѳ. (зач. 84) **21,** 18-22.
Богородицѣ: Филип. (зач. 240) **2,** 5-11: Лук. (зач. 54) **10,** 38-42; **11,** 27-28.

Вторникъ

29/11 Муч. Каллиника Киликійскаго (ок. 250). Мучц. Серафимы дѣвы, Антіохійскія (II). Мучц. Ѳеодотіи и 3-хъ чадъ ея (304).

Іюль

Благ. царя Ѳеодосія младшаго (450). Свят. Луппа, еп. Тройскаго (479). Муч. Евстаѳія Мцхетскаго (589). Свят. Константина, патр. Константинопольскаго (676). Преподобномуч. Михаила Едесскаго (IX). Муч. Олафа, короля Норвежскаго (1030). Препп. Константина (1240) и Космы (XIII) Косинскихъ. Преп. Романа Киржацкаго (1392). Священномуч. Виссаріона, еп. Смолянскаго (1670). Муч. Даніила Мліевскаго (1766). Преподобномучц. Евдокіи Вѣрненскія (1918). Преподобномучч. Серафима (Богословскаго) и Ѳеогноста (Пивоварова) (1921). Преподобномуч. Анатолія (Смирнова) (по 1930). Священномуч. Алексія Красновскаго пресв. и преподобномуч. Пахомія (Русина) (1938). Обрѣт. мощей преп. Манеѳы Гомельскія (1984). Иконы Божіей Матери «Тамбовскія».

ряд.: 1 Кор. (зач. 161) **15,** 29-38: Матѳ. (зач. 85) **21,** 23-27.

Среда
30/12 Апостоловъ отъ 70-ти Силы и Силуана, и съ ними: Крискента, Епенета и Андроника (I). Священномучч. Полихронія, еп. Вавилонскаго, Парменія, Елимы и Христотеля пресвв., Луки и Муко діакк., Олимпія и Максима (ок. 251). Мучч. Авдона и Синеса, кнн. Персидскихъ (251). Священномуч. Валентина, еп. Интерамны и мучч. Прокула, Ефива, Аполлонія и Авундія (273). Муч. Іоанна воина (IV). Свят. Тимоѳея II-го исп., патр. Александрійскаго (482). Обрѣт. мощей благов. кн. Владислава Сербскаго (1243). Обрѣт. мощей преп. Германа Соловецкаго (1484). Преп. Ангелины, деспотицы Сербскія (XVI). Священномуч. Іоанна Плотникова пресв. (1918). Преп. Анатолія (младшаго) Оптинскаго (1922). Соборъ Самарскихъ Святыхъ. Иконъ Божіей Матери «Оконскія» и «Рудосельскія».

ряд.: 1 Кор. (зач. 165) **16,** 4-12: Матѳ. (зач. 86) **21,** 28-32.

Четвергъ
31/13 *Предпразднство происхожденія Честныхъ Древъ Животворящаго Креста Господня.* Прав. Евдокима Каппадокійскаго (IX). Прав. Аода, судьи Израильскаго (XV в. до Р.Х.). Прав. Іосифа Аримаѳейскаго (I). Мучц. Іулитты Кесарійскія (304). Свят. Германа, еп. Оксерскаго (448). Преп. Неота Корнуэльскаго (877). Преп. Арсенія Ниноцминдскаго (1082). Преподобномуч. Діонисія Ватопедскаго (1822). Священномуч. Веніамина, митр. Петроградскаго, преподобномуч. Сергія (Шеина), мучч. Георгія Новицкаго и Іоанна Ковшарова

(1922). Муч. Максима Румянцева (1928). Священномуч. Владиміра Холодковскаго пресв. (1937). Священномуч. Іоанна Румянцева пресв., прав. Константина Разумова исп. пресв., мучц. Анны Сѣровой и прав. Елисаветы Румянцевой испц. (по 1937). Священномуч. Николая Правдолюбова пресв. (1941). Свят. Василія исп., еп. Кинешемскаго (1945).
ряд.: 2 Кор. (зач. 167) **1,** 1-7: Матѳ. (зач. 88) **21,** 43-46.
подъ зач.: 2 Кор. (зач. 169) **1,** 12-20: Матѳ. (зач. 91) **22,** 23-33.
Святаго: Гал. (зач. 213) **5,** 22 — **6,** 2: Матѳ. (зач. 43) **11,** 27-30.
Заговѣнье на Успенскій постъ.

| Дни недѣли | **Августъ** | День имѣетъ 13 ч., а ночь 11 ч. |

Августъ

Пятница

1/14 **Начало Успенскаго поста.**
Происхожденіе Честныхъ Древъ Животворящаго Креста Господня. Свв. мучч. Маккавеевъ: Авима, Антонина, Гурія, Елеазара, Евсевона, Алима, Маркелла, Матери ихъ Соломоніи и учителя ихъ Елеазара (166 г. до Р.Х.). Мучч. въ Пергіи Памфилискія: Леонтія, Аттія, Александра, Киндея, Минсиѳея, Киріака, Минеона, Катуна и Евклея (III). Мучц. Елесы Киѳерскія (375). Препп. Фріарда Виндумиттскаго (ок. 573) и Секуделла діакона (VI). Свят. Тимоѳея чуд., еп. Проконнеса (VI). Свят. Эѳильвалда, еп. Винчестерскаго (984). Священномуч. Димитрія Павскаго пресв. (1937). Обрѣт. мощей преп. вел. кн. Софіи Суздальскія (1995).
Кресту: 1 Кор. (зач. 125) **1**, 18-24: Іоан. (зач. 60) **19**, 6-11, 13-20, 25-28, 30-35.
Мучч.: Евр. (зач. 330) **11**, 33 — **12**, 2: Матѳ. (зач. 38) **10**, 32-33, 37-38; **19**, 27-30.
На освященіе воды: Евр. (зач. 306) **2**, 11-18: Іоан. (зач. 14) **5**, 1-4.

Суббота

2/15 Перенесеніе мощей св. первомуч. архидіак. Стефана (428). Священномуч. Стефана, еп. Римскаго и иже съ нимъ (257). Священномуч. Фруктуоза, еп. Таррагонскаго и съ нимъ:

Августъ

Евлогія и Авгурія діаконовъ (259). Обрѣт. мощей праведд. Никодима, Гамаліила и Авива (415). Блаж. Василія Кубенскаго (1472). Блаж. Василія, Христа ради юродиваго, Московскаго чуд. (ок. 1557). Преп. Марка Бѣлавинскаго (по 1630). Муч. Ѳеодора Дарданелльскаго (1690). Преподобномуч. Платона (Колегова) (1937). Иконы Божіей Матери «Ачаирскія».

Муч.: Дѣян. (зач. 17) **6,** 8 — **7,** 5, 47-60: Матѳ. (зач. 87) **21,** 33-42.

ряд.: Рим. (зач. 119) **15,** 30-33: Матѳ. (зач. 73) **17,** 24 — **18,** 4.

Воскресеніе

3/16 **Недѣля 10-я по Пятидесятницѣ. Гласъ 1-й.**

Препп. Исаакія (383), Далмата (по 446) и Фавста (V). Св. мѵроносицы Саломіи (I). Муч. Раждена перса (457). Преп. Космы, скопца и отшельника (VI). Преп. Іоанна исп., игум. Паталареи (IX). Преп. Антонія Римлянина, Новгородскаго чуд. (1147). 9000 мучч. убіенныхъ на Марабдинскомъ полѣ (1625). Священномуч. Вячеслава Луканина діакона (1918). Священномуч. Николая Померанцева пресв. (1938).

Утр.: Еван. 10-е: Іоан. (зач. 66) **21,** 1-14.

ряд.: 1 Кор. (зач. 131) **4,** 9-16: Матѳ. (зач. 72) **17,** 14-23.

Понедѣльникъ

4/17 **Седмица 11-я по Пятидесятницѣ.** Свв. 7-ми отроковъ, иже во Ефесѣ: Максиміліана, Ексакустодіана, Іамвлиха, Мартиніана, Діонисія, Іоанна и Антонина (ок. 446). Преподобномучц. Евдокіи Персидскія и иже съ ней (362). Муч. Елевѳерія кувикулярія (ок. 305). Священномуч. Николая Прозорова пресв. (1930). Преподобномуч. Михаила (Жука), мучч. Симеона Воробьева и Димитрія Воробьева (1937). Обрѣт. мощей прав. Алексія Бортсурманскаго (2000). Обрѣт. мощей свят. Арсенія Элассонскаго, арх. Суздальскаго (2005). Иконы Божіей Матери «Пензенскія».

ряд.: 2 Кор. (зач. 171) **2,** 3-15: Матѳ. (зач. 94) **23,** 13-22.

Вторникъ

5/18 *Предпразднство Преображенія Господня.* Муч. Евсигнія Антіохіанина (362). Священномучч. Анѳира (236) и Фавія (250), еп. Римскихъ. Муч. Понтія Римлянина (ок. 257). Прав. Нонны, матери свят. Григорія Богослова (374). Мучч. Кантидія, Кантидіана и Сивела въ Египтѣ убіен. (IV). Свят. Евѳимія, патр. Константинопольскаго (496). Муч. Освальда, короля Норѳумбрійскаго (642). Свят. Ѳеоктиста, еп. Черниговскаго (1123). Преп. Іова Ущельскаго (1628). Муч. Христа Превезскаго (1668). Священномуч. Стефана Хитрова пресв.

Августъ

(1918). Мучцц. Евдокіи Шейковой, Даріи Улыбиной, Даріи Тимагиной и Маріи Неизвѣстной (1919). Священномуч. Сергія Тихомирова пресв. (1930). Священномуч. Симона, еп. Уфимскаго (1921). Священномуч. Іоанна Смирнова діакона (1939).

ряд.: 2 Кор. (зач. 172) **2,** 14 — **3,** 3: Матѳ. (зач. 95) **23,** 23-28.
подъ зач.: 2 Кор. (зач. 173) **3,** 4-11: Матѳ. (зач. 96) **23,** 29-39.

Среда
6/19 **Преображеніе Господне.**
Муч. Аввакума Солунскаго (1628). Преподобная Олимпіады Арзамасскія (1828).
Веч.: 1) Исх. **24,** 12-18. 2) Исх. **33,** 11-23; **34,** 4-6, 8. 3) 3 Цар. **19,** 3-9, 11-13, 15-16.
Утр.: Лук. (зач. 45) **9,** 28-36.
Лит.: 2 Петр. (зач. 65) **1,** 10-19: Матѳ. (зач. 70) **17,** 1-9.

Четвергъ
7/20 Препмуч. Дометія Персянина и двухъ учениковъ его (363). Священномуч. Наркисса, патр. Іерусалимскаго (213). Мучч. Марина воина и Астерія сенатора (260). Мучц. Афры Аугсбергскія (304). Преп. Ора, пустынника Ѳиваидскаго (ок. 390). Преподобномучц. Потаміи чуд. (IV). Преп. Ѳеодосія новаго, цѣлителя Пелопонезскаго (862). Свят. Іероѳея, еп. Туркійскаго (X). Благ. короля Стефана I-го Венгерскаго (1038). Преп. Пимена, многоболѣзненнаго Печерскаго (1110). Преп. Меркурія Печерскаго, еп. Смоленскаго (1239). Преп. Пимена, постника Печерскаго (XIV). Преп. Дометія Филоѳеевскаго (XVI). Преп. Ѳеодоры Сихлинскія (XVIII). Первое обрѣт. мощей свят. Митрофана Воронежскаго (1832). Преп. Антонія Оптинскаго (1865). Священномучч. Александра Хотовицкаго, Алексія Воробьева, Димитрія Миловидова, Іоанна Воронца, Михаила Плышевскаго, Петра Токарева пресвв., Елиссея Штольдера діакона и преподобномуч. Аѳанасія (Егорова) (1937). Священномуч. Василія Аменицкаго пресв. (1938). Муч. Созонта Никомидійскаго. Свв. 10,000 преподобныхъ отцевъ Ѳиваидскихъ.

ряд.: 2 Кор. (зач. 175) **4,** 1-6: Матѳ. (зач. 99) **24,** 13-28.
Препмуч.: Ефес. (зач. 233) **6,** 10-17: Іоан. (зач. 52) **15,** 17 — **16,** 2.

Пятница
8/21 Свят. Еміліана испов., еп. Кизическаго (ок. 815). Свят. Мирона, еп. Критскаго (ок. 350). Мучч. Елевѳерія и Леонида Константинопольскихъ (IV). Муч. Гормизда Персидскаго (418).

Преп. Григорія Синаита (1346). Преп. Зосимы Туманскаго (XIV). Муч. Тріандафила Солунскаго (1680). Первое (1566) и второе (1992) перенесеніе мощей препп. Зосимы и Савватія, Соловецкихъ чудотворцевъ. Муч. Анастасія Болгарина (1794). Преп. Евѳимія многотруднаго, Гареджійскаго (1804). Прав. Филарета Ичалковскаго (1913). Преподобномуч. Іосифа (Баранова) (1918). Священномучч. Николая Шумкова и Сергія Бондаренко пресвв. (1937). Священномуч. Никодима, архіеп. Костромскаго (1938). Обрѣт. мощей преп. Варлаама Чикойскаго (2002). Иконы Божіей Матери «Толгскія».

ряд.: 2 Кор. (зач. 177) **4,** 13-18: Матѳ. (зач. 100) **24,** 27-33, 42-51.

Суббота

9/22 **Апостола Матѳія (ок. 63).** Преп. Псоя Египетскаго (IV). Блаж. Самуила, пресв. Едесскаго (VI). Мучч. Іуліана, Маркіана, Іоанна, Іакова, Алексія, Димитрія, Фотія, Петра Леонтія и Маріи Константинопольскихъ (730). Преп. Макарія Оредежскаго (1532). Свят. Филарета, архіеп. Черниговскаго (1866). Преподобномучч. Маргариты (Гунаронуло) (1918). Муч. Антонія Александрійскаго. Соборъ Соловецкихъ святыхъ.

Утр.: Іоан. (зач. 67) **21,** 15-25.

Ап.: Дѣян. (зач. 2) **1,** 12-17, 21-26: Лук. (зач. 40) **9,** 1-6.

ряд.: 1 Кор. (зач. 123) **1,** 3-9: Матѳ. (зач. 78) **19,** 3-12.

Воскресеніе

10/23 **Недѣля 11-я по Пятидесятницѣ. Гласъ 2-й.**

Муч. Лаврентія архидіакона Римскаго (258). Священномучч. Сикста, еп. Римскаго, Феликиссима и Агапита діаконовъ (258). Муч. Романа воина (258). Блаж. Лаврентія, Христа ради юродиваго, Калужскаго (1515). Священномуч. Вячеслава Закедскаго пресв. (1918). Священномуч. Аѳанасія Кислова пресв. (1937). Второе обрѣт. мощей преп. Саввы Сторожевскаго (1998). Соборъ новомучениковъ и исповѣдниковъ Соловецкихъ. Соборъ Валаамскихъ святыхъ.

Утр. Еван. 11-е: Іоан. (зач. 67) **21,** 15-25.

ряд.: 1 Кор. (зач. 141) **9,** 2-12: Матѳ. (зач. 77) **18,** 23-35.

Понедѣльникъ

11/24 **Седмица 12-я по Пятидесятницѣ.** Муч. Евпла архидіакона (304). Мучц. Сосанны дѣвы и съ нею: Гаія, еп. Римскаго, Гавинія пресвитера, Клавдія, Максима, Препедигны, Александра и Куфія (295-296). Преп. Пассаріона, наставника

Августъ

Евѳимія Вел. (428). Свят. Жери, еп. Брюссельскаго (590). Свят. Блейна, еп. Бьютскаго (VI). Препмучч. Ѳеодора и Василія Печерскихъ (1098). Преп. Ѳеодора, князя Острожскаго (1483). Преп. Нифонта, патр. Константинопольскаго (1508). Муч. Анастасія Асоматскаго (1816). Муч. Димитрія Лесвійскаго (1819). Преп. Іоанна, Харьковскаго затворника (1867).

ряд.: 2 Кор. (зач. 179) **5,** 10-15: Марк. (зач. 2) **1,** 9-15.

Вторникъ
12/25 Мучч. Фотія и Аникиты и многихъ съ ними (305-306). Священномуч. Александра, еп. Команскаго (III). Мучч. Памфила и Капитона (III). Преп. Паламона Египетскаго (ок. 323). Преп. Кастора, еп. Аптскаго (V). Свят. Муртаха, еп. Киллилійскаго (VI). Преп. Сегина Іонскаго (652). Преподобномучч. Геронтія, Серапіона, Германа, Виссаріона, Михаила, Отара и Симона Гареджійскихъ (1851). Преподобномуч. Варлаама архимандрита и иже съ нимъ убіенныхъ братія Бѣлогорскаго монастыря: іеромонаховъ Сергія, Иліи, Вячеслава, Іоасафа, Іоанна, Антонія; іеродіаконовъ Михея, Виссаріона, Матѳея, Евѳимія; монаховъ Варнавы, Димитрія, Саввы, Ермогена, Аркадія, Евѳимія, Маркелла; послушниковъ Іоанна, Іакова, Петра, Іакова (другаго), Александра, Ѳеодора, Петра (другаго), Сергія и Алексія. (1918). Священномуч. Василія Инфантьева пресв. (1918). Священномучч. Леонида Бирюковича, Іоанна Никольскаго и Николая Доброумова пресвв. (1937).

ряд.: 2 Кор. (зач. 180) **5,** 15-21: Марк. (зач. 3) **1,** 16-22.

Среда
13/26 *Отданіе Преображенія.* Преп. Максима исповѣдника (662). **Преставленіе (1783) первое (1861) и второе (1991) обрѣт. мощей святителя Тихона, еп. Воронежскаго, Задонскаго чуд.** Мучч. Ипполита, Конкордіи, Иринея и Авундія Римскихъ (258). Блаж. царицы Евдокіи (460). Преп. Серида игумена Газскаго (ок. 543). Преп. Радегонды, королевы франковъ (587). Преп. царицы Ирины, въ иночествѣ Ксеніи (1134). Обрѣт. мощей блаж. Максима Московскаго, Христа ради юродиваго (1547). Священномучч. Іоанна Шишева, Іоасафа Панова и Константина Попова пресвв. (1918). Священномучч. Серафима, еп. Дмитровскаго, Николая Орлова, Іакова Архипова пресвв. и Алексія Введенскаго діакона (1937). Муч. Василія Александрина (1942). Иконъ Божіей Матери «Минскія», «Семистрѣльная» и «Страстная».

Августъ

Утр.: Іоан. (зач. 35 отъ полу) **10**, 1-9.
ряд.: 2 Кор. (зач. 182) **6**, 11-16: Марк. (зач. 4) **1**, 23-28.
Свят. Евр. (зач. 318) **7**, 26 — **8**, 2: Матѳ. (зач. 11) **5**, 14-19.

Четвергъ
14/27 *Предпразднство Успенія Пресвятыя Богородицы.* Пророка Михея 2-го (VIII в. до. Р.Х.). Перенесеніе мощей преп. Ѳеодосія Кіево-Печерскаго (1091). Муч. Урсикія Иллирійскаго (ок. 305). Священномуч. Маркелла, еп. Апамійскаго (ок. 389). Преп. Аркадія Новоторжскаго (1077). Муч. Симеона Трапезундскаго (1653). Священномуч. Василія, архіеп. Черниговскаго, преподобномуч. Матѳея (Померанцева) и муч. Алексія Звѣрева (1918). Священномучч. Петра Космодаміанскаго и Владиміра Цедринскаго пресвв. (1918). Священномучч. Владиміра Смирнова, Николая Толгскаго пресвв., преподобномуч. Елевѳерія (Печенникова), преподобномучцц. Евы (Павловой), Евдокіи (Перевозниковой) и муч. Ѳеодора Захарова (1937). Священномуч. Назарія, митр. Кутаисскаго и съ нимъ убіенныхъ (1924). Преп. Александра (Уродова) исп. (1961). Иконъ Божіей Матери «Бесѣдная» и «Нарвскія».
ряд.: 2 Кор. (зач. 183) **7**, 1-10: Марк. (зач. 5) **1**, 29-35.
подъ зач.: 2 Кор. (зач. 184) **7**, 10-16: Марк. (зач. 9) **2**, 18-22.

Пятница
15/28 **Успеніе Пресвятыя Богородицы.**
Препп. Макарія Римлянина и Харитона (XV). Иконъ Божіей Матери «Ацкурскія», «Бахчисарайскія», «Владимірскія-Ростовскія», «Влахернскія», «Гаенатскія», «Крымскія», «Моздокскія», «Подательница ума», «Псково-Печерскія», «Сурдегскія», «Тупическія», «Чухломскія» и «Цилканскія».
Веч.: 1) Быт. **28**, 10-17. 2) Іезек. **43**, 27 — **44**, 4. 3) Прит. **9**, 1-11.
Утр.: Лук. (зач. 4) **1**, 39-49, 56.
Богородицы: Филип. (зач. 240) **2**, 5-11: Лук. (зач. 54) **10**, 38-42; **11**, 27-28.

Суббота
16/29 *Перенесеніе Нерукотвореннаго образа Господня изъ Едессы въ Константинополь.* Муч. Діомида врача (298). Муч. Алквіада (II). Преп. Херимона Египетскаго (IV). Преп. Іоакима Осоговскаго (ок. 1105). Свят. Евстаѳія II-го, архіеп. Сербскаго (1309). Преп. Нила Ерикусійскаго (ок. 1335). Препмуч. Никодима Метеорскаго (1551). Преп. Герасима новаго, Кефелонскаго (1579). Свят. Тимоѳея, архіеп. Еврипскаго (1590).

Августъ

Преп. Рафаила Банатскаго (ок. 1590). Преп. Романа Сербскаго (XVI). Муч. Стаматія Ѳессалійскаго (1680). Муч. Апостола Константинопольскаго (1686). Мучч. воеводы Константина Валашскаго, сыновей его Константина, Стефана, Раду, Матѳея и совѣтника Іоанникія (1714). Священномуч. Александра Соколова пресв., преподобномучц. Анны (Ежовой) и муч. Іакова Гортинскаго (1937). Мучч. 33-хъ Палестинскихъ. Иконъ Божіей Матери «Ѳеодоровскія» и «Торжество Пресвятыя Богородицы» (Портъ-Артурскія).

Образа: 2 Кор. (зач. 173) **3**, 4-11: Лук. (зач. 48 отъ полу) **9**, 51-56; **10**, 22-24.

ряд.: 1 Кор. (зач. 125 отъ полу) **1**, 26-29: Матѳ. (зач. 82) **20**, 29-34.

Воскресеніе

17/30 **Недѣля 12-я по Пятидесятницѣ. Гласъ 3-й.**

Муч. Мирона пресв. Кизическаго (250). Мучч. Фирса, Левкія, Короната и дружины ихъ (249-251). Мучч. Павла и сестры его Іуліаніи и иже съ ними Кодрата, Стратоника и Акакія (ок. 273). Муч. Патрокла Трикоссинскаго (ок. 275). Мучч. Стратона, Филиппа, Евтихіана и Кипріана Никомидійскихъ (ок. 303). Свят. Ѳомы, еп. Германиціи (IV). Прав. Іакова діакона Іоркскаго (VII). Священномуч. Іеронима, еп. Ноордвійскаго (857). Преп. Иліи Калаврійскаго (903). Преп. Алипія, иконописца Печерскаго (ок. 1114). Преп. Левкія Волоколамскаго (XV). Преп. Ѳеодорита Кольскаго (1571). Преп. Филиппа Янковскаго (1662). Муч. Димитрія Епирскаго (1808). Преп. Пимена Угрѣшскаго (1880). Священномуч. Алексія Великосѣльскаго пресв. (1918). Священномуч. Димитрія Остроумова пресв. (1937). Соборъ Кемеровскихъ святыхъ. Иконы Божіей Матери «Свенскія». Иконы Божіей Матери «Прибавленіе ума».

Утр.: Еван. 1-е: Матѳ. (зач. 116) **28**, 16-20.

ряд.: 1 Кор. (зач. 158) **15**, 1-11: Матѳ. (зач. 79) **19**, 16-26.

Понедѣльникъ

18/31 **Седмица 13-я по Пятидесятницѣ.** Мучч. Флора и Лавра Иллирійскихъ (II). Мучч. Ерма, Серапіона и Поліена Римскихъ (II). Священномуч. Еміліана епископа и съ нимъ: Иларіона, Діонисія и Ермиппа (ок. 300). Препп. Варнавы и Софронія Мелогорскихъ (412). Святт. Іоанна (674) и Георгія (683), патріарховъ Константинопольскихъ. Преп. Христофора Сумельскаго (VII). Преп. Макарія Пеликитскаго (830). Преп. Іоанна Рыльскаго (946). Преп. Христодула философа (XII). Преп. Софронія Аѳонскаго (XVIII). Преподобномуч. Димитрія Влаха, Іоаннинскаго (1808). Преп. Арсенія Паросскаго (1887). Священномучч. Иларіона, еп. Порѣченскаго, Григорія Бронникова пресв. мучч. Евгенія Димитріева и Михаила Брегодскаго (1937). Муч. Льва Мѵръ Ликійскихъ. Иконы Божіей Матери «Всецарица».

ряд.: 2 Кор. (зач. 186) **8**, 7-15: Марк. (зач. 11) **3**, 6-12.
Мучч.: Ефес. (зач. 233) **6**, 10-17: Лук. (зач. 63) **12**, 2-12.

Вторникъ
19/1 с. Муч. Андрея Стратилата и съ нимъ 2593 воина (284-305). Мучч. Тимоѳея, Агапія и Ѳеклы Палестинскихъ (ок. 304). Свят. Питирима Пермскаго (1456). Обрѣт. мощей преп. Геннадія Костромскаго (1646). Преп. Ѳеофана чуд. Македонскаго (XVI). Прав. Николая Лебедева исп. пресв. (1933). Иконы Божіей Матери «Донскія».

ряд.: 2 Кор. (зач. 187) **8**, 16 — **9**, 5: Марк. (зач. 12) **3**, 13-19.
Мучч.: Ефес. (зач. 233) **6**, 10-17: Лук. (зач. 106) **21**, 12-19.

Среда
20/2 Пророка Самуила (XI в. до Р.Х.). Мучч. Севира и Мемнона и съ ними 37 мучч. (304). Муч. Лукія Кипрскаго, сенатора (310). Мучч. Иліодора и Досы Персидскихъ (380). Муч. Освина, короля Норѳумбрійскаго (651). Преп. Филиберта Жумьежскаго (685). Священномучч. Александра Малиновскаго, Льва Ершова и Владиміра Четверина пресвв. (1918). Священномуч. Николая Бирюкова пресв. (1919). Обрѣт. мощей священномуч. Ермогена, еп. Тобольскаго (2005).

ряд.: 2 Кор. (зач. 189) **9**, 12 — **10**, 7: Марк. (зач. 13) **3**, 20-27.

Четвергъ
21/3 Апостола Ѳаддея отъ 70-ти (ок. 44). Мучц. Вассы и чадъ ея: Ѳеогнія, Агапія и Писта (305-311). Свят. Авита, еп. Клермонскаго (594). Свят. Сармеана, католикоса Карталинскаго (774). Преп. Ѳеоклиты чудотворицы (829). Преп. Авраамія, чудотворца Смоленскаго (1220). Преп. Ефрема Смоленскаго (по 1238). Преп. Авраамія трудолюбиваго, Печерскаго (XIII). Преп. Исаіи Аѳонскаго (XIV). Преп. Корнилія (1420) и ученика его Авраамія (XV) Палеостровскихъ. Блаж. Ѳаддея Петрозаводскаго (1726). Священномуч. Симеона Самоковскаго (1737). Преп. Марѳы Дивѣевскія (1829). Священномуч. Александра Елоховскаго пресв. (1918). Священномуч. Павла Ягодинскаго пресв. (1937). Священномуч. Рафаила Шишатовацкаго (1941). Пре-

Августъ

подобномуч. Игнатія (Даланова) (1942). Перенесеніе мощей свят. Нектарія Пентапольскаго (1953).

ряд.: 2 Кор. (зач. 190) **10,** 7-18: Марк. (зач. 14) **3,** 28-35.

Пятница

22/4 Муч. Агаѳоника и съ нимъ: Зотика, Ѳеопрепія (Боголѣпа), Акиндина, Северіана, Зинона и проч. (305-311). Муч. Симфоріана Отонскаго (ок. 275). Преп. Анѳусы и священномуч. Аѳанасія епископа, крестившаго ее и двухъ слугъ ея: Харисима и Неофита (ок. 275). Мучц. Евлаліи дѣвы Барселонскія (ок. 304). Мучч. Иринея, Ора и Оропса (ок. 304). Преп. Зигфрида Урмутскаго (688). Преп. Боголѣпа Угличскаго (XVI). Преп. Исаакія (перваго) Оптинскаго (1894). Священномучч. Макарія, еп. Орловскаго, Іоанна Бояршинова и Алексія Наумова пресвв. (1918). Священномучч. Ѳеодора, еп. Пензенскаго, и съ нимъ Василія Смирнова и Гавріила Архангельскаго пресвв. (1937). Священномучч. Алексія, архіеп. Омскаго, Андрея, архіеп. Ухтомскаго, Іоанна, еп. Великолукскаго, Александра Ратьковскаго, Михаила Люберцева и Ѳеодора Маляровскаго пресвв., преподобномучч. Иларіона (Цурикова), Іоанна (Лабы) и Іероѳея (Глазкова) (1937). Священномуч. Горазда, еп. Богемскаго и Мораво-Силезскаго (1942). Иконы Божіей Матери «Грузинскія».

ряд.: 2 Кор. (зач. 192) **11,** 5-21: Марк. (зач. 15) **4,** 1-9.

Суббота

23/5 *Отданіе Успенія.* Муч. Луппа Солунскаго (ок. 306). Священномуч. Поѳина, еп. Ліонскаго (ок. 177). Священномуч. Иринея, еп. Ліонскаго (202). Свят. Ѳеоны, еп. Александрійскаго (299). Препп. Евтихія (540) и Флорентія (547) Нурсійскихъ. Свят. Каллиника, патр. Константинопольскаго (705). Преподобномучц. Эббы Колдингемскія и иже съ нею (870). Священномучч. Ефрема, еп. Селенгинскаго, Іоанна Восторгова пресв., и муч. Николая Варжанскаго (1918). Священномучч. Іоанна Карабанова и Павла Гайдая пресвв. (1937). Соборъ Херсонскихъ святыхъ.

Богородицы: Филип. (зач. 240) **2,** 5-11: Лук. (зач. 54) **10,** 38-42; **11,** 27-28.

ряд.: 1 Кор. (зач. 126) **2,** 6-9: Матѳ. (зач. 90) **22,** 15-22.

Воскресеніе

24/6 **Недѣля 13-я по Пятидесятницѣ. Гласъ 4-й.**
Священномуч. Евтиха (Евтихія) (I), ученика св. ап. Іоанна Богослова. **Перенесеніе мощей свят. Петра, митр. Москов-**

Августъ

скаго **(1479).** Муч. Татіона Клавдіопольскаго (305). Мучц. Сиры дѣвы Персидскія (558). Преп. Георгія Лимнеота (ок. 716). Свят. Мартирія, архіеп. Новгородскаго (1199). Преп. Арсенія Комельскаго (1550). Перенесеніе мощей свят. Діонисія Закинѳскаго, архіеп. Эгинскаго (1717). Преп. Серапіона чуд., Гараджейскаго (1774). Священномуч. равноап. Космы Этольскаго (1779). Священномуч. Максима Сандовича, Горлицкаго (1914). Преп. Аристоклія Московскаго (1918). Преподобномуч. Серафима (Шахмутя) Жировицкаго (1946). Соборъ Московскихъ святыхъ. Иконы Божіей Матери «Петровскія».

Утр. Еван. 2-е: Марк. (зач. 70) **16,** 1-8.

ряд.: 1 Кор. (зач. 166) **16,** 13-24: Матѳ. (зач. 87) **21,** 33-42.

Понедѣльникъ

25/7 **Седмица 14-я по Пятидятницѣ.** Возвращеніе мощей св. ап. Варѳоломея (580). Апостола Тита отъ 70-ти (I). Святт. Варсиса и Евлогія, епп. Едесскихъ и Протогена, еп. Карійскаго исповѣдника и иже съ ними (IV). Святт. Іоанна (520), Епифанія (535) и Мины (552), патрр. Константинопольскихъ. Преп. Аредія Лиможскаго (ок. 591). Преп. Григорія Утрехтскаго (775). Перенесеніе мощей преп. Хильды Уитбійскія (860). Преподобномуч. Моисея (Кожина) (1931). Священномуч. Владиміра Мощанскаго пресв. (1938).

ряд.: 2 Кор. (зач. 195) **12,** 10-19: Марк. (зач. 16) **4,** 10-23.

Ап.: Тит. (зач. 300) **1,** 1-4; **2,** 15 — **3,** 3, 12-13, 15: Матѳ. (зач. 11) **5,** 14-19.

Вторникъ

26/8 Мучч. Адріана и Наталіи и съ ними 23-хъ мучч. (305-311). **Срѣтеніе иконы Божіей Матери «Владимірскія»** (1395). Преп. Тифоя Ѳиваидскаго (IV). Преп. Ивистіона Египетскаго (ок. 450). Преп. Адріана Угличскаго (по 1504). Преп. Адріана Ондрусовскаго (1549). Блаж. Кипріана Сторожевскаго (по 1598). Священномуч. Петра Іевлева пресв. (1918). Прав. Георгія Коссова исп., пресв. (1928). Блаж. Маріи Дивѣевскія (1931). Священномуч. Виктора Элланскаго пресв., мучч. Димитрія Морозова, Петра Бордана и прав. Романа Медвѣдева исп., пресв., въ схимѣ Іосифа (1937). Обрѣт. мощей свят. Николая, митр. Алма-Атинскаго (2000).

Утр.: Лук. (зач. 4) **1,** 39-49, 56.

ряд.: 2 Кор. (зач. 196) **12,** 20 — **13,** 2: Марк. (зач. 17) **4,** 24-34.

Богородицы: Филип. (зач. 240) **2,** 5-11: Лук. (зач. 54) **10,** 38-42; **11,** 27-28.

Августъ

Среда
27/9 Преп. Пимена Великаго (ок. 450). Муч. Фанурія Родосскаго (III). Свят. Осіи исп., еп. Кордувійскаго (359). Свят. Ливерія исп., еп. Римскаго (366). Свят. Кесарія, еп. Арелатскаго (453). Преп. Пимена Палестинскаго (VI). Священномуч. Кукши и преп. Пимена постника Печерскихъ (по 1114). Новосвященномуч. Михаила Воскресенскаго пресв. и съ нимъ 28-ми мучч. (1918). Священномуч. Стефана Нѣмкова пресв. и съ нимъ 18-ти мучч. (1918). Священномучч. Павла Фокина, Іоанна Лебедева и Іоанна Смирнова пресвв., преподобномучч. Симеона (Холмогорова) и Меѳодія (Иванова) (1937). Священномуч. Александра Цицерова пресв. (1939). Священномуч. Владиміра Соколова пресв. (1940). Прав. Димитрія Крючкова исп. пресв. (1952). Обрѣт. мощей Антонія, еп. Вологодскаго (1998). Преп. Саввы, иже въ Венефалехъ. Мучц. Анѳисы.

ряд.: 2 Кор. (зач. 197) **13,** 3-13. Марк. (зач. 18) **4,** 35-41.

Преп.: Гал. (зач. 213) **5,** 22 — **6,** 2: Матѳ. (зач. 10) **4,** 25 — **5,** 12.

Четвергъ
28/10 Преп. Моисея Мурина (ок. 400). **Обрѣт. мощей преп. Іова, игум. и чуд. Почаевскаго (1659).** Прав. Езекіи, царя Іудейскаго (691 до Р.Х.). Прав. Анны пророчицы (I). Мучц. Шушаники, царицы Ранскія (475). Свят. Амфилохія, еп. Владимірскаго на Волыни (1122). Преп. Саввы Крыпецкаго (1495). Священномучч. Алексія Будрина пресв. и Александра Медвѣдева діакона (1918). Преподобномуч. Сергія архим. Зилантьева монастыря и иноковъ: Лаврентія, Серафима, Ѳеодосія, Леонтія, Стефана, Георгія, Сергія, Иларіона, Іоанна и Іосифа (1918). Священномуч. Николая Георгіевскаго пресв. (1931). Священномуч. Василія Сокольскаго пресв. (1937). Соборъ свв. угодниковъ Печерскихъ, почивающихъ въ Дальнихъ (Ѳеодосіевыхъ) пещерахъ. Иконы Божіей Матери «Азовскія».

На веч.: 1) Прем. Сол. **3,** 1-9. 2) Прем. Сол. **5,** 15 — **6,** 3. 3) Прем. Сол. **4,** 7-15.

Утр.: Матѳ. (зач. 43) **11,** 27-30.

ряд.: Гал. (зач. 198) **1,** 1-10, 20 — **2,** 5: Марк. (зач. 19) **5,** 1-20.

подъ зач.: ряд.: Гал. (зач. 201) **2,** 6-10: Марк. (зач. 20) **5,** 22-24, 35 — **6,** 1.

Преп.: Гал. (зач. 213) **5,** 22 — **6,** 2: Лук. (зач. 24) **6,** 17-23.

Августъ

Пятница

29/11 **Усѣкновеніе главы Пророка, Предтечи и Крестителя Іоанна.**
Препп. Кандиды (418) и Геласіи (422) Константинопольскихъ. Прав. Себби, короля Эссекскаго отшельника (694). Муч. Анастасія Болгарскаго (1794). **Поминовеніе православныхъ воиновъ на полѣ брани убіенныхъ.**
День постный, разрѣшеніе на вино и елей, но безъ рыбы.
Веч. Предтечи: 1) Исаіи **40,** 1-3, 9; **41,** 17-18; **45,** 8; **48,** 20-21; **54,** 1. 2) Мал. **3,** 1. Марк. **1,** 2. Мал. **3,** 2-3, 5-7, 12, 17-18; **4,** 4-6. 3) Прем. **4,** 7, 16-17, 19-20; **5,** 1-7.
Утр.: Матѳ. (зач. 57) **14,** 1-13.
Предтечи: Дѣян. (зач. 33) **13,** 25-32: Марк. (зач. 24) **6,** 14-30.

Суббота

30/12 Святт. Александра (340), Іоанна (595) и Павла Новаго (784), патр. Константинопольскихъ. **Перенесеніе мощей благов. вел. князя Александра Невскаго, въ схимѣ Алексія (1724).** Священномуч. Ермила діакона Сингидонскаго (ок. 315). Преп. Вріенны Низибійскія (318). Преп. Сармата Египетскаго (ок. 362). Свят. Евлалія, еп. Кесарійскаго (IV). Преп. Христофора Римлянина (VI). Преп. Фантина чуд. Солускаго (984). Свят. Іоанна Ксифилина, патр. Константинопольскаго (1075). Преп. Александра, игум. Вочскаго (XV). Преп. Александра Свирскаго (1533). Обрѣт. мощей благ. вел. кн. Даніила Московскаго (1652). Соборъ Сербскихъ святителей: Саввы I (1237), Саввы II (1269), Никодима (1325), Іоанникія (1354), Арсенія (1266), Евстаѳія (ок. 1285), Іакова (1292), Даніила (1338), Ефрема (1395), Спиридона (1388), Макарія (1574), Гавріила (1659) и Григорія (1012). Свят. Варлаама, митр. Молдавского (1657). Священномуч. Петра Решетникова пресв. (1918). Священномуч. Николая Околовича пресв. (1934). Священномуч. Павла Малиновскаго пресв., преподобномуч. Елисаветы (Ярыгиной) и муч. Ѳеодора Иванова (1937). Преподобномуч. Игнатія (Лебедева) (1938). Прав. Петра Чельцова исп. пресв. (1972).
Веч.: 1) Исаіи **66,** 10-14. 2) Исаіи **61,** 10 — **62,** 5. 3) Исаіи **60,** 1-16.
Утр.: Матѳ. (зач. 43) **11,** 27-30.
Святаго: Гал. (зач. 213) **5,** 22 — **6,** 2: Лук. (зач. 24) **6,** 17-23.
ряд.: 1 Кор. (зач. 130) **4,** 1-5: Матѳ. (зач. 93) **23,** 1-12.

Воскресеніе
31/13 **Недѣля 14-я по Пятидесятницѣ.** Гласъ 5-й.

Положеніе честнаго пояса Пресвятыя Богородицы (395). Священномуч. Кипріана, еп. Карѳагенскаго (258). Свят. Павлина, еп. Трирскаго (358). Свят. Геннадія, патр. Константинопольскаго (471). Блаж. Діадоха, еп. Фотикійскаго (V). Преп. Энсвиѳы Фолкстоунскія (640). Свят. Айдана, еп. Линдисфарнскаго (651). Свят. Іоанна, митр. Кіевскаго (1089). Священномучч. Александра Любимова пресв. и Владиміра Двинскаго діакона (1918). Священномучч. Михаила Косухена и Мирона Ржепика пресвв. (1937). Священномуч. Димитрія Смирнова пресв. (1938). Перенесеніе мощей благов. кн. Петра, въ монашествѣ Давида и княгини Февроніи въ мон. Евфросиніи, Муромскихъ чудотворцевъ (1992). Соборъ Нижегородскихъ святыхъ. Соборъ Саратовскихъ святыхъ. Соборъ Ясеновацкихъ новомучениковъ (1941-45).

Утр.: Еван. 3-е: Марк. (зач. 71) **16,** 9-20.

ряд.: 2 Кор. (зач. 170) **1,** 21 — **2,** 4: Матѳ. (зач. 89) **22,** 1-14.

Богородицы: Евр. (зач. 320) **9,** 1-7: Лук. (зач. 54) **10,** 38-42; **11,** 27-28.

| Дни недѣли | Сентябрь | День имѣетъ 12 ч., а ночь 12 ч. |

Сентябрь

Понедѣльникъ

1/14 **Седмица 15-я по Пятидесятницѣ.** *Начало индикта — Церковное новолѣтіе.* Преп. Симеона Столпника (459) и матери его Марѳы (428). Прав. Іисуса Навина (XVI в. до Р.Х.). Мучц. Каллисты и братьевъ ея мучч. Евода и Ермогена (309). Мучцц. 40 женъ: Адамантины, Каллирои, Хариклеи, Пенелопы, Кліо, Ѳаліи, Маріанѳы, Евтерпы, Терпсихоры, Ураніи, Клеоники, Сапфо, Ераты, Полимніи, Додоны, Аѳины, Троады, Клеопатры, Кораліи, Каллисты, Ѳеонои, Ѳеаны, Аспасіи, Полиники, Діоны, Ѳеофаны, Ерасміи, Ермeнеи, Афродиты, Маргариты, Антигоны, Пандоры, Хайдо, Лампро, Мосхо, Аривои, Ѳеонимфы, Акривы, Мельпомены и Ельпиники; и св. Аммуна діакона и учителя ихъ (321-323). Преп. Вераны Цурахскія (ок. 350). Муч. Аиѳала діакона Персидскаго (376). Преп. Мелетія новаго (1095). Преп. Николая Критскаго (1670). Муч. Ангелиса Караманійскаго (1680). Преп. Марѳы Тамбовскія (1800). Преподобномучц. Татіаны (Грибковой) и мучц. Наталіи Козловой (1937). Соборъ Пресвятыя Богородицы въ Міасинстѣй обители (въ память обрѣтенія Ея иконы). Соборъ Винницкихъ святыхъ. Иконъ Божіей Матери «Всеблаженная», «Черниговскія-Геѳсиманскія», «Александровскія» и «Августовскія».

На веч.: 1) Исаіи **61**, 1-9. 2) Лев. **26**, 3-12, 14-17, 19-20, 22, 33,

Сентябрь

40-41. 3) Прем. Сол. **4**, 7-15.
Новолѣтія: 1 Тим. (зач. 282) **2**, 1-7: Лук. (зач. 13) **4**, 16-22.
Преп.: Кол. (зач. 258) **3**, 12-16: Матѳ. (зач. 43) **11**, 27-30.

Вторникъ
2/15 Муч. Маманта (275), отца его Ѳеодота и матери Руфины (III). Преп. Іоанна постника, патр. Царьградскаго (595). Прав. Елеазара, сына Аарона (XV в. до. Р.Х.). Мучч. 3618 въ Никомидіи (IV). Преп. Хье Тадкастерскія (657). Преп. Елпидія игумена. Препп. Антонія (1073) и Ѳеодосія (1074) Печерскихъ. Обрѣт. мощей преп. Ѳеодосія Тотемскаго (1796). Священномуч. Варсонофія, еп. Кирилловскаго и иже съ нимъ, Іоанна Иванова пресв., преподобномучч. Серафимы (Сулимовой), мучч. Николая (Бурлакова), Анатолія (Барашкова), Филиппа (Марышева) и Михаила (Трубникова) (1918). Священномучч. Дамаскина, еп. Стародубскаго и съ нимъ Евѳимія Горячева, Іоанна Мельниченко, Іоанна Смоличева, Владиміра Моринскаго, Виктора Басова, Василія Зеленскаго, Ѳеодота Шатохина, Петра Новосѣльскаго, Стефана Ярошевича пресвв. и преподобномучц. Ксеніи (Черлина-Браиловской) (1937). Священномучч. Германа, еп. Вязниковскаго, Стефана Ермолина пресв. и муч. Павла Елькина (1937). Священномуч. Павла Боротинскаго пресв. (1938). Иконы Божіей Матери «Калужскія».
ряд.: Гал. (зач. 202) **2**, 11-16: Марк. (зач. 21) **5**, 24-34.
подъ зач.: Гал. (зач. 204) **2**, 21 — **3**, 7: Марк. (зач. 22) **6**, 1-7.
Муч.: Рим. (зач. 99) **8**, 28-39: Іоан. (зач. 50) **15**, 1-7.

Среда
3/16 Священномуч. Анѳима, еп. Никомидійскаго и съ нимъ мучч. Ѳеофила діакона, Дороѳея, Мардонія, Мигдонія, Петра, Индиса, Горгонія, Зинона, Домны дѣвы и Евѳимія (302). Преп. Ѳеоктиста, спостника преп. Евѳимія (467). Св. Фивы, діакониссы Кенхрейскія (I). Священномуч. Аристона, еп. Александрійскаго (III). Мучц. Василиссы Никомидійскія (309). Свят. Анастасія I-го, патр. Іерусалимскаго (479). Благ. царя Константина новаго (641). Преп. Ремакля Арденнскаго (675). Священномуч. Эгульфа Провансальскаго (676). Свят. Іоанникія, патр. Сербскаго (1349). Блаж. Іоанна власатаго, Ростовскаго чудотворца (1580). Муч. Полидора Кипрскаго (1794). Священномучч. Пимена, еп. Семирѣченскаго, Сергія Феноменова, Василія Колмыкова, Филиппа Шацкаго, Владиміра Дмитріевскаго пресвв. и преподобномуч. Мелетія (Голоколосова) (1918). Священномучч. Василія

Красивскаго и Парѳенія Красивскаго пресвв. (1919). Священномучч. Андрей Дальникова и Ѳеофана Соколова пресвв. (1920). Священномучч. Владиміра Садовскаго и Михаила Сущкова пресвв. (1921). Священномучч. Николая Сущевскаго и Евѳимія Круговыхъ пресв. и съ нимъ 4-хъ мучч. (1924). Священномуч. Романа Марченко пресв. (1929). Священномучч. Алексія Зиновьева и Иліи Бажанова пресвв. (1937). Священномуч. Петра Сорокина діакона (1953). Иконы Божіей Матери «Писидійскія».

ряд.: Гал. (зач. 207) **3,** 15-22: Марк. (зач. 23) **6,** 7-13.

Свящмуч.: Евр. (зач. 334) **13,** 7-16: Іоан. (зач. 36) **10,** 9-16.

Четвергъ

4/17 Священномуч. Вавилы, еп. Антіохійскаго и съ нимъ мучч. отроковъ: Урвана, Прилидіана, Епполонія и матери ихъ Христодулы (251). Пророка и Боговидца Моисея (XV в. до. Р.Х.). Мучч. Ерміоніи, дщери ап. Филиппа діакона (ок. 117). Мучч. Ѳеодора, Міана, Іуліана, Кіона (ок. 305). Преп. Петронія, уч. преп. Пахомія (ок. 348). Муч. Вавилы Никомидійскаго и съ нимъ 84-хъ отроковъ (IV). Преп. Симеона Гареджійскаго (1773). Преп. Анѳима слѣпаго Кефалонитскаго (1783). Преподобномуч. Парѳенія, игум. Кизилташскаго (1867). Обрѣт. мощей свят. Іоасафа, еп. Бѣлгородскаго (1911). Священномучч. Григорія, еп. Шлиссельбургскаго, Сергія, еп. Нарвскаго, Павла Васильевскаго, Іоанна Васильевскаго, Николая Лебедева, Никалая Срѣтенскаго, Іоанна Ромашкина, Николая Хвощева, Александра Никольскаго, Петра Лебединскаго, Михаила Богородскаго, Иліи Измайлова пресвв., преподобномуч. Стефана (Кускова), мучч. Василія Ежова, Петра Лонскова, Стефана Матюшкина, и Александра Блохина (1937). Священномуч. Петра, митр. Дабро-Боснійскаго (1941). Мучц. Елены Черновой (1943). Второе обрѣт. и перенесеніе (1989) мощей свят. Митрофана, въ схимѣ Макарія, еп. Воронежскаго. Соборъ Воронежскихъ святыхъ. Иконы Божіей Матери «Неопалимая Купина».

ряд.: Гал. (зач. 208) **3,** 23 — **4,** 5: Марк. (зач. 25) **6,** 30-45.

Свящмуч.: Евр. (зач. 330) **11,** 33 — **12,** 2: Лук. (зач. 67) **12,** 32-40.

Пятница

5/18 Пророка Захаріи и прав. Елисаветы, родителей св. Іоанна Предтечи (I). Мучч. Ѳифаила и сестры его Ѳивеи (II). Муч. Сервила, Мучч. Раисы (или Ираиды) (ок. 308). Мучч. Іувентина и Максима воиновъ (361). Мучч. Урвана, Ѳеодора,

Сентябрь

Медимна и съ ними 77-ми въ Никомидіи пострадавшихъ (370). Муч. Авдія (Авида) въ Персіи (420). Убіеніе благов. князя Глѣба, во св. крещеніи Давида (1015). Преподобномуч. Аѳанасія Брестскаго (1648). Муч. Евѳимія Кочева (1937). Обрѣт. мощей преп. Александра Урдова исп. (2001). Обрѣт. мощей прав. Ѳеодосія Мелитопольскаго исп. пресв. (2012). Явленіе св. ап. Петра имп. Юстиніану въ Аѳирѣ (VI). Иконы Божіей Матери «Оршанскія».

ряд.: Гал. (зач. 210) **4**, 8-21: Марк. (зач. 26) **6**, 45-53.

Пророка: Евр. (зач. 314) **6**, 13-20: Лук. (зач. 2) **1**, 5-25.

Суббота

6/19 Чудо Архистратига Божія Михаила въ Хонѣхъ (IV). Муч. Ромила и съ ними 11.000 въ Арменіи (107-115). Мучч. Киріака, Фавста пресвитера, Авива діакона и съ нимъ 11 мучч. (ок. 250). Свят. Кирилла, еп. Гортинскаго (ок. 303). Мучч. Евдоксія, Зинона, Макарія и съ ними 1104 воина (311-312). Преп. Архиппа иже въ Хонѣхъ (IV). Преп. Давида Египетскаго (VI). Преп. Беги Каберленскія (681). Свят. Михаила, еп. Юрьевскаго (XI). Преп. Лазаря, еп. Переяславскаго (1117). Священномуч. Димитрія Спасскаго пресв. (1918). Священномучч. Константина Богословскаго, Іоанна Павловскаго и Всеволода Потеминскаго пресвв. (1937). Иконъ Божіей Матери «Кіево-Братскія» и «Арапетскія».

Арх.: Евр. (зач. 305) **2**, 2-10: Лук. (зач. 51) **10**, 16-21.

ряд.: 1 Кор. (зач. 132) **4**, 17 — **5**, 5: Матѳ. (зач. 97) **24**, 1-13.

Воскресеніе

7/20 **Недѣля 15-я по Пятидесятницѣ,** *она же предъ Воздвиженіемъ.* **Гласъ 6-й.**

Предпразднство Рождества Пресвятой Богородицы. Муч. Созонта Помпеопольскаго (304). Прав. Іудиѳи (VII в. до Р.Х.). Апп. Евода отъ 70-ти (66) и Онисифора (по 67). Муч. Евпсихія Кесаріи Каппадокійскія (по 117). Преп. Клодоальда исп., принца Франціи (560). Преп. Кассіи (Кассіаны), пѣснописицы Константинопольскія (IX). Преп. Луки игумена. (по 975). Свят. Иліи, въ схимѣ Іоанна, архіеп. Новгородскаго (1186). Свят. Прохора, въ схимѣ Трифона, еп. Ростовскаго (1328). Преподобномучч. Александра Пересвѣта и Андрея Осляби, воиновъ-схимниковъ Великорусскихъ (1380). Преп. Серапіона Спасо-Елеазаровскаго, Псковскаго (1480). Препмуч. Макарія Каневскаго (1678). Преп. Макарія Оптинскаго (1860). Священномучч. Петра Снежницкаго и Михаила Тихоницкаго пресвв. (1918). Священномуч. Іоанна

Масловскаго пресв. (1921). Новомучениковъ Малоазіатскія катастрофы: Священномучч. Хризостома, митр. Смирнскаго, Амвросія, митр. Мосхонисскаго, Прокопія, митр. Иконійскаго, Григорія, митр. Кидонійскаго и Евѳимія, еп. Зилонскаго (1921-22). Священномучч. Евгенія, митр. Нижегородскаго и съ нимъ Стефана Крѣйдича пресв., преподобномучч. Евгенія (Выжвы), Николая (Ащепьева) и Пахомія (Іонова) (1937). Священномучч. Василія Сунгурова, Григорія Аверина и Льва Егорова пресвв. (1937). Соборъ новомучениковъ и исповѣдниковъ Казахстанскихъ.

Утр.: Еван. 4-е: Лук. (зач. 112) **24**, 1-12.
Нед. предъ Воздв.: Гал. (зач. 215) **6**, 11-18: Іоан. (зач. 9) **3**, 13-17.
подъ зач.: 2 Кор. (зач. 176) **4**, 6-15: Матѳ. (зач. 92) **22**, 35-46
Муч.: Ефес. (зач. 233) **6**, 10-17: Іоан. (зач. 52) **15**, 17 — **16**, 2.

Понедѣльникъ

8/21 **Рождество Пресвятыя Богородицы.**
Седмица 16-я по Пятидесятницѣ. Преп. Лукіана Переяславскаго (1654). Муч. Аѳанасія Солунскаго (1774). Свят. Софронія, еп. Ахталинскаго (1803). Препп. Іоанна (1957) и Георгія (1962) испп. Грузинскихъ. Иконъ Божіей Матери: «Курскія-Коренныя», «Домницкія», «Леснинскія», «Лукіановскія», «Почаевскія», «Сямскія», «Холмскія», «Глинскія» и «Софіи — Премудрости Божіей».

Веч.: 1) Быт. **28**, 10-17. 2) Іез. **43**, 27 — **44**, 4. 3) Притч. **9**, 1-11.
Утр.: Лук. (зач. 4) **1**, 39-49, 56.
празд.: Филип. (зач. 240) **2**, 5-11: Лук. (зач. 54) **10**, 38-42; **11**, 27-28.

Вторникъ

9/22 Праведныхъ Богоотецъ Іоакима и Анны (I). Мучч. Харитона и Стратора (III). Преп. Ѳеофана, исп. (ок. 300). Муч. Севиріана (320). Свв. отцевъ III-го Вселенскаго Собора (431). Преп. Кіерана Клонмакнойскаго (556). Преп. Вильфриды Вильтонскія (988). Преп. Вульфхильды Баркингскія (ок. 1000). Блаж. Никиты сокровеннаго (XII). Преп. Іосифа Волоцкаго (1515). Преп. Іоакима Опочскаго (ок. 1550). Преп. Іоакима Шартомскаго (1625). Преп. Онуфрія Воронскаго (1789). Соборъ преподобныхъ отцевъ Глинскихъ: Филарета (1841), Иліодора (1879), Іоанникія (по 1912), Серафима (1958), Иннокентія (1888), Василія (1831), Макарія (1864), Луки (1898), Архиппа (1896), Евѳимія (1866), Ѳеодота (1859), Мартирія (1896), Досиѳея (1874), Андроника (1974),

Сентябрь

Серафима (1976) и схимитр. Серафима (1984). Обрѣт. и перенесеніе мощей свят. Ѳеодосія Углицкаго, архіеп. Черниговскаго (1896). Священномучч. Григорія Горяева пресв. и Александра Ипатова діакона (1918). Священномучч. Захаріи, архіеп. Воронежскаго, Сергія Уклонскаго, Василія Разумова, Іосифа Архарова, Алексія Успенскаго пресвв., Димитрія Троицкаго діакона и муч. Василія Шикалова (1937). Преподобномуч. Андроника (Сурикова) (1938). Священномуч. Александра Виноградова пресв. (1942).

ряд.: Гал. (зач. 211) **4,** 28 — **5,** 10: Маркъ. (зач. 27) **6,** 54 — **7,** 8.
подъ зач.: Гал. (зач. 212) **5,** 11-21: Маркъ. (зач. 28) **7,** 5-16.
Святыхъ: Гал. (зач. 210 отъ полу) **4,** 22-31: Лук. (зач. 36) **8,** 16-21.

Среда
10/23 Мучц. Минодоры, Митродоры и Нимфодоры (ок. 305). Апп. отъ 70-ти: Апеллія, Лукія и Климента (I). Муч. Варипсава (II). Благов. Пульхеріи, царицы греческія (453). Преп. Финіана Ольстерскаго (579). Свят. Сальвія, еп. Альбійскаго (584). Священномуч. Ѳеодарда, еп. Маастрихтскаго (670). Свят. Петра (826) и Павла (IX), епп. Никейскихъ. Преп. Павла послушливаго Печерскаго (XIV). Преп. кн. Андрея, въ иноч. Іоасафа, Спасокубенскаго (1453). Свят. Ѳеодорита, архіеп. Рязанскаго (1617). Священномучч. Исмаила Кудрявцева, Евгенія Попова, Іоанна Попова, Константина Колпецкаго, Петра Григорьева, Василія Максимова, Глѣба Апухтина, Василія Малинина, Іоанна Софронова, Петра Юркова, Николая Павлинова, Палладія Попова пресвв., преподобномучч. Мелетія (Ѳедюнева), Гавріила (Яцикъ), муч. Симеона Туркина и мучц. Татіаны Гримблитъ (1937). Священномуч. Уара, еп. Липецкаго (1938). Соборъ Липецкихъ святыхъ.

ряд.: Гал. (зач. 214) **6,** 2-10: Маркъ. (зач. 29) **7,** 14-24.

Четвергъ
11/24 Преп. Ѳеодоры Александрійскія (ок. 474). Муч. Димитрія, жены его Еванѳіи и Димитріана (I). Мучч. Серапіона, Кронида и Леонтія Александрійскихъ (237). Мучц. Іи и 9000 мучч. съ ней въ Персіи (362-364). Мучч. Діодора и Дидима Сирскихъ (IV). Преп. Пафнутія исп., еп. Таисскаго (IV). Свят. Патіента, еп. Ліонскаго (491). Преп. Даніила Бангорскаго (584). Преп. Евфросина повара (IX). Перенесеніе мощей препп. Сергія и Германа, Валаамскихъ чудотворцевъ (1542). Священномучч. Николая Подьякова и Виктора Усова

пресвв. (1918). Священномуч. Карпа Эльба пресв. (1937). Преп. Силуана Аѳонскаго (1938). Священномуч. Николая Широгорова діакона (1942). День прославленія Блаж. Ксеніи Петербургскія, Христа ради юрод. (1978). Иконы Божіей Матери «Каплуновскія».
ряд.: Ефес. (зач. 216) **1,** 1-9: Марк. (зач. 30) **7,** 24-30.
Преп.: Гал. (зач. 208) **3,** 23-29: Іоан. (зач. 28) **8,** 3-11.

Пятница
12/25 *Отданіе Рождества Пресвятыя Богородицы.* Священномуч. Автонома, еп. Италійскаго (313). Свят. Корнута, еп. Никомидійскаго (249). Мучч. Македонія, Татіана и Ѳеодула Фригійскихъ (361). Муч. Іуліана и съ нимъ 40 мучч. (IV). Свят. Сакердоса, еп. Ліонскаго (551). Преп. Даніила Ѳасійскаго (843). Преп. Аѳанасія Серпуховскаго (1401) и ученика его Аѳанасія (1395). Преп. Вассіана Тиксненскаго (1624). Перенесеніе мощей прав. Симеона Верхотурскаго (1704). Священномуч. Досиѳея, митр. Тбилисскаго (1795). Блаж. Алексія Елнатскаго, Христа ради юрод. (1937). Священномучч. Ѳеодора Лебедева, Іоанна Прудентова, Николая Житова пресв. и муч. Алексія Ворошина (1937). Муч. Ѳеодора Александрійскаго. Иконы Божіей Матери «Боянскія».
ряд.: Ефес. (зач. 217) **1,** 7-17: Марк. (зач. 32) **8,** 1-10.
подъ зач.: 1 Кор. (зач. 146) **10,** 23-28: Матѳ. (зач. 101) **24,** 34-44.
Богородицы: Филип. (зач. 240) **2,** 5-11: Лук. (зач. 54) **10,** 38-42; **11,** 27-28.

Суббота
13/26 *Суббота предъ Воздвиженіемъ.*
Предпразднство Воздвиженія. Обновленіе храма во Іерусалимѣ (Воскресеніе словущее) (335). Священномуч. Корнилія сотника (I). Мучч. Кронида, Леонтія и Серапіона (237). Мучч. Селевка и Стратоника (III). Мучч. Макровія, Гордіана, Иліи, Зотика, Лукіана и Валеріана (320). Свят. Литорія, еп. Турскаго (371). Священномуч. Іуліана пресв. Галатійскаго (IV). Преп. Петра въ Атроѣ (IX). Преп. Іоанна Прислопскаго (XVI). Великомучц. Кетевани, царицы Грузинскія (1624). Преп. Іероѳея Иверянина (1745). Священномучч. Стефана Костогрыза, Александра Аксенова пресвв. и Николая Васюковича діакона (1937).
Обновленія: Евр. (зач. 307) **3,** 1-4: Матѳ. (зач. 67) **16,** 13-18.
Субб. предъ Воздв.: 1 Кор. (зач. 126) **2,** 6-9: Матѳ. (зач. 39) **10,** 37 — **11,** 1.

Сентябрь

Воскресеніе
**14/27 Недѣля 16-я по Пятидесятницѣ. Гласъ 7-й.
Воздвиженіе Креста Господня.**
Свят. Іоанна Златоустаго, архіеп. Константинопольскаго (407). Преподобномуч. Макарія Солунскаго (1522). Священномуч. Анѳима, митр. Унгро-Валахійскаго (1716). Соборъ Алтайскихъ святыхъ. Иконы Божіей Матери «Лѣснянскія».
Веч.: 1) Исх. **15,** 22 — **16,** 1. 2) Притч. **3,** 11-18. 3) Исаіи **60,** 11-16.
Утр.: Іоан. (зач. 42 отъ полу) 12, 28-36.
Лит.: 1 Кор. (зач. 125) **1,** 18-24: Іоан. (зач. 60) **19,** 6-11, 13-20, 25-28, 30-35.
День постный, разрѣшеніе на вино и елей, но безъ рыбы.

Понедѣльникъ
15/28 Седмица 17-я по Пятидесятницѣ. Великомуч. Никиты (ок. 372). Обрѣт. мощей свят. Акакія, еп. Мелетинскаго (257). Мучч. Ѳеодота, Аскліады (Асклипіодоты) и Максима (ок. 305). Муч. Порфирія лицедѣя (361). Прав. Плакиллы царицы (ок. 400). Свят. Альбина, еп. Ліонскаго (ок. 400). Обрѣт. мощей архидіакона Стефана (415). Свят. Іосифа, еп. Алавердскаго (570). Преп. Маріи Егисскія (607). Преп. Филоѳея пресвитера (X). Свят. Симеона, архіеп. Солунскаго (1429). Преп. Никиты Боровскаго (XV). Свят. Виссаріона, архіеп. Ларисскаго (1541). Свят. Іосифа новаго, митр. Темишварскаго (1656). Преп. Герасима въ Мизіи (ок. 1740). Муч. Іоанна Критскаго (1811). Священномуч. Іоанна Ильинскаго пресв. и преподобномучц. Евдокіи (Ткаченко) (1918). Священномучч. Андрея Ковалева, Григорія Конокотина, Григорія Троицкаго и Іоанна Яковлева пресвв. (1921). Преп. Игнатія (Бирюкова) исп. (1932). Священномуч. Димитрія Игнатенко пресв. (1935). Священномучч. Іоанна Бороздина, Іакова Леоновича, Петра Петрикова, Николая Скворцова пресвв., Николая Цвѣткова діакона, преподобномучц. Маріи Рыковой и мучц. Людмилы Петровой (1937). Иконы Божіей Матери «Новоникитскія».
ряд.: Ефес. (зач. 219) **1,** 22 — **2,** 3: Марк. (зач. 48) **10,** 46-52.
Муч.: 2 Тим. (зач. 292) **2,** 1-10: Матѳ. (зач. 36) **10,** 16-22.

Вторникъ
16/29 Великомучц. Евфиміи всехвальныя (304). Мучц. Севастіаны (86). Мучц. Мелитины (138). Мучч. Виктора и Сосѳена (304). Преп. Дороѳея, пустынника Египетскаго (IV). Свят. Ниніана, еп. Уитхорнскаго (ок. 432). Мучч. Исаака и Іосифа

Сентябрь

Грузинскихъ (808). Мучц. Людмилы, кн. Чешскія (927). Преп. Эдиѳы принцессы, Вильтонскія (984). Преп. Прокопія, игум. Сазавскаго, въ Богеміи (1053). Свят. Кипріана, митр. Кіевскаго (1406). Священномуч. Григорія Раевскаго пресв. (1937). Священномуч. Сергія Лосева пресв. (1942). Обрѣт. мощей преп. Кукши Одесскаго, исп. (1994). Перенесеніе мощей прав. Алексія Мечева, пресв. Московскаго (2001). Иконы Божіей Матери «Призири на смиреніе».
ряд.: Ефес. (зач. 222) **2,** 19 — **3,** 7: Марк. (зач. 50) **11,** 11-23. Мучц.: 2 Кор. (зач. 181) **6,** 1-10: Лук. (зач. 33) **7,** 36-50.

Среда
17/30 Мучц. Вѣры, Надежды, Любови и матери ихъ Софіи (ок. 137). Священномучч. Ираклида (I) и Мирона (II), епп. Тамасскихъ Кипрскихъ. Мучцц. Агаѳокліи и Ѳеодотіи (ок. 230). Мучч. Лукіи и сына ея Геминіана (ок. 303). Мучч. Пелія и Нила, епископовъ Египетскихъ, Зинона пресвитера, Патермуѳія, Иліи и пр. 156. (310). Священномуч. Ламберта, еп. Маастрійхтскаго (696). Преп. Анастасія Періотерскаго (XII). Свят. Іоакима, патр. Антіохійскаго (1567). Преподобномучч. Павла (Моисеева), Ѳеодосія (Соболева), Никодима (Шапкова) и Серафима (Кулакова) (1918). Преподобномуч. Ирины Фроловой (1931). Муч. Іоанна Короткова (1941). Преподобномуч. Александры (Хворостянниковой) (1943). Иконъ Божіей Матери «Цареградскія» и «Макарьевскія».
ряд.: Ефес. (зач. 223) **3,** 8-21: Марк. (зач. 51) **11,** 23-26.

Четвергъ
18/1 о. Преп. Евменія, еп. Гортинскаго (VII). Мучц. Аріадны Фригійскія (II). Мучц. Софіи и Ирины (III). Свят. Аркадія, еп. Новгородскаго (1162). Велмуч. кн. Бидзина и мучч. князей Шалвы и Елизбара (1616). Прославленіе преп. Евфросиніи Суздальскія (1698). Преп. Иларіона Оптинскаго (1873). Священномучч. Алексія Кузнецова и Петра Діаконова пресвв. (1918). Священномучч. Амфилохія, еп. Красноярскаго, Іоанна Васильева, Бориса Боголѣпова, Михаила Скобелева, Владиміра Чекалова, Веніамина Благонадеждина, Константина Твердислова пресвв. и муч. Сергія Ведерникова (1937). Муч. Кастора Александрійскаго. Соборъ новомучениковъ и исповѣдниковъ земли Владимірскія. Иконъ Божіей Матери: «Цѣлительница», «Молченскія» и «Старорусскія».
ряд.: Ефес. (зач. 225) **4,** 14-19: Марк. (зач. 52) **11,** 27-32.

Сентябрь

Пятница

19/2 Мучч. Трофима, Савватія и Доримедонта (276). Священномуч. Іаннуарія, еп. Беневентскаго и дружины его (305). Муч. Зосимы, пустынника Киликійскаго (IV). Преп. Секуана Реомскаго (580). Свят. Ѳеодора Тарсійскаго, архіеп. Кентерберійскаго (690). Блаж. Игоря, вел. кн. Черниговскаго и Кіевскаго (1147). Благ. князя Ѳеодора Смоленскаго и Ярославскаго (1299), и чадъ его Давида (1321) и Константина (до 1321). Священномуч. Константина Голубева пресв. и съ нимъ двухъ мучч. (1918). Священномуч. Николая Искорскаго пресв. (1919). Преп. Алексія Зосимовой пустыни (1928). Священномуч. Нила Смирнова пресв. и преподобномучц. Маріи (Мамантавой-Шашкиной) (1938).

ряд.: Ефес. (зач. 226) **4,** 17-25: Марк. (зач. 53) **12,** 1-12.

Суббота

20/3 *Суббота по Воздвиженіи.*

Великомуч. Евстаѳія Плакиды, жены его Ѳеопистіи, и сыновей ихъ Агапія и Ѳеописта (ок. 118). Муч. Іоанна Египетскаго и иже съ нимъ 40 мучч. (310). Препп. Анастасія (662), Анастасія (другаго) (666), Ѳеодора (VII) и Евпрепія (650) испп., учен. преп. Максима исп. Мучч. Михаила, князя Черниговскаго и болярина его Ѳеодора (1245). Благов. князя Олега Брянскаго (1307). Благов. кн. муч. Іоанна Путивльскаго (XIV). Преподобномуч. Иларіона Критскаго (1804). Священномучч. Ѳеоктиста Смельницкаго и Александра Тетюева пресвв. (1937). Соборъ Брянскихъ святыхъ.

Суб. по Воздв.: 1 Кор. (зач. 125 отъ полу) **1,** 26-29: Іоан. (зач. 30) **8,** 21-30.

подъ зач.: 1 Кор. (зач. 156) **14,** 20-25: Матѳ. (зач. 104) **25,** 1-13.

Муч.: Ефес. (зач. 233), **6,** 10-17: Лук. (зач. 106) **21,** 12-19.

Воскресеніе

21/4 **Недѣля 17-я по Пятидесятницѣ,** *она же по Воздвиженіи.* **Гласъ 8-й.** *Отданіе Воздвиженія.* Ап. Кодрата отъ 70-ти (ок. 130). **Обрѣтеніе мощей свят. Димитрія Ростовскаго (1752).** Муч. Евсевія Финикійскаго (II). Муч. Приска Фригійскаго (260). Мучч. Евсевія, Нестава и Зинона Газскихъ (361). Священномуч. Ипатія, еп. Ефесскаго и Андрея, пресвитера его (ок. 730). Преп. Іоны Савваита (IX). Преп. Даніила Шужгорскаго (XVI). Преп. Іосифа Заоникіевскаго (1612). Священномучч. Александра Ѳедосѣева, Алексія Стабникова, Константина Широкинскаго

Сентябрь

и Іоанна Флерова пресв. (1918). Священномучч. Валентина Никольскаго, Александра Бѣлякова, Іоанна Лазарева, Андрея Бенедиктова, Петра Сахаровскаго, Іоанна Никольскаго пресвв., преподобномуч. Маврикія (Полетаева), мучч. Владиміра Правдолюбова и Василія Кондратьева (1937). Священномуч. Іоанна Быстрова пресв. (1938). Священномуч. Василія Крымкина пресв. (1942). Святт. Исаакія и Мелетія Кипрскихъ.

Утр. Еван. 6-е: Лук. (зач. 114) **24,** 36-53.

Нед. по Воздв.: Гал. (зач. 203) **2,** 16-20: Марк. (зач. 37) **8,** 34 — **9,** 1.

ряд.: 2 Кор. (зач. 182 отъ полу) **6,** 16 — 7, 1: Матѳ. (зач. 62) **15,** 21-28.

Понедѣльникъ

22/5 **Седмица 18-я по Пятидесятницѣ.** Священномуч. Фоки, еп. Синопскаго (117). Пророка Іоны (VIII в. до Р.Х.). Преп. Іоны пресвитера, отца свв. Ѳеофана, творца каноновъ и Ѳеодора, начертанныхъ (IX). Муч. Фоки вертоградаря (ок. 320). Прав. Петра мытаря (VI). Священномуч. Эммерама, еп. Регенсбургскаго (652). 26 преподобномучч. Зографскихъ (XIII). Преп. Космы, отшельника Зографскаго (1323). Преп. Іоны Яшезерскаго (1592). Преп. Макарія Жабынскаго, Бѣлевскаго чуд. (1623). Священномуч. Ѳеодосія, митр. Бразскаго (1694). Блаж. Параскевы Дивѣевскія (1915). Священномуч. Веніамина, еп. Романовскаго (1932). Соборъ Тульскихъ святыхъ.

ряд.: Ефес. (зач. 227) **4,** 25-32: Лук. (зач. 10) **3,** 19-22.

Свящмуч.: Евр. (зач. 311) **4,** 14 — **5,** 6: Іоан. (зач. 36) **10,** 9-16.

Вторникъ

23/6 *Зачатіе Предтечи и Крестителя Господня Іоанна.* Препп. женъ Ксенѳипы и Поликсеніи (109). Мучч. Ираиды дѣвы (ок. 308). Преп. Адамнана Іоркскаго (704). Мучч. Андрея, Іоанна, Петра и Антонина (886). Муч. Николая Пентапольскаго (1672). Муч. Іоанна Епирскаго (1814). Муч. Льва Кунцевича (1918). Священномуч. Іоанна Панкраточива пресв. (1937). Иконы Божіей Матери «Словенскія». Соборъ Кипрскихъ святыхъ.

ряд.: Ефес. (зач. 230) **5,** 20-26: Лук. (зач. 11) **3,** 23 — **4,** 1.

Предтечи: Гал. (зач. 210 отъ полу) **4,** 22-31: Лук. (зач. 2) **1,** 5-25.

Среда

24/7 Равноапостольныя и первомучч. Ѳеклы Иконійскія (I). Преп. Копрія Палестинскаго (530). Преп. Авраамія Мирожскаго

Сентябрь

(1158). Свв. кралей Стефана (въ монашествѣ Симона) (1224), Давида (XIII) и Владислава (по 1267) Сербскихъ. Преп. Никандра Псковскаго (1581). Преп. Галактіона Вологодскаго (1612). Преп. Ѳеодосія, иг. Манявскаго (1629). Преп. Дороѳеи Кашенскія (1629). Преп. Гавріила Седміезерскаго (1915). Священномуч. Василія Воскресенскаго діакона (1918). Священномучч. Андрея Быстрова, Павла Березина пресвв., преподобномуч. Виталія Кокорева, мучч. Василія Виноградова, Сергія Михайлова и Спиридона Савельева (1937). Священномуч. Никандра Гривскаго прес. (1939). Иконы Божіей Матери «Мирожскія».
ряд.: Ефес. (зач. 231) **5,** 25-33: Лук. (зач. 12) **4,** 1-15.
подъ зач.: Ефес. (зач. 232) **5,** 33 — **6,** 9: Лук. (зач. 13) **4,** 16-22.
Мучц.: 2 Тим. (зач. 296) **3,** 10-15: Матѳ. (зач. 104) **25,** 1-13.

Четвергъ
25/8 Преп. Евфросиніи Александрійскія (445). **Преп. Сергія Радонежскаго, чуд. (1392).** Препмуч. Пафнутія Египетскаго и съ нимъ 546-ти мучч. (ок. 303). Свят. Луппа, еп. Ліонскаго (542). Священномуч. Кадока, еп. Валлійскаго (580). Свят. Финбара, еп. Коркскаго (ок. 633). Преп. Чолфрида Уирмутскаго (716). Свят. Арсенія, католикоса Грузинскаго (887). Преп. Евфросиніи Суздальскія (1250). Перенесеніе мощей свят. Германа, архіеп. Казанскаго (1595). Преп. Досиѳеи, затворницы Кіевскія (1777). Прав. Николая Розова исп. прес. (1941). Обрѣт. мощей священномучч. Александра Смирнова и Ѳеодора Ремизова пресвв. (1985). Память труса (то-есть землетрясенія) въ Константинополѣ (447).
Утр.: Матѳ. (зач. 43) **11,** 27-30.
Преп.: Гал. (зач. 213) **5,** 22 — **6,** 2: Лук. (зач. 24) **6,** 17-23.

Пятница
26/9 Преставленіе Апостола и Евангелиста Іоанна Богослова **(II).** Прав. Гедеона, судіи Израильскаго (XIV в. до Р.Х.). Препп. Нила Калаврійскаго (1014) и Варѳоломея (1040) ученика его. Преп. Ефрема Перекомскаго (1492). Бл. кн. Нягу Бессарабскаго (1521). Священномучч. Александра Левитскаго, Аѳанасія Докукина, Димитрія Розанова пресвв., мучч. Іоанна Золотова и Николая Гусева (1937). Священномуч. Владиміра Вятскаго прес. (1939). Прославленіе (въ Россіи) свят. Тихона, патр. Московскаго и Всея Россіи (1989).
Веч.: 1) 1 Іоан. **3,** 21 — **4,** 6. 2) 1 Іоан. **4,** 11-16. 3) 1 Іоан. **4,** 20 — **5,** 5.
Утр.: Іоан. (зач. 67) **21,** 15-25.

Сентябрь

Ап.: 1 Іоан. (зач. 73 отъ полу) **4,** 12-19: Іоан. (зач. 61) **19,** 25-27: **21,** 24-25.

Суббота
27/10 Муч. Каллистрата и дружины его, Гимнасія и иныхъ (304). **Священномуч. Петра, митр. Крутицкаго (1937).** Апостоловъ отъ 70-ти: Марка, Аристарха и Зины (I). Мучц. Епихаріи (ок. 305). Священномуч. Флавіана, еп. Антіохійскаго и съ нимъ Ѳеодота и Пелагіяна клириковъ (ок. 404). Преп. Игнатія игумена (X). Преп. Савватія Соловецкаго (1435). Священномуч. Анѳима Иверянина, митр. Валашскаго (1716). Мучц. Акилины Адріанопольскія (1764). Священномуч. Димитрія Шишокина пресв. (1918). Священномучч. Германа, еп. Вольскаго и Михаила Платонова пресв. (1919). Преп. Рахили Богородинскія (1928). Священномуч. Ѳеодора Богоявленскаго пресв. (1937).

ряд.: Ефес. (зач. 234) **6,** 18-24: Лук. (зач. 14) **4,** 22-30.

подъ зач.: 1 Кор. (зач. 162) **15,** 39-45: Лук. (зач. 15) **4,** 31-36.

Воскресеніе
28/11 **Недѣля 18-я по Пятидесятницѣ. Гласъ 1-й.**
Преп. Харитона исповѣдника (350). Пророка Варуха (VI до Р.Х.). мучч. Александра, Алфея, Зосимы, Марка, Никона, Неона, Иліодора и проч. Препп. женъ Евстохіи и Павлы (IV). Преп. Фавста Регійскаго (490). Священномуч. Аннемунда, еп. Ліонскаго (658). Муч. Вячеслава, еп. Чешскаго (935). Преп. Авксентія Аламана (XI). Препп. Кирилла и Маріи, род. преп. Сергія Радонежскаго (1337). Преп. Харитона Сянжемскаго (1509). Преп. Иродіона Илозерскаго (1541). Обрѣт. мощей преподобномучцц. вел. княгини Елисаветы, инокини Варвары и иже съ ними убіенныхъ (1918). Мучц. Анны Лыкошиной (1925). Преподобномуч. Иларіона (Громова) и преподобномучц. Михаилы (Ивановой) (1937). Преподобномучц. Татіаны (Чекмазовой) (1942). Обрѣт. мощей преп. Георгія (Лаврова) исп. (2000). Соборъ свв. угодниковъ Печерскихъ, почивающихъ въ Ближнихъ (Антоніевыхъ) пещерахъ.

Утр.: Еван. 7-е: Іоан. (зач. 63) **20,** 1-10.

ряд.: 2 Кор. (зач. 188) **9,** 6-11: Лук. (зач. 17) **5,** 1-11.

Преп.: 2 Кор. (зач. 176) **4,** 6-15: Лук. (зач. 24) **6,** 17-23.

Понедѣльникъ
29/12 **Седмица 19-я по Пятидесятницѣ.** Преп. Киріака отшельника (556). Мучч. Дады, Гаведдая и Каздои (IV). Муч. Гуделіи Персидскаго (IV). Свв. 80-ти мучч. иже въ Византіи (IV).

Сентябрь

Преп. Маріи Палестинскія (553). Преп. Кипріана Устюжскаго (1276). Преподобномуч. Малахіи Родосскаго (1500). Преп. Онуфрія Гареджійскаго (1733). Священномуч. Іоанна, архіеп. Рижскаго (1934). Обрѣт. мощей свят. Іоанна, архіеп. Шанхайскаго и Санъ-Францисскаго (1993). Преп. Ѳеофана Милостиваго. Соборъ Полтавскихъ святыхъ. Иконы Божіей Матери «Горбаневскія».

ряд.: Филип. (зач. 235) **1**, 1-7: Лук. (зач. 16) **4**, 37-44.

Преп.: Гал. (зач. 213) **5**, 22 — **6**, 2: Лук. (зач. 24) **6**, 17-23.

Вторникъ

30/13 Священномуч. Григорія просвѣтителя, еп. Великой Арменіи (335). Мучц. Рипсиміи, наставницы ея Гаіаніи и 35-ти свв. дѣвъ (IV). Свят. Гонорія, архіеп. Кентерберійскаго (653). Свят. Михаила, перваго митр. Кіевскаго (992). Преп. Григорія Вологодскаго (1442). Свят. Мелетія, патр. Александрійскаго (1601). Священномуч. Прокопія Попова пресв. (1918). Священномучч. Александра Орлова, Василія Гурьева, Вячеслава Занкова, Петра Пушкинскаго, Петра Соловьева, Симеона Лилѣева пресвв., Серафима Василенко діакона, преподобномучц. Александры (Червяковой), мучч. Алексія Серебренникова, Матѳея Соловьева и Аполлинаріи Тупицыной (1937). Священномуч. Леонида Прендковича пресв. (1938). Преп. Николая Загоровскаго исп., въ мон. Серафима (1943).

ряд.: Филип. (зач. 236) **1**, 8-14: Лук. (зач. 18) **5**, 12-16.

подъ зач.: ряд.: Филип. (зач. 237) **1**, 12-20: Лук. (зач. 21) **5**, 33-39.

Свящмуч.: 1 Кор. (зач. 166) **16**, 13-24: Матѳ. (зач. 103) **24**, 42-47.

Дни недѣли   Октябрь   День имѣетъ 11 ч.,
                         а ночь 13 ч.

Октябрь

Среда
1/14   **Покровъ Пресвятыя Богородицы.**
Ап. Ананіи отъ 70-ти (I). Преп. Романа Сладкопѣвца (566). Мучч. Вериссима, Максимы и Іуліи Лиссабонскихъ (ок. 300). Муч. Домнина Солунскаго (IV). Свят. Ремигія, еп. Реймсскаго (533). Преп. Бавона Гарлемскаго (650). Препмуч. Михаила Зовійскаго и съ нимъ 36-ти преподономучч. (780-790). Свят. Мелхиседека, католикоса Грузіи (ок. 1033). Преп. Іоанна Кукузеля (1341). Преп. Григорія доместика (1355). Преп. Саввы Вишерскаго (1461). Священномуч. Алексія Ставровскаго пресв. (1918). Священномуч. Михаила Вологодскаго пресв. (1920). Священномучч. Александра Агаѳонникова, Георгія Архангельскаго, Исмаила Рождественскаго, Николая Кулигина пресвв. и муч. Іоанна Артемова (1937). Явленіе св. Столпа въ Мцхетѣ и подъ нимъ Хитона Господня (ок. 330). Соборъ Молдавскихъ святыхъ. Иконъ Божіей Матери «Псково-Покровскія», «Кукузелисса», «Люблинскія», «Браиловскія», «Гербовскія», «Барскія» и «Касперовскія».

Веч.: 1) Быт. **28**, 10-17. 2) Іезек. **43**, 27 — **44**, 4. 3) Притч. **9**, 1-11.

Утр.: Лук. (зач. 4) **1**, 39-49, 56.

Октябрь 125

Богородицы: Евр. (зач. 320) **9,** 1-7: Лук. (зач. 54) **10,** 38-42; **11,** 27-28.

Четвергъ

2/15 Священномуч. Кипріана и мучц. Іустины (304). Муч. Ѳеоктиста (304). Блаж. Андрея, Христа ради юродиваго (911). Священномуч. Леодегарія, еп. Отонскаго (679). Мучч. князей Давида и Константина Грузинскихъ (740). Муч. Ѳеодора Гавраса (1098). Преп. княгини Анны Кашинскія (1338). Преп. Кассіана Углицкаго (1504). Блаж. Кипріана Суздальскаго, Христа ради юродиваго (1622). Муч. Георгія филадельфійца (1794). Прав. воина Ѳеодора Ушакова (1817).
ряд.: Филип. (зач. 238) **1,** 20-27: Лук. (зач. 23) **6,** 12-19.
Свящмуч.: 1 Тим. (зач. 280) **1,** 12-17: Іоан. (зач. 36) **10,** 9-16.

Пятница

3/16 Священномуч. Діонисія Ареопагита, еп. Аѳинскаго, муч. Рустика пресвитера и Елевѳерія діакона (96). Священномуч. Діонисія, еп. Парижскаго (III). Преп. Іоанна Хозевита, еп. Кесарійскаго (532). Блаж. Исихія хоревита (VI). Преп. Діонисія, затворника Печерскаго (XV). Свят. Агаѳангела исп., митр. Ярославскаго (1928). Преп. Іеронима Эгинскаго (1966). Иконы Божіей Матери «Трубчевскія».
ряд.: Филип. (зач. 239) **1,** 27 — **2,** 4: Лук. (зач. 24) **6,** 17-23.
Свящмуч.: Дѣян. (зач. 40) **17,** 16-34: Матѳ. (зач. 55) **13,** 44-54.

Суббота

4/17 Священномуч. Іероѳея, еп. Аѳинскаго (I). Свят. Ѳеодора чуд., еп. Тамасскаго (II). Мучч. Гаія, Фавста, Евсевія и Херимона (III). Мучц. Домнины и дщерей ея Виринеи (Вероники) и Проскудіи (Просдоки) (ок. 302). Муч. Давикта и дщери его Каллисѳеніи (ок. 318). Преп. Павла препростого Египетскаго (340). Преп. Аммона Египетскаго (350). Священномуч. Петра, еп. Капетолійскаго (IV). Свят. Іоакима Корсунянина, еп. Новгородскаго (1030). Благов. князя Владиміра Ярославовича Новгородскаго (1052) и его матери кн. Анны (1056). Прав. Стефана Щиляновича (1154). Препп. Елладія, Онисима, Піора и Аммона, затворниковъ Печерскихъ (XII-XIII). Обрѣт. мощей святт. Гурія, архіеп. Казанскаго и Варсанофія, еп. Тверскаго (1595). Священномуч. Евдемона, католикоса Грузинскаго (1642). Прав. отр. Петра Томскаго (1820). Священномуч. Димитрія Вознесенскаго прес. (1918). Священномучч. Николая Верещагина, Михаила Твердовскаго, Іакова Бобырева, Тихона Архангельскаго пресвв., и преподобномуч. Василія (Цвѣткова) (1937). Прав. Хіоніи Архангельской (1945). Преп. Варсонофія Херсонскаго, исп. (1954). Соборъ Казанскихъ святыхъ.

ряд.: 1 Кор. (зач. 164) **15,** 58 — **16,** 3: Лук. (зач. 19) **5,** 17-26.

Воскресеніе

5/18 **Недѣля 19-я по Пятидесятницѣ.** Гласъ 2-й.

Мучц. Харитины (304). **Святт. Петра (1326), Ѳеогноста (1353), Алексія (1378), Кипріана (1406), Фотія (1431), Іоны (1461), Геронтія (1489), Іоасафа (1555), Макарія (1563), Филиппа (1569), Іова (1607), Ермогена (1612), Филарета (1867), Иннокентія (1879), Макарія (1926), Тихона (1925) и Петра (1937) Московскихъ чудотворцевъ.** Священномуч. Діонисія, еп. Александрійскаго (265). Мучц. Мамелхѳы Персидскія (ок. 344). Преп. Григорія Хандзойскаго (861). Преп. Космы Виѳинскаго (Х). Препп. Даміана цѣлебника (1071), Іереміи (1070) и Матѳея (1085) прозорливыхъ Печерскихъ. Свят. Іоанна Мавропа, еп. Евхаитскаго (1100). Преп. Харитины, княжны Литовскія (1281). Преп. Саввы Ватопедскаго (1350). Преп. Евдокима Ватопедскаго (1841). Преп. Варлаама, пустынника Чикойскаго (1846). Преп. Меѳодія Кимольскаго (1908). Преп. Гавріила (Игошкина) исп. Мелесскаго. Соборъ Кипрскихъ святыхъ.

Утр. Еван. 8-е: Іоан. (зач. 64) **20,** 11-18.

ряд.: 2 Кор. (зач. 194) **11,** 31 — **12,** 9: Лук. (зач. 26) **6,** 31-36.

Святт.: Евр. (зач. 335) **13,** 17-21: Матѳ. (зач. 11) **5,** 14-19.

Понедѣльникъ

6/19 **Седмица 20-я по Пятидесятницѣ. Апостола Ѳомы.**

Мучцц. Тертіаны и Мигдоніи Индійскихъ (I). Священномуч. Сагариса, еп. Лаодикійскаго (II). Муч. Макарія Кійскаго (1590). Священномуч. Іоанна Рыбина пресв. (1937). Мучц. Еротіиды дѣвы. Иконы Божіей Матери «О, Всепѣтая Мати».

Утр.: Іоан. (зач. 67) **21,** 15-25.

ряд.: Филип. (зач. 241) **2,** 12-16: Лук. (зач. 25) **6,** 24-30.

Апостола: 1 Кор. (зач. 131) **4,** 9-16: Іоан. (зач. 65) **20,** 19-31.

Вторникъ

7/20 Мучч. Сергія и Вакха (ок. 300). Свят. Евменія, еп. Александрійскаго (143). Мучч. Іуліана пресвитера и Кесарія діакона, Евсенія пресвитера и Филика (268). Мучц. Пелагіи Тарсійскія (287). Свят. Марка, папы Римскаго (336). Муч. Полихронія пресвитера (IV). Преп. Марка Египетскаго (IV). Свят. Дубтаха, еп. Армахскаго (513). Мучц. Осиѳы Чичскія (ок. 700). Преп. Сергія Послушливаго, Печерскаго (XIII). Преп. Сергія

Октябрь

Нуромскаго (1421). Обрѣт. мощей преп. Мартиніана Бѣлозерскаго (1514). Преп. Іосифа Мохеве чуд. (1763). Свят. Іоны, еп. Ханькоускаго (1925). Священномуч. Николая Казанскаго пресв. (1942).

ряд.: Филип. (зач. 242) **2**, 16-23: Лук. (зач. 27) **6**, 37-45.

Мучч.: Евр. (зач. 330) **11**, 33 — **12**, 2: Лук. (зач. 106) **21**, 12-19.

Среда
8/21 Преп. Пелагіи Елеонскія (457). Мучц. Реператы дѣвы (ок. 250). Мучц. Пелагіи Антіохійскія (303). Преп. Таисіи Ѳиваидскія (IV). Свят. Іакова, патр. Антіохійскаго (IV). Преп. Досиѳея Верхнеостровскаго (1482). Преп. Трифона Вятскаго (1612). Препмуч. Игнатія Болгарскаго (1814). Священномуч. Димитрія, архіеп. Можайскаго, и иже съ нимъ священномуч. Іоанна Хренова діакона, преподобномуч. Амвросія (Астахова), Пахомія (Туркевича), преподобномучц. Татіаны (Безфамильной), муч. Николая Рейна, мучцц. Маріи Волнухиной и Надѣжды Аргиревичъ (1937). Священномучч. Іоны, еп. Велижскаго, Василія Озерецковскаго, Владиміра Сперанскаго, Павла Преображенскаго, Петра Никотина, Петра Озерецковскаго пресвв., преподобномуч. Серафима (Щелокова), мучч. Виктора Фролова, Іоанна Рыбина, Николая Кузьмина и мучц. Елисаветы Курановой (1937). Преподобномуч. Варлаама (Еѳимова) (1930-хъ). Соборъ Вятскихъ святыхъ.

ряд.: Филип. (зач. 243) **2**, 24-30: Лук. (зач. 28) **6**, 46 — **7**, 1.

Четвергъ
9/22 **Апостола Іакова Алфеева (I).** Препп. Андроника и жены его Аѳанасіи (V). Прав. Авраама праотца и племянника его Лота (XX в. до Р.Х.). Свят. Димитрія, патр. Александрійскаго (231). Мучч. Еввентія и Максима воиновъ (ок. 361). Прав. Попліи испц. діакониссы Антіохійскія (361). Преп. Петра Галатійскаго (IX). Благ. Стефана Слепаго, деспота Сербскаго (1476). Священномучч. Константина Аксенова и Петра Вяткина пресвв. (1918). Священномуч. Константина Сухова пресв. (1937). Обрѣт. мощей преп. Іова Угольскаго (1985). Обрѣт. мощей преп. Севастіана (Ѳомина) исп. (1997). Иконы Божіей Матери «Корсунскія». Утр.: Іоан. (зач. 67) **21**, 15-25.

ряд.: Филип. (зач. 244) **3**, 1-8: Лук. (зач. 31) **7**, 17-30.

Апостола: 1 Кор. (зач. 131) **4**, 9-16: Лук. (зач. 51) **10**, 16-21.

Пятница
10/23 Мучч. Евлампія и Евлампіи (ок. 305). **Соборъ преподобныхъ Оптинскихъ старцевъ:** Льва (1841), Макарія (1860), Моисея

Октябрь

(1862), Антонія (1865), Иларіона (1873), Амвросія (1891), Исаакія (перваго) (1894), Анатолія (старшаго) (1894), Іосифа (1911), Варсонофія (1913), Анатолія (младшаго) (1922), Нектарія (1928), Никона (1931), и Исаакія преподобномуч. (1938). Муч. Ѳеотекна воина Антіохійскаго (ок. 305). Преп. Вассіана Константинопольскаго (ок. 458). Свят. Павлина, еп. Іоркскаго (644). Преп. Ѳеофила Тиверіопольскаго исп. (716). Свят. Амфилохія, еп. Владиміро-Волынскаго (1122). 26 преподобномучч. Зографскихъ: игум. Ѳомы, иноковъ: Варсонуфія, Кирилла, Михея, Симона, Иларіона, Іакова, Іова, Кипріана, Саввы, другого Іакова, Мартиніана, Космы, Сергія, Мины, Іоасафа, Іоанникія, Павла, Антонія, Евѳимія, Дометіана, Парѳенія и 4-хъ мірянъ (1274). Блаж. Андрея Тотемскаго, Христа ради юродиваго (1693). Свят. Иннокентія, еп. Пензенскаго (1819). Священномуч. Ѳеодора, архіеп. Волоколамскаго (1937). Обрѣт. мощей свят. Филарета, митр. Кіевскаго (1994). Память возвращенія Почаевской Лавры Православной Церкви (1831). Соборъ Волынскихъ святыхъ.

На веч.: 1) Быт. **14,** 14-20. 2) Втор. **1,** 8-11, 15-17. 3) Втор. **10,** 14-21.

Утр.: Матѳ. (зач. 43) **11,** 27-30.

ряд.: Филип. (зач. 245) **3,** 8-19: Лук. (зач. 32) **7,** 31-35.

Препп.: Гал. (зач. 213) **5,** 22 — **6,** 2: Лук. (зач. 24) **6,** 17-23.

Суббота

11/24 Апостола Филиппа отъ 70-ти (I). Преп. Ѳеофана Начертаннаго исп., творца каноновъ (847). Мучцц. Зинаиды и Филониллы (I). Святт. Нектарія (397), Арсакія (425) и Сисинія (427), патрр. Константинопольскихъ. Преп. Кеннеѳа Агабойскаго (600). Преп. Гоммера Льеррскаго (774). Преп. Ѳеофана Печерскаго (XII). Свят. Филоѳея Коккина, патр. Константинопольскаго (1379). Преп. Льва Оптинскаго (1841). Священномучч. Филарета Великанова и Александра Гривскаго пресвв. (1918). Священномуч. Іувеналія, архіеп. Рязанскаго (1937). Иконы Божіей Матери «Вододательница».

Апост.: Дѣян. (зач. 20) **8,** 26-39: Лук. (зач. 50) **10,** 1-15.

ряд.: 2 Кор. (зач. 168) **1,** 8-11: Лук. (зач. 20) **5,** 27-32.

Воскресеніе

12/25 **Недѣля 20-я по Пятидесятницѣ.** *Свв. Отецъ VII-го Вселенскаго собора.* **Гласъ 3-й.**

Мучч. Прова, Тараха и Андроника (304). Преп. Космы, еп. Маіумскаго (787). Священномуч. Максиміліана, еп. Норичскаго (284). Мучц. Домники Киликійскія (286).

Октябрь

Свят. Мартина Милостиваго, еп. Турскаго (397). Преп. Моби Гласневинскаго (545). Муч. Эдмунда, короля Норѳумбрійскаго (633). Свят. Вильфреда, архіеп. Іоркскаго (709). Свв. отцевъ VII-го Вселенскаго собора (787). Препп. Амфилохія (1452), Макарія (1480), Тарасія (1440) и Ѳеодосія (XV) Глушицкихъ. Перенесеніе съ Мальты въ Гатчину части древа Креста Господня, десной руки Іоанна Крестителя и иконы Божіей Матери «Филермскія» (1799). Свят. Филарета, архіеп. Черниговскаго (1866). Прав. Іоанна Лѣтникова исп. (1930). Преподобномуч. Лаврентія (Лѣвченко) (1937). Священномуч. Александра Поздѣевскаго пресв. (1940). Свят. Николая исп., митр. Алма-Атинскаго. Иконъ Божіей Матери «Іерусалимскія», «Ярославскія-Смоленскія», «Рудненскія» и «Калужскія».

На веч.: 1) Быт. **14,** 14-20. 2) Втор. **1,** 8-11, 15-17. 3) Втор. **10,** 14-21.

Утр.: Еван. 9-е: Іоан. (зач. 65) **20,** 19-31.

ряд.: Гал. (зач. 200) **1,** 11-19: Лук. (зач. 30) **7,** 11-16.

Отцевъ: Евр. (зач. 334) **13,** 7-16: Іоан. (зач. 56) **17,** 1-13.

Понедѣльникъ

13/26 **Седмица 21-я по Пятидесятницѣ.** Мучч. Карпа, Папилы и съ ними Агаѳодора и Агаѳоники Пергамскихъ (251). **Иконы Божіей Матери «Иверскія» (1648).** Муч. Флорентія Солунскаго (II). Муч. Веніамина діакона, Персидскаго (421). Преп. Ванантія Турскаго (V). Свят. Агаѳона, патр. Александрійскаго (685). Преп. Никиты исповѣдника (ок. 838). Преп. Луки Деменскаго (984). Священномуч. Іакова Хаматурскаго (XIII). Преп. Веніамина Печерскаго (XIV). Свят. Мелетія, патр. Александрійскаго (1601). Мучц. Хрисы (Златы) Болгарскія (1795). Свят. Антонія, Чкондидскаго (1815). Священномучч. Иннокентія Кикина и Николая Ермолова пресвв. (1937). Возвращеніе мощей преп. Саввы Освященнаго изъ Италіи во Св. Градъ (1965). Обрѣт. мощей священномуч. Ѳаддея, архіеп. Тверскаго (1993). Иконы Божіей Матери «Седміезерныя».

Утр.: Лук. (зач. 4) **1,** 39-49, 56.

ряд.: Филип. (зач. 248) **4,** 10-23: Лук. (зач. 33) **7,** 36-50.

Богородицы: Филип. (зач. 240) **2,** 5-11: Лук. (зач. 54) **10,** 38-42: **11,** 27-28.

Вторникъ

14/27 Муч. Назарія, Гервасія, Протасія и Кельсія (ок. 68). Преп. Параскевы Сербскія (XI). Муч. Силвана, пресв. Газскаго

(311). Свят. Бурхарда, еп. Вюртсбуркскаго (754). Преп. Николы Святоши, князя Черниговскаго (1143). Свят. Игнатія, архіеп. Меѳимскаго (1566). Священномуч. Михаила Лекторскаго пресв. (1921). Свят. Амвросія исп., еп. Каменецъ-Подольскаго (1932). Священномуч. Петра Лебедева пресв. (1937). Преподобномуч. Максиміліана (Марченко) (1938). Иконы Божіей Матери «Яхромскія».

ряд.: Кол. (зач. 249) **1,** 1-2, 7-11: Лук. (зач. 34) **8,** 1-3.

Среда
15/28 Преп. Евѳимія Новаго, Солунскаго (889). Препмуч. Лукіана, пресв. Антіохійскаго (312). Мучч. Сарвила и Вивеи (II). Мучц. Авреліи Страсбургскія (IV). Свят. Антіоха, еп. Ліонскаго (410). Преп. Савина, епископа Катанскаго (760). Преп. Ѳеклы Охсенфуртскія (ок. 790). Преподобномуч. Лукіана Печерскаго (1240). Преп. Іоанна, еп. Суздальскаго (1373). Свят. Діонисія, архіеп. Суздальскаго (1385). Священномуч. Симеона Конюхова пресв. (1918). Священномуч. Димитрія Касаткина пресв. (1942). Свят. Аѳанасія исп., еп. Ковровскаго (1962). Священномучч. Бѣлорусскихъ: Серафима архим., Владиміра, Василія, Сергія, Михаила, Порфирія, Михаила, Димитрія, Іоанна, Леонида, Александра, Владиміра, Владиміра, Матѳея, Петра, Валеріана, Владиміра, Іоанна, Владиміра, Николая, Іоанна, Димитрія пресвв., и Николая діакона (1930-1950). Иконы Божіей Матери «Спорительница хлѣбовъ».

ряд.: Кол. (зач. 251) **1,** 18-23: Лук. (зач. 37) **8,** 22-25.

Четвергъ
16/29 Муч. Лонгина, сотника при Крестѣ (I). Преп. Галла отш., просвѣтителя Швейцаріи (630). Преп. Евпраксіи игуменіи, въ міру кн. Евфросиніи Псковскія (1243). Преп. Лонгина, вратаря Печерскаго (XIV). Преп. Лонгина Яренгскаго (1544). Блаж. Домны Томскія, Христа ради юрод. (1872). Обрѣт. мощей свят. Іоанна, митр. Тобольскаго (1914). Прав. Георгія Троицкаго исп. пресв. (1931). Священномуч. Евгенія Елховскаго пресв. (1937). Священномуч. Алексія Никонова пресв. (1938). Священномуч. Іоанна Засѣдателева пресв. (1942). Преп. Мала отшельника.

ряд.: Кол. (зач. 252) **1,** 24-29: Лук. (зач. 41) **9,** 7-11.
Муч.: 2 Тим. (зач. 298) **4,** 5-8; Матѳ. (зач. 113) **27,** 33-54.

Пятница
17/30 Пророка Осіи (829 г. до Р.Х.). Препмуч. Андрея Критскаго (767). Мучч. безсребренниковъ Космы и Даміана Аравійскихъ, и братій ихъ: Леонтія, Анѳима и Евтропія (III). Свя-

щенномуч. Герона, еп. Антіохійск. Мучч. Шушаники, царицы Ранскія (475). Мучч. Эѳельреда и Эѳельберта Истрійскихъ (ок. 640). Перенесеніе мощей Лазаря четвердодневнаго въ Царьградъ (898). Преп. Антонія Леохновскаго (1611). Свят. Іосифа чуд., католикоса-патр. Грузинскаго (1770). Священномучч. Неофита Любимова, Анатолія Ивановскаго пресвв., преподобномучч. Іакинѳа (Питателева) и Каллиста (Опарина) (1918). Священномуч. Александра, архіеп. Семипалатинскаго (1937). Блаж. Параскевы, Христа ради юрод. Старобѣльскія (1943). Иконъ Божіей Матери «Прежде рождества и по рождествѣ Дѣва» и «Избавительница».

ряд.: Кол. (зач. 253) **2,** 1-7: Лук. (зач. 42) **9,** 12-18.

Муч.: 2 Тим. (зач. 298) 4, 5-8; Матѳ. (зач. 113) 27, 33-54.

Суббота

18/31 **Апостола и Евангелиста Луки (I).** Свят. Мнасона, еп. Кипрскаго (I). Священномуч. Асклипіада, архіеп. Антіохійскаго (220). Преп. Іуліана, пустынника Месопотамскаго (367). Муч. Марина (IV). Обрѣт. мощей преп. Іосифа Волоцкаго (1515). Преп. Давида Серпуховскаго (1520). Мучч. Гавріила и Кормидола Египетскихъ (1522). Мучц. Златы (Хрисы) Могленскія (1795). Свят. Петра, митр. Черногорскаго (1830). Священномучч. Андрея Воскресенскаго, Николая Соколова, Сергія Бажанова, Сергія Гусева пресвв., и мучц. Елисаветы Крымцовой (1937).

Утр.: Іоан. (зач. 67) **21,** 15-25.

Ап.: Колос. (зач. 260 отъ полу) **4,** 5-9, 14, 18: Лук. (зач. 51) **10,** 16-21.

ряд.: 2 Кор. (зач. 174) **3,** 12-18: Лук. (зач. 22) **6,** 1-10.

Воскресеніе

19/1 н. **Недѣля 21-я по Пятидесятницѣ. Гласъ 4-й.**

Пророка Іоиля (VIII в. до Р.Х.). Муч. Уара воина (ок. 307). **Прав. Іоанна Кронштадтскаго чуд. (1908).** Блаж. Клеопатры (327) и сына ея Іоанна (320). Священномуч. Садока, еп. Персидскаго и съ нимъ 128-ми мучч. (342). Преп. Леонтія философа (624). Преп. Фридесвиды Оксфордскія (735). Преп. Прохора мироточ. Пчиньскаго (X). Перенесеніе мощей преп. Іоанна Рыльскаго (1187). Преподобномуч. Николая Двали Іерусалимскаго (1314). Преп. Гавріила Аѳонскаго (1901). Священномуч. Сергія Покровскаго прес. (1937). Преп. Антонія (Абашидзе) схи-архіеп. (1942). Прославленіе свв. Новомучениковъ и Исповѣдниковъ Россійскихъ (1981).

Утр.: Еван. 10-е: Іоан. (зач. 66) **21,** 1-14.

Октябрь

ряд.: Гал. (зач. 203) **2**, 16-20: Лук. (зач. 35) **8**, 5-15.
Святому: 1 Іоан. (зач. 73 отъ полу) **4**, 7-11: Лук. (зач. 26) **6**, 31-36.

Понедѣльникъ

20/2 **Седмица 22-я по Пятидесятницѣ.** Великомуч. Артемія (362). Муч. Зевина Палестинскаго (308). Мучч. Евора и Евноя (IV). Свят. Акки, еп. Хексгэмскаго (740). Преп. Матроны Хіосскія (1462). Прав. Артемія Веркольскаго (1545). Преп. Герасима Новаго (1579). Священномуч. Германа, еп. Алатырскаго, Зосимы Пепѣнина, Іоанна Ганчева, Іоанна Рѣчкина, Іоанна Родіонова, Николая Фигурова, Леонида Никольскаго, Іоанна Талызина, Александра Орлова пресвв., Михаила Исаева, Петра Кравца діаконовъ и муч. Павла Бочарова (1937). Обрѣт. мощей преп. Анастасіи кн. Кіевскія (2009). Обрѣт. мощей святителя Никодима, еп. Бѣлгородскаго (2012).
ряд.: Кол. (зач. 255) **2**, 13-20: Лук. (зач. 43) **9**, 18-22.
Муч.: 2 Тим. (зач. 292) **2**, 1-10: Іоан. (зач. 52) **15**, 17 — **16**, 2.

Вторникъ

21/3 Преп. Иларіона Великаго (371). Мучч. Дасія, Гаія и Зотика (303). Мучц. Урсулы Кеньскія и иже съ ней (IV). Преп. Финтана Тахмонскаго (635). Преп. Малаѳгенія Клонинахскаго (767). Преп. Іакова Каппадокійскаго (X). Преп. Филоѳея Аѳонскаго (XI). Преп. Иларіона схимника, митр. Кіевскаго (XI). Перенесеніе мощей преп. Иларіона, еп. Меглинскаго (1206). Препп. Ѳеофила и Іакова Омучскихъ (ок. 1412). Преп. Иларіона Псковоезерскаго (1476). Муч. Іоанна Пелопонезскаго (1773). Правв. Іоанна и Моисея испп. Сибіельскихъ (XVIII). Преподобномучч. Виссаріона, Софронія и муч. Опрія Трансильванскихъ (XVIII). Священномучч. Павлина, архіеп. Могилевскаго, Аркадія, еп. Екатеринбургскаго, и иже съ ними Анатолія Левицкаго, Никандра Чернелевскаго пресвв., и муч. Кипріана Анникова (1937). Священномучч. Даміана, архіеп. Курскаго, Алексія, еп. Уразовскаго, Константина Чикалова, Сергія Смирнова, Василія Никольскаго, Ѳеодора Бѣляева, Владиміра Введенскаго, Николая Раевскаго, Іоанна Козырева, Александра Богоявленскаго, Димитрія Троицкаго, Софронія Несмѣянова и Неофита Осипова пресвв. (1937). Преподобномуч. Пелагіи (Тѣстовой) (1944).
ряд.: Кол. (зач. 256) **2**, 20 — **3**, 3: Лук. (зач. 44) **9**, 23-27.
подъ зач.: Кол. (зач. 259) **3**, 17 — **4**, 1: Лук. (зач. 47) **9**, 44-50.
Преп.: 2 Кор. (зач. 188) **9**, 6-11: Лук. (зач. 24) **6**, 17-23.

Октябрь 133

Среда
22/4 Св. равноап. Аверкія, еп. Іерапольскаго чуд. (167). Седми отроковъ въ Ефесѣ: Максиміліана, Іамвлиха, Мартиніана, Діонисія, Антонина, Константина (Ексакустодіана) и Іоанна (V). **Празднованіе «Казанскія» иконы Пресвятыя Богородицы, ради избавленія отъ ляховъ (1612).** Священномуч. Марка, еп. Іерусалимскаго (156). Священномуч. Александра, еп., мучч. Ираклія воина, Анны, Елисаветы, Θеодотіи и Гликеріи (III). Преп. Лота Египетскаго (V). Преп. Руфа Египетскаго (V). Препп. Θеодора и Павла Ростовскихъ (1409). Священномучч. Серафима, архіеп. Угличскаго, и иже съ нимъ Владиміра Соболева, Александра Андреева, Василія Богоявленскаго, Александра Лебедева пресвв., преподобномучч. Германа (Полянскаго) и Мины (Шелаева) (1937). Священномучч. Николая Богословскаго, Николая Ушакова пресвв., и преподобномуч. Григорія (Воробьева) (1937). Иконъ Божіей Матери «Андрониковскія» и «Якобштадтскія».

Утр.: Лук. (зач. 4) **1,** 39-49, 56.
Богородицы: Филип. (зач. 240) **2,** 5-11: Лук. (зач. 54) **10,** 38-42: **11,** 27-28.

Четвергъ
23/5 *Апостола Іакова, брата Господня (ок. 63).* Свят. Северина, еп. Кельнскаго (ок. 397). Прав. Оды Амейскія (ок. 723). Свят. Игнатія, патріарха Царьградскаго (877). Преп. Елиссея Лавришевскаго (ок. 1250). Перенесеніе мощей блаж. Іакова Боровичскаго (1544). Священномучч. Евсевія, архіеп. Шадринскаго, Александра Соловьева, Владиміра Амбарцумова, Еміліана Гончарова, Николая Агаθонникова, Николая Архангельскаго и Созонта Решетилова пресвв. (1937). Преподобномучч. Евфросиніи Тимоθеевой (1942). Преп. Никифора Каппадокійскаго. Преп. Петронія.

ряд.: Кол. (зач. 260) **4,** 2-9: Лук. (зач. 48) **9,** 49-56.
Ап.: Гал. (зач. 200) **1,** 11-19: Матθ. (зач. 56) **13,** 54-58.

Пятница
24/6 Муч. Ареθы и иже съ нимъ (523). **Иконы Божіей Матери «Всѣхъ скорбящихъ Радость» (1688).** Священномуч. Акакія пресвитера (303). Мучч. Севера, Виталія, Феликса, Рогата, Папира, Викторіи, Флавія и Виктора Никомидійскихъ (IV). Мучц. Синклитикіи и двухъ дщерей ея (523). Блаж. Елезвоя, царя Еθіопскаго (553). Преп. Сеноха Турскаго (576). Препп. Ареθы, Θеофила и Сисоя Печерскихъ (XII-

XIII). Свят. Аѳанасія, патр. Константинопольскаго (ок. 1315). Преп. Іоанна, затворника Псково-Печерскаго (1616). Преп. Зосимы Верховскаго (1833). Священномучч. Лаврентія, еп. Балахнинскаго, Алексія Порфирьева пресв. и муч. Алексія Нейдгардта (1918). Преп. Ареѳы (Митренина) Валаамскаго исп. (1932). Священномучч. Іоанна Смирнова и Николая Никольскаго пресвв. (1937). Священномуч. Петра Богородскаго пресв. (1938). Преп. Георгія (Карслидиса), новаго исп. (1959).

ряд.: Кол. (зач. 261) **4,** 10-18: Лук. (зач. 50) **10,** 1-15.

Муч.: Евр. (зач. 330) **11,** 33 — **12,** 2: Матѳ. (зач. 38) **10,** 32-33, 37-38; **19,** 27-30.

Суббота
25/7 *Димитріевская суббота (родительская).*

Мучч. Маркіана и Мартирія, нотаріевъ Константинопольскихъ (ок. 355). Прав. Тавиѳы, воскрешенной ап. Петромъ (I). Свят. Фронта, еп. Перегойскаго (II). Муч. Мины Флорентійскаго (251). Мучч. Криспина и Криспиніана Суассонскихъ (285). Муч. Анастасія Солонскаго (III). Свят. Гауденція, еп. Бриксійскаго (410). Препп. Мартирія діакона и Мартирія затворника Печерскихъ (XIV). Преп. Матроны (Власовой) исп. (1963). Мучч. Валерія и Хрисафія. Прав. Калліи Константинопольскія. **Поминовеніе всѣхъ усопшихъ въ годину гоненій за вѣру Христову.**

Мучч.: Ефес. (зач. 224 отъ полу) **4,** 7-13: Матѳ. (зач. 34 отъ полу) **10,** 1, 5-8.

ряд.: 2 Кор. (зач. 178) **5,** 1-10: Лук. (зач. 29) **7,** 1-10.

За упокой: 1 Сол. (зач. 270) **4,** 13-17: Іоан. (зач. 16) **5,** 24-30.

Воскресеніе
26/8 **Недѣля 22-я по Пятидесятницѣ. Гласъ 5-й.**
Великомученика Димитрія Солунскаго (306). Память землетрясенія въ Царьградѣ (740). Муч. Луппа Солунскаго (306). Свят. Кедда, еп. Ластингемскаго (664). Свят. Эты, еп. Хексгемскаго (686). Преп. Аѳанасія Мидикійскаго (814). Преп. Димитрія Басарбовскаго (XIII). Преп. Димитрія Цилибинскаго (XIV). Преп. Ѳеофила Печерскаго, еп. Новгородскаго (ок. 1482). Преподобномуч. Іоасафа Царьградскаго (1536). Свят. Антонія, еп. Вологодскаго (1588). Свят. Александра, еп. Гурійско-Мингрельскаго (1907).

Утр. Еван. 11-е: Іоан. (зач. 67) **21,** 15-25.

Трясенія: Евр. (зач. 331 отъ полу) **12,** 6-13; 25-27: Матѳ. (зач. 27) **8,** 23-27.

Октябрь

ряд.: Гал. (зач. 215) **6,** 11-18: Лук. (зач. 83) **16,** 19-31.
Св. Димитрія: 2 Тим. (зач. 292) **2,** 1-10: Іоан. (зач. 52) **15,** 17 — **16,** 2.

Понедѣльникъ

27/9 **Седмица 23-я по Пятидесятницѣ.** Муч. Нестора Солунскаго (306). Прав. Проклы, жены Пилата (I). Мучцц. Капитолины и Еротіиды (304). Муч. Марка и иже съ нимъ (304). Свят. Киріака, патр. Царьградскаго (606). Преп. Нестора некнижнаго, чуд. Печерскаго (XIV). Обрѣт. мощей благов. князя Андрея Смоленскаго (1539). Преподобномуч. Сергія (Чернухина) (1942).

ряд.: 1 Сол. (зач. 262) **1,** 1-5: Лук. (зач. 52) **10,** 22-24.
Муч.: Ефес. (зач. 233) **6,** 10-17: Лук. (зач. 106) **21,** 12-19.

Вторникъ

28/10 Мучч. Терентія и Неонилы и чадъ ихъ: Сарвила, Фота, Ѳеодула, Іеракса, Нита, Вила и Евникіи (249-250). **Преп. Іова, игумена и чудотворца Почаевскаго (1651).** Мучч. Африкана, Терентія, Максима, Помпія и иныхъ 36-ти (249-251). Преп. Фирмиліана, архіеп. Кесаріи Каппадокійскія (269). Священномуч. Киріака, патр. Іерусалимскаго и матери его, мучц. Анны (263). Великомучц. Параскевы (Пятницы) Иконійскія (III). Преп. Мелхіона пресв. Антіохійскаго (III). Священномуч. Неофита, еп. Урбнійскаго (587). Преп. Іоанна Хозевита, еп. Кесарійскаго (VI). Прав. царевны Февроніи (632). Преп. Стефана Савваита, творца каноновъ (807). Свят. Арсенія, архіеп. Сербскаго (1266). Свят. Димитрія, митр. Ростовскаго (1709). Мучч. Ангелія, Мануила, Георгія и Николая Критскихъ (1824). Блаж. Ѳеофила Кіевскаго, Христа ради юрод. (1853). Священномуч. Іоанна Виленскаго пресв. (1918). Преп. Арсенія Каппадокійскаго (1924). Священномуч. Константина, митр. Кіевскаго (1937).

На веч.: 1) Прем. Сол. **3,** 1-9. 2) Прем. Сол. **5,** 15 — **6,** 3. 3) Прем. Сол. **4,** 7-15.
Утр.: Матѳ. (зач. 43) **11,** 27-30.
ряд.: 1 Сол. (зач. 263) **1,** 6-10: Лук. (зач. 55) **11,** 1-10.
Преп.: Гал. (зач. 213) **5,** 22 — **6,** 2: Лук. (зач. 24) **6,** 17-23.

Среда

29/11 Препмучц. Анастасіи Римляныни (250). Преп. Авранія затворника (360) и блаж. Маріи, племянницы его (397). Мучч. Клавдія, Астерія, Неона и Ѳеониллы (285). Преп. Ермилиндисы Брабантскія (592). Преп. Колмана Килмакдуахскаго (632). Преп. Анны Константинопольскія

(826). Преп. Серапіона Зарземскаго (900). Преп. Авраамія, Ростовскаго чуд. (1073). Преп. Авраамія, затворника Печерскаго (XIII). Препмуч. Аѳанасія (1653). Преподобномуч. Тимоѳея Есфигменскаго (1820). Священномуч. Николая Пробатова пресв. и иже съ нимъ мучч. Космы, Виктора, Наума, Филиппа, Іоанна, Павла, Андрея, Павла, Василія, Алексія, Іоанна и мучц. Агаѳіи (1918). Священномуч. Евгенія (Ивашко) пресв., мучц. Анастасіи Лебедевой (по 1937). Священномуч. Леонида Муравьева пресв. (1941).

ряд.: 1 Сол. (зач. 264) **2,** 1-8: Лук. (зач. 56) **11,** 9-13.
Преп.: Гал. (зач. 213) **5,** 22 — **6,** 2: Матѳ. (зач. 43) **11,** 27-30.

Четвергъ
30/12 Священномуч. Зиновія, еп. Егейскаго и мучц. Зиновіи, сестры его (285). Апостолъ отъ 70-ти: Тертія, Марка, Іуста и Артемы (I). Священномуч. Маркіана, еп. Сиракузскаго (II). Мучц. Анастасіи Солунскія (ок. 250). Мучц. Евтропіи Александрійскія (ок. 250). Мучч. Александра, Кроніона, Іуліана, Макарія и иныхъ 13-ти (249-251). Муч. Маркелла Танжерскаго (298). Свят. Серапіона, архіеп. Антіохійскаго (311). Свят. Киріака, еп. Коринѳскаго (IV). Свят. Астерія, митр. Амасійскаго (ок. 430). Свят. Германа, еп. Капуанскаго (540). Свят. Іосифа, патр. Константинопольскаго (1283). Свв. Стефана Милютина (1320), короля Сербскаго, брата его Драгутина (1316) и матери ихъ Елены (1314). Священномуч. Леонида Виноградова пресв. (1941). Священномуч. Матѳея Казарина діакона (1942). Свят. Варнавы, еп. Хвостанскаго исп. (1964). Перенесеніе мощей священномуч. Александра, архіеп. Харьковскаго (1992). Обрѣт. мощей свят. Агаѳангела исп., митр. Ярославскаго (1998). Обрѣт. мощей преп. Евтропіи Херсонскія (2009). Иконъ Божіей Матери «Озерянскія» и «Численскія».

ряд.: 1 Сол. (зач. 265) **2,** 9-14: Лук. (зач. 57) **11,** 14-23.

Пятница
31/13 Апостолъ отъ 70-ти: Стахія, Амплія, Урвана, Наркисса, Апеллія и Аристовула (I). Муч. Епимаха Александрійскаго (ок. 250). Мучч. Селевка и Стратоника (309). Муч. Квентина Римскаго (IV). Преп. Мавры Константинопольскія (436). Преп. Бегу Хогнесскія (VII). Препп. Спиридона (1148) и Никодима (XII), просфорниковъ Печерскихъ. Преп. Анатолія, затворника Печерскаго (XII). Муч.

Николая Хіосскаго (1754). Священномуч. Іоанна Кочурова пресв. (1917). Преподобномуч. Леонида (Молчанова) (1918). Священномучч. Александра Воздвиженскаго, Алексія Сибирскаго, Василія Архангельскаго, Василія Колоколова, Всеволода Смирнова, Петра Воскобойникова, Сергія Розанова пресвв., преподобномучч. Анатолія (Ботвинникова), Евфросина (Антонова) и муч. Іакова Блатова (1937). Преподобномуч. Иннокентія (Мазурина) (1938).

ряд.: 1 Сол. (зач. 266) **2,** 14-19: Лук. (зач. 58) **11,** 23-26.

| Дни недѣли | **Ноябрь** | День имѣетъ 10 ч., а ночь 14 ч. |

Ноябрь

Суббота

1/14 Свв. безсребренниковъ и чудотворцевъ Космы и Даміана, иже отъ Асіи и матери ихъ Ѳеодотіи (III). Свят. Прима (Ефрема), еп. Александрійскаго (119). Священномуч. Венигна Дижонскаго (ок. 200). Мучцц. Кіріены и Іуліаніи (ок. 305). Священномуч. Іоанна епископа и Іакова пресвитера, въ Персіи пострадавшихъ (345). Священномуч. Стремонія, еп. Клермонскаго (IV). Свят. Маркелла, еп. Парижскаго (430). Муч. Ермінингельда, кн. Готѳскаго (586). Мучч. Кесарія, Дасія, Саввы, Савиніана, Агриппы, Адріана и Ѳомы (VII). Преподобномучч. Іакова и учениковъ его Іакова діакона и Діонисія (1520). Преп. Давида Езбейскаго (1589). Блаж. Космы Верхотурскаго, Христа ради юрод. (1706). Преподобномуч. Елены Синопскія (XVIII). Священномучч. Александра Смирнова и Ѳеодора Ремизова, пресвв. (1918). Священномучч. Александра Шалая, Димитрія Овѣчкина пресвв., и мучч. Елисаветы Самовскія (1937). Муч. Петра Игнатова (1941). Безср.: 1 Кор. (зач. 153) **12,** 27 — **13,** 8: Матѳ. (зач. 34 отъ полу) **10,** 1, 5-8.

ряд.: 2 Кор. (зач. 185) **8,** 1-5: Лук. (зач. 36) **8,** 16-21.

Воскресеніе

2/15 **Недѣля 23-я по Пятидесятницѣ. Гласъ 6-й.**
Мучч. Акиндина, Пигасія, Афѳонія, Елпидифора и Анем-

Ноябрь

подиста (ок. 341). Свят. Феликса, папы Римскаго (III). Священномуч. Викторина, еп. Патавскаго (303). Свят. Ѳеодота, еп. Лаодикійскаго (334). Преп. Маркіана Кирскаго (388). Мучц. Евстохіумы дѣвы (IV). Свят. Антонія, архіеп. Солунскаго исп. (843). Блаж. Кипріана Сторожевскаго (ок. 1598). Священномучч. Василія Лузгина, Константина Юрганова и Ананіи Аристова пресвв. (1918). Иконы Божіей Матери «Шуйскія-Смоленскія».

Утр. Еван. 1-е: Матѳ. (зач. 116) **28,** 16-20.

ряд.: Ефес. (зач. 220) **2,** 4-10: Лук. (зач. 38) **8,** 26-39.

Мучч.: Ефес. (зач. 233) **6,** 10-17: Матѳ. (зач. 36) **10,** 16-22.

Понедѣльникъ

3/16 **Седмица 24-я по Пятидесятницѣ.** Мучч. Акепсимы епископа, Іосифа пресвитера и Аиѳала діакона (376-380). Обновленіе храма велмуч. Георгія въ Лиддѣ (IV). Мучч. Аттика, Агапія, Евдоксія, Катерія, Истукарія, Пактовія и Никтополіона (ок. 320). Прав. Ахеманида исп. (IV). Преп. Снандуліи (Яздундокты) Персидскія (IV). Преп. Акепсимы, пустынника Сирійскаго (IV). Преп. Иліи Египетскаго (V). Мучц. Винифреды Трефинонскія (630). Свят. Губерта, еп. Льежскаго (727). Преп. княжны Анны Всеволодовны (1112). Преп. Николая Иверскаго (1308). Преп. Пимена Зографскаго (1610). Священномуч. Николая Динаріева пресв. и муч. Павла Парѳенова (1918). Священномучч. Александра Звѣрева, Александра Парусникова, Василія Архангельскаго, Василія Покровскаго, Викентія Смирнова, Владиміра Писарева, Іоанна Кесарійскаго, Космы Петриченко, Николая Пятницкаго, Павла Андреева, Петра Косминкова, Петра Орленкова, Сергія Кедрова пресвв., и Симеона Кречкова діакона (1937). Мучц. Евдокіи Сафроновой (1938). Священномуч. Сергія Станиславлева діакона (1942). Иконы Божіей Матери «Знаменія» Царскосельскія.

ряд.: 1 Сол. (зач. 267) 2, 20 — 3, 8: Лук. (зач. 59) **11,** 29-33.

Мучч.: Ефес. (зач. 233) **6,** 10-17: Лук. (зач. 106) **21,** 12-19.

Вторникъ

4/17 Преп. Іоанникія Великаго (846). Священномучч. Никандра, еп. Мѵрскаго и Ермія пресвитера (I). Муч. Порфирія лицедѣя (361). Блаж. Сильвіи, матери свят. Григорія Двоеслова (VI). Свят. Луки Жидяты, еп. Новгородскаго (1059). Прав. Іоанна Ватаца Милостиваго, царя Никейскаго (1254). Преп. Меркурія, постника Печерскаго (XIV). Блаж. Симона Юрьевецкаго, Христа ради юрод. (1584). Преп. Никандра

Ноябрь

Городноезерскаго (1603). Свят. Павла, митр. Тобольскаго (1770). Прав. Николая Виноградова исп. пресв. (1931). Преподобномучц. Евгеніи Лысовой (1935). Священномучч. Александра Петропавловскаго и Михаила Едлинскаго пресвв. (1937). Священномуч. Исмаила Базилевскаго пресв. (1941).

ряд.: 1 Сол. (зач. 268) **3,** 9-13: Лук. (зач. 60) **11,** 34-41.
Преп.: Гал. (зач. 213) **5,** 22 — **6,** 2: Матѳ. (зач. 10) **4,** 25 — **5,** 12.

Среда
5/18 Мучч. Галактіона и Епистими (253). Апостолъ отъ 70-ти: Патрова, Ерма, Лина, Гаія и Филолога (I). Мучч. Домнина Палестинскаго и иже съ нимъ: Тимоѳея, Ѳеофила, Ѳеотима, Дороѳея пресв., Евпсихія, Картерія, Силвана еп., и Памфила (307). Преп. Киби Корнуэльскаго (550). Преп. Одрады Баеленскія (VIII). Свят. Григорія, архіеп. Александрійскаго (IX). Свят. Іоны, архіеп. Новгородскаго (1470). Свят. Тихона исп., патр. Московскаго и всея Россіи (избраніе на патріаршій престолъ) (1917). Священномуч. Гавріила Масленникова пресв. (1937). Соборъ помѣстнаго собора Церкви Русской (1917-1918).

ряд.: 1 Сол. (зач. 269) **4,** 1-12: Лук. (зач. 61) **11,** 42-46.

Четвергъ
6/19 Свят. Павла, архіеп. Константинопольскаго, исп. (350). Мучцц. Текусы, Александры, Полактіи, Клавдіи, Евфросиніи, Аѳанасіи и Матроны (303). Преп. Леонарда Ноблакскаго (559). Преп. Виннока Вормхультскаго (717). Преп. Луки Тавроменійскаго (ок. 800). Свят. Димитріана, еп. Хитрскаго (915). Преп. Варлаама Хутынскаго (1192). Преп. Луки Печерскаго (XIII). Свят. Германа, архіеп. Казанскаго (1567). Преп. Варлаама Керетскаго (XVI). Священномучч. Никиты, еп. Нижне-Тагильскаго, Анатолія Бержицкаго, Николая Дворицкаго, Николая Протасова, Арсенія Троицкаго, Константина Любомудрова пресвв., преподобномучч. Варлаама (Никольскаго), Гавріила (Владимірова), Гавріила (Гуръ), преподобномучцц. Серафимы (Горшковой) и Нины (Шуваловой) (1937). Священномуч. Василія Крылова пресв. (1938).

ряд.: 1 Сол. (зач. 271) **5,** 1-8: Лук. (зач. 62) **11,** 47 — **12,** 1.
Свят.: Евр. (318 отъ полу) **8,** 3-6: Лук. (зач. 64) **12,** 8-12.

Пятница
7/20 33 мучч. иже въ Мелитинѣ: Іерона, Исихія, Никандра, Аѳанасія, Маманта, Варахія, Каллиника, Ѳеогена, Никона, Лонгина, Ѳеодора, Валерія, Ксанѳія, Ѳеодула, Каллимаха, Евгенія,

Ноябрь

Ѳеодоха, Острихія, Епифанія, Максиміана, Дукитія, Клавдіана, Ѳеофила, Гигантія, Дороѳея, Ѳеодота, Кастрихія, Аникиты, Ѳемелія, Евтихія, Иларіона, Діодота и Амонита (290). Преп. Лазаря Галасійскаго (1053). Священномучч. Кирилла, митр. Казанскаго и Іосифа, митр. Петроградскаго (1937). Муч. Ѳеодота Анкирскаго (303). Мучч. Меласиппа, Касиніи и Антонина (363). Свят. Вилиброрда, еп. Утрехтскаго (738). Преп. Зосимы Ворбозомскаго (1550). Обрѣт. мощей преп. Кирилла Новоезерскаго (1649). Священномучч. Евгенія, еп. Ростовскаго, Сергія, еп. Елецкаго, Михаила Адамантова, Александра Ильинскаго, Александра Курмышскаго, Михаила Гусева, Александра Крылова, Николая Романовскаго, Алексія Молчанова, Павла Борисоглѣбскаго, Василія Краснова, Павлина Старополева, Николая Троицкаго пресвв., Іоанна Мошкова, Веніамина Владимірскаго діаконовъ, мучч. Георгія Юренева, Николая Филиппова и мучц. Елисаветы Сидоровой (1937). Обрѣт. мощей священномуч. Константина Голубева пресв. (1995). Мучч. Авкта, Тавріона и Ѳессалоникіи. Иконы Божіей Матери «Взыграніе».

ряд.: 1 Сол. (зач. 272) **5,** 9-13, 24-28: Лук. (зач. 63) **12,** 2-12.

подъ зач.: 2 Кор. (зач. 191) **11,** 1-6: Лук. (зач. 40) **9,** 1-6.

Преп.: Гал. (зач. 213) **5,** 22 — **6,** 2: Матѳ. (зач. 10) **4,** 25 — **5,** 12.

Суббота

8/21 **Соборъ Архистратига Михаила и прочихъ безплотныхъ силъ:** Гавріила, Рафаила, Уріила, Салафіила, Іегудіила, Варахіила и Іереміила. Преп. Тисиліо Мейфодскаго (640). Преп. Марѳы, княгини Псковскія (1300).

Веч.: 1) Іис. Нав. **5,** 13-15. 2) Суд. **6,** 2, 7, 11-24. 3) Исаіи **14,** 7-20.

Утр. Матѳ. (зач. 52) **13,** 24-30, 36-43.

Архангеловъ: Евр. (зач. 305) **2,** 2-10: Лук. (зач. 51) **10,** 16-21.

Воскресеніе

9/22 **Недѣля 24-я по Пятидесятницѣ.** Гласъ 7-й.

Мучч. Онисифора и Порфирія (ок. 300). Преп. Матроны Царьградскія (492). Преп. Ѳеоктисты Лессбоскія (881). Свят. Агриппина, еп. Неапольскаго (III). Муч. Александра Солунскаго (ок. 305). Свят. Венигна, еп. Армахскаго (466). Муч. Антонія сиріанина (V). Преп. Іоанна Колова (V). Препп. Евстоліи (610) и Сосипатры (625) царевны. Преп. Симеона Метафраста (ок. 940). Препп. Евѳимія (990) и Неофита (1118) Дохіарскихъ. Преп. Онисифора, исповѣдника Печерскаго

(1148). Свят. Нектарія, митр. Пентапольскаго (1920). Священномучч. Парѳенія, еп. Ананьевскаго, Константина Черепанова, Нестора Панина, Ѳеодора Чичканова, Виктора Климова, Димитрія Русинова, Иліи Рылько, Константина Немешаева, Павла Анисимова пресвв., Іосифа Сченсновича діакона, и преподобномуч. Алексія (Задворнова) (1937). Преп. Елладія. Иконы Божіей Матери «Скоропослушница».

Утр.: Еван. 2-е: Марк. (зач. 70) **16,** 1-8.

ряд.: Ефес. (зач. 221) **2,** 14-22: Лук. (зач. 39) **8,** 41-56.

Понедѣльникъ

10/23 **Седмица 25-я по Пятидесятницѣ.** Апостолъ отъ 70-ти: Ераста, Олимпа, Родіона, Сосипатра, Кварта (Куарта) и Тертія (I). Свят. Димитрія, патр. Антіохійскаго (260). Колесованіе великомуч. Георгія Побѣдоносца (303). Муч. Ореста врача (304). Священномучч. Милія, еп. Персидскаго, Абросима пресвитера и Сины діакона, учениковъ его (341). Свят. Мартіана исп., еп. Ѳракійскаго (IV). Священномуч. Геннадія епископа (IV). Свят. Нонна, еп. Иліопольскаго (471). Муч. Константина, князя Грузинскаго (852). Преподобномуч. Нифонта (Выблова) и муч. Александра Медема (1931). Священномучч. Прокопія, архіеп. Херсонскаго, Іоанна Скадовскаго, Діонисія Щеголева и Петра Павлушкова пресвв. (1937). Священномучч. Августина, архіеп. Калужскаго и иже съ нимъ Іоанна Сперанскаго пресв., преподобномучч. Іоанникія (Дмитріева), Серафима (Гущина), мучч. Алексія Горбачева, Аполлона Бабичева и Михаила Арефьева (1937). Священномуч. Бориса Семенова діакона, муч. Николая Смирнова и мучц. Анны Остроглазовой (1930-е). Мучц. Ольги Масленниковой (1941). Мучц. Ѳеоктисты Ченцовой (1942). Преп. Ѳеостирикта иже въ Символѣхъ.

ряд.: 2 Сол. (зач. 274) **1,** 1-10: Лук. (зач. 65) **12,** 13-15, 22-31.

Вторникъ

11/24 Мучч. Виктора и Стефаниды (II). Мучч. Мины (304). Муч. Викентія (304). Преп. Ѳеодора Студита исп. (826). Свят. Мартина Милостиваго, еп. Турскаго (397). Муч. Драконы Аравракскаго (IV). Преп. Антонія новаго, Кіосскаго (864). Муч. Стефана Уроша Дечанскаго (1331). Блаж. Максима, Христа ради юрод., Московскаго чуд. (1434). Препп. Евѳимія и Нестора Дечанскихъ (XVI). Преп. Мартирія Зеленецкаго (1603). Священномуч. Евгенія Васильева пресв. (1937). Иконы Божіей Матери «Иверскія-Мѵроточивыя».

Ноябрь

ряд.: 2 Сол. (зач. 274 отъ полу) **1,** 10 — **2,** 2: Лук. (зач. 68) **12,** 42-48.

Преп.: Евр. (зач. 335) **13,** 17-21: Матѳ. (зач. 10) **4,** 25 — **5,** 12.

Среда
12/25 Свят. Іоанна Милостиваго, патр. Александрійскаго (619). Преп. Нила, постника Синайскаго (V). Прор. Ахіи (960 г. до Р.Х.). Свят. Мартина, еп. Франгійскаго (I). Преп. Еміліана Кукуллата (574). Свят. Махара, еп. Абердинскаго (VI). Свят. Льва Стиріота, патр. Константинопольскаго (1143). Блаж. Іоанна Власатаго, Ростовскаго (1580). Преп. Нила мѵроточиваго, Аѳонскаго (1651). Мучч. Саввы (1726) и Николая (1732) Константинопольскихъ. Священномуч. Александра Адріанова пресв. (1918). Священномучч. Александра Архангельскаго, Владиміра Красновскаго, Димитрія Розанова, Константина Успенскаго и Матѳея Алоина пресвв. (1937). Иконы Божіей Матери «Милостивая».

ряд.: 2 Сол. (зач. 275) **2,** 1-12: Лук. (зач. 69) **12,** 48-59.

подъ зач.: 2 Сол. (зач. 276) **2,** 13 — **3,** 5: Лук. (зач. 70) **13,** 1-9.

Свят.: Евр. (зач. 311) **4,** 14 — **5,** 6: Лук. (зач. 24) **6,** 17-23.

Четвергъ
13/26 Свят. Іоанна Златоуста, архіеп. Константинопольскаго (407). Муч. Антіоха Солційскаго (ок. 125). Мучч. Антонина, Никифора и Германа (308). Мучц. Манеѳы (307). Свят. Врисія, еп. Турскаго (444). Преп. Леоніана Вьеннскаго (ок. 510). Свят. Евфрасія (515) и Квинтіана, епп. Клермонскихъ (527). Преподобномуч. Дамаскина Аѳонскаго (1681).

Утр.: Іоан. (зач. 35 отъ полу) **10,** 1-9.

Свят.: Евр. (зач. 318) **7,** 26 — **8,** 2: Іоан. (зач. 36) **10,** 9-16.

Пятница
14/27 Апостола Филиппа (87). Свят. Дифрига, еп. Ергинскаго (ок. 550). Св. царя Іустиніана (565) и царицы Ѳеодоры (548). Преп. Мала Британскаго (VII). Свят. Григорія Паламы, архіеп. Ѳессалоникійскаго (1359). Преп. Филиппа Ирапскаго (1527). Муч. Константина Аѳонскаго (1800). Муч. Серапіона старца. Муч. Пантелеимона отрока, въ Малой Азіи (XIX). Священномучч. Аверкія, архіеп. Волынскаго, Александра Быкова, Александра Покровскаго, Александра Чекалова, Алексія Нечаева, Алексія Нологорскаго, Василія Лихарева, Василія Никольскаго, Василія Розанова, Виктора Ильинскаго, Георгія Извѣкова, Димитрія Беневоленскаго, Димитрія Лебедева, Михаила Бѣлюстина,

Михаила Некрасова, Николая Виноградова, Николая Дунаева, Петра Титова, Порфирія Колосовскаго, Сергія Знаменскаго, Сергія Руфицкаго, Сергія Спасскаго, Өеодора Баккалинскаго пресвв., Николая Богородскаго діакона, преподобномуч. Аристарха (Заглодина-Кокорева), мучч. Гавріила Безфамильнаго, Димитрія Рудакова и мучц. Анны Зерцаловой (1937). Священномуч. Өеодора Грудакова пресв. (1940). Священномуч. Сергія Константинова пресв. (1941).

Заговѣніе на Рождественскій постъ.

ряд.: 2 Сол. (зач. 277) **3**, 6-18: Лук. (зач. 73) **13**, 31-35.

Апостола: 1 Кор. (зач. 131) **4**, 9-16: Іоан. (зач. 5) **1**, 43-51.

Суббота

15/28 Начало Рождественскаго поста.

Мучч. и исповѣдниковъ Гурія, Самона (ок. 306) и Авива (322). Муч. Димитрія Дабудскаго (307). Мучч. Елпидія, Маркелла и Евстохія (ок. 361). Преп. Кинтіона, еп. Селевкійскаго (IV). Свят. Мала, еп. Алетскаго (640). Свят. Өомы, патр. Константинопольскаго (668). Преп. Филиппа, игум. Рабангскаго (1457). Преп. Гурія Шалочскаго (1603). Священномучч. Николая Щербакова, Петра Конардова пресвв., Григорія Долинина и Никиты Алмазова діаконовъ (1937). Иконъ Божіей Матери «Купятицкія», «Ипатменскія» и «Благоуханный цвѣтъ».

Мучч.: Ефес. (зач. 233) **6**, 10-17: Лук. (зач. 64) **12**, 8-12.

ряд.: Гал. (зач. 199) **1**, 3-10: Лук. (зач. 46) **9**, 37-43.

Воскресеніе

16/29 Недѣля 25-я по Пятидесятницѣ. Гласъ 8-й.

Апостола и Евангелиста Матөея (60). Свят. Аніана, патр. Александрійскаго (84). Свят. Фульвіана, князя Ефіопскаго, въ крещеніи Матөея (I). Свят. Евхарія, еп. Ліонскаго (449). Преп. Сергія Малопинежскаго (1585). Священномуч. Өеодора Колерова пресв., мучч. Ананіи Бойкова и Михаила Болдакова (1929). Священномучч. Иннокентія, архіеп. Винницкаго, Іоанна Цвѣткова, Николая Троицкаго, Виктора Воронова, Василія Соколова, Макарія Соловьева, Михаила Абрамова пресвв. и преподобномуч. Пантелеимона (Аржаныхъ) (1937). Муч. Димитрія Спиридонова (1938). Священномуч. Филумена Святогробца, Самарійскаго (1979).

Утр. Еван. 3-е: Марк. (зач. 71) **16**, 9-20.

ряд.: Ефес. (зач. 224) **4**, 1-6: Лук. (зач. 53) **10**, 25-37.

Апостола: 1 Кор. (зач. 131) **4**, 9-16: Матө. (зач. 30) **9**, 9-13.

Ноябрь

Понедѣльникъ

17/30 Седмица 26-я по Пятидесятницѣ. Свят. Григорія, еп. Неокесарійскаго (266). Священномуч. Василія, еп. Хамаскаго (282). Мучч. Григорія, Виктора и Гемина (304). Мучч. Ацискла и Викторіи Кордувійскихъ (IV). Преп. Лонгина Египетскаго (IV). Свят. Григорія, еп. Турскаго (594). Преп. Вульфилаиха столпника, Тріерскаго (594). Преп. Хильды Уитбійскія (680). Правв. Іоанна и Захаріи сапожника (VII). Преп. Лазаря иконописца (857). Муч. Гоброна (Михаила) и съ нимъ 133 воина (914). Преп. Геннадія Ватопедскаго (XV). Преп. Никона, игум. Радонежскаго (1426). Свят. Максима, патр. Константинопольскаго (1482). Преп. Паисія Величковскаго (1794). Преп. Севастіана Джексонскаго (1940).
ряд.: 1 Тим. (зач. 278) **1,** 1-7: Лук. (зач. 75) **14,** 12-15.
Свят.: 1 Кор. (зач. 151) **12,** 7-11: Матѳ. (зач. 34 отъ полу) **10,** 1, 5-8.

Вторникъ

18/1 д. Муч. Платона Анкирскаго (ок. 302). Священномуч. Романа, діакона Кесарійскаго и отрока Варула (303). Мучч. Закхея, діакона Гадаринскаго и Алфея чтеца (303). Муч. Романа Антіохійскаго (305). Блаж. Магны Анкирскія (ок. 425). Муч. Анастасія Епирскаго (1750). Преп. Даніила Корфійскаго (1764). Преп. Елены, игум. Новодѣвичьяго мон. (1547). Прав. Николая Виноградова исп. пресв. (1948). Соборъ святыхъ Эстонскія земли.
ряд.: 1 Тим. (зач. 279) **1,** 8-14: Лук. (зач. 77) **14,** 25-35.

Среда

19/2 Пророка Авдія (IX в. до Р.Х.). Муч. Варлаама Антіохійскаго (304). **Свят. Филарета, митр. Московскаго и Коломенскаго (1867).** Муч. Иліодора Памфилійскаго (ок. 273). Муч. Азы и съ нимъ 150 воиновъ (284-305). Препп. Варлаама и Іоасафа, царевича Индійскаго и отца его царя Авенира (IV). Преп. Патрокла Буржскаго (576). Свят. Эгберта, еп. Іоркскаго (766). Преп. Иларіона Солунскаго чуд. (875). Преп. Симона Калабрійскаго (X). Преп. Варлаама, 1-го игумена Печерскаго (1065). Обрѣт. мощей преподобномуч. Адріана Пошехонскаго (1625). Священномуч. Іоанна Вишневскаго пресв. (1920). Священномучч. Порфирія, еп. Симферопольскаго, Іоасафа, еп. Чистопольскаго, Александра Машутина, Александра Сереброва, Димитрія Куклина, Игнатія Теслина, Іакова Брилліантова, Іакова Передерія, Іоанна Малиновскаго, Іоанна Пирамидова, Іоанна Флоровскаго, Константина

Михайловскаго, Михаила Дмитрева, Сергія Махаева, Симеона Кривошеева пресвв., преподобномучч. Веніамина (Зыкова), Геннадія (Ребезы), Герасима (Сухова), Іоасафа (Крымзина), Михаила (Кванина), Петра (Мамантова), мучч. Валентина Корніенко, Петра Антонина, Леонида Салькова и Тимоѳея Кучерова, (1937). Преп. Алексія Карпаторусскаго (1947).

На веч.: 1) 2 Тим. (зач. 297) **3,** 16 — **4,** 8. 2) Ефес. (зач. 233) **6,** 10-17. 3) Ефес. (зач. 232 отъ полу) **6,** 1-9.

Утр.: Іоан. (зач. 35 отъ полу) **10,** 1-9.

ряд.: 1 Тим. (зач. 281) 1, 18-20: 2, 8-15: Лук. (зач. 78) **15,** 1-10.

Свят.: Ефес. (зач. 233) **6,** 10-17: Матѳ. (зач. 11) **5,** 14-19.

Четвергъ

20/3 *Предпразднство Введенія во храмъ Пресвятыя Богородицы.* Преп. Григорія Декаполита (816). Свят. Прокла, архіеп. Константинопольскаго (446). Муч. Дасія въ Доростолѣ (303). Мучч. Евстаѳія, Ѳеспесія и Анатолія (312). Священномуч. Нирсы епископа и учениковъ его: Іосифа, Іоанна, Саверія, Исаакія и Ипатія, епископовъ Персидскихъ (343). Мучч. Азата скопца, Сасонія, Ѳеклы и Анны (343). Преп. Исидора Александрійскаго (IV). Свят. Исаака, еп. Армянскаго (440). Бл. Ѳеоктиста исп. (855). Муч. Эдмунда, короля Восточно-Англійскаго (869). Преп. Діодора Юрьегорскаго (1633). Священномучч. Макарія, еп. Днепропетровскаго, Александра Сахарова, Алексія Аманова, Алексія Никатова, Анатолія Жураковскаго, Василія Канделяброва, Владиміра Медвѣдюка, Еміліана Панасевича, Іоанна Заболотнаго, Іоанна Сарва, Николая Зеленова, Николая Покровскаго пресвв., преподобномучч. Арсенія (Димитріева), Евтихія (Качуръ), Иларіона (Писарецъ) и преподобномучц. Іоанникіи (Кожевниковой) (1937). Преподобномучц. Татіаны (Ѳомичевой) (по 1937). Иконы Божіей Матери «Олонецкія».

ряд.: 1 Тим. (зач. 283) **3,** 1-13: Лук. (зач. 80) **16,** 1-9.

подъ зач.: 1 Тим. (зач. 285) **4,** 4-8, 16: Лук. (зач. 82) **16,** 15-18; **17,** 1-4.

Свят.: Евр. (зач. 318) **7,** 26 — **8,** 2: Іоан. (зач. 36) **10,** 9-16.

Пятница

21/4 Введеніе во храмъ Пресвятыя Богородицы.
Веч.: 1) Исх. **40,** 1-5, 9-10, 16, 34-35. 2) 3 Цар. **7,** 51; **8,** 1, 3-7, 9-11. 3) Іезек. **43,** 27 — **44,** 4. Утр.: Лук. (зач. 4) **1,** 39-49, 56.
Богородицы: Евр. (зач. 320) **9,** 1-7: Лук. (зач. 54) **10,** 38-42; **11,** 27-28.

Ноябрь

Суббота

22/5 Апп. Филимона, Архиппа и мучц. равноап. Апфіи (I). Мучц. Кикиліи (Циціліи) и съ нею: Валеріана, Тивуртія и Максима (ок. 230). Муч. Менинга (250). Мучч. Прокопія чтеца (303). Мучч. Агапія и Агапіона (304). Мучч. Стефана, Марка и инаго Марка (IV). Преп. Агавы (Авваса) Сирійскаго (V). Прав. воина Михаила Болгарскаго (866). Преп. Германа Икофинисскаго (IX). Свят. Климента, еп. Охридскаго (916). Благов. кн. Ярополка (Петра) Владиміро-Волынскаго (1086). Благов. князя Михаила Тверскаго (1318). Преп. Каллиста, патр. Константинопольскаго (XV). Священномуч. Владиміра Рясенскаго пресв. (1932). Священномучч. Іоасафа, еп. Могилевскаго, Иліи Громогласова, Іакова Соколова, Ѳеодора Гусева, Іоанна Баранова, Василія Бобы, Павла Евдокимова, Іоанна Смирнова, Аѳанасія Милова, Алексія Бенеманскаго пресвв., преподобномучч. Герасима (Мочалова), Евтихія (Диденко), Авенира (Синицына), Саввы (Суслова), Марка (Махрова) и муч. Бориса Козлова (1937). Преп. Параскевы (Матіешивой) исп. (1953).

Апостола: Филим. (зач. 302 послѣди) **1,** 1-25: Лук. (зач. 50) **10,** 1-15. ряд.: Гал. (зач. 205) **3,** 8-12: Лук. (зач. 49) **9,** 57-62.

Воскресеніе

23/6 **Недѣля 26-я по Пятидесятницѣ. Гласъ 1-й.**

Свят. Амфилохія, еп. Иконійскаго (по 394). Свят. Григорія, еп. Акрагантійскаго (680). **Св. благов. вел. князя Александра Невскаго, въ схимѣ Алексія (1263).** Свят. Елена, еп. Тарсійскаго (269). Муч. Сисинія, еп. Кизическаго (ок. 305). Муч. Ѳеодора Антіохійскаго (по 363). Преп. Исхиріона, еп. Египетскаго (V). Преп. Коломбана, игум. Лаксевильскаго (615). Преп. Трудо Зиркингенскаго (695). Свят. Діонисія мудраго, патр. Константинопольскаго (1492). Свят. Митрофана, въ схимѣ Макарія, еп. Воронежскаго (1703). Преп. Антонія Вылчезерскаго (1714). Священномуч. Филиппа Распопова пресв. (1919). Преподобномуч. Серафима (Тьевара) (1931). Прав. Іоанна Васильева исп. (1932). Священномучч. Бориса, еп. Ивановскаго, Елеазара Спиридонова пресв. и муч. Александра Уксусова (1937). Преподобномуч. Григорія (Перадзе) (1942).

Утр.: Еван. 4-е: Лук. (зач. 112) **24,** 1-12.
ряд.: Ефес. (зач. 229) **5,** 8-19: Лук. (зач. 66) **12,** 16-21.
Святаго: Гал. (зач. 213) **5,** 22 — **6,** 2: Матѳ. (зач. 43) **11,** 27-30.

Ноябрь

Понедѣльникъ

24/7 **Седмица 27-я по Пятидесятницѣ.** Великомучц. Екатерины (ок. 305). Великомуч. Меркурія Кесарійскаго (III). Свят. Ермогена, еп. Акрагантійскаго (ок. 260). Мучц. Августы, муч. Порфирія и 200 воиновъ (ок. 305). Муч. Александра Кориноскаго (361). Преп. Романа Бордосскаго (385). Преп. Малха Халкинскаго (V). Преп. Портіана Артонскаго (533). Преп. Протасія Овернскаго (VI). Муч. Меркурія Смоленскаго (1239). Преп. Луки, эконома Печерскаго (XIII). Преп. Меркурія Печерскаго, еп. Смоленскаго (XIV). Преп. Симона Сольвычегодскаго (1562). Священномуч. Евграфа Еварестова пресв. (1919). Священномучч. Евгенія Яковлева, Михаила Богородицкаго, Александра Левицкаго, Алексія Тютюнова, Іоанна Никольскаго, Корнилія Удиловича и Митрофана Корницкаго пресвв. (1937). Преп. Мастридіи дѣвы. Преп. Григорія иже въ Хрисипетрѣ.

ряд.: 1 Тим. (зач. 285 отъ полу) **5,** 1-10: Лук. (зач. 86) **17,** 20-25. Мучц.: Ефес. (зач. 233) **6,** 10-17: Лук. (зач. 106) **21,** 12-19.

Вторникъ

25/8 *Отданіе Введенія во храмъ Пресвятыя Богородицы.* Священномуч. Климента, еп. Римскаго (101). Свят. Петра, архіеп. Александрійскаго (311). Преп. Петра молчальника (ок. 303). Свят. Климента Охридскаго (916). Преподобномуч. Магдалины Забѣлиной (1931). Священномучч. Серафима, архіеп. Смоленскаго, Александра Вершинскаго, Андрея Шершнева, Василія Парійскаго, Виктора Смирнова, Григорія Воинова, Іоанна Тарасова, Іоанна Янушева, Космы Короткихъ, Ярослава Савицкаго, Іоанна Владимірскаго, Симеона Аѳонькина, Иларіона Соловьева, Варлаама Попова пресвв. и муч. Павла Кузовкова (1937). Муч. Николая Копнинскаго (1938). Преп. Пафнутія.

ряд.: 1 Тим. (зач. 286) **5,** 11-21: Лук. (зач. 87) **17,** 26-37.
Богородицѣ: Евр. (зач. 320) **9,** 1-7: Лук. (зач. 54) **10,** 38-42; **11,** 27-28.
Свящмуч.: Филип. (зач. 246) **3,** 20 — **4,** 3: Матѳ. (зач. 11) **5,** 14-19.

Среда

26/9 Преп. Алипія столпника (640). **Свят. Иннокентія, 1-го еп. Иркутскаго (1731).** Преп. Іакова, отшельника Сирійскаго (457). Свят. Акакія, патр. Константинопольскаго (471). Преп. Стиліана Пафлагонскаго (V). Свят. Петра, патр.

Ноябрь

Іерусалимскаго (552). Преп. Никона Метаноита (998). Освященіе храма великомуч. Георгія въ Кіевѣ (1037). Муч. Георгія Хіосскаго (1807). Священномучч. Василія Агаѳонникова, Василія Колосова, Василія Студницина, Георгія Колоколова, Даніила Мещанинова, Иліи Зачатѣйскаго, Іоанна Виноградова, Михаила Зеленцовскаго, Назарія Грибкова, Николая Замараева, Николая Постникова пресвв. и преподобномуч. Тихона (Бузова) (1937). Муч. Петра Царапкина (по 1937).

Евангельскія чтенія 28-й седмицы.
Утр.: Іоан. (зач. 35 отъ полу) **10,** 1-9.
ряд.: 1 Тим. (зач. 287) **5,** 22 — **6,** 11: Лук. (зач. 90) **18,** 15-17, 26-30.
подъ зач.: 1 Тим. (зач. 289) **6,** 17-21: Лук. (зач. 92) **18,** 31-34.
Свят.: Евр. (зач. 318) **7,** 26 — **8,** 2: Іоан. (зач. 36) **10,** 9-16.

Четвергъ
27/10 Великомуч. Іакова Персскаго (421). **Иконъ Божіей Матери «Знаменіе» Курскія-Коренныя (1295) и «Знаменіе» Новгородскія (1170).** Преп. Наѳанаила Нитрійскаго (ок. 375). Преп. Пинуфрія Египетскаго (IV). Преподобномучч. 17-ти монаховъ въ Индіи (IV). Преп. Романа, Киликійскаго чуд. (ок. 400). Преп. Палладія, еп. Еленопольскаго (ок. 430). Свят. Максима, еп. Регійскаго (460). Преп. Палладія Солунскаго (VII). Прав. Оды Брабантскія (726). Обрѣт. мощей благов. кн. Псковскаго Всеволода, въ крещеніи Гавріила (1192). Преп. Ѳеодосія Терновскаго (1363). Свят. Іакова, еп. Ростовскаго (1392). Преп. Діодора Юрьегородскаго (1633). Блаж. Андрея Симбирскаго, Христа ради юрод. (1841). Священномучч. Николая, архіеп. Владимірскаго, Алексія Сперанскаго, Бориса Ивановскаго, Василія Соколова, Владиміра Смирнова, Димитрія Бѣляева, Іоанна Глазкова, Іоанна Смирнова, Іоанна Хрусталева, Николая Андреева, Николая Покровскаго, Сергія Аманова, Сергія Бредникова, Ѳеодора Дороѳеева пресвв., преподобномучч. Алексія (Гаврина), Аполлоса (Ѳедосеева), Іоасафа (Боева), Іоасафа (Крымзина), Кронида (Любимова) намѣстника Троице-Сергіевой Лавры, Ксенофонта (Бондаренко), Николая (Салтыкова), Никона (Бѣляева), Серафима (Крестьянинова) и муч. Іоанна Емельянова (1937). Обрѣт. мощей блаж. Домники Алешковскія (2008). Соборъ новомучениковъ и исповѣдниковъ Радонежскихъ.

Ноябрь

Утр.: Лук. (зач. 4) **1,** 39-49, 56.

Богородицы: Евр. (зач. 320) **9,** 1-7: Лук. (зач. 54) **10,** 38-42: **11,** 27-28.

Пятница

28/11 Преподобномуч. Стефана Новаго (767). Муч. Иринарха и съ нимъ 7-ми женъ (303). Мучч. Тимоѳея и Ѳеодора епп., Петра, Іоанна, Сергія, Ѳеодора и Никифора пресвв., Василія и Ѳомы діаконовъ, Іероѳея, Даніила, Харитона, Сократа, Комасія и Евсевія монаховъ и Етимасія мірянина (361). Свят. Ѳеодора, еп. Ѳеодосіопольскаго (IV). Мучч. Василія, Стефана, двухъ Григоріевъ, Іоанна и проч. (IV). Мучч. Андрея и Петра (VIII). Мучц. Анны (VIII). Блаж. Ѳеодора, архіеп. Ростовскаго (1394). Свят. Михаила, еп. Смоленскаго (1402). Муч. Христоса Константинопольскаго (1748). Священномучч. Серафима, митр. Петроградскаго, Алексія Веселевскаго, Алексія Смирнова, Василія Завгородняго, Викентія Никольскаго, Петра Ворона пресвв., преподобномучч. Алексія (Сенкевича), Рафаила (Тюпина) и мучц. Анисіи Маслановой (1937). Мучц. Параскевы Ѳедоровой (1938). Священномуч. Николая Крылова пресв. (1941). Обрѣт. мощей преп. Сергія (Сребрянскаго) исп. (2000).

ряд.: 2 Тим. (зач. 290) **1,** 1-2, 8-18: Лук. (зач. 95) **19,** 12-28.

Препмуч.: 2 Тим. (зач. 291) 1, 8-18: Матѳ. (зач. 37) **10,** 23-31.

Суббота

29/12 Муч. Парамона и съ нимъ 370-ти мучч. (250). Священномуч. Діонисія, еп. Коринѳскаго (ок. 182). Священномуч. Сатурнина, еп. Тулузскаго (257). Муч. Филумена Анкирскаго (274). Преп. Питируна Египетскаго (IV). Прав. Тиридата царя (IV). Священномуч. Авива, еп. Некрессаго (552). Преп. Брендона Биррскаго (571). Преп. Акакія Синайскаго (VI). Преп. Нектарія послушливаго, Печерскаго (XII). Свят. Мардарія, еп. Американскаго и Канадскаго (1935) (серб.). Священномуч. Сергія Кочурова пресв. (1941).

ряд.: Гал. (зач. 213) **5,** 22 — **6,** 2: Лук. (зач. 51 отъ полу) **10,** 19-21.

Воскресеніе

30/13 Недѣля 27-я по Пятидесятницѣ. Гласъ 2-й.

Апостола Андрея Первозваннаго (82). Свят. Фрументія, архіеп. Абиссинскаго (380). Свят. Александра, еп. Миѳимскаго (IV). Святт. Петра и Самуила католикосовъ Мцхетскихъ (V). Благов. царя Вахтанга Горгосали (502). Свят. Тудвала,

еп. Трекорскаго (564). Свят. Андрея, еп. Трансильванскаго (1873). Блаж. Сергія Молченскаго, Христа ради юрод. (1879). Священномуч. Іоанна Честнова пресв. (1937).
Утр. Еван. 5-е: Лук. (зач. 113) **24,** 12-35.
ряд.: Ефес. (зач. 233) **6,** 10-17: Лук. (зач. 71) **13,** 10-17.
Апостола: 1 Кор. (зач. 131) **4,** 9-16: Іоан. (зач. 4) **1,** 35-51.

Дни недѣли   **Декабрь**   День имѣетъ 9 ч.,

Декабрь

Понедѣльникъ

1/14   **Седмица 28-я по Пятидесятницѣ.** Пророка Наума (VII в. до Р.Х.). Свят. Элигія, еп. Нуайонскаго (660). Прав. Филарета Милостиваго (792). Преп. Антонія Кіосскаго (864). Свят. Ѳеолита, еп. Спартанскаго (870). Преп. Іоанникія Дѣвиченскаго (XV). Муч. Ананіи Персскаго.

ряд.: 2 Тим. (зач. 294) **2**, 20-26: Лук. (зач. 97) **19**, 37-44.

Вторникъ

2/15   Пророка Аввакума (VII в. до Р.Х.). Мучц. Миропіи ок. (251). Препп. Іоанна, Ираклемона, Андрея и Ѳеофила Египетскихъ (IV). Преп. Исе (Іессея), еп. Цилканскаго (VI). Преп. Соломона, архіеп. Ефесскаго (1060). Преп. Кирилла Филеота (1110). Преп. Аѳанасія, затворника Печерскаго (1116). Преп. Аѳанасія другаго, затворника Печерскаго (1264). Св. Стефана-Уроша, царя Сербскаго (1371). Священномуч. Матѳея Александрова пресв. (1921). Священномуч. Димитрія Благовѣщенскаго пресв. и преп. Вѣры (Графовой) испц. (1932). Священномучч. Алексія, архіеп. Великоустюжскаго, Владиміра Проферансова, Іоанна Державина, Іоанна Днепровскаго, Константина Некрасова, Николая Виноградскаго, Николая Заболотскаго, Николая Сафонова, Павла Понятскаго, Сергія Кудрявцева, Сергія Филицына, Ѳеодора Алексинскаго пресвв., преподобномучч.

Декабрь

Данакта (Калашникова), Космы (Магды), преподобномучцц. Антонины (Степановой), Маргариты (Закачуриной), Маріи (Журавлевой), Тамары (Проворкиной), Февроніи (Ишиной), мучцц. Маріи Дмитріевскія и Матроны Конюховой (1937). Преподобномучц. Маріи (Цейтлинъ) (1938). Муч. Бориса Успенскаго (1942).

ряд.: 2 Тим. (зач. 297) **3**, 16 — **4**, 4: Лук. (зач. 98) **19**, 45-48.

Среда
3/16 Пророка Софоніи (605 г. до Р.Х.). Муч. Кассіана Танжерскаго (298). Преп. Ѳеодула Царьградскаго (440). Преп. Іоанна молчальника, еп. Колонійскаго (558). Священномуч. Ѳеодора, архіеп. Александрійскаго (609). Свят. Вирина, еп. Дорчестерскаго (650). Преп. Ѳеодула Кипрскаго (755). Преп. Золы Фульдскаго (790). Преп. Саввы Сторожевскаго, Звенигородскаго (1406). Священномуч. Гавріила, еп. Ганскаго (1659). Преподобномуч. Космы Аѳонскаго (1760). Преп. Георгія Черникскаго (1806). Муч. Ангели Хіосскаго (1813). Священномуч. Андрея Косовскаго пресв. (1920). Преп. Параскевы Топловскія (1928). Священномуч. Николая Ершова пресв. (1937). Прав. Георгія Сѣдова исп. (1960). Иконы Божіей Матери «Пахромскія».

ряд.: 2 Тим. (зач. 299) **4**, 9-22: Лук. (зач. 99) **20**, 1-8.

Четвергъ
4/17 Великомучц. Варвары (ок. 306). Преп. Іоанна Дамаскина (ок. 777). Свят. Иракла, патр. Александрійскаго (246). Мучц. Іуліаніи (ок. 306). Преп. Іоанна, еп. Поливотскаго (716). Свят. Геннадія, архіеп. Новгородскаго (1504). Священномуч. Серафима, еп. Фанарскаго (1601). Священномучч. Александра Посохина, Алексія Сабурова, Іоанна Пьянкова, Николая Яхонтова пресвв., Василія Кашина діакона и съ ними 10-ти мучч. (1918). Священномуч. Димитрія Невѣдомскаго пресв., преподобномучч. Анастасіи (Титовой), мучцц. кн. Киры Оболенской и Екатерины Арской (1937).

ряд.: Тит. (зач. 300 отъ полу) **1**, 5 — **2**, 1: Лук. (зач. 100) **20**, 9-18.

Мучц.: Гал. (зач. 208) **3**, 23-29: Марк. (зач. 21) **5**, 24-34.

Пятница
5/18 **Преп. Саввы Освященнаго (532).** Муч. Анастасія Аквилѣйскаго (III). Великомучц. Криспины Тагорскія (304). Препп. Каріона и Захаріи Египетскихъ (IV). Преп. Іустиніана Уэльсскаго (560). Свят. Никиты, еп. Трирскаго (ок. 566). Преп. Космы Ватопедскаго (1276). Преподобномучч. Карейскихъ

Аѳонскихъ, пострадавшихъ отъ латиномудрствовавшихъ (1283). Препп. Нектарія Болгарскаго (1500) и его учителя Филоѳея Аѳонскаго (XV). Свят. Гурія, архіеп. Казанскаго (1563). Священномуч. Иліи Четверухина пресв. (1932). Преподобномуч. Геннадія (Лѣтюка) (1941). Прав. Сергія Правдолюбова исп. пресв. (1950).

Утр.: Лук. (зач. 24) **6,** 17-23.

ряд.: 1 Тит. (зач. 301) **1,** 15 — **2,** 10: Лук. (зач. 101) **20,** 19-26.

подъ зач.: Ефес. (зач. 218) **1,** 16-23: Лук. (зач. 67) **12,** 32-40.

Преп.: Гал. (зач. 213) **5,** 22 — **6,** 2: Матѳ. (зач. 43) **11,** 27-30.

Суббота

6/19 **Святителя Николая, архіепископа Мѵръ Ликійскихъ, Чудотворца (342).**
Свят. Ѳеофила исп., еп. Антіохійскаго (ок. 181). Свят. Николая, еп. Патарскаго (IV). Свят. Авраама, еп. Кратѣйскаго (557). Блаж. Максима, митр. Кіевскаго (1305). Муч. Николая Карамана (1657).

Веч.: 1) Притч. **10,** 7, 6; 3, 13-16; **8,** 6, 34-35, 4, 12, 14, 17, 5-9; **1,** 23; **15,** 4. 2) Притч. **10,** 31-32; **11,** 1-2, 4, 3, 5-12. 3) Прем. Сол. **4,** 7-15.

Утр.: Іоан. (зач. 36) **10,** 9-16.

Свят.: Евр. (зач. 335) **13,** 17-21: Лук. (зач. 24) **6,** 17-23.

Воскресеніе

7/20 **Недѣля 28-я по Пятидесятницѣ. Гласъ 3-й.** Свят. Амвросія, еп. Медіоланскаго (397). Муч. Аѳинодора сиріанина (304). Преп. Вассы Іерусалимскія (V). Преп. Іоанна, постника Палестинскаго (VI). Преп. Іоанна, постника Печерскаго (XII). Мучц. Филоѳеи Румынскія (1218). Преп. Григорія молчальника, Аѳонскаго (1405). Преп. Нила Столбенскаго (1554). Преп. Антонія Сійскаго (1556). Преподобномучч. Сергія (Гальковскаго) и Андроника (Барсукова) (1917). Священномуч. Антонія Попова пресв. (1918). Священномучч. Михаила Успенскаго, Сергія Голощанова, Сергія Успенскаго пресвв., Никифора Литвинова діакона, преподобномучч. Галактіона (Урбановича-Новикова) и Гурія (Самойлова) и муч. Іоанна Демидова (1937). Священномучч. Петра Крестова и Василія Мирожина пресвв. (1941). Преп. Павла повинника. Иконы Божіей Матери «Селигерскія-Владимірскія».

Утр. Еван. 6-е: Лук. (зач. 114) **24,** 36-53.

На лит.: Кол. (зач. 250) **1,** 12-18: Лук. (зач. 85) **17,** 12-19 (нед. 29-я).

Декабрь

Понедѣльникъ
8/21 **Седмица 29-я по Пятидесятницѣ.** Преп. Патапія Ѳивейскаго (VII). Апостоловъ отъ 70-ти: Сосѳена, Аполлоса, Кифы, Тихика, Епафродита, Кесаря и Онисифора (I). Священномуч. Валеріана, еп. Аббензійскаго (457). Мучц. Викторіи Кулузскія (ок. 477). 362 мучч. въ Африкѣ отъ аріанъ пострадавшихъ (V). Мучц. Анѳисы Римскія (V). Преп. Кирилла Челмогорскаго (1368). Священномуч. Сергія Орлова пресв. (1937).
ряд.: Евр. (зач. 308) **3,** 5-11, 17-19: Лук. (зач. 102) **20,** 27-44.

Вторникъ
9/22 *Зачатіе св. Анною Пресвятыя Богородицы.* Пророчицы Анны, матери пророка Самуила (XI в. до Р.Х.). Священномуч. Реститута, еп. Карѳагенскаго (373). Муч. Валерія Аквитанскаго (IV). Муч. Сосиѳея Персидскаго (553). Свят. Софронія, архіеп. Кипрскаго (VI). Преп. Стефана Новосіятеля (912). Преп. Ѳеодосія Молченскаго (1802). Священномуч. Владиміра Виноградова пресв. (1919). Священномуч. Владиміра Джуринскаго пресв. съ женою его мучц. Евфросиніей (1920). Священномучч. Александра Буравцева и Василія Ягодина пресвв. (1937). Иконы Божіей Матери «Нечаянная Радость».
ряд.: Евр. (зач. 310) **4,** 1-13: Лук. (зач. 106) **21,** 12-19.
Св. Анны: Гал. (зач. 210 отъ полу) **4,** 22-31: Лук. (зач. 36) **8,** 16-21.

Среда
10/23 Мучч. Мины, Ермогена и Евграфа (ок. 313). **Свят. Іоасафа, еп. Бѣлгородскаго (1754).** Мучц. Евлаліи Меридскія (304). Муч. Гемелла Пафлогонянина (361). Преп. Ѳомы Виѳинскаго (X). Блаж. Іоанна (1503), царя Сербскаго и родителей его: Стефана (1476) и Ангелины (1520) Бранковичей. Священномучч. Іакова Шестакова и Александра Шкляева пресвв. (1918). Священномуч. Евграфа Плетнева пресв. и сына его муч. Михаила (1918). Священномучч. Александра Туберовскаго, Анатолія Правдолюбова, Евгенія Харькова, Константина Бажанова, Михаила Кобазева, Николая Карасева пресвв., преподобномуч. Сергія (Сорокина), мучч. Григорія Бердѣнева, Дороѳея Климашева, Евсевія Тряхова, Лаврентія Когтева, Михаила Якунькина, Петра Гришина, мучц. Александры Устюхиной и Татіаны Егоревой (1937). Священномучч. Николая Розова и Алексія Введенскаго пресвв. (1938). Правв. Анны Ивашкиной и Татіаны Бякиревой испп. (1948). Прав. Ѳеклы Макушевой исп. (1954). Прав. Анны Столяровой исп. (1958).

Декабрь

Утр.: Іоан. (зач. 35 отъ полу) **10**, 1-9.

ряд.: Евр. (зач. 312) **5**, 11 — **6**, 8: Лук. (зач. 104) **21**, 5-7, 10-11, 20-24.

Свят.: Евр. (зач. 318) **7**, 26 — **8**, 2: Іоан. (зач. 36) **10**, 9-16.

Четвергъ
11/24 Преп. Даніила Столпника (489). Муч. Варсавы Персидскаго (342). Мучч. Акепсія и Аифала (354). Муч. Миракса (по 639). Благ. императора Никифора Ѳоки (969). Преп. Луки, новаго Столпника (ок. 970). Преп. Никона Сухого, Печерскаго (XII). Преп. Леонтія Монемвасійскаго (1450). Священномуч. Ѳеофана, еп. Соликамскаго и иже съ нимъ два пресвитера и пять мірянъ (1918). Священномуч. Николая Виноградова пресв. (1937). Священномуч. Іоанна Богоявленскаго пресв. (1941). Преп. Кукши Одесскаго (1964). Соборъ Грузинскихъ святыхъ. Иконы Божіей Матери «Портъ-Артурскія».

ряд.: Евр. (зач. 315) **7**, 1-6: Лук. (зач. 107) **21**, 28-33.

подъ зач.: Евр. (зач. 317) **7**, 18-25: Лук. (зач. 108) **21**, 37 — **22**, 8.

Пятница
12/25 Свят. Спиридона, еп. Тримифунтскаго, чуд. (ок. 348). **Преп. Германа Аляскинскаго (1836).** Священномуч. Александра, еп. Іерусалимскаго (251). Муч. Разумника (Синетоса) Римскаго (ок. 275). Преп. Финіана Клонардскаго (549). Преп. Колмана Глендалохскаго (659). Священномуч. Іоанна Задазенскаго (IX). Преп. Ѳерапонта Монзенскаго (1597). Священномуч. Іувеналія Аляскинскаго (1796). Муч. Петра Алеута (1815).

Утр.: Матѳ. (зач. 43) **11**, 27-30.

Преп.: Гал. (зач. 213) **5**, 22 — **6**, 2: Лук. (зач. 24) **6**, 17-23.

Суббота
13/26 Мучч. Евстратія, Авксентія, Евгенія, Мардарія и Ореста (284-305). Муч. Антіоха Солційскаго (ок. 125). Мучц. Лукіи дѣвы Сиракузскія (ок. 304). Преп. Колумбы Тирдагласскаго (ок. 548). Преп. Одиліи Эльзасскія (723). Преп. Арсенія иже въ Латрѣ (VIII). Преп. Аркадія Новоторжскаго (XI). Преп. Мардарія, затворника Печерскаго (XIII). Священномуч. Гавріила, патр. Сербскаго (1659). Свят. Досиѳея Молдавскаго, митр. Азовскаго (1701). Свят. Гавріила (Кикодзе), еп. Иеретенскаго (1896). Священномуч. Александра Юзефовича пресв. и муч. Іоанна Менькова (1920). Священномучч. Александра Поспѣлова, Алексія Рождественскаго, Владиміра Лозина-Лозинскаго, Григорія Ѳаддеева и Іакова Гусева

пресвв. (1937). Священномуч. Николая Амассійскаго пресв. (1938). Священномучч. Еміліана Кирѣева и Василія Покровскаго пресвв. (1941). Преп. Ариса Египетскаго.

Утр.: Матѳ. (зач. 36) **10,** 16-22.

Мучч.: Ефес. (зач. 233) **6,** 10-17: Лук. (зач. 106) **21,** 12-19.

ряд.: Ефес. (зач. 220 отъ полу) **2,** 11-13: Лук. (зач. 81) **16,** 10-15.

Воскресеніе

14/27 **Недѣля 29-я по Пятидесятницѣ,** *она же свв. Праотецъ.* **Гласъ 4-й.**

Мучч. Ѳирса, Левкія и Каллиника (249-251). Мучч. Филимона, Аполлонія, Аріана и Ѳеотиха Александрійскихъ и 4-хъ стражей, обращенныхъ муч. Аріаномъ (286-287). Свят. Венація Фортуната, еп. Пиктавійскаго (600). Преп. Хибальда Линкольнширскаго (VII). Преп. Фольквина Теруаннскаго (855). Свят. Иларіона, еп. Суздальскаго (1707). Священномуч. Николая Ковалева пресв. (1937). Священномуч. Вассіана, архіеп. Тамбовскаго (1940).

Утр.: Еван. 7-е: Іоан. (зач. 63) **20,** 1-10.

ряд.: Кол. (зач. 257) **3,** 4-11: Лук. (зач. 76) **14,** 16-24 (нед. 28-я).

Понедѣльникъ

15/28 **Седмица 30-я по Пятидесятницѣ.** Священномуч. Елевѳерія, еп. Илирійскаго, матери его мучц. Анѳіи и муч. Корива епарха (126). Преп. Павла иже въ Латрѣ (955). Муч. Елевѳерія Константинопольскаго (ок. 305). Преподобномучц. діакониссы Сосанны, въ иночествѣ Іоанны Палестинскія (IV). Преп. Парда, отшельника Палестинскаго (VI). Свят. Авберта, еп. Кавбрайскаго (668). Преп. Оффы, короля Эссекскаго (709). Свят. Стефана исп., архіеп. Сурожскаго (ок. 750). Муч. Вакха новаго (800). Преп. Нектарія Битольскаго (1500). Преп. Трифона Печенгскаго, Кольскаго (1583). Преп. Іоны Печенгскаго (1590). Праведнаго Димитрія Горскаго (1828). Священномуч. Иларіона, архіеп. Верейскаго (1921). Священномучч. Александра Рождественскаго, Василія Виноградова, Викторина Добронравова пресвв. (1937). Соборъ Кольскихъ святыхъ.

ряд.: Евр. (зач. 319) **8,** 7-13: Марк. (зач. 33) **8,** 11-21.

Вторникъ

16/29 Пророка Аггея (V в. до Р.Х.) Муч. Марина Римскаго (283). Свят. Иреніона, еп. Газскаго (IV). Свят. Мемнона, архіеп. Ефесскаго (440). Свят. Симеона, архіеп. Антіохійскаго (892). Блаж. царицы Ѳеофаніи (893). Свят. Николая Хрисоверга, патр. Константинопольскаго (995). Преп. Софіи, въ мірѣ княгини Соломоніи (1542). Преп. Даніила Ачинскаго (1843). Священномуч. Владиміра Алексѣева пресв. (1918). Священномучч. Аркадія, еп. Полтавскаго, Александра Колоколова, Владиміра Дамаскина, Иліи Чередеева, Павла Фаворитова, Петра Зиновьева, Ѳеодосія Болдырева пресвв. и преподобномуч. Макарія (Смирнова) (1937).

ряд.: Евр. (зач. 321) **9,** 8-10, 15-23: Марк. (зач. 34) **8,** 22-26.

Среда
17/30 Пророка Даніила и трехъ отроковъ: Ананіи, Азаріи и Мисаила (VI в. до Р.Х.). Свят. Товіи, еп. Іерусалимскаго (II). Преп. Даніила исп., въ схимѣ Стефана (X). Препп. Аѳанасія, Николая и Антонія Ватопедскихъ (X). Муч. Никиты Нисскаго (ок. 1300). Свят. Діонисія Закинѳскаго, архіеп. Эгинскаго (1622). Священномуч. Паисія Трнавскаго и Аввакума діакона Бѣлградскихъ (1814). Преп. Мисаила Абалацкаго (1852). Священномучч. Александра Савелова, Николая Бѣльтюкова и Сергія Флоринскаго пресвв. (1918). Священномуч. Петра Покровскаго и Іоанна Землянаго пресвв. (1937).

ряд.: Евр. (зач. 323) **10,** 1-18: Марк. (зач. 36) **8,** 30-34.

Прор.: Евр. (зач. 330) **11,** 33 — **12,** 2: Лук. (зач. 62) **11,** 47 — **12,** 1.

Четвергъ
18/31 Муч. Севастіана и дружины его: Никострата (казнохранителя), жены его Зои, Касторія, Транквиллина пресвитера и сыновъ его Маркеллина и Марка діаконовъ, Клавдія, начальника надъ тюрьмами, сына его Симфоріана, брата Викторина, Тивуртія и Кастула (287). Свят. Гатіана, еп. Турскаго (III). Муч. Еввіота Кизическаго (318). Свят. Модеста, архіеп. Іерусалимскаго (634). Преп. Флора, еп. Амійскаго (VII). Преп. Виннибальда Хайденхаймскаго (761). Преп. Михаила Синкелла, исп. (ок. 845). Преп. Даніила пустынника (XV). Преп. Севастіана Пошехонскаго (ок. 1500). Преп. Даніила Воронецкаго (1504). Прославленіе преп. Симеона Верхотурскаго (1694). Муч. Виктора Матѳеева (1936). Священномучч. Ѳаддея, аріхеп. Тверскаго, Николая, архіеп. Великоустюжскаго, Владиміра Преображенскаго, Иліи Бенеманскаго, Іоанна Миронскаго и Николая Кобранова пресвв. (1937). Священномуч. Сергія Астахова діакона и мучц. Вѣры Труксъ (1942).

ряд.: Евр. (зач. 326) **10,** 35 — **11,** 7: Марк. (зач. 39) **9,** 10-16.

Декабрь

Пятница

19/1 я. Муч. Вонифатія Тарсійскаго (290). Прав. Аглаиды Римскія (ок. 308). Прав. Сусанны цѣломудренныя (VI в. до Р.Х.). Муч. Немезія Александрійскаго (250). Мучц. Меурисы и Ѳеи (III). Мучч. Иліи, Прова и Ариса (308). Мучч. Поліевкта Кесаріи Кападокійскія, и Тимоѳея (309). Свят. Григорія, еп. Омиритскаго (ок. 552). Преп. Вонифатія милостиваго, еп. Ферентійскаго (VI). Препп. Георгія и Саввы Хахульскихъ (XI). Преп. Иліи Муромца, Печерскаго чуд. (1188). Преп. Амфилохія Почаевскаго (1971). Муч. Трифона пресв.
Начало года по новому стилю.
ряд.: Евр. (зач. 327) **11,** 8, 11-16: Марк. (зач. 41) **9,** 33-41.
подъ зач.: Ефес. (зач. 228) **5,** 1-8: Лук. (зач. 74) **14,** 1-11.

Суббота

20/2 *Суббота предъ Рождествомъ Христовымъ.*
Предпразднство Рождества Христова. Священномуч. Игнатія Богоносца (107). **Прав. Іоанна Кронштадтскаго (1908).** Прав. Есѳири (V в. до Р.Х.). Свят. Филогонія, еп. Антіохійскаго (323). Свят. Даніила, архіеп. Сербскаго (1338). Преп. Игнатія, архим. Печерскаго (1435). Муч. Іоанна отрока Ѳасосскаго (1846). Священномуч. Николая Чернышева присв. и дочери его, мучц. Варвары Чернышевой (1919). Иконъ Божіей Матери «Новодворскія» и «Лѣньковскія» именуемой «Спасительница утопающихъ».
Утр.: Лук. (зач. 24) **6,** 17-23.
Суббота предъ Рождествомъ: Гал. (зач. 205) **3,** 8-12: Лук. (зач. 72) **13,** 18-29.
Священномуч.: Евр. (зач. 311) **4,** 14 — **5,** 6: Марк. (зач. 41) **9,** 33-41.
подъ зач.: Святаго: 1 Іоан. (зач. 73 отъ полу) **4,** 7-11: Лук. (зач. 26) **6,** 31-36.

Воскресеніе

21/3 **Недѣля 30-я по Пятидесятницѣ,** *она же предъ Рождествомъ Христовымъ. Свв. Отецъ.* **Гласъ 5-й.**
Предпразднство Рождества Христова. Мучц. Іуліаніи дѣвы и съ нею 630 мучч. Никодимійскихъ (304). **Свят. Петра Московскаго, митр. Кіевскаго (1326).** Муч. Ѳемистоклія Мѵръ Ликійскаго (251). Преп. Макарія Хахульскаго (1034). Прав. Іуліаніи Вяземскія (1406). Блаж. Прокопія Вятскаго, Христа ради юрод. (1627). Свят. Антонія II, католикоса Гру-

зинскаго (1827). Свят. Филарета, въ схимѣ Ѳеодосія, митр. Кіевскаго (1857). Священномуч. Михаила Кисилева пресв. (1918). Священномуч. Сергія Цвѣткова діакона (1937). Священномуч. Никиты, еп. Бѣлевскаго (1938). Священномуч. Леонтія Строцюка діакона (1940).

На веч.: 1) Быт. **14,** 14-20. 2) Втор. **1,** 8-11, 15-17. 3) Втор. **10,** 14-21.

Утр.: Еван. 8-е: Іоан. (зач. 64) **20,** 11-18.

Нед. свв. Отецъ: Евр. (зач. 328) **11,** 9-10,17-23, 32-40: Матѳ. (зач. 1) **1,** 1-25.

Свят.: Евр. (зач. 318) **7,** 26 — **8,** 2: Лук. (зач. 24) **6,** 17-23.

Понедѣльникъ
22/4 **Седмица 31-я по Пятидесятницѣ.** *Предпразднство Рождества Христова.* Великомучц. Анастасіи Узорѣшительницы и Хрисогона, учителя ея, Ѳеодотіи, Евода, Евтихіана и прочихъ, съ нею пострадавшихъ (ок. 304). Прав. Александра, пресв. Чагринскаго (1900). Священномучч. Димитрія Киранова и Ѳеодора Поройкова пресв. (1938). Прав. Бориса Талантова исп. (1971).

ряд.: Евр. (зач. 329) **11,** 17-23, 27-31: Марк. (зач. 42) **9,** 42 — **10,** 1.

Мучц.: Гал. (зач. 208) **3,** 23-29: Лук. (зач. 33) **7,** 36-50.

Вторникъ
23/5 *Предпразднство Рождества Христова.* 10-ти мучч. Критскихъ: Ѳеодула, Саторнина, Евпора, Геласія, Евникіана, Зотика, Помпія, Агаѳопуса, Василида и Евареста (ок. 250). Преп. Нифонта, еп. Кипрскаго (IV). Преп. Павла, еп. Неокесарійскаго (IV). Св. Давида Эчміадзинскаго (703). Св. Наума, просвѣтителя болгаръ (910). Свят. Ѳеоктиста, архіеп. Новгородскаго (1310). Священномуч. Павла, еп. Старобѣльскаго (1931). Священномуч. Василія Спасскаго пресв., преподобномучч. Макарія (Миронова) и Іоны (Смирнова) (1938).

ряд.: Евр. (зач. 333) **12,** 25-26, **13,** 22-25: Марк. (зач. 43) **10,** 2-12.

Мучч.: Ефес. (зач. 233) **6,** 10-17: Лук. (зач. 106) **21,** 12-19.

Среда
24/6 *Навечеріе Рождества Христова (Сочельникъ).*
Седмица 30-я по Пятидесятницѣ. Преподобномуч. Евгеніи Римскія и съ нею: мучч. Филиппа, Клавдіи, Прота, Іакинѳа и Василлы (ок. 262). Преп. Витимія Скитскаго (IV). Преп.

Декабрь

Афродисія Палестинскаго (VI). Преп. Антіоха, Палестинскаго (ок. 635). Преп. Николая монаха, Болгарскаго (IX). Муч. Ахмеда краснописца Константинопольскаго (1682). Преподобномуч. Иннокентія (Беды) (1928). Священномуч. Сергія Мечева пресв. (1942).

Царскіе часы: на 1-мъ часѣ: Мих. **5,** 2-4. Евр. (зач. 303) **1,** 1-12. Матѳ. (зач. 2) **1,** 18-25. На 3-мъ часѣ: Іерем. (Варух.) **3,** 36 — **4,** 4. Галат. (зач. 208) **3,** 23-29. Лук. (зач. 5) **2,** 1-20. На 6-мъ часѣ: Исаіи **7,** 10-16: **8,** 1-4, 8-10. Евр. (зач. 304) **1,** 10 — **2,** 3. Матѳ. (зач. 3) **2,** 1-12. На 9-мъ часѣ: Исаіи **9,** 6-7. Евр. (зач. 306) **2,** 11-18: Матѳ. (зач. 4) **2,** 13-23.

Вечерня съ литургіей свят. Василія Великаго.

На веч.: 1) Быт. **1,** 1-13. 2) Числ. **24,** 2-9; 17-18. 3) Мих. **4,** 6-7: **5,** 2-4. 4) Исаіи **11,** 1-10. 5) Іерем. (Варух.) **3,** 36 — **4,** 4. 6) Дан. **2,** 31-36, 44-45. 7) Исаіи **9,** 6-7. 8) Исаіи **7,** 10-16: **8,** 1-4, 8-10.
На лит.: Евр. (зач. 303) **1,** 1-12: Лук. (зач. 5) **2,** 1-20.

Четвергъ

25/7 **Рождество Господна нашего Іисуса Христа.**
Поклоненіе свв. волхвовъ: Мелхіора, Гаспара и Валтасара. Воспоминаніе избавленія Церкви и Державы Россійскія отъ нашествія Галловъ и съ ними дванадесяти языкъ (1812).
Утр.: Матѳ. (зач. 2) **1,** 18-25.
Литургія свят. Іоанна Златоуста.
На лит.: Гал. (зач. 209) **4,** 4-7: Матѳ. (зач. 3) **2,** 1-12.

Пятница

26/8 **Второй день праздника Рождества Христова.** *Соборъ Пресвятыя Богородицы.*
Священномуч. Евѳимія, еп. Сардійскаго (ок. 840). Свят. Архелая, еп. Касхарскаго (ок. 280). Свят. Зинона, еп. Маіумскаго (IV). Преп. Евареста Студійскаго (825). Преп. Константина Синадскаго (IX). Преп. Никодима Тисманскаго (1406). Священномуч. Констанція Русскаго (1743). Священномучч. Александра Волкова и Димитрія Чистосердова пресвв. (1918). Священномучч. Михаила Чельцова, Николая Залесскаго, Николая Тарбѣева пресвв. и Михаила Смирнова діакона (1930). Священномучч. Леонида, еп. Марійскаго, Александра Крылова пресв., преподобномуч. Василія (Мазуренко), преподобномучцц. Анѳисы (Сысоевой) и Макаріи (Сапрыкиной) (1937). Священномуч. Григорія Сербаринова пресв., преподобномуч. Исаакія II-го (Бобрикова) Оптинскаго, пре-

подобномучцц. Августы (Защукъ), Марiи (Лактiоновой) и мучц. Агриппины Лѣсиной (1938). Иконъ Божiей Матери «Киккскiя» и «Помощь въ родахъ».

Богородицы: Евр. (зач. 306) **2,** 11-18: Матѳ. (зач. 4) **2,** 13-23.

Суббота
27/9 *Суббота по Рождествѣ Христовомъ.*
Третiй день праздника Рождества Христова.
Св. первомуч. и архидiакона Стефана (ок. 34). Свят. Максима, еп. Александрiйскаго (282). Свят. Ѳеодора, архiеп. Константинопольскаго (686). Преп. Ѳеодора начертаннаго, брата Ѳеофана, творца каноновъ (ок. 840). Преп. Луки Триглiйскаго (X). Обрѣт. мощей преп. Ѳерапонта Бѣлозерскаго (1514). Свят. Варлаама, архiеп. Тобольскаго (1802). Преп. Вонифатiя Кiевскаго (1871). Священномуч. Тихона, архiеп. Воронежскаго и 160 iереевъ съ нимъ убiенныхъ (1919). Мучц. Антонины Брянскихъ (1937).

Суббота по Рождествѣ: 1 Тим. (зач. 288) **6,** 11-16: Матѳ. (зач. 46 отъ полу) **12,** 15-21.

подъ зач.: Кол. (зач. 249 отъ полу) **1,** 3-6: Лук. (зач. 81) **16,** 10-15.

Муч.: Дѣян. (зач. 17) **6,** 8 — 7, 5, 47-60: Матѳ. (зач. 87) **21,** 33-42.

Воскресенiе
28/10 **Недѣля 31-я по Пятидесятницѣ,** *она же по Рождествѣ Христовомъ. Свв. Богоотецъ — прав. Iосифа Обручника (I), Давида царя (X в. до Р.Х.) и Iакова, брата Господня (I).* **Гласъ 6-й.**
Мучч. дву тму, (20,000) въ Никомидiи сожженныхъ: Гликерiя пресвитера, Зинона, Ѳеофила дiакона, Дороѳея, Мардонiя, Мигдонiя дiакона, Индиса, Горгонiя, Петра, Евѳимiя, Агаѳiи, Домны, Ѳеофилы и проч. (302). Ап. отъ 70-ти Никанора дiакона (34). Преп. Вавилы скомороха Тарсiйскаго (VII). Преп. Симона мѵроточиваго, Болгарскаго (1287). Преп. Игнатiя Ломскаго (1591). Преп. Корнилiя Крыпецкаго (1903). Священномучч. Никодима, еп. Бѣлгородскаго и Аркадiя Решетникова дiакона (1918). Священномуч. Александра Дагаева пресв. (1920). Священномучч. Леонида Викторова, Николая Родiонова и Ѳеоктиста Хоперскова пресвв. (1937). Священномучч. Ареѳы Насонова и Александра Цицеронова пресвв. (1938).

Декабрь

Утр.: Еван. 9-е: Іоан. (зач. 65) **20,** 19-31.
Нед. по Рождествѣ: Гал. (зач. 200) **1,** 11-19: Матѳ. (зач. 4) **2,** 13-23.

Понедѣльникъ

29/11 **Седмица 32-я по Пятидесятницѣ.** 14,000 младенцевъ-мучениковъ, за Христа отъ Ирода въ Виѳлеемѣ избіенныхъ (I). Прор. Наѳана (X в. до Р.Х.). Свят. Трофима, еп. Арльскаго (III). Преп. Веніамина Нитрійскаго (392). Преп. Аѳинодора, ученика Пахомія Великаго (IV). Преп. Маркелла, игумена обители неусыпающихъ (485). Преп. Эбрульфа Ушскаго (596). Преп. Ѳаддея Студійскаго исп. (818). Свят. Георгія, еп. Никомидійскаго (IX). Препп. Марка гробокопателя, Ѳеофила и Іоанна Печерскихъ (XI-XII). Преп. Ѳеофила Омучскаго (ок. 1412). Преп. Іова Тисмянскаго (1621). Преп. Василиска Сибрискаго (1824). Священномуч. Ѳеодосія Бѣленькаго пресв. (1938). Мучц. Агриппины Киселевой, Анны Боровской, Анны Поповой, Варвары Деревягиной, Евдокіи Гусевой, Евдокіи Назиной, Евфросиніи Денисовой, Матроны Наволокиной, Наталіи Васильевой, Наталіи Силуяновой и Наталіи Сундуковой (1942). Преп. Лаврентія Черниговскаго (1950). Преп. Ливанія Египетскаго.

ряд.: Іак. (зач. 53) **2,** 14-26: Марка. (зач. 48) **10,** 46-52.
Мучч.: 2 Кор. (зач. 180) **5,** 15-21: Матѳ. (зач. 4) **2,** 13-23.

Вторникъ

30/12 Мучц. Анисіи Солунскія (298). Муч. Зотика пресвитера, сиропитателя (ок. 340). Ап. отъ 70-ти Тимона діакона (I). Муч. Филарета Никомидійскаго и иже съ нимъ (311). Мучч. Павлина, Вира, Омврія (Умврія), Севира, Каллистрата, Флорентія, Аріана, Анѳимія, Уврикія, Исидора, Евкула, Сампсона, Студія и Ѳеспесія (ок. 362). Свят. Эгвина, еп. Вустерскаго (717). Преп. Ѳеодоры Кесарійскія (755). Преп. Ѳеодоры Царьградскія (940). Обрѣт. мощей преп. Даніила Переяславскаго (1652). Свят. Макарія, митр. Московскаго (1563). Преподобномуч. Гедеона Аѳонскаго (1818). Мучц. Маріи Даниловой (1946).

ряд.: Іак. (зач. 54) **3,** 1-10: Марка. (зач. 50) **11,** 11-23.

Среда

31/13 *Отданіе Рождества Христова.* Преп. Меланіи Римляныни (439). Прав. Авгаря, царя Едесскаго (I). Свят. Анисія, еп. Солунскаго (ок. 406). Преп. Геласія Палестинскаго (V). Преп. Сабіаны игум. Самцхетскія (XI). Блаж. Ѳеофилакта

Болгарскаго, архіеп. Охридскаго (ок. 1126). Свят. Петра (Могилы), митр. Кіевскаго (1646). Священномуч. Михаила Берзина пресв. и муч. Петра Троицкаго, псаломщика (1938). Свят. Досиѳея исп., митр. Загребскаго (1945). Преп. Гаія монаха. Мучц. 10-ти дѣвъ Никомидійскихъ.
ряд.: Іак. (зач. 55) **3,** 11 — **4,** 6: Марка. (зач. 51) **11,** 23-26.
подъ зач.: Іак. (зач. 56) **4,** 7 — **5,** 9: Марк. (зач. 52) **11,** 27-33.

Конецъ Мѣсяцеслова на 2020 годъ и Богу нашему слава.

ТѴПИКОНЪ СІЕСТЬ ЦЕРКОВНЫЙ УСТАВЪ на 2020-й годъ

I. ЯНВАРЬ

1-го ЯНВАРЯ. Вторникъ. *(Недѣля) предъ Просвѣщеніемъ.* **Обрѣзаніе Господне. Память святителя Василія Великаго.** Новый Русскій годъ. *Творимъ бдѣніе.*

На великой вечерни. Іерей облачившись въ епитрахилъ, поручи и фелонь, открываетъ царскія врата, кадитъ (съ діакономъ) святый престолъ и алтарь. Діаконъ, ставъ предъ царскими вратами, возглашаетъ — Возстаните, Господи благослови. Іерей, творя кадиломъ знаменіе креста, возглашаетъ — Слава Святѣй: и поетъ — Пріидите, поклонимся: и совершаетъ кажденіе всего храма, при пѣніи на клиросѣ 103-го псалма — Благослови, душе моя, Господа: Послѣ кажденія царскія врата закрываются и, вышедши, іерей читаетъ предъ ними свѣтильничныя молитвы. Ектенія мирная. — Блаженъ мужъ: Ектенія малая. На — Господи воззвахъ: во гласъ 8-й, стихиры на 8: праздника Обрѣзанія — Сходяй Спасъ: 4 и свят. Василія Великаго — Иже тезоименитнѣ: 4; Слава: свят. Василія — Премудрости рачитель: И нынѣ: праздника — Сходяй Спасъ: Входъ. — Свѣте Тихій: Прокименъ — Господь услышитъ мя: Пареміи 3[1]). — Рцемъ вси: — Сподоби, Господи: — Исполнимъ вечернюю: На литіи 1-я стихира храма (на литіи), также стихиры свят. Василія — Христа вселивъ: Слава: святителя — Изліяся благодать: И нынѣ: праздника — Сходяй Спасъ: (писана на — Господи воззвахъ). Служащіе исходятъ въ притворъ. Кажденіе иконъ и молящихся. Литійная ектенія — Спаси, Боже: молитва — Владыко многомилостиве: На стиховнѣ стихиры святителя — О божественная: Слава: святителя — Благодать чудесъ: И нынѣ: праздника — Не устыдѣся всеблагій Богъ: — Нынѣ отпущаеши: Трисвятое: По — Отче нашъ: Тропарь святителя — Во всю землю: 2-жды, и праздника — На престолѣ: 1-жды. Въ сіе время діаконъ или іерей кадитъ 3-жды вокругъ стола, на немже 5 хлѣбовъ, пшеница, вино и елей. Молитва на благословеніе хлѣбовъ. — Буди имя Господне: 3-жды. Псаломъ 33-й — Благословлю Господа: до — не лишатся всякаго блага. Іерей — Благословеніе Господне: Ликъ — Аминь. И чтецъ начинаетъ шестопсалміе.

---

1) Указаніе главъ и стиховъ чтеній на вечернѣ (пареміи) смотри въ Мѣсяцесловѣ.

На утрени на — Богъ Господь: тропарь праздника 2-жды; Слава: святителя Василія; И нынѣ: праздника. По каѳизмахъ 7-ой и 8-ой малая ектенія. По каѳизмахъ сѣдальны святителя и праздника. Полieлей: псаломъ 134-й — Хвалите имя Господне: и псаломъ 135-й — Исповѣдайтеся Господеви: Величаніе святителя — **Величаемъ тя, святителю отче Василіе, и чтемъ святую память твою, ты бо молиши за насъ Христа Бога нашего.** Псаломъ избранный — Услышите сія вси языцы, внушите вси живущіи по вселеннѣй: Кажденіе храма. Сѣдальны святителя — Силою словесъ: Слава: святителя — Благодать словесъ: И нынѣ: праздника — Всяческихъ Владыка: Степенна, первый антифонъ 4-го гласа — Отъ юности моея: Прокименъ святителя — Уста моя возглаголютъ премудрость, и поученіе сердца моего разумъ. — Всякое дыханіе: Евангеліе отъ Іоанна зач. 36-е. Псаломъ 50-й; Слава: — Молитвами святителя Василія: И нынѣ: — Молитвами Богородицы: — Помилуй мя Боже: святителя — Изліяся благодать: Діаконъ или іерей — Спаси Боже: — Господи помилуй 12 разъ; по возгласѣ — Аминь. Каноны: праздника на 6 (припѣвъ — Слава Тебѣ, Боже нашъ, слава Тебѣ) и святителя на 8 (припѣвъ — Святителю отче Василіе, моли Бога о насъ). Ирмосы — Грядите людіе: Катавасія Богоявленія — Глубины открылъ есть дно:²⁾ и — Шествуетъ морскую: По 3-й пѣсни кондакъ праздника — Всѣхъ Господь: сѣдаленъ святителя — Премудрости слова: Слава, и нынѣ: праздника — Яко сый: по 6-й кондакъ святителя — Явился еси: и икосъ. На 9-й пѣсни *не поемъ* — Честнѣйшую: (— Величитъ душа моя Господа:) но припѣвы **Величай душе моя, по закону плотію обрѣзавшагося Господа;** и прочія. — Свѣтиленъ святителя — Любомудрія желаніемъ: 2-жды; Слава, и нынѣ: праздника — Плотію обрѣзуется: На хвалитехъ стихиры на 6 во гласъ 5-й праздника — Теритъ обрѣзаніе: 2 и святителя — По благодати: 4; Слава: святителя — Изліяся благодать: И нынѣ: праздника — Сходяй Спасъ: Славословіе великое. Тропарь святителя; Слава, и нынѣ: праздника. Ектеніи и отпустъ праздника — **Иже во осмый день плотію обрѣзатися изволивый нашего ради спасенія, Христосъ истинный Богъ нашъ:** Часъ 1-й.

На часахъ тропарь праздника; Слава: святителя. Кондаки праздника и святителя поперемѣнно³⁾.

На литургіи св. Василія Великаго блаженна на 8; отъ канона праздника, пѣснь 3-я на 4 и отъ канона святителя, пѣснь 6-я на 4. По входѣ тропари праздника и святителя; Слава: кондакъ святителя; И нынѣ: праздника. Прокименъ (недѣли предъ Просвѣщеніемъ) — Спаси, Господи, люди Твоя: и святителя — Уста моя возглаголютъ

---

2) Поется до отданія Богоявленія 14 января.
3) Если указаны на часахъ 2 кондака поперемѣнно, то слѣдуетъ кондакъ, положенный послѣ 3-й пѣсни канона читать на 1-мъ часѣ (въ концѣ бдѣнія) и на 6-мъ, а кондакъ пятый послѣ 6-й пѣсни канона, читать на часахъ 3-мъ и 9-мъ (предъ вечерней слѣдующаго дня).

Январь

премудрость: Апостолъ къ Тим. зач. 298-е, къ Кол. зач. 254-е и Ко Евр. зач. 318-е. Аллилуія во гл. 8-й;[4] 1-й стихъ Нед. предъ Просвѣщеніемъ: — Боже ущедри ны: 2-й стихъ праздника Обрѣзанія: — Пасый Израиля: Евангеліе отъ Марка зач. 1-е, отъ Луки зач. 6-е и отъ Луки зач. 24-е. Вмѣсто — Достойно есть: — О Тебѣ радуется, Благодатная: Причастенъ — Хвалите Господа: и — Въ память вѣчную: Отпустъ праздника — **Иже во осмый день плотію обрѣзатися изволивый нашего ради спасенія, Христосъ истинный Богъ нашъ:**

По литургіи — новогодній молебенъ. Нѣкоторые же совершаютъ его наканунѣ, послѣ бдѣнія въ полночь.

2-го ЯНВАРЯ. Среда. *Предпразднство Богоявленія.* **Преподобнаго Серафима Саровскаго.**

Съ сего дня начинаются дни предпразднства Просвѣщенія. Вся служба по Минеи. На повечеріяхъ трипѣсцы и каноны предпразднства.

На великой вечерни. Мирная ектенія — Блаженъ мужъ: На — Господи воззвахъ: во гласъ 4-й, стихиры на 8; предпразднства Просвѣщенія — Предпраздственныя пѣсни: 3 и преподобнаго — О преславное чудо: 5; Слава: преподобнаго — Пріидите, вѣрныхъ собори: И нынѣ: предпразднства — Грядетъ ко Іордану: Входъ. — Свѣте тихій: Прокименъ — Милость Твоя, Господи: Чтенія преподобнаго 3. Рцемъ вси: — Сподоби, Господи: — Исполнимъ вечернюю: На литіи 1-я стихира храма (литійная), таже стихиры преп. Серафима — Кіими похвальными вѣнцы: Слава: преподобнаго — Радуйся днесь: И нынѣ: предпразднства — Іоанне Крестителю: (стиховны утрени). На стиховнѣ стихиры предпразднства — Свѣтелъ убо мимошедшій: (Аще храмъ преп. Серафима, всѣ стихиры преподобнаго, только на — И нынѣ: предпразднства). Слава: преподобнаго — Преподобне отче Серафиме: И нынѣ: предпразднства — Пріидите вси вѣрніи, іудейскую страну оставивше: — Нынѣ отпущаеши: Трисвятое по Отче нашъ: тропарь преподобнаго — Отъ юности Христа возлюбилъ еси, блаженне: 2-жды и тропарь предпразднства — Готовися Завулоне: 1-жды. Молитва на благословеніе хлѣбовъ. — Буди имя Господне: Псаломъ 33-й — Благословлю Господа: до — не лишатся всякаго блага. Іерей: — Благословеніе Господне: Ликъ: — Аминь. И чтецъ начинаетъ шестопсалміе.

На утрени на — Богъ Господь: во гласъ 4-й, тропарь святаго 2-жды; Слава и нынѣ: предпразднства. Каѳизмы 10-я и 11-я. По каѳизмахъ сѣдальны преподобнаго; Слава, и нынѣ: предпразднства. Поліелей и величаніе — **Ублажаемъ тя, преподобне отче Серафиме, и чтемъ святую память твою, наставниче монаховъ и собесѣдниче ангеловъ.** Псаломъ избранный — Терпя потерпѣхъ Господа, и внятъ ми, и услыша молитву мою. По поліелей сѣдаленъ преподобнаго —

---

[4] Гласъ Аллилуіи приводится по Апостолу.

Просія добродѣтельное: Слава, и нынѣ: предпразднства — Одѣявся въ мою: таже степенна, первый антифонъ 4-го гласа — Отъ юности моея: Прокименъ гласъ 4-й — Честна предъ Господемъ смерть преподобныхъ Его. Евангеліе отъ Матѳеа зач. 43-е. Псаломъ 50-й; Слава: — Молитвами преподобнаго Серафима: И нынѣ: — Молитвами Богородицы: — Помилуй мя Боже: и стихира преподобнаго — Днесь, вѣрніи, духовно торжествующе: — Спаси Боже, люди Твоя: и возгласъ — Милостію и щедротами: Каноны: предпразднства на 6 (припѣвъ — Слава Тебѣ, Боже нашъ, слава Тебѣ) и два канона преподобнаго на 8 (припѣвъ — Преподобне отче Серафиме, моли Бога о насъ). Ирмосы — Непроходимое волнящееся море: Катавасія — Глубины открылъ есть дно: По 3-й пѣсни кондакъ предпразднства — Во струяхъ: и икосъ его; сѣдаленъ преподобнаго — Житейское море: Слава и нынѣ: предпразднства — Невидимый Боже: по 6-й кондакъ преподобнаго — Міра красоту: и икосъ; На 9-й пѣсни поемъ — Честнѣйшую: Свѣтиленъ предпразднства — Гласъ вопіющаго: Слава: преподобнаго — Пріидите, вси вѣрніи: И нынѣ: предпразднства — Како струи: На хвалитехъ, во гласъ 6-й, стихиры на 6; предпразднства — Ангельскія предъидите: 3 и преподобнаго — Приспѣ всечестный: 3, съ припѣвами ихъ — Честна предъ Господемъ: и — Блаженъ мужъ бояйся Господа: (писаны на стиховны вечерни); Слава: — Пріидите иноковъ собори: И нынѣ: предпразднства — Вся земля тайно да радуется: Славословіе великое. Тропарь преподобнаго; Слава, и нынѣ: предпразднства. Ектеніи и отпустъ обычный. Часъ 1-й.

На часахъ тропарь предпразднства, Слава: преподобнаго. Кондаки предпразднства и преподобнаго поперемѣнно.

На литургіи блаженна на 8; отъ канона предпразднства, пѣснь 3-я на 4 и преподобнаго, пѣснь 6-я на 4. По входѣ тропари предпразднства, храма Богородицы (аще есть) и преподобнаго. Кондаки предпразднства; Слава: преподобнаго; И нынѣ: храма Богородицы. Если же храмъ Господскій или святаго, то на — И нынѣ: кондакъ предпразднства. Прокименъ — Честна предъ Господемъ смерть преподобныхъ Его. Апостолъ къ Гал. зач. 213-е. Аллилуіа во гл. 6-й. Евангеліе отъ Луки зач. 24-е. Причастенъ — Въ память вѣчную: Отпустъ обычный.

УСТАВЪ О ТРОПАРЯХЪ И КОНДАКАХЪ НА ЛИТУРГІИ ПО ВХОДѢ
(Кромѣ предпразднства или попразднства.)

№ 1) Аще случится въ недѣлю святый, имущій бдѣніе:
По входѣ тропарь воскресенъ и храма Богородицы, идѣже храмъ Ея; и святаго. Кондакъ воскресенъ; Слава: святаго; И нынѣ: храма Богородицы. А идѣже нѣсть храма Богородицы, а храмъ Христовъ; И нынѣ: кондакъ воскресенъ; тропарь же и кондакъ храма Христова въ

сія дни не глаголются. А идѣже нѣсть храма Христова и Богородицы; И нынѣ: кондакъ — Предстательство христіанъ: Тропари же и кондаки храмомъ святыхъ въ сія дни не глаголются.

№ 2) Аще случится въ недѣлю служба святому простая, шестеричная, славословная или поліелейная:

По входѣ глаголемъ тропарь воскресенъ, и храма Богородицы, или храма святаго, и святаго рядоваго, глаголемъ же и другій тропарь, аще есть. Таже кондакъ воскресенъ и храма святаго; Слава: святаго радоваго; И нынѣ: храма Богородицы. Аще ли другій святый, имѣяй кондакъ, Слава: кондакъ другаго святаго; И нынѣ: храма Богородицы. А идѣже нѣсть храма Богородицы, а храмъ Христовъ; И нынѣ: кондакъ воскресенъ. А идѣже нѣсть храма Христова и Богородицы — И нынѣ: кондакъ — Предстательство христіанъ:

№ 3) Аще случится бдѣніе святому въ седмичный день, кромѣ недѣли.

По входѣ тропарь храма Христова, или Богородицы, и святаго бдѣннаго. Посемъ, Слава: кондакъ святаго бдѣннаго; И нынѣ: кондакъ храма Христова или храма Богородицы. Аще же храма Христова и Богородицы нѣсть, глаголемъ прежде тропарь бдѣннаго святаго; Слава: кондакъ его; И нынѣ: — Предстательство христіанъ: Храма же святаго на литургіи по входѣ, егда бдѣніе святаго бываетъ, тропаря и кондака не глаголемъ никогда.

4-го ЯНВАРЯ. Пятница. *Соборъ 70-ти апостоловъ*. Ввиду того, что навечеріе Богоявленія приходится въ субботу, наканунѣ, въ эту пятницу, совершаются Царскіе часы, *а литургія вовсе не совершается*.

Послѣдованіе часовъ, пѣваемыхъ въ навечеріи Просвѣщенія (Царскіе часы).

Около 8 ч. утра (по церковному счету въ 2 часа) іерей въ фелони царскими вратами износитъ святое Евангеліе, полагаетъ его на аналогіи посреди церкви и начинаетъ — Благословенъ Богъ нашъ: Чтецъ — Аминь. Слава Тебѣ, Боже нашъ, слава Тебѣ. — Царю Небесный: Трисвятое, по — Отче нашъ: — Господи, помилуй (12), Слава, и нынѣ: Пріидите, поклонимся: и псалмы. На каждомъ часѣ два особыхъ псалма и одинъ изъ читаемыхъ обычно. На псалмахъ кажденіе, начинаемое отъ аналоя съ Евангеліемъ (на 1-мъ часѣ священникъ творитъ полное кажденіе, т. е. алтаря и всего храма; на 3-мъ и 6-мъ діаконъ творитъ малое, на 9-мъ священникъ творитъ полное). На часахъ тропарь предпразднства — Возвращашеся иногда: Затѣмъ на каждомъ часѣ, послѣ его богородична, поются особыя стихиры (тропари со стихами); — Вонмемъ. Прокименъ и паремія. Апостолъ. По чтеніи апостола, іерей — Миръ ти; чтецъ — И духови твоему; діаконъ — Премудрость, прости услышимъ святаго Евангелія; іерей — Миръ всѣмъ; поемъ — И духови твоему; іерей — Отъ Матѳея святаго Евангелія чтеніе; поемъ

— Слава Тебѣ, Господи, слава Тебѣ; діаконъ — Вонмемъ. Евангеліе. И продолжается чтеніе часа, т. е. на 1-мъ — Стопы моя направи: на 3-мъ — Господь Богъ благословенъ: и т.д. На 9-мъ часѣ послѣдняя стихира — Руку твою, прикоснувшуюся пречистому верху Владычню: сперва торжественно прочитывается, и при послѣднихъ ея словахъ іерей, чтецъ и молящіеся полагаютъ три поясныхъ поклона. Затѣмъ послѣ многолѣтствованій (гдѣ они возглашаются), или сразу по трехъ поклонахъ — Слава, и нынѣ: и поется та же стихира, гласъ 5-й — Руку твою: Святое Евангеліе, по прочтеніи его на 9-мъ часѣ, относится въ алтарь. Тогда царскія врата закрываются, іерей снимаетъ фелонь. По молитвѣ 9-го часа псалмы — Благослови, душе моя, Господа: и — Хвали, душе моя: и прочее изобразительныхъ. По — Ликъ святыхъ ангелъ: На — И нынѣ: читается — Вѣрую: — Ослаби, остави: — Отче нашъ: кондакъ — Во струяхъ днесь: — Господи, помилуй (40 разъ). — Всесвятая Троице: — Буди имя Господня: 3-жды; Слава, и нынѣ: Псаломъ 33-й — Благославлю Господа на всякое время: (до конца). Іерей — Премудрость: и поемъ — Достойно есть, яко воистину, блажити Тя Богородицу, приснoблаженную и пренепорочную и Матерь Бога нашего. (И творимъ поясной поклонъ.) Іерей — Пресвятая Богородице, спаси насъ; и поемъ — Честнѣйшую херувимъ: іерей — Слава Тебѣ, Христе Боже: и поемъ — Слава, и нынѣ: Господи помилуй (трижды) — Благослови. Іерей малый отпустъ.

Божественныя литургіи нѣтъ.

5-го ЯНВАРЯ. *Суббота предъ Просвѣщеніемъ. Навечеріе Просвѣщенія. Свв. мучч. Ѳеопемпта и Ѳеоны. Преп. Синклитикіи.*

На вечерни каѳизма 18-я. На — Господи воззвахъ: во гласъ 4-й, стихиры на 6; мучениковъ — Ѳеону и Ѳеопемпта мудрыя воспоимъ: 3 и преп. Синклитикіи — Славы отцевъ: 3; Слава, и нынѣ: предпразднства — Готовися Іордане: Входа нѣтъ. Прокименъ — Боже, заступникъ мой: На стиховнѣ стихиры предпразднства — Земля и наземная: Слава, и нынѣ: предпразднства — Да возрадуется пустыня: По — Нынѣ отпущаеши: Трисвятое, по — Отче нашъ: тропарь предпразднства — Возвращашеся иногда: 1-жды. Отпустъ всѣдневный.

На повечеріи канонъ предпразднства — Волною морскою:

На утрени всѣдневной на — Богъ Господь: во гласъ 4-й, тропарь — Возвращашеся иногда: 2-жды; Слава, и нынѣ: тойже. По каѳизмахъ 16-й и 17-й малая ектенія и сѣдальны предпразднства. Псаломъ 50-й. Каноны: предпразднства на 6 (припѣвъ — Слава Тебѣ, Боже нашъ, слава Тебѣ), мучениковъ на 4 (припѣвъ — Святіи мученицы Ѳеопемпте и Ѳеоно, молите Бога о насъ) и преподобныя на 4 (припѣвъ — Преподобная мати Синклитикіе, моли Бога о насъ). Ирмосы — Горькія работы: По 3-й, 6-й, 8-й и 9-й пѣсняхъ катавасія, ирмосы послѣдняго канона изъ Минеи. По 3-й пѣсни кондакъ предпразднства — Всѣхъ Христе: сѣдаленъ мучениковъ — Ѳеопемптъ явися: преподобныя —

Январь

Постныхъ превозшла: Слава, и нынѣ: предпразднства — Великій дождь: По 6-й пѣсни кондакъ предпразднства — Во струяхъ днесь: и икосъ. На 9-й пѣсни поемъ — Честнѣйшую: Свѣтильны предпразднства — Яко видѣ: — Слава, и нынѣ: предпразднства — Изъ Дѣвы возсіявый: Чтемъ хвалитѣльные псалмы до — Хвалите его на силахъ Его: поемъ стихиры на хвалитѣхъ предпразднства — Что не домышляешися: Слава: предпразднства — Съ трепетомъ: И нынѣ: предпразднства — Воспоимъ людіе: Славословіе чтемъ. Ектенія просительная. Стиховныя стихиры предпразднства — Се Царь: Слава, и нынѣ: предпразднства — Іоанне Крестителю: По — Благо есть: Трисвятое, по — Отче нашъ: тропарь предпразднства. Ектенія и отпустъ обычный. Часъ 1-й.

На часахъ тропарь предпразднства — Возвращашеся иногда: Кондаки предпразднства — Во струяхъ днесь:

На литургіи свят. Іоанна Златоуста блаженна на 8; отъ канона предпразднства, пѣснь 3-я на 4 и пѣснь 6-я на 4. По входѣ тропари предпразднства — Возвращашеся иногда: Слава, и нынѣ: предпразднства — Во струяхъ днесь: Прокименъ — Веселитеся о Господѣ: Апостолъ къ Тим. зач. 284-е и къ Кол. зач. 249 отъ полу. Аллилуіа во гл. 4-й. Евангеліе отъ Матѳ. зач. 5-е и отъ Луки зач. 88-е. — Достойно есть: Причастенъ — Радуйтеся, праведніи: Отпустъ обычный.

ЗРИ: Въ навечеріе Богоявленія всегда бываетъ строгій постъ; пища съ постнымъ масломъ, но безъ рыбы, вкушается уже послѣ совершенной днемъ вечерни. Но если сочельникъ приходится въ субботу или въ воскресеніе, какъ въ настоящемъ году, то послѣ литургіи, совершаемой въ такомъ случаѣ не съ вечерней, а утромъ въ обычное время, — разрѣшается вкушать до вечерни хлѣбъ и немного вина, "точію да не наречется постъ", то-есть только для того, чтобы отмѣтить, что это суббота или воскресеніе — дни, въ которые постъ по уставу всегда облегчается.

Аще случится праздникъ Богоявленія въ недѣлю, ничтоже воскресно поется, но вся служба праздника.

Часъ 9-й.

Великая вечерня въ 11-й (по-церковному въ 5-й) часъ дня. — Благословенъ Богъ нашъ: Ликъ — Аминь. Чтецъ — Слава Тебѣ, Боже нашъ, слава Тебѣ. — Царю небесный: Трисвятое, по Отче нашъ: По возгласѣ — Пріидите поклонимся: и псаломъ предначинательный 103-й. Ектенія великая. — Блаженъ мужъ: (каѳизму всю). На — Господи воззвахъ: во гласъ 2-й, стихиры праздника на 8 — Просвѣтителя нашего: Слава, и нынѣ: — Приклонилъ еси главу: Входъ съ Евангеліемъ. — Свѣте тихій: Прокименъ — Господь воцарися: Чтеніе 13-ти паремій. Послѣ 3-й пареміи царскія врата отверзаются и возглашаетъ чтецъ тропарь — Явился еси: со стихами, а пѣвчіе поютъ припѣвъ къ каждому стиху. Въ концѣ чтецъ поетъ той же припѣвъ, и затворяются царскія врата. Чтется паремія 4-я и прочее. Во всемъ подобно бываетъ и по 6-й пареміи, когда возглашается тропарь — Грѣшникомъ и мытаремъ: По 13-мъ чтеніи царскія врата отверзаются. Ектенія малая и возгласъ — Яко святъ еси: Діаконъ — Вонмемъ; іерей — Миръ всѣмъ: Прокименъ гласъ 3-й — Господь просвѣщеніе мое: Апостолъ къ Кор. зач. 143-е (— Братіе, свободенъ сый: конецъ — …камень же бѣ Христосъ.). Аллилуіа во гл. 6-й. Евангеліе отъ Луки зач. 9-е. Ектенія — Рцемъ вси: — Сподоби Господи: — Исполнимъ вечернюю: по возгласѣ — Буди держава: поемъ стихиры, гл. 8-й — Гласъ Господень на водахъ: и исходимъ съ зажженными свѣчами въ притворъ, или гдѣ бываетъ *великое освященіе воды,* какъ положено на ряду въ Минеи или въ Требникѣ. По возвращеніи поемъ — Слава, и нынѣ: и стихира, гласъ 6-й — Воспоимъ вѣрніи: Діаконъ — Премудрость. Ликъ — Благослови. Іерей — Сый благословенъ: и прочее обычно и отпустъ праздника — **Иже во Іорданѣ креститися изволивый отъ Іоанна нашего ради спасенія, Христосъ истинный Богъ нашъ:**

По отпустѣ же зажигается свѣча на подсвѣчникѣ и поставляется посреди церкви, и пѣвчіе, сойдя на средину, поютъ велегласно тропарь — Во Іорданѣ: Слава, и нынѣ: кондакъ — Явился еси: и многолѣтствіе.

И причащаемся святой богоявленской воды. Іерей же обходитъ со святой водой и освящаетъ дома вѣрныхъ.

6-го ЯНВАРЯ. **Недѣля 31-я по Пятидесятницѣ.** Гласъ 6-й. **СВЯТОЕ БОГОЯВЛЕНІЕ ГОСПОДА И СПАСА НАШЕГО ІИСУСА ХРИСТА.**

Бдѣніе начинается *повечеріемъ великимъ* съ литіей. Іерей въ фелони возглашаетъ — Благословенъ Богъ нашъ: и кадитъ всю церковь. Поемъ — Аминь. И повечеріе великое по ряду съ пѣніемъ — Съ нами Богъ: (Царскія врата открываются на пѣніе — Съ нами Богъ: и на пѣніе тропаря и кондака). По первомъ трисвятомъ (вмѣсто — Просвѣти очи:), тропарь — Во Іорданѣ: а по второмъ (вмѣсто — Помилуй насъ:), кондакъ — Явился еси: По — Слава въ вышнихъ Богу: исходимъ на литію. Стихиры праздника — Одѣваяйся свѣтомъ: Слава: праздника — Господи, исполнити хотя: И нынѣ: праздника — Днесь тварь просвѣщается: Ектенія — Спаси, Боже, люди Твоя: На стиховнѣ стихиры — На Іорданстѣй рѣцѣ: Слава, и нынѣ: — Еже отъ Дѣвы: По — Нынѣ отпущаеши: на благословеніи хлѣбовъ тропарь — Во Іорданѣ: 3-жды. — Буди имя Господне: 3-жды. Псаломъ 33-й до — не лишатся всякаго блага. Іерей — Благословеніе Господне на васъ: и чтется шестопсалміе.

На утрени на — Богъ Господь: во гл. 1-й, тропарь — Во Іорданѣ: 2-жды; Слава, и нынѣ: тойже. По каѳизмахъ сѣдальны праздника. Поліелей и величаніе праздника — **Величаемъ Тя, Живодавче Христе, насъ ради нынѣ плотію крестившагося отъ Іоанна въ водахъ Іорданскихъ.** Псаломъ избранный — Боже, ущедри ны и благослови ны, просвѣти лице Твое на ны, и помилуй ны. Ектенія малая; сѣдаленъ по поліелеи — Пріидите увидимъ: Таже — Отъ юности моея: Прокименъ

Январь

праздника — Море видѣ и побѣже, Іорданъ возвратися вспять. Евангеліе отъ Марка зач. 2-е. Псаломъ 50-й. Слава: гл. 2-й — Всяческая днесь: И нынѣ: тойже; — Помилуй мя, Боже: и стихира, гласъ 6-й — Богъ Слово явися: — Спаси, Боже, люди Твоя: Каноны два праздника, ирмосы по 2-жды, тропари на 12 (припѣвъ — Слава Тебѣ, Боже нашъ, слава Тебѣ). Ирмосы — Глубины открылъ есть дно: и — Шествуетъ морскую: Катавасія — тѣ же ирмосы. По 3-й пѣсни упакои — Егда явленіемъ: по 6-й кондакъ праздника — Явился еси: и икосъ. На 9-й пѣсни *не поемъ* — Честнѣйшую: но припѣвы праздника — **Величай, душе моя, честнѣйшую горнихъ воинствъ, Дѣву Пречистую Богородицу;** и прочіе. Свѣтиленъ — Явися Спасъ: 3-жды. На хвалитехъ, во гласъ 1-й, стихиры праздника — Свѣтъ отъ Свѣта: на 4; Слава: праздника — Водами Іорданскими: И нынѣ: праздника — Днесь Христосъ: Славословіе великое. Тропарь праздника. Ектеніи и отпустъ праздника — **Иже во Іорданѣ креститися изволивый отъ Іоанна нашего ради спасенія, Христосъ истинный Богъ нашъ:** Часъ 1-й.

На часахъ тропарь и кондакъ праздника.

Литургія свят. Василія Великаго бываетъ по рану, труда ради бдѣннаго. На ней антифоны праздника. Входное — **Благословенъ грядый во имя Господне, благословихомъ вы изъ дому Господня, Богъ Господь и явися намъ.** И абіе тропарь — Во Іорданѣ: Слава, и нынѣ: кондакъ — Явился еси днесь: Вмѣсто трисвятаго — Елицы во Христа: Прокименъ — Благословенъ грядый во имя Господне, Богъ Господь и явися намъ. Апостолъ къ Титу зач. 302-е. Аллилуіа во гл. 4-й. Евангеліе отъ Матѳея зач. 6-е. Задостойникъ — Величай, душе моя: и ирмосъ — Недоумѣетъ всякъ языкъ: Причастенъ — Явися благодать Божія спасительная всѣмъ человѣкомъ. По заамвонной молитвѣ поемъ стихиры, гл. 8-й — Гласъ Господень на водахъ: и исходимъ на рѣку и совершаемъ *великое водоосвященіе*. По возвращеніи въ храмъ — Буди имя Господне: 3-жды и прочее обычно и отпустъ праздника — **Иже во Іорданѣ креститися изволивый отъ Іоанна нашего ради спасенія, Христосъ истинный Богъ нашъ:**

7-го ЯНВАРЯ. Понедѣльникъ. *Попразднство Богоявленія. Соборъ Св. Іоанна Предтечи.*

На великой вечерни каѳизмы нѣтъ: На — Господи воззвахъ: во гл. 2-й, стихиры на 6: праздника — Просвѣтителя нашего: 3 и Предтечи — Видѣвъ Тя: 3; Слава: Предтечи — Во плоти: И нынѣ: праздника — Богъ Слово: Входъ съ кадиломъ. Прокименъ великій, гл. 7-й — Богъ нашъ на небеси и на земли, вся елика восхотѣ, сотвори. На стиховнѣ стихиры праздника — Яко видѣ Тя: Слава: Предтечи — Яко духа рачитель: И нынѣ: праздника — Пріидите, подражаимъ: По — Нынѣ отпущаеши: тропарь Предтечи — Память праведнаго: Слава, и нынѣ: праздника — Во Іорданѣ: Отпустъ праздника — **Иже во Іорданѣ креститися:**

На утрени на — Богъ Господь: во гл. 1-й, тропарь праздника 2-жды; Слава: Предтечи; И нынѣ: праздника. По каѳизмахъ сѣдальны праздника Псаломъ 50-й. Оба канона праздника, 1-ый на 6, 2-й на 4, ирмосы каждаго по дважды (припѣвъ — Слава Тебѣ, Боже нашъ, слава Тебѣ) и Предтечи на 4 (припѣвъ — Святый великій Іоанне, Предтечи Господень, моли Бога о насъ). Ирмосы — Глубины открылъ есть дно: и — Шествуетъ морскую: Катавасія — тѣ же ирмосы. По 3-й пѣсни кондакъ праздника — Явился еси: и икосъ; сѣдаленъ праздника — Іорданъ струями: по 6-й кондакъ Предтечи — Плотскаго Твоего: и икосъ. На 9-й пѣсни *не поемъ* — Честнѣйшую: но припѣвы праздника — **Величай, душе моя, честнѣйшую горнихъ воинствъ, Дѣву Пречистую Богородицу;** и Предтечи. Свѣтиленъ Предтечи — Стези предъуготовалъ: Слава, и нынѣ: праздника — Явися Спасъ: На хвалитехъ, во гласъ 1-й, стихиры праздника — Свѣтъ отъ Свѣта: на 4; Слава: Предтечи — Ангелъ изъ неплодныхъ: И нынѣ: праздника — Днесь Христосъ: Славословіе великое. Тропарь Предтечи — Память праведнаго: Слава, и нынѣ: праздника — Во Іорданѣ: Ектеніи и отпустъ праздника — **Иже во Іорданѣ креститися:** Часъ 1-й.

На часахъ тропарь праздника; Слава: Предтечи. Кондаки праздника и Предтечи поперемѣнно.

На литургіи блаженна на 8; отъ перваго канона праздника, пѣснь 3-я на 4 и Предтечи, пѣснь 6-я на 4. На входѣ — Спаси ны, Сыне Божій, во Іорданѣ крестивыйся:[5]) Тропари праздника и Предтечи; Слава: кондакъ Предтечи; И нынѣ: праздника. Трисвятое. Прокименъ Предтечи — Возвеселится праведникъ: Апостолъ соб. посланіе Іаковля. зач. 53-е и Дѣяній зач. 42-е. Аллилуіа во гл. 4-й и 5-й. Евангеліе отъ Марка зач. 48-е и Іоан. зач. 3-е. Задостойникъ — Величай, душе моя: и ирмосъ — Недоумѣетъ всякъ языкъ: Причастенъ праздника — Явися благодать Божія: и Предтечи — Въ память вѣчную: Отпустъ праздника — **Иже во Іорданѣ креститися:**

10-го ЯНВАРЯ. Четвергъ. *Попразднство Богоявленія.* **Святителя Ѳеофана, Вышинскаго затворника.** *Творимъ бдѣніе.*

Служба святителя Ѳеофана напечатана отдѣльной брошюрой или на интернетѣ.

Зри: http://www.sbkrpc.ru/bogosluzhebnye-teksty/sluzhby-svyatitelyam/106-sluzhba-svt-feofanu-zatvorniku.html

На великой вечерни — Блаженъ мужъ: На — Господи воззвахъ: стихиры на 8, во гл. 2-й, стихиры праздника — Пѣніе новолѣпное: (стиховны вечерни) 3 и святителя — Пріидите, вѣрніи: 5; Слава: святителя — Отче Ѳеофане: И нынѣ: праздника — Трепеташе рука: Входъ. Прокименъ — Боже, во имя Твое: Чтенія святителя 3, искать въ общей службѣ святителю единому. На литіи стихира храма и стихиры святителя — Ѳеофане преблаженне: Слава: святителя — Днесь

---

[5]) Такъ поется до отданія праздника (14-го января включительно).

Январь

красуется: И нынѣ: праздника — Господи, исполнити хотя: (стиховны утрени). На стиховнѣ стихиры святителя — Радуйся, отче нашъ: Слава: святителя — Преблаженне отче: И нынѣ: праздника — Тебе въ Дусѣ (стиховны вечерни): По — Нынѣ отпущаеши: на благословеніи хлѣбовъ тропарь святителя — Православія наставниче: 2-жды и праздника — Во Іорданѣ: 1-жды.

На утрени на — Богъ Господь: во гл. 1-й, тропарь праздника 2-жды; Слава: святителя; И нынѣ: праздника. По каѳизмахъ сѣдальны святителя; Слава, и нынѣ: праздника. Поліелей и величаніе святителя — **Величаемъ тя, святителю отче Ѳеофане, и чтемъ святую память твою, ты бо молиши за насъ Христа Бога нашего.** Псаломъ избранный — Услышите сія вси языцы, внушите вси живущіи по вселеннѣй. Сѣдаленъ святителя — Премудрый учителю: Слава, и нынѣ: праздника — Пріидите, увидимъ, вѣрніи: (смотрите въ самый праздникъ) Степенна — Отъ юности моея: Прокименъ — Честна предъ Господемъ: Евангеліе отъ Іоанна зач. 35-е отъ полу. Псаломъ 50-й. Слава: — Молитвами святителя Ѳеофана: И нынѣ: — Молитвами Богородицы: — Помилуй мя, Боже: стихира святителя — Изліяся благодать: Каноны: праздника (первый) со ирмосомъ на 6 (припѣвъ — Слава Тебѣ, Боже нашъ, слава Тебѣ) и святителя на 8 (припѣвъ — Святителю отче Ѳеофане, моли Бога о насъ). Ирмосы и катавасія — Глубины открылъ есть дно: По 3-й пѣсни кондакъ праздника — Явился еси: и икосъ; сѣдаленъ святителя — Житіе твое: Слава, и нынѣ: праздника — Іисусу рождшуся: по 6-й кондакъ святителя — Богоявленію тезоименитый: и икосъ. На 9-й пѣсни поемъ — Честнѣйшую: Свѣтиленъ святителя — Свѣтильника, свыше: Слава, и нынѣ: праздника — Явися Спасъ: На хвалитехъ стихиры на 8, во гл. 2-й; праздника — Нынѣ странно Спасъ: (стиховны утрени) 4 и святителя — Возсія намъ: 4; съ припѣвами ихъ — Честна предъ Господемъ: и — Священницы Твои: Слава: святителя — Благочестія мудрый: И нынѣ: праздника — Господи, исполнити хотя: Славословіе великое. Тропарь святителя; Слава, и нынѣ: праздника. Ектеніи и отпустъ праздника — **Иже во Іорданѣ крестится:** Часъ 1-й.

На часахъ тропарь праздника; Слава: святителя. Кондаки праздника и святителя поперемѣнно.

На литургіи блаженна на 8; отъ перваго канона праздника, пѣснь 5-я на 4 и отъ канона святителя, пѣснь 6-я на 4. По входѣ тропари праздника и святителя; Слава: кондакъ святителя; И нынѣ: праздника; *въ храмѣ Богородицы:* тропари праздника, храма и святителя; кондакъ праздника; Слава: святителя; И нынѣ: храма. Прокименъ — Благословенъ грядый во имя Господне: и — Уста моя возглаголютъ: Апостолъ соб. посл. Іаковля зач. 56-е и ко Евр. зач. 318-е. Аллилуіа во гл. 4-й и 2-й. Евангеліе отъ Марк. зач. 52-е и отъ Іоан. зач. 36-е. Задостойникъ — Величай, душе моя: и ирмосъ — Неудоумѣетъ всякъ языкъ: Причастенъ — Явися благодать Божія: и — Въ память вѣчную: Отпустъ праздника — **Иже во Іорданѣ крестится:**

12-го ЯНВАРЯ. *Суббота по Просвѣщеніи. Попразднство Богоявленія. Св. мученицы Татіаны.*

На вечерни по возгласѣ — Благословенъ Богъ нашъ: чтецъ [6]— Пріидите, поклонимся: и псаломъ 103-й — Благослови, душе моя, Господа: Ектенія великая. Каѳизма 18. На — Господи воззвахъ: во гл. 8-й; стихиры на 6; праздника — Господи, аще и креститися: 3 и мученицы — Егда Духа свѣтомъ: 3; Слава, и нынѣ: праздника — Зрящи Тя естество: Входа нѣтъ. Чтецъ — Свѣте тихій: Прокименъ — Боже, заступникъ мой: — Сподоби Господи: Ектенія — Исполнимъ вечернюю молитву: На стиховнѣ стихиры праздника — Нынѣ пророчески: Слава, и нынѣ: праздника — Воспоимъ, вѣрніи: По — Нынѣ отпущаеши: Трисвятое по — Отче нашъ: Тропарь праздника — Во Іорданѣ: Сугубая ектенія — Помилуй насъ Боже: Таже отпустъ.

На утрени іерей съ кадиломъ предъ престоломъ — Благословенъ Богъ нашъ: Чтецъ — Аминь; — Пріидите поклонимся: 3-жды и чтетъ псалмы 19-й и 20-й. Ектенія по обычаю и возгласъ: — Слава Святѣй: шестопсалміе. Ектенія великая. На — Богъ Господь: во гл. 1-й; тропарь праздника 2-жды; Слава, и нынѣ: тойже. По каѳизмахъ сѣдальны праздника. 50-й псаломъ. Каноны: праздника (первый) съ ирмосомъ на 8 (припѣвъ — Слава Тебѣ, Боже нашъ, слава Тебѣ) и мученицы на 4 (припѣвъ — Святая мученице Татіано, моли Бога о насъ) на 4. Ирмосы — Глубины открылъ: По 3-й, 6-й, 8-й и 9-й пѣсняхъ катавасія, ирмосы послѣдняго канона изъ Минеи. По 3-й пѣсни кондакъ мученицы — Свѣтло во страданій: сѣдаленъ мученицы — Сугубъ совершивши: Слава, и нынѣ: праздника — Свѣтомъ яко ризою: по 6-й кондакъ праздника — Явился еси днесь: и икосъ. На 9-й пѣсни поемъ — Честнѣйшую: Свѣтиленъ праздника — Явися Спасъ: Читаемъ хвалитные псалмы. Славословіе чтемъ. Ектенія просительная. Стиховные стихиры праздника — Сіяніе отъ свѣта: Слава, и нынѣ: праздника — О паче ума: — Благо есть: Трисвятое по — Отче нашъ: Тропарь праздника. Ектенія — Помилуй насъ Боже: Премудрость: Іерей — Сый благословенъ: Ликъ — Аминь. Утверди Боже: и часъ 1-й. Въ концѣ часа полный отпустъ.

На часахъ тропарь праздника. Кондаки мученицы и праздника поперемѣнно.

На литургіи блаженна отъ канона праздника, пѣснь 7-я на 6. По входѣ тропари праздника, храма Богородицы или святаго; кондакъ праздника, храма святаго; Слава: мученицы; И нынѣ: праздника или храма Богородицы. Прокименъ — Благословенъ грядый во имя Господне: Апостолъ ко Ефес. зач. 233-е и къ Сол. зач. 273-е. Аллилуіа во гл. 4-й. Евангеліе отъ Матѳ. зач. 7-е и отъ Луки зач. 841-е. Задостойникъ — Величай, душе моя: и ирмосъ — Неудомѣетъ всякъ языкъ: Причастенъ — Явися благодать Божія: Отпустъ праздника — **Иже во Іорданѣ крестивыйся:**

---

6) Аще 9-й часъ не читается, то вечерня начинается полнымъ началомъ

Январь

13-го ЯНВАРЯ. **Недѣля 32-я по Пятидесятницѣ,** *она же по Просвѣщеніи.* Гласъ. 7-й. *Попразднство Богоявленія.* Свв. мучениковъ Ермила и Стратоника.

(Службу преподобномучениковъ Раиѳскихъ поемъ на повечеріи.)

На великой вечерни — Блаженъ мужъ: На — Господи воззвахъ: стихиры на 10; Октоиха 4, праздника — Явися отеческое: (стиховны вечерни) 3 и мучениковъ — Ермилъ славный: 3; Слава: праздника — Господи, исполнити хотя: И нынѣ: догматикъ — Мати убо позналася еси: Входъ. Прокименъ — Господь воцарися: На стиховнѣ стихиры Октоиха; Слава, и нынѣ: праздника — Ангельская воинства: По — Нынѣ отпущаеши: — Богородице Дѣво: 2-жды и тропарь праздника — Во Іорданѣ: 1-жды.

На утрени на — Богъ Господь: тропарь воскресенъ 2-жды; Слава: мучениковъ — Мученицы Твои Господи: И нынѣ: праздника. По каѳизмахъ сѣдальны Октоиха. — Ангельскій соборъ: Упакои, степенна и прокименъ гласа. Евангеліе воскресное 10-е, отъ Іоанна зач. 66-е. — Воскресеніе Христово: Псаломъ 50-й; Слава: — Молитвами апостоловъ: И нынѣ: — Молитвами Богородицы: — Помилуй мя Боже: — Воскресъ Іисусъ отъ гроба: — Спаси, Боже люди Твоя: Каноны: воскресенъ на 4 (припѣвъ — Слава, Господи, святому Воскресенію Твоему), Богородицы на 2 (припѣвъ — Пресвятая Богородице, спаси насъ), праздника (2-й) на 4 (припѣвъ — Слава Тебѣ, Боже нашъ, слава Тебѣ) и мучениковъ на 4 (припѣвъ — Святіи мученицы Ермиле и Стратониче, молите Бога о насъ). Ирмосы — Маніемъ Твоимъ: Катавасія — Глубины открылъ есть дно: По 3-й пѣсни кондакъ праздника — Явился еси: и икосъ; сѣдаленъ мучениковъ — Въ водахъ купно: Слава, и нынѣ: праздника — Струи освятилъ еси: по 6-й кондакъ воскресный и икосъ. На 9-й пѣсни — Честнѣйшую: — Святъ Господь Богъ нашъ: Свѣтиленъ воскресенъ 10-й — Тиверіадское море: Слава, и нынѣ: праздника — Свѣта незаходимаго: На хвалитехъ стихиры на 8; Октоиха 4 и праздника — Пріидите, и мы: (стиховны утрени) 4, съ припѣвами ихъ — Море видѣ и побѣже: — Что ти есть, море: Слава: стихира евангельская 10-я — По еже во адъ сошествіи: И нынѣ: — Преблагословенна еси: Славословіе великое. Тропарь — Днесь спасеніе: Ектеніи и отпустъ воскресенъ — **Воскресый изъ мертвыхъ:** Часъ 1-й.

На часахъ тропарь воскресный; Слава: праздника и мучениковъ поперемѣнно. Кондаки праздника и воскресный поперемѣнно.

На литургіи блаженна на 10; гласа на 6 и отъ канона праздника, пѣснь 8-я на 4. По входѣ тропари воскресенъ, праздника, храма Богородицы или храма святаго и мучениковъ; *въ храмѣ Христовомъ;* кондакъ воскресенъ; Слава, и нынѣ: праздника; *въ храмѣ Богородицы:* кондаки воскресенъ; Слава: праздника; И нынѣ: храма; *въ храмѣ святаго:* кондакъ воскресенъ; Слава: храма; И нынѣ: праздника. Прокименъ (нед. по Просвѣщеніи) — Буди, Господи, милость: Апостолъ къ Ефес. зач. 224-е отъ полу. Аллилуіа во гл. 5-й. Евангеліе отъ Матѳ. зач. 8-е.

Задостойникъ — Величай, душе моя: и ирмосъ — Неудоумѣетъ всякъ языкъ: Причастенъ — Явися благодать: и — Хвалите Господа: Отпустъ воскресенъ — **Воскресый изъ мертвыхъ:**

14-го ЯНВАРЯ. Понедѣльникъ. *Отданіе Богоявленія.*

На вечерни и утрени вся служба праздника, кромѣ входа, паремій и литіи на вечерни и поліелея на утрени.

На литургіи по входѣ тропарь праздника; Слава, и нынѣ: кондакъ. Прокименъ, аллилуіа и причастенъ праздника. Апостолъ и евангеліе дне.

20-го ЯНВАРЯ. **Недѣля 33-я по Пятидесятницѣ.** Гласъ 8-й. **Преподобнаго Евѳимія Великаго.**

На великой вечерни — Блаженъ мужъ: На — Господи воззвахъ: стихиры на 10; Октоиха 4 и преподобнаго — Отче Евѳиміе, твое: 6; Слава: преподобнаго — Освященъ бывъ Богу: И нынѣ: догматикъ — Царь небесный: Входъ. Прокименъ — Господь воцарися: На стиховнѣ стихиры Октоиха; Слава: преподобнаго — Преподобне отче, не далъ: И нынѣ: богородиченъ — Храмъ и дверь еси: По — Нынѣ отпущаеши: — Богородице Дѣво: 3-жды.

На утрени на — Богъ Господь: тропарь воскресенъ 2-жды; Слава: преподобнаго — Веселися, пустыня: И нынѣ; богородиченъ — Еже отъ вѣка: По каѳизмахъ сѣдальны Октоиха. Поліелей и величаніе преподобнаго — **Ублажаемъ тя, преподобне отче Евѳиміе, и чтемъ святую память твою, наставниче монаховъ и собесѣдниче ангеловъ.** 1-жды. (Въ воскресные дни избранные псалмы не поются.) — Ангельскій соборъ: Ѵпакои гласа. Сѣдальны преподобнаго — Свѣтомъ сіяя: — Попеченій житія: Слава: — Нищету истинно: И нынѣ: — Яко дѣву и едину: Степенна и прокименъ гласа. Евангеліе воскресное 11-е, отъ Іоанна зач. 67-е. — Воскресеніе Христово: и прочая обычно. Каноны: воскресенъ на 4, Богородицы на 2 и преподобнаго 2 на 8 (припѣвъ — Преподобне отче Евѳиміе, моли Бога о насъ). Ирмосы — Колесницегонителя фараоня погрузи: Катавасія — Сушу глубородительную землю: По 3-й пѣсни кондакъ преподобнаго — Въ честнѣмъ рождествѣ: и икосъ; сѣдаленъ преподобнаго — Воздержанія елеемъ: Слава, и нынѣ: богородиченъ — Благодарственное похваленіе: по 6-й кондакъ воскресный и икосъ. На 9-й пѣсни — Честнѣйшую: — Святъ Господь Богъ нашъ. Свѣтиленъ воскресенъ 11-й — По божественнѣмъ востаніи: Слава: преподобнаго — Изъ ложеснъ освяти: И нынѣ: богородиченъ воскресенъ — Являя себе: На хвалитехъ стихиры на 8; Октоиха 4 и преподобнаго — Преподобне отче Евѳиміе: со славнымъ — Монаховъ множества: 4 съ припѣвами ихъ — Честна предъ Господемъ: и — Блаженъ мужъ: Слава: стихира евангельская 11-я — Являя себе: И нынѣ: — Преблагословенна еси: Славословіе великое. Тропарь — Воскресъ изъ гроба: Ектеніи и отпустъ воскресный. Часъ 1-й.

Январь

На часахъ тропарь воскресный; Слава: преподобнаго. Кондакъ преподобнаго и воскресный поперемѣнно.

На литургіи блаженна на 10, гласа на 6 и отъ канона преподобнаго, пѣснь 3-я на 4. По входѣ тропари см. 2-го января — № 2. Прокименъ — Помолитеся, и воздадите: и — Честна предъ Господемъ: Апостолъ къ Тим. зач. 285-е отъ полу и ко Евр. зач. 335-е. Аллилуіа во гл. 8-й и 6-й. Евангеліе отъ Луки зач. 94 и отъ Луки зач. 24-е. Причастенъ — Хвалите Господа: и — Въ память вѣчную: Отпустъ воскресный.

24-го ЯНВАРЯ. Четвергъ. **Святыя блаженныя Ксеніи, Христа ради юродивыя Петербургскія.** *Служба бдѣнная.*

Служба св. Блаженной Ксеніи напечатана отдѣльной брошюрой или на интернетѣ. Зри:

http://www.synod.com/synod/pdf/services/service_stxenia.pdf

На великой вечерни — Блаженъ мужъ: На — Господи воззвахъ: во гл. 8-й, стихиры святыя — О Ксеніе блаженная: на 8; Слава: святыя — Се нынѣ Ксенія: И нынѣ: догматикъ — Како не дивимся: Входъ. Прокименъ — Боже, во имя Твое: Чтенія святыя 3. На литіи стихира храма и стихиры святыя — Странице блаженная: Слава: святыя — По имени твоему: И нынѣ: богородиченъ — Богородице, грѣшныхъ споручнице: На стиховнѣ стихиры святыя — Поспѣшай на помощь: Слава: святыя — Новый Андрей: И нынѣ: богородиченъ — Подъ кровъ Твой: По — Нынѣ отпущаеши: на благословеніи хлѣбовъ тропарь святыя — Тебе, о странице: 2-жды и — Богородице Дѣво: 1-жды.

На утрени на — Богъ Господь: во гл. 8-й, тропарь святыя 2-жды; Слава, и нынѣ: богородиченъ — Иже насъ ради: По каѳизмахъ сѣдальны святыя. Полієлей и величаніе святыя — **Ублажаемъ тя, святая блаженная Ксеніе, и чтемъ святую память твою ты бо молиши за насъ Христа Бога нашего.** Псаломъ избранный — Терпя потерпѣхъ Господа, и внятъ ми, и услыша молитву мою. Сѣдаленъ святыя — Отверзи уста наша: Слава, и нынѣ: богородиченъ — Не мудростію и силою: Степенна — Отъ юности моея: Прокименъ — Возвеселится праведникъ о Господѣ: Евангеліе отъ Луки зач. 78-е. Псаломъ 50-й. Слава: — Молитваими святыя блаженныя Ксеніи: И нынѣ: — Молитвами Богородицы: Помилуй мя, Боже: Стихира святыя — Жестокое житіе: Каноны: Богородицы на 6 (припѣвъ — Пресвятая Богородице, спаси насъ), и святыя на 8 (припѣвъ — Святая блаженная Ксеніе, моли Бога о насъ). Ирмосы — Воду прошедъ: Катавасія — Сушу глубородительную землю: По 3-й пѣсни сѣдаленъ святыя — Егда нощію: Слава, и нынѣ: богородиченъ — Предстательнице и скорая Заступнице: по 6-й кондакъ святыя — На земли яко странна: и икосъ. На 9-й пѣсни поемъ — Честнѣйшую: Свѣтиленъ святыя — Доме отчій: Слава, и нынѣ: богородиченъ — Двере небесная: На хвалитехъ, во гл. 8-й, стихиры святыя — Солнца правды: на 4; Слава: святыя — Все отложивши: И нынѣ: богородиченъ — Вся превозшедши: Славословіе великое. Инъ тропарь святыя — Суеты земнаго міра: Слава, и нынѣ: богородиченъ — Еже отъ вѣка утаеное: Ектеніи и отпустъ. Часъ 1-й.

На часахъ тропарь и кондакъ святыя.

На литургіи блаженна на 8; отъ канона святыя, пѣснь 3-я на 4 и пѣснь 6-я на 4. По входѣ тропари см. 2-го января — № 3. Прокименъ — Дивенъ Богъ: Апостолъ къ Гал. зач. 250-е. Аллилуіа во гл. 1-й. Евангеліе отъ Матѳ. зач. 104-е. Причастенъ — Въ память вѣчную:

25-го ЯНВАРЯ. Пятница. **Святителя Григорія Богослова, архіеп. Константинопольскаго. Перенесеніе мощей святителя Іоанна Златоуста.** *Творимъ бдѣніе.*

(Ради праздника свв. Новомучениковъ въ недѣлю, службу св. Іоанна Златоуста соединяется со службой свят. Григорія Богослова.)

На великой вечерни — Блаженъ мужъ: На — Господи воззвахъ: во гл. 1-й, стихиры на 8; Богослова — Отче Григоріе: 4 и Златоуста — Златокованную трубу: 4; Слава: Богослова — Бодрый языкъ: И нынѣ: догматикъ — Царь небесный: Входъ. Прокименъ — Помощь моя отъ Господа: Чтенія Богослова 3. На литіи стихира храма и стихиры Богослова — Словомъ Божіимъ: Слава: Златоуста — Преподобне треблаженне: (на стиховнѣ); И нынѣ: богородиченъ — Богородице, ты еси лоза: На стиховнѣ стихиры Златоуста — Радуйся церковь Христова: Слава: Богослова — Сердца вѣрныхъ: И нынѣ: богородиченъ — Безневѣстная Дѣво: По — Нынѣ отпущаеши: на благословеніи хлѣбовъ тропарь Богослова — Пастырская свирѣль: 1-жды; Златоуста — Устъ твоихъ: 1-жды и — Богородице Дѣво: 1-жды.

На утрени на — Богъ Господь: во гл. 1-й, тропарь Богослова 2-жды; Слава: Златоуста; И нынѣ: богородиченъ — Иже насъ ради: По каѳизмахъ сѣдаленъ Богослова; Слава: Златоуста; И нынѣ: богородиченъ. Полiелей и величаніе святителямъ — **Величаемъ васъ, святителіе Григоріе Богослове и Іоанне Златоусте, и чтемъ святую память вашу, вы бо молите за насъ Христа Бога нашего.** Псаломъ избранный — Услышите сія вси языцы, внушите вси живущіи по вселеннѣй. Сѣдаленъ Богослова — Обличая лесть: Слава: Златоуста — Священноначальствомъ истиннымъ: И нынѣ: богородиченъ — Благодаримъ тя: Степенна — Отъ юности моея: Прокименъ — Уста моя возглаголютъ: Евангеліе отъ Іоанна зач. 35-е отъ полу. Псаломъ 50-й. Слава: — Молитвами святителей Григорія Богослова и Іоанна Златоуста: И нынѣ: — Молитвами Богородицы: — Помилуй мя, Боже: стихира Богослова — Преподобне треблаженне: Каноны: Богородицы — Пречистая Богородице: со ирмосомъ на 6 (припѣвъ — Пресвятая Богородице, спаси насъ), Богослова 1-й канонъ — Богослова втораго: на 4 (припѣвъ — Святителю отче Григоріе Богослове, моли Бога о насъ) и Златоуста — Невечернія, преподобне: (припѣвъ — Святителю отче Іоанне Златоусте, моли Бога о насъ). Ирмосы — Поимъ Господеви: Катавасія — Сушу глуборо́дительную землю: По 3-й пѣсни кондакъ

Январь

Златоуста — Возвеселися таинственно: и икосъ; сѣдаленъ Богослова — Отверзъ уста словомъ: Слава: сѣдаленъ Златоуста — Юже съ высоты: И нынѣ: богородиченъ — Отъ Троицы единаго: по 6-й кондакъ Богослова — Богословнымъ языкомъ твоимъ: и икосъ. На 9-й пѣсни поемъ — Честнѣйшую: Свѣтиленъ Богослова — Мечь словесъ твоихъ: Слава: Златоуста — Радуйся, граде градовъ: И нынѣ: богородиченъ — Радуйся, Божія палато: На хвалитехъ, во гл. 4-й, на 8; стихиры Богослова — Пресѣкъ писмене: 4 и Златоуста — Злата свѣтлѣе: со славнымъ — Отче Златоусте: 4; съ припѣвами ихъ — Уста моя возглаголютъ: и — Уста праведнаго: Слава: Богослова — Цѣвницу духа: И нынѣ: богородиченъ — (Богородиченъ отъ меньшихъ, гласъ 1-й въ четвертокъ на утрени) Радуйся, Богородице Дѣво, радуйся: Славословіе великое. Тропарь Богослова; Слава: Златоуста; И нынѣ: богородиченъ — Иже насъ ради: Ектеніи и отпустъ. Часъ 1-й.

На часахъ тропарь Богослова; Слава: Златоуста. Кондаки Златоуста и Богослова поперемѣнно.

На литургіи блаженна на 8; отъ перваго канона Богослова, пѣснь 3-я на 4 и отъ канона Златоуста пѣснь 6-я на 4. По входѣ тропари см. 1-го января — № 3. Прокименъ — Уста моя возглаголютъ: Апостолъ къ Кор. зач. 151-е. Аллилуіа во гл. 2-й. Евангеліе отъ Іоан. зач. 36-е. Причастенъ — Въ память вѣчную:

НАЧАЛО ТРІОДИ ПОСТНОЙ.

27-го ЯНВАРЯ. **Недѣля о мытарѣ и фарисеѣ.** Гласъ 1-й. **Соборъ новомучениковъ и исповѣдниковъ Церкви Россійскихъ.**

Служба святымъ Новомученикамъ и Исповѣдникамъ Россійскимъ напечатана отдѣльной брошюрой или на интернетѣ.

Зри: http://www.synod.com/synod/pdf/services/service_newmartyrs.pdf

На великой вечерни — Блаженъ мужъ: На — Господи воззвахъ: стихиры на 10; Октоиха 3, Тріоди — Не помолимся фарисейски: 3 и святыхъ — Начало нынѣ положимъ: 4; Слава: Тріоди — Вседержителю Господи: И нынѣ: догматикъ — Всемірную славу: Входъ. Прокименъ — Господь воцарися: Чтенія святыхъ 3. На литіи стихира храма, Тріоди хвалитныя — Не помолимся фарисейски: — Фарисей тщеславіемъ: — Фарисея велехвальный гласъ: и святыхъ — Ангели Божіи радостніи: Слава, и нынѣ: Тріоди — Мытаря и фарисея различіе: На стиховнѣ стихиры Октоиха; Слава: святыхъ — О святіи смиреннѣйшіи: И нынѣ: Тріоди — Отягченныма очима: По — Нынѣ отпущаеши: на благословеніе хлѣбовъ — Богородице Дѣво: 2-жды и тропарь святыхъ — Цвѣти Россійскаго луга: 1-жды.

На утрени на — Богъ Господь: тропарь воскресенъ 2-жды; Слава: святыхъ; И нынѣ: богородиченъ — Еже отъ вѣка: По каѳизмахъ сѣдальны Октоиха. Поліелей. Величаніе святыхъ — **Величаемъ васъ, святіи новомученицы и исповѣдницы Россійстіи, и чтемъ честная страданія ваша, яже за Христа претерпѣли есте.** 1-жды.

(Въ воскресные дни избранные псалмы не поются.) — Ангельскій соборъ: Ѵпакои гласа. Сѣдальны святыхъ — Проидосте сквозѣ: — Яко любящимъ Бога: Слава: Возсіяли есте: И нынѣ: богородиченъ — Красотѣ дѣвства: Степенна и прокименъ гласа. Евангеліе воскресное 1-е, отъ Матѳ. 116-е зач. — Воскресеніе Христово: Псаломъ 50-й; Слава: Тріоди — Покаянія отверзи ми двери: И нынѣ: — На спасенія стези: — Помилуй мя, Боже: — Множества содѣянныхъ: — Спаси, Боже люди Твоя: Каноны: воскресенъ на 4, Богородицы на 2, Тріоди на 4 (припѣвъ — Помилуй мя, Боже, помилуй мя) и святыхъ на 4 (припѣвъ — Святіи новомученицы и исповѣдницы Россійстіи, молите Бога о насъ). Ирмосы — Твоя побѣдительная десница: Катавасія — Сушу глубородительную землю: По 3-й пѣсни кондакъ святыхъ — Новіи страстотерпцы: и икосъ; сѣдаленъ святыхъ — Немощію плоти намъ: Слава: святыхъ — Пресвитеръ Алексій: И нынѣ: Тріоди — Смиреніе вознесе: по 6-й кондаки Тріоди — Фарисеева убѣжимъ: и — Воздыханія принесемъ: и икосъ. На 9-й пѣсни — Честнѣйшую: — Святъ Господь Богъ нашъ. Свѣтиленъ воскресенъ 1-й — Со ученики взыдемъ: Слава: святыхъ — Вельми свѣтелъ: И нынѣ: Тріоди — Высокорѣчія убѣжимъ: На хвалитехъ стихиры на 8; Октоиха 4 и святыхъ — Слыша страшну вѣсть: 4, съ припѣвами ихъ — Блаженъ мужъ: и — Священницы Твои облекутся: Слава: Тріоди — Отъ дѣлъ похваленьми: И нынѣ: — Преблагословенна еси: Славословіе великое. Тропарь — Днесь спасеніе: Ектеніи и отпустъ воскресный. Слава, и нынѣ: стихира евангельская 1-я — На гору ученикомъ: Часъ 1-й.

На часахъ тропарь воскресный; Слава: святыхъ. Кондакъ святыхъ и Тріоди — Фарисеева убѣжимъ: попеременно.

На литургіи блаженна на 12; гласа на 4, изъ канона Тріоди, пѣснь 3-я на 4 и святыхъ на 4. По входѣ тропари воскресенъ и святыхъ; кондакъ воскресный; Слава: святыхъ; И нынѣ: Тріоди — Фарисеева убѣжимъ: Прокименъ — Буди Господи, милость Твоя на насъ: и святыхъ, во гл 7-й — Тебе ради, Господи, умерщвляеми есмы весь день. Апостолъ къ Тим. зач. 296-е и къ Рим. зач. 99-е. Аллилуіа во гл. 1-й и 4-й. Евангеліе отъ Луки зач. 89-е и отъ Луки зач. 106-е. Причастенъ — Хвалите Господа: и — Радуйтеся: Отпустъ воскресный.

Въ сію седмицу отмѣняется постъ въ среду и пятокъ.

30-го ЯНВАРЯ. Среда. **Соборъ Трехъ Святителей.** *Творимъ бдѣніе.*

На великой вечерни — Блаженъ мужъ: На — Господи воззвахъ: во гласъ 4-й; стихиры святыхъ — Благодати органы: на 8; Слава: святыхъ — Тайныя днесь духа трубы: И нынѣ: И нынѣ: догматикъ — Кто Тебе не ублажитъ: Входъ. Прокименъ — Милость Твоя, Господи: Чтенія святыхъ 3. Ектеніи. На литіи стихира храма, и стихиры святыхъ — Пріидите, небесныя Троицы: Слава: святыхъ — Святители Христовы: И нынѣ: богородиченъ — Дѣвственную доброту: На стиховнѣ святыхъ — Таинники духовныя вкупѣ: Слава: святыхъ — Днесь души: И нынѣ:

Январь

праздника — Днесь Христосъ: По — Нынѣ отпущаеши: на благословеніи хлѣбовъ тропарь святыхъ — Яко апостоловъ: 2-жды и — Богородице Дѣво: 1-жды.

На утрени на — Богъ Господь: во гласъ 4-й; тропарь святыхъ 2-жды; Слава, и нынѣ: богородиченъ — Еже отъ вѣка: По каѳизмахъ сѣдальны святыхъ. Поліелеи и величаніе святыхъ — **Величаемъ васъ, святителіе Василіе Великій, Григоріе Богослове и Іоанне Златоусте, и чтемъ святую память вашу, вы бо молите за насъ Христа Бога нашего.** Псаломъ избранный — Услышите сія вси языцы, внушите вси живущіи по вселеннѣй. По поліелей сѣдаленъ святыхъ — Премудріи учителе: Слава: святыхъ — Празднуетъ днесь: И нынѣ: богородиченъ — Предстательнице необоримая: Степенна 4-го гласа — Отъ юности моея: Прокименъ — Священницы твои облекутся въ правду, и преподобніи Твои возрадуются. Евангеліе Іоанна зач. 36-е. Псаломъ 50-й. Слава: — Молитвами святителей Василія Великаго, Григорія Богослова и Іоанна Златоуста: И нынѣ: — Молитвами Богородицы: — Помилуй мя, Боже: и стихира святыхъ — Изліяся благодать: — Спаси, Боже люди Твоя: Каноны: Богородицы со ирмосомъ на 6 (ирмосы по дважды; припѣвъ — Пресвятая Богородице, спаси насъ) и оба канона святыхъ на 8 (припѣвъ — Тріе святителіе Христовы, молите Бога о насъ). Ирмосы — Грядите людіе: Катавасія — Сушу глубородительную землю: По 3-й пѣсни сѣдальны святыхъ — Великія свѣтильники: Слава: — Премудрость пріемше: И нынѣ: богородиченъ — Душу мою, Дѣво: по 6-й кондакъ святыхъ — Священныя и боговѣщанныя: и икосъ. На 9-й пѣсни *не поемъ* — Честнѣйшую: но поемъ припѣвъ — **Величай душе моя, честнѣйшую небесныхъ воинствъ, Дѣву пречистую Богородицу**; таже ирмосъ. По семъ тойже припѣвъ и къ прочимъ богородичнымъ тропарямъ. Къ канонамъ же святыхъ припѣвы — Величай, душе моя, во іерарсѣхъ свѣтила три великая; и проч. Свѣтиленъ святыхъ — Три свѣтозарныя: Слава: — Свѣта пріятелища: И нынѣ: богородиченъ — Единственное Божество. На хвалитехъ, во гласъ 5-й, стихиры святыхъ на 4 — Радуйся святителей: Слава: — Вострубимъ трубою пѣсней, да ликовствуимъ: И нынѣ: — богородиченъ — Вострубимъ трубою пѣсней, преклоншися: Славословіе великое. Тропарь святыхъ; Слава, и нынѣ: богородиченъ — Еже отъ вѣка: Ектеніи и отпустъ. Часъ 1-й.

На часахъ тропарь и кондакъ святыхъ.

На литургіи блаженна на 8; отъ перваго канона святыхъ, пѣснь 3-я на 4 и отъ втораго канона святыхъ, пѣснь 6-я на 4. По входѣ тропари см. 2-го янв. № 3. Прокименъ — Во всю землю: Апостолъ ко Евр. зач. 334-е. Аллилуіа во гл. и 4-й. Евангеліе отъ Матѳ. зач. 11-е. Причастенъ — Радуйтеся праведніи:

II. ФЕВРАЛЬ.

2-го ФЕВРАЛЯ Суббота. СРѢТЕНІЕ ГОСПОДА БОГА И СПАСА НАШЕГО ІИСУСА ХРИСТА.

На великой вечерни — Блаженъ мужъ: На — Господи воззвахъ: во гласъ 1-й, стихиры праздника — Глаголи Симеоне: на 8; Слава, и нынѣ: праздника — Да отверзется дверь: Входъ. Прокименъ — Боже, заступникъ мой: Чтенія праздника 3. На литіи стихиры праздника — Ветхій деньми, иже законъ: Слава: праздника — Испытайте писанія: И нынѣ: праздника — Ветхій деньми младенствовавъ: На стиховнѣ стихиры праздника — Украси твой чертогъ: Слава, и нынѣ: праздника — Иже на херувимѣхъ носимый: По — Нынѣ отпущаеши: на благословеніи хлѣбовъ, тропарь праздника — Радуйся Благодатная: 3-жды.

На утрени на — Богъ Господь: во гл. 1-й, тропарь праздника 2-жды; Слава, и нынѣ: тойже. По каѳизмахъ сѣдальны праздника. Поліелей и величаніе праздника — **Величаемъ Тя, Живодавче Христе, и чтемъ Пречистую Матерь Твою, Еюже по закону нынѣ принеслся еси въ храмъ Господень.** Псаломъ избранный — Отрыгну сердце мое слово благо, глаголю азъ дѣла моя Цареви. По поліелеи сѣдаленъ праздника — Младенствуеши мене ради: Степенна 4-го гласа — Отъ юности моея: Прокименъ — Помяну имя Твое во всякомъ родѣ и родѣ. Евангеліе отъ Луки зач. 8-е. Псаломъ 50-й. Слава: — Молитвами Богородицы: И нынѣ: тойже. — Помилуй мя, Боже: и стихира праздника, гласъ 6-й — Да отверзется дверь небесная: — Спаси, Боже: Канонъ праздника, ирмосы по дважды, тропари на 12 (припѣвъ — Слава Тебѣ, Боже нашъ, слава Тебѣ). Ирмосы и катавасія — Сушу глубородительную землю: По 3-й пѣсни сѣдаленъ праздника: — На горѣ Синайстѣй: по 6-й кондакъ праздника — Утробу дѣвичу: и икосъ. На 9-й пѣсни *не поемъ* — Честнѣйшую: но припѣвы **Богородице Дѣво, упованіе христіаномъ, покрый, соблюди и спаси на Тя уповающихъ;** и проч. Свѣтиленъ праздника — Духомъ во святилищи: 3-жды. На хвалитехъ, во гл. 4-й, стихиры праздника — Законъ иже: на 4; Слава, и нынѣ: праздника — На рукахъ старческихъ: Славословіе великое. Тропарь праздника. Ектеніи и отпустъ праздничный — **Иже во объятіяхъ праведнаго Симеона носитися изволивый нашего ради спасенія, Христосъ истинный Богъ нашъ:**

На часахъ тропарь и кондакъ праздника.

На литургіи изобразительныя. Блаженна на 8; отъ канона праздника, пѣснь 3-я на 4 и пѣснь 6-я на 4. Входное — **Сказа Господь спасеніе Свое, предъ языки откры правду Свою.** И поемъ тропарь праздника; Слава, и нынѣ: кондакъ. Прокименъ, пѣснь Богородицы — Величитъ душа моя: Апостолъ ко Евр. зач. 316-е. Аллилуіа во гл. 8-й. Евангеліе отъ Луки зач. 7-е. Задостойникъ — Богородице Дѣво, упованіе христіаномъ: и 9-й ирмосъ — Въ законѣ сѣни и писаній: Причастенъ — Чашу спасенія: Отпустъ праздничный — **Иже во объятіяхъ праведнаго Симеона:**

Февраль

3-го ФЕВРАЛЯ. **Недѣля о блудномъ сынѣ.** Гласъ 2-й. *Попразднство Срѣтенія.*

На великой вечерни — Блаженъ мужъ: На — Господи воззвахъ: стихиры на 10; Октоиха на 4, Тріоди — Въ безгрѣшную страну: 3 и праздника — Творецъ всяческихъ: 3 (см. 3-го февраля); Слава: Тріоди — О коликихъ благъ: И нынѣ: догматикъ — Прейде сѣнь законная: Входъ. Прокименъ — Господь воцарися: На стиховнѣ стихиры Октоиха; Слава: Тріоди — Отеческаго дара: И нынѣ: праздника — Днесь древле Моисею: По — Нынѣ отпущаеши: — Богородице Дѣво: 2-жды и тропарь праздника — Радуйся, благодатная: 1-жды..

На утрени на — Богъ Господь: тропарь воскресенъ 2-жды; Слава, и нынѣ: праздника. По каѳизмахъ сѣдальны Октоиха. Поліелей и псаломъ 136-й — На рѣкахъ Вавилонскихъ: — Ангельскій соборъ: Ѵпакои, степенна и прокименъ гласа. Евангеліе воскресное 2-е, отъ Марка зач. 70-е. — Воскресеніе Христово: Псаломъ 50-й. Слава: Тріоди — Покаянія отверзи ми: и прочая обычно. Каноны: воскресенъ на 4, Богородицы на 2, Тріоди на 4 (припѣвъ — Помилуй мя, Боже, помилуй мя) и праздника на 4 (припѣвъ — Слава Тебѣ, Боже нашъ, слава Тебѣ). Ирмосы — Во глубинѣ постла: Катавасія — Сушу глубородительную землю: По 3-й пѣсни кондакъ праздника — Утробу дѣвичу: и икосъ; Слава: сѣдаленъ Тріоди — Объятія овча: И нынѣ: праздника — Отъ дѣвы Тя воплощенна: по 6-й кондакъ Тріоди — Отеческія славы: и икосъ. На 9-й пѣсни — Честнѣйшую: — Святъ Господь Богъ нашъ. Свѣтиленъ воскресенъ 2-й — Камень узрѣвши отваленъ: Тріоди — Богатство, еже ми: Слава: Тріоди — Расточихъ богатство: И нынѣ: праздника — Духомъ во святилищѣ: На хвалитехъ стихиры на 8; Октоиха 4 и праздника — Воспріими, рече: (стиховны утрени) со славнымъ — Священнаго священная: 4; съ припѣвами ихъ — Нынѣ отпущаеши: и — Свѣтъ во откровеніе: Слава: Тріоди — Отче благій: И нынѣ: — Преблагословенна еси: Славословіе великое. Тропарь — Воскресъ изъ гроба: Ектеніи и отпустъ воскресенъ. Слава, и нынѣ: стихира евангельская 2-я — Съ мѵры пришедшымъ: Часъ 1-й.

На часахъ тропарь воскресный; Слава: праздника. Кондаки праздника и Тріоди поперемѣнно.

На литургіи блаженна на 12; гласа на 4, отъ канона Тріоди, пѣснь 6-я на 4 и отъ канона праздника, пѣснь 1-я на 4. По входѣ тропари воскресенъ и праздника; Слава: кондакъ Тріоди; И нынѣ: праздника. Прокименъ — Крѣпость моя и пѣніе: Апостолъ къ Кор. зач. 135-е. Аллилуіа во гл. 2-й. Евангеліе отъ Луки зач. 79-е. Задостойникъ — Богородице Дѣво, упованіе христіаномъ: и 9-й ирмосъ — Въ законѣ сѣни и писаній: Причастенъ — Хвалите Господа: Отпустъ воскресный.

8-го ФЕВРАЛЯ. Пятница. *Отданіе Срѣтенія.*

На великой вечерни и утрени вся служба праздника, кромѣ входа, паремій и литіи на вечерни и поліелея на утрени. (Служба великомученика Θеодора стратилата поется на повечеріи.)

На литургіи Блаженна на 6: отъ канона праздника пѣснь 9-я. По входѣ тропарь праздника; Слава, и нынѣ: кондакъ. Прокименъ, аллилуіа и причастенъ праздника. Апостолъ и евангеліе дне.

9-го ФЕВРАЛЯ. *Суббота родительская — мясопустная, поминовеніе усопшихъ.*

На вечерни на — Господи воззвахъ: во гласъ 2-й; стихиры на 6; Октоиха мученичны 3, 2-го гласа, — Иже земныя сласти: — Святымъ мученикомъ — Лицы мученическіи: и Тріоди — Отъ вѣка мертвыхъ: 3; Слава: Тріоди гласъ 8-й — Плачу и рыдаю: И нынѣ: догматикъ настоящаго гласа — Прейде сѣнь законная: Входа нѣтъ. Чтецъ — Свѣте тихій: Вмѣсто прокимна поемъ — Аллилуіа во гласъ 8-й съ заупокойными стихами — Блажени яже избралъ и пріялъ еси, Господи, и память ихъ въ родъ и родъ; и — Души ихъ во благихъ водворятся; посемъ — Сподоби, Господи: Ектенія — Исполнимъ вечернюю: На стиховнѣ мученичень Октоиха въ пятокъ вечера 2-го гласа — Велія слава: и мертвены — Яко цвѣтъ: и — Увы мнѣ, коликъ: съ заупокойными припѣвы — Блажени, яже избралъ: и — Души ихъ: Слава: Тріоди — Начатокъ ми: И нынѣ: богородиченъ — Молитвами Рождшія Тя, Христе: Посемъ — Нынѣ отпущаеши: Трисвятое: по — Отче нашъ: тропарь — Глубиною мудрости: Слава, и нынѣ: — Тебе и стѣну: Ектенія — Помилуй насъ, Боже: и отпустъ.

На маломъ повечеріи канонъ мертвенъ 2-го гласа изъ Октоиха (писанъ на утрени). По — Достойно есть: кондакъ — Со святыми:

На утрени начало обычное. Вмѣсто — Богъ Господь: — Аллилуіа, гласъ 8-й, со стихи заупокойными: — Блажени, яже избралъ: — И память ихъ: — Души ихъ во благихъ: Тропарь — Глубиною мудрости: 2-жды; Слава, и нынѣ: — Тебе и стѣну: По 16-й каѳизмѣ малая ектенія. Сѣдальны Октоиха 2-го гл. — Апостоли, мученицы и пророцы: — Иже просвѣтивый: стихъ — Дивенъ Богъ: — Страстотерпцы Господни: стихъ — Блажени, яже избралъ: — Помяни Господи: Слава, и нынѣ: богородиченъ — Вся паче смысла: Посемъ 1-я статія 17-й каѳизмы — Блажени непорочніи: съ припѣвомъ — Благословенъ еси, Господи: На концѣ же два стиха отъ — Яко аще бы не законъ Твой: 3-жды. Ектенія малая о усопшихъ — Паки и паки: — Еще молимся о упокоеніи душъ усопшихъ рабовъ Божіихъ праотецъ, отецъ и братій нашихъ, здѣ лежащихъ, и повсюду православныхъ христіанъ, и о еже проститися: Послѣ прошенія — Милости Божія, Царства небеснаго: ликъ поетъ — Подай Господи; іерей — Господу помолимся; и ликъ — Господи помилуй (40 разъ). Возгласъ. — Аминь. Посемъ 2-я статія съ припѣвомъ — Спасе, спаси мя. На концѣ два стиха отъ — Жива будетъ душа моя: 3-жды. Таже тропари по непорочныхъ — Благословенъ еси, Господи: — Святыхъ ликъ: и прочее. Полное кажденіе храма. Ектенія малая о усопшихъ, порядокъ вышеизложенный. Сѣдаленъ Тріоди — Покой, Спасе нашъ:

Февраль

Слава, и нынѣ: богородиченъ — Отъ Дѣвы возсіявый міру: Псаломъ 50-й. Каноны: храма съ ирмосомъ на 6 и Тріоди на 8 (припѣвъ — Упокой, Господи, души усопшихъ рабъ Твоихъ). Ирмосы канона храма. Катавасія Тріоди — Пѣснь возслемъ: На 2-й пѣсни канонъ только Тріоди со ирмосомъ на 8 (ирмосъ и катавасія Тріоди). По 3-й пѣсни ектенія обычная и сѣдаленъ Тріоди — Насъ ради: Слава, и нынѣ: богородиченъ — Скорый Твой покровъ: По 6-й пѣсни ектенія заупокойная, порядокъ прежній. Кондакъ заупокойный — Со святыми упокой: и икосъ. На 9-й — Честнѣйшую: По 9-й пѣсни — Достойно есть: Свѣтиленъ — Живыми и мертвыми: Слава: — Упокой рабы: И нынѣ: богородиченъ — Маріе Богоневѣсто: Чтемъ хвалительные псалмы до — Хвалите его на силахъ Его: поемъ стихиры на хвалитехъ Тріоди — Пріидите прежде: 4; Слава: — Яко цвѣтъ увядаетъ: И нынѣ: — Радуйся, Маріе Богородице: Славословіе чтемъ. Ектенія — Исполнимъ утреннюю: На стиховнѣ стихиры покойны Октоиха 2-го гласа — Стремлніе смертное: съ заупокойными припѣвы — Блажени, яже избралъ: и — Души ихъ: Слава: Тріоди — Болѣзнь Адаму бысть: И нынѣ: богородиченъ — Ты еси Богъ нашъ: — Благо есть: Трисвятое: по — Отче нашъ: тропарь — Глубиною мудрости: Слава, и нынѣ: — Тебе и стѣну: Ектенія сугубая, часъ 1-й и отпустъ.

На часахъ тропарь и кондакъ Тріоди.

На литургіи изобразительныя. Блаженна на 8; отъ канона Тріоди, пѣснь 3-я на 4 и пѣснь 6-я на 4. По входѣ тропарь — Глубиною мудрости: Слава: кондакъ — Со святыми упокой: И нынѣ: — Тебе и стѣну: Прокименъ — Души ихъ во благихъ: Апостолъ къ Кор. зач. 146-е и къ Сол. зач. 270-е. Аллилуіа во гл. 6-й. Евангеліе отъ Луки зач. 105-е и отъ Іоанна зач. 16-е. Причастенъ — Блажени, яже избралъ: Отпустъ обычный.

По литургіи совершается вселенская панихида по всѣмъ православнымъ христіанамъ.

10-го ФЕВРАЛЯ. **Недѣля мясопустная, о страшномъ судѣ.** Гласъ. 3-й.

На великой вечерни — Блаженъ мужъ: На — Господи воззвахъ: стихиры на 10; Октоиха 6 и Тріоди — Егда хощеши пріити: 4; Слава: Тріоди — Егда поставятся: И нынѣ: догматикъ — Како не дивимся: Входъ. Прокименъ — Господь воцарися: На стиховнѣ стихиры Октоиха; Слава: Тріоди — Увы мнѣ мрачная душе: И нынѣ: богородиченъ — Безневѣстная Дѣво: По — Нынѣ отпущаеши: — Богородице Дѣво: 3-жды.

На утрени на — Богъ Господь: тропарь воскресенъ 2-жды; Слава, и нынѣ: богородиченъ — Яко нашего воскресенія: По каѳизмахъ сѣдальны Октоиха. Поліелей и — На рѣкахъ Вавилонскихъ: — Ангельскій соборъ: Vпакои, степенна и прокименъ гласа. Евангеліе воскресное 3-е, отъ Марка зач. 71-е. — Воскресеніе Христово: Псаломъ 50-й. Слава: Тріоди

— Покаянія отверзи ми: и прочая обычно. Каноны: воскресенъ на 4, Богородицы на 2 и Тріоди на 8 (припѣвъ — Помилуй мя, Боже, помилуй мя). Ирмосы — Воды древле: Катавасія — Помощникъ и покровитель: По 3-й пѣсни сѣдаленъ Тріоди — Помышляю день страшный: Слава: — Во юдоли плача: И нынѣ: богородиченъ — Упованіе міра: по 6-й кондакъ Тріоди — Егда пріидеши: и икосъ. На 9-й пѣсни — Честнѣйшую: — Святъ Господь Богъ нашъ: Свѣтиленъ воскресенъ 3-й — Яко Христосъ воскресе: Тріоди — Страшный день: Слава: Тріоди — Се день: И нынѣ: богородиченъ — Часъ испытанія: На хвалитехъ стихиры на 9; Октоиха 5 и Тріоди — Помышляю день оный: на 4, съ припѣвами ихъ — Исповѣмся Тебѣ: — Возвеселюся и возрадуюся: и — Воскресни Господи Боже мой: Слава: Тріоди — Предочистымъ себе: И нынѣ: — Преблагословенна еси: Славословіе великое. Тропарь — Днесь спасеніе: Ектеніи и отпустъ воскресный. Слава, и нынѣ: стихира евангельская 3-я — Магдалинѣ Маріи: Часъ 1-й.

На часахъ тропарь воскресный. Кондакъ Тріоди.

На литургіи блаженна на 10; гласа на 6 и отъ канона Тріоди, пѣснь 6-я на 4. По входѣ тропари воскресенъ, храма Богородицы, или храма святаго; *въ храмъ Христовомъ:* Слава, и нынѣ; кондакъ Тріоди; *въ храмъ Богородицы:* Слава: кондакъ Тріоди; И нынѣ: храма; *въ храмъ святаго:* Слава: кондакъ храма; И нынѣ: Тріоди. Прокименъ — Велій Господь нашъ: Апостолъ къ Кор. зач. 140-е. Аллилуіа во гл. 8-й. Евангеліе отъ Матѳ. зач. 106-е. Причастенъ — Хвалите Господа: и — Радуйтеся: Отпустъ воскресный.

Въ сію седмицу отмѣняется постъ въ среду и пятокъ.

ВѢСТНО БУДИ: Яко отъ днесь Октоиха стиховна вечерняя и утренняя во дни седмичные оставляется, и вмѣсто ея поются стихиры самогласны дне Тріоди, до субботы 6-я недѣли.

12-го ФЕВРАЛЯ. Вторникъ. **Святителя Алексія, митрополита Московскаго и всея Россіи чудотворца.** *Служба соединяется съ Тріодью.*

На великой вечерни по возгласѣ — Благословенъ Богъ нашъ: чтецъ — Пріидите, поклонимся: и псаломъ 103-й — Благослови, душе моя, Господа: Ектенія великая. — Блаженъ мужъ: На — Господи воззвахъ: во гл. 5-я, стихиры святителя — Радуйся, пречестный архіерею: на 6; Слава: святителя — Святителей удобреніе: И нынѣ: догматикъ — Кто Тебе не ублажитъ: Входъ. Прокименъ — Господь услышитъ мя: Чтенія святителя 3. Литія не совершается. На стиховнѣ самогласенъ Тріоди — Постомъ очиститися: 2-жды, и мучениченъ — Мученицы Господни: съ припѣвами — Къ Тебѣ возведохъ: и — Помилуй насъ Господи: Слава: святителя — Благій рабе: И нынѣ: богородиченъ — Творецъ и Избавитель: По — Нынѣ отпущаеши: тропарь святителя — Яко апостоломъ сопрестольна: Слава, и нынѣ: богородиченъ — Иже насъ ради: — Премудрость; и прочее. Обычный отпустъ.

На утрени іерей съ кадиломъ предъ престоломъ — Благословенъ

Февраль

Богъ нашъ: Чтецъ — Аминь; — Пріидите поклонимся: 3-жды и чтетъ псалмы 19-й и 20-й. Ектенія по обычаю и возгласъ: — Слава Святѣй: шестопсалміе. Ектенія великая. На — Богъ Господь: тропарь святителя; 2-жды; Слава, и нынѣ: богородиченъ — Иже насъ ради: По 1-й каѳизмѣ сѣдаленъ Тріоди — Преблагій Слове: Слава, и нынѣ: богородиченъ — Премудрость и Слово: По 2-й каѳизмѣ сѣдаленъ святителя — Наста свѣтоносный день: Слава: — Пріидите, торжествуемъ: И нынѣ: богородиченъ — Стѣна необоримая: Поліелей и величаніе святителя — **Величаемъ тя, святителю отче Алексіе, и чтѣмъ святую память твою, ты бо молиши за насъ Христа Бога нашего.** Псаломъ избранный — Услышите сія вси языцы, внушите вси живущіи по вселеннѣй. Ектенія. Сѣдальны святителя — Проповѣдуетъ, отче: Слава, и нынѣ: богородиченъ — Радуйся, ангеломъ: Степенна — Отъ юности моея: Прокименъ — Честна предъ Господемъ: Евангеліе отъ Іоанна зач. 36-е. Псаломъ 50-й. Слава: — Молитвами святителя Алексія: И нынѣ: Молитвами Богородицы: — Помилуй мя Боже: святителя — Неиздаема есть: — Спаси, Боже люди Твоя: Каноны: молебный канонъ Богородицы, (находится въ Великомъ Часословѣ) со ирмосомъ на 6 (припѣвъ — Пресвятая Богородице, спаси насъ) и святителя два канона на 8 (припѣвъ — Святителю отче Алексіе, моли Бога о насъ). Ирмосы — Воду прошедъ: Катавасія — Отверзу уста моя: На 2-й, 8-й и 9-й пѣсняхъ совокупляемъ трипѣснецъ Тріоди; На 2-й пѣсни ирмосъ Тріоди, тропари на 8, катавасія Тріоди. На другихъ оба канона святителя со ирмосомъ на 6 и трипѣснецъ на 8. Катавасія Тріоди. По 3-й пѣсни сѣдаленъ святителя — Благовонною слова: Слава: святителя — Духомъ божественнымъ: И нынѣ: богородиченъ — Повелѣнное тайно: по 6-й кондакъ святителя — Божественнаго и пречестнаго: и икосъ; На 9-й пѣсни — Честнѣйшую: Свѣтиленъ святителя — Благодать Святаго Духа: Слава, и нынѣ: богородиченъ — По Бозѣ упованіе: Чтемъ хвалитѣльные псалмы до — Хвалите его на силахъ Его: стихиры святителя — Что тя наречемъ: на 4; Слава: святителя — Человѣче Божій: И нынѣ: богородиченъ — Богородице, ты еси лоза: Славословіе чтемъ. Посемъ ектенія — Исполнимъ утренюю: На стиховнѣ самогласену Тріоди — Любезно людіе: 2-жды, и мученичѣнъ — Царей и мучителей: съ припѣвами — Исполнихомся заутра: и — И буди свѣтлость: Слава: святителя — Егда пришелъ еси: И нынѣ: богородиченъ — Посланъ бысть съ небесе: (писаны на литіи). Таже — Благо есть: и Трисвятое, по — Отче нашъ: инъ тропарь святителя — Апостольскихъ догматъ: Слава, и нынѣ: богородиченъ — Еже отъ вѣка: Ектенія — Помилуй насъ Боже: Премудрость: Іерей — Сый благословенъ: Ликъ — Аминь. Утверди Боже: и часъ 1-й. Въ концѣ часа полный отпустъ.

На часахъ тропарь — Яко апостоломъ: и кондакъ святителя.

На литургіи блаженна на 8; отъ 1-го канона святителя, пѣснь 3-я на 4 и отъ 2-го канона святителя, пѣснь 6-я на 4. По входѣ см. 2-го января — № 3. Прокименъ — Возвеселится праведникъ: и — Честна предъ Господемъ: Апостолъ отъ соб. посл. Іудино зач. 77-е и ко Евр. зач. 335-е.

Аллилуіа во гл. 4-й и 2-й. Евангеліе отъ Луки зач. 109-е и отъ Луки зач. 24-е. Причастенъ — Въ память вѣчную: Отпустъ обычный.

16-го ФЕВРАЛЯ. Суббота. *Память всѣхъ святыхъ, въ постничествѣ просіявшихъ.*

На вечерни по возгласѣ — Благословенъ Богъ нашъ: чтецъ — Пріидите, поклонимся: и псаломъ 103-й — Благослови, душе моя, Господа: Ектенія великая. Каѳизма 18-я. На — Господи воззвахъ: во гл. 8-й, стихиры отцевъ — Пріидите вси вѣрніи: 6; Слава: отцевъ — Еже по образу: И нынѣ: догматикъ настоящаго гласа — Како не дивимся: Входа нѣтъ. — Свѣте тихій: Чтецъ; прокименъ — Боже, заступникъ мой: Чтенія Тріоди — Пророчества Захаріина чтеніе. Прокименъ — Да уповаетъ Израиль: — Сподоби Господи: — Исполнимъ вечернюю: На стиховнѣ стихиры Тріоди — Очистимъ себе братіе: съ припѣвами — Къ Тебѣ возведохъ: и — Помилуй насъ Господи: Слава: отцевъ — Монаховъ множества: И нынѣ: богородиченъ — Радуйся, чистоты сокровище: По — Нынѣ отпущаеши: тропарь отцевъ — Боже отецъ нашихъ: Слава, нынѣ: богородиченъ — Еже отъ вѣка: Ектенія — Помилуй насъ Боже: Молитва преп. Ефрема и три поклоны великія. Чтецъ — Всесвятая Троице: — Буди имя Господне: 3-жды. Слава, и нынѣ: Псаломъ 33-й. Іерей — Премудрость. Ликъ — Достойно есть: Іерей — Пресвятая Богородице: Ликъ — Честнѣйшую: Іерей — Слава Тебѣ, Христе Боже: Ликъ — Слава, и нынѣ: — Господи, помилуй (3-жды), — Благослови. И конечный отпустъ отъ іерея.

На маломъ повечеріи канонъ мертвенъ 3-го гласа изъ Октоиха (писанъ на утрени). По — Достойно есть: кондакъ отцевъ — Яко благочестія:

На утрени іерей съ кадиломъ предъ престоломъ — Благословенъ Богъ нашъ: чтецъ — Аминь. (Аще нѣсть полунощницы, то по возгласѣ — Царю Небесный:) Трисвятое: по — Отче нашъ: іерей — Яко Твое есть Царство: и кадитъ церковь. Чтецъ — Аминь; и чтетъ псалмы 19-й и 20-й. Ектенія по обычаю и возгласъ: — Слава Святѣй: шестопсалміе. Ектенія великая. На — Богъ Господь: во гласѣ 4-й, тропарь отцевъ 2-жды; Слава, и нынѣ: богородиченъ — Еже отъ вѣка: По каѳизмахъ сѣдальны отцевъ; Слава, и нынѣ: богородиченъ. Псаломъ 50-й. Каноны храма съ ирмосомъ на 6 и отцевъ на 8 (припѣвъ — Преподобніи отцы, молите Бога о насъ). 2-я пѣснь Тріоди. Ирмосы канона храма. Катавасія — Пѣснь возслемъ людіе: По 3-й пѣсни сѣдаленъ отцевъ — Лучи якоже солнце: — Антонія кроткое: Слава: — Узы разрѣшше: И нынѣ: богородиченъ — Въ тимѣніи: по 6-й пѣсни кондакъ отцевъ — Яко благочестія: и икосъ. На 9-й — Честнѣйшую: Свѣтиленъ отцевъ — Міра отвергшіися: Слава, и нынѣ: богородиченъ — Въ постничествѣ: На хвалитехъ во гласъ 8-й; стихиры отцевъ — Отцевъ вси множество: на 4; Слава: отцевъ — Преподобніи отцы: И нынѣ: богородиченъ — Богородице, Ты еси лоза: Славословіе великое. Тропарь отцевъ; Слава, и нынѣ: богородиченъ —

Февраль

Еже отъ вѣка: Ектеніи. Отпустъ обычный.

На часахъ тропарь и кондакъ отцевъ.

На литургіи блаженна на 8; отъ канона отцевъ, пѣснь 3-я на 4 и пѣснь 6-я на 4. По входѣ тропари храма, и отцевъ; кондакъ храма; Слава: отцевъ; И нынѣ: храма Богородицы или — Предстательство христіанъ. Прокименъ — Восхвалятся преподобніи во славѣ: Апостолъ къ Рим. зач. 115-е и къ Гал. зач. 213-е. Аллилуіа во гл. 2-й. Евангеліе отъ Матѳ. зач. 16-е и отъ Матѳ. зач. 43-е. Причастенъ и — Радуйтеся: Отпустъ обычный.

17-го ФЕВРАЛЯ. **Недѣля сыропустная — Изгнаніе Адамово.** Гласъ 4-й. **Святителя Ермогена, патріарха Московскаго и всея Россіи чудотворца.**

Служба святителя Ермогена напечатана на интернетѣ. Зри: http://osanna.russportal.ru/index.php?id=liturg_book.menaion_sept_aug. february_m1701

На великой вечерни — Блаженъ мужъ: На — Господи воззвахъ: стихиры на 10; Октоиха 4, Тріоди — Создатель мой Господь: 3; и святителя — Гласъ святыя Церкве: 3; Слава: Тріоди — Сѣде Адамъ прямо рая: И нынѣ: догматикъ — Иже Тебе ради: Входъ. Прокименъ — Господь воцарися: Чтенія святителя 3. На литіи стихира храма, Тріоди хвалитныя — Увы мнѣ: — Поприще добродѣтелей: Слава: святителя — Что сіе есть: И нынѣ: Тріоди — Солнце лучи скры: На стиховнѣ стихиры Октоиха; Слава: святителя — Святителю Ермогене, молимъ тя: И нынѣ: Тріоди — Изгнанъ бысть Адамъ: По — Нынѣ отпущаеши: на благословеніи хлѣбовъ — Богородице Дѣво: 2-жды и тропарь святителя — Россійскія земли первопрестольниче: 1-жды.

На утрени на — Богъ Господь: тропарь воскресенъ 2-жды; Слава: святителя; И нынѣ: богородиченъ — Еже отъ вѣка: По каѳизмахъ сѣдальны Октоиха. Полїелей и — На рѣкахъ Вавилонскихъ: Величаніе святителя — **Величаемъ тя, святителю отче Ермогене, и чтемъ святую память твою, ты бо молиши за насъ Христа Бога нашего.** 1-жды. (Въ воскресные дни избранные псалмы не поются.) — Ангельскій соборъ: Ѵпакои гласа. Сѣдальны святителя — Строителя земли: — Свѣтлую твою: — Явился еси: — Притецемъ, вѣрніи: — Премудраго іерарха: Слава: — Премудраго іерарха: И нынѣ: богородиченъ — Ублажимъ Честнѣйшую: Степенна и прокименъ гласа. Евангеліе воскресное 4-е, отъ Луки зач. 112-е. — Воскресеніе Христово: Псаломъ 50-й. Слава: Тріоди — Покаянія отверзи ми: и прочая обычно. Каноны: воскресенъ на 4, Богородицы на 2, Тріоди на 4 (припѣвъ — Помилуй мя, Боже, помилуй мя) и святителя на 4 (припѣвъ — Святителю отче Ермогене, моли Бога о насъ). Ирмосы — Моря чермную пучину: Катавасія — Яко по суху: По 3-й пѣсни кондакъ святителя — Темницею и гладомъ: и икосъ; сѣдаленъ святителя — Возшедъ на высоту: Слава, и нынѣ: Тріоди — Изгнанъ бысть Адамъ: по 6-й кондакъ Тріоди — Премудрости наставниче: съ икосами. На 9-й пѣсни — Честнѣйшую: — Святъ Господь Богъ нашъ. Свѣтиленъ воскресенъ 4-й — Добродѣтельми блиставшеся: Слава: святителя — Во свѣтѣ Православія: И нынѣ: Тріоди — Заповѣдь Твою: На хвалитехъ стихиры на 9; Октоиха 4 и святителя — Сотворите въ пѣснехъ: со славнымъ — Пріидите ублажимъ: 4; съ припѣвами ихъ — Честна предъ Господемъ: и — Священницы Твои облекутся: затѣмъ припѣвъ — Воскресни Господи Боже мой: и самогласенъ Тріоди — Адамъ изъ рая: Слава: Тріоди — Приспѣ время: И нынѣ: — Преблагословенна еси: Славословіе великое. Тропарь — Воскресъ изъ гроба: Ектеніи и отпустъ воскресный. Слава, и нынѣ: стихира евангельская 4-я — Утро бѣ глубоко: Часъ 1-й.

На часахъ тропарь воскресный; Слава: святителя. Кондаки святителя и Тріоди поперемѣнно.

ЗРИ: На проскомидіи пріуготовляются 3 Агнца: единъ для сей литургіи и 2 для Преждеосвященныхъ литургій въ среду и въ пятницу. Подобно творимъ и въ послѣдующіе воскресные дни до недѣли Ваій.

На литургіи блаженна на 12; гласа на 4, изъ канона Тріоди пѣснь 3-я на 4 и святителя, пѣснь 6-я на 4. По входѣ тропари воскресенъ и святителя; Слава: кондакъ святителя; И нынѣ: Тріоди. Прокименъ — Помолитеся, и воздадите: и — Возвеселится праведникъ: Апостолъ къ Рим. зач. 112-е. и ко Евр. зач. 335-е. Аллилуіа во гл. 6-й и 4-й. Евангеліе отъ Матѳ. зач. 17-е и отъ Іоан. зач. 36-е. Причастенъ — Хвалите Господа: и — Въ память вѣчную: Отпустъ воскресный.

Предъ вечерней **9-й часъ** обычно чтется.

На вечерни по возгласѣ — Благословенъ Богъ нашъ: чтецъ — Пріидите, поклонимся: и псаломъ 103-й — Благослови, душе моя, Господа: Ектенія великая. Каѳизмы нѣтъ. На — Господи воззвахъ: во гл. 4-й; стихиры на 10: покаянны Октоиха 4, гласъ 4-й, изъ вечернихъ стиховныхъ — Хотѣхъ слезами: — Кто обуреваемъ: и изъ утреннихъ стиховныхъ понедѣльника — Омый мя слезами: — Овча есмь: (подобно берется и въ послѣдующія недѣли до 5-й включительно). Тріоди — Воздержаніемъ тѣло: 3 и святителя Льва изъ Минеи — Что тя именуемъ: 3; Слава, и нынѣ: богородиченъ, гл. 8-й — Кому уподобилася еси: Входъ съ кадиломъ. По — Свѣте тихій: прокименъ великій, гл. 8-й — Не отврати лица Твоего: 4 1/2 раза. Когда поютъ въ послѣдній разъ, іерей затворяетъ Царскія врата, снимаетъ фелонь, надѣваетъ черный епитрахиль и выходитъ на амвонъ, по — Сподоби, Господи: глаголетъ ектенію — Исполнимъ вечернюю: Хоръ поетъ — Господи помилуй, особымъ постнымъ напѣвомъ. Посемъ стихиры на стиховнѣ изъ Тріоди, гласъ 4-й — Возсія благодать: Слава, и нынѣ: богородиченъ — Ангельстіи чини: По — Нынѣ отпущаеши: тропарь — Богородице Дѣво: и поклонъ великій; Слава — Крестителю Христовъ: и поклонъ единъ; И нынѣ: — Молите за ны: и поклонъ единъ. Таже — Подъ Твое благоутробіе: безъ поклона. Чтецъ — Господи, помилуй (40 разъ); Слава, и нынѣ: — Честнѣйшую: — Именемъ Господнимъ: іерей — Сый

Февраль

благословенъ: чтецъ — Небесный Царю: іерей — Господи и Владыко живота моего: и творимъ 3 поклоны великіе. Таже отпустъ[7]). И цѣлуемъ иконы и крестъ у іерея, и испрашиваемъ вѣрніи прощеніе другъ у друга, вступая во святую Четыредесятницу.

Повечеріе малое безъ канона.

НАЧАЛО СВЯТАГО И ВЕЛИКАГО ПОСТА.

18-го ФЕВРАЛЯ. **Чистый понедѣльникъ.** Святителя Льва, папы Римскаго.

Полунощница по часослову съ 17-й каѳизмой. Послѣ — Иже на всякое время: возгласъ — Боже, ущедри ны: и 3 великихъ поклона съ молитвой — Господи и Владыко живота моего: (Въ прочіе же дни: еще 12 малыхъ поясныхъ поклоновъ и вновь всю молитву и поклонъ 1 великій).

Утреня. Іерей съ кадиломъ предъ престоломъ — Благословенъ Богъ нашъ: чтецъ — Аминь. (Аще нѣсть полунощницы, то по возгласѣ — Царю Небесный:) Трисвятое: по — Отче нашъ: іерей — Яко Твое есть Царство: и кадитъ церковь. Чтецъ — Аминь; и чтетъ псалмы 19-й и 20-й и прочее до шестопсалмія. Ектенія великая, и поемъ — Аллилуіа, въ рядовый 4-й гласъ и троичны повторяются ежедневно до пятка включительно, только конецъ къ 1-му измѣняется по дню. Въ понедѣльникъ первое окончаніе — **Предстательствы безплотныхъ Твоихъ помилуй насъ.** Начало читаетъ священникъ или чтецъ, а концы припѣваются. Посемъ каѳизмы 4-я, 5-я и 6-я. По 4-й каѳизмѣ, безъ ектеніи, сѣдальны умилительны Октоиха 4-го гласа (съ мученичнымъ) — Смиренную мою душу: стихъ — Господи, да не яростію: — Преплавая пучину: стихъ — Дивенъ во святыхъ Своихъ, Богъ Израилевъ; мученичнъ — Днесь ангельская: Слава, и нынѣ: — Воспитавшейся во храмѣ: (см. въ концѣ «Постной Тріоди» или въ концѣ Великаго сборника, 3-я часть: «Тріодь постная»). На 5-й и 6-й каѳизмахъ сѣдальны Тріоди на ряду. Псаломъ 50-й. Молитва — Спаси, Боже, люди Твоя: Возгласъ — Милостію и щедротами: И начинаемъ канонъ. Пѣснь 1-я: поется сначала гимнъ пророка Моисея — Господеви поемъ: по стихамъ до — Огустѣша: Отсюда начинаемъ къ стихамъ гимна прибавлять изъ канона святителя Льва на 6: — Огустѣша: и ирмосъ — Воду прошедъ: Стихъ — Рече врагъ: и тропарь канона и далѣе (тропари на 5). Отъ стиха — Тогда потщашася: поется на 4 первый трипѣснецъ Тріоди; (тропари — Грѣховъ треволненіе: и — Единъ азъ: читаются какъ единъ); отъ — Господь царствуяй: второй трипѣснецъ Тріоди. Въ концѣ еще два тропаря Тріоди — Колесница огненная: — Брашно Адамъ: При каждомъ изъ нихъ припѣвъ — Слава Тебѣ, Боже нашъ, слава Тебѣ; Катавасія Тріоди —

---

[7]) Въ приходскихъ храмахъ, вмѣсто отпуста, іерей чтетъ молитву: — Владыко Многомилостиве: (та, что въ концѣ Великаго повечерія), намъ въ землю преклонившимся, и испрашиваетъ прощенія у вѣрныхъ, предваряя сіе обычно приличнымъ случаю назидательнымъ словомъ.

Грядите, людіе: Пѣснь 3-я изъ Минеи на 4 съ двумя послѣдними стихами гимна пророчицы Анны. Ирмосъ — Ты еси утвержденіе: не поется вначалѣ, но въ концѣ пѣсни, какъ катавасія. Ектенія малая. Сѣдаленъ святителя — Мученическими добротами: Слава, и нынѣ: богородиченъ — Иже на престолѣ: 4-я и 5-я пѣсни изъ Минеи. Сначала ирмосъ, потомъ тропари Минеи на 4 съ двумя послѣдними стихами гимна. 6-я пѣснь поется изъ Минеи, какъ 3-я, и кончается ирмосомъ. Малая ектенія. Кондакъ святителя — Вѣру Христову: и икосъ. 7-я пѣснь поется изъ Минеи, какъ 4-я, 8-я какъ 1-я: сначала выпѣваются стихи гимна до — Благословите огнь и варъ: и ирмосъ Минеи. Также 5 тропарей Минеи. Два трипѣснца Тріоди на 8 со стихами. Въ концѣ — Слава Тебѣ, Боже: тропарь — Постився Господь: — Хвалимъ, благословимъ: и катавасія Тріоди — Древле оросившаго: Поемъ — Честнѣйшую: На 9-й пѣсни поемъ ирмосъ Минеи и тропари на 5, Тріоди два трипѣснца на 8 со стихами. Въ концѣ — Слава Тебѣ, Боже: тропарь — День единъ: и катавасія Тріоди — Преестественно плотію: — Достойно есть: и поклонъ. Ектенія малая. По возгласѣ свѣтиленъ троиченъ, гласъ 4-й — Свѣтъ возсіяй міру Твоему: Свѣтиленъ повторяется ежедневно до пятка включительно. Начало читаетъ чтецъ, а концы припѣваются. Конецъ къ 1-му измѣняется по дню; въ понедѣльникъ первое окончаніе — **Предстательствы безплотныхъ Твоихъ, и спаси мя;** во второе на — Слава: конецъ — Молитвами, Господи, святыхъ Твоихъ, и спаси мя; на — И нынѣ: въ концѣ — Молитвами, Господи, Богородицы, и спаси мя. Чтемъ хвалительные псалмы. Іерей — Тебѣ слава подобаетъ: Чтецъ — Аминь. Іерей — Слава Тебѣ, показавшему намъ свѣтъ. Чтецъ — Слава въ вышнихъ Богу: Ектенія — Исполнимъ утреннюю: Стиховны Тріоди, гласъ 5-й — Пріиде постъ: Слава, и нынѣ: богородиченъ — Тя Божію Матерь: Чтецъ — Благо есть исповѣдатися: 2-жды. Трисвятое: по — Отче нашъ: тропарь — Въ храмѣ стояще: — Господи, помилуй (40 разъ) — Честнѣйшую: іерей — Сый благословенъ: чтецъ — Небесный Царю: Іерей — Господи и Владыко: и поклона 3; таже — Боже, очисти мя, грѣшнаго; и 12 поясныхъ поклоновъ; посемъ всю молитву и поклонъ земный. Чтецъ — Аминь; и часъ 1-й. По понедѣльникамъ на 1-мъ часѣ каѳизмы нѣтъ. По трехъ псалмѣхъ, іерей — Заутра услыши: ликъ поетъ тойже стихъ, іерей — Глаголы моя: ликъ: Заутра услыши: и т. д. и творимъ поклоны. Іерей — Слава: чтецъ — И нынѣ: и — Что тя наречемъ: Таже ликъ поетъ повторно — Стопы моя: и — Да исполнятся: Вмѣсто кондака — Преславную Божію Матерь: — Господи, помилуй (40 разъ). — Иже на всякое время: Іерей — Боже, ущедри ны: и 16 поклоновъ съ молитвой — Господи и Владыко: конечное Трисвятое: по — Отче нашъ: — Господи, помилуй (12 разъ); іерей — Христе, Свѣте истинный: и отпустъ.

Часы 3-й, 6-й и 9-й отправляются съ каѳизмами (7-я, 8-я и 9-я) и великопостными тропарями (на 3-мъ часѣ — Господи, Иже Пресвятаго Твоего Духа: на 6-мъ — Иже въ шестый день: на 9-мъ — Иже въ девятый часъ:). На 6-мъ часѣ послѣ — Яко не имамы: чтецъ — Тропарь

Февраль

пророчества, гласъ 5-й — Господи, Господи, Егоже вся ужасаются: поемъ — Слава, и нынѣ: тойже. Іерей — Вонмемъ. Чтецъ слово *прокименъ* не глаголетъ, точію скажетъ — Гласъ 4-й — Вѣсть Господь путь: стихъ — Блаженъ мужъ: таже іерей — Премудрость; чтецъ — Пророчества Исаіина чтеніе; іерей — Вонмемъ. И чтецъ чтетъ паремію. По чтеніи, іерей — Вонмемъ. Чтецъ — Гласъ 7-й — Работайте Господеви: стихъ — Вскую шаташася: Сице глаголати іерею и чтецу во всю святую четыредесятницу прокименъ, предъ пареміями на 6-мъ часѣ и на вечерни (когда нѣтъ Литургіи Преждеосвящ. Даровъ). Въ концѣ каждаго часа — Господи и Владыко: на 3-мъ и 6-мъ часѣ съ 16-ю поклонами, а на 9-мъ съ тремя поклонами великими.

Изобразительныя отправляются вмѣстѣ съ часами. Послѣ молитвы 9-го часа — Владыко Господи Іисусе Христе: отверзается завѣса и поется — Во Царствіи Твоемъ: Въ концѣ — Помяни насъ, Господи: — Помяни насъ, Владыко: — Помяни насъ, Святый: на каждый стихъ поклонъ земный. Чтецъ — Ликъ небесный: и прочее; по — Отче нашъ: кондакъ храма Христова. Аще храмъ Богородицы или святаго: кондакъ Преображенія — На горѣ Преобразился еси: посемъ кондакъ безплотныхъ (только въ понедѣльникъ) — Архистратизи Божіи: храма святаго (аще храмъ его), рядового святаго изъ Минеи (аще есть); Слава: — Со святыми упокой: И нынѣ: — Предстательство христіанъ: аще храмъ Богородицы: И нынѣ: кондакъ храма. — Господи, помилуй (40 разъ). — Честнѣйшую: Іерей — Боже, ущедри: и 16 поклоновъ съ молитвой — Господи и Владыко: и начинаемъ вечерню — Пріидите поклонимся:

19-го ФЕВРАЛЯ. **Чистый вторникъ.** Св. апостола Архиппа.

Вечерня. — Пріидите, поклонимся: и псаломъ 103-й — Благослови, душе моя, Господа: Ектенія великая. Каѳизма 18-я. Малая ектенія. — Господи воззвахъ: гласъ 2-й; стихиры на 6; Тріоди — Всякій грѣхъ: 3 и изъ Минеи апостола Архиппа — Свѣтомъ словесъ Архиппъ: 3; Слава, и нынѣ: богородиченъ, гл. 8-й — Исхити мя, владычице: Чтецъ — Свѣте тихій: Прокименъ, гласъ 6-й — Господне есть спасеніе: Бытія чтеніе. Прокименъ, гласъ 5-й — Господь услышитъ мя: Притчей чтеніе. — Сподоби, Господи: Ектенія — Исполнимъ вечернюю: Стихиры стиховныя Тріоди, гласъ 3-й — Постимся постомъ: Слава, и нынѣ: богородиченъ — Богородице, предстательство всѣхъ: — Нынѣ отпущаеши; Трисвятое: по — Отче нашъ: поемъ тропари съ земными поклонами — Богородице Дѣво: Слава: — Крестителю Христовъ: И нынѣ: — Молите за ны: Таже безъ поклона — Подъ Твое благоутробіе: Чтецъ — Господи, помилуй (40 разъ). — Честнѣйшую: Іерей — Сый благословенъ: Чтецъ — Небесный Царю: и 16 поклоновъ съ молитвою — Господи и Владыко: Трисвятое: по — Отче нашъ: — Господи, помилуй (12 разъ). — Всесвятая Троице: — Буди имя Господне: 3-жды; Слава, и нынѣ: Псаломъ 33-й — Благословлю Господа: Іерей — Премудрость.

Ликъ — Достойно есть: Іерей — Пресвятая Богородице: Ликъ — Честнѣйшую: Іерей — Слава Тебѣ, Христе Боже: Ликъ — Слава, и нынѣ: — Господи, помилуй (3-жды), — Благослови. И конечный отпустъ отъ іерея. Таже заупокойная литія въ притворѣ.

Великое повечеріе бываетъ около 3-4 час. вечера (по церковному счету, о часѣ 9-мъ). Іерей въ епитрахили — Благословенъ Богъ: Чтецъ — Аминь. Слава Тебѣ, Боже нашъ, слава Тебѣ; — Царю Небесный: Трисвятое: по — Отче нашъ: и прочее начало. По — Пріидите поклонимся: псаломъ 69-й — Боже, въ помощь мою: И чтемъ Великій канонъ (твореніе преп. Андрея Критскаго), творяще его на 4 части, яко исполнится ему въ четвертокъ вечера. На кійждо тропарь 3 поясныхъ поклона съ припѣвомъ — Помилуй мя, Боже, помилуй мя. По 6-й пѣсни кондакъ (твореніе преп. Романа Сладкопѣвца) — Душе моя, душе моя: по 9-й пѣсни ирмосъ — Безсѣменнаго зачатія: И чтемъ въ Часословѣ — Внегда призвати: поряду до — Живый въ помощи: поемъ — Съ нами Богъ: — День прешедъ: — Безплотное естество: — Пресвятая Дѣво: чтемъ — Вѣрую: Таже іерей — Пресвятая Владычице: и ликъ тоже дважды и два поклона. Прочіе же стихи іерей единожды и ликъ единожды и поклонъ. Трисвятое: по — Отче нашъ: — Просвѣти очи: Слава: — Заступникъ души моея: И нынѣ: — Яко не имамы: — Господи, помилуй (40 разъ). И прочее поряду. Послѣ — Слава въ вышнихъ Богу: Трисвятое: по — Отче нашъ: поемъ — Господи силъ: Таже — Иже на всякое время: и молитва св. Ефрема съ 16-ю поклонами. Конечное Трисвятое: по — Отче нашъ: — Господи, помилуй (12 разъ). Молитвы — Нескверная, неблазная: — И даждь намъ, Владыко: — Преславная, Приснодѣво: и — Упованіе мое: Іерей — Слава Тебѣ: Ликъ — Слава, и нынѣ: — Господи, помилуй (3-жды): — Благослови. Вмѣсто отпуста, намъ на землю приклоншимся, іерей чтетъ — Владыко многомилостиве: Прощеніе и ектенія — Помолимся: Прикладываемся къ образамъ, получаемъ благословеніе и расходимся.

На полунощницѣ все послѣдованіе, какъ въ понедѣльникъ, только молитва — Господи и Владыко: съ 16-ю поклонами.

На утрени къ троичному 8-го гласа, первое окончаніе измѣняется — **Молитвами Предтечи Твоего помилуй насъ.** А на — Слава: и на — И нынѣ: концы неизмѣнны. Каѳизмы 10-я, 11-я и 12-я. По 10-й каѳизмѣ сѣдальны Октоиха 4-го гласа (съ мученичнымъ) — Скоро совнидемъ: стихъ — Господи, да не яростію: — Помяни душе: стихъ — Дивенъ Богъ во святыхъ Своихъ, Богъ Израилевъ; мученченъ — Иже во всемъ: Слава, и нынѣ: богородиченъ — Господственно и истинно: По 11-й и 12-й каѳизмѣ сѣдальны Тріоди. На канонѣ 1-я пѣснь поется на 4 такъ какъ въ понедѣльникъ 4-я пѣснь. Канонъ апостола Архиппа изъ Минеи. Ирмосы — Моря чермную: На трипѣснцахъ положены пѣсни 2-я, 8-я и 9-я. На 2-й пѣсни вычитывается сначала весь гимнъ — Вонми небо: а потомъ только изъ Тріоди ирмосъ и трипѣснцы съ припѣвомъ — Слава Тебѣ, Боже нашъ, слава Тебѣ. 3-ю пѣснь поемъ какъ 1-ю, только ирмосъ

Февраль

изъ минеи — Веселится о Тебѣ: поется въ концѣ какъ катавасія. По 3-й пѣсни сѣдаленъ апостола — Павловъ ученикъ бывъ: Слава, и нынѣ: богородиченъ — Безневѣстная чистая: по 6-й пѣсни кондакъ апостола — Яко звѣзду: 7-я, 8-я и 9-я пѣсни поются, какъ и въ понедѣльникъ. Малая ектенія. По возгласѣ свѣтиленъ троиченъ, гласъ 4-й. Въ свѣтильнѣ измѣняется за первымъ разомъ конецъ — **Молитвами, Господи, Предтечи Твоего, и спаси мя.** Чтемъ хвалительные псалмы. Іерей — Слава Тебѣ, показавшему намъ свѣтъ. Чтецъ — Слава въ вышнихъ Богу: Ектенія — Исполнимъ утреннюю: Стиховны Тріоди, гласъ 3-й — Начнемъ людіе: Слава, и нынѣ: богородиченъ — Богородице, предстательство: — Благо есть исповѣдатися: 2-жды. И прочее послѣдованіе великопостной утрени, какъ въ понедѣльникъ. Прилагаемъ же и 1-й часъ съ 13-й каѳизмой.

На часахъ каѳизмы 14-я, 15-я и 16-я. На 6-мъ часѣ тропарь пророчества, гласъ 1-й — Яко пришельцы есмы: Прокименъ, гласъ 4-й — Вонми гласу моленія: Пророчества Исаіина чтеніе. Прокименъ, гласъ 4-й — Господи, да не яростію:

На изобразительныхъ, по — Отче нашъ: порядокъ кондаковъ какъ въ понедѣльникъ. Только вмѣсто кондака безплотныхъ читается кондакъ Предтечи — Пророче Божій: По молитвѣ — Господи и Владыко: съ 16 поклонами и начинаемъ вечерню — Пріидите, поклонимся:

20-го ФЕВРАЛЯ. **Чистая среда.** Преподобнаго Льва, епископа Катанскаго.

На вечерни на — Господи воззвахъ: гласъ 2-й, стихиры на 6; Тріоди — Снѣдію древле: 3 и преподобнаго Льва изъ Минеи — Господи, Ты святителя: 3; Слава, и нынѣ: крестобогородиченъ, гл. 8-й — Агнца тя егда агница: — Свѣте тихій: Прокименъ, гласъ 6-й — Господи, Боже мой: Бытія чтеніе. Прокименъ, гласъ 5-й — Господи Господь нашъ: Притчей чтеніе: На стиховнѣ стихиры Тріоди гласъ 8-й — Постъ не ошаяніе: Слава, и нынѣ: крестобогородиченъ — О преславнаго чудесе: и прочее, якоже въ понедѣльникъ.

Повечеріе великое съ канономъ св. Андрея Критскаго.

Полунощница, какъ и въ предыдущій день.

На утрени послѣдованіе, якоже въ понедѣльникъ. Къ троичному 4-го гласа, первый припѣвъ — **Силою Креста Твоего сохрани насъ, Господи.** Каѳизмы 19-я, 20-я и 1-я. По 19-й каѳизмѣ сѣдальны Октоиха 4-го гласа (съ мученичнымъ) — Искупилъ еси: стихъ — Возносите Господа: — Скоро предвари: стихъ — Дивенъ Богъ: мученичнъ — Мученицы Твои Господи: Слава, и нынѣ: крестобогородиченъ — Дѣво пренепорочная: По 20-й и 1-й каѳизмѣ сѣдальны Тріоди. Канонъ преподобнаго Льва на 4. Ирмосы — Воду прошедъ: Трипѣснецъ положенъ на 3-й, 8-й и 9-й пѣсняхъ. По 3-й пѣсни сѣдаленъ преподобнаго — Великое солнце: Слава, и нынѣ: крестобогородиченъ — Нескверная агница: По 6-й пѣсни кондакъ преподобнаго — Якоже свѣтильника:

Свѣтиленъ троиченъ, гласъ 4-й. Въ свѣтильнѣ измѣняется за первымъ разомъ конецъ — **Силою, Господи, Креста Твоего, и спаси мя.** Чтемъ хвалительные псалмы. Іерей — Слава Тебѣ, показавшему намъ свѣтъ. Чтецъ — Слава въ вышнихъ Богу: Ектенія — Исполнимъ утреннюю: Стиховны Тріоди, гласъ 8-й — Постомъ, помышленій страсти: Слава, и нынѣ: крестобогородиченъ — Что зримое видѣніе: — Благо есть исповѣдатися: 2-жды. И прочее послѣдованіе великопостной утрени, какъ въ понедѣльникъ. Прилагаемъ же и 1-й часъ съ 2-й каѳизмой.

На часахъ каѳизмы 3-я, 4-я и 5-я. На 6-мъ часѣ тропарь пророчества, гласъ 4-й — Вѣси созданіе наше: Прокименъ, гласъ 4-й — Исповѣмся Тебѣ: Пророчества Исаіина чтеніе. Прокименъ, гл. 6-й — Праведнъ Господь: На 9-мъ часѣ по 3-хъ поклонахъ іерей совершаетъ входное и облачается во всѣ священническія одежды.

На изобразительныхъ, по — Отче нашъ: во всѣхъ храмахъ, вмѣсто кондака храма Христова или кондака Преображенія чтется кондакъ Креста — Вознесыйся на Крестъ волею: также и остальные кондаки по прежнему указанію. Изобразительныя оканчиваются такъ: по 16-ти поклонахъ съ молитвою Ефрема Сирина — Трисвятое: по — Отче нашъ: — Господи, помилуй (12 разъ), — Всесвятая Троице: Іерей — Премудрость. Ликъ — Достойно есть: поклонъ земный. Іерей — Пресвятая Богородице: Ликъ — Честнѣйшую: и опустъ по обычаю. Затѣмъ служимъ вечерню съ литургіей Преждеосвященныхъ Даровъ.

21-го ФЕВРАЛЯ. **Чистый четвертокъ.** Преподобнаго Тимоѳея, иже въ Символѣхъ. Святителя Евстаѳія, архіепископа Антіохійскаго.

Вечерня съ литургіей Преждеосвященныхъ Даровъ. Діаконъ по отпустѣ изобразительныхъ возглашаетъ — Благослови, владыко. Іерей, помолившись предъ престоломъ, возглашаетъ — Благословено Царство: творя на антиминсѣ Евангеліемъ знаменіе креста. Ликъ — Аминь. Чтецъ — Пріидите, поклонимся: и псаломъ 103-й. Іерей чтетъ предъ Царскими вратами свѣтильничныя молитвы, начиная съ 4-й. По псалмѣ великая ектенія и каѳизма 18-я, на нейже переноситъ іерей Святый Агнецъ съ престола на жертвенникъ и покрываетъ его. На 1-й — Славѣ: іерей поставляетъ дискосъ на раскрытый антиминсъ и благоговѣйно полагаетъ изъ дарохранительницы на дискосъ преждеосвященный Агнецъ, поклоняясь ему до земли. На 2-й — Славѣ: троекратное кажденіе вокругъ престола. На 3-й Славѣ: іерей переноситъ Агнецъ мимо горняго мѣста на жертвенникъ, вливаетъ вино съ водою въ чашу и покрываетъ. По каждой Славѣ: каѳизмы, малая ектенія. — Господи воззвахъ: во гласъ 8-й. Стихиры на 10; самогласенъ Тріоди — Постящеся братіе: 2-жды, и мученичнъ, подобны — Свѣтолучныя васъ: 3 и Минеи преподобнаго Тимоѳея — Отче богомудре Тимоѳее: 4, повторяюще первую; Слава, и нынѣ: богородиченъ, гл. 8-й — Кому уподобилася еси: Входъ съ кадиломъ. — Свѣте тихій: Діаконъ — Вонмемъ. Іерей — Миръ всѣмъ. Чтецъ — И духови твоему. Діаконъ

— Премудрость. Чтецъ прокименъ не глаголетъ, точію скажетъ — гласъ 5-й — Ты, Господи: стихъ — Спаси мя, Господи: таже діаконъ — Вонмемъ. Чтецъ — Бытія чтеніе. По чтеніи, діаконъ — Вонмемъ. Чтецъ — гласъ 6-й — Призри и услыши мя: Послѣ втораго прокимна, діаконъ — Повелите. Іерей, осѣняя свѣщею и кадиломъ молящихся возглашаетъ — Премудрость, прости, Свѣтъ Христовъ просвѣщаетъ всѣхъ. Чтецъ — Притчей чтеніе. Діаконъ — Вонмемъ. Чтецъ чтетъ 2-ю паремію. Іерей — Миръ ти. Чтецъ — И духови твоему. Діаконъ — Премудрость. Таже поетъ учиненный пѣвецъ посредѣ церкви — Да исправится молитва моя: По окончаніи — Да исправится: а также по перенесеніи святыхъ Даровъ, іерей провозглашаетъ предъ престоломъ — Господи и Владыко: съ тремя великими поклонами. И прочее послѣдованіе литургіи Преждеосвященныхъ Даровъ по ряду. По — Буди имя Господне: при пѣніи 33-го псалма іерей раздаетъ молящимся антидоръ. Совершенный отпустъ.

Повечеріе великое съ канономъ Андрея Критскаго, какъ и въ предыдущіе дни.

На полунощницѣ все неизмѣнно.

На утрени къ троичному 4-го гласа, первый припѣвъ — **Молитвами святыхъ Апостолъ Твоихъ, и святителя Николая, помилуй насъ.** Каѳизмы 6-я, 7-я и 8-я. По 6-й каѳизмѣ сѣдальны Октоиха 4-го гласа (съ мученичнымъ) — Свѣтила въ концѣхъ: стихъ — Во всю землю: — Яко Моѵсей: стихъ — Дивенъ Богъ: мученичѐнъ — Крестомъ вооружившеся: Слава, и нынѣ: богородиченъ — Слово Отчее Христа: По 7-й и 8-й каѳизмахъ сѣдальны Тріоди. На канонѣ 1-я пѣснь поется на 6. Ирмосъ изъ минеи — Поимъ Господеви: Стихъ — Введъ насади: и глаголемъ два тропаря преп. Тимоѳея за одинъ, и стихъ и слѣдующій (третій) тропарь канона, богородиченъ же оставляется; далѣе стихъ и два тропаря за одинъ святителя Евстаѳія; Слава: и слѣдующій третій тропарь святителя; И нынѣ: богородиченъ. Трипѣснецъ положенъ на 4-й, 8-й и 9-й пѣсняхъ, на нихъ же каноны преподобнаго и святителя со ирмосомъ на 6 и Тріоди на 8. По 3-й пѣсни сѣдаленъ преподобнаго — Научився Слову: Слава: святителя — Единосущнаго Отцу и Духу: И нынѣ: богородиченъ — Яко невоздѣланная: По 6-й пѣсни кондакъ преподобнаго — Яко звѣзда: Свѣтиленъ троиченъ, гласъ 4-й. Въ свѣтильнѣ измѣняется за первымъ разомъ конецъ — **Молитвами Господи, Апостолъ Твоихъ, и святителя Николая, и спаси мя.** Чтемъ хвалитѣльные псалмы до — Хвалите его на силахъ Его: поемъ стихиры святителя Евстаѳія — Имѣя житіе небесно: (писаны на — Господи воззвахъ:) на 4; Слава, и нынѣ: богородиченъ, гл. 8-й — Кому уподобилася еси: Іерей — Слава Тебѣ, показавшему намъ свѣтъ. Чтецъ: — Аминь. Іерей — Слава Тебѣ, показавшему намъ свѣтъ. Чтецъ: — Слава въ вышнихъ Богу: Ектенія — Исполнимъ утреннюю: Стиховны Тріоди, гласъ 3-й — Господи, мнѣ грѣшному: Слава, и нынѣ: богородиченъ — Богородице, предстательнице: — Благо есть исповѣдатися: 2-жды. И прочее послѣдованіе великопостной утрени, какъ въ понедѣльникъ. Прилагаемъ же и 1-й часъ съ 9-й каѳизмой.

На часахъ каѳизмы 10-я, 11-я и 12-я. На 6-мъ часѣ тропарь пророчества, гласъ 1-й — Видимыхъ и невидимыхъ врагъ: Прокименъ, гл. 1-й — Внегда возвратитъ Господь: Пророчества Исаіна чтеніе. Прокименъ, гл. 4-й — Господи, кто обитаетъ:

На изобразительныхъ, по — Отче нашъ: порядокъ кондаковъ тотъ же, какъ въ понедѣльникъ. Только вмѣсто кондака безплотныхъ читаются кондакъ апостоловъ — Твердыя и боговѣщанныя: и кондакъ свят. Николая — Въ Мѵрѣхъ, святе: По молитвѣ — Господи и Владыко: съ 16 поклонами начинаемъ вечерню — Пріидите, поклонимся:

22-го ФЕВРАЛЯ. **Чистый пятокъ.** Обрѣтеніе мощей святыхъ, иже въ Евгеніи.

На вечерни на — Господи воззвахъ: гласъ 2-й, стихиры на 6; Тріоди 3 — Омрачена мя: и въ Минеи мучениковъ — Многообразными виды мученій: 3; Слава, и нынѣ: крестобогородиченъ, гл. 4-й — Не рыдай Мене, мати: Прокименъ, гласъ 4-й — Благословлю Господа, вразумившаго мя. Бытія чтеніе. Прокименъ, гласъ 4-й — Сохрани мя, Господи: Притчей чтеніе. На стиховнѣ стихиры Тріоди, гласъ 4-й — Желающе божественныя Пасхи: Слава, и нынѣ: крестобогородиченъ — На Крестѣ: и прочее послѣдованіе великопостной вечерни по обычаю (см. въ понедѣльникъ вечера).

На великомъ повечеріи завершается чтеніе великаго канона Андрея Критскаго.

Полунощница, какъ и въ предыдущіе дни.

На утрени къ троичному 4-го гласа, первый припѣвъ — **Силою Креста Твоего сохрани насъ, Господи.** Каѳизмы 13-я, 14-я и 15-я. По 13-й каѳизмѣ сѣдальны Октоиха 4-го гласа (съ мученичнымъ) — На крестѣ: стихъ — Возносите Господа: — Свѣтъ душъ: стихъ — Дивенъ Богъ: мученичен — Честное страстотерпцевъ: Слава, и нынѣ: крестобогородиченъ — На крестѣ Тя вознесена: По 14-й и 15-й каѳизмахъ сѣдальны Тріоди. Канонъ мучениковъ на 4. Ирмосы — Колесницегонителя фараоня: Трипѣснецъ положенъ на 5-й, 8-й и 9-й пѣсняхъ, на нихъ же канонъ мучениковъ со ирмосомъ на 6 и Тріоди на 8. По 3-й пѣсни кондакъ мучениковъ — Отъ земли возсіявше: сѣдаленъ мучениковъ — Лесть вражію: Слава, и нынѣ: крестобогородиченъ — Зряще Тя, Христе: 6-я пѣснь стихословится сначала и до — И да пріидетъ къ Тебѣ: включительно. Отъ — Хранящіи суетная и ложная: читаемъ канонъ мучениковъ и за катавасію ирмосъ канона. По 6-й пѣсни кондакъ мучениковъ — Крѣпцыи вѣры: 7-я пѣснь стихословится сначала и до — Благословенъ еси видяй бездны: Стихъ — Благословенъ еси видяй бездны: ирмосъ 7-й пѣсни канона и прочіе тропари. Свѣтиленъ троиченъ, гласъ 8-й. Въ свѣтильнѣ измѣняется за первымъ разомъ конецъ — **Силою, Господи, Креста Твоего, и спаси мя.** Чтемъ хвалитные псалмы. Іерей — Тебѣ слава подобаетъ: Чтецъ — Аминь.

Февраль

Іерей — Слава Тебѣ, показавшему намъ свѣтъ. Чтецъ — Слава въ вышнихъ Богу: Ектенія — Исполнимъ утреннюю: Стиховны Тріоди, гласъ 8-й Постное завѣщаніе: Слава, и нынѣ: крестобогородиченъ — Яко видѣ: — Благо есть исповѣдатися: 2-жды. И прочее послѣдованіе великопостной утрени, какъ въ понедѣльникъ. На 1-мъ часѣ каѳизмы нѣтъ.

На часахъ 3-мъ и 6-мъ каѳизмы 19-я и 20-я. **На 9-мъ часѣ** каѳизмы нѣтъ. На 6-мъ часѣ тропарь пророчества, гласъ 5-й — Многогрѣховное наше житіе: Прокименъ, гласъ 7-й — Возлюблю Тя, Господи: Пророчества Исаіина чтеніе. Прокименъ, гласъ 6-й — Господи, Помощниче мой:

На изобразительныхъ, по — Отче нашъ: порядокъ кондаковъ тотъ же, какъ въ среду. Окончаніе изобразительныхъ, какъ и въ среду предъ преждеосвященной. Затѣмъ служимъ вечерню съ литургіей Преждеосвященныхъ Даровъ.

23-го ФЕВРАЛЯ. **Суббота 1-я Великаго поста.** Воспоминаніе чуда св. великомученика Ѳеодора Тирона.

Вечерня съ литургіей Преждеосвященныхъ Даровъ. На вечерни ектенія великая и каѳизма 18-я. На — Господи воззвахъ: во гл. 5-й; стихиры на 10; Тріоди самогласенъ — Пріидите вѣрніи: 2-жды; мученичны Октоиха 4, гл. 8-й — Мученицы Господни: — Мученицы Твои: — Аще кая добродѣтель: — Егда сядеши: и великомученика Ѳеодора изъ Тріоди — Пріидите мученикомлюбцы: 4; Слава: великомуч. Ѳеодора — Сосуда употребивъ: И нынѣ: догматикъ настоящаго гласа — Иже тебе ради: Входъ съ кадиломъ. — Свѣте тихій: Прокименъ, гласъ 5-й — Услышитъ ты Господь: Бытія чтеніе. Прокименъ, гласъ 6-й — Вознесися, Господи: Притчей чтеніе. — Да исправится молитва моя: 3 поклона и прочее послѣдованіе Преждеосвященныхъ.

По заамвонной молитвѣ псаломъ 142-й. — Богъ Господь: во гласъ 2-й. Тропарь — Велія вѣры: Слава: тойже; И нынѣ: — Вся паче смысла: Псаломъ 50-й и кажденіе. Канонъ великомуч. Ѳеодора безъ ирмосовъ (по установившейся практикѣ канонъ читаетъ настоятель, а ликъ поетъ припѣвы — Святый великомучениче Ѳеодоре, моли Бога о насъ; Слава: и И нынѣ). По 6-й пѣсни кондакъ великомуч. По 9-й пѣсни ирмосъ — Тя неискусобрачную: Трисвятое: по — Отче нашъ: Тропарь великомуч. Ѳеодора; Слава: кондакъ его; И нынѣ: богородиченъ — Якоже предстательство: — Господу помолимся. И чтется молитва на благословеніе колива изъ Служебника или Требника. — Буди имя Господне: 3-жды; — Благословлю Господа: Отпустъ Литургіи преждеосвященныхъ Даровъ.

Аще ли не будетъ Преждеосвященныя — по каѳизмѣ малая ектенія; на — Господи воззвахъ: во гласъ 8-й; стихиры на 6; мученичны изъ Октоиха на 3, гл. 8-й — Мученицы Господни: — Мученицы Твои: — Аще кая добродѣтель: и великомуч. Ѳеодора изъ Тріоди 3 — Пріидите мучениколюбцы: Слава: великомуч. Ѳеодора — Сосуда употребивъ: И нынѣ: догматикъ настоящаго гласа — Иже тебе ради: (безъ входа). Чтецъ — Свѣте тихій: Прокименъ, гласъ 5-й — Услышитъ тя Господь: Бытія чтеніе. Прокименъ, гласъ 6-й — Вознесися, Господи: Притчей чтеніе. — Сподоби Господи: Ектенія — Исполнимъ: На стиховнѣ Тріоди самогласенъ дне, гл. 5-й — Пріидите вѣрніи, дѣлаимъ во свѣтѣ: 2-жды; и мученичень — Благословено воинство: (изъ Октоиха въ субботу на утрени, гл. 5-й, на хвалитехъ); Слава: великомуч. Ѳеодора гл. 2-й — Божественныхъ даровъ (см. въ стихирахъ на Господи воззвахъ:): И нынѣ: богородиченъ — Все упованіе мое (см. богородичныхъ отъ меньшихъ, гласъ 2-й въ четвертокъ на утрени): — Нынѣ отпущаеши: Трисвятое: по — Отче нашъ: Тропарь великомуч. Ѳеодора — Велія вѣры: Слава, и нынѣ: — Вся паче смысла: Ектенія — Помилуй насъ Боже: Молитва преп. Ефрема и три поклоны великія. По молитвѣ псаломъ 142-й. — Богъ Господь: Тропарь — Велія вѣры: Слава: тойже; И нынѣ: — Вся паче смысла: Псаломъ 50-й и кажденіе. Канонъ великомуч. Ѳеодора безъ ирмосовъ (по установившейся практикѣ, канонъ читается настоятелемъ, а ликъ поетъ припѣвы — Святый великомучениче Ѳеодоре, моли Бога о насъ: Слава: и И нынѣ). По 6-й пѣсни кондакъ великомуч. По 9-й пѣсни ирмосъ — Тя неискусобрачную: Трисвятое: по — Отче нашъ: Тропарь великомуч. Ѳеодора; Слава: кондакъ его; И нынѣ: богородиченъ — Якоже предстательство: — Господу помолимся. И чтется молитва на благословеніе колива изъ Служебника или Требника. Чтецъ — Всесвятая Троице: — Буди имя Господне: 3-жды. Слава, и нынѣ: Псаломъ 33-й. Іерей — Премудрость. Ликъ — Достойно есть: Іерей — Пресвятая Богородице: Ликъ — Честнѣйшую: Іерей — Слава Тебѣ, Христе Боже: Ликъ — Слава, и нынѣ: — Господи, помилуй (3-жды), — Благослови. И конечный отпустъ отъ іерея.

Великое повечеріе безъ поклоновъ. По 1-мъ Трисвятомъ тропарь великомуч. Ѳеодора; Слава, и нынѣ: — Вся паче смысла: По 2-мъ Трисвятомъ — Помилуй насъ, Господи: Канонъ изъ Октоиха о усопшихъ 8-го гласа. По — Достойно есть: и по Трисвятомъ: кондакъ великомуч. Ѳеодора. Отпустъ малый. Правило ко святому причащенію для говѣющихъ.

Полунощница субботняя, каѳизма 9-я.

На утрени на — Богъ Господь: во гл. 2-й; тропарь великомуч. Ѳеодора — Велія вѣры: 2-жды; Слава, и нынѣ: богородиченъ — Вся паче смысла: По 16-й каѳизмѣ малая ектенія и сѣдальны Октоиха 4-го гласа — Днесь ангельская: стихъ — Дивенъ Богъ: — Крестомъ вооружившеся: Слава, и нынѣ: богородиченъ — Еже отъ вѣка: по 17-й каѳизмѣ малая ектенія и сѣдальны великомуч. Ѳеодора съ богородичнымъ. Псаломъ 50-й. Каноны: храма на 6 и великомуч. Ѳеодора два канона на 8 (припѣвъ — Святый великомучениче Ѳеодоре, моли Бога о насъ). Ирмосы храма; катавасія — Отверзу уста моя: По 3-й пѣсни сѣдаленъ великомуч. Ѳеодора — Божественное всеоружіе: Слава: — Максиміановыми

Февраль

ласканьми: И нынѣ: богородиченъ — Яко всенепорочная: По 6-й пѣсни кондакъ великомуч. Ѳеодора — Вѣру Христову: и икосъ. На 9-й — Честнѣйшую: По 9-й пѣсни *не поется* — Достойно есть: Ексапостиларій великомуч. Ѳеодора — Вѣнченосче святе: Слава, и нынѣ: богородиченъ — Во чревѣ твоемъ: Чтемъ хвалитные псалмы до — Хвалите Его на силахъ Его: поемъ стихиры великомуч. Ѳеодора — Мужа изрядна: на 4; Слава: — Священія даръ: И нынѣ: богородиченъ — Богородице, Ты еси лоза: Іерей — Слава Тебѣ, показавшему намъ свѣтъ. Чтецъ — Слава въ вышнихъ Богу: Ектенія просительная. На стиховнѣ стихиры великомуч. Ѳеодора — Ликуютъ соборы: съ припѣвами ихъ — Праведникъ яко фениксъ: и — Насаждени въ дому: Слава: — Страдальческимъ мужествомъ: И нынѣ: богородиченъ — Владычице, пріими: (см. богородиченъ отъ меньшихъ, гласъ 8-й въ субботу на утрени) — Благо есть: 1-жды. Трисвятое: по — Отче нашъ: Тропарь великомуч. Ѳеодора; Слава, и нынѣ: богородиченъ — Вся паче смысла: Ектенія сугубая и безъ отпуста часъ 1-я кончающійся великимъ отпустомъ.

На часахъ тропарь и кондакъ великомуч. Ѳеодора.

На литургіи свят. Іоанна Златоуста, блаженна на 8; отъ перваго канона великомуч. Ѳеодора, пѣснь 3-я на 4 и отъ втораго канона, пѣснь 6-я на 4. По входѣ: *въ храмѣ Господскомъ или Богородицы:* тропари храма и великомуч. Ѳеодора; Слава: кондакъ его; И нынѣ: кондакъ храма. *Въ храмѣ святаго:* тропари храма и великомуч. Ѳеодора; кондакъ храма; Слава: великомуч. Ѳеодора; И нынѣ: — Предстательство христіанъ: Прокименъ — Возвеселится праведникъ: Апостолъ ко Евр. зач. 303-е и къ Тим. зач. 292-е. Аллилуіа во гл. 4-й. Евангеліе отъ Марка зач. 10-е и отъ Іоан. зач. 52-е. Причастенъ — Въ память вѣчную: И причащаются Св. Христовыхъ Таинъ говѣвшіе въ теченіе 1-й седмицы Св. Поста. Отпустъ обычный.

24-го ФЕВРАЛЯ. **Недѣля 1-я Великаго поста.** Гласъ 5-й. **Торжество Православія. Первое и второе обрѣтеніе честныя главы Предтечи.**

На великой вечерни — Блаженъ мужъ: На — Господи воззвахъ: стихиры на 10; Октоиха 3, Тріоди — Тя непостижимаго: 4 и Предтечи — Радуйся, священная главо: 3 Слава: Тріоди — Благодать возсія: И нынѣ: догматикъ — Въ Чермнемъ мори: Входъ. Прокименъ — Господь воцарися: Чтенія Предтечи 3. На стиховнѣ стихиры Октоиха; Слава: Предтечи — Якоже божественныхъ: И нынѣ: Тріоди — Изъ нечестія: По — Нынѣ отпущаеши: — Богородице Дѣво: 2-жды и тропарь Тріоди — Пречистому Образу Твоему: 1-жды.

На утрени на — Богъ Господь: тропарь воскресенъ 2-жды; Слава: тропарь Предтечи — Отъ земли возсіявши: И нынѣ: Тріоди. По каѳизмахъ сѣдальны Октоиха. Полiелей и величаніе Предтечи — **Величаемъ тя, Крестителю Спасовъ Іоанне, и почитаемъ вси честныя твоея главы обрѣтеніе;** 1-жды. (Въ воскресные дни избранные псалмы не поются.) — Ангельскій соборъ: Vпакои гласа.

Сѣдальны Предтечи — Яко божественное сокровище: — Издавшися яко злато: Слава: Предтечи — Крестителева глава: И нынѣ: богородиченъ — Благодаримъ тя: Степенна и прокименъ гласа. Евангеліе воскресное 5-е, отъ Лук. (зач. 113). — Воскресеніе Христово: Псаломъ 50-й. Слава: Тріоди — Покаянія отверзи ми: и прочая обычно. Каноны: воскресенъ на 4, Предтечи на 4 (припѣвъ — Святый великій Іоанне, Предтече Господень, моли Бога о насъ) и Тріоди на 6 (припѣвъ — Слава Тебѣ, Боже нашъ, слава Тебѣ). Ирмосы — Коня и всадника: Катавасія — Моря чермную пучину: По 3-й пѣсни кондакъ Предтечи — Пророче Божій: и икосъ; сѣдаленъ Предтечи — Яко въ хранилищи: Слава, и нынѣ: Тріоди — Божественный Твой зракъ: по 6-й кондакъ Тріоди — Неописанное Слово Отчее: и икосъ. На 9-й пѣсни — Честнѣйшую: — Святъ Господь Богъ нашъ. Свѣтиленъ воскресенъ 5-й — Животъ и путь: Слава: Предтечи — Свѣтоявленная возсія: И нынѣ: Тріоди — Взыграйте, восплещите: На хвалитехъ стихиры на 9; Октоиха 4 и Тріоди — Въ Тебѣ нынѣ: 4 съ припѣвами ихъ — Исповѣмся Тебѣ: — Возвеселюся и возрадуюся: таже припѣвъ — Воскресни Господи: и стихира — Моѵсей во время: Слава: Тріоди — Моисей во время: И нынѣ: — Преблагословенна еси: Славословіе великое. Тропарь — Днесь спасеніе: Ектеніи и отпустъ воскресный. Слава, и нынѣ: стихира евангельская 5-я — О премудрыхъ судебъ: Часъ 1-й.

На часахъ тропарь воскресный; Слава: Тріоди и Предтечи поперемѣнно. Кондакъ воскресный, Предтечи и Тріоди попремѣнно.

На литургіи свят. Василія Великаго блаженна на 12; Октоиха на 4, изъ канона Тріоди, пѣснь 3-я на 4 и изъ канона Предтечи, пѣснь 6-я на 4. По входѣ тропари воскресенъ, Тріоди и Предтечи; кондакъ воскресенъ; Слава: Предтечи; И нынѣ: Тріоди. Прокименъ пѣснь отцевъ — Благословенъ еси, Господи: и — Возвеселится праведникъ: Апостолъ ко Евр. зач. 329-е отъ полу и къ Кор. зач. 176-е. Аллилуіа во гл. 4-й. Евангеліе отъ Іоанна зач. 5-е и отъ Матѳ. зач. 40-е. Вмѣсто — Достойно есть: поемъ — О Тебѣ радуется: Причастенъ — Хвалите Господа: и — Въ память вѣчную: Отпустъ воскресный.

По заамвонной молитвѣ совершается послѣдованіе молебнаго пѣнія — **О обращеніи заблудшихъ,** а въ каѳедральныхъ соборахъ совершается чинъ Православія.

На вечерни на — Господи воззвахъ: во гл. 5-й; стихиры на 10: покаянны Октоиха 4, гласъ 5-й, изъ вечернихъ стиховныхъ — Господи согрѣшая: 2 и изъ утреннихъ стиховныхъ понедѣльника — Множества прегрѣшеній: 2; Тріоди — Даждь ми умиленіе: 3 и изъ Минеи святителя Тарасія — Пріидите, иже божественныхъ: 3; Слава, и нынѣ: богородиченъ — Гроздъ всезрѣлый: Входъ съ кадиломъ. Прокименъ великій — Далъ еси достояніе: Стиховны стихиры Тріоди — Пріидите очистимъ себе: Слава, и нынѣ: богородиченъ — Небесная поютъ Тя: и прочее послѣдованіе якоже указася въ недѣлю сыропустню вечера (до отпуста). **На маломъ повечеріи** поемъ канонъ Тріоди святымъ пророкомъ.

Мартъ

III. МАРТЪ

1-го МАРТА. *Суббота 2-я Великаго поста. Родительская. Поминовеніе усопшихъ.* Преподобномученицы Евдокіи Иліопольскія.

Вечерня съ литургіей Преждеосвященныхъ Даровъ. На вечерни каѳизма 18-я и по каждой Славѣ: ектенія малая. На — Господи воззвахъ: во гл. 4-й, стихиры на 10; самогласенъ Тріоди — Нынѣ время: 2-жды, 4 мученичны изъ Октоиха, гласъ 5-й — Пламень нечестія: — Щитомъ вѣры: дважды; — О земныхъ всѣхъ: и изъ Минеи преподобномученицы Евдокіи — Первѣе постившися: 4; Слава: покоинъ со стиховенъ Октоиха 5-го гласа — Помянухъ пророка вопіюща: И нынѣ: догматикъ настоящаго гласа — Въ Чермнѣмъ мори: Входъ съ кадиломъ. — Свѣте тихій: Прокименъ Тріоди, гласъ 4-й — Милость Твоя: Бытія чтеніе. Второй прокименъ, гласъ 6-й — Азъ рѣхъ, Господи: Притчей чтеніе. — Да исправится молитва: и прочее литургіи Преждеосвященныхъ Даровъ.

Аще ли не будетъ Преждеосвященныя — по 18-й каѳизмѣ, малая ектенія; на — Господи воззвахъ: во гл. 5-й, стихиры на 6; 3 мученичны изъ Октоиха, гласъ 5-й — Пламень нечестія: — Щитомъ вѣры: — О земныхъ всѣхъ: и изъ Минеи преподобномученицы Евдокіи — Первѣе постившися: 3; Слава: покоинъ со стиховенъ Октоиха 5-го гласа — Помянухъ пророка вопіюща: И нынѣ: догматикъ настоящаго гласа — Въ Чермнѣмъ мори: Входа нѣтъ: Чтецъ — Свѣте тихій: Прокименъ Тріоди, гласъ 4-й — Милость Твоя: Бытія чтеніе. Второй прокименъ, гласъ 6-й — Азъ рѣхъ, Господи: Притчей чтеніе. — Сподоби Господи: Ектенія — Исполнимъ: На стиховнѣ Тріоди самогласенъ, дне, гласъ 4-й — Нынѣ время: 2-жды; и мученичнъ изъ Октоиха, гласъ 5-й — Пламенъ нечестія: (изъ вечерни пятка, на — Господи воззвахъ:) съ припѣвами — Къ Тебѣ возведохъ: и — Помилуй насъ Господи: Слава, и нынѣ: богородиченъ 5-го гласа — Обрадованная, ходатайствуй: (тамъ-же на стиховны). По — Нынѣ отпущаеши: тропарь — Апостоли, мученицы: Слава: — Помяни, Господи: И нынѣ: — Мати святая: Ектенія — Помилуй насъ, Боже: Молитва преп. Ефрема и три поклоны великія. — Всесвятая Троице: — Буди имя Господне: 3-жды. Слава, и нынѣ: Псаломъ 33-й. Іерей — Премудрость. Ликъ — Достойно есть: Іерей — Пресвятая Богородице: Ликъ — Честнѣйшую: Іерей — Слава Тебѣ, Христе Боже: Ликъ — Слава, и нынѣ: — Господи, помилуй (3-жды), — Благослови. И конечный отпустъ отъ іерея.

На великомъ повечеріи по 1-мъ Трисвятомъ тропарь — Апостоли, мученицы: Слава: — Помяни, Господи: И нынѣ: — Мати святая: По 2-мъ Трисвятомъ — Помилуй насъ, Господи: Канонъ о усопшихъ изъ Октоиха 5-го гласа. По — Достойно есть: и по Трисвятомъ: кондакъ — Со святыми упокой: Отпустъ малый.

На утрени вмѣсто — Богъ Господь: поемъ — Аллилуіа, во гласъ 2-й, со стихами — Блажени, яже избралъ: и тропарь — Апостоли, мученицы:

2-жды; Слава: — Помяни, Господи: И нынѣ: богородиченъ — Мати святая: По 16-й каѳизмѣ малая ектенія. Сѣдальны Октоиха 5-го гласа — Чудеса святыхъ: — Господи, чашѣ: стихъ — Дивенъ Богъ: — Святыхъ мученикъ: стихъ — Блажени, яже избралъ: — Покой спасе нашъ: Слава, и нынѣ: богородиченъ по первой каѳизмѣ — Радуйся, двере Господня: Также каѳизма 17-я (и прочая до канона, якоже указася въ субботу мясопустную — 9-го февраля). Каноны: преподобномученицы Евдокіи изъ Минеи со ирмосомъ на 6 (припѣвъ — Преподобномученице Евдокіе, моли Бога о насъ) и святаго храма на 4. (Аще же храмъ Христовъ, или Богородицы, поемъ канона храма со ирмосомъ на 6 и преподобномученицы на 4). Ирмосы — Грядите, людіе: или храма. По 3-й пѣсни ектенія малая (не заупокойная), кондакъ преподобномученицы — Во страданіи твоемъ: и икосъ; сѣдаленъ преподобномученицы — Прослѣщшися зарею: Слава, и нынѣ: богородиценъ — Яко дѣву: Отъ 6-й пѣсни прилагаемъ четверопѣснецъ Тріоди вмѣсто канона храма (припѣвъ — Святіи мученицы, молите Бога о насъ) Катавасія тріоди. По 6-й пѣсни ектенія заупокойная, порядокъ прежній. Кондакъ — Со святыми упокой: съ икосомъ. На 9-й пѣсни — Честнѣйшую: По катавасіи 9-й пѣсни — Достойно есть: Свѣтиленъ Тріоди — Небо звѣздами: Слава: — Живыми и мертвыми: И нынѣ: богородиченъ — Сладость ангеловъ: Чтемъ хвалительные псалмы до — Хвалите его на силахъ Его: На хвалитехъ стихиры на 4, мученичны Октоиха 5-го гласа — Благословено воинство: Слава: мертвенъ Октоиха — Ты создавый мя Господи: И нынѣ: богородиченъ — Оле окаянная душе: Славословіе чтемъ. На стиховнѣ мертвены стихиры Октоиха 5-го гласа — Свѣтомъ лица: Слава, и нынѣ: богородиченъ — Закономъ грѣховнымъ: По — Благо есть: и по Трисвятомъ, тропарь — Апостоли, мученицы: Слава: — Помяни, Господи: И нынѣ: — Мати святая: Ектенія, и часъ 1-й и отпустъ.

На часахъ тропарь Тріоди — Апостоли, мученицы: Слава: — Помяни, Господи: Кондакъ — Со святыми упокой:

На литургіи свят. Іоанна Златоуста блаженны гласа на 6. По входѣ тропарь — Апостоли, мученицы: и — Помяни, Господи: Слава: кондакъ — Со святыми упокой: И нынѣ: — Тебе и стѣну: Прокименъ — Веселитеся о Господѣ: и — Души ихъ во благихъ: Апостолъ ко Евр. зач. 309-е и за упокой къ Сол. зач. 270-е. Аллилуіа во гл. 4 и 8-й. Евангеліе отъ Марка зач. 6-е и отъ Іоанна зач. 16-е. Причастенъ — Радуйтеся: и — Блажени, яже избралъ:

По литургіи совершается вселенская панихида по всѣмъ православнымъ христіанамъ.

2-го МАРТА. **Недѣля 2-я Великаго поста.** Гласъ 6-й. Святителя Григорія Паламы, архіепископа Ѳессалоникійскаго.

На великой вечерни — Блаженъ мужъ: На — Господи воззвахъ: стихиры на 10; Октоиха 6 и святителя изъ Тріоди — Кіими благопохваленій: 4; Слава: святителя — Преподобне, треблаженне: И нынѣ:

Мартъ

догматикъ — Кто Тебе не ублажитъ: Входъ. Прокименъ — Господь воцарися: Ектеніи. На стиховнѣ стихиры Октоиха; Слава: святителя — Бодрый языкъ: И нынѣ: богородиченъ — Безневѣстная Дѣво: По — Нынѣ отпущаеши: — Богородице Дѣво: 3-жды.

На утрени на — Богъ Господь: тропарь воскресенъ 2-жды; Слава: святителя — Православія свѣтильниче: И нынѣ: богородиченъ — Иже насъ ради: По каѳизмахъ сѣдальны Октоиха. — Ангельскій соборъ: Vпакои, степенна и прокименъ гласа. Евангеліе воскресное 6-е, отъ Луки зач. 114-е. — Воскресеніе Христово: Псаломъ 50-й. Слава: Тріоди — Покаянія отверзи ми: и прочая Тріоди. Каноны: воскресенъ на 4, Тріоди на 4 (припѣвъ — Помилуй мя, Боже, помилуй мя) и святителя на 6 (припѣвъ — Святителю отче Григоріе, моли Бога о насъ). Ирмосы — Яко по суху: Катавасія — Отверзу уста моя: По 3-й пѣсни кондакъ Тріоди — Нынѣ время: сѣдаленъ святителя — Прелесть попалилъ: Слава, и нынѣ: богородиченъ — Скоро пріими: по 6-й кондакъ святителя — Премудрости священный: и икосъ. На 9-й пѣсни — Честнѣйшую: — Святъ Господь Богъ нашъ. Свѣтиленъ воскресенъ 6-й — Показуя, яко человѣкъ: Слава: святителя — Радуйся отцевъ похвало: И нынѣ: богородиченъ — Владычице, всѣхъ: На хвалитехъ стихиры на 9; Октоиха 5, святителя — Блаженную въ мірѣ: 3 съ припѣвами ихъ — Уста праведнаго поучатся премудрости, и языкъ его возглаголетъ судъ; и — Услышите сія вси языцы, внушите вси живущіи по вселеннѣй; и Тріоди — Во тмѣ согрѣшеній: 1; съ припѣвомъ — Воскресни Господи: Слава: тойже. И нынѣ: — Преблагословенна еси: Славословіе великое. Тропарь — Воскресъ изъ гроба: Ектеніи и отпустъ воскресенъ. Слава, и нынѣ: стихира евангельская 6-я — Истинный миръ Ты: Часъ 1-й.

На часахъ тропарь воскресный; Слава: святителя. Кондаки Тріоди и святителя поперемѣнно.

На литургіи свят. Василія Великаго блаженна на 10; гласа на 6 и отъ канона святителя, пѣснь 3-я на 4. По входѣ тропари воскресенъ, храма Богородицы или храма святаго, и святителя; Кондаки Тріоди, храма святаго; Слава: святителя; И нынѣ: храма Богородицы; *аще нѣсть храма Богородицы* — И нынѣ: Тріоди. Прокименъ — Ты, Господи, сохраниши ны: и — Уста моя возглаголютъ премудрость: Апостолъ ко Евр. зач. 304-е и ко Евр. зач. 318-е. Аллилуіа во гл. 6-й. Евангеліе отъ Марка зач. 7-е и отъ Іоан. зач. 36-е. Вмѣсто — Достойно есть: поемъ — О Тебѣ радуется: Причастенъ — Хвалите Господа: и — Въ память вѣчную: Отпустъ воскресный.

На вечерни на — Господи воззвахъ: во гл. 6-й; стихиры на 10: покаянны Октоиха 4, гласъ 6-й, изъ вечернихъ стиховныхъ — Во страшное пришествіе: 2 и ихъ утреннихъ стиховныхъ понедѣльника — Наго мя обрѣтъ: 2; Тріоди — Безчисленная Ти прегрѣшивъ: 3 и изъ Минеи мучениковъ Евтропія, Клеоника и Василиска — Тричисленніи мученицы: 3; Слава, и нынѣ: богородиченъ — Радуйся, странное слышаніе: Входъ съ кадиломъ. Прокименъ великій — Не отврати лица

Твоего: Стиховны стихиры Тріоди — Брозды исплювахъ: Слава, и нынѣ: богородиченъ — Небесная поютъ: и прочее послѣдованіе якоже указася въ недѣлю сыропустную вечера (до отпуста).

8-го МАРТА. *Суббота 3-я Великаго поста. Родительская. Поминовеніе усопшихъ.* Преподобнаго Ѳеофилакта исп., епископа Никомидійскаго.

Поется все, якоже въ 2-ю субботу (1-го марта), но гласъ 6-й, а изъ Минеи стихиры и канонъ преподобнаго Ѳеофилакта.

На литургіи свят. *Іоанна Златоуста* блаженна гласа на 6. По входѣ тропарь — Апостоли, мученицы: — Помяни, Господи: Слава: — Со святыми: И нынѣ: И нынѣ: — Тебе и стѣну: Прокименъ — Веселитеся о Господѣ: и — Души ихъ во благихъ: Апостолъ ко Евр. зач. 325-е и къ Сол. зач. 270-е. Аллилуіа во гл. 4-й и 8-й. Евангеліе отъ Марка зач. 8-е и отъ Іоанна зач. 16-е. Причастенъ — Радуйтеся: и — Блажени, яже избралъ:

По литургіи совершается вселенская панихида по всѣмъ православнымъ христіанамъ.

9-го МАРТА. **Недѣля 3-я Великаго поста.** Гласъ. 7-й. **Крестопоклонная. Сорока мучениковъ Севастійскихъ.**

Передъ вечерней іерей въ фелони идетъ къ жертвеннику, гдѣ уже приготовленъ честный Крестъ, васильками благовонными украшенный, или иными цвѣтами, лежащій на блюдѣ, покрытымъ воздухомъ. Царскія врата и завѣса закрыты. Іерей — Благословенъ Богъ: Діаконъ или чтецъ въ алтарѣ — Аминь. Трисвятое: по — Отче нашъ: — Спаси, Господи, люди: Слава, и нынѣ: — Вознесыйся: Во время пѣнія іерей кадитъ Крестъ и отдаетъ кадило. По возгласѣ же поклонившись, подъемлетъ его съ воздухомъ подъ нимъ на главу и переноситъ на престолъ, предшествуемый свѣщеносцами, и полагаетъ его на мѣстѣ Евангелія, послѣ чего снова кадитъ 3-жды вокругъ престола. Евангеліе же заранѣе поставляется на горнее мѣсто престола. Потомъ отверзаются завѣса и царскія врата и начинаемъ бдѣніе.

На великой вечерни — Блаженъ мужъ: На — Господи воззвахъ: стихиры на 10; Октоиха 3, изъ Тріоди Креста — Возсіяй Господень Кресте: 4; и мучениковъ — Терпяще настоящая: 3; Слава: Креста — Христе Боже нашъ: И нынѣ: догматикъ — Мати убо позналася еси: Входъ. Прокименъ — Господь воцарися: Чтенія мучениковъ 3. На стиховнѣ стихиры Октоиха; Слава: мучениковъ — Въ пѣснопѣніихъ восхвалимъ: И нынѣ: Креста — Пособивый Господи: По — Нынѣ отпущаеши: — Богородице Дѣво: 2-жды и тропарь Креста — Спаси, Господи: 1-жды.

На утрени на — Богъ Господь: тропарь воскресенъ 2-жды; Слава: тропарь мучениковъ — Болѣзньми святыхъ: И нынѣ: Креста. По каѳизмахъ сѣдальны Октоиха. Поліелей и величаніе — **Величаемъ васъ, страстотерпцы святіи мученицы Севастійстіи, и чтемъ**

Мартъ

честная страданія ваша, яже за Христа претерпѣли есте; 1-жды. (Въ воскресные дни избранные псалмы не поются.) — Ангельскій соборъ: Ѵпакои гласа. Сѣдальны мучениковъ — Честную твердь: — Мужественнѣйшимъ помысломъ: Слава: — Святыхъ мученикъ: И нынѣ: — Себе прежде суда: Степенна и прокименъ гласа. Евангеліе воскресное 7-е, отъ Іоанна зач. 63-е. — Воскресеніе Христово: Псаломъ 50-й. Слава: Тріоди — Покаянія отверзи ми: и прочая Тріоди. Каноны: воскресенъ на 4, мучениковъ на 4 (припѣвъ — Святіи мученицы Севастійстіи, молите Бога о насъ) и Креста изъ Тріоди на 6 (припѣвъ — Слава, Господи, Кресту Твоему честному). Ирмосы — Маніемъ Твоимъ: Катавасія — Божественнѣйшій проображи: По 3-й пѣсни кондакъ мучениковъ — Все воинство міра: и икосъ; сѣдаленъ мучениковъ — Христу ввоинившеся: Слава, и нынѣ: сѣдаленъ Креста — Крестъ Твой, Господи: По 6-й пѣсни кондакъ Креста — Не ктому пламенное: и икосъ. На 9-й пѣсни — Честѣйшую: — Святъ Господь Богъ нашъ: Свѣтиленъ воскресенъ 7-й — Яко взяша Господа: Слава: мучениковъ — Десятицу четверочисленную: И нынѣ: Креста — Крестъ Христовъ: Іерей же облачается во всѣ священныя одежды. На хвалитехъ стихиры на 9; Октоиха 4 и Тріоди: — Во гласѣхъ воскликнемъ: 5 съ припѣвами ихъ — Возносите Господа: — Богъ же Царь: и — Воскресни Господи Боже мой: Слава: Тріоди — Высокомудраго разума: И нынѣ: — Преблагословенна еси: Славословіе великое. Іерей кадитъ вокругъ престола 3-жды; при пѣніи Трисвятаго покланяется и принимаетъ Крестъ съ воздухомъ на главу. При протяжномъ пѣніи послѣдняго — Святый Боже: (распѣвомъ погребенія, въ это время и перезвонъ какъ на погребеніе), износитъ святый Крестъ на головѣ сѣверными дверьми предъ святыя врата, предъидущимъ двумъ свѣтильникамъ. По скончаніи Трисвятаго іерей возглашаетъ предъ царскими вратами — Премудрость прости. Ликъ — Спаси, Господи: 3-жды. Іерей полагаетъ Крестъ, васильками украшенный, на аналоѣ посреди церкви и творитъ кажденіе его. Таже поетъ 3-жды — Кресту Твоему покланяемся: Поетъ 3-жды и ликъ. Посемъ стихиры — Пріидите вѣрніи: — Днесь Владыка твари: Слава: — Днесь неприкосновенный: И нынѣ: — Днесь пророческое: И покланяются іерей и людіе единъ по единому честному Кресту. По скончаніи стихиръ, ектеніи и отпустъ воскресный. Слава, и нынѣ: стихира евангельская 7-я — Се тьма, и рано: Часъ 1-й.

На часахъ тропарь воскресный; Слава: Креста и мучениковъ поперемѣнно. Кондакъ воскресный, мучениковъ и Тріоди поперемѣнно.

На литургіи свят. Василія Великаго, блаженна на 12; гласа на 4, отъ канона Тріоди, пѣснь 3-я на 4 и отъ канона мучениковъ, пѣснь 6-я на 4. По входѣ тропари воскресенъ, Креста и мучениковъ; кондакъ воскресный; Слава: мучениковъ; И нынѣ: Креста. Вмѣсто Трисвятаго поемъ — Кресту Твоему: Прокименъ — Спаси Господи люди Твоя: и — Ты Господи сохраниши ны: Апостолъ ко Евр. зач. 311-е и Апостолъ ко Евр. зач. 331-е. Аллилуіа, гл. 8-й и 4-й. Евангеліе отъ Марка зач. 37-е и отъ Матѳ. зач. 80-е. Вмѣсто — Достойно есть: поемъ — О Тебѣ радуется: Причастенъ — Знаменася на насъ свѣтъ лица Твоего, Господи; и — Радуйтеся: Отпустъ воскресный.

На вечерни послѣдованіе, якоже въ недѣлю сыропустную вечера. На — Господи воззвахъ: во гл. 7-й, стихиры на 10; покаянны Октоиха 4, гласъ 7-й, изъ вечернихъ стиховныхъ — Яко блудный сынъ: 2 и изъ утреннихъ стиховныхъ понедѣльника — Яко неплодную: 2; изъ Тріоди стихиры Креста — Господи, на Крестѣ: 3 и изъ Минеи мученика Кодрата — Съ прехвальнымъ Кодратомъ: 3; Слава, и нынѣ: богородиченъ — Одержимы прегрѣшеніи: Входъ. Прокименъ великій — Далъ еси достояніе: Стиховны стихиры Тріоди — Воззрѣти очима: Слава, и нынѣ: богородиченъ — Небесная поютъ Тя: и прочее послѣдованіе якоже указася въ недѣлю Сыропустную вечера (до отпуста).

ПОДОБАЕТЪ ВѢДАТИ — яко поклоненіе честнаго Креста творимъ въ понедѣльникъ и среду на 1-мъ часѣ. Отверстымъ царскимъ вратамъ, бываетъ кажденіе Креста; вмѣсто же — Стопы моя: поемъ — Кресту Твоему: и — Пріидите, вѣрніи: и прочая. Въ пятокъ же бываетъ сіе поклоненіе не на 1-мъ часѣ, но по отпустѣ часовъ, послѣ чего Крестъ относится въ алтарь.

Въ сіи 3 дня поклоненія Кресту: въ понедѣльникъ, въ среду и въ пятокъ на всѣхъ часахъ и на изобразительныхъ кондакъ Креста — Не ктому пламенное оружіе: Также и на повечеріи (въ недѣлю на маломъ, а во вторникъ и въ четвертокъ на великомъ предъ — Господи силъ:).

ЗРИ: Отъ среды средопостной на литургіяхъ Преждеосвященныхъ Даровъ прилагается ектенія: — О иже ко святому просвѣщенію готовящихся:

15-го МАРТА. *Суббота 4-я Великаго поста. Родительская. Поминовеніе усопшихъ. Св. муч. Агапія и съ нимъ шести мучениковъ.*

Поется все, якоже въ 2-ю субботу (1-го марта), но гласъ 7-й, а изъ Минеи стихиры и канонъ мученика Агапія.

На литургіи свят. Іоанна Златоуста блаженна гласа на 6. По входѣ тропарь — Апостоли, мученицы: — Помяни, Господи: Слава: — Со святыми: И нынѣ: И нынѣ: — Тебе и стѣну: Прокименъ — Веселитеся о Господѣ: и — Души ихъ во благихъ: Апостолъ ко Евр. зач. 313-е и къ Кор. зач. 163-е. Аллилуіа во гл. 4-й и 8-й. Евангеліе отъ Марка зач. 31-е и отъ Іоанна зач. 16-е. Причастенъ — Радуйтеся: и — Блажени, яже избралъ:

По литургіи совершается вселенская панихида по всѣмъ православнымъ христіанамъ.

16 МАРТА. Недѣля 4-я Великаго поста. Гласъ 8-й. Преподобнаго Іоанна Лѣствичника.

На великой вечерни — Блаженъ мужъ: На — Господи воззвахъ:

Мартъ

стихиры на 10; Октоиха 7 и изъ Тріоди преподобнаго Іоанна — Отче Іоанне: 3; Слава: преподобнаго — Преподобне отче: И нынѣ: догматикъ — Царь небесный: Входъ. Прокименъ — Господь воцарися: На стиховнѣ стихиры Октоиха; Слава: преподобнаго — На земли ангела: И нынѣ: богородиченъ — О чудесе новаго: По — Нынѣ отпущаеши: — Богородице Дѣво: 3-жды.

На утрени на — Богъ Господь: тропарь воскресенъ 2-жды; Слава: преподобнаго — Пустынный житель: И нынѣ; богородиченъ — Гавріилу вѣщавшу: По каѳизмахъ сѣдальны Октоиха. — Ангельскій соборъ: Ѵпакои, степенна и прокименъ гласа. Евангеліе воскресное 8-е, отъ Іоанна зач. 64-е. — Воскресеніе Христово: Псаломъ 50-й. Слава: Тріоди — Покаянія отверзи ми: и прочая обычно. Каноны: воскресенъ на 4, Богородицы на 2, Тріоди на 4 (припѣвъ — Помилуй мя, Боже, помилуй мя) и преподобнаго на 4 (припѣвъ — Преподобне отче Іоанне, моли Бога о насъ). Ирмосы — Колесницегонителя фараоня погрузи: Катавасія — Отверзу уста моя: По 3-й пѣсни кондакъ преподобнаго — На высотѣ Господь: и икосъ; сѣдаленъ Тріоди — Пречистый Крестъ: Слава: — Добродѣтельными къ небеси: И нынѣ: богородиченъ — На престолѣ: по 6-й кондакъ воскресный и икосъ. На 9-й пѣсни — Честнѣйшую: — Святъ Господь Богъ нашъ. Свѣтиленъ воскресенъ 8-й — Два ангела: Слава: преподобнаго — Міра благострастія: И нынѣ: богородиченъ Тріоди — Господственно Богородицу: На хвалитехъ стихиры на 9; Октоиха 8 съ припѣвами ихъ — Исповѣмся Тебѣ, Господи: и — Возвеселюся и возрадуюся: таже стихъ — Воскресни Господи: и стихира Тріоди — Пріидите дѣлаимъ: Слава: тойже; И нынѣ: — Преблагословенна еси: Славословіе великое. Тропарь — Воскресъ изъ гроба: Ектеніи и отпустъ воскресный. Слава, и нынѣ: стихира евангельская 8-я — Маріины слезы: Часъ 1-й.

На часахъ тропарь воскресный; Слава: преподобнаго. Кондакъ воскресный.

ЗРИ: На проскомидіи пріуготовляются 4 Агнцевъ: единъ для сей литургіи и 3 для Преждеосвященныхъ литургіи въ среду, въ четвергъ и въ пятницу.

На литургіи свят. Василія Великаго, блаженна гласа на 8. По входѣ тропари см. 2-го января — № 2. Прокименъ — Помолитеся, и воздадите: и — Восхвалятся преподобніи: Апостолъ ко Евр. зач. 314-е и ко Ефес. зач. 229-е. Аллилуіа во гл. 8-й и 2-й. Евангеліе отъ Марка зач. 40-е и отъ Матѳ. зач. 10-е. Вмѣсто — Достойно есть. — О Тебѣ радуется: Причастенъ — Хвалите Господа: и — Въ память вѣчную: Отпустъ воскресный.

На вечерни послѣдованіе, якоже въ недѣлю сыропустную вечера. На — Господи воззвахъ: во гл. 8-й, стихиры на 10; покаянны Октоиха 4, гласъ 8-й, изъ вечернихъ стиховныхъ — Тебе Царя: 2 и изъ утреннихъ стиховныхъ понедѣльника — Егда пріиму: 2; Тріоди — Великія, вѣрніи:

3 и Минеи преподобнаго Алексія: — Человѣка тя прзнахомъ: 3; Слава, и нынѣ: богородиченъ — Недуговавшую, пресвятая: Входъ. Прокименъ великій — Не отврати лица Твоего: Таже — Сподоби, Господи: ектенія — Исполнимъ вечернюю: Стиховны Тріоди — Виноградъ насадивый: Слава мучениковъ: Полкъ Боговѣнчаненъ: и нынѣ: богородиченъ — Архангельски воспоимъ: — Нынѣ отпущаеши: и прочая вечерни, якоже въ вечеръ недѣли сыропустныя изъявися (до отпуста).

20-го МАРТА. Четвертокъ 5-й седмицы Великаго поста. Андреево стояніе.

Въ среду на вечерни каѳизма 7-я. На — Господи воззвахъ: во гласъ 8-й, стихиры на 30. Начинаемъ стихи отъ — Падутъ во мрежу свою: Самогласенъ — Моими помышленіи: 2-жды и мученичегъ, таже 3 стихиры подобны Тріоди, и 24 стихиры Великаго канона съ поклонами (три поясныхъ на каждую стихиру); Слава: — О неизреченнаго Твоего. И нынѣ: богородиченъ — О неизреченнаго снисхожденія: Входъ. — Свѣте тихій: Прокименъ, гласъ 4-й — Богъ отмщеній: Бытія чтеніе. Второй прокименъ, гл. 4-й — Воспойте Господеви: Притчей чтеніе. — Да исправится молитва моя: И прочее послѣдованіе Преждеосвященныхъ.

Утреня[8]) Великаго канона совершается съ вечера. По — Благословенъ Богъ: — Слава Тебѣ, Боже нашъ, слава Тебѣ. — Царю Небесный: Трисвятое: по — Отче нашъ: и прочее начало утрени по обычаю. По шестопсалміи и ектеніи — Аллилуіа, и троичны 8-го гласа; первое окончаніе — **Молитвами святыхъ Апостолъ Твоихъ, и святителя Николая, помилуй насъ.** (См. Вел. сб. часть 3-я «Тріодь постная»). Каѳизма 8-я[9]). Сѣдальны Октоиха съ мученичнымъ (см. въ концѣ Тріоди, гл. 4-й, въ четвертокъ на утрени). И чтемъ житіе преп. Маріи Египетскія (первую половину). Псаломъ 50-й. И канонъ Великій св. Андрея Критскаго. Ликъ поетъ — Помощникъ и Покровитель: іерей посреди церкви чтетъ тропари канона. Предъ каждымъ тропаремъ поемъ — Помилуй мя, Боже, помилуй мя; съ тремя поясными поклонами (метанія). На тропари преп. Маріи поемъ — Преподобная мати Маріе, моли Бога о насъ. Таже и Андрееву тропарю его припѣвъ — Преподобне отче Андрее, моли Бога о насъ. По 3-й пѣсни сѣдальны Тріоди — Свѣтила богозрачная: и чтемъ вторую половину житія преп. Маріи. На 4-й, 8-й и 9-й пѣснѣхъ трипѣснецъ безъ ирмосовъ и поклоновъ, съ припѣвомъ — Святіи Апостоли, молите Бога о насъ. По 6-й пѣсни кондакъ Тріоди — Душе моя, душе моя: и икосъ. Блаженны съ тропарями — Разбойника Христе рая: На 9-й пѣсни — Честнѣйшую: По канонѣ свѣтиленъ троиченъ 8-го гласа, въ немже за первымъ разомъ

---

[8]) Совершается съ вечера въ среду.

[9]) Въ Тѵпиконѣ указывается особый уставъ распредѣленія каѳизмъ на 5-й седмицѣ поста и еще спеціальный для случая, когда Благовѣщеніе приходится въ четвергъ и Великій канонъ поется во вторникъ.

Мартъ

конецъ — **Молитвами, Господи, Апостолъ Твоихъ, и святителя Николая, и спаси мя.** Хвалительны псалмы и славословіе чтемъ. Ектенія просительная. На стиховнѣ самогласенъ, мученичень и богородиченъ Тріоди. — Благо есть: 1-жды. Трисвятое: по — Отче нашъ: — Въ храмѣ стояще: Господи, помилуй (40 разъ). Слава, и нынѣ: — Честнѣйшую: — Именемъ Господнимъ: Іерей — Сый благословенъ: Чтецъ — Аминь. Небесный Царю: Іерей молитву Ефрема Сирина съ 3-мя поклонами. Таже 1-й часъ безъ каѳизмы. Тропарь — Заутра услыши: безъ пѣнія, съ малыми поклонами. По — Отче нашъ: Кондакъ — Душе моя: По — Иже на всякое время: молитва св. Ефрема съ 3-мя поклонами. Не читается конечное Трисвятое; но абіе — Христе, свѣте истинный: — Взбранной Воеводѣ: и отпустъ.

На часахъ каѳизмы 9-я, 10-я и 11-я; тропари великопостные безъ пѣнія, съ малыми поклонами. Кондакъ Тріоди — Душе моя: Въ концѣ каждаго часа 3 поклона съ молитвой св. Ефрема Сирина. На 6-мъ часѣ прокименъ Тріоди, гл. 6-й — Господь воцарися: Пророчества Исаіина чтеніе; прокименъ гл. 6-й — Воспойте Господеви: Прилагаемъ изобразительныя (— Во Царствіи: и — Помяни насъ, Господи: читаются). Изобразительныя оканчиваются такъ: по 3-хъ поклонахъ съ молитвою Ефрема Сирина, абіе — Всесвятая Троице: Іерей — Премудрость. Ликъ — Достойно есть: поклонъ земный. Іерей — Пресвятая Богородице: Ликъ — Честнѣйшую: Іерей — Слава Тебѣ, Христе Боже: и отпустъ по обычаю.

На вечерни съ литургіей Преждеосвященныхъ Даровъ стихословимъ каѳизму 12-ю. На — Господи воззвахъ: во гласъ 8-й, стихиры на 10; изъ Тріоди, самогласенъ — Самовластно совлекохся: 2-жды, и мученичень, таже подобны — Пригвожденъ Господи: 3 и Минеи преподобнаго исповѣдника Іакова, епископа — Превѣчнующее и никакоже: 4; Слава, и нынѣ: крестобогородиченъ — Распинаема Христа человѣколюбца: (писанъ 21-го марта на — Господи воззвахъ:). Входъ съ кадиломъ. — Свѣте тихій: Прокименъ Тріоди, гласъ 7-й — Возносите Господа: Бытія чтеніе. Второй прокименъ, гласъ 6-й — Воскликните Господеви: Притчей чтеніе. — Да исправится молитва: и прочее литургіи Преждеосвященныхъ Даровъ.

22-го МАРТА. *Суббота 5-я Великаго поста (Акаѳиста). Похвала Пресвятыя Богородицы.*

Въ пятокъ на вечерни съ литургіей Преждеосвященныхъ Даровъ каѳизма 18-я. На — Господи воззвахъ: во гл. 6-й, стихиры на 10; Тріоди самогласенъ — Яко отъ Іерусалима: 2-жды, мученичень — Мученицы Твои: и Богородицы — Совѣтъ превѣчный: 7 (повторяюще); Слава, и нынѣ: Богородицы, гласъ 2-й — Еже отъ вѣка: Входъ. Прокименъ, гласъ 4-й — Щедръ и милостивъ: Бытія чтеніе; Прокименъ, гласъ 4-й — Яко возвеличишася: Притчей чтеніе. — Да исправится: и прочее послѣдованіе литургіи Преждеосвященныхъ Даровъ.

Аще ли не будетъ Преждеосвященныя — по каѳизмѣ, на — Господи воззвахъ: стихиры Богородицы на 8, гл. 6-й — Совѣтъ превѣчный: Слава, и нынѣ: — Еже отъ вѣка: Входа нѣтъ. Чтецъ — Свѣте тихiй: Прокименъ, гласъ 4-й — Щедръ и милостивъ: Бытiя чтенiе; Прокименъ, гласъ 4-й. — Яко возвеличишася: Притчей чтенiе. — Сподоби Господи: Ектенiя — Исполнимъ: На стиховнѣ самогласенъ Трiоди, гл. 6-й — Яко отъ Iерусалима: 2-жды; и мучениченъ; со обычными припѣвы вечерними; Слава, и нынѣ: Богородицы — Языка, егоже не вѣдяше: (писано на хвалитехъ). По — Нынѣ отпущаеши: тропарь Богородицы — Повелѣнное тайно: Таже ектенiя — Помилуй насъ Боже: Молитва преп. Ефрема и три поклона великiя. — Всесвятая Троице: — Буди имя Господне: Слава, и нынѣ: Псаломъ 33-й. Iерей — Премудрость. Ликъ — Достойно есть: Iерей — Пресвятая Богородице: Ликъ — Честнѣйшую: Iерей — Слава Тебѣ, Христе Боже: Ликъ — Слава, и нынѣ: Господи, помилуй (3-жды), — Благослови. Отпустъ праздника — **Христосъ истинный Богъ нашъ, молитвами Пречистыя Своея Матере и всѣхъ святыхъ, помилуетъ:**

На утрени[10]) по — Благословенъ Богъ нашъ: чтецъ начинаетъ: — Слава Тебѣ, Боже нашъ, слава Тебѣ. — Царю Небесный: По шестопсалмiи и ектенiи, на — Богъ Господь: во гл. 8-й, тропарь — Повелѣнное тайно: 3-жды. Каѳизма 16-я и малая ектенiя. И начинаемъ пѣнiе акаѳиста передъ образомъ Пресвятыя Богородицы, украшеннымъ и положеннымъ на аналоѣ посреди храма. Ликъ — Взбранной Воеводѣ: И бываетъ отъ предстоятеля полное кажденiе всего храма; на прочихъ же частяхъ (при пѣнiи — Взбранной Воеводѣ:) малое кажденiе совершаетъ дiаконъ. И чтетъ iерей три икоса и три кондака (кончая — Бурю внутрь:). Таже — Взбранной Воеводѣ: и чтемъ каѳизму 17-ю. Ектенiя малая. — Взбранной Воеводѣ: и второе чтенiе акаѳиста — Слышаша пастырiе: и оканчивая 7-мъ кондакомъ (— Хотящу Симеону:) и — Взбранной Воеводѣ: Псаломъ 50-й. Каноны (отъ 1-й до 5-й пѣсни): Въ храмѣ Господскомъ канонъ храма со ирмосомъ на 6 (ирмосы по 2-жды) и Богородицы на 6; Въ храмѣ Богородицы, поемъ канонъ праздника — акаѳиста Богородицы со ирмосомъ на 12 (ирмосы по дважды). Въ храмѣ святаго канонъ Богородицы со ирмосомъ на 6 (ирмосы по дважды) и храма на 6. Катавасiя — Отверзу уста моя: По 3-й пѣсни малая ектенiя. Кажденiе. — Взбранной Воеводѣ: и чтенiе акаѳиста отъ 7-го икоса — Новую показа: оканчивая 10-мъ кондакомъ — Спасти хотя: и паки — Взбранной Воеводѣ: Сѣдаленъ — Великiй воинъ: Отъ 6-й пѣсни, канонъ храма оставляется, чтемъ канонъ Богородицы и четверопѣснецъ Трiоди. Катавасiя — Отъ кита пророка: По 6-й пѣсни малая ектенiя. Кажденiе. — Взбранной Воеводѣ: и чтенiе остальныхъ икосовъ и кондаковъ акаѳиста — Стѣна еси дѣвамъ: по — О, всепѣтая Мати: (сей трижды), потомъ 1-й икосъ — Ангелъ предстатель: и — Взбранной Воеводѣ: На 9-й пѣсни — Честнѣйшую: Свѣтиленъ Богородицы — Еже отъ вѣка: На

---

10) Совершается съ вечера въ пятницу.

Мартъ

хвалитехъ во гл. 4-й, стихиры Богородицы — Сокровенное таинство: на 4; Слава, и нынѣ: — Языка, егоже не вѣдяше: Славословіе великое. Тропарь — Повелѣнное тайно: Ектеніи. Отпустъ праздника — **Христосъ истинный Богъ нашъ, молитвами Пречистыя Своея Матере и всѣхъ святыхъ, помилуетъ:** и часъ 1-й.

На часахъ тропарь — Повелѣнное тайно: Кондакъ — Взбранной Воеводѣ:

Литургія свят. Іоанна Златоуста, блаженна отъ канона акаѳиста, пѣснь 3-я и 6-я на 8. По входѣ тропарь и кондакъ Богородицы. Прокименъ, пѣснь Богородицы — Величитъ душа моя: Апостолъ ко Евр. зач. 322-е и ко Евр. зач. 320-е. Аллилуіа во гл. 8-й. Евангеліе отъ Марка зач. 35-е и отъ Луки зач. 54-е. Причастенъ — Чашу спасенія: Отпустъ праздника.

23-го МАРТА. **Недѣля 5-я Великаго поста.** Гласъ 1-й. Преподобныя Маріи Египетскія.

На великой вечерни — Блаженъ мужъ: На — Господи воззвахъ: стихиры на 10; Октоиха на 6 и Тріоди преподобныя — Тебѣ убо возбраняше: 4; Слава: преподобныя — Очудотвори Христе: И нынѣ: догматикъ — Всемірную славу: Входъ. Прокименъ — Господь воцарися: На стиховнѣ стихиры Октоиха; Слава: преподобныя — Душевная ловленія: И нынѣ: богородиченъ — О, чудесе новаго: По — Нынѣ отпущаеши: — Богородице Дѣво: 3-жды.

На утрени на — Богъ Господь: тропарь воскресенъ 2-жды; Слава: преподобныя — Въ тебѣ мати: И нынѣ: богородиченъ — Иже насъ ради: По каѳизмахъ сѣдальны Октоиха. — Ангельскій соборъ: Vпакои, степенна и прокименъ гласа. Евангеліе воскресное 9-е, отъ Іоанна зач. 65-е. — Воскресеніе Христово: Псаломъ 50-й. Слава: Тріоди — Покаянія отверзи ми: и прочая обычно. Каноны: воскресенъ на 4, Богородицы на 2, Тріоди на 4 (припѣвъ — Помилуй мя, Боже, помилуй мя) и преподобныя на 4 (припѣвъ — Преподобная мати Маріе, моли Бога о насъ). Ирмосы — Твоя побѣдительная: Катавасія — Отверзу уста моя: По 3-й пѣсни кондакъ преподобныя — Блудами первѣе: и икосъ; сѣдаленъ преподобныя — Взыгранія вся: Слава, и нынѣ: богородиченъ — Небесная врата: по 6-й кондакъ воскресный и икосъ. На 9-й пѣсни — Честнѣйшую: — Святъ Господь Богъ нашъ. Свѣтиленъ воскресенъ 9-й — Заключеннымъ, Владыко: Слава: преподобныя — Образъ покаянія: И нынѣ: богородиченъ Тріоди — Сладосте ангеловъ: На хвалитехъ стихиры на 9; Октоиха 8 съ припѣвами ихъ — Исповѣмся Тебѣ, Господи: и — Возвеселюся и возрадуюся: таже стихъ — Воскресни Господи: и стихира Тріоди — Нѣсть Царство Божіе: Слава: тойже; И нынѣ: — Преблагословенна еси: Славословіе великое. Тропарь — Днесь спасеніе: Ектеніи и отпустъ воскресный. Слава, и нынѣ: стихира евангельская 9-я — Яко въ послѣдняя: Часъ 1-й.

На часахъ тропарь воскресный; Слава: преподобныя. Кондакъ воскресный.

На литургіи свят. Василія Великаго блаженна гласа на 8. По входѣ тропари см. 2-го января — № 2. Прокименъ — Буди Господи, милость Твоя: и — Дивенъ Богъ во святыхъ Своихъ: Апостолъ ко Евр. зач. 321-е отъ полу и къ Гал. зач. 208-е. Аллилуіа во гл. 1-й. Евангеліе отъ Марка зач. 47-е и отъ Луки зач. 33-е. Вмѣсто — Достойно есть: поемъ — О Тебѣ радуется: Причастенъ — Хвалите Господа: и — Въ память вѣчную: Отпустъ воскресный.

На вечерни на — Господи воззвахъ: во гл. 1-й; стихиры на 10: покаянны Октоиха 4, гласъ 1-й, изъ вечернихъ стиховныхъ — Яко пучина многа: 2 и изъ утреннихъ стиховныхъ понедѣльника — Инъ тя міръ душе: 2; Тріоди — Обнищавъ богатый Христе: 3 и изъ Минеи предпразднства — Сокровенное таинство: 3; Слава, и нынѣ: предпразднства — Благовѣствуетъ Гавріилъ: Входъ съ кадиломъ. Прокименъ великій — Далъ еси достояніе: — Сподоби Господи: Ектенія — Исполнимъ: Стиховны стихиры Тріоди — Чуденъ Спасовъ: Слава, и нынѣ: предпразднства — Языка, егоже не вѣдяше: (писано на стиховны утрени). По — Нынѣ отпущаеши: тропарь — Богородице Дѣво: и поклонъ великій; Слава — Крестителю Христовъ: и поклонъ единъ; И нынѣ: — Молите за ны: и поклонъ единъ. Таже — Подъ Твое благоутробіе: безъ поклона. Чтецъ — Господи, помилуй (40 разъ); Слава, и нынѣ: — Честнѣйшую: — Именемъ Господнимъ: іерей — Сый благословенъ: чтецъ — Небесный Царю: іерей — Господи и Владыко живота моего: и творимъ 3 поклоны великіе и отпустъ.

25-го МАРТА. Вторникъ. **БЛАГОВѢЩЕНІЕ ПРЕСВЯТЫЯ БОГО-РОДИЦЫ.** *Служба соединяется съ Тріодью.*

Въ понедѣльникъ на вечерни каѳизмы нѣтъ. На — Господи воззвахъ: гласъ 6-й, стихиры на 8; Тріоди — Многими прегрѣшеніи: 3 и праздника — Совѣтъ превѣчный: 5; Слава, и нынѣ: праздника — Посланъ бысть: Входъ съ кадиломъ. Поемъ — Свѣте тихій: Прокименъ Тріоди, гласъ 4-й — Исповѣдайтеся Господеви: Бытія чтеніе. Прокименъ, гласъ 7-й — Вознесися на небеса: Притчей чтеніе: также и чтенія праздника 3 (1-е Бытія; 2-е Прор. Іезекіилева; 3-е Притчей гл. 9-я). — Сподоби, Господи: Ектенія — Исполнимъ вечернюю: Стиховнѣ стихиры Тріоди гласъ 4-й — Душевреднаго лихоимства: съ стихами — Къ Тебѣ возведохъ: и — Помилуй насъ Господи: Слава, и нынѣ: праздника — Днесь радость: — Нынѣ отпущаеши: Трисвятое: по — Отче нашъ: поемъ тропарь праздника — Днесь спасенія нашего: Ектенія — Помилуй насъ, Боже: Молитва преп. Ефрема и три поклоны великія. Діаконъ — Премудрость. Іерей — Пресвятая Богородице: Ликъ — Честнѣйшую: Іерей — Слава Тебѣ, Христе Боже: Ликъ — Слава, и нынѣ: Господи, помилуй (3-жды), — Благослови. Отпустъ праздника **Христосъ истинный Богъ нашъ, молитвами Пречистыя Своея Матере и всѣхъ святыхъ, помилуетъ:**

Бдѣніе начинается ***повечеріемъ великимъ*** съ литіей. Іерей въ

Мартъ

фелони возглашаетъ — Благословенъ Богъ нашъ: и кадитъ всю церковь. Поемъ — Аминь. И повечеріе великое по ряду съ пѣніемъ — Съ нами Богъ: (Царскія врата открываются на пѣніе — Съ нами Богъ: и на пѣніе тропаря и кондака). По первомъ трисвятомъ (вмѣсто — Просвѣти очи:), тропарь праздника — Днесь спасенія нашего: а по второмъ (вмѣсто — Помилуй насъ:), кондакъ — Взбранной воеводѣ: По — Слава въ вышнихъ Богу: исходимъ на литію. Стихиры праздника — Въ шестый мѣсяцъ архистратигъ: Слава; и нынѣ: праздника — Благовѣствуетъ Гавріилъ: Ектенія — Спаси, Боже, люди Твоя: На стиховнѣ стихиры — Въ шестый мѣсяцъ посланъ: Слава, и нынѣ: — Днесь радость благовѣщенія: По — Нынѣ отпущаеши: на благословеніи хлѣбовъ тропарь — Днесь спасенія нашего: 3-жды. — Буди имя Господне: 3-жды. Псаломъ 33-й до — не лишатся всякаго блага. Іерей — Благословеніе Господне на васъ: и чтется шестопсалміе.

На утрени на — Богъ Господь: во гл. 4-й, тропарь — Днесь спасенія нашего: 2-жды; Слава, и нынѣ: тойже. Каѳизмы 10-я, 11-я и 12-я. По 10-й каѳизмѣ ектенія *не глаголется*. Сѣдальны Тріоди — Грѣховымъ недугомъ: Слава: — Вчера и днесь: И нынѣ: — Мати Божія: По 11-й и 12-й каѳизмахъ малая ектенія и сѣдальны праздника. Поліелей и величаніе праздника — **Архангельскій гласъ вопіемъ Ти, чистая: радуйся, Благодатная, Господь съ Тобою.** Псаломъ избранный — Боже, судъ Твой цареви даждь: Малая ектенія. Сѣдаленъ праздника — Гавріилъ съ небесе: Слава, и нынѣ: — Посланъ бысть: Прокименъ праздника — Благовѣстите день отъ дне спасеніе Бога нашего. Евангеліе отъ Луки зач. 4-е. Псаломъ 50-й. Слава: — Молитвами Богородицы: И нынѣ: тойже. — Помилуй мя, Боже: и стихира праздника — Благовѣствуетъ Гавріилъ: — Спаси Боже: Канонъ праздника, ирмосы по 2-жды, на 12 (припѣвъ — Пресвятая Богородице спаси насъ). Ирмосы и катавасія — Отверзу уста моя: На 2-й пѣсни трипѣснецъ Тріоди со ирмосомъ на 8 (ирмосъ и катавасія Тріоди). На 8-й и 9-й пѣснахъ канонъ праздника со ирмосомъ на 6 и Тріоди на 8 (припѣвъ Тріоди — Слава Тебѣ, Боже нашъ, слава Тебѣ), катавасія Тріоди. По 3-й пѣсни сѣдаленъ праздника — Слово Божіе: Слава, и нынѣ: — Посланъ бысть: По 6-й пѣсни кондакъ праздника — Взбранной воеводѣ: и икосъ. На 9-й поемъ *не поемъ* — Честнѣйшую: на припѣвы праздника — **Благовѣствуй, земле, радость велію, хвалите, небеса, Божію славу.** По 9-й пѣсни катавасія Тріоди — Исаіе ликуй: и праздника съ припѣвомъ. *Не поемъ* — Достойно есть: Свѣтиленъ праздника — Ангельскихъ силъ: Слава, и нынѣ: праздника — Еже отъ вѣка: Поемъ — Всякое дыханіе: во гл. 1-й. На хвалитехъ стихиры праздника — Съ небесныхъ круговъ: на 4; Слава, и нынѣ: праздника — Еже отъ вѣка таинство: — Слава Тебѣ, показавшему намъ свѣтъ. Чтецъ — Слава въ вышнихъ Богу: Ектенія — Исполнимъ утреннюю: Стиховны Тріоди, гласъ 5-й — Поползнувшися прегрѣшеньми: съ обычными стихами — Исполнихомся заутра: и — И буди свѣтлость: Слава, и нынѣ: праздника — Да веселятся небеса: —

Благо есть исповѣдатися: 1-жды. Трисвятое: по — Отче нашъ: тропарь праздника. Ектенія сугубая. По ектеніи молитва — Господи и Владыко: съ 3-мя поклонами и безъ отпуста часъ 1-й. На 1-мъ часѣ каѳизма 13-я; тропарь и кондакъ праздника и три поклона съ молитвою преп. Ефрема. По поклонѣхъ трисвятаго не глаголемъ, но глаголемъ — Христе свѣте: Отпустъ праздника — **Христосъ истинный Богъ нашъ, молитвами Пречистыя Своея Матере и всѣхъ святыхъ, помилуетъ:**

Часы 3-й, 6-й и 9-й съ каѳизмами (14-я, 15-я и 16-я). Тропарь и кондакъ праздника. Въ концѣ каждаго часа три поклона великіе. На 6-мъ часѣ тропарь пророчества — Необоримую стѣну: Прокименъ, гласъ 4-й — Помози ми Господи: и чтеніе Тріоди; Прокименъ, гласъ 4-й — Ты іерей во вѣкъ:

На изобразительныхъ, блаженна скоро безъ пѣнія и безъ поклоновъ. По — Ослаби, остави: и — Отче нашъ: кондакъ праздника. Изобразительныя оканчиваются такъ: по 3-хъ поклонахъ съ молитвою Ефрема Сирина — Всесвятая Троице: Іерей — Премудрость. Ликъ — Достойно есть: поклонъ. Іерей — Пресвятая Богородице: Ликъ — Честнѣйшую: и опустъ по обычаю. Затѣмъ служимъ вечерню съ литургіей св. Іоанна Златоуста.

ЗРИ: На проскомидіи приуготовляются 3 Агнца: единъ для сей литургіи и 2 для Преждеосвященныхъ литургій въ среду и въ пятницу.

Вечерня съ литургіей св. Іоанна Златоуста. По — Благословено Царство: — Слава Тебѣ, Боже нашъ, слава Тебѣ. — Царю Небесный: Трисвятое: и прочее полнаго начала. По — Пріидите поклонимся: псаломъ 103-й, по обычаю. Великая ектенія. Каѳизмы нѣтъ. На — Господи воззвахъ: во гл. 1-й; стихиры на 11; отъ стиха — Изведи изъ темницы: Тріоди самогласенъ (безъ мученична) — Въ багряницу самодержства: 2-жды; (писана на стиховнѣ); подобны — Всѣми прилоги лукаваго: 3; праздника — Въ шестый мѣсяцъ: 3 и архангела — Гавріилъ великій: съ припѣвомъ — Творяй ангелы Своя: 3; Слава, и нынѣ: праздника — Посланъ бысть: Входъ съ Евангеліемъ. — Свѣте тихій: Прокименъ Тріоди, гласъ 4-й — Начало премудрости: Бытія чтеніе. Прокименъ, гласъ 4-й — Милостивъ, и щедръ: Притчей чтеніе. Таже чтенія праздника 2 (1-е Исхода и 2-е Притчей гл. 8-я). Ектенія малая и возгласъ — Яко святъ еси: и Трисвятое. Прокименъ праздника — Благовѣстите день отъ дне спасеніе Бога нашего. Апостолъ ко Евр. зач. 306-е. Аллилуіа во гл. 6-й. Евангеліе отъ Луки зач. 3-е. И по ряду литургія Іоанна Златоуста. На просительной ектеніи — Исполнимъ вечернюю молитву: и на — Прости пріимше: вмѣсто — Дне всего: говорится — Вечера всего: Задостойникъ — Благовѣствуй, земле: и ирмосъ — Яко одушевленному: Причастенъ — Избра Господь Сіона, и изволи его въ жилище Себѣ. Отпустъ праздника.

На трапезѣ разрѣшаемъ на рыбу, елей и вино.

Малое повечеріе безъ канона.

Мартъ

29-го МАРТА. **Суббота Лазарева. Воскрешеніе праведнаго Лазаря.**
Вечерня въ пятокъ съ литургіей Преждеосвященныхъ Даровъ.
На — Господи воззвахъ: во гл. 8-й; стихиры на 10; самогласенъ Тріоди 2-жды — Душеполезную совершивше: и мученичнъ, и праведнаго Лазаря 7; Слава: Представъ гробу Лазареву: И нынѣ: — Душеполезную совершивше: Входъ. Свѣте тихій: Прокименъ, гласъ 6-й — Помощь наша: Бытія чтеніе. Прокименъ, гласъ 4-й — Надѣющійся на Господа: Притчей чтеніе. — Да исправится: и прочее послѣдованіе литургіи Преждеосвященныхъ Даровъ.

Аще ли ни будетъ Преждеосвященныя — по каѳизмѣ на — Господи воззвахъ: во гл. 6-й, стихиры на 6; — Господи, Лазаревъ хотя гробъ: Слава, и нынѣ: — Душеполезную совершивше: Входа нѣтъ. — Свѣте тихій: Прокименъ, гласъ 6-й — Помощь наша: Бытія чтеніе. Прокименъ, гласъ 4-й — Надѣющійся на Господа: Притчей чтеніе. — Сподоби Господи: Ектенія — Исполнимъ: На стиховнѣ самогласенъ Тріоди, во гл. 8-й — Душеполезную совершивше четыредесятницу, и святую: 2-жды; и мученичнъ — Мученицы Господни: со обычными припѣвы вечерними; Слава, и нынѣ: Тріоди — Представъ гробу Лазареву (Слава: на Господи воззвахъ): По — Нынѣ отпущаеши: тропарь праздника — Общее воскресеніе: Таже ектенія — Помилуй насъ Боже: Молитва преп. Ефрема и три поклоны великія. — Всесвятая Троице: Буди имя Господне: Слава, и нынѣ: Псаломъ 33-й. Іерей — Премудрость. Ликъ — Достойно есть: Іерей — Пресвятая Богородице: Ликъ — Честнѣйшую: Іерей — Слава Тебѣ, Христе Боже: Ликъ — Слава, и нынѣ: — Господи, помилуй (3-жды), — Благослови. Отпустъ.

На великомъ повечеріи по 1-мъ Трисвятомъ тропарь праздника — Общее воскресеніе: По 2-мъ Трисвятомъ — Помилуй насъ, Господи: Канонъ Тріоди (припѣвъ — Слава Тебѣ, Боже нашъ, слава Тебѣ). Вмѣсто — Достойно есть: ирмосъ 9-й пѣсни — Сотвори державу: По Трисвятомъ: кондакъ праздника — Всѣхъ радость Христосъ: Отпустъ малый.

На утрени на — Богъ Господь: во гл. 1-й, тропарь Тріоди — Общее воскресеніе: 2-жды; Слава, и нынѣ: тойже. По 16-й каѳизмѣ ектенія малая и сѣдаленъ Тріоди — Ущедривъ Марѳины: По 17-й каѳизмѣ — Ангельскій соборъ: съ припѣвами — Благословенъ еси, Господи: кажденіе всего храма. Ектенія малая и сѣдаленъ Тріоди — Источникъ премудрости: посемъ — Воскресеніе Христово: Псаломъ 50-й. Канона два Тріоди на 14 (припѣвъ — Слава Тебѣ, Боже нашъ, слава Тебѣ). Ирмосы — Поимъ Господеви: Катавасія — Воду прошедъ: По 3-й пѣсни сѣдаленъ Тріоди — Вкупѣ предстасте: Слава, и нынѣ: — Провѣдый всяческая: по 6-й кондакъ Тріоди — Всѣхъ радость: и икосъ. По 8-й пѣсни *не поемъ* — Честнѣйшую: но ирмосъ 9-й пѣсни — Чистую славно почтимъ:[11]) Ектенія малая. Таже во гл. 1-й — Святъ Господь Богъ

---

11) Отъ сего дня не поемъ — Честнѣйшую: во всѣ дни до понедѣльника по недѣлѣ Ѳоминой, а по воскресеніямъ и далѣе до недѣли 7-й по Пасхѣ.

нашъ; Свѣтиленъ — Словомъ Твоимъ; Слава, и нынѣ: — Лазаремъ тя Христосъ: На хвалитехъ, во гл. 1-й, стихиры на 8; — Воскресеніе и жизнь: Слава: — Веліе и преславное чудо: И нынѣ: — Преблагословенна еси: Славословіе великое. По Трисвятомъ тропарь праздника. Ектеніи и отпустъ обычный. Часъ 1-й.

На часахъ тропарь и кондакъ Тріоди.

На литургіи свят. Іоанна Златоуста блаженна на 8; отъ 1-го канона праздника, пѣснь 3-я на 4 и отъ 2-го канона пѣснь 6-я на 4. По входѣ — Спаси ны, Сынѣ Божій, воскресый изъ мертвыхъ: Тропарь праздника; Слава, и нынѣ: кондакъ его. Вмѣсто Трисвятаго поемъ — Елицы во Христа: Прокименъ — Господь просвѣщеніе мое: Апостолъ ко Евр. зач. 333-е отъ полу. Аллилуіа во гл. 5-й. Евангеліе отъ Іоанна зач. 39-е. Вмѣсто — Достойно есть: поемъ ирмосъ — Чистую славно почтимъ: Причастенъ — Изъ устъ младенецъ и ссущихъ совершилъ еси хвалу. Отпустъ обычный.

На трапезѣ разрѣшается вкушеніе рыбной икры.

30-го МАРТА. **Недѣля Ваій (Цвѣтная). ВХОДЪ ГОСПОДЕНЬ ВО ІЕРУСАЛИМЪ.**

На великой вечерни — Блаженъ мужъ: каѳизма 1-я вся. На — Господи воззвахъ: во гл. 6-й, стихиры праздника на 10; — Днесь благодать: Слава: праздника — Днесь благодать: И нынѣ: паки — Днесь благодать: Входъ. Прокименъ — Господь воцарися: Чтенія праздника 3. На литіи стихиры праздника — Всесвятый Духъ: Слава, и нынѣ праздника — Прежде шести дней: На стиховнѣ стихиры праздника — Радуйся и веселися: Слава: праздника — Днесь благодать: И нынѣ: паки — Днесь благодать: По — Нынѣ отпущаеши: на благословеніи хлѣбовъ тропарь — Общее воскресеніе: 2-жды и инъ тропарь — Спогребшеся Тебѣ: 1-жды.

На утрени на — Богъ Господь: во гл. 1-й, тропарь праздника — Общее воскресеніе: 2-жды; Слава, и нынѣ: — Спогребшеся Тебѣ: По каѳизмахъ (2-й и 3-й) сѣдальны праздника. Поліелей и величаніе праздника — **Величаемъ Тя, Живодавче Христе, осанна въ вышнихъ, и мы Тебѣ вопіемъ: благословенъ грядый во имя Господне.** Псаломъ избранный — Господи, Господь нашъ, яко чудно имя Твое по всей земли. Сѣдаленъ праздника — На престолѣ херувимстѣ: Степенна — Отъ юности моея: Прокименъ — Изъ устъ младенецъ и ссущихъ совершилъ еси хвалу. Евангеліе отъ Матѳ. зач. 83-е. Не поемъ — Воскресеніе Христово: но точію псаломъ 50-й, во время чтенія котораго іерей кадитъ ваія (вербы) крестообразно 3-жды. Діаконъ — Господу помолимся. Ликъ — Господи помилуй: Іерей велегласно глаголетъ молитву сію: — Господи Боже нашъ, сѣдяй на херувимѣхъ: и по скончаніи кропитъ ваія святою водою, глаголя: — **Благословляются и освящаются ваія сія благодатію Пресвятаго Духа, окропленіемъ воды сея священныя, во имя Отца и Сына, и Святаго Духа. Аминь.** 3-жды. Ликъ: Слава: — Днесь Христосъ: И нынѣ: тойже. — Помилуй мя, Боже: и стихиру

— Днесь благодать: Молитва — Спаси, Боже: Іерей, помазуя елеемъ приходящимъ прикладываться, раздаетъ ваія, а по уставу и свѣчи горящія. Всю дальнѣйшую часть утрени принято стоять съ ваіями и горящими свѣчами въ рукахъ. Канонъ праздника, ирмосы по 2-жды, тропари на 12 (припѣвъ — Слава Тебѣ, Боже нашъ, слава Тебѣ). Ирмосы и катавасія — Явишася источницы бездны: По 3-й пѣсни: ѵпакои — Съ вѣтвьми воспѣвше: по 6-й кондакъ праздника — На престолѣ: и икосъ. На 9-й пѣсни *не поемъ* — Честнѣйшую: но поемъ ирмосъ 9-й пѣсни — Богъ Господь: По канонѣ, вмѣсто свѣтильна, поемъ во гл. 4-й: — Святъ Господь Богъ нашъ. На хвалитехъ, во гл. 4-й, стихиры праздника — Множество народа: на 6; Слава, и нынѣ: — Прежде шести дней Пасхи: Славословіе великое. Тропарь — Общее воскресеніе: Ектеніи, и отпустъ праздника — **Иже на жребяти осли сѣсти изволивый, нашего ради спасенія, Христосъ истинный Богъ нашъ:** Часъ 1-й.

На часахъ тропарь — Общее воскресеніе: Слава: инъ — Спогребшеся: Кондакъ праздника.

ЗРИ: На проскомидіи пріуготовляются 4 Агнца: единъ для сей литургіи и для Преждеосвященныхъ литургій въ понедѣльникъ, вторникъ и въ среду.

На литургіи свят. Іоанна Златоуста антифоны праздника и входное праздника — **Благословенъ грядый во имя Господне, благословихомъ вы изъ дому Господня, Богъ Господь и явися намъ.** По входѣ тропарь — Общее воскресеніе: Слава: — Спогребшеся: И нынѣ: кондакъ — На престолѣ на небеси: Трисвятое. Прокименъ — Благословенъ грядый: Апостолъ къ Филипписіемъ зач. 247-е. Аллилуіа во гл. 1-й. Евангеліе отъ Іоанна зач. 41-е. Вмѣсто — Достойно: ирмосъ 9-й пѣсни — Богъ Господь: Причастенъ — Благословенъ грядый во имя Господне, Богъ Господь, и явися намъ. Отпустъ праздника — **Иже на жребяти осли сѣсти изволивый, нашего ради спасенія, Христосъ истинный Богъ нашъ:**

На вечерни на — Господи воззвахъ: во гл. 8-й, стихиры праздника — Радуйся и веселися: на 6; Слава: праздника — Радуйся и веселися: И нынѣ: праздника — На херувимѣхъ носимый: Входъ. Прокименъ дне — Се нынѣ благословите: — Сподоби, Господи: Ектенія — Исполнимъ вечернюю: На стиховнѣ самогласны Тріоди — Отъ вѣтвіи и ваій: съ припѣвами ихъ; Слава: Тріоди — Отъ вѣтвій и ваій: И нынѣ: Тріоди — Страшно еже впасти: — Нынѣ отпущаеши: и прочее якоже указася о семъ въ вечеръ нед. Сыропустныя. Отпустъ — **Грядый Господь на вольную страсть нашего ради спасенія, Христосъ истинный Богъ нашъ:**

Повечеріе малое съ трипѣснцемъ. Кондакъ Тріоди — Іаковъ рыдаше:

31-го МАРТА. **Великій понедѣльникъ.** Св. праведнаго Іосифа прекраснаго.

На утрени вмѣсто — Богъ Господь: поемъ — Аллилуіа, во гласъ 8-й и тропарь — Се, женихъ грядетъ: 2-жды; Слава, и нынѣ: тойже. Каѳизмы[12]) 4-я, 5-я и 6-я. По каждой каѳизмѣ сѣдаленъ Тріоди безъ ектеніи. По 3-мъ сѣдальнѣ — И о сподобитися намъ: и чтеніе Евангелія отъ Матѳея съ 84-го зач. по 88-е (безъ преступки). Псаломъ 50-й. Таже — Спаси, Боже: Трипѣснецъ Тріоди (припѣвъ — Слава Тебѣ, Боже нашъ, слава Тебѣ). Ирмосы и катавасія — Непроходимое волнящееся: По 1-й пѣсни малая ектенія. Возгласъ — Ты бо еси Царь міра: Кондакъ — Іаковъ рыдаше: и икосъ. На 9-й пѣсни *не поемъ* — Честнѣйшую: но сразу ирмосъ — Возвеличилъ еси, Христе: Ектенія малая. Свѣтиленъ — Чертогъ Твой: 3-жды[13]). Чтемъ хвалительные псалмы до — Хвалите его на силахъ Его: стихиры Тріоди — Грядый Господь: на 4; Слава, и нынѣ: — Господи, грядый: Славословіе чтемъ. Ектенія — Исполнимъ утреннюю: На стиховнѣ стихиры Тріоди — Господи, къ таинству неизглаголанному: съ обычными припѣвами утрени; Слава, и нынѣ: — Вторую Еву: — Благо есть: 2-жды. Трисвятое: по Отче нашъ: тропарь — Въ храмѣ стояще: — Господи, помилуй (40 разъ). — Честнѣйшую: — Именемъ Господнимъ: Іерей молитву св. Ефрема съ 16-ю поклонами. Часъ 1-й безъ каѳизмы, на немже тропарь — Заутра услыши: съ поклоны. По — Отче нашъ: кондакъ — Іаковъ рыдаше: По — Иже на всякое время: молитва святаго Ефрема съ 16-ю поклонами. Отпустъ **Грядый Господь на вольную страсть нашего ради спасенія, Христосъ истинный Богъ нашъ:**

Часы 3-й, 6-й и 9-й. На 3-мъ и на 6-мъ часахъ каѳизмы 7-я и 8-я, а 9-й часъ безъ каѳизмы. Тропари великопостные обычные съ поклоны. Послѣ богородична на каждомъ часѣ читается Евангеліе[14]). По — Отче нашъ: кондакъ — Іаковъ рыдаше: На концѣ каждаго часа молитва св. Ефрема съ поклоны. На 6-мъ часѣ тропарь пророчества — Душею сокрушенною: Прокименъ, гл. 4-й — Внегда возвратити: Пророчества Іезекіилева чтеніе: Прокименъ, гл. 4-й — Аще не Господь: Прилагаемъ же и изобразительныя, на нихъ чтемъ тойже кондакъ — Іаковъ рыдаше:

Вечерня съ литургіей Преждеосвященныхъ Даровъ. Каѳизма 18-я. На — Господи воззвахъ: во гл. 1-й, стихиры Тріоди — Грядый Господь къ вольной страсти: на 10; Слава, и нынѣ: Тріоди — Вторую Еву: Входъ съ Евангеліемъ. Прокименъ Тріоди, гл. 6-й — Благословитъ тя Господь: Исхода чтеніе. Второй прокименъ, гл. 6-й — Благословихомъ вы: Іова

---

[12]) Распредѣленіе Псалтири на Страстной седмицѣ: Въ Великій понедѣльникъ на утрени каѳизмы 4-я, 5-я и 6-я; на часахъ 7-я и 8-я. Въ Великій вторникъ на утрени 9-я, 10-я и 11-я; на часахъ 12-я и 13-я. Въ Великую среду на утрени 14-я, 15-я и 16-я; на часахъ 19-я и 20-я. Всѣ три дня на 1-мъ и на 9-мъ часѣ каѳизмы нѣтъ, на вечерни 18-я каѳизма. Въ Великую субботу на утрени 17-я, раздѣленная на три статьи.

[13]) По уставу въ первый разъ поетъ посреди церкви одинъ пѣвчій, а потомъ 2-жды повторяется на клиросахъ.

[14]) По уставу Евангеліе отъ Матѳея дѣлится на 2 части, отъ Марка на 2, отъ Луки на 3 (всѣ эти Евангелія полностью), а отъ Іоанна, кончая 32-мъ стихомъ 13-й главы — на 2 части. Эти 9 отдѣловъ полагается прочесть въ теченіе Великихъ понедѣльника, вторника и среды — на 3-мъ, 6-мъ и 9-мъ часахъ. На практикѣ двухъ или трехъ евангелистовъ прочитываютъ заранѣе на 6-й седмицѣ Великаго поста, а оставшееся распредѣляется въ указанные дни Страстной седмицы.

чтеніе. — Да исправится: Молитва св. Ефрема Сирина и 3 поклона. Ектеніи малой не глаголемъ. Евангеліе отъ Матѳ. зач. 98-е и прочее литургіи Преждеосвященныхъ Даровъ. Отпустъ — **Грядый Господь на вольную страсть:**

Аще ли не будетъ Преждеосвященныя — по 18-й каѳизмѣ, на — Господи воззвахъ: во гл. 1-й; половину отъ стихиръ на 6 — Грядый Господь: — Достигше вѣрніи: — Господи къ таинству: Слава, и нынѣ: — Господи грядый: Входъ съ Евангеліемъ. — Свѣте тихій: Прокименъ, гл. 6-й — Благословитъ тя Господь: Исхода чтеніе. Второй прокименъ, гл. 6-й — Благословихомъ вы: Іова чтеніе. Евангеліе отъ Матѳ. зач. 98-е. — Сподоби Господи: Ектенія — Исполнимъ: На стиховнѣ отъ тѣхже стихиръ половину — Господи совершеннѣйшая: 2-жды; и — Изсохшія: со обычными припѣвы вечерними; Слава, и нынѣ: — Вторую Еву: По — Нынѣ отпущаеши: тропари съ земными поклонами — Богородице Дѣво: Слава: — Крестителю Христовъ: И нынѣ: — Молите за ны: Таже безъ поклона — Подъ Твое благоутробіе: — Господи, помилуй (40 разъ). — Честнѣйшую: — Сый благословенъ: — Небесный Царю: и 16 поклоновъ съ молитвою — Господи и Владыко: Трисвятое, по Отче нашъ: — Господи, помилуй (12 разъ). — Всесвятая Троице: — Буди имя Господне: Псаломъ 33-й. Іерей — Премудрость. Ликъ — Достойно есть: Іерей — Пресвятая Богородице: Ликъ — Честнѣйшую: Іерей — Слава Тебѣ, Христе Боже: Ликъ — Слава, и нынѣ: — Господи, помилуй (3-жды), — Благослови. Отпустъ — **Грядый Господь на вольную страсть:**

Повечеріе великое съ трипѣснцемъ. Кондакъ Тріоди — Часъ душе конца: и по немъ поемъ — Господи силъ:

IV. АПРѢЛЬ

1-го АПРѢЛЯ. **Великій вторникъ.**

На утрени вмѣсто — Богъ Господь: поемъ — Аллилуіа, во гласъ 8-й, и тропарь — Се, женихъ грядетъ: 2-жды; Слава, и нынѣ: тойже. Каѳизмы 9-я, 10-я и 11-я. По каждой каѳизмѣ сѣдаленъ Тріоди безъ ектеніи. По 3-мъ сѣдальнѣ — И о сподобитися намъ: и чтеніе Евангелія отъ Матѳея съ зач. 90-го по 96-е (безъ преступки). Псаломъ 50-й. Таже — Спаси, Боже: Малая ектенія. Возгласъ — Ты бо еси Царь мира: Кондакъ — Часъ душе: и икосъ. Двоепѣснецъ Тріоди (припѣвъ — Слава Тебѣ, Боже нашъ, слава Тебѣ). Ирмосы и катавасія — Велѣнію мучителеву: На 9-й пѣсни *не поемъ* — Честнѣйшую; но ирмосъ — Невмѣстимаго Бога: Свѣтиленъ — Чертогъ Твой: 3-жды. Чтемъ хвалитѣльные псалмы до — Хвалите его на силахъ Его: и стихиры Тріоди — Во свѣтлостехъ: на 4; Слава, и нынѣ: — Скрывшаго талантъ: Славословіе чтемъ. Ектенія — Исполнимъ утреннюю: На стиховнѣ стихиры Тріоди — Пріидите вѣрніи: съ обычными припѣвы утрени; Слава, и нынѣ: — Се тебѣ талантъ: — Благо есть: 2-жды. Трисвятое по Отче нашъ: тропарь — Въ храмѣ стояще: — Господи, помилуй (40 разъ). — Честнѣйшую: — Именемъ Господнимъ:

Іерей молитву св. Ефрема съ 16-ю поклонами. Часъ 1-й безъ каѳизмы, на немже тропарь — Заутра услыши: съ поклоны. По — Отче нашъ: кондакъ — Часъ души: По — Иже на всякое время: молитва святаго Ефрема съ 16-ю поклонами. Отпустъ — **Грядый Господь на вольную страсть нашего ради спасенія, Христосъ истинный Богъ нашъ:**

Часы 3-й, 6-й и 9-й. На 3-мъ и на 6-мъ часахъ каѳизмы 12-я и 13-я, а 9-й часъ безъ каѳизмы. Тропари великопостные обычные съ поклоны. Послѣ богородична на каждомъ часѣ читается Евангеліе. По — Отче нашъ: кондакъ — Часъ души: На концѣ каждаго часа молитва св. Ефрема съ поклоны. На 6-мъ часѣ тропарь пророчества — Безмѣрно согрѣшающимъ: Прокименъ, гл. 6-й — Яко у Господа милость: Пророчества Іезекіилева чтеніе: Прокименъ, гл. 4-й — Да уповаетъ Израиль: Прилагаемъ же и изобразительныя, на нихъ чтемъ тойже кондакъ — Часъ души:

Вечерня съ литургіей Преждеосвященныхъ Даровъ. На — Господи воззвахъ: во гл. 1-й, стихиры на 10; — Во свѣтлостехъ: Слава, и нынѣ: — Се тебѣ талантъ: Входъ съ Евангеліемъ. Прокименъ, гл. 6-й — Воскресни Господи: Исхода чтеніе. Второй прокименъ, гл. 4-й — Се что добро: Іова чтеніе. — Да исправится: Молитва св. Ефрема Сирина и 3 поклона. Ектеніи малой не глаголемъ. Евангеліе отъ Матѳ. зач. 102-е и прочее литургіи Преждеосвященныхъ Даровъ. Отпустъ — **Грядый Господь на вольную страсть:**

Повечеріе великое съ трипѣснцемъ. Кондакъ Тріоди — Паче блудницы блаже: и по немъ — Господи силъ:

2-го АПРѢЛЯ. **Великая среда.**

На утрени вмѣсто — Богъ Господь: поемъ — Аллилуіа, во гласъ 8-й и тропарь — Се, женихъ грядетъ: 2-жды; Слава, и нынѣ: тойже. Каѳизмы 14-я, 15-я и 16-я. По каждой каѳизмѣ сѣдаленъ Тріоди безъ ектеніи. По 3-мъ сѣдальнѣ — И о сподобитися намъ: и чтеніе Евангелія отъ Іоанна съ зач. 41-го отъ полу по 43-е (безъ преступки). Псаломъ 50-й. Таже — Спаси, Боже: Трипѣснецъ Тріоди (припѣвъ — Слава Тебѣ, Боже нашъ, слава Тебѣ). Ирмосы и катавасія — На камени: По 3-й пѣсни малая ектенія. Возгласъ — Ты бо еси Царь мира: Кондакъ — Паче блудницы: и икосъ. На 9-й пѣсни *не поемъ* — Честнѣйшую: но ирмосъ — Душами чистыми: Свѣтиленъ — Чертогъ твой: 3-жды. Чтемъ хвалительные псалмы до — Хвалите его на силахъ Его: и стихиры Тріоди — Тебе Дѣвыя Сына: на 4; Слава: — Грѣшная тече: И нынѣ: — Погруженная грѣхомъ: Славословіе чтемъ. Ектенія — Исполнимъ утреннюю: На стиховнѣ стихиры — Днесь Христосъ: съ обычными припѣвами утрени; Слава, и нынѣ: — Господи, яже во многія грѣхи: — Благо есть: 2-жды. Трисвятое: по — Отче нашъ: тропарь — Въ храмѣ стояще: — Господи, помилуй (40 разъ). — Честнѣйшую: — Именемъ Господнимъ: Іерей молитву св. Ефрема съ 16-ю поклонами. Часъ 1-й безъ каѳизмы; на немже тропарь — Заутра услыши: съ поклоны. По — Отче нашъ: кондакъ — Паче

Апрѣль

блудницы: По — Иже на всякое время: молитва святаго Ефрема съ 16-ю поклонами. Отпустъ — **Грядый Господь на вольную страсть нашего ради спасенія, Христосъ истинный Богъ нашъ:**

Часы 3-й, 6-й и 9-й. На 3-мъ и на 6-мъ часахъ каѳизмы 19-я и 20-я, а 9-й часъ безъ каѳизмы. Тропари великопостные обычные съ поклоны. Послѣ богородична на каждомъ часѣ читается Евангеліе. По — Отче нашъ: кондакъ — Паче блудницы: На концѣ каждаго часа молитва св. Ефрема съ поклоны. На 6-мъ часѣ тропарь пророчества — Днесь лукавое: Прокименъ, гл. 4-й — Благословитъ тя: Пророчества Іезекіилева чтеніе: Прокименъ, гл. 6-й — Боящійся Господа:

На изобразительныхъ чтемъ кондакъ — Паче блудницы: Вмѣсто отпуста іерей чтетъ — Владыко Многомилостиве: (какъ въ концѣ Великаго повечерія), мы же ницъ падше молимся. По молитвѣ іерей и прихожане испрашиваютъ другъ у друга прощенія, какъ прежде въ Прощеное воскресеніе, за все въ чемъ согрѣшили «*во всей жизни и во всей святѣй Четыредесятницѣ*».

Вечерня съ литургіей Преждеосвященныхъ Даровъ. На — Господи воззвахъ: во гласъ 1-й, стихиры на 10; — Тебѣ Дѣвыя Сына: Слава, и нынѣ: гласъ 8-й — Господи, яже во многія грѣхи: Входъ съ Евангеліемъ. — Свѣте тихій: Прокименъ, гл. 4-й — Исповѣдайтеся Богу: Исхода чтеніе. Второй прокименъ, гл. 4-й — Господи, милость Твоя: Іова чтеніе. — Да исправится молитва моя: Молитва св. Ефрема Сирина и 3 поклона. Ектеніи малой не глаголемъ. Евангеліе отъ Матѳ. зач. 108-е и прочее послѣдованіе литургіи Преждеосвященныхъ Даровъ. По заамвонной молитвѣ, молитва св. Ефрема — Господи и Владыко живота: съ тремя поклонами; и упраздняются совершенно бываемые въ церкви поклоны, кромѣ передъ Св. Плащаницею. Отпустъ — **Грядый Господь на вольную страсть:**

Повечеріе малое съ трипѣснцемъ. Кондакъ Тріоди — Хлѣбъ пріемъ:

3-го АПРѢЛЯ. Великій четвертокъ. Воспоминаніе Тайной Вечери.
На утрени, по — Благословенъ Богъ нашъ: — Слава Тебѣ, Боже нашъ, слава Тебѣ. — Царю Небесный: Трисвятое: по — Отче нашъ: — Господи помилуй (12 разъ); Слава, и нынѣ: — Пріидите, поклонимся: 3-жды и обычныя два псалма и тропари. Ектенія. Возгласъ — Слава Святѣй: и шестопсалміе. Вмѣсто — Богъ Господь: поемъ — Аллилуіа во гласъ 8-й, и тропарь — Егда славніи: 2-жды; Слава, и нынѣ: тойже. Іерей, облаченъ въ фелонь, отверзаетъ царскія врата, возглашая — И о сподобитися намъ: и прочее. Евангеліе отъ Луки зач. 108-е отъ полу, конецъ въ зачалѣ 109-мъ. Псаломъ 50-й. (Молитвы — Спаси, Боже: *не глаголемъ*). Канонъ изъ Тріоди на 8, ирмосы по 2-жды, тропари на 6, (припѣвъ — Слава Тебѣ, Боже нашъ, слава Тебѣ). Ирмосы и катавасія — Сѣченое сѣчется: По 3-й пѣсни сѣдаленъ — Езера и источники: Слава: — Смиряяся за благоутробіе: И нынѣ: — Ядый Владыко: по 6-й кондакъ — Хлѣбъ пріемъ: и икосъ. На 9-й пѣсни *не поемъ* — Честнѣйшую, но

ирмосъ 9-й пѣсни — Странствія Владычня: Свѣтиленъ — Чертогъ Твой: 3-жды. Чтемъ хвалительные псалмы до — Хвалите его на силахъ Его: и стихиры Тріоди во гл. 2-й — Стекается прочее: 4; Слава, и нынѣ: Тріоди — Егоже проповѣда: Славословіе чтемъ. Ектенія — Исполнимъ утреннюю: На стиховнѣ стихиры Тріоди — Днесь еже на Христа: съ припѣвами ихъ; Слава: — Нравъ твой: И нынѣ: — Тайноводствуя Твоя, Господи, ученики: — Благо есть: 1-жды. Трисвятое: по — Отче нашъ: поемъ тропарь — Егда славніи ученицы: и ектенія сугубая. На 1-мъ часѣ тропарь — Егда славніи: по — Что Тя наречемъ: тропарь пророчества — Заушенный за родъ человѣческій: Посемъ прокименъ гласъ 1-й — Да разумѣютъ языцы: Пророчества Іереміина чтеніе. Второй прокименъ гласъ 8-й — Помолитеся и воздадите: — Стопы моя: (безъ пѣнія) и прочее. По Трисвятомъ кондакъ Тріоди — Хлѣбъ пріемъ: и прочая, и совершенный отпустъ — **Иже за превосходящую благость путь добрѣйшій смиренія показавый, внегда умыти ноги учениковъ, даже до Креста и погребенія снизшедый намъ, Христосъ истинный Богъ нашъ:**

Часы 3-й, 6-й и 9-й безъ каѳизмъ. Тропарь и кондакъ Тріоди. По 9-мъ часѣ чтемъ блаженны и прочее изобразительныхъ. Кондакъ тріоди: Хлѣбъ пріемъ (— Вѣрую: — Буди имя Господне: и — Благославлю Господа: *не читаются*). По кондаку, Господи помилуй 40 разъ — Всесвятая Троице: Іерей — Премудрость. Ликъ — Достойно есть: поклонъ. Іерей — Пресвятая Богородице: Ликъ — Честнѣйшую: и опустъ по обычаю.

Вечерня съ литургіей свят. Василія Великаго. По — Благословено Царство: — Слава Тебѣ, Боже нашъ, слава Тебѣ: — Царю Небесный: Трисвятое: и прочее полнаго начала. По — Пріидите поклонимся: псаломъ 103-й, по обычаю. На — Господи воззвахъ: во гл. 2-й, стихиры — Стекается прочее: на 10; Слава, и нынѣ: — Рожденіе ехидновъ: Входъ съ Евангеліемъ. — Свѣте тихій: Прокименъ гласъ 1-й — Изми мя, Господи, отъ человѣка лукава: Исхода чтеніе. — Вонмемъ. (Царскія врата отверзаются.) Прокименъ гласъ 7-й — Изми мя отъ врагъ моихъ, Боже: (по прокимнѣ царскія врата закрываются). Чтенія Іова и пророчества Исаіина. Снова открываются царскія врата. Ектенія малая. Возгласъ — Яко святъ еси: Трисвятое. Прокименъ гласъ 7-й — Князи людстіи собрашася вкупѣ на Господа и на Христа Его. Апостолъ къ Кор. зач. 149-е. Аллилуіа во гл. 6-й, Евангеліе отъ Матѳ. зач. 107-е. Вмѣсто Херувимской пѣсни, причастна и — Да исполнятся уста: а также во время причащенія мірянъ поется — Вечери Твоея тайныя: На просительныхъ ектеніяхъ и на — Прости пріимше: вмѣсто — Дне всего: говорится — Вечера всего: Вмѣсто — Достойно есть: ирмосъ — Странствія Владычня: Отпустъ — **Иже за превосходящую благость путь добрѣйшій смиренія показавый:** (см. на утрени).

Въ каѳедральныхъ соборахъ по литургіи бываетъ чинъ священнаго умовенія ногъ.

Апрѣль

Повечеріе малое съ трипѣснцемъ. Кондакъ Тріоди — Насъ ради Распятаго:

4-го АПРѢЛЯ. **Великій пятокъ. Послѣдованіе Святыхъ и Спасительныхъ Страстей Господа нашего Іисуса Христа.**

Совершаемая въ Великій четвергъ съ вечера ***утреня Великаго пятка.*** Начало утрени обычное — Благословенъ Богъ: — Слава Тебѣ, Боже нашъ, слава Тебѣ. — Царю Небесный: Трисвятое: по — Отче нашъ: — Господи помилуй (12 разъ); Слава, и нынѣ: — Пріидите, поклонимся: 3-жды и обычныя два псалма и тропари. Ектенія. Возгласъ — Слава Святѣй: и шестопсалміе. Вмѣсто — Богъ Господь: поемъ — Аллилуіа во гласъ 8-й, и тропарь — Егда славніи: 2-жды; Слава, и нынѣ: тойже. Іерей, облаченъ въ фелонь, износитъ Евангеліе на середину церкви, кадитъ алтарь и всю церковь (полное кажденіе). Молящіеся зажигаютъ свѣчи: По тропарѣ малая ектенія: Возгласъ — Яко Твоя держава: И о сподобитися намъ: — Премудрость прости: — Миръ всѣмъ: — Отъ Іоанна святаго Евангелія чтеніе. Ликъ — Слава страстемъ Твоимъ, Господи; (и такъ предъ каждымъ Евангеліемъ). **Евангеліе 1-е отъ Іоанна зач. 46-е.** Послѣ каждаго Евангелія поется — Слава долготерпѣнію Твоему, Господи; И ударяютъ въ колоколъ (единожды послѣ 1-го Евангелія).

Антифоны — Князи людстіи и прочее.

Ектенія малая. Возгласъ — ***Яко благъ:*** Сѣдаленъ — На вечери: во время пѣнія котораго совершается малое кажденіе (кадится Евангеліе съ четырехъ сторонъ, а съ солеи иконостасъ, пѣвчіе и народъ — безъ обхожденія храма). **Евангеліе 2-е отъ Іоанна зач. 58-е.** И ударяютъ въ колоколъ 2-жды.

Антифоны — Днесь Іуда оставляетъ Учителя: и прочее. Ектенія малая. Возгласъ — ***Яко Ты еси Богъ нашъ:*** Сѣдаленъ — Кій тя образъ: и малое кажденіе. **Евангеліе 3-е отъ Матѳея зач. 109-е.** И ударяютъ въ колоколъ 3 раза.

Антифоны — Емшимъ Тя беззаконнымъ, претерпѣвая: и прочее. Ектенія малая. Возгласъ — ***Яко милостивъ:*** Сѣдаленъ — О, како Іуда: и малое кажденіе. **Евангеліе 4-е отъ Іоанна зач. 59-е.** И ударяютъ въ колоколъ 4 раза.

Антифоны — Одѣяйся свѣтомъ яко ризою: и прочее. Ектенія малая. Возгласъ — ***Буди держава:*** Сѣдаленъ — Егда предсталъ: и малое кажденіе. **Евангеліе 5-е отъ Матѳея зач. 111-е.** И ударяютъ въ колоколъ 5 разъ.

Антифоны — Собраніе іудейское: и прочее:

Во время пѣнія 15-го антифона — Днесь виситъ: по обычаю выносится изъ алтаря большое Распятіе и поставляется за аналоемъ съ Евангеліемъ. Въ иныхъ же мѣстахъ поставляется Распятіе къ началу богослуженія.

Апрѣль

Ектенія малая. Возгласъ — **Яко благословися имя Твое:** Сѣдаленъ — Искупилъ ны еси: и малое кажденіе. **Евангеліе 6-е отъ Марка зач. 67-е.** И ударяютъ въ колоколъ 6 разъ.

Блаженны — Во царствіи Твоемъ: съ тропарями — Древомъ Адамъ: Малое кажденіе. Ектенія малая. Возгласъ — **Яко Богъ милости и щедротъ:** Прокименъ — Раздѣлиша ризы Моя себѣ, и о одежди Моей меташа жребій.

Далѣе не бываетъ ектеніи и кажденія передъ каждымъ Евангеліемъ, но только на трипѣснцѣ и кажденіе предъ 12-мъ Евангеліемъ.

Евангеліе 7-е отъ Матѳея зач. 113-е. И ударяютъ въ колоколъ 7 разъ. Псаломъ 50-й.

Евангеліе 8-е отъ Луки зач. 111-е. И ударяютъ въ колоколъ 8 разъ.

Трипѣснецъ Тріоди, пѣсни 5-я, 8-я и 9-я. (Припѣвъ — Слава Тебѣ, Боже нашъ, слава Тебѣ). Ирмосы и катавасія — Къ Тебѣ утренюю: Послѣ 5-й пѣсни ектенія малая съ возгласомъ обычнымъ — **Ты бо еси:** Кондакъ — Насъ ради Распятаго: съ икосомъ. На 9-й пѣсни поемъ ирмосъ — Честнѣйшую: (пѣснь же Богородицы — Величитъ душа Моя: *не поемъ*). По 9-й пѣсни ектенія малая съ возгласомъ обычнымъ — **Яко Тя хвалятъ:** и свѣтиленъ — Разбойника благоразумнаго: 3-жды. **Евангеліе 9-е отъ Іоанна зач. 61-е.** И ударяютъ въ колоколъ 9 разъ.

Поется — Всякое дыханіе: во гл. 3-й. На хвалитехъ, стихиры на 4 — Два и лукавная сотвори: Слава: — Совлекоша съ Мене ризы: И нынѣ: — Плещи Моя дахъ: **Евангеліе 10-е отъ Марка зач. 69-е.** И ударяютъ въ колоколъ 10 разъ.

Возгласъ — Слава Тебѣ, показавшему намъ свѣтъ. И читается славословіе. Ектенія — Исполнимъ утренюю: возгласъ — **Яко Богъ милости:** — Миръ всѣмъ. — Главы наша: Возгласъ — **Твое бо есть еже миловати:** **Евангеліе 11-е отъ Іоанна зач. 62-е.** И ударяютъ въ колоколъ 11 разъ.

Стихиры на стиховнѣ — Вся тварь измѣняшеся страхомъ: съ припѣвами ихъ; Слава: — Господи, восходящу Ти: И нынѣ: — Уже омакается: Во время пѣнія этихъ стихиръ полное кажденіе всего храма, начинаемое отъ аналоя съ Евангеліемъ.

Евангеліе 12-е отъ Матѳея зач. 114-е. И ударяютъ въ колоколъ 12 разъ.

Вносится Евангеліе и полагается на престолъ. И закрываются царскія врата. Іерей совлачается фелони. Чтецъ — Благо есть: 1-жды, Трисвятое: по — Отче нашъ: возгласъ и поется тропарь — Искупилъ ны еси: Ектенія — Помилуй насъ, Боже: и по возгласѣ отпустъ — **Иже оплеванія, и біенія, и заушенія, и крестъ, и смерть претерпѣвый за спасеніе міра, Христосъ истинный Богъ нашъ:** Священнослужители и всѣ молящіеся творятъ поясные поклоны и лобызаютъ св. Крестъ.

ЗРИ: Не присоединяемъ здѣсь 1-й часъ, но поемъ его съ прочими часами заутра въ Великій пятокъ.

Апрѣль

Послѣдованіе Царскихъ часовъ святаго и Великаго пятка. Совершаемъ утромъ (по уставу въ 8 часовъ утра). Царскія врата отверзаются; іерей, облаченный въ фелонь, выноситъ Евангеліе и полагаетъ его передъ стоящимъ на серединѣ храма Распятіемъ на аналоѣ. Все по Тріоди. Іерей — Благословенъ Богъ нашъ: Начало обычное.

На псалмахъ 1-го часа іерей съ діакономъ творятъ полное кажденіе храма, начинаемое отъ аналоя съ Евангеліемъ. На 3-мъ и 6-мъ часахъ діаконъ творитъ кажденіе малое, на 9-мъ іерей съ діакономъ опять творятъ полное кажденіе. На каждомъ часѣ два псалма особыхъ и одинъ обычный; Тропарь, стихиры, прокименъ, паремія и апостолъ. По чтеніи апостола, іерей — Миръ ти; чтецъ — И духови твоему; діаконъ — Премудрость, прости услышимъ святаго Евангелія; іерей — Миръ всѣмъ; поемъ — И духови твоему; іерей — Отъ Матѳея святаго Евангелія чтеніе; поемъ — Слава страстемъ Твоимъ, Господи; діаконъ — Вонмемъ; и Евангеліе. На 1-мъ часѣ Евангеліе читается отъ Матѳея зач. 110-е по 113-е. На 3-мъ отъ Марка зач. 67-е по 68-е. На 6-мъ часѣ отъ Луки зач. 111-е. На 9-мъ отъ Іоанна зач. 59-е по 61-е. По Евангеліи — Слава долготерпѣнію Твоему, Господи: и продолжается чтеніе часа. Кондакъ — Насъ ради Распятаго: На 9-мъ часѣ послѣдняя стихира — Днесь виситъ на древѣ: сперва прочитывается чтецомъ. При словахъ — Покланяемся страстемъ Твоимъ Христе… іерей, чтецъ и молящіеся полагаютъ три поясныхъ поклона. Сразу по трехъ поклонахъ — Слава, и нынѣ: и поется та же стихира, гласъ 6-й — Днесь виситъ на древѣ: На 9-мъ часѣ іерей, прочтя Евангеліе, вноситъ его въ алтарь, закрываетъ царскія врата и снимаетъ фелонь. По молитвѣ 9-го часа присовокупляются Изобразительныя — Во царствіи Твоемъ: — Помяни насъ, Господи: и прочее. Читается и — Вѣрую: По — Отче нашъ: кондакъ — Насъ ради Распятаго: По молитвѣ — Всесвятая Троице: — Буди имя Господне: (3-жды), Слава, и нынѣ: — Благословлю Господа: — Достойно есть: и отпустъ — **Иже оплеванія, и біенія, и заушенія, и крестъ, и смерть претерпѣвый за спасеніе міра, Христосъ истинный Богъ нашъ:**

О постѣ: Великій Пятокъ въ отношеніи поста изъ всѣхъ дней въ году самый строгій день. «Ниже ядимъ въ сей день распятія»… По уставу лишь многонемощные и престарѣлые по захожденіи солнца принимаютъ хлѣбъ и воду. Даже наши современники стараются въ этотъ день не вкушать пищи хотя бы до выноса Плащаницы.

Послѣдованіе вечерни святаго и Великаго пятка (около 3 час. по полудни). Прежде начала уносится съ середины храма стоявшее тамъ Распятіе, поставляется же на его мѣсто гробъ (столъ для Плащаницы). Плащаница же полагается на престолѣ, а сверхъ ея Евангеліе. Служба по Тріоди. Начало вечерни обычное — Благословенъ Богъ нашъ: — Царю небесный: и проч. По предначинательномъ псалмѣ ектенія великая. Каѳизмы нѣтъ. — Господи воззвахъ: во гл. 1-й; стихиры самогласны Тріоди на 6; — Вся тварь измѣняшеся: Слава: Тріоди — О, како беззаконное сонмище: И нынѣ: Тріоди — Страшное и преславное: Входъ съ Евангеліемъ. — Свѣте тихій: Прокименъ Тріоди, гл. 4-й — Раздѣлиша ризы моя: Чтеніе Тріоди 1-е. По чтеніи царскія врата открываются. Прокименъ Тріоди, гласъ 4-й — Суди Господи обидящія мя: По прокимнѣ царскія врата снова закрываются. Чтенія Іова и пророчества Исаіина. Снова открываются царскія врата. — Вонмемъ. — Миръ всѣмъ. Прокименъ Тріоди, гласъ 6-й — Положиша мя въ ровѣ преисподнѣмъ, въ темныхъ и сѣни смертнѣй. Апостолъ къ Кор. зач. 125-е. Евангеліе отъ Матѳея зач. 110-е по 113-е со вставками изъ Евангелій отъ Луки и Іоанна. Предъ чтеніемъ Евангелія — Слава страстемъ: По прочтеніи — Слава долготерпѣнію: Ектенія — Рцемъ вси: — Сподоби, Господи: Ектенія — Исполнимъ вечернюю: Іерей же облачается во всѣ священныя одежды. На стиховнѣ стихиры Тріоди — Егда отъ древа: На — Слава, и нынѣ: царскія врата отверзаются, молящіеся зажигаютъ свѣчи, поется стихира Тріоди — Тебе одѣющагося: Предстоятель кадитъ съ діакономъ 3-жды съ четырехъ сторонъ Плащаницу, лежащую на престолѣ (сослужащіе въ епитрахиляхъ и фелоняхъ). Чтется — Нынѣ отпущаеши: Трисвятое: по — Отче нашъ: возгласъ. Пѣвчіе — Аминь; и тропарь Тріоди во гл. 2-й — Благообразный Іосифъ: (медленно) Слава, и нынѣ: — Мѵроносицамъ женамъ: и бываетъ выносъ Плащаницы изъ алтаря сѣверными вратами на средину храма. Предстоятель съ Евангеліемъ идетъ подъ Плащаницею. И полагается на гробѣ Плащаница, а сверхъ ея Евангеліе. При семъ пѣніи вновь кадится лежащая на гробѣ Плащаница 3-жды съ четырехъ сторонъ. Проповѣдь. — Премудрость: и прочее. Отпустъ

— Иже насъ ради человѣкъ и нашего ради спасенія страшныя страсти и животворящій Крестъ и вольное погребеніе плотію изволивый, Христосъ истинный Богъ нашъ, молитвами Пречистыя Своея Матере и всѣхъ святыхъ, помилустъ: Священнослужители и всѣ молящіеся творятъ земные поклоны и лобызаютъ Плащаницу (язвы на ногахъ и на рукахъ Спасителя). И поется стихира — Пріидите ублажимъ: Царскія врата и завѣса закрываются.

Іерей благословляетъ **малое повечеріе** и, разоблачившись, въ епитрахили по обычаю самъ читаетъ положенный на повечеріи канонъ о распятіи Господни и на плачъ Пресвятыя Богородицы. Ирмосы и катавасія — Яко по суху: (припѣвъ — Слава Тебѣ, Боже нашъ, слава Тебѣ). Канонъ читается, если позволяетъ мѣсто, передъ Плащаницею, нѣсколько со стороны, т. к. молящіеся въ это время поклоняются и прикладываются. Кондакъ Тріоди — Насъ ради Распятаго: Обычное прощеніе и отпустъ малый.

Апрѣль

5-го АПРѢЛЯ. Великая суббота.

Утреня по уставу служится въ 1-мъ часу по полуночи, или нѣсколько позже въ часы предразсвѣтные, какъ это бывало въ Русской Церкви въ приходскихъ храмахъ. Гдѣ же это окажется невозможнымъ, служатъ утреню въ пятницу съ вечера.

На утрени іерей въ черной епитрахили творитъ начало передъ престоломъ — Благословенъ Богъ нашъ: — Царю Небесный: Трисвятое: по — Отче нашъ: — Господи помилуй (12 разъ); Слава, и нынѣ: — Пріидите, поклонимся: 3-жды и обычныя два псалма и тропари. Возгласъ — Слава Святѣй: и шестопсалміе, читаемое предъ Плащаницей. Тамъ же (впереди чтеца) читаетъ іерей, выйдя изъ алтаря, свѣтильничныя молитвы; тамъ же діаконъ или іерей глаголетъ ектенію великую и прочія. — Богъ Господь: во гл. 2-й, особаго распѣва (подобно — Благообразный Іосифъ:). Молящіеся зажигаютъ свѣчи. При пѣніи тропаря — Благообразный Іосифъ: 2-жды, царскія врата отверзаются, священники въ черныхъ фелоняхъ исходятъ къ Плащаницѣ и начинаютъ предстоятель съ діакономъ кажденіе Плащаницы съ четырехъ сторонъ, и алтаря, и всего храма. Слава: — Егда снизшелъ: И нынѣ: — Мѵроносицамъ женамъ: Таже — Непорочны — т. е. 17-ю каѳизму (— Блажени непорочніи:) съ похвалами поемъ во гл. 5-й (тропарями или припѣвами).

Есть обычай, пропѣвъ начало каѳизмы съ похвалами, далѣе читать (одинъ іерей — похвалу, другой, или псаломщикъ — стихъ псалма…), но благолѣпнѣе и болѣе способствуетъ внимательной молитвѣ другой обычай: послѣ пѣнія начала, пѣть речитативомъ и остальные стихи каѳизмы, іерей же между стихами читаетъ похвалы.

Непорочны (поемые во гл. 5-й) съ похвалами раздѣляются на 3 статіи (славы). Въ концѣ каждой — Слава: и похвала — И нынѣ: и похвала. И повторяется 1-я похвала статіи (не повторяется лишь послѣ 3-й статіи).

Послѣ 1-й статіи малая ектенія и возгласъ — **Яко благословися Твое имя, и прославися Твое царство, Отца, и Сына, и Святаго Духа:**

Въ началѣ 2-й статіи малое кажденіе, начинаемое отъ Плащаницы (кадитъ діаконъ, а гдѣ нѣтъ діакона — іерей). Послѣ 2-й статіи малая ектенія и возгласъ: — **Яко святъ еси, Боже нашъ, Иже на престолѣ славы херувимстѣмъ почиваяй, и Тебѣ славу возсылаемъ, со Безначальнымъ Твоимъ Отцемъ, и съ Пресвятымъ, и Благимъ, и Животворящимъ Твоимъ Духомъ, нынѣ и присно:**

На 3-й статіи похвалы поются уже на 3-й гласъ (1-я и 2-я были 5-го гласа). Въ концѣ — Слава: и похвала — И нынѣ: и похвала, и тотчасъ же съ припѣвомъ — Благословенъ еси, Господи: Тропари — Ангельскій соборъ: во время пѣнія которыхъ предстоятель съ діакономъ вновь совершаютъ полное кажденіе алтаря и храма, начавъ отъ Плащаницы. Ектенія малая. Возгласъ — **Ты бо еси Царь мира, Христе Боже нашъ, и Тебѣ славу возсылаемъ со Безначальнымъ Твоимъ Отцемъ:**

Апрѣль

Сѣдаленъ Тріоди — Плащаницею чистою: Слава: конецъ перваго сѣдальна — Покажи намъ, якоже предреклъ еси: И нынѣ: — Ужасошася лицы: — Воскресеніе Христово: и — Спаси Боже: *не глаголемъ*. Псаломъ 50-й. Канонъ Тріоди со ирмосомъ на 14, ирмосы по 2-жды (припѣвъ — Слава Тебѣ, Боже нашъ, слава Тебѣ). Ирмосы и катавасія — Волною морскою: (Есть обычай читать тропари этихъ каноновъ іерею предъ Плащаницей). По 3-й пѣсни сѣдаленъ Тріоди — Гробъ Твой, Спасе: Слава, и нынѣ: тойже. По 6-й кондакъ Тріоди — Бездну заключивый: и икосъ. На 9-й пѣсни *не поемъ* — Честнѣйшую: но ирмосъ — Не рыдай Мене, Мати: По 9-й пѣсни, во гл. 2-й — Святъ Господь Богъ нашъ. Поемъ — Всякое дыханіе: во гл. 2-й. На хвалитехъ стихиры Тріоди — Днесь содержитъ гробъ: на 4; во время пѣнія стихиръ предстоятель облачается въ полное священническое облаченіе, а сослужащіе іереи въ фелони. Слава: Тріоди — Днешній день: На — И нынѣ: отверзаются царскія врата и при пѣніи — Преблагословенна еси: исходятъ священнослужащіи къ Плащаницѣ. Предстоятель — Слава Тебѣ, показавшему намъ свѣтъ. И поютъ Славословіе великое. Предстоятель 3-жды кадитъ вокругъ Плащаницы. Трисвятое обычно, послѣднее же поется распѣвомъ погребальнымъ. И поднимаютъ св. Плащаницу и обносятъ крестнымъ ходомъ вокругъ храма. Впереди фонарь, Крестъ, хоругви и пѣвчіе, повторяюще — Святый Боже: (погребальное). Священники несутъ св. Плащаницу. Предстоятель подъ нею съ Евангеліемъ. За Плащаницею всѣ молящіеся съ горящими свѣчами. Входятъ въ храмъ. Плащаницу доносятъ до царскихъ вратъ. Предстоятель по скончаніи пѣнія Трисвятаго, возглашаетъ — Премудрость, прости. Пѣвчіе — Благообразный Іосифъ: (медленно) 1-жды. И возвращаются на середину, и полагаютъ Плащаницу на гробъ, а сверхъ нея Евангеліе, и совершается троекратное кажденіе вокругъ Плащаницы.

По скончаніи пѣнія тропарей чтемъ тропарь пророчества — Содержай концы: поемъ — Слава, и нынѣ: тойже. Вонмемъ. Прокименъ во гл. 4-й — Воскресни, Господи, помози намъ: Чтеніе изъ пророчества Іезекіилева (читается предъ Плащаницею со стороны, также и Апостолъ). — Вонмемъ. Прокименъ во гл. 7-й — Воскресни, Господи Боже мой: Апостолъ къ Кор. зач. 133-е. Аллилуіа во гл. 5-й со стихами — Да воскреснетъ Богъ: и прочими. Евангеліе отъ Матѳея зач. 114-е (чтется предъ Плащаницей). До и послѣ Евангельскаго чтенія поемъ — Слава Тебѣ, Господи, слава Тебѣ. Ектеніи — Рцемъ вси: и — Исполнимъ утреннюю: и прочее до отпуста. Отпустъ — **Иже насъ ради человѣкъ и нашего ради спасенія страшныя страсти и животворящій Крестъ и вольное погребеніе плотію изволивый, Христосъ истинный Богъ нашъ:** По отпустѣ же поемъ стихиру — Пріидите ублажимъ: И бываетъ поклоненіе и цѣлованіе Плащаницы. Послѣ стихиры 1-й часъ.

Часы 3-й, 6-й и 9-й. Тропарь — Благообразный Іосифъ: Кондакъ Тріоди — Бездну заключивый: Изобразительныя скоро, безъ пѣнія. По — Отче нашъ: кондакъ Тріоди — Бездну заключивый: (— Вѣрую: — Буди

Апрѣль

имя Господне: и — Благославлю Господа: *не читаются*). По кондаку, Господи помилуй 40 разъ — Всесвятая Троице: Іерей — Премудрость. Ликъ — Достойно есть: поклонъ. Іерей — Пресвятая Богородице: Ликъ — Честнѣйшую: Отпустъ малый.

Вечерня съ литургіей свят. Василія Великаго. Время ея совершенія опредѣляетъ настоятель. (По уставу эта литургія позднѣйшая въ году).

Прежде начала облачаютъ престолъ, жертвенникъ, аналои и прочее въ свѣтлыя одежды, а сверхъ свѣтлыхъ покрываютъ чернымъ, или иначе приготовляютъ, чтобы удобно было къ переоблаченію. Подобно можетъ іерей облачиться частью (напримѣръ, подризникъ и поручи) въ свѣтлое, но прочее черное. Входное совершается передъ Плащаницей.

Іерей — Благословено царство: Поемъ — Аминь. Чтецъ — Слава Тебѣ, Боже нашъ: — Царю небесный: и прочее: — Пріидите, поклонимся: — Благослови, душе моя: Іерей свѣтильничныя молитвы и діаконъ ектенію великую читаютъ предъ Плащаницею. По ектеніи великой — Господи воззвахъ: во гласъ 1-й; стихиры на 8; воскресны — Вечернія наша молитвы: 4 и великой субботы — Днесь адъ стеня вопіетъ: 4; (Во время стихиръ и затѣмъ во время паремій совершается проскомидія.) Слава: Тріоди — Днешній день: И нынѣ: догматикъ — Всемірную славу: Входъ съ Евангеліемъ вокругъ Плащаницы. — Свѣте тихій: Прокимна нѣтъ, но тотчасъ же — Премудрость. Закрываются царскія врата.

Чтутся 15 паремій. Въ концѣ 6-й пареміи отверзаются царскія врата и глаголетъ чтецъ велегласно стихи пѣсни Маріами — Поимъ Господеви: и прочее. И припѣваютъ пѣвчіе — Славно бо прославися. Въ концѣ чтецъ поетъ тойже припѣвъ. Закрываются царскія врата. Читается 7-я паремія и дальше. Въ концѣ 15-й пареміи открываются царскія врата, читаются стихи пѣсни тріехъ отроковъ въ пещи огненнѣй, припѣвается же — Господа пойте и превозносите Его во вѣки. (Припѣвы съ варіаціями. О точномъ порядкѣ припѣвовъ смотрите въ Тріоди постной.)

По окончаніи паремій ектенія малая и возгласъ — Яко святъ еси, Боже нашъ: Вмѣсто Трисвятаго — Елицы во Христа: Прокименъ Тріоди, гласъ 5-й — Вся земля да поклонится Тебѣ и поетъ Тебѣ, да поетъ же имени Твоему, Вышній; Апостолъ къ Рим. зач. 91-е. Въ началѣ апостола кажденіе. По кажденіи закрываются царскія врата и завѣса къ переоблаченію. По апостолѣ іерей — Миръ ти. Чтецъ — И духови твоему. Вмѣсто же Аллилуіа, чтецъ глаголетъ во гл. 7-й — Воскресни, Боже, суди земли, яко Ты наслѣдиши во всѣхъ языцѣхъ. Пѣвчіе поютъ — Воскресни, Боже: Въ то же время оканчиваютъ въ алтарѣ переоблаченіе въ свѣтлыя одежды престола и жертвенника, и священнослужители и всѣ прислужники переоблачаются. Въ храмѣ съ аналоевъ снимается все черное и замѣняется свѣтлымъ. Отверзаются царскія врата при пѣніи конечнаго — Воскресни, Боже: и исходитъ діаконъ или іерей и чтетъ Евангеліе предъ Плащаницею. Евангеліе отъ Матѳ. зач. 115-е. Предъ

Евангеліемъ и послѣ — Слава Тебѣ, Господи, слава Тебѣ. Прочія ектеніи провозглашаются діакономъ на амвонѣ.

Вмѣсто Херувимской пѣсни — Да молчитъ всякая плоть: до — Предходятъ: Входъ вокругъ Плащаницы. По входѣ — Аминь. — Предходятъ: и прочее. На просительныхъ ектеніяхъ и на — Прости пріимше: вмѣсто — Дне всего: говорится — Вечера всего: Вмѣсто — Достойно есть: ирмосъ Тріоди — Не рыдай Мене, Мати: Причастенъ — Воста яко спя Господь, и воскресе спасаяй насъ.

По заамвонной молитвѣ кадится столикъ передъ Плащаницей на которомъ приготовлены 5 хлѣбовъ и вино. — Господу помолимся. Молитва обычная изъ служебника — Господи Іисусе Христе, Боже нашъ… Самъ благослови хлѣбы сія и вино: (прочее не именуется). И по благословеніи хлѣбовъ — Буди имя: — Благословлю Господа: и отпустъ обычный.

Раздается антидоръ и благословенные хлѣбы и вино.

Чтеніе книги Дѣяній апостольскихъ (начинаемъ около 8-ми час. вечера). Чтецъ — Отъ Дѣяній святыхъ апостолъ, благослови честный отче, прочести. Іерей — Молитвами святыхъ апостолъ, Господи Іисусе Христе, Боже нашъ, помилуй насъ. Чтецъ — Аминь. И начинаетъ читать. Согласно уставу, слѣдуетъ прочесть всю книгу. Читаютъ всѣ желающіе.

Полунощница (въ Тріоди эта служба названія не имѣетъ). Начало по окончаніи чтенія Дѣяній, по современному обыкновенію ее начинаютъ въ 11:30 часовъ ночи, чтобы непосредственно за нею начать пасхальную утреню. Поэтому до полунощницы служащіе совершаютъ входное предъ Плащаницею.

Іерей — Благословенъ Богъ нашъ: Чтецъ — Аминь. Слава Тебѣ, Боже нашъ, слава Тебѣ. — Царю небесный: Трисвятое: по — Отче нашъ: — Господи помилуй (12 разъ), Слава, и нынѣ: — Пріидите, поклонимся: Псаломъ 50-й. Канонъ Великой субботы. Ирмосы и катавасія — Волною морскою: (припѣвъ – Слава Тебѣ, Боже нашъ, слава Тебѣ). По 3-й пѣсни сѣдаленъ — Гробъ Твой, Спасе: по 6-й кондакъ — Бездну заключивый: и икосъ. На 9-й пѣсни іерей уже въ полномъ свѣтлѣйшемъ облаченіи, открывъ царскія врата, выходитъ къ Плащаницѣ и, окадивъ 3-жды вокругъ, поднимаетъ ее съ сослужащими или съ прихожанами и, самъ идя подъ нею со Св. Евангеліемъ, вноситъ черезъ царскія врата въ алтарь и полагаетъ на престолѣ и снова кадитъ 3-жды. Въ это время поется катавасія 9-й пѣсни — Не рыдай Мене, Мати: Царскія врата и завѣса закрываются. Трисвятое: по — Отче нашъ: тропарь — Егда снизшелъ еси: Краткая ектенія — Помилуй насъ, Боже: (писана на малой вечерни въ служебникѣ). Отпустъ малый. Благовѣстъ…

Апрѣль

НАЧАЛО ТРІОДИ ЦВѢТНОЙ

6-го АПРѢЛЯ. СВѢТЛОЕ ВОСКРЕСЕНІЕ ХРИСТОВО.
ПАСХА ГОСПОДНЯ.

Пасхальная утреня. Въ 12:00 ночи, когда прекратится благовѣстъ, отнесутъ на мѣсто гробъ, бывшій подъ Плащаницею, и хоругвеносцы и пѣвчіе приготовятся, іерей въ полномъ свѣтлѣйшемъ облаченіи, принявъ въ лѣвую руку честный Крестъ и трехсвѣчникъ, а въ правую кадило, начинаетъ съ алтарными пѣть 1-й разъ совсѣмъ тихо — Воскресеніе Твое, Христе Спасе: совершая кажденіе вокругъ престола. Открывается алтарная завѣса и вторично поютъ въ алтарѣ нѣсколько громче — Воскресеніе Твое, Христе Спасе: снова кадится престолъ. Отверзаются царскія врата, и торжественно, полногласно, поется въ алтарѣ 3-й разъ — Воскресеніе Твое, Христе Спасе: іерей кадитъ престолъ и отдаетъ кадило.

Тотчасъ начинаютъ пѣвчіе — Воскресеніе Твое, Христе Спасе: Трезвонъ во всѣ колокола и исходятъ молящіеся крестнымъ ходомъ. Впереди несутъ фонарь, Крестъ, затѣмъ идутъ двумя рядами, попарно: хоругви, иконы; слѣдуютъ пѣвчіе, прислужники со свѣчами, староста или кому укажетъ іерей съ Евангеліемъ и иконою Воскресенія (при соборномъ служеніи ихъ несутъ священники), діаконъ съ кадиломъ (гдѣ нѣтъ діакона, кадило несетъ одинъ изъ свѣщеносцевъ), за ними іерей съ Крестомъ и трехсвѣчникомъ. За іереемъ остальныя молящіеся. У всѣхъ шествующихъ въ рукахъ зажженныя свѣчи. (Артосъ на этомъ крестномъ ходѣ не носятъ, посколько онъ еще не освященъ.)

По выходѣ крестнаго хода двери храма тотчасъ затворяются. Оставшіеся прислужники зажигаютъ всѣ лампады, паникадила и прочее.

Крестный ходъ, съ пѣніемъ стихиры — Воскресеніе Твое: многократно повторяемой, обойдя храмъ единожды или трижды (по мѣстному обычаю), останавливается предъ входными дверями. Держащіе Крестъ, хоругви, иконы и Евангеліе обращаются лицемъ къ молящимся, молящіеся же къ нимъ и къ храму. Тогда стихаетъ пѣніе и трезвонъ прекращается.

Принявъ кадило, іерей, при полной тишинѣ, кадитъ иконы, пѣвчихъ и прочихъ. *Всѣ же стоятъ держа свѣчи, внимательно молясь въ себѣ и благодаря насъ ради пострадавшаго и воскресшаго Христа Бога нашего.*

По совершеніи кажденія, іерей, знаменуя крестообразно входныя церковныя двери, возглашаетъ — **Слава Святѣй, и Единосущнѣй, и Животворящей, и Нераздѣльнѣй Троицѣ, всегда, нынѣ и присно, и во вѣки вѣковъ.** Пѣвчіе — Аминь. Священнослужители поютъ — Христосъ воскресе: 3-жды. Пѣвчіе съ народомъ повторяютъ то же 3-жды. Іерей стихи — Да воскреснетъ Богъ: и прочіе, пѣвчіе —

Апрѣль

Христосъ воскресе: 1-жды послѣ каждаго стиха. Іерей — Христосъ воскресе изъ мертвыхъ, смертію смерть поправъ: Пѣвчіе — И сущимъ во гробѣхъ животъ даровавъ. Іерей знаменуетъ двери крестомъ. Отверзаются входные двери и всѣ входятъ въ храмъ, при повторномъ пѣніи — Христосъ воскресе: и колокольномъ трезвонѣ. Діаконъ же глаголетъ ектенію мирную (если богослуженіе совершаетъ одинъ священникъ, то онъ всѣ ектеніи произноситъ въ алтарѣ). По возгласѣ канонъ Пасхи, ирмосы на 4, тропари на 12 (припѣвъ — Христосъ воскресе изъ мертвыхъ). Ирмосы и катавасія — Воскресенія день: По уставу на каждой пѣсни начинаетъ ирмосъ настоятель. На каждой пѣсни іерей (при соборномъ служеніи іереи поочередно) кадитъ всю церковь, привѣтствуя всѣхъ вѣрныхъ словами — Христосъ воскресе! Людемъ отвѣщающимъ — Воистину воскресе! По каждой катавасіи поется тропарь — Христосъ воскресе: 3-жды; діаконъ же глаголетъ ектенію малую. **Возгласы на малыхъ ектеніяхъ на пасхальномъ канонѣ: по 1-й пѣсни** — *Яко Твоя держава:* **по 3-й** — *Яко Ты еси Богъ нашъ:* **по 4-й** — *Яко благъ:* **по 5-й** — *Яко святися и прославися:* **по 6-й** — *Ты бо еси Царь мира:* **по 7-й** — *Буди держава:* **по 8-й** — *Яко благословися имя Твое:* **по 9-й** — *Яко Тя хвалятъ:* По 3-й пѣсни ѵпакои — Предварившія утро: По 6-й пѣсни кондакъ — Аще и во гробъ: и икосъ — Еже прежде солнца: — Воскресеніе Христово: 3-жды и — Воскресъ Іисусъ отъ гроба: 3-жды. На 9-й пѣсни *не поемъ* — Честнѣйшую: но припѣвъ Пасхи — **Величитъ душа моя Воскресшаго тридневно отъ гроба Христа Жизнодавца; и прочіе.** По канонѣ ексапостиларій — Плотію уснувъ: 3-жды. — Всякое дыханіе: во гл. 1-й; стихиры воскресны — Поемъ Твою Христе: 4, таже — Да воскреснетъ Богъ: и стихиры Пасхи — Пасха священная: таже — Христосъ воскресе: 3-жды. Въ концѣ послѣдней стихиры, похристосовавшись въ алтарѣ, настоятель съ крестомъ и прочее духовенство съ Евангеліемъ, образомъ Воскресенія и другими иконами выходятъ черезъ царскія врата. Тогда всѣ молящіеся, цѣлуя Крестъ и иконы, христосуются съ настоятелемъ, духовенствомъ и другъ съ другомъ — Христосъ воскресе! — Воистину воскресе! И другъ друга трижды цѣлуютъ. (Христосованіе съ каждымъ въ отдѣльности можетъ быть послѣ отпуста утрени, если за ней будетъ расходъ, или же послѣ отпуста литургіи, если она слѣдуетъ непосредственно за утреней.) Посемъ слово огласительное свят. Іоанна Златоустаго, начиная съ заглавія его — Иже во святыхъ отца нашего Іоанна: — Аще кто благочестивъ: По окончаніи поемъ тропарь святителя — Устъ твоихъ: Двѣ ектеніи. Діаконъ — Премудрость. Ликъ — Благослови. Іерей — Сый благословенъ: Ликъ — Аминь. — Утверди, Боже: Іерей, *вмѣсто* — Слава Тебѣ, Христе: поетъ — Христосъ воскресе: до половины. Ликъ — И сущимъ во гробѣхъ: И бываетъ отпустъ съ Крестомъ — **Христосъ, воскресый изъ мертвыхъ, смертію смерть поправый и сущимъ во гробѣхъ животъ даровавый, истинный Богъ нашъ:** Таже іерей, возвышая Крестъ на три страны, провозглашаетъ: —

Апрѣль

Христосъ воскресе! людіе отвѣщаютъ: — Воистину воскресе! Конечное — Христосъ воскресе: 3-жды. Таже — И намъ дарова животъ вѣчный, покланяемся Его тридневному воскресенію.

ЗРИ: Такой конецъ утрени, вечерни и литургіи бываетъ только на Свѣтлой седмицѣ и на литургіи отданія Пасхи.

Пасхальные часы. По утрени безъ возгласа поемъ часъ 1-й — Христосъ воскресе: 3-жды. — Воскресеніе Христово: 3-жды; таже vпакои — Предварившія утро: кондакъ — Аще и во гробѣ: тропарь — Во гробѣ плотски: Слава: — Яко живоносецъ: И нынѣ: — Вышняго освященное: — Господи, помилуй (40 разъ); Слава, и нынѣ: — Честнѣйшую: — Именемъ Господнимъ: Іерей — Молитвами святыхъ отецъ нашихъ: Ликъ — Аминь; и — Христосъ воскресе: 3-жды; Слава, и нынѣ: — Господи, помилуй (3-жды), благослови; и отпустъ 1-го часа. Подобнѣ поется за 3-й (съ возгласомъ — Благословенъ Богъ нашъ:) и 6-й часъ предъ литургіей, за 9-й предъ вечерней, за повечеріе и за полунощницу во всю Свѣтлую седмицу.

Передъ началомъ литургіи во дни Свѣтлой седмицы и до отданія Пасхи іерей вмѣсто — Царю небесный: читаетъ — Христосъ воскресе: 3-жды; и обычные стихи — Слава въ вышнихъ Богу: 2-жды и — Господи, устнѣ мои:

На литургіи свят. Іоанна Златоуста, по — Благословенно Царство: іерей, принявъ въ лѣвую руку честный Крестъ и трехсвѣчникъ, а въ правую кадило, поетъ — Христосъ воскресе: 3-жды; и ликъ 3-жды. Таже іерей стихи — Да воскреснетъ Богъ: пѣвчіе — Христосъ воскресе: 1-жды послѣ каждаго стиха. Напослѣдокъ іерей — Христосъ воскресе: до половины. Ликъ — И сущимъ во гробѣхъ: Во время пѣнія стиховъ съ тропаремъ Пасхи совершается кажденіе алтаря, иконостаса и молящихся. Во время кажденія священникъ привѣтствуетъ ихъ словами — Христосъ воскресе! Ектенія мирная. Антифоны Пасхи. Входное — **Въ церквахъ благословите Бога, Господа отъ источникъ Израилевыхъ.** И поемъ тропарь — Христосъ воскресе: 1-жды, vпакои — Предварившія утро: Слава, и нынѣ: кондакъ — Аще и во гробѣ: Вмѣсто Трисвятаго — Елицы во Христа: Прокименъ — Сей день, егоже сотвори Господь, возрадуемся и возвеселимся въ онь. Апостолъ Дѣяній зач. 1-е. Аллилуіа во гл. 4-й. Евангеліе отъ Іоанна зач. 1-е. (Евангеліе читается на разныхъ языкахъ и обычно раздѣляется на три статіи: 1) 1-5 стихи, 2) 6-13 стихи, 3) 14-17 стихи. Иные же дѣлятъ Евангеліе на большее число статій.) На Евангеліи по каждой статіи ударяютъ во вся звоны. Вмѣсто — Достойно есть: поется — Ангелъ вопіяше: и — Свѣтися, свѣтися: Причастенъ — Тѣло Христово: Во время причащенія мірянъ поемъ — Тѣло Христово: На — Со страхомъ Божіимъ: и на — Спаси, Боже: а также вмѣсто — Да исполнятся: поемъ — Христосъ воскресе: 1-жды во всю седмицу Пасхи. По заамвонной молитвѣ бываетъ **освященіе Артоса.** Вмѣсто — Буди имя Господне: поется — Христосъ воскресе: 3-жды. Іерей — Благословеніе Господне: Ликъ — Аминь. Іерей — Христосъ воскресе:

до половины. Ликъ — И сущимъ во гробѣхъ: И бываетъ отпустъ отъ іерея съ Крестомъ якоже указася въ концѣ утрени. Отпустъ Пасхи — **Христосъ, воскресый изъ мертвыхъ, смертію смерть поправый и сущимъ во гробѣхъ животъ даровавый, истинный Богъ нашъ, молитвами Пречистыя Своея Матере, иже во святыхъ отца нашего Іоанна, архіепископа Константина града Златоустаго и всѣхъ святыхъ, помилуетъ:** На отпустѣ не поминаются ни святой храма, ни дневные святые, поминается только свят. Іоаннъ Златоустъ, какъ составитель литургіи. Такъ и во всю Свѣтлую седмицу.

Царскія и діаконскіе врата остаются отверстыми до субботы.

Послѣ литургіи бываетъ **освященіе брашенъ.** Чинъ его, также и **Освященіе Артоса** и **Раздробленіе Артоса** во Свѣтлую субботу зри въ Требникѣ (часть II-я) или въ сборникѣ «Благопотребныя моленія».

Въ сію седмицу отмѣняется постъ въ среду и пятокъ.

7-го АПРѢЛЯ. **Свѣтлый понедѣльникъ.**

Въ недѣлю вечера 9-й часъ поется по-пасхальному. По 9-мъ часѣ іерей облачается во всѣ священническія одежды, и ставъ предъ престоломъ, принявъ въ лѣвую руку честный Крестъ и трехсвѣчникъ, а въ правую кадило, возглашаетъ — Благословенъ Богъ: и поетъ — Христосъ воскресе: 3-жды и ликъ тоже 3-жды. И абіе начинаетъ іерей стихи — Да воскреснетъ Богъ: И прочія; ликъ же на каждомъ стихѣ поетъ — Христосъ воскресе: 1-жды. Въ концѣ же іерей поетъ — Христосъ воскресе: до половины, а ликъ — И сущимъ: Далѣе діаконъ или іерей глаголетъ ектенію мирную. На — Господи воззвахъ: во гл. 2-й; стихиры воскресны — Прежде вѣкъ: на 6; Слава: — Спасительную пѣснь: И нынѣ: догматикъ — Прейде сѣнь: Входъ съ Евангеліемъ. — Свѣте тихій: Прокименъ великій, гл. 7-й — Кто богъ велій, яко Богъ нашъ: — И о сподобитися намъ: Евангеліе отъ Іоанна зач. 65-е (чтется самимъ настоятелемъ въ царскихъ вратахъ); конецъ — Не иму вѣры. Ектенія — Рцемъ вси: поемъ Сподоби, Господи: Ектенія — Исполнимъ вечернюю: На стиховнѣ стихира воскресна 2-го гласа — Воскресеніе Твое: таже — Да воскреснетъ Богъ: и стихиры Пасхи — Пасха священная: Слава, и нынѣ: — Воскресенія день: таже — Христосъ воскресе: 3-жды; Премудрость. Отпустъ Пасхи съ Крестомъ, якоже выше на утрени указася.

На утрени іерей, облаченный въ епитрахиль и фелонь, передъ святымъ престоломъ возглашаетъ — Слава Святѣй: Посемъ — Христосъ воскресе: іерей 3-жды и пѣвчіе 3-жды, далѣе стихи — Да воскреснетъ Богъ: какъ на первый день. Ектенія мирная. И поется канонъ Пасхи (припѣвъ — Христосъ воскресе изъ мертвыхъ) съ богородичными тропарями на — Слава: и на — И нынѣ: Ирмосы и катавасія — Воскресенія день: По концѣ каждой пѣсни — Христосъ воскресе: 3-жды. Ектеніи малыя только по 3-й, 6-й и 9-й пѣснях,

Апрѣль

передъ которыми положено и кажденіе всего храма съ привѣтствіемъ — Христосъ воскресе. По 3-й пѣсни ѵпакои — Предварившія утро: По 6-й пѣсни кондакъ Пасхи — Аще и во гробъ: и икосъ — Еже прежде солнца: — Воскресеніе Христово: 3-жды; — Воскресъ Іисусъ отъ гроба: 3-жды. На 9-й пѣсни *не поемъ* — Честнѣйшую: но припѣвъ Пасхи — **Величитъ душа моя Воскресшаго тридневно отъ гроба Христа Жизнодавца;** и прочіе. По канонѣ ексапостиларій Пасхи — Плотію уснувъ: 3-жды. — Всякое дыханіе: во гл. 2-й, стихиры воскресны — Всякое дыханіе и вся тварь: на 4; таже — Да воскреснетъ Богъ: и стихиры Пасхи — Пасха священная: Слава, и нынѣ: — Воскресенія день: По троекратномъ — Христосъ воскресе: двѣ ектеніи. Отпустъ Пасхи съ крестомъ — **Христосъ, воскресый изъ мертвыхъ, смертію смерть поправый и сущимъ во гробѣхъ животъ даровавый, истинный Богъ нашъ:** Таже іерей, возвышая крестъ на три страны, провозглашаетъ: — Христосъ воскресе! Людіе отвѣщаютъ: — Воистину воскресе! Конечное — Христосъ воскресе: 3-жды. Таже — И намъ дарова животъ вѣчный, покланяемся Его тридневному воскресенію (такъ всю седмицу на вечерни, утрени и литургіи). 1-й часъ.

Часы пасхальные (такъ всю седмицу).

Входные молитвы для служащихъ предъ литургіей въ Свѣтлую седмицу: — Благословенъ Богъ нашъ: — Аминь; — Христосъ воскресе: 3-жды; — Предварившія утро: — Аще и во гробъ: — Во гробѣ плотски: Слава: — Яко живоносецъ: И нынѣ: — Вышняго освященное: — Пречистому Твоему образу: — Милосердія сущи: и молитву — Господи, ниспосли руку:

На литургіи начало и антифоны Пасхи. Входное Пасхи — **Въ церквахъ благословите Бога, Господа отъ источникъ Израилевыхъ.** И поемъ тропарь — Христосъ воскресе: 1-жды; ѵпакои — Предварившія утро: Слава, и нынѣ: кондакъ — Аще и во гробъ: Вмѣсто Трисвятаго — Елицы: (такъ всю седмицу). Прокименъ — Во всю землю: Апостолъ Дѣяній зач. 2-е. Аллилуіа во гл. 1-й. Евангеліе отъ Іоанна зач. 2-е. Вмѣсто — Достойно есть: поется — Ангелъ вопіяше: и — Свѣтися, свѣтися: Причастенъ — Тѣло Христово: И прочіе послѣдованіе до отпуста всю седмицу, якоже въ первый день Пасхи.

По заамвонной молитвѣ бываетъ крестный ходъ вокругъ церкви 3-жды съ пѣніемъ канона Пасхи. Несутъ фонарь, Крестъ, хоругви, иконы, артосъ, икону Воскресенія, Евангеліе (по Типикону крестный ходъ положенъ и въ другіе дни Свѣтлой седмицы). При третьемъ обходѣ читаются слѣдующія Евангелія: 1) отъ Матѳ. зач. 115-е, 2) отъ Марка зач. 70-е, 3) отъ Луки зач. 112-е и 4) отъ Іоанна зач. 63-е (или по Типикону одно Евангеліе, Луки зач. 114-е). По входѣ въ храмъ, ектенія — Помилуй насъ, Боже: — Еще молимся, о еже сохранитися: Возгласъ — Услыши ны, Боже: вмѣсто — Буди имя Господня: — Христосъ воскресе: 3-жды. Отпустъ Пасхи съ крестомъ.

8-го АПРѢЛЯ. **Свѣтлый вторникъ.**

Въ понедѣльникъ на вечерни іерей въ фелони предъ святой трапезной возглашаетъ — Благословенъ Богъ: — Христосъ воскресе: іерей и пѣвчіе по 3-жды, и стихи. По мирной ектеніи на — Господи воззвахъ: стихиры воскресны 3-го гласа — Твоимъ Крестомъ: на 6; Слава: — Недостойно стояще: И нынѣ: догматикъ — Како не дивимся: Входъ съ кадиломъ. Прокименъ великій, гл. 7-й — Богъ нашъ на небеси и на земли: — Рцемъ вси: — Сподоби, Господи: — Исполнимъ вечернюю: На стиховнѣ 1-я стихира воскресна, 3-го гласа — Страстію Твоею, Христе: Таже стихиры Пасхи со стихи ихъ. Отпустъ Пасхи съ Крестомъ.

На утрени іерей предъ святымъ престоломъ возглашаетъ — Слава Святѣй: — Христосъ воскресе: 3-жды со стихи. Ектенія мирная. И поется канонъ Пасхи (припѣвъ — Христосъ воскресе изъ мертвыхъ) съ богородичными на — Слава: и на — И нынѣ: Ирмосы и катавасія — Воскресенія день: По концѣ каждой пѣсни — Христосъ воскресе: 3-жды. Ектеніи малыя только по 3-й, 6-й и 9-й пѣсняхъ, передъ которыми положено и кажденіе всего храма съ привѣтствіемъ — Христосъ воскресе. По 3-й пѣсни ѵпакои — Предварившія утро: По 6-й пѣсни кондакъ — Аще и во гробъ: и икосъ — Еже прежде солнца: — Воскресеніе Христово: 3-жды и — Воскресъ Іисусъ отъ гроба: 3-жды. На 9-й пѣсни *не поемъ* — Честнѣйшую: но припѣвъ Пасхи — **Величитъ душа моя Воскресшаго тридневно отъ гроба, Христа Жизнодавца;** и прочіе. По канонѣ ексапостиларій — Плотію уснувъ: 3-жды. На хвалитехъ стихиры воскресны 4, 3-го гласа — Пріидите вси языци: таже — Да воскреснетъ Богъ: и стихиры Пасхи — Пасха священная: — Христосъ воскресе: 3-жды. Ектеніи и отпустъ Пасхи съ Крестомъ, какъ на первый день. **Часы** пасхальные.

На литургіи начало какъ на первый день. Входное Пасхи — **Въ церквахъ благословите Бога, Господа отъ источникъ Израилевыхъ.** Прокименъ, пѣснь Богородицы — Величитъ душа моя: Апостолъ Дѣяній зач. 4-е. Аллилуіа во гл. 8-й. Евангеліе отъ Луки зач. 113-с. Прочее все, якоже въ первый день Пасхи.

На вечерни въ тойже день іерей — Благословенъ Богъ нашъ: — Христосъ воскресе: по 3-жды со стихи. Ектенія мирная. На — Господи воззвахъ: стихиры воскресны на 6, 4-го гласа — Животворящему Твоему Кресту: Слава: — Господи, еже отъ Отца: И нынѣ: догматикъ — Иже Тебе ради: Входъ. Прокименъ великій, гл. 8-й — Гласомъ моимъ ко Господу: Двѣ ектеніи. На стиховнѣ стихира воскресна 4-го гласа — Господи возшедъ на крестъ: и стихиры Пасхи со стихи ихъ. Пасхальный отпустъ съ крестомъ.

12-го АПРѢЛЯ. **Свѣтлая суббота.**

По заамвонной молитвѣ, молитва на раздробленіе артоса (см. Требникъ). И раздается артосъ по отпустѣ. А гдѣ изволитъ настоятель, ради большаго числа молящихся, совершается сіе въ недѣлю Антипасхи.

Апрѣль

13-го АПРѢЛЯ. Недѣля 2-я по Пасхѣ: Антипасхи или Ѳомина.
Предъ 9-мъ часомъ закрываются царскія врата.
9-й часъ — Благословенъ Богъ: — Христосъ воскресе: 3-жды[15]). Трисвятое по Отче нашъ: — Пріидите, поклонимся: и три обычныхъ псалма. Тропарь — Съ высоты снизшелъ еси: Кондакъ — Аще и во гробѣ:
На великой вечерни іерей — Слава Святѣй: Ликъ — Аминь. Іерей — Христосъ воскресе: 2 1/2 раза. Ликъ — И сущимъ: и — Благослови, душе моя: Ектенія мирная. — Блаженъ мужъ: На — Господи воззвахъ: во гл. 1-й, стихиры праздника изъ Тріоди — Дверемъ заключеннымъ, ученикомъ: на 10; Слава, и нынѣ: праздника — Дверемъ заключеннымъ, пришелъ: Входъ. — Свѣте тихій: Прокименъ — Господь воцарися: Ектеніи. На литіи стихиры праздника — Господи, нестерпимымъ: Слава, и нынѣ: праздника — Дверемъ заключеннымъ: На стиховнѣ стихиры праздника — О преславнаго чудесе: Слава, и нынѣ: праздника — Человѣколюбче, веліе: По — Нынѣ отпущаеши: на благословеніи хлѣбовъ тропарь — Запечатану гробу: 3-жды. — Буди имя Господне: — Благословлю Господа: Іерей — Благословеніе Господне на васъ:
На утрени ликъ — Христосъ воскресе: 3-жды и чтецъ — Слава въ вышнихъ: и прочее шестопсалмія. По мирной ектеніи на — Богъ Господь: во гласъ 7-й, тропарь — Запечатану гробу: 2-жды; Слава, и нынѣ: тойже. Каѳизмы 2-я и 3-я; по нихъ сѣдальны праздника. Полієлей и величаніе праздника (предъ иконой Воскресенія Христова) — **Величаемъ Тя, Живодавче Христе, насъ ради во адъ сшедшаго, и съ Собою вся воскресившаго.** Псаломъ избранный — Господь воцарися, въ лѣпоту облечеся, облечеся Господь въ силу, и препоясася. Ектенія малая. Сѣдаленъ — Видя моя ребра: Степенна — Отъ юности моея: Прокименъ, гласъ 4-й — Похвали, Іерусалиме, Господа, хвали Бога твоего, Сіоне. Евангеліе воскресное 1-е, отъ Матѳея зач. 116-е. — Воскресеніе Христово: 3-жды. Псаломъ 50-й. Слава: — Молитвами апостоловъ: И нынѣ: — Молитвами Богородицы: — Помилуй мя, Боже: и стихира — Воскресъ Іисусъ отъ гроба: — Спаси, Боже: Канонъ Тріоди, ирмосы по 2-жды, тропари на 12 (припѣвъ — Слава Тебѣ, Боже нашъ, слава Тебѣ). Ирмосы — Поимъ вси людіе: Катавасія — Воскресенія день: По 3-й пѣсни ѵпакои праздника — Яко посредѣ: по 6-й кондакъ праздника — Любопытною десницею: и икосъ. *Не поемъ* — Честнѣйшую: но ирмосъ 9-й пѣсни[16]). — Святъ Господь Богъ нашъ:

---

15) Отъ сего дня до отданія Пасхи послѣдованія, имѣющія полное начало (отъ — Слава Тебѣ, Боже нашъ: — Царю небесный), напр., 3-й или 9-й часы, начинаются слѣдующимъ образомъ: По — Аминь: — Христосъ воскресе: 3-жды; далѣе — Трисвятое, по Отче нашъ: и проч. обычно а на своемъ мѣстѣ — Пріидите, поклонимся: Въ послѣдованіяхъ же, обычно начинающихся съ — Пріидите, поклонимся: напримѣръ, вечерня послѣ 9-го часа, бдѣніе, 1-й часъ послѣ утрени — не бываетъ — Пріидите, поклонимся: но — Христосъ воскресе: 3-жды.

16) А въ седмичные дни до Пятидесятницы, кромѣ Преполовенія и Вознесенія, поемъ — Честнѣйшую.

Ексапостиларій праздника — Моихъ удовъ: Слава, и нынѣ: — Днесь весна благоухаетъ: На хвалитехъ, во гл. 1-й, стихиры праздника на 4 — По еже изъ гроба: Слава: праздника — По днехъ осмихъ: И нынѣ: — Преблагословенна еси: Славословіе великое. Тропарь праздника, ектеніи и отпустъ воскресный. Слава, и нынѣ: стихира евангельская 1-я — На гору учениковъ: Часъ 1-й.

На часахъ тропарь и кондакъ праздника.

Входныя молитвы для служащихъ предъ литургіей: вмѣсто — Царю небесный: читается тропарь — Христосъ воскресе: 3-жды; и прочее обычно.

На литургіи — Благословенно Царство: Іерей: — Христосъ воскресе: 2 1/2 раза; ликъ — И сущимъ во гробѣхъ:[17]). Таже мирная ектенія. Изобразительныя. Блаженна на 8; отъ канона праздника, пѣснь 3-я на 4 и пѣснь 6-я на 4. По входѣ тропарь — Запечатану гробу: Слава, и нынѣ: кондакъ — Любопытною десницею: Трисвятое. Прокименъ, гласъ 3-й — Велій Господь нашъ: Апостолъ Дѣяній зач. 14-е. Аллилуіа во гл. 8-й. Евангеліе отъ Іоанна зач. 65-е. Вмѣсто — Достойно есть: поется — Ангелъ вопіяше: и — Свѣтися, свѣтися: Причастенъ — Похвали, Іерусалиме, Господа, хвали Бога твоего Сіоне. Егда іерей речетъ — Со страхомъ Божіимъ: ликъ — Благословенъ грядый: Іерей — Спаси, Боже: ликъ вмѣсто — Видѣхомъ свѣтъ истинный: поетъ — Христосъ воскресе: 1-жды (протяжно), и такъ до отданія Пасхи. На возгласъ іерея — Всегда, нынѣ, и присно: ликъ поетъ — Аминь. — Да исполнятся уста: Во отпустѣ, егда іерей речетъ — Слава Тебѣ, Христе Боже, упованіе: ликъ поетъ — Христосъ воскресе: 3-жды. Отпустъ воскресный[18]).

На вечерни по возгласѣ; чтецъ — Христосъ воскресе; 3-жды Трисвятое, и прочее обычное начало и предначинательный псаломъ. По великой ектеніи на — Господи воззвахъ: во гласъ 1-й; стихиры на 6; праздника Тріоди — По еже изъ гроба: на 3 и изъ Минеи святителя Мартина — Что тя нынѣ: на 3; Слава, и нынѣ: праздника — Дверемъ заключеннымъ: Входъ. — Свѣте тихій: Прокименъ великій, гл. 7-й — Кто богъ велій, яко Богъ нашъ: Ектеніи. На стиховнѣ стихиры Тріоди — Вечернія наша молитва: Слава, и нынѣ: праздника — По днехъ осмихъ: По — Нынѣ отпущаеши: тропарь праздника — Запечатану гробу: Отпустъ воскресный.

15-го АПРѢЛЯ. Вторникъ. Свв. апостолъ Аристарха, Пуда и Трофима. *Радоница — поминовеніе усопшихъ.*

На вечерни, утрени и литургіи бываетъ все послѣдованіе по Тріоди и Минеи.

---

17) Такъ начинается литургія ежедневно до отданія Пасхи.
18) Нѣкоторые ошибочно поютъ — Христосъ воскресе: передъ отпустомъ всенощной. Но тамъ, какъ и обычно, слѣдуетъ — Слава, и нынѣ: и т. д. Тройное же — Христосъ воскресе: поется только передъ отпустомъ литургіи ежедневно до отданія Пасхи. Отпустъ же воскресный (— Воскресый изъ мертвыхъ:) бываетъ на всѣхъ богослуженіяхъ до отданія Пасхи ежедневно.

Апрѣль

На вечерни по возгласѣ, чтецъ — Христосъ воскресе: 3-жды и предначинательный псаломъ. Мирная ектенія и каѳизма рядовая. На — Господи воззвахъ: во гл. 4-й, стихиры на 6; праздника Тріоди — Воскресъ изъ гроба: 3 и апостоловъ — Словомъ божественнаго: 3; Слава, и нынѣ: праздника — Ученикомъ сомнящимся: Входа нѣтъ. Прокименъ — Господь услышитъ мя: На стиховнѣ стихиры Тріоди — Обыдите людіе Сіонъ: Слава, и нынѣ: праздника — По востаніи Твоемъ: По — Нынѣ отпущаеши: тропарь праздника — Запечатану гробу: Таже ектенія — Помилуй насъ Боже: Отпустъ воскресный.

На утрени — іерей — Слава Святѣй: Поемъ — Аминь; Христосъ воскресе: 3-жды протяжно; іерей кадитъ алтарь и всю церковь. Чтецъ — Слава въ вышнихъ: и прочая шестопсалмія. На — Богъ Господь: во гласѣ 7-й, тропарь праздника Тріоди; 2-жды, Слава, и нынѣ: праздника. По каѳизмахъ малая ектенія и сѣдальны Тріоди. Послѣ 2-го сѣдальна поемъ — Воскресеніе Христово видѣвше: 1-жды. Псаломъ 50-й. Каноны: праздника Тріоди съ ирмосомъ на 8 (припѣвъ — Слава Тебѣ, Боже нашъ, слава Тебѣ) и апостоловъ на 4 (припѣвъ — Святіи апостоли, молите Бога о насъ). Ирмосы — Поимъ вси людіе: По 3-й, 6-й, 8-й и 9-й пѣсняхъ катавасія — ирмосы канона изъ Минеи. По 3-й пѣсни кондакъ апостоловъ — Явися апостольскій: сѣдаленъ апостоловъ — Яко утро боголѣпно: Слава, и нынѣ: ѵпакои Тріоди — Яко посредѣ: По 6-й пѣсни кондакъ Тріоди — Любопытною десницею: и икосъ; На 9-й — Честнѣйшую: Свѣтиленъ праздника — Моихъ удовъ: Слава, и нынѣ: — Днесь весна благоухаетъ: Чтемъ хвалительные псалмы до — Хвалите Его на силахъ Его: поемъ стихиры на хвалитехъ Тріоди — Крестъ претерпѣвый: на 4; Слава, и нынѣ: — Дверемъ заключеннымъ: Славословіе чтемъ. Ектенія просительная. Стиховныя стихиры Тріоди — Воспоимъ вѣрніи: Слава, и нынѣ: — Дверемъ заключеннымъ: По — Благо есть: тропарь праздника — Запечатану гробу: Таже ектенія — Помилуй насъ Боже: и 1-й часъ.

На часахъ тропарь праздника. Кондакъ праздника.

На литургіи начало см. въ недѣлю Ѳомину. Блаженна праздника, пѣснь 4-я на 6. По входѣ тропари праздника — Запечатану гробу: храма Богородицы или святаго; Кондакъ храма святаго; Слава, и нынѣ: Тріоди — Любопытною десницею: Трисвятое. Прокименъ — Велій Господь нашъ: Апостолъ Дѣяній зач. 10-е. Аллилуіа во гл. 8-й. Евангеліе отъ Іоанна зач. 10-е. Вмѣсто — Достойно есть: поется — Ангелъ вопіяше: и — Свѣтися, свѣтисл: Причастенъ — Похвали, Іерусалиме: Все прочее, якоже въ Ѳомину недѣлю.

По литургіи идемъ на кладбище и совершаемъ панихиды по сродникамъ, подавая милостыни убогимъ[19]).

---

19) По уставу на Радоницу не положено особыхъ молитвословій за умершихъ, и поминовеніе въ этотъ день совершается по благочестивому обычаю.

20-го АПРѢЛЯ. **Недѣля 3-я по Пасхѣ.** Гласъ 2-й. **Свв. женъ мѵроносицъ, Іосифа праведнаго и Никодима.**

На великой вечерни, начало якоже въ недѣлю Ѳомину. — Блаженъ мужъ: На — Господи воззвахъ: стихиры на 10; воскресны 7 и праздника (мѵроносицъ) — Мѵроносицы жены, утру: 3; Слава: Тріоди — Мѵроносицы жены гроба: И нынѣ: догматикъ — Прейде сѣнь: Входъ. — Свѣте тихій: Прокименъ — Господь воцарися: На стиховнѣ стихира воскресна — Воскресеніе Твое: Таже стихиры Пасхи со стихи ихъ; Слава: Тріоди — Тебе одѣющагося: И нынѣ: Пасхи — Воскресенія день: съ конечнымъ Христосъ воскресе: 1-жды. По — Нынѣ отпущаеши: — Богородице Дѣво: 3-жды.

На утрени поемъ — Христосъ воскресе: 3-жды и чтецъ — Слава въ вышнихъ: и прочая шестопсалмія. На — Богъ Господь: тропарь — Егда снизшелъ еси: 2-жды; Слава: — Благообразный Іосифъ: И нынѣ: — Мѵроносицамъ женамъ: По каѳизмахъ сѣдальны воскресны изъ Тріоди. — Ангельскій соборъ: Ѵпакои, степенна и прокименъ гласа. Евангеліе воскресное 3-е, отъ Марка зач. 71-е. — Воскресеніе Христово: 3-жды. Псаломъ 50-й. Слава: — Молитвами апостоловъ: и прочее обычно. — Спаси, Боже: Канонъ Пасхи съ богородичными — Умерщвленія предѣлъ: съ ирмосомъ на 6 (припѣвы — Христосъ воскресе изъ мертвыхъ; и — Пресвятая Богородице, спаси насъ) и Тріоди праздника на 8 (припѣвъ — Слава Тебѣ, Боже нашъ, слава Тебѣ). Ирмосы и катавасія — Воскресенія день: По 3-й пѣсни кондакъ Пасхи — Аще и во гробѣ: и икосъ; сѣдаленъ мѵроносицамъ — Мѵра теплѣ: Слава, и нынѣ: — Учениковъ Твоихъ: по 6-й кондакъ праздника — Радоватися мѵроносицамъ: и икосъ. На 9-й пѣсни *не поемъ* — Честнѣйшую: но ирмосъ — Свѣтися, свѣтися: и прочая. — Святъ Господь Богъ нашъ. Свѣтиленъ Пасхи — Плотію уснувъ: Слава: Тріоди — Жены услышите: И нынѣ: тойже. На хвалитехъ стихиры воскресны на 8; Слава: стихира евангельская 2-я — Съ мѵры пришедшимъ: И нынѣ: — Преблагословенна еси: Славословіе великое и тропарь — Воскресъ изъ гроба: Ектеніи и отпустъ воскресный. Часъ 1-й.

На часахъ тропарь — Егда снизшелъ еси: Слава: — Благообразный Іосифъ: Кондакъ Тріоди — Радоватися мѵроносицамъ:

На литургіи начало какъ въ недѣлю Ѳомину. Блаженна на 8; гласа изъ Тріоди на 4 и отъ канона праздника, пѣснь 6-я на 4. По входѣ тропари — Егда снизшелъ еси: — Благообразный Іосифъ: Слава: кондакъ праздника — Радоватися мѵроносицамъ: И нынѣ: Пасхи — Аще и во гробѣ: Прокименъ — Спаси, Господи, люди Твоя: Апостолъ Дѣяній зач. 16-е. Аллилуіа во гл. 8-й. Евангеліе отъ Марка зач. 69-е. Вмѣсто — Достойно есть: поется — Ангелъ вопіяше: и — Свѣтися, свѣтися: Причастенъ — Тѣло Христово: и — Хвалите Господа: Все прочее, якоже въ Ѳомину недѣлю.

Апрѣль

23-го АПРѢЛЯ. Среда. **Св. великомученика Георгія Побѣдоносца.** *Творимъ бдѣніе.*

На великой вечерни начало якоже въ недѣлю Ѳомину. — Блаженъ мужъ: На — Господи воззвахъ: во гласъ 2-й; стихиры на 8; праздника Тріоди — Радуются ученицы: 3 и мученика — Яко добля: 5; Слава: мученика — Достойно имени: И нынѣ: праздника — Мѵроносицы жены: Входъ. — Свѣте тихій: Прокименъ — Милость Твоя, Господи: Чтенія мученика 3. Ектеніи. На литіи стихира храма и стихиры мученика — Свѣтлый храборникъ: Слава: мученика — Возсія весна: И нынѣ: праздника — Тебе одѣющагося: (стиховны утрени). На стиховнѣ стихиры мученика — Восхваляютъ людіе: Слава: мученика — Разумнаго адаманта: И нынѣ: праздника — Проси Іосифъ: По Нынѣ отпущаеши: на благословеніи хлѣбовъ тропарь мученика — Яко плѣнныхъ свободитель: 2-жды и — Богородице дѣво: 1-жды. Іерей — Благословеніе Господень на васъ:

На утрени поемъ — Христосъ воскресе: 3-жды и чтецъ — Слава въ вышнихъ: и прочая шестопсалмія. На — Богъ Господь: во гл. 2-й; тропарь — Благообразный Іосифъ: — Егда снизшелъ еси: Слава: мученика — Яко плѣнныхъ свободитель: И нынѣ: — Мѵроносицамъ женамъ: По 1-й каѳизмѣ сѣдаленъ праздника — Ко гробу Твоему: По 2-й сѣдаленъ мученика — Се возсія: Слава: — Воинство еже: И нынѣ: богородиченъ — Матерь Тя: Полѵелей и величаніе мученика — **Величаемъ тя, страстотерпче святый великомучениче и побѣдоносче Георгіе, и чтемъ честная страданія твоя, яже за Христа претерпѣлъ еси.** Псаломъ избранный — Богъ намъ прибѣжище и сила, помощникъ въ скорбехъ обрѣтшихъ ны зѣло. Сѣдаленъ мученика — Любовію горящею: Слава: — Воздѣлавъ прилѣжно: И нынѣ: праздника — Ко гробу Твоему: Степенна — Отъ юности: Прокименъ — Праведникъ яко фениксъ процвѣтетъ: Евангеліе воскресное отъ Луки зач. 63-е. — Воскресеніе Христово: 1-жды; Псаломъ 50-й; Слава: — Молитвами страстотерпца Георгія: И нынѣ: — Молитвами Богородицы: — Помилуй мя Боже: стихира мученика — Днесь вселенная: — Спаси Боже люди: и прочее обычно. Каноны: праздника Тріоди на 6 (припѣвъ — Слава Тебѣ, Боже нашъ, слава Тебѣ) и мученика 2 на 4 (припѣвъ — Святый великомучениче и побѣдоносче Георгіе, моли Бога о насъ). Ирмосы — Мѵсейскую пѣснь: Катавасія — Воскресенія день: По 3-й пѣсни кондакъ праздника — Радоватися мѵроносицамъ: и икосъ; сѣдаленъ мученика — Благочестія образы: Слава: мученика — Земное богатство: И нынѣ: праздника — Мѵра теплѣ гробу: по 6-й кондакъ мученика — Воздѣланъ отъ Бога: и икосъ. На 9-й пѣсни поемъ — Честнѣйшую: Свѣтиленъ мученика — Весна намъ возсія: Слава: мученика — Яко солнце: И нынѣ: праздника — Жены услышите гласъ: На хвалитехъ, во гл. 2-й, стихиры на 8; праздника — Убо въ мертвыхъ: со славнымъ — Тебе одѣющагося: (стиховны утрени) 4 и мученика — Пріидите всепразднственное: 4; Слава: мученика — Да помаваютъ: И нынѣ: праздника — Со страхомъ пріидоша: (писана на хвалитехъ): Славословіе великое. Тропари — Благообразный Іосифъ: Слава: мученика; И нынѣ: — Мѵроносицамъ женамъ: Ектеніи и отпустъ воскресный. Часъ 1-й.

На часахъ тропари праздника — Благообразный Іосифъ: — Егда снизшелъ еси: поперемѣнно; Слава: мученика — Яко плѣнныхъ: Кондаки мученика и праздника — Радоватися мѵроносицамъ: поперемѣнно.

На литургіи начало, какъ въ недѣлю Ѳомину. Блаженна на 8; отъ канона праздника, пѣснь 5-я на 4 и отъ перваго канона мученика, пѣснь 3-я на 4. По входѣ тропари — Благообразный Іосифъ: — Егда снизшелъ еси: — Мѵроносицамъ женамъ: мученика — Яко плѣнныхъ свободитель: Слава: кондакъ мученика: И нынѣ: праздника — Радоватися мѵроносицамъ: Прокименъ — Спаси, Господи, люди Твоя: и — Возвеселится праведникъ: Апостолъ Дѣяній зач. 19-е и Дѣяній зач. 29-е. Аллилуіа во гл. 8-й и 4-й. Евангеліе отъ Іоанна зач. 21-е и отъ Іоанна зач. 52-е. Задостойникъ — Ангелъ вопіяше: и — Свѣтися, свѣтися: Причастенъ — Хвалите Господа: и — Въ память вѣчную: Конецъ литургіи, какъ и въ недѣлю Ѳомину.

27-го АПРѢЛЯ. **Недѣля 4-я по Пасхѣ: о разслабленномъ.** Гласъ 3-й.

На великой вечерни начало якоже въ недѣлю Ѳомину. — Блаженъ мужъ: На — Господи воззвахъ: стихиры на 10; воскресны 7 и праздника (о разслабленномъ) — Дланію пречистою: 3; Слава: праздника — Взыде Іисусъ: И нынѣ: догматикъ — Како не дивимся: Входъ. Прокименъ — Господь воцарися: На стиховнѣ стихира воскресна — Страстію Твоею: таже стихиры Пасхи съ припѣвы ихъ; Слава: праздника, гл. 8-й, — Въ притворѣ Соломоновѣ: И нынѣ: Пасхи — Воскресенія день: съ конечнымъ — Христосъ воскресе: 1-жды. По — Нынѣ отпущаеши: — Богородице Дѣво: 3-жды.

На утрени поемъ — Христосъ воскресе: 3-жды и чтецъ — Слава въ вышнихъ: и прочая шестопсалмія. На — Богъ Господь: тропарь воскресенъ 2-жды; Слава, и нынѣ: богородиченъ — Тя ходатайствовавшую: По каѳизмахъ сѣдальны изъ Тріоди. — Ангельскій соборъ: Ѵпакои, степенна и прокименъ гласа. Евангеліе воскресное 4-е, отъ Луки зач. 112-е. — Воскресеніе Христово: 3-жды и прочее обычно. Канонъ Пасхи со ирмосомъ и съ богородичными на 8 (припѣвы — Христосъ воскресе изъ мертвыхъ; и — Пресвятая Богородице, спаси насъ) и Тріоди праздника на 6 (припѣвъ — Слава Тебѣ, Боже нашъ, слава Тебѣ; къ тропарю арх. Михаилу припѣвъ — Святый архистратиже Божій Михаиле, моли Бога о насъ). Ирмосы и катавасія — Воскресенія день: По 3-й пѣсни кондакъ Пасхи — Аще и во гробъ: и икосъ; сѣдаленъ праздника — Глаголъ разслабленнаго: Слава, и нынѣ: богородиченъ — Красотѣ дѣвства: по 6-й кондакъ праздника — Душу мою, Господи: и икосъ. На 9-й пѣсни *не поемъ* — Честнѣйшую: но ирмосъ — Свѣтися, свѣтися: и прочая. — Святъ Господь Богъ нашъ. Свѣтиленъ Пасхи — Плотію уснувъ: Слава: праздника — Предста Человѣколюбецъ: И нынѣ:

Апрѣль

тойже. На хвалитехъ стихиры воскресны на 8; Слава: праздника — Господи, разслабленнаго: И нынѣ: — Преблагословенна еси: Славословіе великое и тропарь — Днесь спасеніе: Ектеніи и отпустъ воскресный. Слава, и нынѣ: стихира евангельская 3-я — Магдалинѣ Маріи: Часъ 1-й.

На часахъ тропарь воскресенъ; Кондакъ праздника — Душу мою:.

На литургіи начало, какъ въ недѣлю Ѳомину. Блаженна на 8; гласа на 4 и отъ канона праздника, пѣснь 6-я на 4. По входѣ тропарь воскресенъ — Да веселятся: Слава: кондакъ праздника — Душу мою: И нынѣ: Пасхи — Аще и во гробѣ: Прокименъ — Буди, Господи, милость Твоя: Апостолъ Дѣяній зач. 23-е. Аллилуіа во гл. 5-й. Евангеліе отъ Іоанна зач. 14-е. Задостойникъ — Ангелъ вопіяше: и — Свѣтися, свѣтися: Причастенъ — Хвалите Господа: Конецъ литургіи, какъ и въ недѣлю Ѳомину.

30-го АПРѢЛЯ. Среда. *Преполовеніе Пятидесятницы.* **Святителя Игнатія, еп. Кавказскаго и Черноморскаго.** *Творимъ бдѣніе.*

Службу св. Игнатія, зри: http://www.sbkrpc.ru/bogosluzhebnye-teksty/sluzhby-svyatitelyam/107-sluzhba-svt-ignatiyu.html

Служба апостола Іакова Заведеева, поется егда настоятель разсудитъ.

На великой вечерни начало якоже въ недѣлю Ѳомину. — Блаженъ мужъ: На — Господи воззвахъ: во гл. 4-й, стихиры на 8; праздника — Наста Преполовеніе: 4; и святителя — Радуйся и веселися свѣтло: 4; Слава: святителя — Къ правдѣ вѣчней: И нынѣ: праздника — Празднику преполовляющуся: Входъ. Прокименъ — Милость Твоя, Господи: Чтенія праздника 3 и святителя 3. На литіи стихира храма и стихиры святителя — Мысль спасительную: Слава: святителя — Страну истины: И нынѣ: праздника — Просвѣтившеся братіе: (писана на хвалитехъ). На стиховнѣ стихиры праздника — Пятдесятницы наста: Слава: святителя — Пѣснь священную: И нынѣ: праздника — Преполовившуся празднику, учащу: По — Нынѣ отпущаеши: на благословеніе хлѣбовъ тропарь праздника — Преполовившуся празднику: 2-жды и тропарь святителя — Православія поборниче: 1-жды.

На утрени поемъ — Христосъ воскресе: 3-жды и чтецъ — Слава въ вышнихъ: и прочая шестопсалмія. На — Богъ Господь: во гл. 8-й, тропарь праздника 2-жды; Слава: святителя; И нынѣ: праздника. По каѳизмахъ сѣдальны праздника. Полiелей и величаніе святителя — **Величаемъ тя, святителю отче Игнатіе, и чтемъ святую память твою, ты бо молиши за насъ Христа Бога нашего.** Псаломъ избранный — Услышите сія вси языцы, внушите вси живущіи по вселеннѣй. По поліелеи сѣдальны святителя — Молитвами и скорбьми: — Реклъ еси, отче: Слава: святителя — Преподобне отче: И нынѣ: праздника — Владыка всѣхъ: Степенна — Отъ юности: Прокименъ — Уста моя возглаголютъ: Евангеліе отъ Іоанна зач. 35-е отъ полу. — Воскресеніе Христово: 1-жды. Псаломъ 50-й. Слава: — Молитвами святителя

Игнатія: И нынѣ: — Молитвами Богородицы: — Помилуй мя, Боже: стихира святителя — Позналъ еси тайну: — Спаси Боже люди: Канонъ праздника 1-й со ирмосомъ на 4 (припѣвъ — Слава Тебѣ, Боже нашъ, слава Тебѣ), святителя канонъ на 6 (припѣвъ — Святителю отче Игнатіе, моли Бога о насъ) и другій канонъ праздника на 4. Ирмосы — Моря чермную: Катавасія — Море огустилъ еси: По 3-й пѣсни кондакъ святителя — Аще и совершалъ еси: и икосъ; сѣдаленъ святителя — Поучалъ еси: Слава, и нынѣ: праздника — Премудрости воду: по 6-й кондакъ праздника — Празднику законному: и икосъ. На 9-й пѣсни *не поемъ* — Честнѣйшую: но ирмосъ праздника — Камень нерукосѣчный: Свѣтиленъ праздника — Чашу имѣяй: Слава: святителя — Имя богоносца преславнаго: И нынѣ — Чашу имѣяй: На хвалитехъ стихиры во гл. 4-й, на 6; праздника — Премудрость и сила: 3 и святителя — Въ житіи твоемъ: 3; Слава, и нынѣ: праздника — Просвѣтившеся, братіе: По славословіи тропарь святителя; Слава, и нынѣ: праздника. Ектеніи и отпустъ воскресный. Часъ 1-й.

На часахъ тропари праздника; Слава: святителя. Кондаки святителя и праздника поперемѣнно.

На литургіи начало см. въ недѣлю Ѳомину. Блаженна на 8; праздника отъ перваго канона, пѣснь 3-я на 4 и отъ канона святителя, пѣснь 6-я на 4. По входѣ тропарь праздника и святителя; Слава: кондакъ святителя; И нынѣ: праздника. Прокименъ — Велій Господь: и — Уста моя возглаголютъ: Апостолъ Дѣяній зач. 34-е и ко Евр. зач. 318-е. Аллилуіа во гл. 1-й и 2-й. Евангеліе отъ Іоанна зач. 26-е и отъ Іоанна зач. 36-е. Задостойникъ — Чужде матеремъ дѣвство: (также и на отданіе, въ слѣдующую среду, но въ прочіе дни — Ангелъ вопіяше:). Причастенъ — Ядый Мою Плоть, и піяй Мою Кровь, во Мнѣ пребываетъ, и Азъ въ немъ, рече Господь; и — Въ память вѣчную: Конецъ литургіи, какъ и въ недѣлю Ѳомину.

Послѣ литургіи малое освященіе воды по требнику, гдѣ возможно, съ крестнымъ ходомъ къ колодцу или источнику.

V. МАЙ.

4-го МАЯ. **Недѣля 5-я по Пасхѣ: о самарянынѣ.** Гласъ 4-й. *Попразднство Преполовенія.*

На великой вечерни начало якоже въ недѣлю Ѳомину. — Блаженъ мужъ: На — Господи воззвахъ: стихиры на 10; воскресны 4, Преполовенія — Наста преполовеніе дней: 3 и праздника (о самаряныни) — На источникъ пришелъ: 3; Слава: праздника — При студенцѣ Іаковли: И нынѣ: догматикъ — Иже Тебе ради: Входъ. Прокименъ — Господь воцарися: На стиховнѣ стихира воскресна — Господи возшедъ: и стихиры Пасхи съ припѣвы ихъ; Слава: праздника — Егда явился еси: И нынѣ: — Воскресенія день: По — Нынѣ отпущаеши: — Богородице Дѣво: 2-жды и Преполовенія — Преполовившуся праздника: 1-жды.

Май

На утрени поемъ — Христосъ воскресе: 3-жды и чтецъ — Слава въ вышнихъ: и прочая шестопсалмія. На — Богъ Господь: тропарь воскресенъ 2-жды; Слава, и нынѣ: Преполовенія. Сѣдальны воскресны. — Ангельскій соборъ: Ѵпакои, степенна и прокименъ гласа. Евангеліе воскресное 7-е, отъ Іоанна зач. 63-е. — Воскресеніе Христово: 3-жды и прочее обычно. Каноны: Пасхи со ирмосомъ и богородичными на 6 (припѣвы — Христосъ воскресе изъ мертвыхъ; и — Пресвятая Богородице, спаси насъ), Преполовенія (второй канонъ) на 4 (припѣвъ — Слава Тебѣ, Боже нашъ, слава Тебѣ) и праздника самаряныни на 4 (припѣвъ — Слава Тебѣ, Боже нашъ, слава Тебѣ). Ирмосы и катавасія — Воскресенія день: По 3-й пѣсни кондакъ Преполовенія — Празднику законному: и икосъ; сѣдаленъ праздника — Да радуется небо: Слава, и нынѣ: Преполовенія — Премудрости подателю: по 6-й кондакъ праздника — Вѣрою пришедшая: и икосъ. На 9-й пѣсни *не поемъ* — Честнѣйшую: но ирмосъ — Свѣтися, свѣтися: и прочая. — Святъ Господь Богъ нашъ. Свѣтиленъ Пасхи — Плотію уснувъ: Слава: праздника — Въ Самарію пришелъ: И нынѣ: Преполовенія — Преполовившуся пришелъ: На хвалитехъ стихиры на 8; воскресны 6 и праздника самаряныни — Да радуется днесь: 2 съ припѣвы его — Наляцы и успѣвай: и — Возлюбилъ еси правду: Слава: праздника — Источникъ живоначалія: И нынѣ: — Преблагословенна еси: Славословіе великое. Тропарь — Воскресъ изъ гроба: Ектеніи и отпустъ воскресный. Слава, и нынѣ: стихира евангельская 7-я — Се тьма и рано: Часъ 1-й.

На часахъ тропарь воскресенъ; Слава: Преполовенія; Кондаки Преполовенія и праздника — Вѣрою пришедшая: поперемѣнно.

На литургіи начало, какъ въ недѣлю Ѳомину. Блаженна на 12; гласа на 4, отъ канона самаряныни, пѣснь 3-я на 4 и отъ втораго канона Преполовенія, пѣснь 6-я на 4. По входѣ тропари воскресенъ — Свѣтлую Воскресенія: и Преполовенія; Слава: кондакъ самаряныни; И нынѣ: Преполовенія. Прокименъ — Пойте Богу нашему: Апостолъ Дѣяній зач. 28-е. Аллилуіа во гл. 4-й. Евангеліе отъ Іоанна зач. 12-е. Задостойникъ — Ангелъ вопіяше: и — Свѣтися, свѣтися: Причастенъ — Тѣло Христово: и — Хвалите Господа: Конецъ литургіи, какъ и въ недѣлю Ѳомину.

7-го МАЯ. Среда. *Отданіе Преполовенія.*

На литургіи: Прокименъ и причастенъ праздника. Апостолъ и Евангеліе дне. Вмѣсто — Ангелъ вопіяше: ирмосъ — Чужде матеремъ дѣвство:

8-го МАЯ. Четвергъ. **Св. Апостола и Евангелиста Іоанна Богослова. Преподобнаго Арсенія Великаго.** *Творимъ бдѣніе.*

На великой вечерни начало якоже въ недѣлю Ѳомину. — Блаженъ мужъ: на — Господи воззвахъ: во гл. 4-й; стихиры на 10; Тріоди — При кладязѣ Христосъ: 3, апостола — Зритель неизреченныхъ: 4 и преподобнаго — Отче богомудре Арсеніе: 3; Слава: апостола — Сына громова: И нынѣ: праздника — На источникъ пришелъ: Входъ. Прокименъ — Боже, во имя Твое: Чтенія апостола 3. На литіи стихира храма, таже стихиры апостола — Рѣки богословія: Слава: апостола — Возлегъ на перси: И нынѣ: Тріоди — Да радуется днесь: (писано на стиховнѣ утрени). На стиховнѣ апостола — Сына Вышняго богословивъ: Слава: апостола — Апостоле Христовъ: И нынѣ: праздника — На студенецъ: По — Нынѣ отпущаеши: на благословеніи хлѣбовъ тропарь апостола — Апостоле Христу Богу: 2-жды и — Богородице Дѣво: 1-жды.

На утрени поемъ — Христосъ воскресе: 3-жды и чтецъ — Слава въ вышнихъ: и прочая шестопсалмія. На — Богъ Господь: во гл. 3-й, тропарь воскресенъ — Свѣтлую воскресеніе: 1-жды; апостола 1-жды; Слава: преподобнаго — Слезъ твоихъ теченьми: И нынѣ: богородиченъ — Иже насъ ради: По 1-й каѳизмѣ сѣдаленъ апостола — Христа ученикъ: Слава, и нынѣ: Тріоди — Яко вѣрнѣй самарянынѣ: По 2-й каѳизмы сѣдаленъ апостола — Апостола вси: Слава, и нынѣ: Тріоди — Яко вѣрнѣй самарянынѣ: Полiелей и величаніе апостола — **Величаемъ тя, апостоле Христовъ и евангелисте Іоанне Богослове, и чтемъ болѣзни и труды твоя, имиже трудился еси во благовѣстіи Христовѣ.** Избранный псаломъ — Небеса повѣдаютъ славу Божію, твореніе же руку Его возвѣщаетъ твердь. По полiелеи сѣдаленъ апостола — Возлегъ на перси: Слава, и нынѣ: Тріоди: — Яко вѣрнѣй самарянынѣ: Степенна — Отъ юности моея: Прокименъ, гласъ 4-й — Во всю землю: Евангеліе отъ Іоанна зач. 67-е. — Воскресеніе Христово: 1-жды. Псаломъ 50-й. Слава: — Молитвами апостола и евангелиста Іоанна Богослова: И нынѣ: — Молитвами Богородицы: — Помилуй мя, Боже: и стихира — Богослове дѣвственниче: — Спаси Боже люди: Каноны: праздника Тріоди со ирмосомъ на 4 (припѣвъ — Слава Тебѣ, Боже нашъ, слава Тебѣ), апостола на 6 (припѣвъ — Святый апостоле и евангелисте Іоанне Богослове, моли Бога о насъ) и преподобнаго на 4 (припѣвъ — Преподобне отче Арсеніе, моли Бога о насъ). Ирмосы — Поразивый Египта: Катавасія — Воскресеніе день: По 3-й пѣсни кондакъ праздника — Вѣрою пришедшая: и икосъ; кондакъ преподобнаго — Отъ Рима возсіялъ: и икосъ; сѣдаленъ апостола — Премудрости на перси: Слава: преподобнаго — Молвъ житейскихъ: И нынѣ: праздника — Да радуется небо: по 6-й кондакъ апостола — Величія твоя: и икосъ. На 9-й пѣсни — Честнѣйшую: Свѣтиленъ апостола — Громовъ сынъ: Слава: преподобнаго — Мірскаго пристрастія: И нынѣ: праздника — Въ Самарію пришелъ: На хвалитехъ, во гл. 4-й, стихиры на 6; праздника — Ты источникъ благости: (стиховны утрени) 3; и апостола — Блаженне Іоанне: 3; съ припѣвами — Во всю землю: и — Небеса повѣдаютъ: Слава: апостола — Благовѣстниче Іоанне: И нынѣ: праздника — Собезначальный и соприсносущный: (писана на хвалитехъ); Славословіе великое. Тропарь Апостола; Слава: преподобнаго; И нынѣ: богородиченъ — Иже насъ ради: Ектеніи и отпустъ воскресный. Часъ 1-й.

Май

На часахъ тропарь воскресенъ; Слава: апостола; кондаки праздника и апостола поперемѣнно.

На литургіи блаженна на 8; отъ канона праздника Тріоди, пѣснь 7-я на 4 и отъ канона апостола, пѣснь 6-я на 4. По входѣ тропари воскресенъ, апостола и преподобнаго; кондакъ апостола; Слава: преподобнаго; И нынѣ: праздника. Прокименъ — Пойте Богу нашему: и — Во всю землю: Апостолъ Дѣяній зач. 35-е и Соборнаго посл. Іоаннова зач. 68-е. Аллилуіа во гл. 4-и и 1-й. Евангеліе отъ Іоанна зач. 35-е и отъ Іоанна зач. 61-е. Задостойникъ — Ангелъ вопіяше: и — Свѣтися, свѣтися: Причастенъ — Хвалите Господа: и — Во всю землю: Отпустъ воскресенъ.

9-го МАЯ. Пятница. **Перенесеніе мощей святителя Николая, архіепископа Мѵръ Ликійскихъ, чудотворца.** *Творимъ бдѣніе.*

На великой вечерни начало якоже въ недѣлю Ѳомину. — Блаженъ мужъ: На — Господи воззвахъ: во гл. 4-й, стихиры на 8; праздника — Видите, Егоже преднаписа: 3 и святителя — На небо добродѣтелей: 5; Слава: святителя — Святителей удобреніе: И нынѣ: праздника — При студенцѣ: Входъ. Прокименъ — Помощь моя отъ Господа: Чтенія святителя 3. На литіи стихира храма, таже стихиры святителя — Отче Николае: Слава: святителя — Благій рабе: И нынѣ: праздника — Егда явился еси: (писано на стиховнѣ утрени). На стиховнѣ стихиры святителя — Звѣзду незаходимую: Слава: святителя — Человѣче Божій: И нынѣ: праздника — Тако глаголетъ Господь: По — Нынѣ отпущаеши: на благословеніе хлѣбовъ тропарь святителя — Приспѣ день свѣтлаго торжества: 2-жды и — Богородице Дѣво: 1-жды.

На утрени поемъ — Христосъ воскресе: 3-жды и чтецъ — Слава въ вышнихъ: и прочая шестопсалмія. На — Богъ Господь: во гл. 4-й, тропарь воскресенъ — Свѣтлую воскресеніе: 2-жды; Слава: святителя; И нынѣ: богородиченъ — Еже отъ вѣка: По 1-й каѳизмѣ сѣдаленъ праздника — Отъ кладязя воды: по 2-й святителя — Удивилъ еси: Слава, и нынѣ: богородиченъ — Нечистыхъ помышленій: Поліелей и величаніе — **Величаемъ тя, святителю отче Николае, и чтемъ святую память твою, ты бо молиши за насъ Христа Бога нашего.** Псаломъ избранный — Услышите сія вси языцы, внушите вси живущіи по вселеннѣй. По полiелеи сѣдаленъ святителя: — Освящъ себе житіемъ: Слава, и нынѣ: праздника — Отъ кладязя воды: Степенна — Отъ юности моея: Прокименъ — Честна предъ Господемъ: Евангеліе отъ Іоанна зач. 35-е отъ полу. — Воскресеніе Христово: 1-жды. Псаломъ 50-й. Слава: — Молитвами святителя Николая: И нынѣ: — Молитвами Богородицы: — Помилуй мя, Боже: и стихира святителя — Наслѣдниче Божій: — Спаси Боже люди: Каноны праздника на 6 (припѣвъ — Слава Тебѣ, Боже нашъ, слава Тебѣ) и 2 святителя на 8 (припѣвъ — Святителю отче Николае, моли Бога о насъ). Ирмосы — Поразивый Египта: Катавасія — Воскресенія день: По 3-й пѣсни кондакъ праздника —

Вѣрою пришедшая: и икосъ; сѣдаленъ святителя — Пренесеніе твоихъ честныхъ: Слава, и нынѣ: праздника — Да радуется небо: по 6-й кондакъ святителя — Взыде яко звѣзда: и икосъ. На 9-й пѣсни — Честнѣйшую: Свѣтиленъ святителя — Велика чудеса твоя: Слава, и нынѣ праздника — Въ Самарію пришелъ: На хвалитѣхъ стихиры праздника, во гл. 4-й, на 6; праздника — Съ почерпаломъ почерпсти: (стиховны утрени) 3 и святителя — Воззрѣвъ неуклонно: 3; съ припѣвами — Честна предъ Господемъ: и — Священницы Твои: Слава: святителя — Вострубимъ трубою: И нынѣ: праздника — Источникъ живоначалія: (писана на хвалитехъ). По славословіи тропарь святителя; Слава, и нынѣ: богородиченъ — Еже отъ вѣка: Ектеніи и отпустъ воскресный. Часъ 1-й.

На часахъ тропари воскресенъ; Слава: святителя. Кондаки святителя и праздника поперемѣнно.

На литургіи начало см. въ недѣлю Ѳомину. Блаженна на 8; отъ канона праздника, пѣснь 8-я на 4 и отъ перваго канона святителя, пѣснь 6-я на 4. По входѣ тропарь воскресенъ и святителя; Слава: кондакъ святителя; И нынѣ: праздника. Прокименъ — Пойте Богу нашему: и — Восхвалятся преподобніи во славѣ: Апостолъ Дѣяній зач. 36-е и ко Евр. зач. 335-е. Аллилуіа во гл. 4-й и 2-й. Евангеліе отъ Іоанна зач. 37-е и отъ Луки зач. 24-е. Задостойникъ — Ангелъ вопіяше: и — Свѣтися, свѣтися: Причастенъ — Хвалите Господа: и — Въ память вѣчную: Конецъ литургіи, какъ и въ недѣлю Ѳомину.

11-го МАЯ. Недѣля 6-я по Пасхѣ: о слѣпомъ. Гласъ 5-й. Святыхъ равноапостольныхъ Меѳодія и Кирилла, первоучителей Словенскихъ.

На великой вечерни начало якоже въ недѣлю Ѳомину. — Блаженъ мужъ: На — Господи воззвахъ: стихиры на 10; воскресны 3, праздника (о слѣпомъ) — Слѣпый родивыйся: 3 и святыхъ — Кіими похвальными: 4; Слава: праздника — Господи, мимоходя путемъ: И нынѣ: догматикъ — Въ Чермнѣмъ мори: Входъ. Прокименъ — Господь воцарися: Чтенія святыхъ 3. На литіи стихира храма; Слава: стихира святыхъ — Свѣтлостію житія: (стиховны вечерни); И нынѣ: праздника — Все житіе слѣпый: На стиховнѣ стихира воскресна — Тебе воплощеннаго: и стихиры Пасхи съ припѣвы ихъ; Слава: святыхъ — Радуйся, двоице священная: И нынѣ: праздника — Правды солнце: По — Нынѣ отпущаеши: на благословеніе хлѣбовъ — Богородице Дѣво: 2-жды и тропарь святыхъ — Яко апостоломъ: 1-жды.

На утрени поемъ — Христосъ воскресе: 3-жды и чтецъ — Слава въ вышнихъ: и прочая шестопсалмія. На — Богъ Господь: тропарь воскресенъ 2-жды; Слава: святыхъ; И нынѣ: богородиченъ — Еже отъ вѣка: По каѳизмахъ сѣдальны воскресны. Полиелей и величаніе святыхъ — **Величаемъ васъ, святіи равноапостольніи Меѳодіе и Кирилле, вся словенскія страны ученьми своими просвѣтившія и ко Христу**

Май

приведшія; 1-жды. (Въ воскресные дни избранные псалмы не поются.) — Ангельскій соборъ: Ѵпакои гласа. Сѣдальны святыхъ вси — Троицѣ живоначальнѣй: — Да радуется днесь: Слава: — Пріидите, просвѣтители наша: И нынѣ: праздника — Всѣхъ Владыка: (по 3-й пѣсни канона.) Степенна и прокименъ гласа. Евангеліе воскресное 8-е, отъ Іоанна зач. 64-е. — Воскресеніе Христово: 3-жды и прочее обычно. Канонъ Пасхи съ ирмосомъ и богородичными на 6 (припѣвы — Христосъ воскресе изъ мертвыхъ; и — Пресвятая Богородице, спаси насъ), святыхъ на 4 (припѣвъ — Святіи равноапостольніи Меѳодіе и Кирилле, молите Бога о насъ) и праздника на 4 (припѣвъ — Слава Тебѣ, Боже нашъ, слава Тебѣ) Тропари канона праздника на 1-й пѣсни таковые — Распятіе вольное: — Чудеса преславная: — Едино тріѵпостасное: и — Во утробу: (И такъ все послѣдующіе пѣсни.) Ирмосы — Воскресенія день: Катавасія Вознесенія — Спасителю Богу: По 3-й пѣсни кондакъ святыхъ — Священную двоицу: и икосъ; сѣдаленъ святыхъ — Уподобилъ еси: Слава, и нынѣ: сѣдаленъ праздника — Всѣхъ Владыка: По 6-й кондакъ праздника — Душевныма очима: и икосъ. На 9-й пѣсни *не поемъ* — Честнѣйшую: но ирмосъ — Свѣтися, свѣтися: и прочая. — Святъ Господь Богъ нашъ. Свѣтиленъ — Плотію уснувъ: Слава: святыхъ — Учители святіи: И нынѣ: праздника — Умныя мои очи: На хвалитехъ стихиры на 8; воскресны 4 и святыхъ — Кирилле и Меѳодіе богомудріи: со славнымъ — Просвѣтителей нашихъ: 4 съ припвами ихъ — Священницы Твои: и — Уста праведнаго: Слава: праздника — Кто возглаголетъ: И нынѣ: — Преблагословенна еси: Славословіе великое и тропарь — Днесь спасеніе: Ектеніи и отпустъ воскресный. Слава, и нынѣ: стихира евангельская 8-я — Маріины слезы: Часъ 1-й.

На часахъ тропарь воскресный; Слава: святыхъ. Кондакъ святыхъ и праздника поперемѣнно.

На литургіи начало какъ въ недѣлю Ѳомину. Блаженна на 12; гласа на 4, отъ канона праздника, пѣснь 3-я на 4 и отъ канона святыхъ, пѣснь 6-я на 4. По входѣ тропари воскресный и святыхъ; Слава: кондакъ святыхъ; И нынѣ: праздника — Душевныма очима: Прокименъ — Помолитеся и воздадите: и — Честна предъ Господемъ: Апостолъ Дѣяній зач. 38-е и ко Евр. зач. 318-е. Аллилуіа во гл. 8-й и 2-й. Евангеліе отъ Іоанна зач. 34-е и отъ Матѳ. зач. 11-е. Задостойникъ — Ангелъ вопіяше: и — Свѣтися, свѣтися: Причастенъ — Хвалите Господа: и — Въ память вѣчную: Прочее послѣдованіе, какъ и въ нед. Ѳомину.

14-го МАЯ. Среда. *Отданіе Пасхи. Предпразднство Вознесенія. Служба славословная.*

На вечерни по — Благословенъ Богъ нашъ: іерей съ крестомъ, трехсвѣчникомъ и кадиломъ поетъ — Христосъ воскресе: 3-жды и возглашаетъ стихи — Да воскреснетъ Богъ: все, какъ на Свѣтлой седмицѣ. Затѣмъ чтецъ псаломъ 103-й — Благослови, душе моя, Господа: Ектенія мирная. Каѳизма рядовая. На — Господи воззвахъ: во гл. 2-й, стихиры праздника слѣпаго — Слѣпый родивыйся: 6; Слава, и нынѣ: — Кто возглаголетъ: Входа нѣтъ. Чтецъ — Свѣте тихій: Прокименъ — Милость Твоя, Господи: Чтецъ — Сподоби Господи: Ектенія — Исполнимъ вечернюю: На стиховнѣ стихира воскресна — Тебе воплощеннаго: и стихиры Пасхи; Слава, и нынѣ: — Воскресенія день: съ конечнымъ — Христосъ воскресе: 1-жды. По — Нынѣ отпущаеши: тропарь воскресенъ — Собезначальное Слово: Слава, и нынѣ: — Радуйся, Двере Господня: Ектенія — Помилуй насъ, Боже: И обычный отпустъ глаголетъ іерей безъ Креста — Воскресый изъ мертвыхъ: и святаго дне поминаетъ.

На утрени по начальномъ возгласѣ — Слава Святѣй: творимъ полное начало, какъ на Свѣтлой седмицѣ. Посемъ чтецъ — Слава въ вышнихъ: и прочая шестопсалмія. Великая ектенія. На — Богъ Господь: во гл. 5-й, тропарь — Собезначальное Слово: 2-жды; Слава, и нынѣ: богородиченъ — Радуйся, Двере Господня: По 1-й каѳизмѣ сѣдальны воскресны писаны въ службѣ Недѣли о слѣпомъ; по 2-й сѣдаленъ слѣпаго. — Воскресеніе Христово: 1-жды. Псаломъ 50-й. Канонъ Пасхи безъ богородичныхъ со ирмосомъ на 6 (припѣвъ — Христосъ воскресе изъ мертвыхъ). праздника на 4 (припѣвъ — Слава Тебѣ, Боже нашъ, слава Тебѣ) и предпразднства Вознесенія на 4 (припѣвъ — Слава Тебѣ, Боже нашъ, слава Тебѣ). Ирмосы — Воскресенія день: Катавасія — Спасителю Богу: По 3-й пѣсни кондакъ слѣпаго — Душевныма очима: и икосъ; сѣдаленъ слѣпаго — Воочилъ еси: Слава, и нынѣ: предпразднства — Родился еси: по 6-й кондакъ Пасхи — Аще и во гробѣ: и икосъ. На 9-й пѣсни *не поемъ* Честнѣйшую: но припѣвъ Пасхи — **Величитъ душа моя Воскресшаго тридневно отъ гроба Христа Жизнодавца;** и прочіе на 6. Свѣтиленъ Пасхи — Плотію уснувъ: 2-жды; Слава, и нынѣ: праздника — Умныя мои очи: На хвалитехъ стихиры праздника — Слѣпый родивыйся: на 4; таже стихиры Пасхи — Да воскреснетъ Богъ: Слава, и нынѣ: — Воскресенія день: съ конечнымъ — Христосъ воскресе: 1-жды. Славословіе великое. Тропарь — Собезначальное Слово: Слава, и нынѣ: богородиченъ — Радуйся, Двере Господня: Ектеніи, и отпустъ безъ Креста, и святаго на отпустѣ поминаетъ, егоже будетъ день. Часъ 1-й.

На часахъ тропарь воскресный — Собезначальное слово: Кондакъ праздника — Душевныма очима:

На литургіи по — Благословено Царство: іерей съ крестомъ, трехсвѣчникомъ и кадиломъ поетъ — Христосъ воскресе: 3-жды и возглашаетъ стихи — Да воскреснетъ Богъ: все, какъ на Свѣтлой седмицѣ. Великая ектенія. Изобразительныя. Блаженна отъ канона праздника 8, пѣснь 3-я и 6-я. По входѣ тропарь — Собезначальное слово: Слава: кондакъ слѣпаго — Душевныма очима: И нынѣ: Пасхи — Аще и во гробѣ: Прокименъ Пасхи — Сей день, егоже сотвори Господь, возрадуемся и возвеселимся въ онь. Апостолъ Дѣяній зач. 41-е. Аллилуіа во гл. 4-й. Евангеліе отъ Іоанна зач. 43-е. Задостойникъ — Ангелъ

Май

вопіяше: и — Свѣтися, свѣтися: Причастенъ — Тѣло Христово: Конецъ литургіи поемъ, якоже на самую Пасху. Вмѣсто — Слава Тебѣ, Христѣ Боже: Іерей — Христосъ воскресе: до половины. Ликъ — И сущимъ во гробѣхъ: Отпустъ Пасхи съ Крестомъ — **Христосъ, воскресый изъ мертвыхъ, смертію смерть поправый и сущимъ во гробѣхъ животъ даровавый, истинный Богъ нашъ:** Таже іерей, возвышая Крестъ на три страны: — Христосъ воскресе! Людіе отвѣщаютъ: — Воистину воскресе! Конечное — Христосъ воскресе: 3-жды. Таже — И намъ дарова животъ вѣчный, покланяемся Его тридневному воскресенію.

И взимается Плащаница съ престола, и полагается на свое мѣсто.

9-й часъ начинается съ чтенія Трисвятаго (такъ бываетъ до самой Пятидесятницы, когда впервые читается въ началѣ службы — Царю Небесный:).

15-го МАЯ. Четвергъ. **ВОЗНЕСЕНІЕ ГОСПОДА БОГА И СПАСА НАШЕГО ІИСУСА ХРИСТА.**
На великой вечерни іерей — Слава Святѣй: Ликъ — Аминь. Іерей — Пріидите, поклонимся: Ликъ поетъ предначинательный псаломъ. Ектенія мирная. *Не поемъ* — Блаженъ мужъ: На — Господи воззвахъ: во гл. 6-й, стихиры праздника — Господь вознесеся: на 10; Слава, и нынѣ: праздника — Нѣдръ отеческихъ: Входъ. Прокименъ — Боже, во имя Твое: Чтенія праздника 3. На литіи стихиры праздника — Возшедъ на небеса: Слава, и нынѣ: праздника — Господи, таинство: На стиховнѣ стихиры праздника — Родился еси: Слава, и нынѣ: праздника — Взыде Богъ: По — Нынѣ отпущаеши: на благословеніи хлѣбовъ тропарь праздника — Вознеслся еси во славѣ: 3-жды.

На утрени на — Богъ Господь: во гл. 4-й, тропарь праздника 2-жды; Слава, и нынѣ: тойже. По каѳизмахъ сѣдальны праздника. Полієлей и величаніе праздника — **Величаемъ Тя, Живодавче Христе, и почитаемъ еже на небеса съ пречистою Твоею плотію Божественное вознесеніе.** Псаломъ избранный — Вси языцы восплещите руками, воскликните Богу гласомъ радованія. По поліелеи сѣдаленъ праздника — Сошедый съ небесе: Степенна — Отъ юности моея: Прокименъ — Взыде Богъ въ воскликновеніи, Господь во гласѣ трубнѣ. Евангеліе отъ Марка зач. 71-е. — Воскресеніе Христово: 1-жды. Псаломъ 50-й. Слава: — Молитвами апостоловъ: И нынѣ: — Молитвами Богородицы: — Помилуй мя, Боже: и стихира праздника — Днесь на небесѣхъ: Канонъ праздника первый съ ирмосомъ на 8 и вторый канонъ праздника съ ирмосомъ на 6 (припѣвъ — Слава Тебѣ, Боже нашъ, слава Тебѣ). Ирмосы — Спасителю Богу: и — Отверзу уста моя: Катавасія — Божественнымъ покровенъ: По 3-й пѣсни сѣдаленъ праздника — Всѣдъ на облаки: по 6-й кондакъ праздника — Еже о насъ: и икосъ. На 9-й пѣсни не поемъ — Честнѣйшую: по припѣвъ праздника — **Величай душе моя, вознесшагося отъ земли на небо, Христа Жизнодавца.** Припѣваемъ его къ ирмосу и тропарямъ 1-го канона. Къ ирмосу же и тропарямъ второго канона — Ангели восхожденіе: Свѣтиленъ праздника — Ученикомъ зрящимъ Тя: 3-жды. На хвалитехъ, во гл. 1-й, стихиры праздника — Ангельски иже въ мірѣ: 4; Слава, и нынѣ: праздника — Родился еси: Славословіе великое. Тропарь праздника. Ектеніи и отпустъ праздника — **Иже во славѣ вознесыйся отъ насъ на небо и одесную сѣдый Бога и Отца, Христосъ истинный Богъ нашъ:** Часъ 1-й.

На часахъ тропарь и кондакъ праздника.

На литургіи антифоны праздника. Входное — **Взыде Богъ въ воскликновеніи, Господь во гласѣ трубнѣ.** По входѣ тропарь праздника; Слава, и нынѣ: кондакъ. Прокименъ — Вознесися на небеса: Апостолъ Дѣяній зач. 1-е. Аллилуіа во гл. 2-й. Евангеліе отъ Луки зач. 114-е. Задостойникъ — Величай, душе моя, вознесшагося: и — Тя паче ума: Причастенъ — Взыде Богъ: Вмѣсто — Видѣхомъ свѣтъ истинный: поемъ тропарь — Вознеслся еси: до отданія. Отпустъ праздника — **Иже во славѣ вознесыйся отъ насъ:**

На вечерни — Блаженъ мужъ: На — Господи воззвахъ: во гласъ 1-й, стихиры на 6; праздника Тріоди — Возшедъ на небеса: 3 и преподобнаго Ѳеодора — Облакъ восхожденіе: 3; Слава, и нынѣ: праздника — Родился еси: Входъ. Прокименъ великій, гл. 7-й — Богъ нашъ на небеси и на земли, вся, елика восхотѣ, сотвори. На стиховнѣ стихиры праздника — Глаголетъ иже: Слава, и нынѣ: праздника — На горахъ святыхъ: По — Нынѣ отпущаеши: тропарь преподобнаго — Пустынный житель: Слава, и нынѣ: праздника — Вознеслся еси во славѣ: Отпустъ праздника — **Иже во славѣ вознесыйся отъ насъ:**

18-го МАЯ. **Недѣля 7-я по Пасхѣ. Гласъ 6-й.** *Попразднство Вознесенія. Свв. Отецъ 1-го Вселенскаго собора.*

На великой вечерни — На — Господи воззвахъ: стихиры на 10; воскресны 3, праздника — Господь вознесеся: 3 и отцевъ — Изъ чрева родился: 4; Слава: отцевъ — Тайныя днесь: И нынѣ: догматикъ — Кто Тебе не ублажитъ: Входъ. Прокименъ — Господь воцарися: Чтенія отцевъ 3. На стиховнѣ стихиры воскресны; Слава: отцевъ — Молебную память: И нынѣ: праздника — Господи, таинство: По — Нынѣ отпущаеши: тропарь отцевъ Препрославленъ еси: 2-жды и праздника — Вознеслся еси: 1-жды.

На утрени на — Богъ Господь: тропарь воскресенъ 2-жды; Слава: отцевъ; И нынѣ: праздника. По каѳизмамъ сѣдальны воскресны съ богородичны ихъ. — Ангельскій соборъ: Ѵпакои, степенна и прокименъ гласа, Евангеліе воскресное 10-е, отъ Іоанна зач. 66-е. — Воскресеніе Христово: 1-жды и прочее до канона обычно. Каноны: воскресенъ на 4, праздника (первый) на 4 (припѣвъ — Слава Тебѣ, Боже нашъ, слава Тебѣ) и отцевъ на 6 (припѣвъ — Святіи богоносніи отцы, молите Бога о насъ). Ирмосы — Яко по суху: Катавасія — Божественнымъ покровенъ: По 3-й пѣсни кондакъ праздника — Еже о насъ: и икосъ; сѣдаленъ отцевъ — Свѣтильницы пресвѣтлïи: Слава: — Никейскій свѣтлый градъ: И нынѣ: праздника — Возшедъ на небеса: по 6-й кондакъ отцевъ — Апостолъ проповѣданïе: и икосъ. На 9-й пѣсни поемъ — Честнѣйшую: — Святъ Господь Богъ нашъ. Свѣтиленъ воскресенъ 10-й — Тиверіадское море: Слава: отцевъ — Отецъ божественныхъ: И нынѣ: праздника — Ученикомъ зрящимъ Тя: На хвалитехъ стихиры на 8; воскресны 4 и отцевъ — Все собравше: 4 съ припѣвы ихъ — Благословенъ еси: и — Соберите Ему: Слава: отцевъ — Святыхъ отцевъ ликъ: И нынѣ: — Преблагословенна еси: Славословіе великое и тропарь — Воскресъ изъ гроба: Ектеніи и отпустъ воскресный. Слава, и нынѣ: стихира евангельская 10-я — По еже во адъ: Часъ 1-й.

На часахъ тропарь воскресный; Слава: праздника и отцевъ поперемѣнно. Кондаки праздника и отцевъ поперемѣнно.

На литургіи блаженна на 12; гласа на 4, отъ 1-го канона праздника, пѣснь 4-я на 4 и отъ канона отцевъ, пѣснь 6-я на 4. По входѣ тропари воскресный, праздника и отцевъ; Слава: кондакъ отцевъ; И нынѣ: праздника. Прокименъ, пѣснь отцевъ — Благословенъ еси, Господи Боже: Апостолъ Дѣяній зач. 44-е. Аллилуіа во гл. 1-й. Евангеліе отъ Іоанна зач. 56-е. Задостойникъ — Величай, душе моя: и — Тя паче ума: Причастенъ: — Хвалите Господа: и — Радуйтеся праведніи: Вмѣсто — Видѣхомъ свѣтъ истинный: поется тропарь — Вознеслся еси: Отпустъ воскресный.

22-го МАЯ. Четвергъ. **Третіе обрѣтеніе главы Іоанны Предтечи.**
Ради праздника Пятидесятницы, праздникъ Предтечи переносится на сей день и соединяется съ праздникомъ Вознесеніи изъ Тріоди. *(Служба муч. Василиску воину поется на повечеріи.)*

23-го МАЯ. Пятница. *Отданіе Вознесенія.*
На вечерни и утрени вся служба праздника, кромѣ входа, паремій, литіи на вечерни и полієлея на утрени. *(Служба преп. Михаилу исповѣднику поется на повечеріи.)*

На литургіи по входѣ тропарь праздника; Слава, и нынѣ: кондакъ. Прокименъ, аллилуіа и причастенъ праздника. Апостолъ и евангеліе дне.

24-го МАЯ. *Родительская суббота — Троичная, поминовеніе усопшихъ.*
На вечерни на — Господи воззвахъ: во гласъ 6-й, стихиры на 6; Октоиха мученичны 3, 6-го гласа, — Мученицы Твои Господи: — Мучившіися Тебе ради: — Страстотерпцы мученицы: и Тріоди — Отъ вѣка мертвыхъ: 3; Слава: гласъ 8-й — Плачу и рыдаю: И нынѣ: догматикъ настоящаго гласа — Кто Тебе не ублажитъ: Входа нѣтъ. Чтецъ — Свѣте тихій: Вмѣсто прокимна поемъ — Аллилуіа во гласъ 8-й съ заупокойными стихами — Блажени яже избралъ и пріялъ еси, Господи,

и память ихъ въ родъ и родъ; и — Души ихъ во благихъ водворятся; посемъ — Сподоби, Господи: Ектенія — Исполнимъ вечернюю: На стиховнѣ мучениченъ Октоиха въ пятокъ вечера 6-го гласа — Крестъ Твой Господи: и мертвены — Ты мя почтилъ: и — Да мнѣ достояніе: съ заупокойными припѣвы — Души ихъ: и — Блажени, яже избралъ: Слава: Тріоди — Начатокъ ми: И нынѣ: богородиченъ — Молитвами Рождшія Тя, Христе: Посемъ — Нынѣ отпущаеши: Трисвятое, по — Отче нашъ: тропарь — Глубиною мудрости: Слава, и нынѣ: — Тебе и стѣну: Ектенія — Помилуй насъ, Боже: и отпустъ.

На маломъ повечеріи канонъ мертвенъ 6-го гласа. По — Достойно есть: кондакъ — Со святыми:

На утрени начало обычное. Вмѣсто — Богъ Господь: — Аллилуіа, гласъ 8-й, со стихи заупокойными: — Блажени, яже избралъ: И память ихъ: — Души ихъ во благихъ: Тропарь — Глубиною мудрости: 2-жды; Слава, и нынѣ: — Тебе и стѣну: По 16-й каѳизмѣ малая ектенія. Сѣдальны гл. 6-й — Страдальческая противленія: Посемъ 1-я статія 17-й каѳизмы — Блажени непорочніи: съ припѣвомъ — Благословенъ еси, Господи: На концѣ же два стиха отъ — Яко аще бы не законъ Твой: 3-жды. Ектенія малая о усопшихъ — Паки и паки: — Еще молимся о упокоеніи душъ усопшихъ рабовъ Божіихъ праотецъ, отецъ и братій нашихъ, здѣ лежащихъ, и повсюду православныхъ христіанъ, и о еже проститися: Послѣ прошенія — Милости Божія, Царства небеснаго: ликъ поетъ — Подай Господи; іерей — Господу помолимся; и ликъ — Господи помилуй (40 разъ). Возгласъ. — Аминь. Посемъ 2-я статія съ припѣвомъ — Спасе, спаси мя. На концѣ два стиха отъ — Жива будетъ душа моя: 3-жды. Таже тропари по непорочныхъ — Благословенъ еси, Господи: — Святыхъ ликъ: и прочее. Полное кажденіе храма. Ектенія малая о усопшихъ, порядокъ вышеизложенный. Сѣдаленъ Тріоди — Покой, Спасе нашъ: Слава, и нынѣ: богородиченъ — Отъ Дѣвы возсіявый міру: Псаломъ 50-й. Каноны: храма съ ирмосомъ на 6 и Тріоди на 8 (припѣвъ — Упокой, Господи, души усопшихъ рабъ Твоихъ). Ирмосы канона храма; Катавасія Тріоди — Пѣснь возслемъ: На 2-й пѣсни канонъ только Тріоди со ирмосомъ на 8 (ирмосъ и катавасія Тріоди). По 3-й пѣсни ектенія обычная и сѣдаленъ Тріоди — Насъ ради: Слава, и нынѣ: богородиченъ — Скорый твой покровъ: По 6-й пѣсни ектенія заупокойная, порядокъ прежній. Кондакъ заупокойный — Со святыми упокой: и икосъ. На 9-й — Честнѣйшую: По 9-й пѣсни — Достойно есть: Свѣтиленъ — Память совершающе: Слава, и нынѣ: богородиченъ — Сладосте ангеловъ: Поется — Всякое дыханіе: На хвалитехъ стихиры Тріоди — Страшный конецъ смерти: 4; Слава: — Яко цвѣтъ увядаетъ: И нынѣ: богородиченъ — Ты еси Богъ нашъ: Славословіе чтемъ. Ектенія — Исполнимъ утреннюю: На стиховнѣ стихиры 3 покойны 6-го гласа — Имѣяй непостижное: Слава: Тріоди — Болѣзнь Адаму бысть: И нынѣ: богородиченъ — Явилася еси: — Благо есть: Трисвятое: по — Отче нашъ: тропарь — Глубиною мудрости: Слава, и нынѣ: — Тебе и стѣну:

Май

Ектенія сугубая, часъ 1-й и отпустъ.

На часахъ тропарь и кондакъ Тріоди.

На литургіи изобразительныя. Блаженна на 8; отъ канона Тріоди, пѣснь 3-я на 4 и пѣснь 6-я на 4. По входѣ тропарь — Глубиною мудрости: Слава: кондакъ — Со святыми упокой: И нынѣ: — Тебе и стѣну: Прокименъ — Души ихъ во благихъ: Апостолъ Дѣяній зач. 51-е и къ Сол. зач. 270-е. Аллилуіа во гл. 4-й. Евангеліе отъ Іоанна зач. 67-е и отъ Іоанна зач. 16-е. Причастенъ — Блажени, яже избралъ: Вмѣсто — Видѣхомъ Свѣтъ истинный: (не пѣтаго отъ св. Пасхи) есть обычай пѣть въ сей день — Глубиною мудрости: Отпустъ обычный.

По литургіи совершается вселенская панихида по всѣмъ православнымъ христіанамъ.

25-го МАЯ. **Недѣля св. Пятидесятницы. СВЯТАЯ ТРОИЦА. СОШЕСТВІЕ СВЯТАГО ДУХА НА АПОСТОЛОВЪ.**

Ради Пятидесятницы, праздникъ 3-й обрѣтеніе главы Предтечи переносится въ четвергъ напреди и соединяется съ праздникомъ Вознесеніе изъ Тріоди.

На великой вечерни — Блаженъ мужъ: На — Господи воззвахъ: во гл. 1-й, стихиры праздника — Пятдесятницу празднуимъ: на 10; Слава, и нынѣ: праздника — Пріидите, людіе: Входъ. — Свѣте тихій: Прокименъ — Господь воцарися: Чтенія праздника 3. На литіи стихиры праздника — Во пророцѣхъ: Слава, и нынѣ: — Егда Духа Твоего: На стиховнѣ стихиры праздника — Не разумѣюще: Слава, и нынѣ: праздника — Языцы иногда размѣсишася: По — Нынѣ отпущаеши: на благословеніи хлѣбовъ тропарь праздника — Благословенъ еси: 3-жды.

На утрени на — Богъ Господь: во гл. 8-й, тропарь праздника 2-жды; Слава, и нынѣ: тойже. По каѳизмахъ сѣдальны праздника. Поліелей и величаніе — **Величаемъ Тя, Живодавче Христе, и чтемъ Всесвятаго Духа Твоего, Егоже отъ Отца послалъ еси божественнымъ ученикомъ Твоимъ.** Псаломъ избранный — Небеса повѣдаютъ славу Божію, твореніе же руку Его возвѣщаетъ твердь. Сѣдаленъ праздника — По востаніи Христе: Степенна — Отъ юности моея: Прокименъ — Духъ Твой благій наставитъ мя на землю праву. Евангеліе отъ Іоанна зач. 65-е. *Не поемъ* — Воскресеніе Христово: но абіе псаломъ 50-й. Слава: — Молитвами апостоловъ: И нынѣ: — Молитвами Богородицы: — Помилуй мя, Боже: и — Царю Небесный: Таже — Спаси, Боже: Каноны два праздника, ирмосы по 2-жды, тропари на 12 (припѣвъ — Пресвятая Троице, Боже нашъ, слава Тебѣ). Ирмосы — Понтомъ покры: и — Божественнымъ покровенъ: Катавасія — тѣ же ирмосы. По 3-й пѣсни сѣдаленъ праздника — Спасовы рачителіе: По 6-й пѣсни кондакъ праздника — Егда снизшелъ языки сліа: и икосъ. На 9-й пѣсни не поемъ — Честнѣйшую, но ирмосъ — Нетлѣнія: Ексапостиларій праздника — Всесвятый Душе: 2-жды; Слава, и нынѣ: — Свѣтъ Отецъ: На хвалитехъ во гл. 4-й, стихиры праздника — Преславная днесь: на 6; Слава, и нынѣ:

— **Царю Небесный:** Славословіе великое. Тропарь праздника. Ектеніи и отпустъ праздника — **Иже въ видѣніи огненныхъ языкъ съ небесе низпославый Пресвятаго Духа на святыя Своя ученики и апостолы, Христосъ истинный Богъ нашъ:** Часъ 1-й.

На часахъ тропарь и кондакъ праздника.

На литургіи антифоны праздника. Входное — **Вознесися, Господи, силою Твоею, воспоемъ и поемъ силы Твоя.** По входѣ тропарь праздника; Слава, и нынѣ: кондакъ. Вмѣсто Трисвятаго — Елицы во Христа: Прокименъ — Во всю землю: Апостолъ Дѣяній зач. 3-е. Аллилуіа во гл. 1-й. Евангеліе отъ Іоанна зач. 27-е. Задостойникъ — Радуйся, Царице: Причастенъ — Духъ Твой благій наставитъ мя на землю праву. Отпустъ праздника — **Иже въ видѣніи огненныхъ языкъ:**

По литургіи *9-й часъ* обычно чтется.

Вечерня съ колѣнопреклонными молитвами. — Благословенъ Богъ: поемъ — Царю Небесный: чтется — Трисвятое: по — Отче нашъ: Псаломъ 103-й. — Благослови, душе моя: Ектенія мирная, на нейже прилагаются и особыя прошенія изъ Тріоди о ниспосланіи Духа Святаго на молящихся. На — Господи воззвахъ: во гл. 4-й, стихиры праздника — Преславная днесь: на 6; Слава, и нынѣ: — Царю Небесный: Входъ. — Свѣте тихій: Прокименъ великій, гл. 7-й — Кто богъ велій, яко Богъ нашъ: Діаконъ или іерей — Паки и паки, преклонше колѣна, Господу помолимся. Ликъ — Господи, помилуй (3-жды). (Такъ бываетъ предъ каждой молитвой.) И преклоняютъ колѣна всѣ, іерей и люди, и чтетъ іерей въ царскихъ вратахъ обратяся къ людямъ 1-ю колѣнопреклонную молитву — Пречисте, нескверне: по прочтеніи ея — Заступи, спаси, помилуй, возстави: Возгласъ — **Твое бо есть, еже миловати и спасати насъ, Господи Боже нашъ, и Тебѣ славу возсылаемъ:** Посемъ — Рцѣмъ вси: и по возгласѣ — Паки и паки преклонше колѣна: 2-я молитва — Господи Іисусе Христе: по прочтеніи ея — Заступи, спаси, помилуй, возстави: Возгласъ — **Благоволеніемъ и благостію Единороднаго Сына Твоего, съ Нимъ же благословенъ еси, съ Пресвятымъ, и благимъ, и животворящимъ Твоимъ Духомъ:** — Сподоби, Господи: Таже: — Паки и паки преклонше колѣна: и 3-я молитва — Присносущій, животный: по прочтеніи ея — Заступи, спаси, помилуй, возстави: Возгласъ — **Ты бо еси упокоеніе душъ и тѣлесъ нашихъ, и Тебѣ славу возсылаемъ:** Ектенія — Исполнимъ вечернюю: Таже на стиховнѣ стихиры праздника — Нынѣ въ знаменіе: Слава, и нынѣ: — Пріидите, людіе: По — Нынѣ отпущаеши: тропарь — Благословенъ еси, Христе Боже нашъ: и отпустъ — **Иже отъ Отчихъ и Божественныхъ нѣдръ истощивый Себе, и съ небесе на землю сошедый, и наше все воспріемый естество, и обоживый е, по сихъ же на небеса паки возшедый и одесную сѣдый Бога и Отца, Божественнаго же и Святаго, и Единосущнаго, и Единосильнаго, и Единославнаго, и Соприсносущнаго Духа низпославый на святыя Своя ученики и апостолы, и симъ просвѣтивый убо ихъ, тѣми**

Май

же всю вселенную, Христосъ истинный Богъ нашъ, молитвами Пречистыя и Пренепорочныя Святыя Своея Матере, святыхъ славныхъ, прехвальныхъ, богопроповѣдниковъ и духоносныхъ апостоловъ и всѣхъ святыхъ, помилуетъ и спасетъ насъ, яко Благъ и Человѣколюбецъ.

26-го МАЯ. Понедѣльникъ. **Духовъ день.**
Наканунѣ *повечеріе малое* съ канономъ Святому Духу.
На утрени на — Богъ Господь: во гл. 8-й, тропарь праздника — Благословенъ еси: 2-жды; Слава, и нынѣ: тойже. По каѳизмахъ малая ектенія и сѣдальны праздника. Псаломъ 50-й. Оба канона праздника, 1-й со ирмосомъ на 8, 2-й со ирмосомъ на 6, ирмосы по 2-жды (припѣвъ — Пресвятая Троице, Боже нашъ, слава Тебѣ). Ирмосы — Понтомъ покры: и — Божественнымъ покровенъ: Катавасія — Божественнымъ покровенъ: По 3-й пѣсни сѣдаленъ праздника — Всесвятый Духъ: по 6-й кондакъ праздника — Егда снизшедъ языки сліа: и икосъ. Не поемъ — Честнѣйшую: но ирмосъ 9-й пѣсни канона. Ексапостиларій праздника — Всесвятый Душе: 2-жды; Слава, и нынѣ: — Свѣтъ Отецъ: На хвалитехъ во гл. 2-й, стихиры праздника — Во пророцѣхъ: на 4; Слава, и нынѣ: — Языцы иногда: Славословіе великое. Тропарь праздника. Ектеніи. Отпустъ — **Иже въ видѣніи огненныхъ языкъ съ небесе низпославый Пресвятаго Духа на святыя Своя ученики и апостолы, Христосъ истинный Богъ нашъ:** Часъ 1-й.
На часахъ тропарь и кондакъ праздника.
На литургіи изобразительныя. Блаженна на 8; обоихъ каноновъ праздника пѣснь 3-я на 4 и пѣснь 6-я на 4. Входное — **Вознесися, Господи, силою Твоею, воспоемъ и поемъ силы Твоя.** По входѣ тропарь и кондакъ праздника. Трисвятое. Прокименъ — Спаси, Господи: Апостолъ ко Ефес. зач. 229-е. Аллилуіа во гл. 2-й. Евангеліе отъ Матѳ. зач. 75-е. Задостойникъ — Радуйся, Царице: Причастенъ — Духъ Твой благій: Отпустъ праздника — **Иже въ видѣніи огненныхъ языкъ:**
Въ сію седмицу отмѣняется постъ въ среду и пятокъ.

27-го МАЯ. Вторникъ. **Третій день Святой Троицы.** Священномученика Ѳерапонта, еп. Сардійскаго.
На великой вечерни на — Господи воззвахъ: во гл. 1-й, стихиры на 6; праздника — Нынѣ обновляются: 3 и мученика — Ѳерапонтъ всеславный: 3; Слава, и нынѣ: праздника — Пятдесятницу празднуимъ: Входъ. Прокименъ — Господь услышитъ мя: На стиховнѣ стихиры праздника — Дѣломъ ученикомъ: Слава: и нынѣ: праздника — Языками инородныхъ: По — Нынѣ отпущаеши: тропарь праздника — Благословенъ еси: Отпустъ праздника — **Иже въ видѣніи огненныхъ языкъ:**
На утрени на — Богъ Господь: во гл. 8-й, тропарь праздника 2-жды; Слава, и нынѣ: праздника. По каѳизмахъ сѣдальны праздника.

Псаломъ 50-й. Каноны: праздника 1-й со ирмосомъ на 8 (припѣвъ — Пресвятая Троице, Боже нашъ, слава Тебѣ) и мученика на 4 (припѣвъ — Священномучениче Ѳерапонте, моли Бога о насъ). Ирмосы — Понтомъ покры: По 3-й, 6-й, 8-й и 9-й пѣсняхъ катавасія, ирмосы канона изъ Минеи. По 3-й пѣсни сѣдаленъ мученика — Угодниче Христовъ: Слава, и нынѣ: праздника — Спасовы рачителіе: по 6-й кондакъ праздника — Егда снизшедъ языки сліа: и икосъ. На 9-й пѣсни — Честнѣйшую: Свѣтиленъ праздника — Всесвятый Душе: Слава, и нынѣ: — Свѣтъ Отецъ: На стиховнѣ стихиры праздника — Зарею богоначальною: Слава, и нынѣ: праздника — Вся подаетъ Духъ Святый: — Благо есть: Трисвятое, по Отче нашъ: Тропарь праздника. Ектенія и часъ 1-й. Отпустъ праздника — **Иже въ видѣніи огненныхъ языкъ:**

На часахъ тропарь праздника, Слава: мученика; Кондакъ праздника.

На литургіи блаженна отъ каноновъ праздника пѣснь 1-я на 6. На входѣ — Спаси ны, Утѣшителю благій: По входѣ тропари праздника, и храма Богородицы или святаго; Слава: кондакъ храма святаго; И нынѣ: праздника. Прокименъ — Во всю землю изыде вѣщаніе ихъ: Апостолъ къ Рим. зач. 79-е. Аллилуіа во гл. 1-й. Евангеліе отъ Матѳ. зач. 10-е. Задостойникъ — Радуйся, Царице: Причастенъ — Духъ Твой благій: Отпустъ праздника — **Иже въ видѣніи огненныхъ языкъ:**

31-го МАЯ. Суббота. *Отданіе праздника Пятидесятницы.*

На вечерни и утрени вся служба праздника, кромѣ входа, паремій, литіи на вечерни и поліелея на утрени. (Служба святителю Кириллу поется на повечеріи.)

На литургіи по входѣ тропарь праздника; Слава, и нынѣ: кондакъ. Прокименъ, аллилуіа и причастенъ праздника. Апостолъ и евангеліе дне.

VI. ІЮНЬ

1-го ІЮНЯ. **Недѣля 1-я по Пятидесятницѣ.** Гласъ 8-й. *Всѣхъ святыхъ.*

На великой вечерни — Блаженъ мужъ: На — Господи воззвахъ: стихиры на 10; Октоиха 6 и святыхъ — Духовніи вѣтіи: 4; Слава: святыхъ — Мученикъ божественный ликъ: И нынѣ: догматикъ — Царь небесный: Входъ. Прокименъ — Господь воцарися: Чтенія святыхъ 3. На стиховнѣ стихиры Октоиха; Слава: святыхъ — Пріидите вѣрніи: И нынѣ: богородиченъ — Творецъ и Избавитель: По — Нынѣ отпущаеши: — Богородице Дѣво: 2-жды и тропарь святыхъ — Иже во всемъ мірѣ: 1-жды.

На утрени на — Богъ Господь: тропарь воскресенъ 2-жды; Слава: святыхъ; И нынѣ: богородиченъ — Еже отъ вѣка: По каѳизмахъ сѣдальны воскресны. — Ангельскій соборъ: Ѵпакои, степенна и прокименъ гласа. Евангеліе воскресное 1-е, отъ Матѳея зач. 116-е. —

Іюнь

Воскресеніе Христово: и прочее обычно. Каноны: воскресенъ на 4, крестовоскресенъ на 2, Богородицы на 2 и святыхъ на 6 (припѣвъ — Вси святіи, молите Бога о насъ). Ирмосы — Колесницегонителя фараоня: Катавасія — Отверзу уста моя: По 3-й пѣсни сѣдаленъ святыхъ — Праотецъ, отецъ: Слава, и нынѣ: богородиченъ — Небесную дверь: по 6-й кондакъ святыхъ — Яко начатки: и икосъ. На 9-й пѣсни поемъ — Честнѣйшую: — Святъ Господь Богъ нашъ. Свѣтиленъ воскресенъ 1-й — Со ученики: Слава: святыхъ — Крестителя и Предтечу: И нынѣ: богородиченъ — Иже горѣ: На хвалитехъ стихиры на 8; Октоиха 5 и святыхъ — Святыя Господь: 3 съ припѣвами ихъ — Воззваша праведніи: и — Дивенъ Богъ: Слава: стихира евангельская 1-я — На гору ученикомъ: И нынѣ: — Преблагословенна еси: Славословіе великое. Тропарь — Воскресъ изъ гроба: Ектеніи. Отпустъ воскресный. Часъ 1-й.

На часахъ тропарь воскресный; Слава: святыхъ. Кондакъ святыхъ.

На литургіи блаженна на 8; гласа на 4 и отъ канона святыхъ, пѣснь 6-я на 4. По входѣ тропарь воскресенъ и святыхъ; Слава, и нынѣ: кондакъ святыхъ. Прокименъ — Помолитеся и воздадите: и — Дивенъ Богъ: Апостолъ ко Евр. зач. 330-е. Аллилуіа во гл. 4-й. Евангеліе отъ Матѳ. зач. 38-е. Причастенъ — Хвалите Господа: и — Радуйтеся праведніи: Отпустъ воскресный.

2-го ІЮНЯ. Понедѣльникъ. **Начало Петрова поста.** Святителя Никифора исп., патріарха Константинопольскаго. *Въ сей первый день поемъ по постному, согласно уставу.*

На вечерни каѳизмы нѣтъ: На — Господи воззвахъ: во гл. 8-й; стихиры на 6; стихиры Богородицы изъ Минеи — Въ божественныхъ незаходимыхъ: 3 и святителя — Истины водруженіе: 3; Слава, и нынѣ: богородиченъ — Спаси мя, владычице: Входа нѣтъ. Чтемъ — Свѣте тихій: Прокименъ — Се нынѣ благословите: — Сподоби Господи: — Исполнимъ вечернюю молитву: На стиховнѣ стихиры Октоиха 8-го гласа — Тебе Царя и Владыку: со обычными стихами; Слава, и нынѣ: богородиченъ — Архангела Гавріила гласъ: По — Нынѣ отпущаеши: тропарь — Богородице Дѣво: и поклонъ великій; Слава — Крестителю Христовъ: и поклонъ единъ; И нынѣ: — Молите за ны: и поклонъ единъ. Таже — Подъ Твое благоутробіе: безъ поклона. Чтецъ — Господи, помилуй (40 разъ); Слава, и нынѣ: — Честнѣйшую: — Именемъ Господнимъ: іерей — Сый благословенъ: чтецъ — Небесный Царю: іерей — Господи и Владыко живота моего: и творимъ 3 поклоны великіе. Таже отпустъ.

Повечеріе малое и полунощница съ 16-ю поклонами.

На утрени іерей съ кадиломъ предъ престоломъ — Благословенъ Богъ нашъ: чтецъ — Аминь. (Аще нѣсть полунощницы, то по возгласѣ — Царю Небесный:) Трисвятое: по — Отче нашъ: іерей — Яко Твое есть Царство: и кадитъ церковь. Чтецъ — Аминь; и чтетъ псалмы 19-й и 20-й. Ектенія по обычаю и возгласъ: — Слава Святѣй: шестопсалміе.

Ектенія великая, и поемъ — Аллилуіа, въ рядовый 8-й гласъ и троичны (см. въ концѣ Октоиха). Въ понедѣльникъ первое окончаніе — Предстательствы безплотныхъ Твоихъ помилуй насъ. Каѳизмы 4-я и 5-я. Ектеніи нѣтъ. Сѣдальны Октоиха. 50-й псаломъ: Каноны: Покаяненъ Октоиха со ирмосомъ на 6 (припѣвъ — Помилуй мя, Боже, помилуй мя), безплотнымъ на 4 (припѣвъ — Святіи ангели и архангели, молите Бога о насъ) и святителя на 4 (припѣвъ — Святителю отче Никифоре, моли Бога о насъ). Ирмосы — Воду прошедъ: По 3-й, 6-й, 8-й и 9-й пѣсняхъ катавасія, ирмосы отъ канона Минеи. По 3-й пѣсни сѣдаленъ святителя — Словесъ твоихъ: Слава, и нынѣ: богородиченъ — Яко дѣву и едину: по 6-й кондакъ святителя — Побѣды вѣнецъ: и икосъ. На 9-й пѣсни поемъ — Честнѣйшую: По 9-й пѣсни — Достойно есть: и поклонъ. Ектенія малая. По возгласѣ свѣтиленъ троиченъ, гласъ 8-й — Свѣтъ сый Христе: Начало читаетъ чтецъ, а концы припѣваются. Конецъ къ 1-му — Предстательствы безплотныхъ Твоихъ, и спаси мя; во второе на Слава: конецъ — Молитвами, Господи, святыхъ Твоихъ, и спаси мя; на И нынѣ: въ концѣ — Молитвами, Господи, Богородицы, и спаси мя. Чтемъ хвалительны псалмы. Іерей — Тебѣ слава подобаетъ: Чтецъ — Аминь. Іерей — Слава Тебѣ, Показавшему намъ свѣтъ. Чтецъ — Слава въ вышнихъ Богу: Ектенія — Исполнимъ утреннюю: Стиховны Октоиха, гласъ 8-й — Егда прiиму во умѣ: Слава, и нынѣ: богородиченъ — Небесная поютъ Тя: — Благо есть исповѣдатися: 1-жды. Трисвятое: по — Отче нашъ: тропарь — Въ храмѣ стояще: Господи, помилуй (40 разъ) — Честнѣйшую: іерей — Сый благословенъ: чтецъ — Небесный Царю: Іерей — Господи и Владыко: и поклона 3; таже — Боже, очисти мя, грѣшнаго; и 12 поясныхъ поклоновъ; посемъ всю молитву и поклонъ земный. Чтецъ — Аминь; и часъ первый съ поклонами и междочасіемъ.

Часы безъ каѳизмъ, но съ междочасіями. На часахъ тропари постные читаются, по — Отче нашъ: тропари, писанные въ Часословѣ. Въ концѣ каждаго часа 16 поклоновъ (такъ и на 9-мъ).

Междочасія 1-го, 3-го, 6-го и 9-го часовъ писаны въ Псалтири слѣдованной, въ Великомъ часословѣ и въ Іерейскомъ молитвословѣ. Въ концѣ каждаго междочасія только три поклона великихъ.

Изобразительныя читаются. Начинаются отъ псалма — Благослови, душе моя, Господа: блаженны Октоиха читаются. Прокименъ — Творяй ангелы: Апостолъ къ Рим. зач. 83-е. Аллилуія во гл. 5-й. Евангеліе отъ Матѳ. зач. 19-е. — Помяни насъ, Господи: просто, безъ пѣнія. По — Боже, ущедри ны: 16 поклоновъ съ молитвой преп. Ефрема, какъ и на всѣхъ службахъ. По — Всесвятая Троице: — Буди имя Господне: 3-жды. Слава, и нынѣ: Псаломъ 33-й — Благословлю Господа на всякое время: и отпустъ.

Если на утрени было пѣто — аллилуіа: литургіи *не бываетъ*.

8-го ІЮНЯ. **Недѣля 2-я по Пятидесятницѣ.** Гласъ 1-й. **Всѣхъ святыхъ въ землѣ Русской просіявшихъ.**

На великой вечерни — Блаженъ мужъ: На — Господи воззвахъ: стихиры на 10; Октоиха 4 и святыхъ — Пріидите собори: 6; Слава: святыхъ — Радуйся державо: И нынѣ: догматикъ — Всемірную славу: Входъ. Чтенія святыхъ 3. На литіи стихира храма и стихира святыхъ — Срадуйтеся съ нами, вси: Слава, и нынѣ: — Срадуются съ нами умная: На стиховнѣ стихиры Октоиха; Слава: святыхъ — Лѣтнюю память: И нынѣ: богородиченъ тамъ же — Вострубимъ трубою: По — Нынѣ отпущаеши: на благословеніи хлѣбовъ — Богородице Дѣво: 2-жды и тропарь святыхъ — Якоже плодъ красный: 1-жды.

На утрени на — Богъ Господь: тропарь воскресенъ 2-жды; Слава: святыхъ; И нынѣ: богородиченъ — Иже насъ ради: По каѳизмахъ сѣдальны Октоиха. Поліелей и величаніе — **Величаемъ васъ, святіи вси, въ земли Россійстѣй просіявшіи, и чтемъ святую память вашу, вы бо молите за насъ Христа Бога нашего. 1-жды.** — Ангельскій соборъ: Ѵпакои гласа. Сѣдальны святыхъ. Степенна и прокименъ гласа. Евангеліе воскресное 2-е, отъ Марка зач. 70-е. — Воскресеніе Христово: и прочее обычно. Каноны: воскресенъ на 4, Богородицы на 2 и святымъ на 8 (припѣвъ — Вси святіи въ земли Русскія просіявшіи, молите Бога о насъ). Ирмосы — Твоя побѣдительная: Катавасія — Отверзу уста моя: По 3-й пѣсни кондакъ святыхъ — Днесь ликъ святыхъ: и икосъ; сѣдаленъ святыхъ — Солнце правды: Слава, и нынѣ: — Притецемъ вѣрніи: по 6-й кондакъ воскресенъ и икосъ. На 9-й пѣсни поемъ — Честнѣйшую: — Святъ Господь Богъ нашъ. Свѣтиленъ воскресенъ 2-й — Камень узрѣвша: Слава: святыхъ — Въ пѣснехъ восхвалимъ: И нынѣ: богородиченъ воскресенъ — Ангелъ убо принесе: На хвалитехъ стихиры на 8; Октоиха 4 и святыхъ — Духа Твоего: 4 съ припѣвами ихъ — Воззваша праведніи: и — Блажени вси: Слава: стихира евангельская 2-я — Съ мѵры пришедшимъ: И нынѣ: — Преблагословенна еси: Славословіе великое. Тропарь — Днесь спасеніе: Ектеніи и отпустъ воскресный. Часъ 1-й.

На часахъ тропарь воскресенъ; Слава: святыхъ. Кондаки святыхъ и воскресенъ поперемѣнно.

На литургіи блаженна на 10; гласа на 6 и святыхъ на 4. По входѣ тропари см. 2-го января — № 1. Прокименъ — Буди, Господи, милость Твоя: и — Честна предъ Господемъ: Апостолъ къ Рим. зач. 81-е отъ полу и ко Евр. зач. 330-е. Аллилуіа во гл. 1-й. Евангеліе отъ Матѳ. зач. 9-е и Матѳ. зач. 10-е. Причастенъ — Хвалите Господа: и — Радуйтеся: Отпустъ воскресный.

15-го ІЮНЯ. Недѣля 3-я по Пятидесятницѣ. Гласъ 2-й. Святителя Іоны, митрополита Московскаго.

На великой вечерни — Блаженъ мужъ: На — Господи воззвахъ: стихиры на 10; Октоиха 4 и святителя — Егда божественное: 6; Слава: святителя — Благоухаетъ божественная рака: И нынѣ: догматикъ — Прейде сѣнь законная: Входъ. Прокименъ — Господь воцарися: Чтенія святителя 3. На стиховнѣ стихиры Октоиха; Слава: святителя — Егда убо, Богу: И нынѣ: богородиченъ — Призри на моленія: По — Нынѣ отпущаеши: — Богородице Дѣво: 3-жды.

На утрени на — Богъ Господь: тропарь воскресенъ 2-жды; Слава: тропарь святителя — Отъ юности твоея: И нынѣ: богородиченъ — Еже отъ вѣка: По каѳизмахъ сѣдальны Октоиха. Полiелей и величаніе — **Величаемъ тя, святителю отче Іоно, и чтемъ святую память твою, ты бо молиши за насъ Христа Бога нашего;** 1-жды. (Въ воскресные дни избранные псалмы не поются.) — Ангельскій соборъ: Ѵпакои гласа. Сѣдальны святителя — Ученьми твоими: — Смиреномудріе предпочитая: Слава: — Яко добродѣтеленъ и кротокъ: И нынѣ: богородиченъ — Яко дѣву и едину: Степенна и прокименъ гласа. Евангеліе воскресное 3-е, отъ Марка зач. 71-е. — Воскресеніе Христово: и прочее обычно. Каноны: воскресенъ на 4, крестовоскресенъ на 2 (припѣвъ — Слава, Господи, Кресту Твоему честному и воскресенію), Богородицы на 2 и святителя — Иже отъ Бога: на 6 (припѣвъ — Святитлю отче Іоне, моли Бога о насъ). Ирмосы — Во глубинѣ: Катавасія — Отверзу уста моя: По 3-й пѣсни кондакъ святителя — Яко отъ младенства: и икосъ; сѣдаленъ святителя — Свѣтло житіе твое: Слава, и нынѣ: богородиченъ — Поемъ тя, богонѣвѣсто: по 6-й кондакъ воскресенъ и икосъ. На 9-й пѣсни поемъ — Честнѣйшую: Святъ Господь Богъ нашъ. Свѣтиленъ воскресенъ 3-й — Яко Христосъ воскресе: Слава: святителя — Тезоимените цѣломудрія: И нынѣ: богородиченъ воскресенъ — Возсіявшее солнце: На хвалитехъ стихиры на 8; Октоиха 4 и святителя — Отче богомудре Іоно: со славнымъ — Небеснаго Царя: 4, съ припѣвами — Уста моя возглаголютъ: и — Услышите сія: Слава: стихира евангельская 3-я — Магдалинѣ Маріи: И нынѣ: — Преблагословенна еси: Славословіе великое и тропарь — Воскресъ изъ гроба: Ектеніи и отпустъ воскресный. Часъ 1-й.

На часахъ тропарь воскресенъ; Слава: святителя. Кондаки святителя и воскресенъ поперемѣнно.

На литургіи блаженна на 10; гласа на 6 и отъ канона святителя, пѣснь 3-я на 4. По входѣ тропари см. 2-го января — № 2. Прокименъ — Крѣпость моя и пѣніе: и — Уста моя возглаголютъ: Апостолъ къ Рим. зач. 88-е и ко Евр. зач. 318-е. Аллилуіа во гл. 2-й. Евангеліе отъ Матѳ. зач. 18-е и отъ Іоан. зач. 36-е. Причастенъ — Хвалите Господа съ небесъ: и — Въ память вѣчную: Отпустъ воскресный.

21-го ЮНЯ. Суббота. **Святителя Іоанна, архіеп. Шанхайскаго и Санъ-Францисскаго чудотворца.** *По уставу, службу св. Іоанну совершаемъ въ ближайшую субботу ко дню памяти.* Творимъ бдѣніе.

Служба свят. Іоанна напечатана отдѣльной брошюрой или смотри на интернетъ. Зри: http://osanna.russportal.ru/index.php?id=liturg_book.menaion_sept_aug.june_m1906.

На великой вечерни — Блаженъ мужъ: На — Господи воззвахъ: во гл.

Іюнь

6-й, стихиры святителя — Воспоимъ святителя: на 8; Слава: святителя — Днесь собравшеся: И нынѣ: догматикъ настоящаго гласа — Прейде сѣнь законная: Входъ. Прокименъ — Боже, Заступникъ мой: Чтенія святителя 3. На литіи стихира храма и стихиры святителя — Отрокъ сый: Слава: святителя — Дивному во святыхъ: И нынѣ: богородиченъ — Радуйся Пречистая Дѣво: На стиховнѣ стихиры святителя — Бодрствуя и моляся: Слава: святителя — Образъ воистинну: И нынѣ: богородиченъ — Творецъ и Избавитель: По — Нынѣ отпущаеши: на благословеніи хлѣбовъ тропарь святителя — Попеченіе твое о паствѣ: 2-жды и — Богородице Дѣво: 1-жды.

На утрени на — Богъ Господь: во гл. 5-й, тропарь святителя 2-жды; Слава, и нынѣ: богородиченъ настоящаго гласа — Вся паче смысла: По каѳизмахъ сѣдальны святителя; Слава, и нынѣ: богородиченъ. Поліелей и величаніе святителя — **Величаемъ тя, святителю отче Іоанне, и чтемъ святую память твою, ты бо молиши за насъ Христа Бога нашего.** Псаломъ избранный — Услышите сія вси языцы, внушите вси живущіи по вселеннѣй. Сѣдаленъ святителя — Славы древнихъ: Слава, и нынѣ: богородиченъ — Сошедшеся днесь: Степенна — Отъ юности моея: Прокименъ святителя — Честна предъ Господемъ: Евангеліе отъ Іоанна зач. 35-е отъ полу. Псаломъ 50-й. Слава: — Молитвами святителя Іоанна: И нынѣ: — Молитвами Богородицы: — Помилуй мя, Боже: стихира святителя — Радуются днесь: Каноны: Богородицы прешедшія недѣли утренній (воскресный), гл. 2-й, со ирмосомъ на 6 (припѣвъ — Пресвятая Богородице, спаси насъ), (аще ли храмъ Христовъ или Богородицы, поемъ канонъ храма со ирмосомъ на 6) и святителя на 8 (припѣвъ — Святителю отче Іоанне, моли Бога о насъ). Ирмосы — Нетрену, необычну: или храма; Катавасія — Отверзу уста моя: По 3-й пѣсни сѣдаленъ святителя — Молитва твоя: Слава, и нынѣ: богородиченъ — Утвержденіе намъ еси: по 6-й кондакъ святителя — Христу Пастыреначальнику: и икосъ. На 9-й пѣсни поемъ — Честнѣйшую: Свѣтиленъ святителя — Аще и умрохъ: Слава, и нынѣ: богородиченъ — О Тебѣ, Богородице: На хвалитехъ во гл. 4-й, стихиры святителя — Благодарно воспоимъ: на 4; Слава: святителя — Исповѣдуемъ дивное: И нынѣ: богородиченъ — Богородице, всѣхъ Царице: Славословіе великое. Инъ тропарь святителя во гл. 1-й — Святительства даръ: И нынѣ: богородиченъ настоящаго гласа — Вся паче смысла: Ектеніи и отпустъ. Часъ 1-й.

На часахъ тропарь и кондакъ святителя.

На литургіи блаженна на 8; отъ канона святителя, пѣснь 3-я на 4 и пѣснь 6-я на 4. По входѣ тропари см. 2-го января — № 3. Прокименъ — Уста моя возглаголютъ: Апостолъ ко Евр. зач. 318. Аллилуіа во гл. 2-й. Евангеліе отъ Іоан. зач. 36-е. Причастенъ — Въ память вѣчную:

22-го ІЮНЯ. **Недѣля 4-я по Пятидесятницѣ.** Гласъ 3-й. Священномученика Евсевія, еп. Самосатскаго.

На великой вечерни — Блаженъ мужъ: На — Господи воззвахъ: стихиры на 10; Октоиха 7 и мученика — Что тя именуемъ, славне: 3; Слава, и нынѣ: догматикъ — Како не дивимся: Входъ. Прокименъ — Господь воцарися: На стиховнѣ стихиры Октоиха. По — Нынѣ отпущаеши: — Богородице Дѣво: 3-жды.

На утрени на — Богъ Господь: тропарь воскресенъ 2-жды; Слава: мученика — И нравомъ причастникъ: И нынѣ: богородиченъ — Еже отъ вѣка: По каѳизмахъ сѣдальны воскресны. — Ангельскій соборъ: Ѵпакои, степенна и прокименъ гласа. Евангеліе воскресное 4-е, отъ Луки зач. 112-е. — Воскресеніе Христово: и прочее до канона обычно. Каноны: воскресенъ на 4, крестовоскресенъ на 3, Богородицы на 3, и мученика на 4 (припѣвъ — Священномучениче Евсевіе, моли Бога о насъ). Ирмосы — Воды древле: Катавасія — Отверзу уста моя: По 3-й пѣсни кондакъ мученика — Благочестно во святительствѣ: сѣдаленъ мученика — Уяснивъ житіе твое: Слава, и нынѣ: богородиченъ — Чистая, всенепорочная: по 6-й кондакъ воскресный и икосъ. На 9-й пѣсни поемъ — Честнѣйшую: — Свят Господь Богъ нашъ. Свѣтиленъ воскресенъ 4-й — Добродѣтельми блиставшеся: Слава, и нынѣ: богородиченъ воскресенъ — Радоватися вѣщавый: На хвалитехъ стихиры Октоиха на 8; Слава: стихира евангельская 4-я — Утро бѣ глубоко: И нынѣ: — Преблагословенна еси: Славословіе великое и тропарь — Днесь спасеніе: Ектеніи и отпустъ воскресный. Часъ 1-й.

На часахъ тропарь воскресенъ; Слава: мученика. Кондакъ воскресенъ.

На литургіи блаженна гласа на 8. По входѣ тропари см. 2-го января — № 2. Прокименъ — Пойте Богу нашему: Апостолъ къ Рим. зач. 93-е. Аллилуіа во гл. 3-й. Евангеліе отъ Матѳ. зач. 25-е. Причастенъ — Хвалите Господа съ небесъ: Отпустъ воскресный.

24-го ІЮНЯ. Вторникъ. **РОЖДЕСТВО ПРЕДТЕЧИ И КРЕСТИТЕЛЯ ГОСПОДНЯ ІОАННА.**

На великой вечерни — Блаженъ мужъ: На — Господи воззвахъ: во гл. 4-й, стихиры Предтечи — Разрѣшаетъ Захаріино: на 8; Слава: Предтечи — Днесь свѣта свѣтильникъ: И нынѣ: — Елисаветь зачатъ: Входъ. Прокименъ — Господь услышитъ мя: Чтенія Предтечи 3. На литіи стихиры Предтечи — Искапайте горы: Слава: Предтечи — Пророковъ предѣлъ: И нынѣ: богородиченъ — Храмъ и дверь: На стиховнѣ стихиры Предтечи — Иже отъ пророка: Слава: Предтечи — Исаіи нынѣ: И нынѣ: — Виждь Елисаветь: По — Нынѣ отпущаеши: на благословеніи хлѣбовъ тропарь Предтечи — Пророче и Предтече: 2-жды и — Богородице Дѣво: 1-жды.

На утрени на — Богъ Господь: тропарь Предтечи 2-жды; Слава, и нынѣ: богородиченъ — Еже отъ вѣка: По каѳизмахъ сѣдальны Предтечи. Поліелей и величаніе — **Величаемъ тя, Предтече Спасовъ Іоанне, и чтемъ еже отъ неплодове преславное рождество твое.**

Іюнь

Псаломъ избранный — Благословенъ Господь Богъ Израилевъ, яко посѣти и сотвори избавленіе людемъ Своимъ; Ектенія малая. Сѣдаленъ Предтечи — Да радуется отецъ: Слава, и нынѣ: богородиченъ — Благодаримъ Тя: — Отъ юности моея: Прокименъ — И ты, отроча, пророкъ Вышняго наречешися. Евангеліе отъ Луки зач. 3-е. Псаломъ 50-й. Слава: Молитвами Предтечи и Крестителя Іоанна: И нынѣ: Молитвами Богородицы: — Помилуй мя, Боже: — Изъ чрева матерня: (писана на стиховнѣ). — Спаси Боже: Каноны: Первый канонъ Предтечи со ирмосомъ (ирмосы по 2-жды) на 8 (припѣвъ — Святый великій Іоанне, Предтече Господень, моли Бога о насъ) и второй на 6. Ирмосы — Тристаты крѣпкія: Катавасія: Отверзу уста моя: По 3-й пѣсни сѣдальны Предтечи — Захаріинъ гласъ: Слава: — Якоже солнце: И нынѣ: богородиченъ — Обновила еси: по 6-й кондакъ Предтечи — Прежде неплоды: и икосъ. На 9-й пѣсни поемъ — Честнѣйшую: Свѣтиленъ Предтечи — Предтечево днесь: Слава, и нынѣ: богородиченъ — Пророцы проповѣдаша: На хвалитехъ, во гл. 8-й, стихиры Предтечи — О преславнаго чудесе: на 4; Слава: Предтечи — Звѣзда звѣздъ: И нынѣ: богородиченъ — Богородице, ты еси: Славословіе великое. Тропарь Предтечи; Слава, и нынѣ: богородиченъ — Еже отъ вѣка: Ектеніи и отпустъ обычный. Часъ 1-й.

На часахъ тропарь и кондакъ Предтечи.

На литургіи блаженна на 8; отъ перваго канона Предтечи, пѣснь 3-я на 4 и отъ втораго, пѣснь 6-я на 4. По входѣ тропари см. 2-го января — № 3. Прокименъ — Возвеселится праведникъ: Апостолъ къ Рим. зач. 112-е. Аллилуіа во гл. 3-й. Евангеліе отъ Луки зач. 1-е. Причастенъ — Въ память вѣчную:

29-го ІЮЛЯ. **Недѣля 5-я по Пятидесятницѣ.** Гласъ 4-й. **СВЯТЫХЪ ПЕРВОВЕРХОВНЫХЪ АПОСТОЛОВЪ ПЕТРА И ПАВЛА.**

На великой вечерни — Блаженъ мужъ: На — Господи воззвахъ: стихиры на 10; Октоиха 4 и апостоловъ — Кіими похвальными вѣнцы: 6; Слава: апостола Петра — Трикратнымъ вопрошеніемъ: И нынѣ: догматикъ — Иже Тебе ради: Входъ. Прокименъ — Господь воцарися: Чтенія апостоловъ 3. На литіи стихиры апостоловъ — Грядите собори: Слава: — Премудрость Божія: И нынѣ: богородиченъ — Блажимъ тя, Богородице Дѣво: (см. богородиченъ отъ меньшихъ, гласъ 5-й, въ среду вечера). На стиховнѣ стихиры Октоиха; Слава: — Праздникъ радостенъ: И нынѣ: богородиченъ — Творецъ и Избавитель мой: По — Нынѣ отпущаеши: на благословеніи хлѣбовъ — Богородице Дѣво: 2-жды и тропарь апостоловъ — Апостоловъ первопрестольницы: 1-жды.

На утрени на — Богъ Господь: тропарь воскресенъ 2-жды; Слава: тропарь апостоловъ; И нынѣ: богородиченъ — Еже отъ вѣка: По каѳизмахъ сѣдальны воскресны. Полiелей и величаніе — **Величаемъ васъ, апостоли Христовы Петре и Павле, весь міръ учевыми своими просвѣтившія, и вся концы ко Христу приведшія.** 1-жды.

(Въ воскресные дни избранные псалмы не поются.) — Ангельскій соборъ: Vпакои гласа. Сѣдальны апостоловъ — Глубину ловленія: — Церковнаго камене: — Съ небесе званіе: — Свѣтолучными сіяніи: Слава: — Верховныя явльшыяся: И нынѣ: — Яко всенепорочная: Степенна и прокименъ гласа. Евангеліе воскресное 5-е, отъ Луки зач. 113-е. — Воскресеніе Христово: и прочее до канона обычно. Каноны: воскресенъ на 4, Богородицы воскресный на 2, апостола Петра на 4 (припѣвъ — Святый апостоле Петре, моли Бога о насъ) и апостола Павла на 4 (припѣвъ — Святый апостоле Павле, моли Бога о насъ). Ирмосы — Моря чермную пучину: Катавасія — Отверзу уста моя: По 3-й пѣсни кондакъ апостоловъ — Твердыя и боговѣщанныя: и икосъ; Слава, и нынѣ: vпакои апостоловъ — Кая темница: по 6-й пѣсни кондакъ воскресенъ и икосъ. На 9-й пѣсни поемъ — Честнѣйшую: — Святъ Господь Богъ нашъ. Свѣтиленъ воскресенъ 5-й — Животъ и путь: Слава: апостоловъ — Апостоловъ вси верхъ: И нынѣ: богородиченъ воскресенъ — Пою безчисленную: На хвалитехъ стихиры на 8, Октоиха 4 и апостоловъ — Съ небесе: со славнымъ — Всечестный апостоловъ: 4; съ припѣвами — Во всю землю: и — Небеса повѣдаютъ: Слава: стихира евангельская 5-я — О премудрыхъ судебъ: И нынѣ: Преблагословенна еси: Славословіе великое и тропарь — Воскресъ изъ гроба: Ектеніи и отпустъ воскресенъ. Часъ 1-й.

На часахъ тропарь воскресенъ; Слава: апостоловъ; кондаки апостоловъ и воскресенъ поперемѣнно.

На литургіи блаженна на 12; гласа на 4, отъ канона апостола Петра, пѣснь 3-я на 4 и отъ канона апостола Павла, пѣснь 6-я на 4. По входѣ тропари см. 2-го января — № 1. Прокименъ — Яко возвеличишася: и — Во всю землю: Апостолъ къ Римл. зач. 103-е и къ Кор. зач. 193-е. Аллилуіа во 4-й и 1-й. Евангеліе отъ Матѳ. зач. 28-е и отъ Матѳ. зач. 67-е. Причастенъ — Хвалите Господа: и — Во всю землю: Отпустъ воскресенъ.

VII. ІЮЛЬ.

4-го ІЮЛЯ. Пятница. **Память свв. Царственныхъ мучениковъ — Царя-мученика Николая II-го и иже съ нимъ убіенныхъ.**

Служба Царственныхъ мучениковъ напечатана отдѣльной брошюрой или смотри на интернетъ.

Зри: http://osanna.russportal.ru/index.php?id=liturg_book.menaion_sept_aug.july_m0402

На великой вечерни — Блаженъ мужъ: На — Господи воззвахъ: во гл. 6-й, стихиры мучениковъ — Яже издревле: на 8; Слава: — Богоизбранная преподобномученице: И нынѣ: догматикъ — Царь небесный: Входъ. Прокименъ — Помощь моя отъ Господа: Чтенія мучениковъ 3. На литіи стихира храма и стихира мучениковъ — Слава истинная: Слава: мучениковъ — Не суть совѣти: И нынѣ: богородиченъ — Безневѣстная Дѣво: На стиховнѣ стихиры мучениковъ — Не о славѣ: Слава: мучениковъ — Кто изречетъ: И нынѣ: богородиченъ — Творецъ и Избавитель: По — Нынѣ отпущаеши: на благословеніи хлѣбовъ тропарь мучениковъ — Царства земнаго лишеніе: 2-жды и — Богородице Дѣво: 1-жды.

На утрени на — Богъ Господь, во гл. 5-й, тропарь мучениковъ 2-жды; Слава: преподобномученицы Елисаветы — Кротость и смиреніе и любовь: И нынѣ: богородиченъ — Еже отъ вѣка: По каѳизмахъ сѣдальны мучениковъ. Полiелей и величаніе мучениковъ — **Величаемъ васъ, страстотерпцы святіи царственніи мученицы, и чтемъ честная страданія ваша, яже за Христа претерпѣли есте.** Псаломъ избранный — Богъ намъ прибѣжище и сила, помощникъ въ скорбехъ обрѣтшихъ ны зѣло. Ектенія малая. Сѣдаленъ мучениковъ — Егда ты, царю мучениче: Слава, и нынѣ: богородиченъ — Пречистая Дѣво: Степенна — Отъ юности моея: Прокименъ во гл. 4-й — Тебе ради, Господи, умерщвляеми есмы весь день. Евангеліе отъ Матѳея зач. 36-е. Псаломъ 50-й. Слава: — Молитвами царственныхъ мучениковъ: и прочее. Стихира — Велію вѣру: Каноны: Богородицы молебный со ирмосомъ на 6 (припѣвъ — Пресвятая Богородице, спаси насъ) и мучениковъ на 8 (припѣвъ — Святіи Царственніи мученицы, молите Бога о насъ). Ирмосы — Воду прошедъ: Катавасія — Отверзу уста моя: По 3-й пѣсни кондакъ преподобномуч. Елисаветы — Отъ славы царственныя: и сѣдаленъ мучениковъ — Страстотерпице святая: Слава, и нынѣ: — Егда предстану: по 6-й кондакъ мучениковъ — Надежда царя: и икосъ. На 9-й пѣсни поемъ — Честнѣйшую: Свѣтиленъ мучениковъ — Страдавшіи Тебе ради: Слава, и нынѣ: богородиченъ — По Бозѣ: На хвалитехъ, во гл. 3-й, стихиры мучениковъ — Агнцы чистыя: 4; Слава: мучениковъ — Молитвами, Христе: И нынѣ: богородиченъ — Богородице, Ты еси лоза: Славословіе великое. Тропарь мучениковъ; Слава: преподобномученицы Елисаветы; И нынѣ: богородиченъ — Еже отъ вѣка: Ектеніи и отпустъ. Часъ 1-й.

На часахъ тропарь мучениковъ; Слава: преподобномученицы; кондакъ мучениковъ и преподобномученицы поперемѣнно.

На литургіи блаженна на 8; отъ канона мучениковъ, пѣснь 3-я на 4 и 6-я на 4. По входѣ тропари см. 2-го января — № 3. Прокименъ во гл. 7-й — Тебе ради, Господи, умерщвляеми есмы весь день. Апостолъ къ Рим. зач. 99-е. Аллилуіа во гл. 1-й. Евангеліе отъ Іоан. зач. 52-е. По сугубой ектеніи читаемъ покаянную молитву — Благословенъ еси Господи Боже: Причастенъ — Радуйтеся:

5-го ІЮЛЯ. Суббота. **Обрѣтеніе честныхъ мощей преп. Сергія, игумена Радонежскаго чудотворца.** *Творимъ бдѣніе.*

На великой вечерни — Блаженъ мужъ: На — Господи воззвахъ: во гл. 4-й, стихиры преподобнаго — Егда прежде рождества: на 8; Слава: Пріидите, вси вѣрніи: И нынѣ: догматикъ настоящаго гласа — Иже Тебе ради: Входъ. Прокименъ — Боже, заступникъ мой: Чтенія преподобнаго

3. На литіи стихира храма и стихиры преподобнаго — Пріидите празднолюбцы: Слава: — Пріидите монашествующихъ: И нынѣ: богородиченъ — Творецъ и Избавитель мой: На стиховнѣ стихиры преподобнаго — Далъ еси украшеніе: Слава: — Монаховъ множества: И нынѣ: богородиченъ — Безневѣстная Дѣво: По — Нынѣ отпущаеши: на благословеніи хлѣбовъ тропарь преподобнаго — Отъ юности воспріялъ еси: 2-жды и — Богородице Дѣво: 1-жды.

На утрени на — Богъ Господь, во гл. 8-й, тропарь преподобнаго 2-жды, Слава, и нынѣ: богородиченъ настоящаго гласа — Еже отъ вѣка: По каѳизмахъ сѣдальны преподобнаго. Полiелей и величаніе преподобнаго — **Ублажаемъ тя, преподобне отче Сергіе, и чтемъ святую память твою, наставниче монаховъ и собесѣдниче ангеловъ.** Псаломъ избранный — Терпя потерпѣхъ Господа, и внятъ ми, и услыша молитву мою. Ектенія малая. Сѣдаленъ преподобнаго — Милостивому Христову: Слава, и нынѣ: богородиченъ — Недомысленно и непостижимо: Степенна — Отъ юности моея: Прокименъ — Честна предъ Господемъ смерть преподобныхъ Его. Евангеліе отъ Матѳея зач. 43-е. Псаломъ 50-й. Слава: — Молитвами преподобнаго Сергія: и прочее. Стихира — Преподобне отче: Каноны: Богородицы прешедшія недѣли утренній (воскресный), гл. 4-й, со ирмосомъ на 6 (припѣвъ — Пресвятая Богородице, спаси насъ), (аще ли храмъ Христовъ или Богородицы, поемъ канонъ храма со ирмосомъ на 6) и преподобнаго на 8 (припѣвъ — Преподобне отче Сергіе, моли Бога о насъ). Ирмосы — Тристаты крѣпкія: или храма; Катавасія — Отверзу уста моя: По 3-й пѣсни сѣдаленъ преподобнаго — Житейское море: Слава, и нынѣ: богородиченъ — Яко Дѣву: по 6-й кондакъ преподобнаго — Днесь яко солнце: и икосъ. На 9-й пѣсни поемъ — Честнѣйшую: Свѣтиленъ преподобнаго — Днесь сошедшеся: Слава, и нынѣ: богородиченъ — Премудрость vпостасную: На хвалитехъ, во гл. 4-й, стихиры преподобнаго — Яко звѣзда: 4; Слава: — Днесь вѣрніи: И нынѣ: богородиченъ — Богородице, Ты еси лоза: Славословіе великое. Тропарь преподобнаго; Слава, и нынѣ: богородиченъ настоящаго гласа — Еже отъ вѣка: Ектеніи и отпустъ. Часъ 1-й.

На часахъ тропарь и кондакъ преподобнаго.

На литургіи блаженна на 8; отъ канона преподобнаго, пѣснь 3-я на 4 и 6-я на 4. По входѣ тропари см. 2-го января — № 3. Прокименъ — Честна предъ Господемъ: Апостолъ къ Гал. зач. 213-е. Аллилуіа во гл. 6-й. Евангеліе отъ Луки зач. 24-е. Причастенъ — Въ память вѣчную:

6-го ІЮЛЯ. **Недѣля 6-я по Пятидесятницѣ.** Гласъ 5-й. Преподобнаго Сисоя Великаго.

На великой вечерни — Блаженъ мужъ: На — Господи воззвахъ: стихиры на 10; Октоиха 7 и преподобнаго — Свѣтло возсія: 3; Слава: преподобнаго — Монаховъ множества: И нынѣ: догматикъ — Въ Чермнѣмъ мори: Входъ. Прокименъ — Господь воцарися: На стиховнѣ стихиры Октоиха. По — Нынѣ отпущаеши: Богородице Дѣво: 3-жды.

На утрени на — Богъ Господь: тропарь воскресенъ 2-жды; Слава: преподобнаго — Пустынный житель: И нынѣ: богородиченъ — Гавріилу вѣщавшу: По каѳизмахъ сѣдальны воскресны. — Ангельскій соборъ: Ѵпакои, степенна и прокименъ гласа. Евангеліе воскресное 6-е, отъ Луки зач. 114-е. — Воскресеніе Христово: Псаломъ 50-й и прочее обычно. Каноны: воскресенъ на 4, крестовоскресенъ на 3, Богородицы на 3, преподобнаго на 4 (припѣвъ — Преподобне Сисое, моли Бога о насъ). Ирмосы — Коня и всадника: Катавасія — Отверзу уста моя: По 3-й пѣсни кондакъ преподобнаго — Подвизався, ангелъ на земли: сѣдаленъ преподобнаго — Воздержаніемъ житіе: Слава, и нынѣ: богородиченъ — Теплая предстательнице: по 6-й кондакъ воскресенъ и икосъ. На 9-й пѣсни поемъ — Честнѣйшую: Свѣтиленъ воскресенъ 6-й — Показуя, яко человѣкъ еси: Слава, и нынѣ: богородиченъ воскресенъ — Творецъ созданія: На хвалитехъ стихиры Октоиха на 8; Слава: стихира евангельская 6-я — Истинный миръ: И нынѣ: — Преблагословенна еси: Славословіе великое и тропарь — Днесь спасеніе: Ектеніи и отпустъ воскресный. Часъ 1-й.

На часахъ тропарь воскресенъ; Слава: преподобнаго. Кондакъ воскресенъ.

На литургіи блаженна гласа на 8. По входѣ тропари см. 2-го января — № 2. Прокименъ — Ты Господи сохраниши: Апостолъ къ Рим. зач. 110-е. Аллилуіа во гл. 5-й. Евангеліе отъ Матѳ. зач. 29-е. Причастенъ — Хвалите Господа: Отпустъ воскресный.

8-го ІЮЛЯ. Вторникъ. **Явленіе «Казанскія» иконы Божіей Матери.** *Служба бдѣнная, вся по Минеѣ.*

На великой вечерни — Блаженъ мужъ: На — Господи воззвахъ: во гл. 4-й, стихиры Богородицы — Яко прекрасная: 8; Слава, и нынѣ: Богородицы — Пріидите, возрадуемся: Входъ. Прокименъ — Господь услышитъ мя: Чтенія Богородицы 3. На литіи стихиры Богородицы — Яко воистинну: Слава, и нынѣ: Богородицы — Тебѣ вси роди: На стиховнѣ стихиры Богородицы — Вмѣстилище чистое: Слава, и нынѣ: Богородицы — Воспоемъ людіе: По — Нынѣ отпущаеши: на благословеніи хлѣбовъ тропарь Богородицы — Заступнице усердная: 2-жды и — Богородице Дѣво: 1-жды.

На утрени на — Богъ Господь, во гл. 4-й, тропарь Богородицы 2-жды; Слава, и нынѣ: тойже. По каѳизмахъ сѣдальны Богородицы. Полѵелей и величаніе Богородицы — **Достойно есть величати Тя, Богородице, честнѣйшую херувимъ, и славнѣйшую безъ сравненія серафимъ.** Псаломъ избранный — Помяни, Господи, Давида и всю кротость его. Ектенія малая. Сѣдаленъ Богородицы — Правовѣрно чтущія: Слава, и нынѣ: Богородицы — Пречистая Твоя икона: Степенна — Отъ юности моея: Прокименъ — Помяну имя Твое: Евангеліе отъ Луки зач. 4-е. Псаломъ 50-й. Слава: — Молитвами Богородицы: И нынѣ: тойже; —

Помилуй мя Боже: Стихира Богородицы — Пріидите возрадуемся (см. на Господи воззвахъ:): Канонъ Богородицы первый со ирмосомъ на 8 и второй канонъ на 6 (припѣвъ — Пресвятая Богородице, спаси насъ). Ирмосы и катавасія — Отверзу уста моя: По 3-й пѣсни сѣдаленъ Богородицы — Божественніи слова: Слава, и нынѣ: тойже; по 6-й кондакъ Богородицы — Притецемъ, людіе: и икосъ. На 9-й пѣсни поемъ — Честнѣйшую: Свѣтиленъ Богородицы — Да почтится: Слава, и нынѣ: Богородицы — Пріидите, вѣрніи: На хвалитехъ во гл. 4-й, стихиры Богородицы — Прославимъ, вѣрніи: 4; Слава, и нынѣ: Богородицы — Святая Твоя: Славословіе великое. Тропарь Богородицы. Ектеніи и отпустъ. Часъ 1-й.

На часахъ тропарь и кондакъ Богородицы.

На литургіи блаженна на 8; отъ перваго канона Богородицы, пѣснь 3-я на 4 и отъ втораго канона, пѣснь 6-я на 4. По входѣ тропарь Богородицы; Слава, и нынѣ: кондакъ Богородицы; *въ храмѣ Христовомъ:* Тропарь храма и Богородицы; Слава: кондакъ храма; И нынѣ: Богородицы. Прокименъ, пѣснь Богородицы — Величитъ душа моя Господа: Апостолъ къ Фил. зач. 240-е. Аллилуіа во гл. 8-й. Евангеліе отъ Луки зач. 54-е. Причастенъ — Чашу спасенія:

13-го ІЮЛЯ. **Недѣля 7-я по Пятидесятницѣ.** Гласъ 6-й. *Свв. Отецъ 6-ти Вселенскихъ соборовъ.*

(Служба отцевъ напечатана въ Минеи подъ 16-мъ іюля или см. въ Великомъ сборникѣ.)

На великой вечерни — Блаженъ мужъ: На — Господи воззвахъ: стихиры на 10; Октоиха 4 и отцевъ — Изъ чрева родился: 6; Слава: отцевъ — Тайныя днесь: И нынѣ: догматикъ — Кто Тебе не ублажитъ: Входъ. Прокименъ — Господь воцарися: Чтенія отцевъ 3. На стиховнѣ стихиры Октоиха; Слава: отцевъ — Молебную память: И нынѣ: богородиченъ — Призри на моленія: По — Нынѣ отпущаеши: — Богородице Дѣво: 2-жды и отцевъ — Препрославленъ еси: 1-жды.

На утрени на — Богъ Господь: тропарь воскресенъ 2-жды; Слава: отцевъ; И нынѣ: богородиченъ — Иже насъ ради: По каѳизмахъ сѣдальны воскресны. — Ангельскій соборъ: Vпакои, степенна и прокименъ гласа. Евангеліе воскресное 7-е, отъ Іоанна зач. 63-е. — Воскресеніе Христово: Псаломъ 50-й и прочее обычно. Каноны: воскресенъ на 4, Богородицы на 2 и два канона отцевъ на 8 (припѣвъ — Святіи богоносніи отцы, молите Бога о насъ). Ирмосы — Яко по суху: Катавасія — Отверзу уста моя: По 3-й пѣсни кондакъ воскресенъ и икосъ; сѣдаленъ отцевъ — Свѣтильницы пресвѣтліи: Слава, и нынѣ: богородиченъ — Обновила еси: по 6-й кондакъ воскресенъ и икосъ. На 9-й пѣсни поемъ — Честнѣйшую: — Святъ Господь Богъ нашъ. Свѣтиленъ воскресенъ 7-й — Яко взяша Господа: Слава: отцевъ — Отецъ божественныхъ: И нынѣ: богородиченъ — Радуйся, Божія палато: На хвалитехъ стихиры на 8; Октоиха 4 и отцевъ — Все собравше: 4 съ припѣвами ихъ —

Благословенъ еси Господи: и — Соберите Ему: Слава: отцевъ — Святыхъ отцевъ ликъ: И нынѣ: — Преблагословенна еси: Славословіе великое. Тропарь — Воскресъ изъ гроба: Ектеніи и отпустъ воскресный. Слава, и нынѣ: стихира евангельская 7-я — Се тьма, и рано: Часъ 1-й.

На часахъ тропарь воскресенъ; Слава: отцевъ. Кондакъ воскресенъ и отцевъ попеременно.

На литургіи блаженна на 10; гласа на 6 и отъ канона отцевъ, пѣснь 3-я на 4. По входѣ тропари см. 2-го января — № 2. Прокименъ — Спаси, Господи, люди Твоя: и пѣснь отцевъ — Благословенъ еси, Господи: Апостолъ къ Рим. зач. 116-е и ко Евр. зач. 334-е. Аллилуіа во гл. 6-й и 1-й. Евангеліе отъ Матѳ. зач. 33-е и отъ Іоан. зач. 56-е. Причастенъ — Хвалите Господа: и — Радуйтеся праведніи: Отпустъ воскресный.

15-го ІЮЛЯ. Вторникъ. **Св. равноапостольнаго великаго князя Владиміра (Василія), просвѣтителя Руси.**

На великой вечерни — Блаженъ мужъ: На — Господи воззвахъ: во гл. 4-й, стихиры святаго — Вторый ты былъ: на 8; Слава: святаго — Пріидите, стецемся: И нынѣ: догматикъ — Царь небесный: Входъ. Прокименъ — Господь услышитъ мя: Чтенія святаго 3. На литіи стихира храма и стихира святаго — Днесь возсія: Слава: святаго — Пріидите, стецемся вси вѣрно: И нынѣ: богородиченъ — Творецъ и Избавитель: На стиховнѣ стихиры святаго — О преславнаго чудесе: Слава: — Начальника благочестія: И нынѣ: богородиченъ — Владычице, пріими молитвы (см. богородиченъ отъ меньшихъ, гласъ 8-й, въ субботу утра): По — Нынѣ отпущаеши: на благословеніи хлѣбовъ тропарь святаго — Уподобился еси: 2-жды и — Богородице Дѣво: 1-жды.

ТРОПАРЬ, ГЛ. 4-Й.

Уподобился еси купцу ищущему добраго бисера, славнодержавный Владиміре, на высотѣ стола сѣдя матере градовъ, богоспасаемаго Кіева: испытуя же и посылая къ царскому граду увѣдѣти православную вѣру, обрѣлъ еси безцѣнный бисеръ Христа, избравшаго тя яко втораго Павла, и оттрясшаго слѣпоту во святѣй купѣли душевную вкупѣ и тѣлесную: тѣмже празднуемъ твое успеніе людіе твои суще: моли спастися странѣ твоей Россійстѣй и подати православнымъ людемъ миръ и велію милость[20]).

На утрени на — Богъ Господь: во гл. 4-й; тропарь святаго 2-жды; Слава, и нынѣ: богородиченъ — Еже отъ вѣка: По каѳизмахъ сѣдальны святаго. Поліелей и величаніе — **Величаемъ тя, святый равноапостольный великій княже Владиміре, и чтемъ святую память твою, идолы поправшаго и всю Русскую землю святымъ**

---

[20] Ради установленія единообразія, Архіерейскій Синодъ Русской Православной Церкви Заграницей своимъ особымъ опредѣленіемъ постановилъ, чтобы во всѣхъ церквахъ тропарь св. кн. Владиміру заканчивается такими именно словами, а не какъ-либо иначе.

крещенiемъ просвѣтившаго. Псаломъ избранный — Небеса повѣдаютъ славу Божiю, творенiе же руку Его возвѣщаетъ твердь. Сѣдаленъ святаго — Скорое и твердое: Слава: — Скоро предвари: И нынѣ: богородиченъ — Слово Отчее: Степенна — Отъ юности моея: Прокименъ — Вознесохъ избраннаго отъ людей моихъ; Евангелiе отъ Iоанна зач. 36-е. Псаломъ 50-й. Слава: — Молитвами равноапостольнаго великаго князя Владимiра: И нынѣ: — Молитвами Богородицы: — Помилуй мя, Боже: стихира — Апостоломъ ревнителя: Каноны: Богородицы молебный со ирмосомъ на 6 (припѣвъ — Пресвятая Богородице, спаси насъ), (аще ли храмъ Христовъ или Богородицы, поемъ канонъ храма со ирмосомъ на 6) и святаго два канона на 8 (припѣвъ — Святый равноапостольный великiй княже Владимiре, моли Бога о насъ). Ирмосы — Воду прошедъ: или храма; Катавасiя — Отверзу уста моя: По 3-й пѣсни сѣдаленъ святаго — Въ молитвахъ: Слава, и нынѣ: богородиченъ — Богородице безневѣстная: по 6-й пѣсни кондакъ святаго — Подобствовавъ великому апостолу Павлу:[21]) и икосъ. На 9-й пѣсни поемъ — Честнѣйшую: Свѣтиленъ святаго — Свѣтильницы, просвѣтивше: Слава, и нынѣ: богородиченъ — Во двою волю: На хвалитехъ, во гл. 4-й, стихиры святаго — Оружiе крѣпкое: на 4; Слава: святаго — Не отъ человѣкъ: И нынѣ: богородиченъ — Все упованiе мое (см. богородиченъ отъ меньшихъ, гласъ 2-й въ четвертокъ утра): Славословiе великое. Тропарь святаго; Слава, и нынѣ: богородиченъ — Еже отъ вѣка: Ектенiи и отпустъ. Часъ 1-й.

На часахъ тропарь и кондакъ святаго.

На литургiи блаженна святаго на 8; отъ перваго канона, пѣснь 3-я на 4 и отъ втораго канона, пѣснь 6-я на 4. По входѣ тропари см. 2-го января — № 3. Прокименъ — Пойте Богу нашему, пойте: Апостолъ къ Гал. зач. 200-е. Аллилуiа во гл. 6-й. Евангелiе отъ Iоанна зач. 35-е отъ полу. Причастенъ — Въ память вѣчную:

19-го IЮЛЯ. Суббота. **Первое обрѣтенiе мощей преп. Серафима Саровскаго.** *Творимъ бдѣнiе.*

На великой вечерни — Блаженъ мужъ: На — Господи воззвахъ: во гласъ 1-й, стихиры преподобнаго — О преславное чудо: на 8; Слава: преподобнаго — Прiидите, вѣрныхъ собори: И нынѣ: догматикъ настоящаго гласа — Кто Тебе не ублажитъ: Входъ. — Свѣте тихiй: Прокименъ — Боже, заступникъ мой: Чтенiя преподобнаго 3. На литiи 1-я стихира храма, таже стихиры преп. Серафима — Кiими похвальными вѣнцы: Слава: преподобнаго — Радуйся днесь: И нынѣ: богородиченъ — Храмъ и дверь еси: На стиховнѣ стихиры преподобнаго — Радуйся, ангеловъ собесѣдниче: Слава: преподобнаго — Преподобне отче Серафиме: И нынѣ: богородиченъ — Творецъ и Избавитель: По

---

[21]) Конецъ кондака — моли спастися странѣ твоей Россiйстѣй и подати православнымъ людямъ миръ и велiю милость, яко и тропарь, согласно постановленiю Архiерейскаго Синода.

— Нынѣ отпущаеши: на благословеніи хлѣбовъ тропарь преподобнаго — Отъ юности Христа возлюбилъ еси, блаженне: 2-жды и Богородице Дѣво: 1-жды.

На утрени на — Богъ Господь: во гласъ 4-й, тропарь преподобнаго 2-жды; Слава, и нынѣ: богородиченъ настоящаго гласа — Благословенную нарекій: По каѳизмахъ сѣдальны преподобнаго. Поліелей и величаніе — **Ублажаемъ тя, преподобне отче Серафиме, и чтемъ святую память твою, наставниче монаховъ и собесѣдниче ангеловъ.** Псаломъ избранный — Терпя потерпѣхъ Господа, и внятъ ми, и услыша молитву мою. По поліелеи сѣдаленъ преподобнаго — Просія добродѣтельное: Слава, и нынѣ: богородиченъ — Пречистая Дѣво: — Степенна: — Отъ юности моея: Прокименъ — Честна предъ Господемъ смерть преподобныхъ Его. Евангеліе отъ Матѳея зач. 43-е. По 50-мъ псалмѣ, Слава: — Молитвами преподобнаго Серафима: И нынѣ: — Молитвами Богородицы: — Помилуй мя Боже: и стихира преподобнаго — Днесь, вѣрніи, духовно торжествующе: — Спаси Боже, люди Твоя: Каноны: Богородицы прешедшія недѣли утренній (воскресный) со ирмосомъ на 6 (припѣвъ — Пресвятая Богородице, спаси насъ), (аще ли храмъ Христовъ или Богородицы, поемъ канонъ храма со ирмосомъ на 6) и два канона преподобнаго на 8 (припѣвъ — Преподобне отче Серафиме, моли Бога о насъ). Ирмосы — Яко по суху: Катавасія — Отверзу уста моя: По 3-й пѣсни сѣдаленъ преподобнаго — Житейское море: Слава и нынѣ: богородиченъ — Егда предстану: по 6-й кондакъ преподобнаго — Міра красоту: и икосъ; На 9-й пѣсни поемъ — Честнѣйшую: Свѣтиленъ преподобнаго — Пріидите, вси вѣрніи: Слава, и нынѣ: богородиченъ — По Бозѣ упованіе: На хвалитехъ, во гласъ 8-й; стихиры преподобнаго — Приспѣ всечестный: на 4; Слава: преподобнаго — Пріидите иноковъ: И нынѣ: Богородице ты еси лоза истинная: Славословіе великое. Тропарь преподобнаго; Слава, и нынѣ: богородиченъ настоящаго гласа — Благословенную нарекій: Ектеніи и отпустъ. Часъ 1-й.

На часахъ тропарь преподобнаго. Кондакъ преподобнаго.

На литургіи блаженна на 8; отъ каноны преподобнаго, первый, пѣснь 3-я на 4 и второй, пѣснь 6-я на 4. По входѣ тропари см. 2-го января — № 3. Прокименъ — Честна предъ Господемъ смерть преподобныхъ Его. Апостолъ къ Гал. зач. 213-е. Аллилуіа во гл. 6-й. Евангеліе отъ Луки зач 24-е. Причастенъ — Въ память вѣчную:

20-го ІЮЛЯ. **Недѣля 8-я по Пятидесятницѣ.** Гласъ 7-й. **Св. славнаго пророка Божія Иліи.**

На великой вечерни — Блаженъ мужъ: На — Господи воззвахъ: стихиры на 10; Октоиха 4 и пророка — Иже Ѳесвитянина Илію: 6; Слава: — Пріидите, православныхъ совокупленіе: И нынѣ: догматикъ — Мати убо позналася еси: Входъ. Прокименъ — Господь воцарися: Чтенія пророка 3. Ектеніи. На литіи стихира храма и стихиры пророка

— Нетлѣннаго соединенія: Слава: — О нечестива царя: И нынѣ: богородиченъ — Богородице ты еси лоза: На стиховнѣ стихиры Октоиха; Слава: — Пророче, проповѣдниче: И нынѣ: богородиченъ — Творецъ и Избавитель: По — Нынѣ отпущаеши: на благословеніи хлѣбовъ — Богородице Дѣво: 2-жды и тропарь пророка — Во плоти ангелъ: 1-жды.

На утрени на — Богъ Господь: тропарь воскресенъ 2-жды; Слава: пророка; И нынѣ: богородиченъ — Еже отъ вѣка: По каѳизмахъ сѣдальны воскресны. Поліелей и величаніе пророка — **Величаемъ тя, пророче Божій Иліе славне, и почитаемъ еже на небеса съ плотію огненное восхожденіе твое.** 1-жды. (Въ воскресные дни избранные псалмы не поются.) — Ангельскій соборъ: Vпакои гласа. Сѣдальны пророка — На огненную колесницу: — Храмъ Твой: Слава: — Премудрости яко: И нынѣ: — Яко дѣву и едину: Степенна и прокименъ гласа. Евангеліе воскресное 8-е, отъ Іоанна зач. 64-е. — Воскресеніе Христово: Псаломъ 50-й и прочее обычно воскресно. Каноны: воскресенъ на 4, Богородицы на 2 и пророка два на 8 (припѣвъ — Святый пророче Божій Иліе славне, моли Бога о насъ). Ирмосы — Маніемъ Твоимъ: Катавасія — Отверзу уста моя: По 3-й пѣсни кондакъ пророка — Пророче и провидче: и икосъ; сѣдаленъ пророка — Источника чудесъ: Слава, и нынѣ: богородиченъ — Въ напасти многоплетенныя: по 6-й кондакъ воскресенъ и икосъ. На 9-й пѣсни поемъ — Честнѣйшую: — Святъ Господь Богъ нашъ. Свѣтиленъ воскресенъ 8-й — Два ангела: свѣтиленъ пророка — Свѣтъ на огненнѣй: Слава: — На небесныя круги: И нынѣ: богородиченъ воскресенъ — Отъ Троицы родила еси: На хвалитехъ стихиры на 8; Октоиха 4 и стихиры пророка — Егда ты, пророче: со славнымъ — Пророковъ верховники: 4; съ припѣвами ихъ — Моvсей и Ааронъ: и — Ты еси іерей во вѣки: Слава: стихира евангельская 8-я — Маріины слезы: И нынѣ: — Преблагословенна еси: Славословіе великое и тропарь — Днесь спасеніе: Ектеніи и отпустъ воскресный. Часъ 1-й.

На часахъ тропарь воскресенъ; Слава: пророка. Кондакъ пророка и воскресенъ поперемѣнно.

На литургіи блаженна на 10; гласа на 6 и отъ перваго канона пророка, пѣснь 3-я на 4. По входѣ тропари см. 2-го января — № 1. Прокименъ — Господь крѣпость людемъ своимъ: и — Ты іерей во вѣкъ: Апостолъ къ Кор. зач. 124-е и Соб. посл. Іакова зач. 57-е. Аллилуіа во гл. 7-й и 8-й. Евангеліе отъ Матѳ. зач. 58-е и отъ Луки зач. 14-е. Причастенъ — Хвалите Господа: и — Въ память вѣчную: Отпустъ воскресный.

24-го ІЮЛЯ. Четвергъ. **Свв. Благовѣрныхъ князей-страстотерпцевъ Бориса, въ крещеніи Романа, и Глѣба, въ крещеніи Давида.** *Творимъ бдѣніе.*

На великой вечерни — Блаженъ мужъ: На — Господи воззвахъ: во гл. 8-й, стихиры святыхъ — О преславнаго чудесе: на 8; Слава: святыхъ — Пріидите, восхвалимъ: И нынѣ: догматикъ — Кто Тебе не ублажитъ: Входъ. Прокименъ — Боже, во имя Твое: Чтенія святыхъ 3. На литіи стихира храма и стихиры святыхъ — Аще и земнаго: Слава: святыхъ — Радостію вси празднуемъ: И нынѣ: богородиченъ — Храмъ и дверь еси: На стиховнѣ стихиры святыхъ — Пріидите, цѣломудрія: Слава: святыхъ — Пріидите, новокрещенніи: И нынѣ: богородиченъ — Безневѣстная Дѣво: По — Нынѣ отпущаеши: на благословеніи хлѣбовъ тропарь святыхъ — Правдивая страстотерпца: 2-жды и — Богородице Дѣво: 1-жды.

На утрени на — Богъ Господь: во гл. 2-й; тропарь святыхъ 2-жды; Слава, и нынѣ: богородиченъ — Вся паче смысла: По каѳизмахъ сѣдальны святыхъ. Полiелей и величаніе святыхъ — **Величаемъ васъ, страстотерпцы святіи мученицы князіе Борисе и Глѣбе, и чтемъ честная страданія ваша, яже за Христа претерпѣли есте.** Псаломъ избранный — Богъ намъ прибѣжище и сила, помощникъ въ скорбехъ обрѣтшихъ ны зѣло. Сѣдаленъ святыхъ — Христовы увѣдѣвше: Слава, и нынѣ: богородиченъ — Солнца, облаче: Степенна — Отъ юности моея: Прокименъ — Воззваша праведніи, и Господь услыша ихъ; Евангеліе отъ Луки зач. 106-е. Псаломъ 50-й. Слава: — Молитвами страстотерпцевъ князей Бориса и Глѣба: И нынѣ: — Молитвами Богородицы: — Помилуй мя Боже: стихира — Братія прекрасная: Каноны: Богородицы на 6 и святыхъ 2 канона на 8 (припѣвъ — Святіи страстотерпцы князе Борисе и Глѣбе, молите Бога о насъ). Ирмосы — Нетрену, необычну: Катавасія — Отверзу уста моя: По 3-й пѣсни сѣдаленъ святыхъ — Измлада Христа: Слава и нынѣ: богородиченъ — Безневѣстная чистая: по 6-й пѣсни кондакъ святыхъ — Возсія днесь преславная: и икосъ. На 9-й пѣсни поемъ — Честнѣйшую: Свѣтиленъ святыхъ — Яко воистинну: Слава, и нынѣ: богородиченъ — Богородицу пѣсньми: На хвалитехъ, во гл. 1-й; стихиры святыхъ — Свѣтозарная и святая: на 4; Слава: святыхъ — Днесь празднолюбныхъ: И нынѣ: богородиченъ (см. богородиченъ отъ меньшихъ, гласъ 4-й въ четвертокъ утра) — Тя стѣну стяжахомъ: Славословіе великое. Тропарь святыхъ; Слава, и нынѣ: богородиченъ — Вся паче смысла: Ектеніи и отпустъ. Часъ 1-й.

На часахъ тропарь и кондакъ святыхъ.

На литургіи блаженна святыхъ на 8; отъ перваго канона, пѣснь 3-я на 4 и отъ втораго канона, пѣснь 6-я на 4. По входѣ тропари см. 2-го января — № 3. Прокименъ — Святымъ иже суть: Апостолъ къ Рим. зач. 99-е. Аллилуіа во гл. 4-й. Евангеліе отъ Іоанна зач. 52-е. Причастенъ — Радуйтеся праведніи:

27-го ІЮЛЯ. **Недѣля 9-я по Пятидесятницѣ.** Гласъ 8-й. **Св. великомученика и цѣлителя Пантелеимона.** (Служба напечатана въ Минеи шестеричная, въ Великомъ сборникѣ служба поліелейная.)

На великой вечерни — Блаженъ мужъ: На — Господи воззвахъ: стихиры на 10; Октоиха 4 и мученика — Иже по достоянію: 6; Слава: мученика — Возсія днесь: И нынѣ: догматикъ — Царь небесный: Входъ. Прокименъ — Господь воцарися: Чтенія мученика 3. На стиховнѣ стихиры Октоиха; Слава: мученика — Матернее возлюбивъ: И нынѣ: богородиченъ — Безнесѣстная Дѣво: По — Нынѣ отпущаеши: — Богородице Дѣво: 3-жды.

На утрени на — Богъ Господь тропарь воскресенъ 2-жды; Слава: мученика — Страстотерпче святый: И нынѣ: богородиченъ — Тя ходатайствовавшую: По каѳизмахъ сѣдальны воскресны. Полiелей и величанiе мученика — **Величаемъ тя, страстотерпче святый, великомучениче и цѣлебниче Пантелеимоне, и чтимъ честная страданiя твоя, яже за Христа претерпѣлъ еси. 1-жды.** (Въ воскресные дни избранные псалмы не поются.) — Ангельскiй соборъ: Ѵпакои гласа. Сѣдальны мученика — Матернее благочестiя: — Яко воина Христова: Слава: — Торжествуетъ днесь: И нынѣ: — Матерь Божiю: Степенна и прокименъ гласа. Евангелiе воскресное 9-е, отъ Іоанна зач. 65-е. — Воскресенiе Христово: Псаломъ 50-й, и прочая обычно. Каноны: воскресенъ на 4, крестовоскресенъ на 2, Богородицы на 2, и мученика на 6 (припѣвъ — Святый великомучениче и цѣлебниче Пантелеимоне, моли Бога о насъ). Ирмосы — Колесницегонителя: Катавасiя — Отверзу уста моя: По 3-й пѣсни кондакъ мученика — Подражатель сый: и икосъ; сѣдаленъ мученика — Добляго страдальца: Слава: Ермолая мудраго: И нынѣ: богородиченъ — Треволненiи страстными: по 6-й кондакъ воскресенъ и икосъ. На 9-й пѣсни — Честнѣйшую: — Святъ Господь Богъ нашъ. Свѣтиленъ воскресенъ 9-й — Заключеннымъ, Владыко, дверемъ: Слава: мученика — Милостивную твою: И нынѣ: богородиченъ воскресенъ — Твоего сына: На хвалитехъ стихиры на 8; Октоиха 4 и мученика — Дѣло промышленiя: со Славнымъ — Днесь просiя: 4; съ припѣвами ихъ — Паведникъ яко фениксъ: и — Насаждени въ дому: Слава: стихира евангельская 9-я — Яко въ послѣдняя лѣта: И нынѣ: — Преблагословенна еси: Славословiе великое и тропарь — Воскресъ изъ гроба: Ектенiи. Отпустъ воскресный. Часъ 1-й.

На часахъ тропарь воскресный; Слава: мученика; Кондаки мученика и воскресенъ поперемѣнно.

На литургiи блаженна на 10; гласа на 6 и отъ канона мученика, пѣснь 3-я на 4. По входѣ тропари см. 2-го января — № 2. Прокименъ — Помолитеся и воздадите: и — Дивенъ Богъ: Апостолъ къ Кор. зач. 128-е и къ Тим. зач. 292-е. Аллилуiа во гл. 8-й и 4-й. Евангелiе отъ Матѳ. зач. 59-е и отъ Іоан. зач 52-е. Причастенъ — Хвалите Господа: и — Въ память вѣчную: Отпустъ воскресный.

VIII. АВГУСТЪ

1-го АВГУСТА. Пятница. *Происхожденiе*[22] *честныхъ древъ Честнаго и Животворящаго Креста (1-й Спасъ).* Святыхъ мучениковъ Маккавеевъ. **Начало Успенскаго поста.**

---

[22] Слово «Происхожденiе» означаетъ крестный ходъ, съ которымъ износился въ этотъ день Честный Крестъ въ Константинополѣ.

Августъ

Передъ вечерней іерей въ фелони идетъ къ жертвеннику, гдѣ уже приготовленъ честный Крестъ, васильками благовонными украшенный, или иными цвѣтами, лежащій на блюдѣ, покрытымъ воздухомъ. Царскія врата и завѣса закрыты. Іерей — Благословенъ Богъ: Діаконъ или чтецъ въ алтарѣ — Аминь. Трисвятое: по — Отче нашъ: — Спаси, Господи, люди: Слава, и нынѣ: — Вознесыйся: Во время пѣнія іерей кадитъ Крестъ и отдаетъ кадило. По возгласѣ же поклонившись, подъемлетъ его съ воздухомъ подъ нимъ на главу и переноситъ на престолъ, предшествуемый свѣщеносцами, и полагаетъ его на мѣстѣ Евангелія, послѣ чего снова кадитъ 3-жды вокругъ престола. Евангеліе же заранѣе поставляется на горнее мѣсто престола. Потомъ отверзается завѣса и начинаемъ вечерню.

На вечерни каѳизма 15-я. На — Господи воззвахъ: во гл. 4-й, стихиры на 6; Креста — Днесь радуется: 3 и мучениковъ Маккавеевъ — Закона верхъ: 3; Слава: мучениковъ — Святіи Маккавеи: И нынѣ: Креста — Егоже древле Моисей: Входа нѣтъ. Чтецъ — Свѣте тихій: Прокименъ — Помощь моя отъ Господа: — Сподоби Господи: Ектенія — Исполнимъ: На стиховнѣ стихиры Октоиха 8-го гласа — Вознесся еси: съ обычными стихами; Слава: мучениковъ — Души праведныхъ: И нынѣ: Креста — Гласъ пророка Твоего: По — Нынѣ отпущаеши: тропарь мучениковъ — Болѣзньми святыхъ: Слава; и нынѣ: Креста — Спаси, Господи: Ектенія — Помилуй насъ Боже: и отпустъ.

На утрени на — Богъ Господь: во гл. 1-й; тропарь Креста 2-жды; Слава: мучениковъ — Болѣзньми святыхъ: И нынѣ: Креста. По каѳизмахъ сѣдальны Октоиха. Псаломъ 50-й. Каноны: Креста Октоиха на 4 (припѣвъ — Слава, Господи, Кресту Твоему честному), Креста на 6 (припѣвъ — Слава, Господи, Кресту Твоему честному) и мучениковъ на 4 (припѣвъ — Святіи мученицы Маккавеи, молите Бога о насъ). Ирмосы — Крестъ начертавъ Моѵсей: Катавасія — Крестъ начертавъ Моѵсей: По 3-й пѣсни кондакъ мучениковъ — Премудрости Божія: и икосъ; сѣдаленъ мучениковъ — Благочестно наказавшеся: Слава, и нынѣ: Креста — Крестъ Твой Господи: по 6-й пѣсни кондакъ Креста — Вознесыйся на Крестъ: и икосъ. На 9-й пѣсни поемъ — Честнѣйшую: Свѣтиленъ Октоиха — Крестъ хранитель: Слава: мучениковъ — Чудныя воспоемъ: И нынѣ: Креста — Крестъ хранитель: Іерей же облачается во все священныя одежды. На хвалитехъ, во гл. 1-й; стихиры на 6; Креста — Небесная шествія: на 3 и мучениковъ — Многострадальная мати: на 3; Слава: мучениковъ — На Маккавеи собравшуюся рать: И нынѣ: Креста — Пособивый, Господи: Славословіе великое. Іерей кадитъ вокругъ престола 3-жды; при пѣніи Трисвятаго покланяется и принимаетъ Крестъ съ воздухомъ на главу. При протяжномъ пѣніи послѣдняго — Святый Боже: (распѣвомъ погребенія, въ это время и перезвонъ какъ на погребеніе), износитъ святый Крестъ на головѣ сѣверными дверьми предъ святыя врата, предъидущимъ двумъ свѣтильникамъ. По скончаніи Трисвятаго іерей возглашаетъ предъ царскими вратами —

Премудрость, прости. Ликъ — Спаси, Господи: 3-жды. Іерей полагаетъ Крестъ, васильками украшенный, на аналоѣ посреди церкви и творитъ кажденіе его. Таже поетъ 3-жды — Кресту Твоему покланяемся: Поетъ 3-жды и ликъ. Посемъ стихиры — Пріидите вѣрніи: — Зрящи Тя тварь: — Днесь Владыка твари: Слава, и нынѣ: Днесь неприкосновенный: И покланяются іерей и людіе единъ по единому честному Кресту. Ектеніи. Отпустъ. Часъ 1-й.

На часахъ тропарь Креста; Слава: мучениковъ. Кондаки мучениковъ и Креста поперемѣнно.

На литургіи блаженна на 8; отъ канона Креста, пѣснь 3-я на 4 и отъ канона мучениковъ, пѣснь 6-я на 4. По входѣ тропари Креста и мучениковъ; Слава: кондакъ мучениковъ; И нынѣ — Креста. Трисвятое. Прокименъ — Спаси, Господи: и — Святымъ иже суть на земли Его: Апостолъ къ Кор. зач. 125-е, къ Кор. зач. 169-е и ко Евр. зач. 330-е. Аллилуіа во гл. 4-й. Евангеліе отъ Іоан. зач. 60-е, отъ Матѳ. зач. 91-е и отъ Матѳ. зач. 38-е. Причастенъ — Знаменася на насъ свѣтъ лица Твоего, Господи; и — Радуйтеся праведніи:

Послѣ литургіи *малое освященіе воды* по требнику, гдѣ возможно, съ крестнымъ ходомъ къ колодцу или источнику.

По вечерни, съ пѣніемъ тропаря и кондака, Честный Крестъ вносится во св. алтарь и полагается на престолъ.

3-го АВГУСТА. **Недѣля 10-я по Пятидесятницѣ.** Гласъ 1-й. Преподобныхъ Исаакія, Далмата и Фавста.

На великой вечерни — Блаженъ мужъ: На — Господи воззвахъ: стихиры на 10; Октоиха 7 и преподобныхъ — Преподобніи Твои, Господи: 3; Слава, и нынѣ: догматикъ — Всемірную славу: Входъ. Прокименъ — Господь воцарися: На стиховнѣ стихиры Октоиха. По — Нынѣ отпущаеши: — Богородице Дѣво: 3-жды.

На утрени на — Богъ Господь: тропарь воскресенъ 2-жды; Слава: преподобныхъ — Боже отецъ нашихъ: И нынѣ: богородиченъ — Еже отъ вѣка: По каѳизмахъ сѣдальны воскресны. — Ангельскій соборъ: Ѵпакои, степенна и прокименъ гласа. Евангеліе воскресное 10-е отъ Іоанна зач. 66-е. — Воскресеніе Христово: Псаломъ 50-й, и прочая обычно. Каноны: воскресенъ на 4, крестовоскресенъ на 3, Богородицы на 3 и преподобныхъ на 4 (припѣвъ — Преподобніи отцы, молите Бога о насъ). Ирмосы — Твоя побѣдительная: Катавасія — Крестъ начертавъ Моѵсей: По 3-й пѣсни кондакъ преподобныхъ — Пощеніемъ возсіявшыя: и икосъ; сѣдаленъ преподобныхъ — Свѣтомъ Троическимъ: Слава, и нынѣ: богородиченъ — Яко дѣву и едину: по 6-й кондакъ воскресный и икосъ. На 9-й пѣсни — Честнѣйшую: — Свѧтъ Господь Богъ нашъ. Свѣтиленъ воскресенъ 10-й — Тиверіадское море: Слава, и нынѣ: богородиченъ воскресенъ — Воскресшаго Господа: На хвалитехъ стихиры Октоиха на 8; Слава: стихира евангельская 10-я — По еже во адъ: И нынѣ: — Преблагословенна еси: Славословіе великое

Августъ

и тропарь — Днесь спасеніе: Ектеніи и отпустъ воскресный. Часъ 1-й.

На часахъ тропарь воскресенъ; Слава: преподобныхъ. Кондакъ воскресенъ.

На литургіи блаженна гласа на 8. По входѣ тропари см. 2-го января — № 2. Прокименъ — Буди Господи милость: Апостолъ къ Кор. зач. 131-е. Аллилуіа во гл. 1-й. Евангеліе отъ Матѳ. зач. 72-е. Причастенъ — Хвалите Господа съ небесъ: Отпустъ воскресный.

6-го АВГУСТА. Среда. **СВЯТОЕ ПРЕОБРАЖЕНІЕ ГОСПОДА БОГА И СПАСА НАШЕГО ІИСУСА ХРИСТА (2-й Спасъ).**

На великой вечерни *не поемъ* — Блаженъ мужъ: На — Господи воззвахъ: во гл. 4-й, стихиры праздника — Прежде Креста: на 8; Слава, и нынѣ: праздника — Прообразуя воскресеніе: Входъ. — Свѣте тихій: Прокименъ — Милость Твоя, Господи: Чтенія праздника 3. На литіи стихиры праздника — Иже свѣтомъ: Слава: праздника — Пріидите взыдемъ: И нынѣ: праздника — Закона и пророковъ: На стиховнѣ праздника — Иже древле: Слава, и нынѣ: праздника — Петру и Іакову: По — Нынѣ отпущаеши: на благословеніи хлѣбовъ тропарь праздника — Преобразился еси: 3-жды.

На утрени на — Богъ Господь: во гл. 7-й, тропарь праздника 2-жды; Слава, и нынѣ: тойже. По каѳизмахъ сѣдальны праздника. Поліелей и величаніе праздника — **Величаемъ Тя, Живодавче Христе, и почитаемъ пречистыя плоти Твоея преславное преображеніе.** Псаломъ избранный — Велій Господь и хваленъ зѣло, во градѣ Бога нашего, въ горѣ святѣй Его. Сѣдаленъ — Возшедъ со ученики: Слава, и нынѣ: — Сокровенную молнію: Степенна — Отъ юности моея: Прокименъ — Ѳаворъ и Ермонъ о имени Твоемъ возрадуется. Евангеліе отъ Луки зач. 45-е. Псаломъ 50-й. Слава: — Всяческая днесь радости: И нынѣ: тойже. — Помилуй мя, Боже: и стихира — Божества Твоего, Спасе: — Спаси, Боже: Каноны 2 праздника, ирмосы по 2-жды, тропари на 12 (припѣвъ — Слава Тебѣ, Боже нашъ, слава Тебѣ). Ирмосы — Лицы израильтестіи: и — Воду прошедъ: Катавасія — Крестъ начертавъ: По 3-й пѣсни сѣдаленъ праздника — На горѣ Ѳаворстѣй: по 6-й кондакъ праздника — На горѣ преобразился еси: и икосъ. На 9-й пѣсни *не поемъ* — Честнѣйшую: но припѣвъ праздника — **Величай, душе моя, на Ѳаворѣ преобразившагося Господа.** Припѣваемъ его къ ирмосамъ и тропарямъ. Свѣтиленъ праздника — Свѣте неизмѣнный: На хвалитехъ во гласъ 4-й, стихиры праздника — Прежде честнаго Креста: на 4; Слава, и нынѣ: — Поятъ Христосъ: Славословіе великое. Тропарь праздника. Ектеніи и отпустъ праздника — **Иже на горѣ Ѳаворстѣй преобразивыйся во славѣ предъ святыми Своими ученики и апостолы, Христосъ истинный Богъ нашъ:** Часъ 1-й.

На часахъ тропарь и кондакъ праздника.

На литургіи антифоны праздника. Входное — Господи, посли свѣтъ Твой и истину твою, та мя настависта и введоста мя въ гору святую

Твою. Тропарь праздника; Слава, и нынѣ: кондакъ. Прокименъ — Яко возвеличишася: Апостолъ соборнаго посл. Петрова зач. 65-е. Аллилуіа во гл. 8-й. Евангеліе Матѳ. зач. 70-е. Задостойникъ — Величай, душе моя: и — Рождество Твое нетлѣнно: и такъ до отданія. Причастенъ — Господи, во свѣтѣ лица Твоего пойдемъ, и о имени Твоемъ возрадуемся во вѣки. По заамвонной молитвѣ кажденіе винограда, и съ нимъ яблокъ и др. плодовъ. — Господу помолимся; и молитва благословенія винограда; таже — Господу помолимся; и молитва "О приносящихъ начатки овощей" (яблокъ и др. плодовъ). И окропляются св. водою. (Молитвы см. въ Требникѣ.) Поемъ тропарь и кондакъ; — Буди имя: и прочее. Отпустъ праздника — **Иже на горѣ Ѳаворстѣй:** За антидоромъ раздается благословенный виноградъ.

На вечерни на — Господи воззвахъ: стихиры на 6; праздника — Прежде честнаго: 3 и преподобномученика Дометія — Все отложивъ: 3; Слава, и нынѣ: праздника — Прообразуя Воскресеніе: Входъ. — Свѣте тихій: Прокименъ великій, гласъ 7-й — Богъ нашъ на небеси и на земли, вся елика восхотѣ, сотвори. На стиховнѣ стихиры всѣ праздника. По — Нынѣ отпущаеши: тропарь преподобномученика — Постнически предподвизася: Слава, и нынѣ: — Преобразился еси: Отпустъ праздничный — **Иже на горѣ Ѳаворстѣй:**

10-го АВГУСТА. **Недѣля 11-я по Пятидесятницѣ.** Гласъ 2-й. *Попразднство Преображенія.* Св. муч. и архидіакона Лаврентія Римскаго.

На великой вечерни — Блаженъ мужъ: На — Господи воззвахъ: стихиры на 10; Октоиха 4, праздника — Дрѣсь просіялъ еси: 3 и мученика — Послуживъ Слову: 3; Слава: праздника — Прежде креста Твоего: И нынѣ: догматикъ — Прейде сѣнь законная: Входъ. Прокименъ — Господь воцарися: На стиховнѣ стихиры Октоиха; Слава, и нынѣ: праздника — Прежде креста Твоего: По — Нынѣ отпущаеши: — Богородице Дѣво: 2-жды и тропарь праздника — Преобразился еси: 1-жды.

На утрени на — Богъ Господь: тропарь воскресенъ 2-жды; Слава: мученика — Мученикъ Твой, Господи, Лаврентій: И нынѣ: праздника. По каѳизмахъ сѣдальны воскресны. — Ангельскій соборъ: Ѵпакои, степенна и прокименъ гласа. Евангеліе воскресное 11-е, отъ Іоанна зач. 67-е. — Воскресеніе Христово: и прочее до канона обычно. Каноны: воскресенъ на 4, Богородицы на 2, праздника на 4 (припѣвъ — Слава Тебѣ, Боже нашъ, слава Тебѣ) и мученика на 4 (припѣвъ — Святый мучениче Лаврентіе, моли Бога о насъ). Ирмосы — Во глубинѣ: Катавасія — Лицы израильтестіи: По 3-й пѣсни кондакъ праздника — На горѣ преобразился еси: и икосъ; кондакъ мученика — Огнемъ божественнымъ: сѣдаленъ мученика — Небесное богатство: Слава, и нынѣ: праздника — Сокровенную молнію: по 6-й кондакъ воскресный и икосъ. На 9-й пѣсни поемъ — Честнѣйшую: — Святъ Господь Богъ нашъ. Свѣтиленъ воскресенъ 11-й — По божественнѣмъ востаніи: Слава, и нынѣ: праздника — Свѣте неизмѣнный: На хвалитехъ стихиры на 8;

Августъ

Октоиха 4 и праздника — Возсіял паче ума: (стихиры утрени) со Славнымъ — Владычице чистая: 4 съ припѣвами ихъ — Твоя суть небеса: и — Ѳаворъ и Ермонъ: Слава: стихира евангельская 11-я — Являя себе ученикомъ: И нынѣ: — Преблагословенна еси: Славословіе великое и тропарь — Воскресъ изъ гроба: Ектеніи и отпустъ воскресный. Часъ 1-й.

На часахъ тропарь воскресенъ; Слава: праздника и мученика поперемѣнно. Кондакъ праздника и воскресенъ поперемѣнно.

На литургіи блаженна на 10; гласа на 6 и отъ каноны праздника, пѣснь 5-я на 4. По входѣ тропари воскресенъ, праздника, храма Богородицы или святаго, мученика; кондакъ воскресенъ; праздника, храма святаго; Слава: мученика; И нынѣ: храма Богородицы или праздника. Прокименъ — Крѣпость моя и пѣніе: и — Яко возвеличишася: Апостолъ къ Кор. зач. 141-е. Аллилуіа во гл. 2-й и 8-й. Евангеліе отъ Матѳ. зач. 77-е. Задостойникъ — Величай, душе моя: и — Рождество Твое нетлѣнно: Причастенъ — Хвалите Господа: — Радуйтеся праведніи: и — Господи, во свѣтѣ лица Твоего пойдемъ, и о имени Твоемъ возрадуемся во вѣки. Отпустъ воскресный.

13-го АВГУСТА. Среда. *Отданіе Преображенія.*

Служба славословная, все праздника, кромѣ входа, паремій и литіи на вечерни, поліелея на утрени и антифоновъ на литургіи.

Гдѣ изволитъ настоятель, соединяемъ съ отданіемъ службу св. Тихона Задонскаго (уставъ см. 13-го августа).

15-го АВГУСТА. Пятница. УСПЕНІЕ ПРЕСВЯТЫЯ ВЛАДЫЧИЦЫ НАШЕЯ БОГОРОДИЦЫ И ПРИСНОДѢВЫ МАРІИ.

На великой вечерни — Блаженъ мужъ: На — Господи воззвахъ: стихиры праздника — О дивное чудо: на 8; Слава, и нынѣ: праздника — Богоначальнымъ мановеніемъ: Входъ. Прокименъ — Помощь моя отъ Господа: Чтенія праздника 3. На литіи стихиры праздника — Подобаше самовидцемъ: Слава: праздника — Пріидите празднолюбныхъ: И нынѣ: праздника — Воспойте людіе: На стиховнѣ стихиры праздника — Пріидите, воспоемъ: Слава, и нынѣ: праздника — Егда изшла: По — Нынѣ отпущаеши: на благословеніи хлѣбовъ тропарь праздника — Въ рождествѣ: 3-жды.

На утрени на — Богъ Господь во гласъ 1-й: тропарь праздника 2-жды; Слава, и нынѣ: праздника. По каѳизмахъ сѣдальны праздника. Поліелеи и величаніе праздника — **Величаемъ Тя, Пренепорочная Мати Христа Бога нашего, и всеславное славимъ успеніе Твое.** Псаломъ избранный — Воскликните Господеви вся земля, пойте же имени Его. По поліелеи сѣдаленъ праздника — Возопій, Давиде: Степенна — Отъ юности моея: Прокименъ праздника — Помяну имя Твое во всякомъ родѣ и родѣ. Евангеліе отъ Луки зач. 4-е. Псаломъ 50-й. Слава: — Молитвами Богородицы: И нынѣ: тойже; — Помилуй мя, Боже:

и стихира праздника — Егда преставленіе: — Спаси, Боже: Каноны: два праздника, ирмосы по 2-жды, тропари на 12 (припѣвъ — Пресвятая Богородице, спаси насъ). Ирмосы — Преукрашенная: и — Отверзу уста моя: Катавасія тѣ же ирмосы. По 3-й пѣсни ѵпакои — Блажимъ Тя: по 6-й кондакъ праздника — Въ молитвахъ неусыпающую: и икосъ. На 9-й пѣсни *не поемъ* — Честнѣйшую: но припѣвъ — **Ангели успеніе Пречистыя видѣвше, удивишася, како Дѣвая восходитъ отъ земли на небо;** припѣваемъ его къ ирмосу и тропарямъ. И другой припѣвъ припѣваемъ ко второму канону. Свѣтиленъ праздника — Апостоли отъ конецъ: 3-жды. На хвалитехъ во гл. 4-й, стихиры праздника — Въ славномъ успеніи: на 4; Слава, и нынѣ: праздника — На безсмертное: Славословіе великое. Тропарь праздника. Ектеніи и отпустъ праздника — **Христосъ истинный Богъ нашъ, молитвами Пречистыя Своея Матере и всѣхъ святыхъ, помилуетъ:** Часъ 1-й.

На часахъ тропарь и кондакъ праздника.

На литургіи блаженна на 8; отъ 1-го канона праздника, пѣснь 3-я на 4 и отъ 2-го канона, пѣснь 6-я на 4. По входѣ тропарь праздника; Слава, и нынѣ: кондакъ праздника. Прокименъ пѣснь Богородицы — Величитъ душе моя Господа: Апостолъ къ Филип. зач. 240-е. Аллилуіа во гл. 2-й. Евангеліе отъ Луки зач. 54-е. Задостойникъ — Ангели успеніе: и — Побѣждаются естества уставы: Причастенъ — Чашу спасенія: Отпустъ праздника — **Христосъ истинный Богъ нашъ, молитвами Пречистыя Своея Матере, иже во святыхъ отца нашего Іоанна, архіепископа Константина града Златоустаго и всѣхъ святыхъ, помилуетъ:**

16-го АВГУСТА. Суббота. *Попразднство Успенія Пресвятыя Богородицы. Перенесеніе Нерукотвореннаго Образа Господня изъ Едессы въ Константинополь (3-й Спасъ).*

На вечерни каѳизмы нѣтъ. На — Господь воззвахъ: во гл. 2-й, стихиры на 6; праздника — Кіими недостойными: 3 и Образа — Кіима земнородніи: 3; Слава: Образа — Человѣколюбче Владыко: И нынѣ: догматикъ настоящаго гласа — Прейде сѣнь законная: Входа нѣтъ. Прокименъ — Боже, заступникъ мой: На стиховнѣ стихиры праздника — Не колесница огнезрачная; Слава: Образа — Господи, воплотился еси: И нынѣ: праздника — Увѣряя Іисусъ: По — Нынѣ отпущаеши: Тропарь Образа — Пречистому Твоему Образу: Слава, и нынѣ: праздника — Въ рождествѣ: ектенія и отпустъ.

На утрени на — Богъ Господь: во гл. 2-й, тропарь Образа 2-жды; Слава, и нынѣ: праздника. По каѳизмахъ сѣдальны Образа; Слава, и нынѣ: праздника. Псаломъ 50-й. Каноны: праздника (первый) со ирмосомъ на 6 (припѣвъ — Пресвятая Богородице, спаси насъ) и Образа на 6 (припѣвъ — Слава Тебѣ, Боже нашъ, слава Тебѣ). Ирмосы и катавасія — Преукрашенная: По 3-й пѣсни кондакъ праздника — Въ молитвахъ: и икосъ; сѣдаленъ Образа — Едесскій царь: Слава, и нынѣ: праздника — Ликъ божественныхъ: по 6-й кондакъ Образа — Неизреченнаго и божественнаго: и икосъ. На 9-й пѣсни — Честнѣйшую: Свѣтиленъ Образа — Свѣтъ невечерній: Слава, и нынѣ: праздника — О колика величія: На хвалитехъ, во гл. 4-й, стихиры Образа — Иже во зрацѣ: на 4; Слава: Образа — Да каплютъ облацы: И нынѣ: праздника — Подобаше самовидцемъ: Славословіе великое. Тропарь Образа — Пречистому Твоему Образу: Слава, и нынѣ: праздника — Въ рождествѣ: Ектеніи и отпустъ. Часъ 1-й.

На часахъ тропарь Образа; Слава: праздника. Кондаки праздника и Образа поперемѣнно.

На литургіи блаженна на 8; отъ канона праздника, пѣснь 1-я на 4 и отъ канона Образа, пѣснь 6-я на 4. По входѣ тропари Образа, праздника, и храма святаго; Слава: кондакъ Образа; И нынѣ: праздника. *Аще храмъ святаго:* Кондакъ Образа; Слава: храма святаго; И нынѣ: праздника. Прокименъ — Воспойте Господеви пѣснь нову, яко дивна сотвори Господь; и пѣснь Богородицы — Величитъ душа моя Господа: Апостолъ къ Кор. зач. 173-е и къ Кор. зач. 125 отъ полу. Аллилуіа во гл. 4-й и 2-й. Евангеліе отъ Луки зач. 48-е отъ полу и отъ Матѳ. зач. 82. Задостойникъ — Ангели успеніе: и — Побѣждаются естества уставы: Причастенъ — Господи, во свѣтѣ лица Твоего пойдемъ, и о имени Твоемъ возрадуемся во вѣки; и — Чашу спасенія:

17-го АВГУСТА. **Недѣля 12-я по Пятидесятницѣ.** Гласъ 3-й. *Попразднство Успенія Пресвятыя Богородицы.* Св. мученика Мѵрона, пресв. Кизическаго.

На великой вечерни — Блаженъ мужъ: На — Господи воззвахъ: стихиры на 10; Октоиха 4, праздника — Иже жизнь, Богородице: 3 и мученика — Егда безбожное: 3; Слава: праздника — Яже небесъ: И нынѣ: догматикъ — Како не дивимся: Входъ. Прокименъ — Господь воцарися: На стиховнѣ стихиры Октоиха; Слава, и нынѣ: праздника — Всенепорочная невѣста: По — Нынѣ отпущаеши: — Богородице Дѣво: 2-жды и тропарь праздника — Въ рождестве: 1-жды.

На утрени на — Богъ Господь: тропарь воскресенъ 2-жды; Слава, и нынѣ: праздника. По каѳизмахъ сѣдальны воскресны. — Ангельскій соборъ: Ѵпакои, степенна и прокименъ гласа. Евангеліе воскресное 1-е, отъ Матѳ. зач. 116-е. — Воскресеніе Христово: и прочее до канона обычно. Каноны: воскресенъ на 4, Богородицы на 2, праздника (2-й канонъ) на 4 (припѣвъ — Пресвятая Богородице, спаси насъ) и мученика на 4 (припѣвъ — Святый мучениче Мѵроне, моли Бога о насъ). Ирмосы — Воды древле: Катавасія — Преукрашенная: По 3-й пѣсни кондакъ праздника — Въ молитвахъ: и икосъ; кондакъ мученика — Измлада Христа возлюбивъ: сѣдаленъ мученика — Огнедохновенно показался еси: Слава, и нынѣ: праздника — Всечестный ликъ: по 6-й кондакъ воскресный и икосъ. На 9-й пѣсни поемъ — Честнѣйшую: — Святъ Господь Богъ нашъ. Свѣтиленъ воскресенъ 1-й — Со ученики взыдемъ: Слава, и нынѣ: праздника — Отъ земли на небеса: На хвалитехъ стихиры на 8; Октоиха 4 и праздника — Глаголомъ божественнаго: (стиховны утрени) со Славнымъ — Пріидите, вси: 4; съ припѣвами ихѣ — Воскресни Господи: и — Клятся Господь: Слава: стихира евангельская 1-я — На гору ученикомъ: И нынѣ: — Преблагословенна еси: Славословіе великое. Тропарь — Днесь спасеніе: Ектеніи и отпустъ воскресный. Часъ 1-й.

На часахъ тропарь воскресенъ; Слава: праздника. Кондакъ праздника и воскресенъ поперемѣнно.

На литургіи блаженна на 10; гласа на 6 и отъ канона праздника, пѣснь 3-я на 4. По входѣ тропари воскресенъ, праздника, храма святаго; кондакъ воскресенъ, храма святаго; Слава: мученика; И нынѣ: праздника. Прокименъ — Пойте Богу нашему: и пѣснь Богородицы — Величитъ душа моя Господа: Апостолъ къ Кор. зач. 158-е. Аллилуіа во гл. 3-й и 2-й. Евангеліе отъ Матѳ. зач. 79-е. Задостойникъ — Ангели успеніе: и — Побѣждаются естества уставы: Причастенъ — Хвалите Господа: — Чашу спасенія: Отпустъ воскресный.

23-го АВГУСТА. Суббота. *Отданіе праздника Успенія Пресвятыя Богородицы.*

На вечерни и утрени на — Господи воззвахъ: Слава: праздника — Богоначальнымъ мановеніемъ: И нынѣ: догматикъ настоящаго гласа — Како не дивимся: Вся служба праздника, кромѣ входа, паремій, литіи и полієлея, но съ припѣвами праздника на 9-ой пѣсни и съ великимъ славословіемъ.

На литургіи по входѣ тропарь праздника; Слава, и нынѣ: кондакъ. Прокименъ, аллилуіа и причастенъ праздника. Апостолъ и евангеліе сначала дне, затѣмъ праздника.

24-го АВГУСТА. **Недѣля 13-я по Пятидесятницѣ.** Гласъ 4-й. Св. мученика Евтѵха, ученика св. Іоанна Богослова.

На великой вечерни — Блаженъ мужъ: На — Господи воззвахъ: стихиры на 10; Октоиха 7 и мученика — Мучениче Евтѵхе блаженне: 3; Слава, и нынѣ: догматикъ — Иже Тебе ради: Входъ. Прокименъ — Господь воцарися: На стиховнѣ стихиры Октоиха. По — Нынѣ отпущаеши: — Богородице Дѣво: 3-жды.

На утрени на — Богъ Господь: тропарь воскресенъ 2-жды; Слава: мученика — И нравомъ причастникъ: И нынѣ: богородиченъ — Еже отъ вѣка: По каѳизмахъ сѣдальны воскресны. — Ангельскій соборъ: Ѵпакои, степенна и прокименъ гласа. Евангеліе воскресное 2-е, отъ Марка зач. 70-е. — Воскресеніе Христово: Псаломъ 50-й и прочее воскресно. Каноны: воскресенъ на 4, крестовоскресенъ на 3, Богородицы на 3 и мученика на 4 (припѣвъ — Святый мучениче Евтѵше, моли Бога о насъ). Ирмосы — Моря чермную пучину: Катавасія — Крестъ начертавъ: По 3-й пѣсни кондакъ мученика — Апостоловъ сопрестольникъ: и икосъ;

сѣдаленъ мученика — Сіяніе облиставъ: Слава, и нынѣ: богородиченъ — Божественная скинія: по 6-й кондакъ воскресный и икосъ. На 9-й пѣсни — Честнѣйшую: — Святъ Господь Богъ нашъ. Свѣтиленъ воскресенъ 2-й — Камень узрѣвша: Слава: мученика — И престоловъ яко: И нынѣ: богородиченъ воскресенъ — Ангелъ убо принесе: На хвалитехъ стихиры Октоиха на 8; Слава: стихира евангельская 2-я — Съ мѵры пришедшимъ: И нынѣ: — Преблагословенна еси: Славословіе великое. Тропарь — Воскресъ изъ гроба: Ектеніи и отпустъ воскресный. Часъ 1-й.

На часахъ тропарь воскресенъ; Слава: мученика. Кондакъ воскресенъ.

На литургіи блаженна Октоиха на 8. По входѣ тропари см. 2-го января — № 2. Прокименъ — Яко возвеличишася: Апостолъ къ Кор. зач. 166-е. Аллилуіа во гл. 4-й. Евангеліе отъ Матѳ. зач. 87-е. Причастенъ — Хвалите Господа: Отпустъ воскресный.

26-го АВГУСТА. Вторникъ. **Срѣтеніе «Владимірскія» иконы Божіей Матери.** Свв. мученикъ Адріана и Наталіи. *Служба бдѣнная, вся по Минеѣ.*

На великой вечерни — Блаженъ мужъ: На — Господи воззвахъ: во гл. 4-й, стихиры на 8; Богородицы — Яко свѣтоносная палата: 5 и мучениковъ — Пречестное страданіе: 3; Слава: мучениковъ: И нынѣ: Богородицы — Пріидите, россійстіи собори: Входъ. Прокименъ — Господь услышитъ мя: Чтенія Богородицы 3. На литіи стихиры Богородицы — Яко воистинну: Слава, и нынѣ: Богородицы — Тебѣ вси роди: На стиховнѣ стихиры Богородицы — Что тя наречемъ: Слава: мучениковъ — Ревность мужа благочестива: И нынѣ: Богородицы — Да радуются: По — Нынѣ отпущаеши: на благословеніи хлѣбовъ тропарь Богородицы — Днесь свѣтло красуется: 2-жды и — Богородице Дѣво: 1-жды.

На утрени на — Богъ Господь, во гл. 4-й, тропарь Богородицы 2-жды; Слава: мучениковъ — Мученицы Твои, Господи: И нынѣ: богородиченъ — Еже отъ вѣка: По каѳизмахъ сѣдальны Богородицы. Полiелей и величаніе Богородицы — **Достойно есть величати Тя, Богородице, честнѣйшую Херувимъ, и славнѣйшую безъ сравненія Серафимъ.** Псаломъ избранный — Боже, судъ Твой Цареви даждь, и правду Твою Сыну Цареву. Ектенія малая. Сѣдаленъ Богородицы — Блаженна еси Ты: Степенна — Отъ юности моея: Прокименъ — Помяну имя Твое: Евангеліе отъ Луки зач. 4-е. Псаломъ 50-й. Слава: Молитвами Богородицы: И нынѣ: тойже; — Помилуй мя Боже: Стихира Богородицы — Готовися всечестный граде: Каноны: Богородицы молебный со ирмосомъ на 4 (припѣвъ — Пресвятая Богородице, спаси насъ), Богородицы на 6 (припѣвъ тойже) и мучениковъ на 4 (припѣвъ — Святіи мученицы Адріане и Наталіе, молите Бога о насъ). Ирмосы — Воду прошедъ: катавасія — Крестъ начертавъ: По 3-й пѣсни кондакъ мучениковъ — Мученикъ возсiя: и икосъ; сѣдаленъ мучениковъ — Нечестiя запаленiе: Слава, и нынѣ: Богородицы — Народи Боголюбивiи; по 6-й кондакъ Богородицы — Взбранной воеводѣ: и икосъ. На 9-й пѣсни поемъ — Честнѣйшую: Свѣтиленъ Богородицы — Да почтится днесь: Слава: мучениковъ — Адрiанъ всемудрый: И нынѣ: Богородицы — Пресвѣтлая днесь: На хвалитехъ во гл. 4-й, стихиры Богородицы — Наставницу тя заблуждшимъ: 4; Слава, и нынѣ: Богородицы — Иже на херувимѣхъ: Славословiе великое. Тропарь мучениковъ; Слава, и нынѣ: Богородицы. Ектенiи и отпустъ. Часъ 1-й.

На часахъ тропарь Богородицы; Слава: мучениковъ; Кондакъ Богородицы.

На литургiи блаженна на 8; отъ канона Богородицы, пѣснь 3-я на 4 и пѣснь 6-я на 4. По входѣ тропарь Богородицы и мучениковъ; Слава: кондакъ мучениковъ; И нынѣ: Богородицы; *въ храмъ Христовомъ:* Тропарь храма, Богородицы и мучениковъ; кондакъ храма; Слава: мучениковъ; И нынѣ: Богородицы. Прокименъ, пѣснь Богородицы — Величитъ душа моя Господа: Апостолъ къ Фил. зач. 240-е. Аллилуiа во гл. 8-й. Евангелiе отъ Луки зач. 54-е. Причастенъ — Чашу спасенiя:

28-го АВГУСТА. Четвергъ. **Обрѣтенiе мощей преподобнаго Iова Почаевскаго.** *Творимъ бдѣнiе.*

Служба преп. Iова напечатана отдѣльной брошюрой или смотри на интернетѣ.

Зри: http://osanna.russportal.ru/index.php?id=liturg_book.menaion_sept_aug.august_m2802

На великой вечерни — Блаженъ мужъ: На — Господи воззвахъ: во гл. 1-й, стихиры преподобнаго — Прiиде день памяти: 8; Слава: преподобнаго — Твоимъ словесемъ, Господи: И нынѣ: догматикъ — Како не дивимся: Входъ. Прокименъ — Боже, во имя Твое: Чтенiя преподобнаго 3. На литiи стихира храма и стихира преподобнаго — Прiидите вси словенстiи: Слава: преподобнаго — Днесь ликуетъ: И нынѣ: богородиченъ — Все упованiе мое (см. богородиченъ отъ меньшихъ, гласъ 2-й въ четвертокъ утра): На стиховнѣ стихиры преподобнаго — Радуйся, священная главо: Слава: преподобнаго — Монаховъ множества: И нынѣ: богородиченъ — Безневѣстная Дѣво: По — Нынѣ отпущаеши: на благословенiи хлѣбовъ тропарь преподобнаго — Многострадальнаго праотца: 2-жды и — Богородице Дѣво: 1-жды.

На утрени на — Богъ Господь, во гл. 4-й, тропарь преподобнаго 2-жды; Слава, и нынѣ: богородиченъ — Еже отъ вѣка: По каѳизмахъ сѣдальны преподобнаго. Полiелей и величанiе преподобнаго — **Ублажаемъ тя, преподобне отче Iове, и чтемъ святую память твою, наставниче монаховъ и собесѣдниче ангеловъ.** Псаломъ избранный — Терпя потерпѣхъ Господа, и внятъ ми, и услыша молитву мою. Ектенiя малая. Сѣдаленъ преподобнаго — Пастырскую мудрость: Слава, и нынѣ: богородиченъ — Небесную дверь: Степенна — Отъ юности моея:

Августъ

Прокименъ — Честна предъ Господемъ смерть преподобныхъ Его. Евангеліе отъ Матѳеа зач. 43-е. Псаломъ 50-й. Слава: — Молитвами преподобнаго Іова: и прочее. Стихира преподобнаго — Преподобне отче: Каноны: Богородицы молебный на 6 и преподобнаго на 8 (припѣвъ — Преподобне отче Іове, моли Бога о насъ). Ирмосы — Воду прошедъ: Катавасія — Крестъ начертавъ: По 3-й пѣсни сѣдаленъ преподобнаго — Днесь исполняется: Слава, и нынѣ: богородиченъ — Яко всенепорочная: по 6-й кондакъ преподобнаго — Явился еси: и икосъ. На 9-й пѣсни — Честнѣйшую: Свѣтиленъ преподобнаго — Іовъ преподобный: Слава, и нынѣ: богородиченъ — Тя пѣсньми: На хвалитехъ во гл. 4-й, стихиры преподобнаго — Просіяша подвизи: 4; Слава: преподобнаго — Не довлѣютъ словеса: И нынѣ: богородиченъ — Владычице, пріими молитвы (см. богородиченъ отъ меньшихъ, гласъ 8-й въ субботу утра): Славословіе великое. Тропарь преподобнаго; Слава, и нынѣ: богородиченъ — Еже отъ вѣка: Ектеніи и отпустъ. Часъ 1-й.

На часахъ тропарь и кондакъ преподобнаго.

На литургіи блаженна на 8; отъ канона преподобнаго, пѣснь 3-я на 4 и пѣснь 6-я на 4. По входѣ тропари см. 2-го января — № 3. Прокименъ — Честна предъ Господемъ: Апостолъ къ Гал. зач. 213-е. Аллилуіа во гл. 6-й. Евангеліе отъ Луки зач. 24-е. Причастенъ — Въ память вѣчную:

29-го АВГУСТА. Пятница. **УСѢКНОВЕНІЕ ЧЕСТНЫЯ ГЛАВЫ ЧЕСТНАГО ІОАННА КРЕСТИТЕЛЯ.** (*Въ сей день бываетъ постъ; разрѣшеніе на елей и вино, но безъ рыбы.*)

На великой вечерни — Блаженъ мужъ: На — Господи воззвахъ: во гл. 6-й; стихира Предтечи — Рождеству сотворяему: на 8; Слава: Предтечи — Рождеству сотворяему: И нынѣ: догматикъ — Кто Тебе не ублажитъ: Входъ. Прокименъ — Помощь моя отъ Господа: Чтенія Предтечи 3. На литіи стихиры Предтечи — Что тя наречемъ: Слава: — Беззаконнаго дѣянія: И нынѣ: богородиченъ — Воспойте людіе: На стиховнѣ стихиры Предтечи — Покаянія проповѣдниче: Слава: Предтечи — Предтече Спасовъ: И нынѣ: богородиченъ — Безневѣстная Дѣво: По — Нынѣ отпущаеши: на благословеніи хлѣбовъ тропарь Предтечи — Память праведнаго: 2-жды и — Богородице Дѣво: 1-жды.

На утрени на — Богъ Господь: во гл. 2-й; тропарь Предтечи 2-жды; Слава, и нынѣ: богородиченъ — Вся паче смысла: По каѳизмахъ сѣдальны Предтечи. Полѵелей и величаніе Предтечи — **Величаемъ тя, Крестителю Спасовъ Іоанне, и почитаемъ вси честныя твоея главы усѣкновеніе.** Псаломъ избранный — Блаженъ мужъ бояйся Господа, въ заповѣдехъ Его восхощетъ зѣло. Сѣдаленъ Предтечи — Предтеча, вѣрніи, креститель: Слава, и нынѣ: богородиченъ — Слово Отчее на землю: Степенна — Отъ юности моея: Прокименъ — Честна предъ Господемъ смерть преподобныхъ Его. Евангеліе отъ Матѳеа зач. 57-е. Псаломъ 50-й. Слава: — Молитвами Предтечи и Крестителя Іоанна: И нынѣ: — Молитвами Богородицы: — Помилуй мя, Боже: и стихира —

Пляса ученица: Каноны Предтечи два, первый со ирмосомъ на 8 (ирмосы по 2-жды) и второй безъ ирмоса на 6 (припѣвъ — Святый великій Іоанне, Предтече Господень, моли Бога о насъ). Ирмосы — Воду прошедъ: Катавасія — Крестъ начертавъ: По 3-й пѣсни сѣдаленъ — Отъ неплодове: Слава, и нынѣ: богородиченъ — Яко Дѣву: по 6-й кондакъ Предтечи — Предтечево славное усѣкновеніе: и икосъ. На 9-й пѣсни — Честнѣйшую: Свѣтиленъ Предтечи — Во пророцѣхъ: Слава: — Скверный Иродъ: И нынѣ: богородиченъ — Яже клятву: На хвалитехъ во гл. 8-й; стихиры Предтечи — О преславнаго чудесе: на 4; Слава: — Паки Иродія бѣсится: И нынѣ: богородиченъ — Богородице, ты еси лоза истинная: Славословіе великое. Тропарь Предтечи; Слава, и нынѣ: богородиченъ — Вся паче смысла: Ектеніи и отпустъ. Часъ 1-й.

На часахъ тропарь и кондакъ Предтечи.

На литургіи блаженна на 8; отъ перваго канона Предтечи, пѣснь 3-я на 4 и отъ втораго, пѣснь 6-я на 4. По входѣ тропари см. 2-го января — № 3. Прокименъ — Возвеселится праведникъ: Апостолъ Дѣяній зач. 33-е. Аллилуіа во 4-й. Евангеліе отъ Марка зач. 24-е. Причастенъ — Въ память вѣчную:

31-го АВГУСТА. **Недѣля 14-я по Пятидесятницѣ.** Гласъ 5-й. *Положеніе честнаго пояса Пресвятыя Богородицы.*

На великой вечерни — Блаженъ мужъ: На — Господи воззвахъ: стихиры на 10; Октоиха на 4 и Богородицы — Рака, содержащая: 6; Слава: Богородицы — Яко вѣнцемъ: И нынѣ: догматикъ — Въ Чермнѣмъ мори: Входъ. Прокименъ — Господь воцарися: На стиховнѣ стихиры Октоиха; Слава, и нынѣ: Богородицы — Смыслъ очистивше: По — Нынѣ отпущаеши: — Богородице Дѣво: 3-жды.

На утрени на — Богъ Господь: тропарь воскресенъ 2-жды; Слава, и нынѣ: Богородицы — Богородице приснодѣво: По каѳизмахъ сѣдальны воскресны. — Ангельскій соборъ: Vпакои, степенна и прокименъ гласа. Евангеліе воскресное 3-е, отъ Марка зач. 71-е. — Воскресеніе Христово: Псаломъ 50-й и прочее воскресно. Каноны: воскресенъ на 4, Богородицы Октоиха на 2 и два канона Богородицы на 8 (припѣвъ — Пресвятая Богородице, спаси насъ). Ирмосы — Коня и всадника: Катавасія — Крестъ начертавъ: По 3-й пѣсни кондакъ Богородицы — Честнаго пояса: и икосъ; сѣдаленъ Богородицы — Яко божественное: Слава, и нынѣ: Богородицы — Положеніе твоего: по 6-й кондакъ воскресный и икосъ. На 9-й пѣсни — Честнѣйшую: — Святъ Господь Богъ нашъ. Свѣтиленъ воскресенъ 3-й — Яко Христосъ воскресе: Слава, и нынѣ: Богородицы — Поясъ честный: На хвалитехъ стихиры на 8; Октоиха 4 и Богородицы — Яко пресвѣтлымъ: со Славнымъ — Смыслъ очистивше и умъ: 4, съ припѣвами ихъ — Воскресни, Господи: и — Лицу Твоему: Слава: стихира евангельская 3-я — Магдалинѣ Маріи: И нынѣ: — Преблагословенна еси: Славословіе великое. Тропарь — Днесь спасеніе: Ектеніи и отпустъ воскресный. Часъ 1-й.

На часахъ тропарь воскресенъ; Слава: Богородицы. Кондакъ Богородицы и воскресенъ поперемѣнно.

На литургіи блаженна на 10; гласа на 6 и отъ перваго канона Богородицы пѣснь 3-я на 4. По входѣ тропари воскресенъ, Богородицы, храма святаго; кондакъ воскресенъ; Слава: храма святаго; И нынѣ: Богородицы. Прокименъ — Ты, Господи, сохраниши: и пѣснь Богородицы — Величитъ душа моя: Апостолъ къ Кор. зач. 170-е и ко Евр. зач. 320-е. Аллилуіа во гл. 5-й и 8-й. Евангеліе отъ Матѳ. зач. 89-е и отъ Луки зач. 54-е. Причастенъ — Хвалите Господа: и — Чашу спасенія: Отпустъ воскресный.

IX. СЕНТЯБРЬ

1-го СЕНТЯБРЯ. Понедѣльникъ. *Начало церковнаго года (начало индикта).* Преп. Симеона Столпника. Свв. мученицъ 40 женъ и св. Аммуна діакона и учителя ихъ.

Вся служба по Минеѣ. — Блаженъ мужъ: Входъ. Чтенія 3. Поліелея нѣтъ. Славословіе великое.

7-го СЕНТЯБРЯ. **Недѣля 15-я по Пятидесятницѣ**, *она же предъ Воздвиженіемъ.* Гласъ 6-й. *Предразднство Рождества Пресвятыя Богородицы.* Св. мученика Созонта.

На великой вечерни — Блаженъ мужъ: На — Господи воззвахъ: стихиры на 10; Октоиха 4, предразднства — Всемірныя міру: 3 и мученика — Силою укрѣпляя: 3; Слава: предразднства — Всечестное твое рождество: И нынѣ: догматикъ — Кто Тебе не ублажитъ: Входъ. Прокименъ — Господь воцарися: На стиховнѣ стихиры Октоиха; Слава, и нынѣ: предразднства — Всемірная радость: По — Нынѣ отпущаеши: — Богородице Дѣво: 2-жды и тропарь предразднства — Отъ корене Іессеева: 1-жды.

На утрени на — Богъ Господь: тропарь воскресенъ 2-жды; Слава: мученика — Мученикъ Твой Господи, Созонтъ: И нынѣ: предразднства. По каѳизмахъ сѣдальны воскресны. — Ангельскій соборъ: Ѵпакои, степенна и прокименъ гласа. Евангеліе воскресное 4-е, отъ Луки зач. 112-е. — Воскресеніе Христово: и прочее до канона обычно. Каноны: воскресенъ на 4, Богородицы на 2, предразднства на 4 (припѣвъ — Пресвятая Богородице, спаси насъ) и мученика на 4 (припѣвъ — Святый мучениче Созонте, моли Бога о насъ). Ирмосы — Яко по суху: Катавасія — Крестъ начертавъ: По 3-й пѣсни кондакъ предразднства — Дѣва днесь: и икосъ; кондакъ мученика — Истиннаго и богомудраго: и икосъ; сѣдаленъ мученика — Спасса вѣрою: Слава, и нынѣ: предразднства — Да радуется небо: по 6-й кондакъ воскресный и икосъ. На 9-й пѣсни — Честнѣйшую: — Святъ Господь Богъ нашъ. Свѣтиленъ воскресенъ 4-й — Добродѣтельми блиставшеся: Слава: мученика — Оружіемъ честнаго: И нынѣ: предразднства — Адаме обновися: На хвалитехъ стихиры на 8; Октоиха 4 и предпразднства — Пріидите иже: (стиховны утрени) со Славнымъ — Пронареченная всѣхъ: 4, съ припѣвами ихъ — Слыши дщи: и — Лицу Твоему: Слава: стихира евангельская 4-я — Утро бѣ глубоко: И нынѣ: — Преблагословенна еси: Славословіе великое и тропарь — Воскресъ изъ гроба: Ектеніи и отпустъ воскресный. Часъ 1-й.

На часахъ тропарь воскресенъ; Слава: предпразднства и мученика поперемѣнно. Кондакъ предпразднства и воскресенъ поперемѣнно.

На литургіи блаженна на 12; гласа на 4, отъ канона предпразднства, пѣснь 3-я на 4 и отъ канона мученика, пѣснь 6-я на 4. По входѣ тропари воскресенъ, предпразднства, храма святаго, мученика; кондакъ воскресенъ, храма святаго; Слава: мученика; И нынѣ: предпразднства. Прокименъ (нед. предъ Воздвиженіемъ) — Спаси, Господи, люди Твоя: и — Возвеселится праведникъ о Господѣ: Апостолъ къ Гал. зач. 215-е, къ Кор. зач. 176-е и ко Ефес. зач. 233-е. Аллилуіа во гл. 1-й и 4-й. Евангеліе отъ Іоанна зач. 9-е, отъ Матѳ зач. 92-е и Іоанна зач. 52-е. Причастенъ — Хвалите Господа: и — Въ память вѣчную: Отпустъ воскресный.

8-го СЕНТЯБРЯ. Понедѣльникъ. **РОЖДЕСТВО ПРЕСВЯТЫЯ ВЛАДЫЧИЦЫ НАШЕЯ БОГОРОДИЦЫ И ПРИСНОДѢВЫ МАРІИ.**

На великой вечерни — Блаженъ мужъ: На — Господи воззвахъ: во гл. 6-й, стихиры праздника — Днесь иже на разумныхъ: 8; Слава, и нынѣ: праздника — Днесь иже на разумныхъ: Входъ. Прокименъ — Се нынѣ благословите: Чтенія праздника 3. На литіи стихиры праздника — Начало нашего спасенія: Слава, и нынѣ: праздника — Въ благознаменитый день: На стиховнѣ стихиры праздника — Всемірная радость: Слава, и нынѣ: праздника — Пріидите вси: По — Нынѣ отпущаеши: на благословеніи хлѣбовъ тропарь праздника — Рождество Твое Богородице Дѣво: 3-жды.

На утрени на — Богъ Господь: во гл. 4-й, тропарь праздника 2-жды; Слава, и нынѣ: тойже. По каѳизмахъ сѣдальны праздника. Полiелей и величаніе праздника — **Величаемъ тя, пресвятая Дѣво, и чтемъ святыхъ Твоихъ родителей, и всеславное славимъ рождество Твое.** Псаломъ избранный — Помяни, Господи, Давида и всю кротость его. Сѣдаленъ праздника — Да радуется небо: Слава, и нынѣ: — Обновися Адаме: Степенна — Отъ юности моея: Прокименъ — Помяну имя Твое во всякомъ родѣ и родѣ. Евангеліе отъ Луки зач. 4-е. Псаломъ 50-й. Слава: — Молитвами Богородицы: И нынѣ: тойже. — Помилуй мя, Боже: стихира — Сей день Господень: Каноны два праздника, ирмосы по 2-жды, тропари на 12 (припѣвъ — Пресвятая Богородице, спаси насъ). Ирмосы — Грядите людіе: и — Сокрушившему брани: Катавасія — Крестъ начертавъ: По 3-й пѣсни сѣдаленъ праздника — Дѣва Марія: по 6-й кондакъ праздника — Іоакимъ и Анна: и икосъ. На 9-й пѣсни *не поемъ* — Честнѣйшую: но припѣвъ праздника — **Величай, душе моя, преславное рождество Божія Матере.** Посемъ ирмосъ и тропари

Сентябрь

1-го канона; Иный припѣвъ ко 2-му канону. Свѣтиленъ праздника — Отъ неплодныя: Слава, и нынѣ: — Адаме обновися: На хвалитехъ, во гл. 1-й, стихиры праздника — О дивнаго чудесе: на 4; Слава, и нынѣ: — Сей день Господень: Славословіе великое. Тропарь праздника, ектеніи и отпустъ праздника — **Христосъ истинный Богъ нашъ, молитвами Пречистыя Своея Матере и всѣхъ святыхъ, помилуетъ:** Часъ 1-й.

На часахъ тропарь и кондакъ праздика.

На литургіи блаженна на 8; отъ перваго канона праздника, пѣснь 3-я на 4 и отъ втораго канона, пѣснь 6-я на 4. По входѣ тропарь праздника; Слава, и нынѣ: кондакъ его. Прокименъ пѣснь Богородицы — Величитъ душа моя: Апостолъ къ Филип. зач. 240-е. Аллилуіа во гл. 8-й. Евангеліе отъ Луки зач. 54-е. Задостойникъ — Величай, душе моя: и — Чужде матеремъ: Причастенъ — Чашу спасенія пріиму: Отпустъ праздника — **Христосъ истинный Богъ нашъ, молитвами Пречистыя Своея Матере, иже во святыхъ отца нашего Іоанна, архіепископа Константина града Златоустаго и всѣхъ святыхъ, помилуетъ:**

12-го СЕНТЯБРЯ. Пятница. *Отданіе праздника Рождества Пресвятыя Богородицы.*

На вечерни и утрени вся служба праздника, кромѣ входа, паремій, литіи и полілея, но съ припѣвами праздника на 9-ой пѣсни и съ великимъ славословіемъ.

На литургіи по входѣ тропарь праздника; Слава, и нынѣ: кондакъ. Прокименъ, аллилуіа и причастенъ праздника. Апостолъ и евангеліе сначала дне, затѣмъ праздника.

13-го СЕНТЯБРЯ. *Суббота предъ Воздвиженіемъ. Предразднство Воздвиженія. Обновленіе храма въ Іерусалимѣ.*

На литургіи блаженна на 8; отъ канона обновленія пѣснь 3-я на 4 и пѣснь 6-я на 4. Прокименъ — Дому Твоему подобаетъ святыня, Господи, въ долготу дней. Апостолъ ко Евр. зач. 307-е. и (субботы предъ Воздвиженіемъ) къ Кор. зач. 126-е. Аллилуіа во гл. 2-й. Евангеліе отъ Матѳ. зач. 67 и (субботы предъ Воздвиженіемъ) Матѳ. зач. 39-е. Причастенъ — Господи, возлюбихъ благолѣпіе дому Твоего, и мѣсто селенія славы Твоея.

14-го СЕНТЯБРЯ. **Недѣля 16-я по Пятидесятницѣ.** Гласъ 7-й. **ВСЕМІРНОЕ ВОЗДВИЖЕНІЕ ЧЕСТНАГО И ЖИВОТВОРЯЩАГО КРЕСТА.** *Воскреснаго ничего не поемъ, но вся служба праздника.*

Предъ началомъ бдѣнія, іерей въ фелони идетъ къ жертвеннику, гдѣ уже приготовленъ честный Крестъ, украшенный благовонными васильками или иными цвѣтами, лежащій на блюдѣ, покрытымъ воздухомъ. Царскія врата и завѣса закрыты. Іерей — Благословенъ Богъ нашъ: діаконъ или чтецъ въ алтарѣ — Аминь. Трисвятое по Отче нашъ: іерей кадитъ Крестъ и отдаетъ кадило. По возгласѣ же,

поклонившись, принимаетъ Крестъ съ воздухомъ подъ нимъ на главу. Во святомъ же алтарѣ поется — Аминь и тропарь — Спаси, Господи: Слава, и нынѣ: кондакъ — Вознесыйся: Въ сіе время іерей, предшествуемый двумя свѣтильниками, переноситъ Крестъ, держа его со блюдомъ на главѣ на престолъ и полагаетъ его на мѣстѣ Евангелія, послѣ чего кадитъ 3-жды вокругъ престола. Евангеліе же заранѣе поставляется на горнее мѣсто престола. Потомъ отверзаются завѣса и царскія врата и начинаемъ бдѣніе.

На великой вечерни — Блаженъ мужъ: (каѳизма вся). На — Господи воззвахъ: во гл. 6-й, стихиры праздника — Крестъ воздвизаемъ: на 8; Слава, и нынѣ: праздника — Пріидите, вси языцы: Входъ. Прокименъ — Господь воцарися: Чтенія праздника 3. На литіи стихиры праздника — Днесь яко воистинну: Слава, и нынѣ: праздника — Честнаго Креста: На стиховнѣ стихиры праздника — Радуйся, живоносный Кресте: Слава, и нынѣ: праздника — Егоже древле: По — Нынѣ отпущаеши: на благословеніи хлѣбовъ тропарь праздника — Спаси, Господи: 3-жды.

На утрени на — Богъ Господь: во гл. 1-й, тропарь праздника 2-жды; Слава, и нынѣ: тойже. По каѳизмахъ сѣдальны праздника. Поліелей и величаніе праздника (поется предъ престоломъ, на немъ же Крестъ) — **Величаемъ Тя, Живодавче Христе, и чтемъ Крестъ Твой святый, имже насъ спаслъ еси отъ работы вражія.** Псаломъ избранный — Суди, Господи, обидящія мя, побори борющія мя. Кажденіе. Сѣдаленъ праздника — Въ раи мя прежде: Степенна — Отъ юности моея: Прокименъ — Видѣша вси концы земли спасеніе Бога нашего. Евангеліе отъ Іоанна зач. 42-е отъ полу. — Воскресеніе Христово: Псаломъ 50-й. Слава: — Молитвами апостоловъ: И нынѣ: — Молитвами Богородицы: — Помилуй мя, Боже: Стихира — Кресте Христовъ: — Спаси, Боже: (но по возгласѣ не бываетъ цѣлованія образа, т. к. величаніе пѣто въ алтарѣ). Канонъ праздника, ирмосы по 2-жды, тропари на 12 (припѣвъ — Слава, Господи, Кресту Твоему честному). Ирмосы и катавасія — Крестъ начертавъ: По 3-й пѣсни сѣдаленъ праздника — Въ тебѣ, треблаженне: по 6-й кондакъ праздника — Вознесыйся на Крестъ: и икосъ. На 9-й пѣсни *не поемъ* — Честнѣйшую: но припѣвъ **Величай, душе моя, пречестный Крестъ Господень;** и ирмосъ — Таинъ еси: припѣвается же сей припѣвъ къ тропарямъ канона; таже 2-й припѣвъ ко второму ирмосу (двоирмосна только 9-я пѣснь) и къ послѣдующимъ тропарямъ. Свѣтильны праздника — Крестъ, хранитель: 2-жды; Слава, и нынѣ: праздника — Крестъ воздвизается: Іерей же облачается во всѣ священныя одежды. На хвалитехъ во гл. 8-й, стихиры Креста — О преславнаго чудесе: на 4; Слава, и нынѣ: — Днесь происходитъ: Славословіе великое. Іерей кадитъ вокругъ престола 3-жды; при пѣніи Трисвятаго покланяется и принимаетъ Крестъ съ воздухомъ на главу. При протяжномъ пѣніи послѣдняго — Святый Боже: (распѣвомъ погребенія, въ это время и перезвонъ какъ на погребеніе), износитъ святый Крестъ на

Сентябрь

головѣ сѣверными дверьми предъ святыя врата, предъидущимъ двумъ свѣтильникамъ. По скончаніи Трисвятаго іерей возглашаетъ предъ царскими вратами — Премудрость, прости. Ликъ — Спаси, Господи: 3-жды. Іерей полагаетъ Крестъ, васильками украшенный, на аналоѣ посреди церкви и творитъ кажденіе его. (Въ каѳедральныхъ соборахъ совершается чинъ Воздвиженія.) Таже поетъ 3-жды — Кресту Твоему покланяемся: Поетъ 3-жды и ликъ. Посемъ стихиры — Пріидите, вѣрніи: и проч. И покланяются іерей и людіе единъ по единому честному Кресту. Іерей помазываетъ благословеннымъ елеемъ, раздается и благословенный хлѣбъ. Ектеніи. Отпустъ праздника — **Христосъ истинный Богъ нашъ, молитвами Пречистыя Своея Матере, силою Честнаго и Животворящаго Креста и всѣхъ святыхъ:** Часъ 1-й.

На часахъ тропарь и кондакъ праздника.

На литургіи антифоны праздника. Входное — Возносите Господа Бога нашего и покланяйтеся подножію ногу Его, яко свято есть. Тропарь праздника; Слава, и нынѣ: кондакъ. Вмѣсто Трисвятаго — Кресту Твоему: Прокименъ — Возносите Господа Бога нашего: Апостолъ къ Кор. зач. 125-е. Аллилуіа во гл. 1-й. Евангеліе отъ Іоан. зач. 60-е. Задостойникъ — Величай, душе моя: и ирмосъ — Таинъ еси: Причастенъ — Знаменася на насъ свѣтъ лица Твоего, Господи. Отпустъ праздника — **Христосъ истинный Богъ нашъ:**

Постъ, разрѣшеніе на вино и елей, но безъ рыбы.

На великой вечерни на — Господи воззвахъ: во гл. 5-й, стихиры на 6; праздника — Радуйся, живоносный Кресте: 3 и великомученика Никиты — Благочестивымъ всеоружіемъ: 3; Слава: мученика — Свѣтильника мучениковъ: И нынѣ: праздника — Пророковъ гласи: Входъ. Прокименъ великій, гл. 7-й — Богъ нашъ на небеси и на земли, вся елика восхотѣ, сотвори. На стиховнѣ стихиры праздника — Крестъ воздвизаемъ: Слава: мученика — Побѣды тезоименитъ: И нынѣ: праздника — Гласъ пророка: По — Нынѣ отпущаеши: тропарь мученика — Мученикъ Твой, Господи: Слава, и нынѣ: праздника — Спаси, Господи: Отпустъ праздника — **Христосъ истинный Богъ нашъ:**

20-го СЕНТЯБРЯ. *Суббота по Воздвиженіи.* Св. великомученика Евстаѳія Плакиды.

На литургіи блаженна на 8; отъ канона праздника, пѣснь 8-я на 4 и отъ канона мученика, пѣснь 6-я на 4. Прокименъ праздника — Возносите Господа Бога нашего: и — Святымъ, иже суть: Апостолъ (суббота по Воздвиженіи) къ Кор. зач. 125-е отъ полу, къ Кор. зач. 156-е и ко Ефес. зач. 233-е. Аллилуіа во гл. 1-й и 4-й. Евангеліе (суббота по Воздвиженіи) отъ Іоан. зач. 30-е, отъ Матѳ. зач. 104-е и отъ Лук. зач. 106-е. Задостойникъ — Величай, душе моя: и ирмосъ — Таинъ еси: Причастенъ — Знаменася на насъ: и — Радуйтеся праведніи: Отпустъ праздника.

21-го СЕНТЯБРЯ. **Недѣля 17-я по Пятидесятницѣ,** *она же по Воздвиженіи.* Гласъ 8-й. *Отданіе Воздвиженія.*

На великой вечерни — Блаженъ мужъ: На — Господи воззвахъ: стихиры на 10; Октоиха 4 и праздника — Крестъ воздвизаемъ: 6; Слава: праздника — Пріидите, вси языцы: И нынѣ: догматикъ — Царь небесный: Входъ. Прокименъ — Господь воцарися: На стиховнѣ стихиры Октоиха; Слава, и нынѣ: праздника — Егоже древле: По — Нынѣ отпущаеши: — Богородице Дѣво: 2-жды и тропарь праздника — Спаси, Господи: 1-жды.

На утрени на — Богъ Господь: тропарь воскресенъ 2-жды; Слава, и нынѣ: праздника. По каѳизмахъ сѣдальны воскресны. — Ангельскій соборъ: Ѵпакои, степенна и прокименъ гласа. Евангеліе воскресное 6-е, отъ Луки зач. 114-е. — Воскресеніе Христово: и прочее обычно. Каноны: воскресенъ на 4, Богородицы на 2, и праздника на 8 (припѣвъ — Слава, Господи, Кресту Твоему честному); на 9-й пѣсни два канона праздника на 8. Ирмосы — Колесницегонителя: Катавасія — Крестъ начертавъ: По 3-й пѣсни кондакъ праздника — Вознесыйся на Крестъ: и икосъ; Слава, и нынѣ: сѣдаленъ праздника — Въ тебѣ, треблаженне: по 6-й кондакъ воскресный и икосъ. На 9-й пѣсни — Честнѣйшую: — Святъ Господь Богъ нашъ. Свѣтиленъ воскресенъ 6-й — Показуя, яко человѣкъ еси: Слава, и нынѣ: праздника — Крестъ, хранитель: На хвалитехъ стихиры на 8; Октоиха 4 и праздника — О преславнаго чудесе: со Славнымъ— Днесь происходитъ: 4 съ припѣвами ихъ — Возносите Господа Бога: и — Богъ же Царь: Слава: стихира евангельская 6-я — Истинный миръ Ты: И нынѣ: — Преблагословенна еси: Славословіе великое и тропарь — Воскресъ изъ гроба: Ектеніи и отпустъ воскресный. Часъ 1-й.

На часахъ тропарь воскресный; Слава: праздника. Кондакъ праздника и воскресный поперемѣнно.

На литургіи блаженна на 10; гласа на 6 и отъ канонов праздника, пѣснь 9-я на 4. По входѣ тропари воскресенъ и праздника; Слава: кондакъ воскресенъ; И нынѣ: праздника. Прокименъ — Помолитеся и воздадите: и — Возносите Господа Бога нашего: Апостолъ (нед. по Воздвиженіемъ) къ Гал. зач. 203-е и къ Кор. зач. 182-е отъ полу. Аллилуіа во гл. 1-й и 8-й. Евангеліе (нед. по Воздвиженіемъ) отъ Марка зач. 37-е и отъ Матѳ. зач. 62-е. Причастенъ — Знаменася на насъ свѣтъ лица Твоего, Господи; и — Хвалите Господа: Отпустъ воскресный.

По отпустѣ литургіи іерей исходитъ къ аналою, на которомъ лежитъ честный Крестъ, совершаетъ кажденіе Креста, принимаетъ его на главу и вноситъ во святый алтарь царскими вратами при пѣніи тропаря — Спаси, Господи: Слава, и нынѣ: кондака — Вознесыйся: Въ царскихъ вратахъ іерей осѣняетъ Крестомъ молящихся, затѣмъ полагаетъ Крестъ на престолъ и совершаетъ кажденіе его на престолѣ. И тако отдается праздникъ Воздвиженія.

Сентябрь

22-го СЕНТЯБРЯ. Понедѣльникъ. ЗРИ: Съ этого дня, согласно Церковному уставу (Тѵпиконъ, гл. 10-я), начинаются чтенія евангельскихъ зачалъ 18-й (Лукиной) седмицы. Счетъ недѣль остается прежнимъ. Лукиныя отступки относятся только къ Евангельскимъ чтеніямъ. Апостольскія чтенія не мѣняются. Въ этомъ году евангельскіе чтеній соотвѣтствуются съ недѣлями по Пятидесятницы.

25-го СЕНТЯБРЯ. Четвергъ. Преподобнаго Сергія Радонежскаго. *Творимъ бдѣніе.*

На великой вечерни — Блаженъ мужъ: На — Господи воззвахъ: во гл. 6-й, стихиры преподобнаго — Міра мятежъ: 8; Слава: преподобнаго — Еже по образу: И нынѣ: догматикъ — Кто Тебе не ублажитъ: Входъ. Прокименъ — Боже, во имя Твое: Чтенія преподобнаго 3. На литіи стихира храма и стихиры преподобнаго — Пріидите празднолюбцы: Слава: преподобнаго — Пріидите, монашествующихъ: И нынѣ: богородиченъ — Творецъ и Избавитель: На стиховнѣ стихиры преподобнаго — Наста, богоносе: Слава: преподобнаго — Монаховъ множества: И нынѣ: богородиченъ — Безневѣстная Дѣво: По — Нынѣ отпущаеши: на благословеніи хлѣбовъ тропарь преподобнаго — Иже добродѣтелей подвижникъ: 2-жды и — Богородице Дѣво: 1-жды.

На утрени на — Богъ Господь, во гл. 4-й, тропарь преподобнаго 2-жды, Слава, и нынѣ: богородиченъ — Еже отъ вѣка: По каѳизмахъ сѣдальны преподобнаго. Полiелей и величаніе преподобнаго — **Ублажаемъ тя, преподобне отче Сергіе, и чтемъ святую память твою, наставниче монаховъ и собесѣдниче ангеловъ.** Псаломъ избранный — Терпя потерпѣхъ Господа, и внятъ ми, и услыша молитву мою. Ектенія малая. Сѣдаленъ преподобнаго — Егда, блаженне: Слава, и нынѣ: богородиченъ — О Тебѣ радуется: Степенна — Отъ юности моея: Прокименъ — Честна предъ Господемъ смерть преподобныхъ Его. Евангеліе отъ Матѳеа зач. 43-е. Псаломъ 50-й. Слава: — Молитвами преподобнаго Сергія: и прочее. Стихира преподобнаго — Иже на земли: Канонъ Богородицы со ирмосомъ на 6 (припѣвъ — Пресвятая Богородице, спаси насъ) и два канона преподобнаго на 8 (припѣвъ — Преподобне отче Сергіе, моли Бога о насъ). Ирмосы — Яко по суху: Катавасія — Отверзу уста моя: По 3-й пѣсни сѣдаленъ преподобнаго — Яко воистинну: Слава, и нынѣ: богородиченъ — Херувимовъ и серафимовъ: по 6-й кондакъ преподобнаго — Христовою любовію: и икосъ. На 9-й пѣсни поемъ — Честнѣйшую: Свѣтиленъ преподобнаго — Процвѣлъ еси: Слава, и нынѣ: богородиченъ — Тя пѣсньми немолчными: На хвалитехъ во гл. 4-й, стихиры преподобнаго — Егда божественное званіе: 4; Слава: преподобнаго — Преподобне отче: И нынѣ: богородиченъ — Все упованіе мое: Славословіе великое. Тропарь преподобнаго; Слава, и нынѣ: богородиченъ — Еже отъ вѣка: Ектеніи и отпустъ. Часъ 1-й.

На часахъ тропарь и кондакъ преподобнаго.
На литургіи блаженна на 8; отъ перваго канона преподобнаго пѣснь 3-я на 4 и отъ втораго канона, пѣснь 6-я на 4, По входѣ тропари см. 2-го января — № 3. Прокименъ — Честна предъ Господемъ: Апостолъ къ Гал. зач. 213-е. Аллилуіа во гл. 6-й. Евангеліе отъ Луки зач. 24-е. Причастенъ — Въ память вѣчную:

26-го СЕНТЯБРЯ. Пятница. **Святаго Апостола и Евангелиста Іоанна Богослова.** *Творимъ бдѣніе.*
На великой вечерни — Блаженъ мужъ: На — Господи воззвахъ: во гл. 1-й, стихиры апостола — Зритель неизреченныхъ: 8; Слава: апостола — Сына громова: И нынѣ: догматикъ — Прейде сѣнь законная: Входъ. Прокименъ — Помощь моя отъ Господа: Чтенія апостола 3. На литіи стихира храма и стихиры апостола — Рѣки богословія: Слава: апостола — Возлегъ на перси: И нынѣ: богородиченъ — Со Отцемъ и Духомъ: На стиховнѣ стихиры апостола — Сына вышняго: Слава: апостола — Апостоле Христовъ: И нынѣ: богородиченъ — Творецъ и Избавитель: По — Нынѣ отпущаеши: на благословеніи хлѣбовъ тропарь апостола — Апостоле Христу Богу: 2-жды и — Богородице Дѣво: 1-жды.
На утрени на — Богъ Господь, во гл. 2-й, тропарь апостола 2-жды, Слава, и нынѣ: богородиченъ — Вся паче смысла: По каѳизмахъ сѣдальны апостола. Поліелей и величаніе апостола — **Величаемъ тя, апостоле Христовъ и евангелисте Іоанне Богослове, и чтемъ болѣзни и труды твоя, имиже трудился еси во благовѣстіи Христовѣ.** Псаломъ избранный — Небеса повѣдаютъ славу Божію, твореніе же руку Его возвѣщаетъ твердь. Ектенія малая. Сѣдаленъ апостола — Возлегъ на перси: Слава, и нынѣ: богородиченъ — Небесную дверь: Степенна — Отъ юности моея: Прокименъ — Во всю землю: Евангеліе отъ Іоан. зач. 67-е. Псаломъ 50-й. Слава: — Молитвами апостола и евангелиста Іоанна Богослова: и прочее. Стихира апостола — Богослове дѣвственниче: Канонъ Богородицы со ирмосомъ на 6 (припѣвъ — Пресвятая Богородице, спаси насъ) и два канона апостола на 8 (припѣвъ — Святый апостоле и евангелисте Іоанне Богослове, моли Бога о насъ). Ирмосы — Во глубинѣ: Катавасія — Отверзу уста моя: По 3-й пѣсни сѣдаленъ апостола — Премудрости на перси: Слава, и нынѣ: богородиченъ — Въ напасти: по 6-й кондакъ апостола — Величія твоя: и икосъ. На 9-й пѣсни поемъ — Честнѣйшую: Свѣтиленъ апостола — Яко душею: Слава: апостола — Громовъ сынъ бывъ: И нынѣ: богородиченъ — При Крестѣ: На хвалитехъ во гл. 8-й, стихиры апостола — Блаженне Іоанне: 4; Слава: — Благовѣстниче Іоанне: И нынѣ: богородиченъ — Владычице, пріими (см. богородичны отъ меньшихъ, гласъ 8-й въ субботу утра): Славословіе великое. Тропарь апостола; Слава, и нынѣ: богородиченъ — Вся паче смысла: Ектеніи и отпустъ. Часъ 1-й.
На часахъ тропарь и кондакъ апостола.

Сентябрь

На литургіи блаженна на 8; отъ перваго канона апостола пѣснь 3-я на 4 и отъ втораго канона, пѣснь 6-я на 4, По входѣ тропари см. 2-го января — № 3. Прокименъ — Во всю землю: Апостолъ Соборнаго посл. Іоаннова зач. 73-е отъ полу. Аллилуіа во гл. 1-й. Евангеліе отъ Іоан. зач. 61-е. Причастенъ — Во всю землю:

28-го СЕНТЯБРЯ. **Недѣля 18-я по Пятидесятницѣ.** Гласъ 1-й. **Преподобнаго Харитона исповѣдника.**

На великой вечерни — Блаженъ мужъ: На — Господи воззвахъ: стихиры на 10; Октоиха 4 и преподобнаго — Страсти тѣлесныя: 6; Слава: преподобнаго — Богоносе Харитоне: И нынѣ: догматикъ — Всемірную славу: Входъ. Прокименъ — Господь воцарися: Чтенія преподобнаго 3. На стиховнѣ стихиры Октоиха; Слава: преподобнаго — Монаховъ множества: И нынѣ: богородиченъ — Безнѣвестная Дѣво: По — Нынѣ отпущаеши: — Богородице Дѣво: 3-жды.

На утрени на — Богъ Господь: тропарь воскресенъ 2-жды; Слава: преподобнаго — Слезъ твоихъ: И нынѣ: богородиченъ — Иже насъ ради: По каѳизмахъ сѣдальны воскресны. Полієлей и величаніе преподобнаго — **Ублажаемъ тя, преподобне отче Харитоне, и чтемъ святую память твою, наставниче монаховъ и собесѣдниче ангеловъ.** 1-жды. (Въ воскресные дни избранные псалмы не поются.) — Ангельскій соборъ: Ѵпакои гласа. Сѣдальны преподобнаго — Земныхъ и тлѣнныхъ: — Іоанна нравомъ крестителя: Слава: — Земныхъ и тлѣнныхъ: И нынѣ: богородиченъ — По Бозѣ въ твой: Степенна и прокименъ гласа. Евангеліе воскресное 7-е, отъ Іоанна зач. 63-е. — Воскресеніе Христово: Псаломъ 50-й и прочее обычно. Каноны: воскресенъ на 4, крестовоскресенъ на 2, Богородицы на 2 и преподобнаго на 6 (припѣвъ — Преподобне отче Харитоне, моли Бога о насъ). Ирмосы — Твоя побѣдительная: Катавасія — Отверзу уста моя: По 3-й пѣсни кондакъ преподобнаго — Насладився богомудре: и икосъ; сѣдаленъ преподобнаго — Страданія болѣзньми: Слава, и нынѣ: богородиченъ — Въ напасти: по 6-й кондакъ воскресный и икосъ. На 9-й пѣсни поемъ — Честнѣйшую: — Святъ Господь Богъ нашъ. Свѣтиленъ воскресенъ 7-й — Яко взяша Господа: Слава: преподобнаго — Страданіемъ убо: И нынѣ: богородиченъ воскресенъ — Велія и преславная: На хвалитехъ стихиры на 8; Октоиха 4 и преподобнаго — Благодать Духа: со Славнымъ — Преподобне отче: 4; съ припѣвами ихъ — Честна предъ Господемъ: и — Блаженъ мужъ: Слава: стихира евангельская 7-я — Се тьма, и рано: И нынѣ: — Преблагословенна еси: Славословіе великое и тропарь — Днесь спасеніе: Ектеніи и отпустъ воскресный. Часъ 1-й.

На часахъ тропарь воскресенъ; Слава: преподобнаго. Кондакъ преподобнаго и воскресенъ поперемѣнно.

На литургіи блаженна на 10; гласа на 6 и отъ канона преподобнаго, пѣснь 3-я на 4. По входѣ тропари см. 2-го января — № 2. Прокименъ — Буди Господи милость Твоя: и — Восхвалятся преподобніи: Апостолъ къ

Кор. зач. 188-е и къ Кор. зач. 176-е. Аллилуіа во гл. 1-й и 6-й. Евангеліе отъ Луки зач. 17-е и отъ Луки зач. 24-е. Причастенъ — Хвалите Господа: и — Въ память вѣчную: Отпустъ воскресный.

X. ОКТЯБРЬ.

1-го ОКТЯБРЯ. Среда. **ПОКРОВЪ ПРЕСВЯТЫЯ ВЛАДЫЧИЦЫ НАШЕЯ БОГОРОДИЦЫ И ПРИСНОДѢВЫ МАРІИ.**

На великой вечерни — Блаженъ мужъ: На — Господи воззвахъ: во гл. 1-й, стихиры праздника на 8 — О великое заступленіе: Слава, и нынѣ: праздника — Срадуются съ нами: Входъ. Прокименъ — Милость Твоя, Господи: Чтенія праздника 3. На литіи стихиры праздника — Наста днесь: Слава, и нынѣ: Богородицы — Смыслъ очистивше: На стиховнѣ стихиры праздника: — Яко всѣхъ вышши: Слава, и нынѣ: праздника — Яко вѣнцемъ: По — Нынѣ отпущаеши: на благословеніи хлѣбовъ — тропарь Богородицы — Днесь благовѣрніи людіе: 3-жды.

На утрени на — Богъ Господь: тропарь праздника; 2-жды; Слава, и нынѣ: тойже. По каѳизмахъ сѣдальны праздника. Полiелей и величаніе праздника — **Величаемъ Тя, Пресвятая Дѣво, и чтемъ Покровъ Твой честный, Тя бо святый Андрей видѣ на воздусѣ, за ны Христу молящуюся.** Псаломъ избранный — Помяни, Господи, Давида и всю кротость его. По полiелей сѣдальны праздника — Яко древняго воистинну: Степенна — Отъ юности моея: Прокименъ Помяну имя Твое во свякомъ родѣ и родѣ. Евангеліе отъ Луки зач. 4-е. Псаломъ 50-й; Слава: — Молитвами Богородицы: И нынѣ: тойже; — Помилуй мя Боже: стихира праздника — Срадуются съ нами: Канонъ праздника, ирмосы по 2-жды, тропари на 12 (припѣвъ — Пресвятая Богородице, спаси насъ). Ирмосы и катавасія — Отверзу уста моя: По 3-й пѣсни сѣдаленъ праздника — Теплая предстательнице: по 6-й кондакъ Богородицы — Дѣва днесь: и икосъ. На 9-й пѣсни — Честнѣйшую: Свѣтиленъ праздника — О пресвятая Госпоже: 3-жды. На хвалитехъ стихиры праздника — Тебѣ припадаемъ: 4; Слава, и нынѣ: праздника — Яко видѣ Тя: Славословіе великое и тропарь праздника. Ектеніи и отпустъ. Часъ 1-й.

На часахъ тропарь и кондакъ праздника.

На литургіи блаженна на 8; отъ канона праздника, пѣснь 3-я на 4 и пѣснь 6-я на 4. По входѣ тропарь праздника; Слава, и нынѣ: кондакъ праздника. Прокименъ пѣснь Богородицы — Величитъ душа моя: Апостолъ ко Евр. зач. 320-е. Аллилуіа во 8-й. Евангеліе отъ Луки зач. 54-е. Причастенъ — Чашу спасенія:

5-го ОКТЯБРЯ. **Недѣля 19-я по Пятидесятницѣ.** Гласъ 2-й. **Соборъ Святителей Московскихъ и всея Россіи чудотворцевъ.**

На великой вечерни — Блаженъ мужъ: На — Господи воззвахъ: стихиры на 10; Октоиха 4 и святителей — Яко звѣзды: 6; Слава: святителей

Октябрь

— Человѣцы Божіи: И нынѣ: догматикъ — Прейде сѣнь: Входъ. Прокименъ — Господь воцарися: Чтенія святителей 3. На стиховнѣ стихиры Октоиха; Слава: святителей — Святителіе всечестніи: И нынѣ: богородиченъ — Безъ сѣмене: По — Нынѣ отпущаеши: — Богородице Дѣво: 3-жды.

На утрени на — Богъ Господь: тропарь воскресенъ 2-жды; Слава: святителей — Первопрестольницы россійстіи: И нынѣ: богородиченъ — Еже отъ вѣка: По каѳизмахъ сѣдальны воскресны. Поліелей и величаніе — **Величаемъ тя, святителіе Христовы Московскіи, и чтемъ святую память вашу, вы бо молите за насъ Христа Бога нашего.** 1-жды. (Въ воскресные дни избранные псалмы не поются.) — Ангельскій соборъ: Ѵпакои гласа. Сѣдальны святителей — Яко царское: — Столпы бысте: Слава: — Премудріи учителіе: И нынѣ: богородиченъ — Предстательнице нератная: Степенна и прокименъ гласа. Евангеліе воскресное 8-е, отъ Іоанна зач. 64-е. — Воскресеніе Христово: Псаломъ 50-й и прочее обычно. Каноны: воскресенъ на 4, крестовоскресенъ на 2, Богородицы на 2 и святителей на 6 (припѣвъ — Святителіе Московстіи, молите Бога о насъ). Ирмосы — Во глубинѣ: Катавасія — Отверзу уста моя: По 3-й пѣсни кондакъ святителей — Во святителехъ благочестно: и икосъ; сѣдаленъ святителей — Пострите ваша: Слава, и нынѣ: богородиченъ — Дѣво всенепорочная: по 6-й кондакъ воскресный и икосъ. На 9-й пѣсни — Честнѣйшую: — Святъ Господь Богъ нашъ. Свѣтиленъ воскресенъ 8-й — Два ангела: Слава: святителей — Свѣтозарныя свѣтельники: И нынѣ: богородиченъ воскресенъ — Отъ Троицы родила еси: На хвалитехъ стихиры на 8; Октоиха 4 и святителей — Имѣяй душу: со Славнымъ — Добріи раби: 4 съ припѣвами ихъ — Честна предъ Господемъ: и — Священницы Твои: Слава: стихира евангельская 8-я — Маріины слезы: И нынѣ: — Преблагословенна еси: Славословіе великое и тропарь — Воскресъ изъ гроба: Ектеніи и отпустъ воскресный. Часъ 1-й.

На часахъ тропарь воскресенъ; Слава: святителей. Кондаки святителей и воскресенъ поперемѣнно.

На литургіи блаженна на 10; гласа на 6 и отъ канона святителей, пѣснь 3-я на 4. По входѣ тропари см. 2-го января — № 2. Прокименъ — Крѣпость моя и пѣніе: и — Честна предъ Господемъ: Апостолъ къ Кор. зач. 194-е и ко Евр. зач. 335-е. Аллилуіа во гл. 2-й и 1-й. Евангеліе отъ Луки зач. 26-е и отъ Матѳ. зач. 11-е. Причастенъ — Хвалите Господа: и — Радуйтеся: Отпустъ воскресный.

10-го ОКТЯБРЯ. Пятница. **Соборъ преподобныхъ Оптинскихъ старцевъ.**

(*Служба преподобныхъ отецъ изданная отдѣльной брошюрой или смотри на интернетѣ. Зри: http://osanna.russportal.ru/index.php?id=liturg_book.menaion_sept_aug.october_m1002.*)

На великой вечерни — Блаженъ мужъ: На — Господи воззвахъ: во гл. 4-й, стихиры преподобныхъ — Преподобніи старцы Оптинстіи: на 8; Слава: преподобныхъ — Узы разрѣшше страстей: И нынѣ: догматикъ — Кто Тебе не ублажитъ: Входъ. Прокименъ — Помощь моя отъ Господа: Чтенія преподобныхъ 3. На литіи стихира храма и стихиры преподобныхъ — Яви намъ дивный: Слава: преподобныхъ — Пріидите, благочестія ревнители: И нынѣ: богородиченъ — Храмъ и дверь еси: На стиховнѣ стихиры преподобныхъ — Возложился еси: Слава: преподобныхъ — Свѣтомъ Троическимъ: И нынѣ: богородиченъ — Безневѣстная Дѣво: По — Нынѣ отпущаеши: на благословеніе хлѣбовъ; тропарь преподобныхъ — Въ молитвахъ непрестанныхъ: 2-жды и — Богородице Дѣво: 1-жды.

На утрени на — Богъ Господь: во гл. 1-й; тропарь преподобныхъ 2-жды; Слава, и нынѣ: — Гавріилу вѣщавшу: По каѳизмахъ сѣдальны преподобныхъ. Поліелей и величаніе преподобныхъ — **Ублажаемъ васъ, преподобніи отцы Оптинстіи, и чтемъ святую память вашу, наставницы монаховъ и собесѣдницы ангеловъ.** Псаломъ избранный — Терпя потерпѣхъ Господа, и внятъ ми, и услыша молитву мою. Ектенія малая. Сѣдальны преподобныхъ — Неизреченна святыхъ благодать: Слава, и нынѣ: — Матерь Тя Божію: Степенна — Отъ юности моея: Прокименъ — Честна предъ Господемъ: Евангеліе отъ Матѳ. зач. 43-е. Псаломъ 50-й. Слава: — Молитвами преподобныхъ отцевъ Оптинскихъ: и прочее. Стихира преподобныхъ — Все отринувше: Каноны: Богородицы на 6 (припѣвъ — Пресвятая Богородице, спаси насъ) и преподобныхъ на 8 (припѣвъ — Преподобніи отцы Оптинстіи, молите Бога о насъ). Ирмосы — Воду прошедъ: Катавасія — Отверзу уста моя: По 3-й пѣсни сѣдаленъ преподобныхъ — Явистеся Духа Святаго органи: Слава, и нынѣ: богородиченъ — Еже отъ ангела: по 6-й кондакъ преподобныхъ — Иже отъ міра: и икосъ. На 9-й пѣсни поемъ — Честнѣйшую: Свѣтиленъ преподобныхъ — Старцы почтимъ: Слава, и нынѣ: богородиченъ — Сладость ангеловъ: На хвалитехъ во гл. 6-й, стихиры преподобныхъ — Все отложше: на 4; Слава: — Воздвигше Крестъ: И нынѣ: богородиченъ — Владычице, пріими молитву: Славословіе великое. Тропарь преподобныхъ; Слава, и нынѣ: богородиченъ — Гавріилу вѣщавшу: Ектеніи и отпустъ. Часъ 1-й.

На часахъ тропарь и кондакъ преподобныхъ.

На литургіи блаженна на 8; отъ канона преподобныхъ, пѣснь 3-я на 4 и пѣснь 6-я на 4. По входѣ тропари см. 2-го января — № 3. Прокименъ — Честна предъ Господемъ: Апостолъ къ Гал. 213-е. Аллилуіа во гл. 6-й. Евангеліе отъ Луки зач. 24-е. Причастенъ — Радуйтеся праведніи:

12-го ОКТЯБРЯ. Недѣля 20-я по Пятидесятницѣ. Гласъ 3-й. *Память свв. Отцевъ 7-го Вселенскаго собора.*

(Служба свв. отцевъ напечатана въ Минеи подъ 11-мъ октября или смотри въ Великомъ сборникѣ.)

На великой вечерни — Блаженъ мужъ: На — Господи воззвахъ: сти-

Октябрь

хиры на 10; Октоиха 4 и отцевъ — Честныя соборы: 6; Слава: отцевъ — Таинственныя днесь: И нынѣ: догматикъ — Како не дивимся: Входъ. Прокименъ — Господь воцарися: Чтенія отцевъ 3. На стиховнѣ стихиры Октоиха; Слава: отцевъ — Молебную память: И нынѣ: богородиченъ — Призри на моленія: По — Нынѣ отпущаеши: — Богородице Дѣво: 2-жды и тропарь отцевъ — Препрославленъ еси: 1-жды.

На утрени на — Богъ Господь: тропарь воскресенъ 2-жды; Слава: отцевъ; И нынѣ: богородиченъ — Иже насъ ради: По каѳизмахъ сѣдальны Октоиха. Полiелей. — Ангельскiй соборъ: Vпакои, степенна и прокименъ гласа. Евангелiе воскресное 9-е, отъ Іоанна зач. 65-е. — Воскресенiе Христово: Псаломъ 50-й и прочее обычно. Каноны: воскресенъ на 4, крестовоскресенъ на 2, Богородицы на 2 и отцевъ на 6 (припѣвъ — Святiи богоноснiи отцы, молите Бога о насъ). Ирмосы — Воды древле: Катавасiя — Отверзу уста моя: По 3-й пѣсни кондакъ воскресный и икосъ; сѣдаленъ отцевъ — Свѣтильницы пресвѣтлiи: Слава, и нынѣ: богородиченъ — Скоро насъ предвари: по 6-й кондакъ отцевъ — Иже изъ Отца: и икосъ. На 9-й пѣсни — Честнѣйшую: — Святъ Господь Богъ нашъ. Свѣтиленъ воскресенъ 9-й — Заключеннымъ Владыко: Слава: отцевъ — Отцы небомудреннiи: И нынѣ: богородиченъ — Мольбами, Преблагiй Господи: На хвалитехъ стихиры на 8; Октоиха 4 и отцевъ — Все собравше: 4 съ припѣвами ихъ — Благословенъ еси: и — Соберите Ему: Слава: отцевъ — Святыхъ отцевъ ликъ: И нынѣ: — Преблагословенна еси: Славословiе великое и тропарь — Днесь спасенiе: Ектенiи и отпустъ воскресный. Слава, и нынѣ: стихира евангельская 9-я — Яко въ послѣдняя лѣта: Часъ 1-й.

На часахъ тропарь воскресенъ; Слава: отцевъ. Кондаки воскресенъ и отцевъ поперемѣнно.

На литургiи блаженна на 10; гласа на 6 и отъ канона отцевъ, пѣснь 3-я на 4. По входѣ тропари см. 2-го января — № 1. Прокименъ — Пойте Богу нашему: и пѣснь отцевъ — Благословенъ еси, Господи Боже: Апостолъ къ Гал. зач. 200-е и ко Евр. зач. 334-е. Аллилуiа во гл. 3-й и 1-й. Евангелiе отъ Луки зач. 30-е и отъ Іоанна зач. 56-е. Причастенъ — Хвалите Господа: и — Радуйтеся: Отпустъ воскресный.

13-го ОКТЯБРЯ. Понедѣльникъ. **Празднованiе явленiя «Иверскiя» иконы Божiей Матери.** *Творимъ бдѣнiе.*

На великой вечерни — Блаженъ мужъ: На — Господи воззвахъ: во гл. 5-й, стихиры Богородицы на 8 — Красуйся Аѳоне: Слава, и нынѣ: Богородицы — О Мати благая: Входъ. Прокименъ — Се нынѣ благословите: Чтенiя Богородицы 3. На литiи стихиры Богородицы — Прiидите празднолюбцы: Слава, и нынѣ: Богородицы — Радуется Аѳонъ: На стиховнѣ стихиры Богородицы — Славное иконы: Слава, и нынѣ: Богородицы — Прiидите, вси монаси: По — Нынѣ отпущаеши: на благословенiи хлѣбовъ тропарь Богородицы — Дерзость ненавидящихъ образъ: 2-жды и — Богородице Дѣво: 1-жды.

На утрени на — Богъ Господь, во гл. 1-й, тропарь Богородицы 2-жды, Слава, и нынѣ: инъ тропарь — Отъ святыя иконы: По каѳизмахъ сѣдальны Богородицы. Полiелей и величанiе Богородицы — **Величаемъ тя, Пресвятая Дѣво, богоизбранная отроковице, и чтимъ образъ твой святый, имже точиши исцѣленiя всѣмъ съ вѣрою къ нему притекающимъ.** Псаломъ избранный — Помяни, Господи, Давида и всю кростость его. Ектенiя малая. Сѣдаленъ Богородицы — Величiе Твое кто исповѣсть: Степенна — Отъ юности моея: Прокименъ — Помяну имя Твое: Евангелiе отъ Луки зач. 4-е. Псаломъ 50-й. Слава: — Молитвами Богородицы: И нынѣ: тойже; — Помилуй мя Боже: Стихира Богородицы — Егда явленiе: Канонъ Богородицы на 12, ирмосы по дважды (припѣвъ — Пресвятая Богородице, спаси насъ). Ирмосы — Колесницегонителя фараоня: и катавасiя — Отверзу уста моя: По 3-й пѣсни сѣдаленъ Богородицы — Свѣтлое днесь: по 6-й кондакъ Богородицы — Аще и въ море: и икосъ. На 9-й пѣсни поемъ — Честнѣйшую: Свѣтиленъ Богородицы — Икону Твою: 2-жды; Слава, и нынѣ: тойже. На хвалитехъ во гл. 4-й, стихиры Богородицы — О несказанныя благости: 4; Слава, и нынѣ: Богородицы — Твой глаголъ исполняя: Славословiе великое. Тропарь Богородицы Слава, и нынѣ: инъ тропарь — Отъ святыя иконы: Ектенiи и отпустъ. Часъ 1-й.

На часахъ тропарь и кондакъ Богородицы.

На литургiи блаженна на 8; отъ канона Богородицы, пѣснь 3-я на 4 и пѣснь 6-я на 4. По входѣ тропарь Богородицы; Слава, и нынѣ: кондакъ Богородицы; *въ храмѣ Христовомъ:* Тропари храма и Богородицы; Слава: кондакъ храма; И нынѣ: Богородицы. Прокименъ, пѣснь Богородицы — Величитъ душа моя Господа: Апостолъ къ Фил. зач. 240-е. Аллилуiа во гл. 8-й. Евангелiе отъ Луки зач. 54-е. Причастенъ — Чашу спасенiя:

19-го ОКТЯБРЯ. **Недѣля 21-я по Пятидесятницѣ.** Гласъ 4-й. **Св. праведнаго отца Iоанна, Кронштадтскаго чудотворца.**
Служба св. прав. Iоанна напечатана отдѣльной брошюрой или смотри на интернетѣ. Зри:
http://osanna.russportal.ru/index.php?id=liturg_book.menaion_sept_aug.october_m1903

На великой вечерни — Блаженъ мужъ: На — Господи воззвахъ: стихиры на 10; Октоиха 4 и святаго — Вся житейская: 6; Слава: святаго — Сердцемъ вѣровалъ: И нынѣ: догматикъ — Иже Тебе ради: Входъ. Прокименъ — Господь воцарися: Чтенiя святаго 3. На литiи стихира храма и стихиры святаго — О Крѣпосте моя: Слава: святаго — Молящеся духомъ: И нынѣ: богородиченъ — Се исполнися Исаiино: На стиховнѣ стихиры Октоиха; Слава: святаго — Не отцы наши: И нынѣ: богородиченъ — Безневѣстная Дѣво: По — Нынѣ отпущаеши: на благословенiе хлѣбовъ — Богородице Дѣво: 2-жды и тропарь святаго — Со апостолы изыде: 1-жды.

На утрени на — Богъ Господь: тропарь воскресенъ 2-жды; Слава:

святаго; И нынѣ: богородиченъ — Еже отъ вѣка: По каѳизмахъ сѣдальны Октоиха. Полiелей и величанiе святаго — **Величаемъ тя, святый праведный отче Iоанне, и чтемъ святую память твою, ты бо молиши за насъ Христа Бога нашего.** 1-жды. (Въ воскресные дни избранные псалмы не поются.) — Ангельскiй соборъ: Vпакои гласа. Сѣдальны святаго — Не презрѣлъ еси: — Божественное силою: Слава: святаго — Слова Божiя: И нынѣ: — Небесную дверь: Степенна и прокименъ гласа. Евангелiе воскресное 10-е, отъ Iоанна зач. 66-е. — Воскресенiе Христово: Псаломъ 50-й и прочее обычно. Каноны: воскресенъ на 4, Богородицы на 2 и святаго на 8 (припѣвъ — Святый праведный отче Iоанне, моли Бога о насъ). Ирмосы — Моря чермную: Катавасiя — Отверзу уста моя: По 3-й пѣсни кондакъ святаго — Отъ младенства: и икосъ; сѣдаленъ святаго — Плачь мнозѣхъ: Слава, и нынѣ: богородиченъ — Недвижимое утвержденiе: по 6-й кондакъ воскресный и икосъ. На 9-й пѣсни — Честнѣйшую: Свѣтиленъ воскресенъ 10-й — Тиверiадское море: Слава: святаго — Въ храмѣ первозваннаго: И нынѣ: богородиченъ воскресенъ — Воскресшаго Господа: На хвалитехъ стихиры на 8; Октоиха 4 и святаго — О прерадостныя повѣсти: со Славнымъ — Покланяяся святымъ иконамъ: 4, съ припѣвами ихъ — Расточи, даде убогимъ: и — Готово сердце его: Слава: стихира евангельская 10-я — По еже во адъ: И нынѣ: — Преблагословенна еси: Славословiе великое и тропарь — Воскресъ изъ гроба: Ектенiи и отпустъ воскресный. Часъ 1-й.

На часахъ тропарь воскресенъ; Слава: святаго. Кондаки святаго и воскресенъ поперемѣнно.

На литургiи блаженна на 10; гласа на 6 и отъ канона святаго, пѣснь 3-я на 4. По входѣ тропари см. 2-го января — № 1. Прокименъ — Яко возвеличишася: и — Возвеселится праведникъ: Апостолъ къ Гал. зач. 203-е и Соборнаго посл. Iоаннова зач. 73-е отъ полу. Аллилуiа во гл. 4-й. Евангелiе отъ Луки зач. 35-е и отъ Луки зач. 26-е. Причастенъ — Хвалите Господа: и — Въ память вѣчную: Отпустъ воскресный.

22-го ОКТЯБРЯ. Среда. **Празднованiе «Казанскiя» иконы Божiей Матери ради избавленiя отъ Ляховъ.** *Творимъ бдѣнiе.*

На великой вечерни — Блаженъ мужъ: На — Господи воззвахъ: во гл. 4-й, стихиры Богородицы — Яко прекрасная: на 8; Слава, и нынѣ: Богородицы — Прiидите, возрадуемся: Входъ. Прокименъ — Милость Твоя, Господи: Чтенiя Богородицы 3. На литiи стихиры Богородицы — Яко воистинну: Слава, и нынѣ: Богородицы — Тебѣ вси роди: На стиховнѣ стихиры — Вмѣстилище чистое: Слава, и нынѣ: Богородицы — Воспоемъ людiе: По — Нынѣ отпущаеши: На благословенiи хлѣбовъ тропарь Богородицы — Заступнице усердная: 2-жды и — Богородице Дѣво: 1-жды.

На утрени на — Богъ Господь: тропарь Богородицы 2-жды; Слава, и нынѣ: тойже. По каѳизмахъ сѣдальны Богородицы. Полiелей и величаніе Богородицы — **Достойно есть величати Тя, Богородице, честнѣйшую херувимъ, и славнѣйшую безъ сравненія серафимъ.** Псаломъ избранный — Помяни, Господи, Давида и всю кростость его. Ектенія малая. Сѣдаленъ Богородицы — Правовѣрно чтущія: Слава, и нынѣ: — Пречистая твоя икона: Степенна — Отъ юности моея: Прокименъ — Помяну имя Твое: Евангеліе отъ Луки зач. 4-е. Псаломъ 50-й. Слава: — Молитвами Богородицы: И нынѣ: тойже; — Помилуй мя Боже: Стихира Богородицы — Пріидите возрадуемся: (писана на — Господи воззвахъ:). Каноны на 14; первый канонъ Богородицы со ирмосомъ на 6 (припѣвъ — Пресвятая Богородице, спаси насъ) второй на 8 (припѣвъ тойже). Ирмосы и катавасія — Отверзу уста моя: По 3-й пѣсни сѣдаленъ Богородицы — Божественніи слова: Слава, и нынѣ: тойже; по 6-й кондакъ Богородицы — Притецемъ, людіе: и икосъ. На 9-й пѣсни — Честнѣйшую: Свѣтиленъ Богородицы — Да почтится: Слава, и нынѣ: Богородицы — Пріидите, вѣрніи: На хвалитехъ во гл. 4-й, стихиры Богородицы — Прославимъ, вѣрніи: на 4; Слава, и нынѣ: — Святая Твоя: Славословіе великое. Тропарь Богородицы 1-жды. Ектеніи и отпустъ. Часъ 1-й.

На часахъ тропарь и кондакъ Богородицы.

На литургіи блаженна на 8; отъ перваго канона Богородицы, пѣснь 3-я на 4 и отъ втораго, пѣснь 6-я на 4. По входѣ тропарь Богородицы; Слава, и нынѣ: кондакъ Богородицы; *въ храмѣ Христовомъ:* Тропари храма и Богородицы; Слава: кондакъ храма; И нынѣ: Богородицы. Прокименъ пѣснь Богородицы — Величитъ душа моя Господа: Апостолъ къ Фил. зач. 240-е. Аллилуіа во гл. 8-й. Евангеліе отъ Луки зач. 54-е. Причастенъ — Чашу спасенія:

25-го ОКТЯБРЯ. Суббота. Свв. мученикъ и нотарій Маркіана и Мартирія. *Димитріевская родительская суббота.*

На вечерни каѳизма 18-я. На — Господи воззвахъ: во гл. 4-й, стихиры на 6; изъ Минеи мучениковъ — Тиченіе совершивше: 3 и мученичны 3 изъ Октоиха, гласъ 4-й, — Христа человѣколюбца: — Жертвы одушевленныя: и — Честна смерть: (писаны въ пятницу въ Октоихѣ на вечерни); Слава: мучениковъ — Ученицы и послѣдователіе: И нынѣ: догматикъ настоящаго гласа — Иже Тебе ради: Входа нѣтъ. Чтецъ — Свѣте тихій: Прокименъ — Боже, заступникъ мой: — Сподоби Господи: Ектенія — Исполнимъ: На стиховнѣ стихиры Октоиха, гласъ 4-й — Прославляяйся въ памятехъ: съ припѣвами — Блажени яже избралъ: и — Души ихъ: Слава: мучениковъ — Разумніи церкве: И нынѣ: богородиченъ — Въ женахъ святая: (см. богородичны отъ меньшихъ, гласъ 3-й, въ пятокъ вечера). По — Нынѣ отпущаеши: тропарь — Апостоли, мученицы: Слава: — Помяни, Господи: И нынѣ: — Мати святая: Ектенія Помилуй насъ Боже: и конечный отпустъ.

На утрени вмѣсто — Богъ Господь: поемъ — Аллилуіа, во гласъ 2-й, со стихами — Блаженни яже избралъ: и тропарь — Апостоли, мученицы: 2-жды; Слава: — Помяни, Господи: И нынѣ: — Мати святая: Таже

Октябрь

каѳизма 16-я. Малая ектенія. Сѣдальны Октоиха 4-го гласа — Крестомъ вооружившеся: — Мученицы Твои Господи: стихъ — Многи скорби: — Иже во всемъ: стихъ — Блажени, яже избралъ: — Души яже: Слава, и нынѣ: богородиченъ — Еже отъ вѣка утаеное: Каѳизма 17-я (и прочая до канона, якоже указася въ субботу мясопустную — 9-го февраля). Каноны: мучениковъ на 6 (припѣвъ — Святіи мученицы Маркіане и Мартиріе, молите Бога о насъ), храма святаго на 4 и Октоиха (первый) на 4 (припѣвъ — Вси святіи, молите Бога о насъ). (Аще храмъ Христовъ, или Богородицы, поемъ прежде канонъ храма со ирмосомъ на 6, мученика на 4 и Октоиха на 4.) Ирмосы — Тристаты крѣпкія: или храма. По 3-й, 6-й, 8-й и 9-й пѣсняхъ катавасія — ирмосы канона изъ Октоиха. По 3-й пѣсни ектенія малая (не заупокойная). Кондакъ мучениковъ — Подвигшеся добрѣ: и икосъ; сѣдаленъ мучениковъ — Повелѣніе божественное: Слава, и нынѣ: богородиченъ — Божественнаго естества: По 6-й пѣсни ектенія заупокойная, порядокъ прежній. Кондакъ — Со святыми упокой: и икосъ. На 9-й пѣсни — Честнѣйшую: по 9-й пѣсни — Достойно есть: Свѣтиленъ Октоиха — Иже и мертвыми: Слава: мучениковъ — Павла всеблаженнаго: И нынѣ: богородиченъ — Похваляютъ рождество: Чтемъ хвалитные псалмы. На хвалитехъ стихиры мученичны Октоиха 4-го гласа на 4, — Кто не ужасается: Слава: самогласенъ мертвенъ — Гдѣ есть міра: И нынѣ: богородиченъ — Едина чистая: Славословіе читается. На стиховнѣ стихиры мертвенны изъ Октоиха 4-го гласа — Воистину страшнъ есть: Слава, и нынѣ: богородиченъ — Словесемъ послѣдующе: — Благо есть: и по Трисвятомъ тропарь — Апостоли, мученицы и пророцы: Слава: — Помяни, Господи: И нынѣ: — Мати святая: Ектенія, и часъ 1-й, и отпустъ.

На часахъ тропарь — Апостоли, мученицы: Слава: — Помяни, Господи: Кондакъ — Со святыми упокой.

На литургіи блаженна гласа изъ Октоиха на 6. По входѣ тропарь — Апостоли, мученицы и пророцы: и — Помяни, Господи: Слава: кондакъ — Со святыми упокой: И нынѣ: — Тебе и стѣну: Прокименъ — Веселитеся о Господѣ: и — Души ихъ: Апостолъ къ Кор. зач. 178-е и къ Сол. зач. 270-е. Аллилуіа во гл. 4-й. Евангеліе отъ Луки зач. 29-е и отъ Іоан. зач. 16-е. Причастенъ — Радуйтеся: и — Блажени, яже избралъ:

По литургіи совершается вселенская панихида по всѣмъ православнымъ воинамъ и христіанамъ.

26-го ОКТЯБРЯ. **Недѣля 22-я по Пятидесятницѣ.** Гласъ 5-й. **Святаго великомученика Димитрія мѵроточца.** Воспоминаніе великаго и страшнаго трясенія.

На великой вечерни — Блаженъ мужъ: На — Господи воззвахъ: стихиры на 10; Октоиха 3, трясенія — Земли смущаемѣй: (стиховны вечерни) 3 и мученика — Свѣтищи отечеству: 4; Слава: мученика — Днесь созывает насъ: И нынѣ: догматикъ — Въ Чермнѣмъ мори: Входъ. Прокименъ — Господь воцарися: Чтенія трясенія 2 и мученика 1. На литіи стихира храма и стихиры мученика — Веселися въ Господѣ: Слава: мученика — Стецемся вѣрою: И нынѣ: богородиченъ — Вострубимъ трубою: На стиховнѣ стихиры Октоиха; Слава: мученика — Имѣетъ убо: И нынѣ: богородиченъ — Безнѣвестная Дѣво: По — Нынѣ отпущаеши: не благословеніе хлѣбовъ — Богородице Дѣво: 2-жды и тропарь мученика — Велика обрѣте: 1-жды.

На утрени на — Богъ Господь: тропарь воскресенъ 2-жды; Слава: мученика; И нынѣ: трясенія — Призирая на землю: По каѳизмахъ сѣдальны воскресны. Полiелей и величаніе мученика — **Величаемъ тя, страстотерпче святый, великомучениче Димитріе, и чтемъ честная страданія твоя, яже за Христа претерпѣлъ еси.** 1-жды. (Въ воскресные дни избранные псалмы не поются.) — Ангельскій соборъ: Vпакои гласа. Сѣдальны мученика — Димитрія днесь: — Память твоя: Слава: — Сіянія чудесъ: И нынѣ: богородиченъ — Яко дѣву и едину: Степенна и прокименъ гласа. Евангеліе воскресное 11-е, отъ Іоанна зач. 67-е. — Воскресеніе Христово: и прочее обычно. Каноны: воскресенъ на 4, трясенія на 4 (припѣвъ — Слава Тебѣ, Боже нашъ, слава Тебѣ) и два канона мученика на 6 (припѣвъ — Святый великомучениче Димитріе, моли Бога о насъ). Ирмосы — Коня и всадника: Катавасія: — Отверзу уста моя: По 3-й пѣсни кондакъ мученика — Кровей твоихъ: и икосъ; сѣдаленъ мученика — Яко доблему страдальцу: Слава, и нынѣ: трясенія — Согрѣшившыя Тебѣ: по 6-й кондакъ воскресный и икосъ; На 9-й пѣсни поемъ — Честнѣйшую: — Святъ Господь Богъ нашъ. Свѣтиленъ воскресенъ 11-й — По божественнѣмъ: Слава: мученика — Крестомъ вооружилъ: И нынѣ: трясенія — Господи, призираяй: На хвалитехъ стихиры на 8; Октоиха 4 и мученика — Прободенъ бывъ: со Славнымъ — Копіями наслѣдовавшаго: 4 съ припѣвами ихъ — Праведникъ, яко фениксъ: и — Насаждени въ дому: Слава: стихира евангельская 11-я — Являя Себе: И нынѣ: — Преблагословенна еси: Славословіе великое и тропарь — Днесь спасеніе: Ектеніи и отпустъ воскресный. Часъ 1-й.

На часахъ тропарь воскресенъ: Слава: трясенія и мученика поперемѣнно. Кондаки трясенія и мученика поперемѣнно.

На литургіи блаженна на 12; гласа на 4, отъ канона трясенія, пѣснь 3-я на 4 и отъ канона мученика, пѣснь 6-я на 4. По входѣ тропари воскресенъ, трясенія, храма Богородицы и мученика; кондаки воскресенъ, трясенія; Слава: мученика; И нынѣ: храма Богородицы или трясенія. Прокименъ трясенія — Спаси, Господи, люди Твоя: и — Возвеселится праведникъ: Апостолъ ко Евр. зач. 331-е отъ полу; къ Гал. зач. 215-е и къ Тим. зач. 292-е. Аллилуіа во гл. 4-й. Евангеліе отъ Матѳ. зач. 27-е, отъ Луки зач. 83-е и отъ Іоан. зач. 52-е. Причастенъ — Хвалите Господа съ небесъ: и — Въ память вѣчную: Отпустъ воскресный.

28-го ОКТЯБРЯ. Вторникъ. **Преподобнаго Іова Почаевскаго.** *Служба бдѣнная, вся по Минеѣ. (См. 28-го августа.)*

Ноябрь

XI. НОЯБРЬ.

11-го НОЯБРЯ. Недѣля 23-я по Пятидесятницѣ. Гласъ 6-й. Свв. мученикъ Акиндина, Пигасія, Аффонія, Елпидифора и Анемподиста.

На великой вечерни — Блаженъ мужъ: На — Господи воззвахъ: стихиры на 10; Октоиха 7 и мучениковъ — Пяточисленное сочетаніе: 3; Слава: мучениковъ — Днесь пятозарный: И нынѣ: догматикъ — Кто Тебе не ублажитъ: Входъ. Прокименъ — Господь воцарися: На стиховнѣ стихиры Октоиха; Слава: мучениковъ — Пріидите, возрадуемся: И нынѣ: богородиченъ — О чудесе новаго: По — Нынѣ отпущаеши: — Богородице Дѣво: 3-жды.

На утрени на — Богъ Господь: тропарь воскресенъ 2-жды; Слава: мучениковъ — Страстотерпцы Господни: И нынѣ: богородиченъ — Вся паче смысла: По каѳизмахъ сѣдальны Октоиха. Полieлей. — Ангельскій соборъ: Vпакои, степенна и прокименъ гласа. Евангеліе воскресное 1-е, отъ Матѳ. зач. 116-е. — Воскресеніе Христово: и прочая обычно. Каноны: воскресенъ на 4, крестовоскресенъ на 3, Богородицы на 3 и мучениковъ на 4 (припѣвъ — Святіи мученицы, молите Бога о насъ). Ирмосы — Яко по суху: Катавасія — Отверзу уста моя: По 3-й пѣсни кондакъ мучениковъ — Благочестивыя и богоносныя: и икосъ; сѣдаленъ мучениковъ — Безбѣдно теченіе: Слава, и нынѣ: богородиченъ — Яко дѣву и едину: по 6-й кондакъ воскресный и икосъ. На 9-й пѣсни — Честнѣйшую: — Святъ Господь Богъ нашъ. Свѣтиленъ воскресенъ 1-й — Со ученики взыдемъ: Слава: мучениковъ — Акиндина, и Пигасія, и Елпидифора: И нынѣ: богородиченъ воскресенъ — Со ученики радовалася: На хвалитехъ стихиры Октоиха на 8; Слава: стихира евангельская 1-я — На гору ученикомъ: И нынѣ: — Преблагословенна еси: Славословіе великое. Тропарь — Воскресъ изъ гроба: Ектеніи и отпустъ воскресный. Часъ 1-й.

На часахъ тропарь воскресенъ; Слава: мучениковъ; Кондакъ воскресенъ.

На литургіи блаженна гласа на 8. По входѣ тропари см. 2-го января — № 2. Прокименъ — Спаси Господи, люди Твоя: и — Святымъ, иже суть на земли: Апостолъ ко Ефес. зач. 220-е и ко Ефес. зач. 233-е. Аллилуіа во 6-й и 4-й. Евангеліе отъ Луки зач. 38-е и отъ Матѳ. зач. 36-е. Причастенъ — Хвалите Господа: и — Радуйтеся праведніи: Отпустъ воскресный.

8-го НОЯБРЯ. Суббота. Соборъ архистратига Михаила и прочихъ безплотныхъ силъ. *Творимъ бдѣніе.*

На великой вечерни — Блаженъ мужъ: На — Господи воззвахъ: во гл. 4-й, стихиры безплотныхъ — Трисолнечнаго Божества: на 8; Слава: безплотныхъ — Срадуйтеся намъ вся ангельская: И нынѣ: догматикъ настоящаго гласа — Кто Тебе не ублажитъ: Входъ. Прокименъ — Боже, заступникъ мой: Чтенія безплотныхъ 3. На литіи стихира храма и стихиры безплотныхъ — Умныхъ силъ: Слава: безплотныхъ —

Огненными устами: И нынѣ: богородиченъ — Днесь боговмѣстимый: На стиховнѣ стихиры безплотныхъ — Ангельски въ мірѣ. Слава, и нынѣ: — Яко чиноначальникъ: По — Нынѣ отпущаеши: на благословеніи хлѣбовъ тропарь безплотныхъ — Небесныхъ воинствъ: 2-жды и — Богородице Дѣво: 1-жды.

На утрени на — Богъ Господь: во гл. 4-й, тропарь безплотныхъ 2-жды; Слава, и нынѣ: богородиченъ настоящаго гласа — Благословенную нарекій: По каѳизмахъ сѣдальны безплотныхъ. Полiелей и величаніе — **Величаемъ тя, святый архистратиже Божій Михаиле, и васъ святіи архангели, ангели, начала, власти, престоли, господьствія, силы, херувими и страшнiи серафими, прославляющія Господа.** Псаломъ избранный — Исповѣмся Тебѣ, Господи, всѣмъ сердцемъ моимъ, и предъ ангелы воспою Тебѣ. Сѣдаленъ безплотныхъ — Небесныхъ чиновъ: Слава: — Ангельстіи чини: И нынѣ: богородиченъ — Чистая и всенепорочная: Степенна — Отъ юности моея: Прокименъ — Творяй ангелы Своя духи: Евангеліе отъ Матѳ. зач. 52-е. Псаломъ 50-й. Слава: — Молитвами архангеловъ и ангеловъ: И нынѣ: — Молитвами Богородицы: — Помилуй мя, Боже: стихира — Ангели Твои, Христе: — Спаси, Боже: Каноны: Богородицы прешедшія недѣли утренній (воскресный), гл. 6-й, со ирмосомъ на 6 (припѣвъ — Пресвятая Богородице, спаси насъ), (аще ли храмъ Христовъ или Богородицы, поемъ канонъ храма со ирмосомъ на 6) и безплотныхъ два канона на 8 (припѣвъ — Вся небесныя силы святыхъ ангелъ и архангелъ, молите Бога о насъ). Ирмосы — Яко по суху: Катавасія — Отверзу уста моя: По 3-й пѣсни сѣдаленъ безплотныхъ — Небесныхъ начальницы: Слава, и нынѣ: богородиченъ — Боготблагодатная чистая: по 6-й кондакъ безплотныхъ — Архистратизи Божіи: и икосъ. На 9-й пѣсни поемъ — Честнѣйшую: Свѣтиленъ безплотныхъ — Огненныхъ архистратиже: Слава: безплотныхъ — Невещественныхъ силъ: И нынѣ: богородиченъ — Честнѣйшая еси: На хвалитехъ во гл. 1-й, стихиры безплотныхъ — Небесныхъ чиновъ: 4; Слава: безплотныхъ — Идѣже осѣняетъ благодать: И нынѣ: богородиченъ — Блажимъ Тя: Славословіе великое. Тропарь безплотныхъ; Слава, и нынѣ: богородиченъ настоящаго гласа — Благословенную нарекій: Ектеніи и отпустъ. Часъ 1-й.

На часахъ тропарь и кондакъ безплотныхъ.

На литургіи блаженна на 8; отъ перваго канона безплотныхъ, пѣснь 3-я на 4 и отъ втораго канона, пѣснь 6-я на 4. По входѣ тропари см. 2-го января — № 3. Прокименъ — Творяй ангелы: Апостолъ ко Евр. зач. 305-е. Аллилуіа во гл. 5-й. Евангеліе отъ Луки зач. 51-е. Причастенъ — Творяй ангелы:

9-го НОЯБРЯ. **Недѣля 24-я по Пятидесятницѣ.** Гласъ 7-й. Свв. мученикъ Онисифора и Порфинія. Преподобныя матере Матроны.

На великой вечерни — Блаженъ мужъ: На — Господи воззвахъ: стихиры на 10; Октоиха 4, мучениковъ — Мучениче страдальче: 3 и

Ноябрь

преподобныя — Плоти игранія: 3; Слава, и нынѣ: догматикъ — Мати убо позналася еси: Входъ. Прокименъ — Господь воцарися: На стиховнѣ стихиры Октоиха. По — Нынѣ отпущаеши: — Богородице Дѣво: 3-жды.

На утрени на — Богъ Господь: тропарь воскресенъ 1-жды; мучениковъ — Мученицы Твои, Господи: Слава: преподобныя — Въ Тебѣ, мати: И нынѣ: богородиченъ — Иже насъ ради: По каѳизмахъ сѣдальны воскресны. Полiелей. — Ангельскій соборъ: Ѵпакои, степенна и прокименъ гласа. Евангеліе воскресное 2-е, отъ Марка зач. 70-е. Воскресеніе Христово: Псаломъ 50-й и прочее обычно. Каноны: воскресенъ на 4, Богородицы на 2, мучениковъ на 4 (припѣвъ — Святіи мученицы Онисифоре и Порфиріе, молите Бога о насъ) и преподобныя на 4 (припѣвъ — Преподобная мати Матроно, моли Бога о насъ). Ирмосы — Маніемъ Твоимъ: Катавасія — Отверзу уста моя: По 3-й пѣсни кондакъ мучениковъ — Мученикъ двоица: и икосъ; кондакъ преподобныя — За любовь: и икосъ; сѣдаленъ мучениковъ — Огнемъ божественнаго: Слава: преподобныя — Предъизбранная отъ Бога: И нынѣ: богородиченъ — Непремѣннаго Бога: по 6-й кондакъ воскресный и икосъ. На 9-й пѣсни — Честнѣйшую: — Святъ Господь Богъ нашъ. Свѣтиленъ воскресенъ 2-й — Камень узрѣвша: мучениковъ — Мученики почтимъ: Слава: преподобныя — Посредѣ мужей: И нынѣ: богородиченъ воскресенъ — Ангелъ убо принесе: На хвалитехъ стихиры Октоиха на 8; Слава: стихира евангельская 2-я — Съ мѵры пришедшимъ: И нынѣ: — Преблагословенна еси: Славословіе великое. Тропарь — Днесь спасеніе: Ектеніи и отпустъ воскресный. Часъ 1-й.

На часахъ тропарь воскресенъ; Слава: мучениковъ и преподобныя поперемѣнно. Кондакъ воскресенъ.

На литургіи блаженна гласа на 8. По входѣ тропари см. 2-го января — № 2. Прокименъ — Господь крѣпость: Апостолъ ко Ефес. зач. 221-е. Аллилуіа во гл. 7-й. Евангеліе отъ Луки зач. 39-е. Причастенъ — Хвалите Господа: Отпустъ воскресный.

13-го НОЯБРЯ. Четвергъ. **Святителя Іоанна Златоуста, архіеп. Константинопольскаго.** *Творимъ бдѣніе.*

На великой вечерни — Блаженъ мужъ: На — Господи воззвахъ: во гл. 4-й, стихиры святителя — Златокованную трубу: на 8; Слава: святителя — Преподобне треблаженне: И нынѣ: догматикъ — Кто Тебе не ублажитъ: Входъ. Прокименъ — Боже, во имя Твое: Чтенія святителя 3. На литіи стихира храма и стихиры святителя — Свѣтильниче Іоанне: Слава: святителя — Подобаше царствующему градовъ: И нынѣ: богородиченъ — Тя стѣну стяжахомъ: На стиховнѣ стихиры святителя — Радуйся, златозарный: Слава: святителя — Труба златогласная: И нынѣ: богородиченъ — Творецъ и Избавитель: По — Нынѣ отпущаеши: на благословеніи хлѣбовъ тропарь святителя — Устъ твоихъ: 2-жды и — Богородице Дѣво: 1-жды.

На утрени на — Богъ Господь: во гл. 8-й, тропарь святителя 2-жды; Слава, и нынѣ: богородиченъ — Иже насъ ради: По каѳизмахъ сѣдальны святителя. Полiелей и величанiе святителя — **Величаемъ тя, святителю отче Іоанне Златоусте, и чтемъ святую память твою, ты бо молиши за насъ Христа Бога нашего.** Псаломъ избранный — Услышите сiя вси языцы, внушите вси живущiи по вселеннѣй. Сѣдаленъ святителя — Сокровище явился еси: Слава, и нынѣ: богородиченъ — Небесную дверь: Степенна — Отъ юности моея: Прокименъ — Уста моя возглаголютъ: Евангелiе отъ Іоанна зач. 35-е отъ полу. Псаломъ 50-й Слава: — Молитвами святителя Іоанна Златоуста: И нынѣ: — Молитвами Богородицы: — Помилуй мя, Боже: Стихира святителя — Изліяся благодать: Каноны: Богородицы молебный со ирмосомъ на 6 (припѣвъ — Пресвятая Богородице, спаси насъ) и святителя на 8 (припѣвъ — Святителю отче Іоанне Златоусте, моли Бога о насъ). Ирмосы — Воду прошедъ: Катавасiя — Отверзу уста моя: По 3-й пѣсни сѣдаленъ святителя — Неизреченныя мудрости: Слава: — Сущую свыше: И нынѣ: богородиченъ — Пламень геенскiй: по 6-й кондакъ святителя — Отъ небесъ прiялъ еси: и икосъ. На 9-й пѣсни поемъ — Честнѣйшую: Свѣтиленъ святителя — Златозарными словесы: Слава: святителя — Великогласнѣйшаго покаянiя: И нынѣ: богородиченъ — Дѣво всенепорочная: На хвалитехъ, во гл. 4-й, стихиры святителя — Сосудъ честнѣйшiй: на 4; Слава: святителя — Златыми словесы: И нынѣ: богородиченъ — Владычице, прiими молитву: Славословiе великое. Тропарь святителя; Слава, и нынѣ: богородиченъ — Иже насъ ради: Ектенiи и отпустъ. Часъ 1-й.

На часахъ тропарь и кондакъ святителя.

На литургiи блаженна на 8; отъ канона святителя, пѣснь 3-я на 4 и пѣснь 6-я на 4. По входѣ тропари см. 2-го января — № 3. Прокименъ — Уста моя возглаголютъ: Апостолъ ко Евр. зач. 318-е. Аллилуiа во гл. 2-й. Евангелiе отъ Іоан. зач. 36-е. Причастенъ — Въ память вѣчную:

15-го НОЯБРЯ. Суббота. **Начало Рождественскаго поста.** Свв. мученикъ Гурiя, Самона и Авива. (Ради субботы, поемъ службу на — Богъ Господь: а не по постному.)

На вечерни на — Господи воззвахъ: во гл. 4-й; стихиры мучениковъ — Авивъ всемудрый: на 6 (стихиры Богородицы не поемъ); Слава: мучениковъ — Едесъ веселится: И нынѣ: богородиченъ настоящаго гласа — Мати убо позналася еси: Входа нѣтъ. Чтемъ — Свѣте тихiй: Прокименъ — Боже, заступникъ мой: — Сподоби Господи: — Исполнимъ вечернюю молитву: На стиховнѣ стихиры Октоиха 7-го гласа — Нерадивше о всѣхъ: со обычными стихами; Слава: мучениковъ — Прiидите, мученикoлюбцы: и нынѣ: богородиченъ — Спаси отъ бѣдъ: (см. богородиченъ отъ меньшихъ, гласъ 2-й въ пятокъ вечера). По — Нынѣ отпущаеши: Трисвятое по — Отче нашъ: тропарь мучениковъ — Чудеса святыхъ: Слава, и нынѣ: богородиченъ настоящаго глава —

Ноябрь

Яко нашего воскресенія: Сугубая ектенія — Помилуй насъ Боже: Таже отпустъ.

На утрени іерей съ кадиломъ предъ престоломъ — Благословенъ Богъ нашъ: чтецъ — Аминь. (Аще нѣсть полунощницы, то по возгласѣ — Царю Небесный:) Трисвятое: по — Отче нашъ: іерей — Яко Твое есть Царство: и кадитъ церковь. Чтецъ — Аминь; и чтетъ псалмы 19-й и 20-й. Ектенія по обычаю и возгласъ: — Слава Святѣй: шестопсалміе. Ектенія великая. На — Богъ Господь: во гл. 5-й, тропарь мучениковъ 2-жды; Слава, и нынѣ: богородиченъ — Радуйся, двере Господня: По каѳизмахъ сѣдальны Октоиха. 50-й псаломъ: Каноны: мучениковъ изъ Минеи на 6 (припѣвъ — Святіи мученицы Гуріе, Самоне и Авиве, молите Бога о насъ), храма святаго на 4 (аще ли храмъ Христовъ или Богородицы, поемъ канонъ храма со ирмосомъ на 6 и мучениковъ Минеи на 4) и Октоиха 7-го гласа на 4 (припѣвъ — Вси святіи, молите Бога о насъ). Ирмосы — Моря чермную: или храма. По 3-й, 6-й, 8-й и 9-й пѣсняхъ катавасія, ирмосы отъ канона Октоиха. По 3-й пѣсни сѣдаленъ мучениковъ — Крестомъ вооружившеся: Слава: мучениковъ — Христу поработавше: И нынѣ: богородиченъ — Яко дѣву и едину: по 6-й кондакъ мучениковъ — Съ высоты, мудріи: и икосъ. На 9-й пѣсни поемъ — Честнѣйшую: По 9-й пѣсни — Достойно есть: и поклонъ. Ектенія малая. По возгласѣ свѣтиленъ Октоиха — Иже и мертвыми: Слава: мучениковъ — Иже отъ гроба: И нынѣ: богородиченъ — Крѣпкимъ твоимъ: Чтемъ хвалительны псалмы. — Тебѣ слава подобаетъ: Іерей — Слава Тебѣ, Показавшему намъ свѣтъ. Чтецъ — Слава въ вышнихъ Богу: Ектенія — Исполнимъ утреннюю: Стиховны Октоиха, гласъ 7-й — Память святыхъ: (хвалитные утрени) съ обычными припѣвами; Слава, и нынѣ: богородиченъ — Моли Дѣво: — Благо есть исповѣдатися: 1-жды. Трисвятое: по — Отче нашъ: тропарь мучениковъ; Слава, и нынѣ: богородиченъ — Радуйся, двере Господня: Сугубая ектенія и часъ 1-ый.

На часахъ тропарь и кондакъ мучениковъ.

На литургіи блаженна Октоиха на 6; По входѣ тропари храма Христовъ или Богородицы; дне — Апостоли, мученицы и пророцы: храма святаго; мучениковъ; кондакъ храма святаго; мучениковъ; Слава: — Со святыми: И нынѣ: храма Христовъ или Богородицы; аще храмъ святаго — Предстательство христіанъ: Прокименъ — Святымъ, иже суть: и — Веселитеся о Господѣ: Апостолъ ко Ефес. зач. 233-е и къ Гал. зач. 199-е. Аллилуіа во гл. 4-й. Евангеліе отъ Луки зач. 64-е и отъ Луки зач. 46-е. Причастенъ — Радуйтеся:

16-го НОЯБРЯ. Недѣля 25-я по Пятидесятницѣ. Гласъ 8-й. **Св. апостола и Евангелиста Матѳея.**

На великой вечерни — Блаженъ мужъ: На — Господи воззвахъ: стихиры на 10; Октоиха 4 и апостола — Испытуяй сердца: 6; Слава: апостола — Зовущу Христу: И нынѣ: догматикъ — Царь Небесный:

Ноябрь

Входъ. Прокименъ — Господь воцарися: Чтенія апостола 3. На стиховнѣ стихиры Октоиха; Слава: апостола — Изъ глубины: И нынѣ: богородиченъ — Творецъ и Избавитель: По — Нынѣ отпущаеши: — Богородице Дѣво: 3-жды.

На утрени на — Богъ Господь: тропарь воскресенъ 2-жды; Слава: апостола — Усердно отъ мытницы: И нынѣ: богородиченъ — Тя ходатайствовавшую: По каѳизмахъ сѣдальны воскресны. Полiелей и величаніе апостола — **Величаемъ тя, апостоле Христовъ и евангелисте Матѳее, и чтемъ болѣзни и труды твоя, имиже трудился еси во благовѣстіи Христовѣ.** 1-жды. (Въ воскресные дни избранные псалмы не поются.) — Ангельскій соборъ: Vпакои гласа. Сѣдальны апостола — Первый Христово: — Дѣлы просіявъ: Слава: — Во вся концы: И нынѣ: богородиченъ — Яко дѣву и едину: Степенна и прокименъ гласа. Евангеліе воскресное 3-е, Марка зач. 71-е. — Воскресеніе Христово: Псаломъ 50-й и прочее воскресно. Каноны: воскресенъ на 4, крестовоскресенъ на 2, Богородицы на 2 и апостола на 6 (припѣвъ — Святый апостоле и евангелисте Матѳее, моли Бога о насъ). Ирмосы — Колесницегонителя: Катавасія — Отверзу уста моя: По 3-й пѣсни кондакъ апостола — Мытарства иго отвергъ: и икосъ; сѣдаленъ апостола — Во вся концы: Слава: апостола — Яко свѣтильника: И нынѣ: богородиченъ — Яко всенепорочная: по 6-й кондакъ воскресный и икосъ. На 9-й пѣсни — Честнѣйшую: — Святъ Господь Богъ нашъ. Свѣтиленъ воскресенъ 3-й — Яко Христосъ воскресе: апостола — Сказа намъ: Слава: апостола — Мытарства иго: И нынѣ: богородиченъ воскресенъ — Возсіявшее солнце: На хвалитехъ стихиры на 8; Октоиха 4 и апостола — Просіялъ еси: со Славнымъ — Иго оставивъ неправды: 4 съ припѣвами ихъ — Во всю землю: и — Небеса повѣдаютъ: Слава: стихира евангельская 3-я — Магдалинѣ Маріи: И нынѣ: — Преблагословенна еси: Славословіе великое. Тропарь — Воскресъ изъ гроба: Ектеніи и отпустъ воскресный. Часъ 1-й.

На часахъ тропарь воскресенъ; Слава: апостола. Кондакъ апостола и воскресенъ поперемѣнно.

На литургіи блаженна на 10; гласа на 6 и отъ канона апостола, пѣснь 3-я на 4. По входѣ тропари см. 2-го января — № 2. Прокименъ — Помолитеся и воздадите: и — Во всъ землю: Апостолъ ко Ефес. зач. 224-е и къ Кор. зач. 131-е. Аллилуіа во гл. 8-й и 1-й. Евангеліе отъ Луки зач. 53-е и отъ Матѳ. зач. 30-е. Причастенъ — Хвалите Господа: и — Во всю землю: Отпустъ воскресный.

19-го НОЯБРЯ. Среда. **Святителя Филарета, митрополита Московскаго.**

Служба свят. Филарета напечатана на интернетъ. Зри: http://www.sbkrpc.ru/bogosluzhebnye-teksty/sluzhby-svyatitelyam/109-sluzhba-svt-filaretu-mitr-moskovskomu.html

На великой вечерни — Блаженъ мужъ: на — Господи воззвахъ: во гл.

6-й; стихиры святителя — Днесь благодать: на 8; Слава: святителя — О, пречудный святителю Филарете: И нынѣ: догматикъ — Царь небесный: Входъ. Прокименъ — Милость Твоя, Господи: Чтенія святителя 3. На литіи стихира храма и стихиры святителя — О благоутробія Божія: Слава: святителя — Яко преемникъ: И нынѣ: богородиченъ — Владычице, пріими молитвы: (см. богородицы отъ меньшихъ, гласъ 8-й, въ субботу утра). На стиховнѣ стихиры святителя — Сосуде избранный: Слава: святителя — Днесь Коломна именитая: И нынѣ: богородиченъ — Безневѣстная Дѣво: По — Нынѣ отпущаеши: на благословеніи хлѣбовъ тропарь святителя — Духа Святаго благодать: 2-жды и — Богородице Дѣво: 1-жды.

На утрени на — Богъ Господь: во гл. 4-й, тропарь святителя 2-жды; Слава, и нынѣ: богородиченъ — Еже отъ вѣка: По каѳизмахъ сѣдальны святителя. Полiелей и величаніе святителя — **Величаемъ тя, святителю отче Филарете, и чтемъ святую память твою, ты бо молиши за насъ Христа Бога нашего.** Псаломъ избранный — Услышите сія вси языцы, внушите вси живущіи по вселеннѣй. Сѣдальны святителя — Отъ юности руку: Слава, и нынѣ: богородиченъ — О всепѣтая Мати: Степенна — Отъ юности: Прокименъ — Благовѣстихъ правду въ церкви велицей. Евангеліе отъ Іоанна зач. 35-е отъ полу. Псаломъ 50-й. Слава: — Молитвами святителя Филарета: И нынѣ: — Молитвами Богородицы: — Помилуй мя, Боже: стихира святителя — Пастырю мудрый: Каноны: Богородицы молебный на 6 и святителя на 8 (припѣвъ — Святителю отче Филарете, моли Бога о насъ). Ирмосы — Воду прошедъ: Катавасія — Отверзу уста моя: По 3-й пѣсни сѣдаленъ святителя — Ты еси пастырь добрый: Слава, и нынѣ: богородиченъ — Яко всенепорочная: по 6-й кондакъ святителя — Яко истинный подражатель: На 9-й пѣсни поемъ — Честнѣйшую: Свѣтиленъ святителя — Яко благочестія лампаду: Слава, и нынѣ: богородиченъ — Что ти принесемъ: На хвалитехъ во гл. 5-й, стихиры святителя — Радуйся, святителю: на 4; Слава: святителя — О Филарете славный: И нынѣ: — Все упованіе: (см. богородиченъ отъ меньшихъ, гласъ 2-й въ четвергъ утра). Славословіе великое. Тропарь святителя; Слава, и нынѣ: богородиченъ — Еже отъ вѣка: Ектеніи и отпустъ. Часъ 1-й.

На часахъ тропарь и кондакъ святителя.

На литургіи блаженна на 8; изъ канона святителя, пѣснь 3-я на 4 и пѣснь 6-я на 4. По входѣ тропари см. 2-го января — № 3. Прокименъ — Уста моя возглаголютъ: Апостолъ ко Ефес. зач. 233-е. Аллилуіа во гл. 4-й. Евангеліе отъ Матѳ. зач. 11-е. Причастенъ — Въ память вѣчную:

21-го НОЯБРЯ. Пятница. **ВВЕДЕНІЕ ВО ХРАМЪ ПРЕСВЯТЫЯ ВЛАДЫЧИЦЫ НАШЕЯ БОГОРОДИЦЫ И ПРИСНОДѢВЫ МАРІИ.**

На великой вечерни — Блаженъ мужъ: На — Господи воззвахъ: во гл. 1-й; стихиры праздника — Днесь вѣрніи: на 8; Слава, и нынѣ: праздника

— По рождествѣ Твоемъ: Входъ. Прокименъ — Помощь моя отъ Господа: Чтенія праздника 3. На литіи стихиры праздника — Да радуется днесь: Слава, и нынѣ: праздника — Возсія день: На стиховнѣ стихиры праздника — Радуется небо: Слава, и нынѣ: праздника — Днесь собори: По — Нынѣ отпущаеши: на благословеніи хлѣбовъ тропарь праздника — Днесь благоволенія: 3-жды.

На утрени на — Богъ Господь: во гл. 4-й; тропарь праздника 2-жды; Слава, и нынѣ: тойже. По каѳизмахъ сѣдальны праздника. Полiелей и величаніе — **Величаемъ Тя, Пресвятая Дѣво, богоизбранная Отроковице, и чтемъ еже въ храмъ Господень вхожденіе Твое.** Псаломъ избранный — Велій Господь и хваленъ зѣло, во градѣ Бога нашего, въ горѣ святѣй Его. Сѣдаленъ праздника — Да радуется Давидъ: Степенна — Отъ юности моея: Прокименъ праздника — Слыши, дщи, и виждь, и приклони ухо твое. Евангеліе отъ Луки зач. 4-е. Псаломъ 50-й. Слава: праздника — Днесь храмъ одушевленный: И нынѣ: тойже. — Помилуй мя, Боже: и стихира праздника — Днесь боговмѣстимый храмъ: Каноны: два канона праздника, ирмосы по 2-жды, тропари на 12 (припѣвъ — Пресвятая Богородице, спаси насъ). Ирмосы — Отверзу уста моя: и — Пѣснь побѣдную: Катавасія — Христосъ раждается:[23] По 3-й пѣсни сѣдаленъ праздника — Возопій Давиде: Слава, и нынѣ: — Непорочная Агница: по 6-й кондакъ праздника — Пречистый храмъ Спасовъ: и икосъ. На 9-й пѣсни *не поемъ* — Честнѣйшую: но припѣвъ — **Ангели вхожденіе Пречистыя зряще удивишася, како Дѣва вниде во святая святыхъ;** и ирмосъ — Яко одушевленному: Свѣтиленъ праздника — Юже древле: 3-жды. На хвалитехъ во гл. 1-й; стихиры праздника — Свѣщеносицы дѣвы: на 4 Слава, и нынѣ: праздника — Днесь въ храмъ: Славословіе великое. Тропарь праздника. Ектеніи и отпустъ праздника — **Христосъ истинный Богъ нашъ, молитвами Пречистыя Своея Матере и всѣхъ святыхъ, помилуетъ:** Часъ 1-й.

На часахъ тропарь и кондакъ праздника.

На литургіи блаженна на 8; отъ перваго канона праздника, пѣснь 3-я на 4 и отъ втораго, пѣснь 6-я на 4. По входѣ тропарь праздника; Слава, и нынѣ: кондакъ праздника. Прокименъ пѣснь Богородицы — Величитъ душа моя Господа: Апостолъ ко Евр. зач. 320-е. Аллилуіа во гл. 8-й. Евангеліе отъ Луки зач. 54-е. Задостойникъ — Ангели вхожденіе: и — Яко одушевленному: Причастенъ — Чашу спасенія: Отпустъ праздника — **Христосъ истинный Богъ нашъ, молитвами Пречистыя Своея Матере, иже во святыхъ отца нашего Іоанна, архіепископа Константина града Златоустаго и всѣхъ святыхъ, помилуетъ:**

23-го НОЯБРЯ. **Недѣля 26-я по Пятидесятницѣ.** Гласъ 1-й. *Попразднство Введенія во Храмъ Пресв. Богородицы.* **Св. благовѣрнаго вел. кн. Александра Невскаго, въ схимѣ Алексія.**

---

[23] Катавасія — Христосъ раждается: поется отъ сего дня во всѣ дни воскресные, праздничные и великихъ святыхъ ло 31-го декабря, т. е. до отданія Рождества Христова.

Ноябрь

На великой вечерни — Блаженъ мужъ: На — Господи воззвахъ: стихиры на 10; Октоиха 3 праздника — Да приведутся, глаголетъ: (стиховны вечерни въ службѣ Амфилохію Иконійскому и Григорію Акрагантійскому) 3 и святаго — Кіими похвальными вѣнцы: 4; Слава: святаго — Всякъ градъ: И нынѣ: догматикъ — Всемірную славу: Входъ. Прокименъ — Господь воцарися: Чтенія святаго 3. На литіи стихира храма и стихиры святаго — Земля наша и страна блаженне: Слава: святаго — Пріидите Христоименитіи собори: И нынѣ: праздника — Возсія день радостенъ: На стиховнѣ стихиры Октоиха; Слава: святаго — Радуйся и веселися: И нынѣ: праздника — Днесь собори вѣрныхъ: По — Нынѣ отпущаеши: — Богородице Дѣво: 2-жды и тропарь праздника — Яко благочестиваго корене: 1-жды.

На утрени на — Богъ Господь: тропарь воскресенъ 2-жды; Слава: святаго; И нынѣ: праздника — Днесь благоволенія: По каѳизмахъ сѣдальны Октоиха. Поліелей и величаніе — **Величаемъ тя, благовѣрный великій княже Александре, и чтемъ святую память твою, ты бо молиши за насъ Христа Бога нашего.** 1-жды. (Въ воскресные дни избранные псалмы не поются.) — Ангельскій соборъ: Vпакои гласа. Сѣдальны святаго — Радуйся, яко вторый Ѳессалонъ: — Благодарно зовемъ: Слава: — Духъ Святый: И нынѣ: праздника — Прежде зачатія: Степенна и прокименъ гласа. Евангеліе воскресное 4-е, отъ Луки зач. 112-е. — Воскресеніе Христово: Псаломъ 50-й и прочее воскресно. Каноны: воскресенъ на 4, праздника (вторый) на 4 (припѣвъ — Пресвятая Богородице, спаси насъ) и святаго оба канона на 6 (припѣвъ — Святый благовѣрный великій княже Александре, моли Бога о насъ). Ирмосы — Твоя побѣдительная: Катавасія — Христосъ раждается: По 3-й пѣсни кондакъ праздника — Пречистый храмъ Спасовъ: и икосъ; кондакъ святаго — Яко звѣзду тя: и икосъ; сѣдаленъ святаго — Яко звѣзда многосвѣтлая; Слава, и нынѣ: праздника — Непорочная Агница: по 6-й кондакъ воскресный и икосъ. На 9-й пѣсни поемъ — Честнѣйшую: — Святъ Господь Богъ нашъ. Свѣтиленъ воскресный 4-й — Добродѣтельми блиставшеся: Слава: святаго — Слышана бысть: И нынѣ: праздника — Юже древле: На хвалитехъ стихиры на 8; Октоиха 4 и святаго — О преславнаго чудесе: со Славнымъ — Пріидите, вси языцы: 4 съ припѣвами ихъ — Честна предъ Господемъ: и — Блаженъ мужъ: Слава: стихира евангельская 4-я — Утро бѣ глубоко: И нынѣ: — Преблагословенна еси: Славословіе великое. Тропарь — Днесь спасеніе: Ектеніи и отпустъ воскресный. Часъ 1-й.

На часахъ тропарь воскресенъ; Слава: праздника и святаго поперемѣнно. Кондакъ праздника, святаго и воскресенъ поперемѣнно.

На литургіи блаженна гласа на 12; гласа на 4, отъ перваго канона праздника, пѣснь 5-я и отъ канона святаго, пѣснь 3-я на 4. По входѣ тропари воскресенъ, праздника, и святаго; кондакъ воскресенъ, Слава: святаго; И нынѣ: праздника. Прокименъ — Буди, Господи, милость Твоя на насъ: и — Честна предъ Господемъ: Апостолъ ко Ефес. зач.

229-е и къ зач. 213-е. Аллилуіа во гл. 1-й и 6-й. Евангеліе отъ Луки зач. 66-е и отъ Матѳ. зач. 43-е. Задостойникъ — Ангели вхожденіе: и — Яко одушевленному: Причастенъ — Хвалите Господа: и — Въ память вѣчную: Отпустъ воскресный.

24-го НОЯБРЯ. Понедѣльникъ. *Попразднство Введенія во Храмъ Пресв. Богородицы.* Св. великомученицы Екатерины. Св. великомученика Меркурія Кесарійскаго.

На вечерни по возгласѣ — Благословенъ Богъ нашъ: чтецъ — Пріидите, поклонимся: [24] и псаломъ 103-й — Благослови, душе моя, Господа: Ектенія великая. Каѳизмы нѣтъ. На — Господи воззвахъ: во гл. 1-й; стихиры на 6; мученицы — Днесь красуется: 3 и мученика — Поборенiемъ духа: 3; Слава: мученицы — Радостно къ торжеству: И нынѣ: праздника — По рождествѣ твоемъ: Входа нѣтъ. Чтецъ — Свѣте тихій: Прокименъ — Се нынѣ благословите: — Сподоби Господи: Ектенія — Исполнимъ вечернюю молитву: На стиховнѣ стихиры праздника — Пріидите празднолюбцы: Слава: мученицы — Житіе невещественно: И нынѣ: праздника — Давидъ провозглашаше: По — Нынѣ отпущаеши: Трисвятое по — Отче нашъ: тропарь мученицы — Добродѣтельми, яко лучами: Слава: мученика — Мученикъ Твой Господи: И нынѣ: праздника — Днесь благоволенія: Сугубая ектенія — Помилуй насъ Боже: Таже отпустъ.

На утрени іерей съ кадиломъ предъ престоломъ — Благословенъ Богъ нашъ: чтецъ — Аминь. (Аще нѣсть полунощницы, то по возгласѣ — Царю Небесный:) Трисвятое: по — Отче нашъ: іерей — Яко Твое есть Царство: и кадитъ церковь. Чтецъ — Аминь; и чтетъ псалмы 19-й и 20-й. Ектенія по обычаю и возгласъ: — Слава Святѣй: шестопсалміе. Ектенія великая. На — Богъ Господь: во гл. 4-й; тропарь праздника 1-жды; мученицы 1-жды; Слава: мученика; И нынѣ: праздника. По каѳизмахъ сѣдальны праздника. 50-й псаломъ. Каноны: праздника (первый) съ ирмосомъ на 6 (припѣвъ — Пресвятая Богородице, спаси насъ), мученицы на 4 (припѣвъ — Святая великомученице Екатерино, моли Бога о насъ) на 4 и мученика (припѣвъ — Святый великомучениче Меркуріе, моли Бога о насъ) на 4. Ирмосы — Отверзу уста моя: По 3-й, 6-й, 8-й и 9-й пѣсняхъ катавасія, ирмосы послѣдняго канона изъ Минеи. По 3-й пѣсни кондакъ праздника — Пречистый храмъ Спасовъ: и икосъ; кондакъ мученика — Во бранѣхъ: сѣдаленъ мученицы — Жениха твоего: Слава: мученика — Мученикъ Меркурій: И нынѣ: праздника — Давиде, предъиди: по 6-й кондакъ мученицы — Ликъ честный: и икосъ; На 9-й пѣсни поемъ — Честнѣйшую: Свѣтиленъ мученицы — Возжиляема мудрованіемъ: Слава, и нынѣ: праздника — Ангельстіи чини: Читаемъ хвалитные псалмы. На хвалитехъ стихиры мученицы — Память всесвященную: на 4; Слава: мученицы — Житіе невещественно: И нынѣ: праздника — Днесь собори вѣрныхъ: Славословіе чтемъ. Ектенія про-

---

24) Аще 9-й часъ не читается, то вечерня начинается полнымъ началомъ

Ноябрь

сительная. Стиховные стихиры праздника — Свѣтъ тя: Слава, и нынѣ: праздника — Двери небесныя: — Благо есть: Трисвятое по — Отче нашъ: Тропарь мученицы; Слава: мученика; И нынѣ: праздника. Сугубая ектенія и часъ 1-й.

На часахъ тропарь праздника; Слава: мученицы и мученика поперемѣнно. Кондакъ праздника.

На литургіи блаженна на 8; отъ канона праздника, пѣснь 7-я и 8-я на 4 и отъ канона мученицы, пѣснь 6-я на 4. По входѣ тропари храма Христова, праздника, храма святаго, мученицы, мученика; кондакъ храма Христова или святаго; мученицы; Слава: мученика; И нынѣ: праздника. Прокименъ пѣснь Богородицы — Величитъ душа моя Господа: и — Дивенъ Богъ: Апостолъ къ Тим. зач. 285-е отъ полу и къ Ефес. зач. 233-е. Аллилуіа во гл. 8-й и 1-й. Евангеліе отъ Луки зач. 86-е и отъ Луки зач. 106-е. Задостойникъ — Ангели вхожденіе: и — Яко одушевленному: Причастенъ — Чашу спасенія: и — Радуйтеся праведніи:

25-го НОЯБРЯ. Вторникъ. *Отданіе Введенія во храмъ Пресвятыя Богородицы.* Священномучч. Климента, папы Римскаго и Петра Александрійскаго.

На вечерни и утрени служба праздника, кромѣ входа, паремій, литіи и поліелея, но съ припѣвами праздника на 9-ой пѣсни — **Величай душе моя:** и съ великимъ славословіемъ. Поемъ въ соединеніи службъ священномучениковъ.

На литургіи по входѣ тропарь праздника и святыхъ; Слава: кондакъ святыхъ; И нынѣ: праздника. Прокименъ, аллилуіа и причастенъ праздника и святыхъ. Апостолъ и евангеліе праздника, святыхъ и дне. Задостойникъ — Ангели вхожденіе: и — Яко одушевленному:

27-го НОЯБРЯ. Четвергъ. **Праздникъ иконы Знаменія Пресвятыя Богородицы «Курско-Коренныя» (Всезарубежныя нашея Одигитріи).** *Творимъ бдѣніе.*

Служба напечатана отдѣльной брошюрой или смотрите на интернетѣ. Зри:

http://osanna.russportal.ru/index.php?id=liturg_book.menaion_sept_aug.november_m2702

На великой вечерни — Блаженъ мужъ: На — Господи воззвахъ: во гл. 8-й, стихиры Богородицы — О Дѣво всепѣтая: 8; Слава, и нынѣ: — Днесь всепразднственный ликъ: Входъ. Прокименъ — Боже, во имя Твое: Чтенія Богородицы 3. На литіи стихиры Богородицы — Пріидите вся отечествія: Слава, и нынѣ: Богородицы — Егда пріидетъ: На стиховнѣ стихиры Богородицы — Воистинну Богородице: Слава, и нынѣ: Богородицы — Руцѣ Твои: По — Нынѣ отпущаеши: на благословеніи хлѣбовъ тропарь Богородицы — Яко необоримую стѣну: 2-жды и — Богородице Дѣво: 1-жды.

На утрени на — Богъ Господь, во гл. 4-й, тропарь Богородицы 2-жды; Слава, и нынѣ: тойже. По каѳизмахъ сѣдальны Богородицы. Полiелей и величанiе Богородицы — **Достойно есть величати Тя, Богородице, честнѣйшую Херувимъ, и славнѣйшую безъ сравненiя Серафимъ.** Псаломъ избранный — Боже, судъ Твой Цареви даждь, и правду Твою Сыну Цареву. Ектенiя малая. Сѣдаленъ Богородицы — Наста днесь праздникъ: Степенна — Отъ юности моея: Прокименъ — Помяну имя Твое: Евангелiе отъ Луки зач. 4-е. Псаломъ 50-й. Слава: — Молитвами Богородицы: И нынѣ: тойже; — Помилуй мя, Боже: Стихира Богородицы — Нынѣ возвеселися: Канонъ Богородицы молебный на 6 и канонъ праздника Богородицы на 8. Ирмосы — Воду прошедъ: Катавасiя — Христосъ раждается: По 3-й пѣсни сѣдаленъ Богородицы — Кiй убо праздникъ: Слава, и нынѣ: тойже; по 6-й кондакъ Богородицы — Прiидите, вѣрнiи: и икосъ. На 9-й пѣсни поемъ — Честнѣйшую: Свѣтиленъ Богородицы — Солнца свѣтлѣйшая: Слава, и нынѣ: Богородицы — Ризы крещенiя: На хвалитехъ во гл. 8-й, стихиры Богородицы — Сердца съ колѣны: 4; Слава, и нынѣ: Богородицы — За мiръ весь: Славословiе великое. Тропарь Богородицы. Ектенiи и отпустъ. Часъ 1-й. *На часахъ* тропарь и кондакъ Богородицы.

На литургiи блаженна на 8; отъ канона Богородицы, пѣснь 3-я на 4 и пѣснь 6-я на 4. По входѣ тропарь Богородицы; Слава, и нынѣ: кондакъ Богородицы; *въ храмѣ Христовомъ:* Тропари храма и Богородицы; Слава: кондакъ храма; И нынѣ: Богородицы. Прокименъ, пѣснь Богородицы — Величитъ душа моя Господа: Апостолъ ко Евр. зач. 320-е. Аллилуiа во гл. 8-й. Евангелiе отъ Луки зач. 54-е. Причастенъ — Чашу спасенiя:

ТРОПАРЬ, ГЛАСЪ 4-й.

Яко необоримую стѣну,/ и источникъ чудесъ,/ стяжавше Тя, раби Твои, Богородице Пречистая,/ сопротивныхъ ополченiя низлагаемъ./ Тѣмже молимъ Тя:/ миръ отечеству нашему даруй,// и душамъ нашимъ велiю милость.

КОНДАКЪ, ГЛАСЪ 4-й.

Прiидите вѣрнiи,/ свѣтло да празднуемъ всечестнаго образа Богоматере чудное явленiе,/ и отъ того благодать почерпающе,/ первообразнѣй умильно возопiимъ:// радуйся, Марiе Богородице, Мати Божiя, благословенная.

30-го НОЯБРЯ. **Недѣля 27-я по Пятидесятницѣ. Гласъ 2-й. Св. апостола Андрея Первозваннаго.**

На великой вечерни — Блаженъ мужъ: на — Господи воззвахъ: стихиры на 10; Октоиха 4 и апостола — Иже Предтечевымъ свѣтомъ: 6; Слава: апостола — Рыбъ ловитву: И нынѣ: догматикъ — Прейде сѣнь: Входъ. Прокименъ — Господь воцарися: Чтенiя апостола 3. На стиховнѣ стихиры Октоиха; Слава: апостола — Скровника Петрова: И нынѣ: предпразднства — Іосифе, рцы намъ: По — Нынѣ отпущаеши: — Богородице Дѣво: 3-жды.

На утрени на — Богъ Господь: тропарь воскресенъ 2-жды; Слава: апостола — Яко апостоловъ: и нынѣ: богородиченъ — Еже отъ вѣка: По каѳизмахъ сѣдальны воскресны. Полiелей и величанiе апостола — **Величаемъ тя, апостоле Христовъ Андрее, и чтемъ болѣзни и труды твоя, имиже трудился еси во благовѣстiи Христовѣ.** 1-жды. (Въ воскресные дни избранные псалмы не поются.) — Ангельскiй соборъ: Ѵпакои гласа. Сѣдальны апостола — Яко божественнаго: — Первозванна тя обрѣте: Слава: — Апостола вси: И нынѣ: богородиченъ — Иже на тя: Степенна и прокименъ гласа. Евангелiе воскресное 5-е, отъ Луки зач. 113-е. — Воскресенiе Христово: и прочее обычно. Каноны: воскресенъ на 4, Богородицы на 2 и два канона апостола на 8 (припѣвъ — Святая апостоле Андрее, моли Бога о насъ). Ирмосы — Во глубинѣ: Катавасiя — Христосъ раждается: По 3-й пѣсни кондакъ апостола — Мужества тезоименитаго: и икосъ; сѣдаленъ апостола — Яко первозваннаго: Слава: апостола — Идольскiя свирѣпства: И нынѣ: богородиченъ — Радуйся, престоле: по 6-й кондакъ воскресный и икосъ. На 9-й пѣсни поемъ — Честнѣйшую: — Святъ Господь Богъ нашъ. Свѣтиленъ воскресенъ 5-й — Животъ и путь: апостола — Слово пребезначальное: Слава: апостола — Петрова скровика: И нынѣ: богородиченъ воскресенъ — Пою безчисленную: На хвалитехъ стихиры на 8; Октоиха 4 и апостола — Виѳсаидо, нынѣ веселися: со Славнымъ — Проповѣдника вѣры: 4 съ припѣвами ихъ — Во всю землю: и — Небеса повѣдаютъ: Слава: стихира евангельская 5-я — О премудрыхъ судебъ: И нынѣ: — Преблагословенна еси: Славословiе великое. Тропарь — Воскресъ изъ гроба: Ектенiи и отпустъ воскресный. Часъ 1-й.

На часахъ тропарь воскресенъ; Слава: апостола; Кондакъ апостола и воскресенъ, поперемѣнно.

На литургiи блаженна на 10; гласа на 6 и изъ канона апостола, пѣснь 3-я на 4. По входѣ тропари см. 2-го января — № 2. Прокименъ — Крѣпость моя и пѣнiе: и — Во всю землю: Апостолъ ко Ефес. зач. 233-е и къ Кор. зач. 131-е. Аллилуiа во гл. 2-й и 1-й. Евангелiе отъ Луки зач. 71-е и отъ Іоанна зач. 4-е. Причастенъ — Хвалите Господа: и — Во всъ землю: Отпустъ воскресный.

XII. ДЕКАБРЬ

4-го ДЕКАБРЯ. Четвергъ. Св. великомученицы Варвары. Преподобнаго Іоанна Дамаскина.

На вечерни по возгласѣ — Благословенъ Богъ нашъ: чтецъ — Прiидите, поклонимся:[25] и псаломъ 103-й — Благослови, душе моя, Господа: Ектенiя великая. Каѳизма 15-я. На — Господи воззвахъ: во гл. 2-й; сти-

---

25) Аще 9-й часъ не читается, то вечерня начинается полнымъ началомъ

хиры на 6; мученицы — Егда на судищи: 3 и преподобнаго — Отче Іоаннѣ всемудре: 3; Слава: мученицы — Отечество, родъ: И нынѣ: богородиченъ — Око сердца: (см. богородичны отъ меньшихъ, гл. 6-й, въ среду вечера). Входа нѣтъ. Чтецъ — Свѣте тихій: Прокименъ — Боже, во имя Твое: — Сподоби Господи: Ектенія — Исполнимъ вечернюю молитву: На стиховнѣ стихиры апостоловъ Октоиха гл. 2-й — Возвеличилъ еси: Слава: преподобнаго — Преподобне отче: И нынѣ: богородиченъ — Око сердца: (см. богородичны отъ меньшихъ, гл. 6-й, въ среду вечера). По — Нынѣ отпущаеши: Трисвятое по — Отче нашъ: тропарь мученицы — Варвару святую: Слава: преподобнаго — Православія наставниче: И нынѣ: богородиченъ — Мысленная врата: (см. богородичны отъ меньшихъ, гл. 8-й, въ среду вечера). Сугубая ектенія — Помилуй насъ Боже: Таже отпустъ.

На утрени іерей съ кадиломъ предъ престоломъ — Благословенъ Богъ нашъ: чтецъ — Аминь. (Аще нѣсть полунощницы, то по возгласѣ — Царю Небесный:) Трисвятое: по — Отче нашъ: іерей — Яко Твое есть Царство: и кадитъ церковь. Чтецъ — Аминь; и чтетъ псалмы 19-й и 20-й. Ектенія по обычаю и возгласъ: — Слава Святѣй: шестопсалміе. Ектенія великая. На — Богъ Господь: во гл. 8-й; тропарь мученицы; 2-жды; Слава: преподобнаго; И нынѣ: богородиченъ — Мысленная врата: По каѳизмахъ безъ ектеніи, сѣдальны Октоиха. 50-й псаломъ. Каноны: апостоловъ Октоиха съ ирмосомъ на 6 (припѣвъ — Святіи апостоли, молите Бога о насъ), мученицы на 4 (припѣвъ — Святая великомученице Варваро, моли Бога о насъ) на 4 и преподобнаго (припѣвъ — Преподобне отче Іоанне, моли Бога о насъ) на 4. Ирмосы — Во глубинѣ: По 3-й, 6-й, 8-й и 9-й пѣсняхъ катавасія, ирмосы послѣдняго канона изъ Минеи. По 3-й пѣсни кондакъ преподобнаго — Пѣснописца и честнаго: и икосъ; сѣдаленъ мученицы — Въ страданіи: Слава: преподобнаго — Труба благогласна: И нынѣ: богородиченъ — Божественная скинія: по 6-й кондакъ мученицы — Въ Троицѣ благочестно: и икосъ; На 9-й пѣсни поемъ — Честнѣйшую: Свѣтиленъ апостоловъ — Во всю подсолнечную: мученицы — Яко шипокъ краснѣйшій: Слава: преподобнаго — Яко божественъ: И нынѣ: богородиченъ — Воистинну тя Богородицу: Читаемъ хвалитные псалмы. На хвалитехъ стихиры мученицы — Земныя пищи: на 4; Слава: мученицы — Страдальческимъ шествовавши: И нынѣ: богородиченъ — Преложеніе скорбящихъ: (см. богородичны отъ меньшихъ, гл. 6-й, въ четвертокъ утрени). Славословіе чтемъ. Ектенія просительная. Стиховные стихиры Октоиха — Возвеличилъ еси: Слава: преподобнаго — Монаховъ множества: И нынѣ: богородиченъ — Исхити мя: (см. богородичны отъ меньшихъ, гл. 8-й, въ четвертокъ утрени). — Благо есть: Трисвятое по — Отче нашъ: Тропарь мученицы; Слава: преподобнаго; И нынѣ: богородиченъ — Дѣво пречистая: (см. богородичны отъ меньшихъ, гл. 8-й, во вторникъ въ конецъ утрени). Сугубая ектенія и часъ 1-й.

Декабрь

На часахъ тропарь мученицы; Слава: преподобнаго. Кондаки преподобнаго и мученицы поперемѣнно.

На литургіи блаженна на 8; отъ канона мученицы, пѣснь 3-я на 4 и отъ канона преподобнаго, пѣснь 6-я на 4. По входѣ тропари храма Христова или Богородицы, апостоловъ — Апостоли святіи: храма святаго, мученицы и преподобнаго; кондакъ апостоловъ — Твердыя и боговѣданныя: храма святаго, мученицы, преподобнаго; Слава: мертвенъ — Со святыми упокой: И нынѣ: храма Христова, Богородицы или — Предстательство христіанъ: Прокименъ — Во всю землю: и — Дивенъ Богъ: Апостолъ къ Тит. зач. 300-е отъ полу и къ Гал. зач. 208-е. Аллилуіа во гл. 1-й. Евангеліе отъ Луки зач. 100-е и отъ Марка зач. 21-е отъ полу. Причастенъ — Во всю землю: и — Радуйтеся праведніи:

6-го ДЕКАБРЯ. Суббота. **Святителя Николая, архіепископа Мѵръ Ликійскихъ, чудотворца.** *Творимъ бдѣніе.*

На великой вечерни — Блаженъ мужъ: На — Господи воззвахъ: во гл. 2-й, стихиры святителя — Въ Мѵрѣхъ поживъ: на 8; Слава: святителя — Святителей удобреніе: И нынѣ: предпразднства — Вертепе, благоукрасися: Входъ. Прокименъ — Боже, заступникъ мой: Чтенія святителя 3. На литіи стихира храма и стихиры святителя — Правило вѣры: Слава: святителя — Благій рабе: И нынѣ: предпразднства — Сіоне торжествуй: На стиховнѣ стихиры святителя — Радуйся священная главо: Слава: святителя — Человѣче Божій: И нынѣ: предпразднства — Безневѣстная Дѣво, откуду: По — Нынѣ отпущаеши: на благословеніи хлѣбовъ тропарь святителя — Правило вѣры: 2-жды и — Богородице Дѣво: 1-жды.

На утрени на — Богъ Господь: во гл. 4-й, тропарь святителя 2-жды; Слава, и нынѣ: богородиченъ настоящаго гласа — Вся паче смысла: По каѳизмахъ сѣдальны святителя. Полѵелей и величаніе святителя — **Величаемъ тя, святителю отче Николае, и чтемъ святую память твою, ты бо молиши за насъ Христа Бога нашего.** Псаломъ избранный — Услышите сія вси языцы, внушите вси живущіи по вселеннѣй. Сѣдаленъ святителя — Премудраго іерарха: Слава: — Предстатель теплѣйшій: И нынѣ: богородиченъ — Скоро пріими: Степенна — Отъ юности моея: Прокименъ — Честна предъ Господемъ: Евангеліе отъ Іоанна зач. 36-е. Псаломъ 50-й. Слава: — Молитвами святителя Николая: И нынѣ: — Молитвами Богородицы: — Помилуй мя, Боже: стихира святителя — Наслѣдниче Божій: Каноны: Богородицы прешедшія недѣли утренній (воскресный), гл. 2-й, со ирмосомъ на 6 (припѣвъ — Пресвятая Богородице, спаси насъ), (аще ли храмъ Христовъ или Богородицы, поемъ канонъ храма со ирмосомъ на 6) и святителя оба канона на 8 (припѣвъ — Святителю отче Николае, моли Бога о насъ). Ирмосы — Нетрену, необычну: Катавасія — Христосъ раждается: По 3-й пѣсни сѣдаленъ святителя — Возшедъ на высоту: Слава: — Рѣку исцѣленій: И нынѣ: богородиченъ — Яко Дѣву: по 6-й кондакъ святителя — Въ Мѵрѣхъ святе: и икосъ. На 9-й пѣсни поемъ — Честнѣйшую: Свѣтиленъ святителя — Великаго архипастыря: Слава: святителя — Вельми тя прослави: И нынѣ: богородиченъ — Мудрость ѵпостасную: На хвалитехъ, во гл. 1-й, стихиры святителя — Воззрѣвъ неуклонно: на 6; Слава: — Вострубимъ трубою пѣсней, взыграемъ: И нынѣ: богородиченъ — Вострубимъ трубою пѣсней, приникши: Славословіе великое. Тропарь святителя; Слава, и нынѣ: богородиченъ настоящаго гласа — Вся паче смысла: Ектеніи и отпустъ. Часъ 1-й.

На часахъ тропарь и кондакъ святителя.

На литургіи блаженна на 8; отъ перваго канона святителя, пѣснь 3-я на 4 и отъ втораго канона, пѣснь 6-я на 4. По входѣ тропари см. 2-го января — № 3. Прокименъ — Возвеселится праведникъ: Апостолъ ко Евр. зач. 335-е. Аллилуіа во гл. 4-й. Евангеліе отъ Луки зач. 24-е. Причастенъ — Въ память вѣчную:

7-го ДЕКАБРЯ. **Недѣля 28-я по Пятидесятницѣ.** Гласъ 3-й. Святителя Амвросія, епископа Медіоланскаго.

На великой вечерни — Блаженъ мужъ: На — Господи воззвахъ: стихиры на 10; Октоиха 7 и святителя — Владычества престолъ: 3; Слава, и нынѣ: догматикъ — Како не дивимся: Входъ. Прокименъ — Господь воцарися: На стиховнѣ стихиры Октоиха. По — Нынѣ отпущаеши: — Богородице Дѣво: 3-жды.

На утрени на — Богъ Господь: тропарь воскресенъ 2-жды; Слава: святителя — Правило вѣры: И нынѣ: богородиченъ — Еже отъ вѣка: По каѳизмахъ сѣдальны воскресны. Полiелей. — Ангельскій соборъ: Ѵпакои, степенна и прокименъ гласа. Евангеліе воскресное 6-е, отъ Луки зач. 114-е. — Воскресеніе Христово: Псаломъ 50-й и прочее обычно. Каноны: воскресенъ на 4, крестовоскресенъ 3, Богородицы 3 и святителя на 4 (припѣвъ — Святителю отче Амвросіе, моли Бога о насъ:). Ирмосы — Воды древле: Катавасія — Христосъ раждается: По 3-й пѣсни кондакъ святителя — Божественными догматы: сѣдаленъ — Пророка Илію: Слава, и нынѣ: богородиченъ — Помышленьми поползохся: по 6-й кондакъ воскресенъ и икосъ. На 9-й пѣсни поемъ — Честнѣйшую: — Святъ Господь Богъ нашъ. Свѣтиленъ воскресенъ 6-й — Показуя, яко человѣкъ еси: Слава, и нынѣ: богородиченъ воскресенъ — Творецъ созданія: На хвалитехъ стихиры Октоиха на 8; Слава: стихира евангельская 6-я — Истинный миръ Ты, Христе: И нынѣ: — Преблагословенна еси: Славословіе великое. Тропарь — Днесь спасеніе: Ектеніи и отпустъ воскресный. Часъ 1-й.

На часахъ тропарь воскресенъ; Слава: святителя; Кондакъ воскресенъ.

На литургіи блаженна гласа на 8. По входѣ тропари см. 2-го января — № 2. Прокименъ — Пойте Богу нашему: Апостолъ къ Кол. зач. 250-е. Аллилуіа во гл. 3-й. Евангеліе отъ Луки зач. 85-е (нед. 29-я). Причастенъ — Хвалите Господа: Отпустъ воскресный.

Декабрь

12-го ДЕКАБРЯ. Пятница. **Преп. Германа Аляскинскаго Чудотворца.**

Служба преп. Германа напечатана отдѣльной брошюрой или смотрите на интернетѣ. Зри:

http://osanna.russportal.ru/index.php?id=liturg_book.menaion_sept_aug.december_m1202

На великой вечерни — Блаженъ мужъ: на — Господи воззвахъ: во гл. 3-й; стихиры преподобнаго — Взыграйте, воды Валаама: на 8; Слава: преподобнаго — Кая нѣдра земли: И нынѣ: догматикъ — Кто Тебе не ублажитъ: Входъ. Прокименъ — Помощь моя отъ Господа: Чтенія преподобнаго 3. На литіи стихира храма и стихира преподобнаго — Новаго Валаама подвижниче: Слава: преподобнаго — Приблизившуся отшествію: И нынѣ: богородиченъ — Владычице Богородице Дѣво: На стиховнѣ стихиры преподобнаго — Радуйся, живоносный Кресте: Слава: преподобнаго — Преподобне отче: И нынѣ: богородиченъ — Творецъ и Избавитель: По — Нынѣ отпущаеши: на благословеніи хлѣбовъ тропарь преподобнаго — Пустыни сѣверныя: 2-жды и — Богородице Дѣво: 1-жды

На утрени на — Богъ Господь во гласъ 4-й: тропарь преподобнаго 2-жды; Слава, и нынѣ: богородиченъ — Еже отъ вѣка: По каѳизмахъ сѣдальны преподобнаго. Полiелей и величаніе преподобнаго — **Ублажаемъ тя, преподобне отче Германе, и чтемъ святую память твою, наставниче монаховъ и собесѣдниче ангеловъ.** Псаломъ избранный — Терпя потерпѣхъ Господа, и внятъ ми, и услыша молитву мою. Ектенія малая. Сѣдаленъ преподобнаго — На бреннѣмъ корабли: Слава, и нынѣ: богородиченъ — Владычице наша: Степенна — Отъ юности моея: Прокименъ — Честна предъ Господемъ смерть преподобныхъ Его. Евангеліе отъ Матѳ. зач. 43-е. — Псаломъ 50-й. Слава: — Молитвами преподобнаго Германа: и прочее. Стихира преподобнаго — Кая нѣдра земли: Каноны: Богородицы молебный со ирмосомъ на 6 и преподобнаго на 8 (припѣвъ — Преподобне отче Германе, моли Бога о насъ). Ирмосы — Воду прошедъ: Катавасія — Христосъ раждается: По 3-й пѣсни сѣдаленъ преподобнаго — Приспѣ днесь: Слава, и нынѣ: богородиченъ — Радуйся, благодатная Дѣво: по 6-й кондакъ преподобнаго — Валаама постриженичe: и икосъ. На 9-й пѣсни поемъ — Честнѣйшую: Свѣтиленъ преподобнаго — Свѣтодавче Господи: Слава, и нынѣ: богородиченъ — Богоневѣсто, свѣще: На хвалитехъ во гл. 8-й, стихиры преподобнаго Кроткій и смиренный Германъ; на 4; Слава: преподобнаго — На лѣствицу добродѣтелей: И нынѣ: богородиченъ — Владычице, пріими молитву: Славословіе великое. Тропарь преподобнаго; Слава, и нынѣ: богородиченъ — Еже отъ вѣка: Ектеніи и отпустъ. Часъ 1-й.

На часахъ тропарь и кондакъ преподобнаго.

На литургіи блаженна на 8; гласа на 4, изъ канона преподобнаго, пѣснь 3-я на 4 и пѣснь 6-я на 4. По входѣ тропари см. 2-го января — № 3. Прокименъ — Честна предъ Господемъ: Апостолъ къ Гал. зач. 213-е.

Аллилуіа во гл. 6-й. Евангеліе отъ Луки зач. 24-е. Причастенъ — Въ память вѣчную:

14-го ДЕКАБРЯ. Недѣля 29-я по Пятидесятницѣ, *она же святыхъ праотецъ. Гласъ 4-й.*
(*Служба святыхъ праотцевъ напечатана подъ 11-мъ декабря въ Минеи или смотри въ Великомъ сборникѣ.*)
На великой вечерни — Блаженъ мужъ: на — Господи воззвахъ: стихиры на 10; Октоиха 6 и праотцевъ — Праотцевъ днесь: 4; Слава: праотцевъ — Иже прежде закона: И нынѣ: И нынѣ: догматикъ — Иже Тебе ради: Входъ. Прокименъ — Господь воцарися: На стиховнѣ стихиры Октоиха; Слава: праотцевъ — Праотцевъ соборъ: И нынѣ: богородиченъ — Безъ сѣмене: По — Нынѣ отпущаеши: — Богородице Дѣво: 2-жды и тропарь праотцевъ — Вѣрою праотцы: 1-жды.
На утрени на — Богъ Господь: тропарь воскресенъ 2-жды; Слава и нынѣ праотцевъ. По каѳизмахъ сѣдальны воскресны. Полiелей. — Ангельскій соборъ: Ѵпакои гласа. Сѣдаленъ праотцевъ — Авраама, Исаака же: Слава, и нынѣ: богородиченъ — Благодарственное похваленіе: Степенна и прокименъ гласа. Евангеліе воскресное 7-е, отъ Іоанна зач. 63-е. — Воскресеніе Христово: Псаломъ 50-й и прочее обычно. Каноны: воскресенъ на 4, отроковъ на 4 (припѣвъ — Святіи тріе отроцы, молите Бога о насъ) и праотцевъ на 6 (припѣвъ — Святіи праотцы, молите Бога о насъ). Ирмосы — Моря чермную пучину: Катавасія — Христосъ раждается: По 3-й пѣсни ѵпакои праотцевъ — Въ росу дѣтемъ: по 6-й кондакъ праотцевъ — Рукописаннаго образа: и икосъ. На 9-й пѣсни поемъ — Честнѣйшую: — Святъ Господь Богъ нашъ. Свѣтиленъ воскресенъ 7-й — Яко взяша Господа: Слава: праотцевъ — Адама восхвалимъ: И нынѣ: богородиченъ праотцевъ — Солнце великое: На хвалитехъ стихиры на 8; Октоиха на 4 и праотцевъ — Вси честныхъ нынѣ: 4 съ припѣвами ихъ — Благословенъ еси Господи: и — Яко праведенъ еси: Слава: праотцевъ — Пріидите вси: И нынѣ: — Преблагословенна еси: Славословіе великое. Тропарь — Воскресъ изъ гроба: Ектеніи и отпустъ воскресный. Слава, и нынѣ: стихира евангельская 7-я — Се тьма, и рано: Часъ 1-й.
На часахъ тропарь воскресенъ; Слава: праотцевъ; Кондакъ праотцевъ.
На литургіи блаженна на 10; гласа на 6 и отъ канона праотцевъ, пѣснь 3-я на 4. По входѣ тропари воскресенъ, праотцевъ; Слава, и нынѣ: кондакъ праотцевъ. Прокименъ пѣснь отцевъ — Благословенъ еси, Господи Боже отецъ нашихъ: Апостолъ къ Кол. зач. 257-е (нед. 29-я). Аллилуіа во гл. 4-й. Евангеліе отъ Луки зач. 76-е (нед. 28-я). Причастенъ — Хвалите Господа: и — Радуйтеся, праведніи: Отпустъ воскресный.

20-го ДЕКАБРЯ. *Суббота предъ Рождествомъ Христовымъ. Предпразднство Рождества Христова. Священномученика Игнатія Бого-*

Декабрь

носца, еп. Антіохійскаго. **Св. прав. Іоанна Кронштадтскаго, чудотворца.** *Творимъ бдѣніе.*

Служба св. прав. Іоанна напечатана отдѣльной брошюрой или смотри на интернетѣ. Зри:

http://osanna.russportal.ru/index.php?id=liturg_book.menaion_sept_aug. october_m1903

Съ сего дня начинаются дни предпразднства Рождества Христова. Вся служба по Минѣѣ. На повечеріяхъ трипѣснцы и каноны предпразднства.

На великой вечерни — Блаженъ мужъ: на — Господи воззвахъ: во гл. 1-й, стихиры на 10; предпразднства — Предпразднуимъ людіе: 3, мученика — Богоносецъ нарицаемый: 3 и святаго Іоанна — Вся житейская: 4; Слава: святаго Іоанна — Сердцемъ вѣровалъ: И нынѣ: предпразднства — Воспріими, Виѳлееме: Входъ. Прокименъ — Боже, заступникъ мой: Чтенія св. Іоанна 3. На литіи стихира храма и стихиры св. Іоанна — О крѣпосте моя: Слава: св. Іоанна — Молящеся, Духомъ: И нынѣ: предпразднства — Пріимите ясли: На стиховнѣ стихиры св. Іоанна: Слава: мученика — И нынѣ: предпразднства — Господи, въ Виѳлеемъ пришедъ: По — Нынѣ отпущаеши: на благословеніи хлѣбовъ тропарь св. Іоанна — Во Христѣ во вѣки: 2-жды и предпразднства — Готовися Виѳлееме: 1-жды.

На утрени на — Богъ Господь: во гл. 4-й, тропарь предпразднства 1-жды; мученика — И нравомъ причастникъ: 1-жды; Слава: св. Іоанна; И нынѣ: предпразднства. По каѳизмахъ сѣдальны св. Іоанна; Слава, и нынѣ: предпразднства, вмѣсто богородичныхъ. Полiелей и величаніе — **Величаемъ тя, святый праведный отче Іоанне, и чтемъ святую память твою, ты бо молиши за насъ Христа Бога нашего.** Псаломъ избранный — Блаженъ мужъ бояйся Господа: По поліелеи сѣдаленъ св. Іоанна — Слова Божія: Слава, и нынѣ: предпразднства — Свирѣлей пастырскихъ: Степенна — Отъ юности моея: Прокименъ — Священницы Твои облекутся въ правду и преподобніи Твои возрадуются. Евангеліе отъ Луки зач. 24-е. Псаломъ 50-й. Слава: — Молитвами святаго праведнаго Іоанна: И нынѣ: — Молитвами Богородицы: — Помилуй мя, Боже: стихира св. Іоанна — Ангеле земный: Каноны: предпразднства со ирмосомъ на 4 (припѣвъ — Слава Тебѣ, Боже нашъ, слава Тебѣ), мученика на 4 (припѣвъ — Священномучениче Игнатіе, моли Бога о насъ) и святаго Іоанна на 6 (припѣвъ — Святый праведный Іоанне, моли Бога о насъ). Ирмосы — Пѣснь побѣдную: Катавасія — Христосъ раждается: По 3-й пѣсни кондакъ предпразднства — Дѣва днесь превѣчное: и икосъ; кондакъ мученика — Свѣтлыхъ подвигъ: и икосъ; сѣдаленъ мученика — Отъ востока возсіявъ: Слава: св. Іоанна — Плачъ мнозѣхъ: И нынѣ: предпразднства — Изъ чрева прежде вѣкъ: по 6-й пѣсни кондакъ св. Іоанна — Отъ младенства: и икосъ. На 9-й пѣсни — Честнѣйшую: Свѣтиленъ мученика — Слово пребезначальное: Слава: св. Іоанна — Въ храмѣ: И нынѣ: предпразднства — Украсися Виѳлееме: На хвалитехъ во гл. 6-й, стихиры на 8; предпразднства — Ангельскія: 4 и св. Іоанна — О прерадостныя повѣсти: со Славнымъ — Покланяяся святымъ иконамъ: 4 съ припѣвами ихъ — Расточи, даде убогимъ: и — Готово сердце: Слава: мученика — Столпъ одушевленъ: И нынѣ: предпразднства — Вертепе благоукрасися: Славословіе великое. Тропарь мученика; Слава: св. Іоанна; И нынѣ: предпразднства. Ектеніи и отпустъ. Часъ 1-й.

На часахъ тропарь предпразднства; Слава: мученика и св. Іоанна поперемѣнно. Кондаки предпразднства и св. Іоанна поперемѣнно.

На литургіи блаженна на 12; отъ канона предпразднства, пѣснь 3-я на 4, отъ канона мученика, пѣснь 3-я на 4 и отъ канона св. Іоанна, пѣснь 6-я на 4. По входѣ тропари предпразднства, мученика и св. Іоанна; Кондакъ мученика; Слава. св. Іоанна; И нынѣ: предпразднства. Прокименъ — Веселитеся о Господѣ: и — Возвеселится праведникъ о Господѣ: Апостолъ (суб. предъ Рождествомъ) къ Гал. зач. 205-е, ко Евр. зач. 311-е и Соборнаго посл. Іоаннова зач. 73-е отъ полу (1 Іоанна 4 гл. съ 7-го по 11 ст. включительно). Аллилуіа во гл. 4-й. Евангеліе (суб. предъ Рождествомъ) отъ Луки зач. 72-е, отъ Марка зач. 41-е и отъ Луки зач. 26-е. Причастенъ — Радуйтеся: и — Въ память вѣчную:

21-го ДЕКАБРЯ. **Недѣля 30-я по Пятидесятницѣ,** *она же предъ Рождествомъ Христовымъ. Свв. отецъ. Гласъ 5-й.* **Святителя Петра, митрополита Московскаго.** (Служба свв. отецъ безъ послѣдованіи свят. Петра Московскаго написано по сей службы.)

(*Служба свв. отцевъ напечатана подъ 18-мъ декабря въ Минеи, или смотри въ Великомъ сборникѣ.*)

На великой вечерни — Блаженъ мужъ: На — Господи воззвахъ: стихиры на 10; Октоиха 3, отцевъ — Явися міра: 3 и святителя — Кіими похвальными: со Славнымъ: — Божественнако свыше: 4; Слава: отцевъ — Даніилъ мужъ желаній: И нынѣ: предпразднства — Вертепе благоукрасися: Входъ. Прокименъ — Господь воцарися: Чтенія отцевъ 3 и святителя 3. На литіи стихира предпразднства — Незаходимое солнце: (писано на — Господи воззвахъ:); стихиры святителя — Свѣтло днесь церковь: 3 и отцевъ — Лучами облиставшеся: Слава: отцевъ — Праотцевъ соборъ: И нынѣ: предпразднства — Благоукрасися, Виѳлееме: На стиховнѣ стихиры Октоиха; Слава: отцевъ — Радуйтеся пророцы: И нынѣ: предпразднства — Се время приближися: По — Нынѣ отпущаеши: — Богородице Дѣво: 1-жды, тропарь отцевъ — Велія вѣры: 1-жды и святителя — Яже прежде безплодная земля: 1-жды.

На утрени на — Богъ Господь: тропарь воскресенъ 1-жды; отцевъ — Велія вѣры: 1-жды; Слава: святителя; И нынѣ: предпразднства — Готовися Виѳлееме: (въ Минеи 21-го дек.) Поліелей и величаніе — **Величаемъ тя, святителю отче Петре, и чтемъ святую память твою, ты бо молиши за насъ Христа Бога нашего.** 1-жды. (Въ воскресные дни избранные псалмы не поются.) По каѳизмахъ сѣдальны воскресны. — Ангельскій соборъ: Ѵпакои гласа. Сѣдальны святителя — Великій Христовъ: — Милостивому Христову: Слава: — Православными сіяніи:

Декабрь

И нынѣ: предпразднства — Виѳлееме, готовися: Степенна и прокименъ гласа. Евангеліе воскресное 8-е, отъ Іоанна зач. 64-е. — Воскресеніе Христово: Псаломъ 50-й и прочее обычно. Каноны: воскресенъ на 4, святителя на 4 (припѣвъ — Святителю отче Петре, моли Бога о насъ) и отцевъ — Днесь соборъ: на 6 (припѣвъ — Святіи отцы, молите Бога о насъ). Ирмосы — Коня и всадника: Катавасія — Христосъ раждается: По 3-й пѣсни кондакъ святителя — Взбранному и дивному: и икосъ; ѵпакои отцевъ — Ангелъ отроковъ: сѣдаленъ святителя — Свѣтильникъ свѣтосіяненъ: Слава, и нынѣ: предпразднства — Дѣвы, предначните: По 6-й кондакъ отцевъ — Веселися Виѳлееме: и икосъ. На 9-й пѣсни поемъ — Честнѣйшую: — Святъ Господь Богъ нашъ. Свѣтиленъ воскресенъ 8-й — Два ангела: отцевъ — Патріарховъ избранніи: Слава: святителя — Духъ Святый святителя: И нынѣ: предпразднства — Агница нескверная: На хвалитехъ стихиры на 8; Октоиха на 3, отцевъ — Возвыси твой гласъ: 2 и святителя — Преподобне отче Петре: со Славнымъ — Всякъ градъ и страна: 3 съ припѣвами ихъ — Уста моя возглаголютъ: и — Уста праведнаго: Слава: отцевъ — Законныхъ ученій: И нынѣ: — Преблагословенна еси: Славословіе великое и тропарь — Днесь спасеніе: Ектеніи и отпустъ воскресный. Слава, и нынѣ: стихира евангельская 8-я — Маріины слезы: Часъ 1-й.

На часахъ тропарь воскресный; Слава: отцевъ и святителя поперемѣнно. Кондаки отцевъ и святителя поперемѣнно.

На литургіи блаженна на 12; гласа на 4, отъ канона отцевъ, пѣснь 3-я на 4 и отъ канона святителя, пѣснь 6-я на 4. По входѣ тропари воскресенъ, отцевъ — Велія вѣры: предпразднства — Готовися Виѳлееме: и святителя; кондаки отцевъ; Слава: святителя; И нынѣ: предпразднства — Дѣва днесь: Прокименъ пѣснь отцевъ — Благословенъ еси, Господи Боже отецъ нашихъ: и — Уста моя возглаголютъ премудрость: Апостолъ ко Евр. зач. 328-е и ко Евр. зач. 318-е. Аллилуіа во гл. 4-й и 2-й. Евангеліе отъ Матѳ. зач. 1-е и отъ Луки зач. 24-е. Причастенъ — Хвалите Господа: и — Радуйтеся, праведніи: Отпустъ воскресенъ.

Аще не служимъ святителю Петру, послѣдованіе свв. отецъ поемъ сице:

На великой вечерни — Блаженъ мужъ: На — Господи воззвахъ: стихиры на 10; Октоиха 4, предпразднства — Незаходимое солнце: 3 и отцевъ — Явися міра: 3; Слава: отцевъ — Даніилъ мужъ желаній: И нынѣ: предпразднства — Вертепе благоукрасися: Входъ. Прокименъ — Господь воцарися: Чтенія отцевъ 3. На стиховнѣ стихиры Октоиха; Слава: отцевъ — Радуйтеся пророцы: И нынѣ: предпразднства — Се время приближися: По — Нынѣ отпущаеши: — Богородице Дѣво: 2-жды и тропарь отцевъ — Велія вѣры: 1-жды.

На утрени на — Богъ Господь: тропарь воскресенъ 2-жды; Слава: отцевъ; И нынѣ: предпразднства — Готовися Виѳлееме: (въ Минеи 21-го дек.). По каѳизмахъ сѣдальны воскресны. — Ангельскій соборъ: Ѵпакои гласа. Сѣдаленъ отцевъ — Авраама, Исаака же: Слава, и нынѣ: отцевъ — Изъ нѣдръ отеческихъ: Степенна и прокименъ гласа. Евангеліе воскресное 8-е, отъ Іоанна зач. 64-е. — Воскресеніе Христово: Псаломъ 50-й и прочее обычно. Каноны: воскресенъ на 4, предпразднства — Христа плотію: на 4 (припѣвъ — Слава Тебѣ, Боже нашъ, слава Тебѣ) и отцевъ на 6 (припѣвъ — Святіи отцы, молите Бога о насъ). Ирмосы — Коня и всадника: Катавасія — Христосъ раждается: По 3-й пѣсни ѵпакои отцевъ — Ангелъ отроковъ: По 6-й кондакъ отцевъ — Веселися Виѳлееме: и икосъ. На 9-й пѣсни поемъ — Честнѣйшую: — Святъ Господь Богъ нашъ. Свѣтиленъ воскресенъ 8-й — Два ангела: Слава: отцевъ — Патріарховъ избранніи: И нынѣ: предпразднства — Агница несквернная: На хвалитехъ стихиры на 8; Октоиха на 4 и отцевъ — Возвыси твой гласъ: 4 съ припѣвами ихъ — Благословенъ еси Господи: и — Яко праведенъ еси: Слава: отцевъ — Законныхъ ученій: И нынѣ: — Преблагословенна еси: Славословіе великое и тропарь — Днесь спасеніе: Ектеніи и отпустъ воскресный. Слава, и нынѣ: стихира евангельская 8-я — Маріины слезы: Часъ 1-й.

На часахъ тропарь воскресный; Слава: отцевъ и предпразднітва поперемѣнно. Кондакъ отцевъ и предпразднитва — Въ Виѳлеемѣ зряще: (въ Минеи 21-го дек.). поперемѣнно.

На литургіи блаженна на 12; гласа на 4, отъ канона отцевъ, пѣснь 3-я на 4 и отъ канона предпразднства, пѣснь 6-я на 4. По входѣ тропари воскресенъ, отцевъ, и предпразднства; Слава: кондакъ отцевъ; И нынѣ: предпразднства. Прокименъ пѣснь отцевъ — Благословенъ еси, Господи Боже отецъ нашихъ: Апостолъ ко Евр. зач. 328-е. Аллилуіа во гл. 4-й. Евангеліе отъ Матѳ. зач. 1-е. Причастенъ — Хвалите Господа: и — Радуйтеся, праведніи: Отпустъ воскресенъ.

24-го ДЕКАБРЯ. Среда. **Навечеріе Рождества Христова.** Преподобномученицы Евгеніи Римскія.

На вечерни по возгласѣ — Благословенъ Богъ нашъ: чтецъ — Пріидите, поклонимся:[26] и псаломъ 103-й — Благослови, душе моя, Господа: Ектенія великая. Каѳизмы 9-я. На — Господи воззвахъ: во гл. 5-й; стихиры на 6; предпразднства — Носиши Адамовъ: 3 и мученицы — Міра оставльши: Слава, и нынѣ: предпразднства — Се время приближися: Входа нѣтъ. Чтецъ — Свѣте тихій: Прокименъ — Милость Твоя, Господи: — Сподоби Господи: Ектенія — Исполнимъ вечернюю молитву: На стиховнѣ стихиры предпразднства — Дары Тебѣ приносяще: съ припѣвами — Богъ отъ юга: и — Господи, услышахъ: Слава, и нынѣ: предпразднства — Сіоне, торжествуй: По — Нынѣ отпущаеши: Трисвятое по — Отче нашъ: тропарь предпразднства — Написавшеся иногда: Сугубая ектенія — Помилуй насъ Боже: Таже отпустъ.

На маломъ повечеріи канонъ — Волною морскою:

---

26) Аще 9-й часъ не читается, то вечерня начинается полнымъ началомъ

Декабрь

На утрени на — Богъ Господь: тропарь предпразднства 2-жды; Слава, и нынѣ: тойже. По каѳизмахъ сѣдальны предпразднства. Псаломъ 50-й. Каноны: предпразднства со ирмосомъ на 8 (припѣвъ — Слава Тебѣ, Боже нашъ, слава Тебѣ) и мученицы на 4 (припѣвъ — Святая великомученице Евгеніе, моли Бога о насъ). Ирмосы — Во глубинѣ: По 3-й, 6-й, 8-й и 9-й пѣснахъ катавасія, ирмосы послѣдняго канона изъ Минеи. По 3-й пѣсни сѣдаленъ мученицы — Воздержавшися въ трудѣхъ: Слава, и нынѣ предпразднства — Небо мнѣ: по 6-й кондакъ предпразднства — Дѣва днесь Превѣчное Слово: и икосъ. На 9-й пѣсни поемъ — Честнѣйшую: Свѣтиленъ предпразднства — Иже во свѣтѣ: Слава, и нынѣ: инъ — Пѣніе вѣрніи: Читаемъ хвалитные псалмы. На хвалитехъ стихиры предпразднства — Звѣзда возсія: на 4; Слава: предпразднства — Гряди, Виѳлееме: И нынѣ: предпразднства — О блаженное: Славословіе чтемъ. Ектенія просительная. Стиховные стихиры предпразднства — Домъ Вседѣтеля: Слава: — Слава Тебѣ: И нынѣ: Радуйся, яже Жизнь: — Благо есть: Трисвятое по — Отче нашъ: Тропарь предпразднства. Сугубая ектенія и отпустъ. *Не присоединяемъ* здѣсь 1-й часъ, но поемъ его съ прочими часами заутра.

Послѣдованіе Царскихъ часовъ въ навечеріи Рождества Христова.

Около 8 ч. утра (по церковному счету въ началѣ 2-го часа) іерей въ фелони царскими вратами износитъ святое Евангеліе, полагаетъ его на аналогіи посреди церкви и начинаетъ — Благословенъ Богъ нашъ: Чтецъ — Аминь. — Слава Тебѣ, Боже нашъ, слава Тебѣ. — Царю Небесный: Трисвятое: по — Отче нашъ: — Господи помилуй (12 разъ), Слава, и нынѣ: — Пріидите, поклонимся: и псалмы. На каждомъ часѣ два особыхъ псалма и одинъ изъ читаемыхъ обычно. На псалмахъ кажденіе, начинаемое отъ аналоя съ Евангеліемъ (на 1-мъ часѣ священникъ творитъ полное кажденіе, т. е. алтаря и всего храма; на 3-мъ и 6-мъ діаконъ творитъ малое, на 9-мъ священникъ творитъ полное). На часахъ тропарь предпразднства — Написовашеся иногда: Затѣмъ на каждомъ часѣ, послѣ его богородична, поются особыя стихиры (тропари со стихами); — Вонмемъ. Прокименъ и паремія. Апостолъ. По чтеніи апостола, іерей — Миръ ти; чтецъ — И духови твоему; діаконъ — Премудрость, прости услышимъ святаго Евангелія; іерей — Миръ всѣмъ; поемъ — И духови твоему; іерей — Отъ Матѳея святаго Евангелія чтеніе; поемъ — Слава Тебѣ, Господи, слава Тебѣ; діаконъ — Вонмемъ. Евангеліе. И продолжается чтеніе часа, т. е. на 1-мъ — Стопы моя направи: на 3-мъ — Господь Богъ благословенъ: и т. д. На всѣхъ часахъ кондакъ предпразднства — Дѣва днесь превѣчное Слово: на 9-мъ часѣ послѣдняя стихира — Днесь раждается: сперва торжественно прочитывается и при словахъ — Покланяемся Рождеству Твоему, Христе... іерей, чтецъ и молящіеся полагаютъ три поясныхъ поклона. Затѣмъ послѣ многолѣтствованій (гдѣ онѣ возглашаются), или сразу по трехъ поклонахъ — Слава, и нынѣ: и поется та же стихира, гласъ 6-й — Днесь раждается: Святое Евангеліе, по прочтеніи его на 9-мъ часѣ, относится въ алтарь. Тогда царскія врата закрываются, іерей снимаетъ фелонь. По молитвѣ 9-го часа псалмы — Благослови, душе моя, Господа: и — Хвали, душе моя: и прочее изобразительныхъ. По — Ликъ святыхъ ангелъ: На — И нынѣ: [27]) — Ослаби, остави: — Отче нашъ: кондакъ — Дѣва днесь превѣчное Слово: — Господи, помилуй (40 разъ). — Всесвятая Троице: Іерей — Премудрость: и поемъ — Достойно есть, яко воистину, блажити Тя Богородицу, присноблаженную и пренепорочную и Матерь Бога нашего. (И творимъ поясной поклонъ.) Іерей — Пресвятая Богородице, спаси насъ; и поемъ — Честнѣйшую херувимъ: іерей — Слава Тебѣ, Христе Боже: и поемъ — Слава, и нынѣ: Господи помилуй (трижды) — Благослови. Іерей малый отпустъ.

На вечерни съ литургіей свят. Василія Великаго въ 11-й (по-церковному въ 5-й) часъ дня. Іерей — Благословенно царство: Чтецъ — Аминь. — Слава Тебѣ, Боже нашъ, слава Тебѣ. — Царю небесный: Трисвятое: и прочее. — Пріидите поклонимся: и псаломъ предначительный 103-й. Ектенія великая. *Не поемъ* — Блаженъ мужъ: На — Господи воззвахъ: во гл. 2-й, стихиры праздника — Пріидите возрадуемся Господеви: на 8; Слава, и нынѣ: праздника — Августу единоначальствующу: Входъ съ Евангеліемъ. — Свѣте тихій. Прокименъ — Боже, во имя Твое: Чтеніе 8-ми паремій. Послѣ 3-й пареміи царскія врата отверзаются и возглашаетъ чтецъ тропарь — Тайно родился еси: со стихами, а пѣвчіе поютъ припѣвъ къ каждому стиху. Въ концѣ чтецъ поетъ той же припѣвъ, и затворяются царскія врата. Чтется паремія 4-я и прочее. Во всемъ подобно бываетъ и по 6-й пареміи, когда возглашается тропарь — Возсіялъ еси Христе: По 8-мъ чтеніи царскія врата отверзаются. Ектенія малая и возгласъ — Яко святъ еси: и Трисвятое. Таже прокименъ гласъ 1-й — Господь рече ко мнѣ: Сынъ Мой еси Ты, Азъ днесь родихъ Тя. Апостолъ ко Евр. зач. 303-е. Аллилуіа во гл. 5-й. Евангеліе отъ Луки зач. 5-е. И по ряду литургія Василія Великаго. На просительныхъ ектеніяхъ и на — Прости пріимше: вмѣсто — Дне всего: говорится — Вечера всего: Вмѣсто — Достойно есть: поемъ — О Тебѣ радуется: Причастенъ — Хвалите Господа. Отпустъ праздника **— Иже въ вертепѣ родивыйся, и въ яслехъ возлегій нашего ради спасенія, Христосъ истинный Богъ нашъ:**

По отпустѣ же зажигается свѣча на подсвѣчникѣ и поставляется посреди церкви, и пѣвчіе, сойдя на средину, поютъ велегласно тропарь — Рождество Твое: Слава, и нынѣ: кондакъ — Дѣва днесь: и многолѣтствіе.

ЗРИ: Въ навечеріе Рождества Христова всегда бываетъ строгій постъ; пища съ постнымъ масломъ, но безъ рыбы, вкушается уже только передъ бдѣніемъ.

---

[27]) Такъ какъ въ сей день предстоитъ литургія, то не читается на изобразительныхъ — Вѣрую: — Буди имя Господне: и псаломъ — Благословлю Господа.

Декабрь

25-го ДЕКАБРЯ. Четвергъ. ЕЖЕ ПО ПЛОТИ РОЖДЕСТВО ГОСПОДА БОГА И СПАСА НАШЕГО IИСУСА ХРИСТА.

Бдѣніе начинается повечеріемъ великимъ съ литіей. Іерей въ фелони возглашаетъ — Благословенъ Богъ нашъ: и кадитъ всю церковь. Поемъ — Аминь. И повечеріе великое наряду съ пѣніемъ — Съ нами Богъ: (Царскія врата открываются на пѣніе — Съ нами Богъ: и на пѣніе тропаря и кондака). По 1-мъ трисвятомъ тропарь — Рождество Твое: по 2-мъ трисвятомъ кондакъ — Дѣва днесь: По — Слава въ вышнихъ Богу: На литіи стихиры праздника — Небо и земля: Слава: — Волсви персидстіи: И нынѣ: — Ликуютъ ангели: На стиховнѣ стихиры — Веліе и преславное: Слава: — Веселися Іерусалиме: И нынѣ: — Въ вертепъ: По — Нынѣ отпущаеши: на благословеніи хлѣбовъ тропарь — Рождество Твое, Христе: 3-жды.

На утрени на — Богъ Господь: во гл. 4-й, тропарь праздника 2-жды; Слава, и нынѣ: тойже. По каѳизмахъ сѣдальны праздника. Полiелей и величаніе — **Величаемъ Тя, Живодавче Христе, насъ ради нынѣ плотію рождшагося отъ безневѣстныя и пречистыя Дѣвы Маріи.** Псаломъ избранный — Воскликните Господеви вся земля, пойте же имени Его, дадите славу хвалѣ Его. Сѣдаленъ праздника — Пріидите, видимъ: Степенна — Отъ юности моея: Прокименъ — Изъ чрева прежде денницы родихъ Тя, клятся Господь и не раскается. Евангеліе отъ Матѳея зач. 2-е. Псаломъ 50-й. Слава: — Всяческая днесь: И нынѣ: — Всяческая днесь: (съ инымъ концомъ). — Помилуй мя, Боже: и стихира — Слава въ вышнихъ Богу: — Спаси, Боже: Каноны два праздника, каждый съ ирмосомъ на 8, ирмосы по 2-жды (припѣвъ — Слава Тебѣ, Боже нашъ, слава Тебѣ). Ирмосы — Христосъ раждается: и — Спасе люди: Катавасія: тѣ же ирмосы. По 3-й пѣсни упакои — Начатокъ языковъ: по 6-й кондакъ праздника — Дѣва днесь: и икосъ. На 9-й пѣсни *не поемъ* — Честнѣйшую: но припѣвы — **Величай, душе моя, честнѣйшую и славнѣйшую горнихъ воинствъ, Дѣву пречистую Богородицу;** и прочіе. Свѣтиленъ праздника — Посѣтилъ ны есть: 3-жды. На хвалитехъ во гл. 4-й, стихиры праздника — Веселитеся праведніи: на 4; Слава: — Егда время: И нынѣ: — Днесь Христосъ: Славословіе великое. Тропарь праздника. Ектеніи и отпустъ — **Иже въ вертепѣ родивыйся, и въ яслехъ возлегій нашего ради спасенія, Христосъ истинный Богъ нашъ:** Часъ 1-й.

На часахъ тропарь и кондакъ праздника.

На литургіи свят. Іоанна Златоуста антифоны праздника. Входное — **Изъ чрева прежде денницы родихъ Тя, клятся Господь и не раскается: Ты іерей во вѣкъ по чину Мелхиседекову.** По входѣ тропарь праздника; Слава, и нынѣ: кондакъ. Вмѣсто Трисвятаго поемъ — Елицы во Христа: Прокименъ — Вся земля да поклонится Тебѣ: Апостолъ къ Гал. зач. 209-е. Аллилуіа во гл. 1-й. Евангеліе отъ Матѳея зач. 3-е. Задостойникъ — Величай, душе моя: и ирмосъ — Любити убо намъ: Причастенъ — Избавленіе посла Господь людемъ Своимъ. Отпустъ праздника — **Иже въ вертепѣ родивыйся:**

26-го ДЕКАБРЯ. Пятница. **Второй день праздника Рождества Христова.** *Соборъ Пресвятыя Богородицы.*

На великой вечерни по возгласѣ — Благословенъ Богъ нашъ: чтецъ — Пріидите, поклонимся:[28] и псаломъ 103-й — Благослови, душе моя, Господа: Ектенія великая. Каѳизмы нѣтъ. На — Господи воззвахъ: во гл. 2-й, стихиры праздника — Пріидите, возрадуемся Господеви: на 6; Слава, и нынѣ: праздника — Слава въ вышнихъ Богу: Входъ съ кадиломъ. — Свѣте тихій: Прокименъ великій, гл. 7-й, — Кто богъ велій, яко Богъ нашъ, Ты еси Богъ творяй чудеса. Ектенія — Рцемъ вси: — Сподоби Господи: Ектенія просительная. На стиховнѣ стихиры праздника — Преславное таинство: Слава, и нынѣ: праздника — Въ Виѳлеемъ стекошася: По — Нынѣ отпущаеши: тропарь праздника — Рождество Твое, Христе: Отпустъ праздника — **Иже въ вертепѣ родивыйся:**

На утрени на — Богъ Господь: во гл. 4-й, тропарь праздника 2-жды; Слава, и нынѣ: праздника. По каѳизмахъ малая ектенія и сѣдальны праздника. Псаломъ 50-й. Каноны два праздника, первый съ ирмосомъ на 8, второй съ ирмосомъ на 6; ирмосы по 2-жды (припѣвъ — Слава Тебѣ, Боже нашъ, слава Тебѣ). Ирмосы — Христосъ раждается: и — Спасе люди: Катавасія: тѣ же ирмосы. По 3-й пѣсни кондакъ праздника — Дѣва днесь: и икосъ; Слава, и нынѣ: ѵпакои — Начатокъ языковъ: по 6-й кондакъ Богородицы — Иже прежде денницы: и икосъ. На 9-й пѣсни *не поемъ* Честнѣйшую: но припѣвы — **Величай, душе моя, честнѣйшую и славнѣйшую горнихъ воинствъ, Дѣву пречистую Богородицу;** и прочіе. Свѣтиленъ праздника — Посѣтилъ ны есть: 3-жды. На хвалитехъ во гл. 4-й, стихиры праздника — Веселитеся праведніи: на 4; Слава: праздника — Днесь невидимое: И нынѣ: праздника — Днесь Христосъ: Славословіе великое. Тропарь праздника. Ектеніи и отпустъ — **Иже въ вертепѣ родивыйся, и въ яслехъ возлегій нашего ради спасенія, Христосъ истинный Богъ нашъ:** Часъ 1-й.

На часахъ тропарь праздника; кондакъ Богородицы.

На литургіи блаженна на 8; отъ 1-го канона праздника, пѣснь 3-я на 4 и отъ втораго канона, пѣснь 6-я на 4. По входѣ — Спаси ны, Сыне Божій, рождейся отъ Дѣвы, поющыя Ти: Тропарь праздника; Слава, и нынѣ: кондакъ Богородицы. Трисвятое. Прокименъ пѣснь Богородицы — Величитъ душа моя Господа: Апостолъ ко Евр. зач. 306-е. Аллилуіа во гл. 8-й. Евангеліе отъ Матѳ. зач. 4-е. Задостойникъ — Величай, душе моя: и — Любити убо намъ: Причастенъ — Избавленіе посла Господь людемъ Своимъ; Отпустъ праздника — **Иже въ вертепѣ родивыйся:**

---

28) Аще 9-й часъ не читается, то вечерня начинается полнымъ началомъ

Декабрь

27-го ДЕКАБРЯ. *Суббота по Рождествѣ Христовѣ.* **Третій день праздника Рождества Христова.** Св. апостола, первомученика и архидіакона Стефана. Преп. Ѳеодора начертаннаго, брата Ѳеофана, творца каноновъ.

На вечерни по возгласѣ — Благословенъ Богъ нашъ: чтецъ — Пріидите, поклонимся:[29] и псаломъ 103-й — Благослови, душе моя, Господа: Ектенія великая. Каѳизма 12-я. На — Господи воззвахъ: во гл. 4-й, стихиры на 6; апостола — Духа благодатію: 3 и преподобнаго — Странничества язвамъ: 3; Слава: апостола — Царю и Владыцѣ: И нынѣ: праздника — Веліе и преславное чудо: Входа нѣтъ. Чтецъ — Свѣте тихій: Прокименъ — Боже, заступникъ мой: — Сподоби Господи: Ектенія просительная. На стиховнѣ стихиры праздника — Изъ Отца прежде: Слава: апостола — Первый въ мученицѣхъ: И нынѣ: праздника — Ликуютъ ангели: По — Нынѣ отпущаеши: тропарь апостола — Подвигомъ добрымъ: Слава: преподобнаго — Православія наставниче: И нынѣ: праздника — Рождество Твое: Сугубая ектенія. Отпустъ праздника — **Иже въ вертепѣ родивыйся:**

На утрени на — Богъ Господь: во гл. 4-й, тропарь праздника 1-жды, апостола 1-жды; Слава: преподобнаго; И нынѣ: праздника. По каѳизмахъ малая ектенія и сѣдальны праздника. Псаломъ 50-й. Канонъ праздника 1-й со ирмосомъ на 6 (припѣвъ — Слава Тебѣ, Боже нашъ, слава Тебѣ), апостола на 4 (припѣвъ — Святый первомучениче и архидіаконе Стефане, моли Бога о насъ) и преподобнаго на 4 (припѣвъ — Преподобне отче Ѳеодоре, моли Бога о насъ). Ирмосы — Христосъ раждается: По 3-й, 6-й, 8-й и 9-й пѣсняхъ катавасія — ирмосы послѣдняго канона изъ Минеи. По 3-й пѣсни кондакъ праздника — Дѣва днесь: и икосъ; сѣдаленъ апостола — Апостоле Христовъ: Слава: преподобнаго — Уста былъ еси: И нынѣ: праздника — Рождество безсѣменное: по 6-й кондакъ апостола — Владыка вчера намъ: и икосъ. На 9-й пѣсни — Честнѣйшую: Свѣтиленъ апостола — Одесную стояща Отца: Слава, и нынѣ: праздника — Во яслехъ положися: Читаемъ хвалитные псалмы до — Сотворите въ нихъ судъ написанъ: поемъ стихиры апостола — Страдальческій вѣнецъ: Слава: апостола — Первомучениче апостоле: И нынѣ праздника — Непостижимое совершаемое: Славословіе читается. Ектенія просительная. На стиховнѣ стихиры праздника — Вождествуетъ праздникъ: Слава: апостола — Радуйся въ Господѣ: И нынѣ: праздника — Како изреку: — Благо есть: Трисвятое: по — Отче нашъ: тропарь апостола; Слава: преподобнаго; И нынѣ: праздника. Сугубая ектенія и часъ 1-й. Отпустъ праздника — **Иже въ вертепѣ родивыйся:**

На часахъ тропарь праздника; Слава: апостола и преподобнаго поперемѣнно. Кондакъ праздника.

На литургіи блаженна на 8; праздника, отъ 1-го канона пѣснь 1-я на

---

[29] Аще 9-й часъ не читается, то вечерня начинается полнымъ началомъ

4 и отъ канона апостола, пѣснь 3-я на 4. По входѣ — Спаси ны, Сыне Божій, рождейся отъ Дѣвы: Тропари праздника, храма Богородицы или святаго, апостола и преподобнаго; *Аще храмъ Спасителя:* Слава: кондакъ апостола; И нынѣ: праздника. *Аще храмъ Богородицы:* Кондакъ праздника; Слава: апостола; И нынѣ: храма. *Аще храмъ святаго:* Кондакъ храма святаго; Слава: апостола; И нынѣ: праздника. Прокименъ — Помяну имя Твое во всякомъ родѣ и родѣ; и апостола — Во всю землю: Апостолъ (субботы по Рождествѣ) къ Тим. зач. 288-е, къ Кол. зач. 249-е отъ полу и Дѣяній зач. 17-е. Аллилуіа во гл. 8-й и 1-й. Евангеліе (субботы по Рождествѣ) отъ Матѳ. зач. 46-е отъ полу, отъ Лука зач. 81-е и отъ Матѳ. зач. 87-е. Задостойникъ — Величай, душе моя: и — Любити убо намъ: Причастенъ — Чашу спасенія: и — Во всю землю: Отпустъ праздника — **Иже въ вертепѣ родивыйся:**

28-го ДЕКАБРЯ. **Недѣля 31-я по Пятидесятницѣ.,** *она же по Рождествѣ Христовомъ. Святыхъ Богоотецъ.*[30]) Гласъ 6-й.
(*Служба свв. Богоотецъ напечатана подъ 26-мъ декабря въ Минеи, или смотри въ Великомъ сборникъ.*)

На великой вечерни — Блаженъ мужъ: На — Господи воззвахъ: стихиры на 10; Октоиха 3, праздника — Пріидите, возрадуемся: (поемыя на самый праздникъ) 4 и святыхъ — Богоотца вси восхвалимъ: 3; Слава: святыхъ — Память совершаемъ: И нынѣ: догматикъ — Кто Тебе не ублажитъ: Входъ. Прокименъ — Господь воцарися: На стиховнѣ стихиры Октоиха; Слава: святыхъ — Священныхъ память: И нынѣ: праздника — Днесь невидимое: По — Нынѣ отпущаеши: тропарь праздника — Рождество Твое: 2-жды и тропарь святыхъ — Благовѣствуй Іосифе Давиду: 1-жды.

На утрени на — Богъ Господь: тропарь воскресенъ 2-жды; Слава: святыхъ; И нынѣ: праздника. По каѳизмахъ сѣдальны воскресны. — Ангельскій соборъ: Vпакои, степенна и прокименъ гласа. Евангеліе воскресное 9-е, отъ Іоанна зач. 65-е. — Воскресеніе Христово: Псаломъ 50-й и прочее обычно. Каноны: воскресенъ на 4, Богородицы на 2, праздника (первый) на 4 (припѣвъ — Слава Тебѣ, Боже нашъ, слава Тебѣ) и святыхъ на 4 (припѣвъ — Святіи сродницы Христовы, молите Бога о насъ). Ирмосы — Яко по суху: Катавасія — Христосъ раждается: По 3-й пѣсни праздника — Дѣва днесь: и икосъ; сѣдаленъ святыхъ — Іосифа праведнаго: Слава: инъ — Дѣва роди: И нынѣ: — Ликъ пророческій: по 6-й кондакъ и икосъ святыхъ. На 9-й пѣсни поемъ — Честнѣйшую: Свѣтиленъ воскресенъ 9-й — Заключеннымъ, Владыко: Слава: святыхъ — Со Іаковомъ: И нынѣ: праздника — Посѣтилъ ны есть: На хвалитехъ стихиры на 8; Октоиха на 4 и праздника — Веселитеся праведніи: на 4 съ припѣвами ихъ — Изъ чрева прежде: и — Рече Господь: Слава: святыхъ

---

[30]) Такъ называется служба недѣли по Рождествѣ Христовѣ, въ которую прославляются свв. Іосифъ Обручникъ, Давидъ-царь и Іаковъ, братъ Господень.

Декабрь

— Кровь и огнь: И нынѣ: — Преблагословенна еси: Славословіе великое и тропарь — Воскресъ изъ гроба: Ектеніи и отпустъ воскресный. Слава, и нынѣ: стихира евангельская 9-я — Яко въ послѣдняя: Часъ 1-й.

На часахъ тропарь воскресенъ; Слава: праздника и святыхъ поперемѣнно. Кондаки праздника и святыхъ поперемѣнно.

На литургіи блаженна на 12; гласа на 4, отъ канона праздника, пѣснь 8-я на 4 и отъ канона святыхъ, пѣснь 6-я на 4. По входѣ тропари воскресенъ, праздника и святыхъ. Слава: кондакъ святыхъ; И нынѣ: праздника. Прокименъ — Спаси Господи люди Твоя: и — Дивенъ Богъ: Апостолъ къ Гал. зач. 200-е. Аллилуіа во гл. 6-й и 4-й. Евангеліе отъ Матѳ. зач. 4-е. Задостойникъ — Величай, душе моя: и — Любити убо намъ: Причастенъ — Хвалите Господа: и — Радуйтеся праведніи: Отпустъ воскресный.

31-го ДЕКАБРЯ. Среда. *Отданіе Рождества Христова.*
Служба славословная, все праздника, кромѣ входа, паремій и литіи на вечерни, поліелея на утрени и антифоновъ на литургіи.

Конецъ Тѵпикона на 2020-й годъ и Богу нашему слава.

УКАЗАТЕЛЬ ИМЕНЪ СВЯТЫХЪ

(нп - обозначаетъ нед. свв. Праотецъ)
(сс - обозначаетъ память всѣхъ Преподобныхъ Отецъ въ подвизѣ просіявшихъ, совершаемая въ сырную субботу)

МУЖСКІЯ ИМЕНА

Ааронъ нп; іюл. 1, 20
Абидъ фев. 18
Або янв. 8
Абросимъ ноя. 10
Авбертъ дек. 15
Аввакиръ сс; мар. 12
Аввакумъ нп; іюл. 6; авг. 6; дек. 2, 17
Аввасъ ноя 22
Авгарь дек. 31
Авгурій авг. 2
Августинъ іюн. 15; ноя. 10
Авда мар. 31
Авдальдъ іюн. 6
Авделай апр. 17
Авдикій апр. 10
Авдифаксъ іюл. 6
Авдіесъ апр. 9
Авдіисусъ мая. 16
Авдій нп; сен. 5; окт. 28; ноя. 19
Авдонъ іюл. 30
Авель нп
Авениръ ноя. 19, 22
Аверкій мая. 26; іюн. 17; окт. 22; ноя. 14
Авивъ янв. 29; мар. 28; мая. 7; авг. 2; сен. 6; ноя. 15, 29
Авидъ сен. 5
Авилій фев. 22
Авимъ авг. 1
Авипъ мар. 26
Авитъ фев. 5; авг. 21
Авіаѳаръ окт. 1
Авксентій сс; янв. 25; фев. 14; апр. 18, 27; іюн. 12; сен. 28; дек. 13
Авксивій фев. 17, 19
Авктъ ноя. 7
Авраамій сс; фев. (2) 4, 14; мар. 9; апр. 1; іюн. 15; іюл. 20; авг. (3) 21; сен. 24; окт. (3) 29
Авраамъ нп; окт. 9; дек. 6
Австоллъ іюн. 28
Автономъ сен. 12
Авудимъ іюл. 15
Авундій іюл. 30; авг. 13
Агава ноя. 22
Агавъ янв. 4; апр. 8
Агапитъ сс; фев. 18; апр. 17; мая. 21; іюн. 1, 5; іюл. 4; авг. 10
Агапій янв. 11, 24; мар. 1, 15; авг. 19, 21; сен. 20; ноя. 3, 22
Агапіонъ ноя. 22
Агаѳангелъ янв. 23; апр. 19; окт. 3, 30
Агаѳодоръ фев. 2; мар. 7; окт. 13
Агаѳоникъ авг. 22
Агаѳонъ сс; янв. 8; фев. (2) 20; мар. 2; окт. 13
Агаѳоподъ апр. 5
Агаѳопусъ дек. 23
Аггей нп; дек. 16
Аглай мар. 9
Агнъ янв. 20; мар. 26
Агриппа ноя. 1
Агриппинъ янв. 30; ноя. 9
Агрицій янв. 13
Адамнанъ сен. 23
Адамъ нп; янв. 14
Адріанъ фев. (2) 3; мар. 5; апр. 17; мая. 5, 8, 17; авг. (3) 26; ноя. 1, 19
Аетій мар. 6, 9
Аза ноя. 19
Азаданъ апр. 10
Азарія нп; фев. 3; дек. 17
Азатъ апр. 14, 17; ноя. 20
Аиѳалъ сен. 1; ноя. 3; дек. 11
Айданъ авг. 31
Акакій сс; янв. 14; мар. 4, 9, 31; апр. 9, 12, 17; мая. 1, 7, 19; іюл. 7, 28; авг. 17; сен. 15; окт. 24; ноя. 26, 29
Акепсима ноя. (2) 3
Акепсій дек. 11
Акила янв. 4, 21; фев. 13; іюл. 14
Акиндинъ апр. 18; авг. 22; ноя. 2
Акка окт. 20
Акутіонъ апр. 21
Албанъ іюн. 22
Александръ (2) сс; янв. (3) 1, 4, 18, 25; фев. (3) 4, 6, 7, 8, 9, 21, 23, 25; мар. 1, 4, 9, 12, 13, (3) 15, 16, 17, 27, 28; апр. 10, 14, 15, 17, 20, 24; мая. 11, (3) 13, 16, (2) 19, 20, 26, 28, (2) 29; іюн. 6, (4) 7, 9, 10, 13, 14, 18, 23, 27, 30; іюл. 3, 8, 9, 10, 20, (2) 25; авг. 1, 7, 11, (2) 12, 13, 14, 16, 20,

21, 22, 27, 28, (4) 30, 31; сен. (2) 4, 5, 7, (2) 9, 13, 20, (2) 21, 25, 28, 30; окт. 1, 11, 12, 15, 17, 20, 21, (3) 22, 23, 26, (2) 30, 31; ноя. (2) 1, (2) 3, 4, (3) 7, 9, 10, 12, (3) 14, (2) 19, 20, (2) 23, (2) 24, 25, 30; дек. 4, 9, (2) 10, 12, (2) 13, 15, 16, 17, 22, (2) 26, (2) 28

Алексій янв. 18; фев. (2) 4, 7, 12, (2) 15, 17, 23; мар. 9, 11, 15, 17, 23, 29; апр. 5, (2) 21, (2) 24; мая. 20; іюн. 9, 13, 21, 23; іюл. 1, (2) 4, (2) 20, 22, 29; авг. 4, 7, 9, 12, 14, (2) 22, 28, 30; сен. 3, 9, 10, (2) 12, 16, 18, 19, 21, 30; окт. 1, 5, 16, (2) 21, 29, 31; ноя. 9, 10, (2) 14, 19, (2) 20, (2) 22, 23, (3) 24 (2) 27, (3) 28; дек. 2, 4, 10, 13

Алимъ авг. 1
Алипій авг. 17; ноя. 26
Алквіадъ авг. 16
Алоній сс; іюн. 4
Алпсидій янв. 15
Алфей мая. 26; іюл. 24; сен. 28; ноя. 18
Алфій мая. 10
Альбинъ сен. 15
Альвіанъ мая. 4
Амандинъ янв. 30
Амандъ іюн. 6
Амвросій сс; нед. предъ Воздв.; мар. 16; іюн. 27; іюл. 27; окт. 8, (2) 10, 14; дек. 7
Амикъ фев. 22
Аммонаѳа сс
Аммоній сс; янв. 10
Аммонъ (2) сс; янв. 2, 26; фев. 9; окт. (2) 4
Аммунъ сс; сен. 1
Амой сс
Амонитъ ноя. 7
Амосъ нп; іюн. (2) 15
Амплій янв. 4; окт. 31
Амфилохій сс; мар. 23; апр. 29авг. 28; сен. 18; окт. 10, 12; ноя. 23, дек. 19
Амфіанъ апр. 2; іюн. 12
Анаклетъ іюн. 7
Ананія нп; янв. 4, 26; мар. 18, 27; апр. 17; іюн. 17; окт. 1, 3; ноя. 1, 16; дек. 1, 17
Анастасій янв. 8, 21, (2) 22, 24; фев. 1, 10; апр. 15, (3) 20; іюл. 8; авг. 8, 11, 29; сен. 3, 17, (2) 20; окт. 25; ноя. 18; дек. 5

Анатолій сс; янв. 10, 25; фев. 6; апр. 23; іюл. (4) 3, 29, 30; сен. 2; окт. (2) 10, 17, 21, (2) 31; ноя. 6, (2) 20; дек. 10
Ангели дек. 3
Ангелисъ сен. 1
Ангелій окт. 28
Ангеляръ іюл. 27
Ангій мар. 9
Андрей янв. 6; фев. 4, 8, (2) 22; мар. 14; мая. 14, 18, (2) 29; апр. 15; мая. 15; іюн. 2, 12, (2) 30; іюл. (4) 4, 11, 23; авг. 19, 22; сен. 3, 7, 15, (2) 21, 23; окт. 2, 10, 17, 18, 24, 27, 29; ноя. 25, 27, 28, (2) 30; дек. 2, 3
Андроникъ янв 4; мая. 17; іюн. 7, 13; іюл. 30; сен. (2) 9; окт. 9, 12; дек. 7
Анектъ мар. 10; іюн. 27
Анемподистъ ноя. 2
Аникита авг. 12; ноя. 7
Анинъ сс; мар. 13, 18
Анисій дек. 31
Аніанъ апр. 25; ноя. 16
Аннемундъ сен. 28
Ансгарій фев. 3
Антипа янв. 10; фев. 22; апр. 11
Антипатръ сс; апр. 29; іюн. 13
Антіохъ сс; фев. 23; іюл. 16; окт. 15; ноя. 13; дек. 13, 24
Антонинъ фев. 23; апр. 19; іюн. 7; авг. 1, 4; сен. 23; окт. 22; ноя. 7, 13
Антоній сс; янв. 8, 14, (6) 17, 19; фев. 5, 10, 12, 20; мар. (2) 1, 16, 27; апр. 14, 18; мая. 4, 7, 11, 12, 19; іюн. 7, 23, 24; іюл. 3, 6, (2) 10; авг. 3, 7, 9, 12, 27; сен. 2; окт. (2) 10, 17, 19, 26; ноя. 1, 9, 11, 23; дек. (2) 7, 17, 20, 21
Анувій сс; іюн. 5
Анѳимій дек. 30
Анѳимъ сс; фев. 15; іюн. 13; сен. 3, 4, 14; окт. 17
Анѳиръ авг. 5
Аодъ нп; іюл. 31
Апеллій янв. 4; сен. 10; окт. 31
Аполлинарій іюл. 23; авг. 30
Аполлоній мар. 31; іюл. 10, 30; дек. 14
Аполлосъ іюн. 5, ноя. 10
Аполлосъ сс; янв. 4; мар. 30; апр. 21; ноя. 27; дек. 8
Апостолъ свѣтлый вторникъ; авг. 16
Апріонъ фев. 7
Апроніанъ іюн. 7
Апронкулъ мая. 14
Апфія ноя. 22
Араторъ апр. 22

Аргиръ мая. 11
Ардаліонъ апр. 14; іюл. 16
Аредій авг. 25
Арестъ апр. 3
Ареѳа мая. 15; іюл. 28; окт. (3) 24; дек. 28
Аристархъ янв. 4; апр. 15; сен. 27; ноя. 14
Аристовулъ янв. 4; мар. 16; окт. 31
Аристоклій іюн. 20; авг. 24
Аристонъ сен. 3
Арисъ сс; дек. 13, 19
Аріанъ дек. 14, 30
Арій іюн. 5
Аркадій янв. 12, 26; фев. 4, 10; мар. 6, 7; апр. 7; іюн. 11; іюл. 1; авг. 12, 14; окт. 21; сен. 18; дек. 13, 16, 28
Ароносъ іюл. 6
Арпила мар. 26
Арсакій окт. 11
Арсеній сс; янв. 19, 28, 31; фев. 6, 28; мар. 2; апр. 10, 29; мая. 3, (3) 8; іюн. 12; іюл. 12, 31; авг. 18, 24, 30; сен. 25; окт. (2) 28; ноя. 6, 20; дек. 13
Артема янв. 4; апр. 29
Артемій мар. 24; іюн. 23; окт. (2) 20
Артемонъ мар. 24; апр. 13
Архелай янв. 30; мар. 5; дек. 26
Архилій апр. 6
Архиппъ янв. 4; фев. 19; сен. 6, 9; ноя. 22
Арчилъ мар. 20; іюн. 21
Асафъ мая. 1
Асинкритъ янв. 4; апр. 8
Асиръ нп
Аскалонъ мая. 20
Асклипіадъ мар. 11; окт. 18
Асклипій фев. 27
Асклипіодотъ іюл. 3
Астерій мая. 20; іюн. 10; іюл. 6; авг. 7; окт. 29, 30
Астіонъ іюл. 7
Астій іюн. 4
Атталъ іюл. 25
Аттикъ сс; янв. 8; ноя. 3
Аттій авг. 1
Афраатъ янв. 29
Африканъ мар. 13; апр. 10; окт. 28
Афродисій сс; мая. 4; іюн. 21; дек. 24
Афѳоній фев. 10; апр. 6; ноя. 2
Ахазъ апр. 1
Ахаикъ янв. 4; іюн. 15
Ахеманидъ ноя. 3
Ахила янв. 4, 17
Ахилла сс; іюн. 3

Ахиллій мая. 15
Ахія ноя. 12
Ахмедъ мая. 3; дек. 24
Ацисклъ ноя. 17
Ашотъ янв. 29
Аѳанасій (2) сс; свѣт. среда; янв. 1, 4, 7, 13, (3) 18; фев. (2) 20, 22; мар. 8, 9; апр. 20, 23; мая. (3) 2, 4, 17; іюн. 3, 7, 20, 22; іюл. (3) 5, 20, 24; авг. 7, 10, 22; сен. 5, 8, (2) 12, 26; окт. 15, 24, 26, 29; ноя. 7, 22; дек. (2) 2, 17
Аѳинагоръ іюл. 24
Аѳиногенъ іюл. 16
Аѳинодоръ сс; дек. 7, 29
Аѳръ сс; іюн. 8
Бавонъ окт. 1
Байтенъ іюн. 9
Барбасцеминъ янв. 14
Беза фев. 27
Бекканъ мар. 17
Бенигнъ апр. 3
Беуно апр. 21
Блейнъ авг. 11
Бидзинъ сен. 18
Бландинъ іюн. 2
Богданъ іюн. 11
Боголѣпъ іюл. 24; авг. (2) 22
Божидаръ іюл. (2) 11
Борисъ янв. 25; мая. (2) 2, 31; іюл. 24; сен. 18; ноя. 10, 22, 23, 27; дек. 2, 22
Боянъ мар. 28
Бранко апр. 24
Брауліо мар. 26
Брендонъ мая. 16; ноя. 29
Будиміръ іюл. 11
Бурхардъ окт. 14
Вавила (2) сс; янв. 24; фев. 22; сен. (2) 4; дек. 28
Вадимъ апр. 9
Вакхъ мая. 6; окт. 7; дек. 15
Валентинъ апр. 24; мая. 19; іюн. 7; іюл. 6, 30; сен. 21; ноя. 19
Валентъ фев. 16; мар. 9
Валеріанъ янв. 21; фев. 10; мая. 4; іюн. 1; сен. 13; окт. 15; ноя. 22; дек. 8
Валерій янв. 29; фев. 22; мар. 9; апр. 23; окт. 25; ноя. 7; дек. 9
Валтасаръ дек. 25
Ванантій окт. 13
Ваптосъ фев. 10
Варадатъ фев. 22
Варакъ нп

Варахисій мар. 28
Варахіилъ ноя. 8
Варахій ноя. 7
Варваръ мая. (2) 6
Варда мая. 16
Варипсавъ сен. 10
Варлаамъ пятокѣ по всѣхъ свв.; янв. 14, 23; фев. 7, (2) 20; мая. 5; іюн. 6, 19; авг. 8, 12; окт. 5, 8; ноя. (3) 6, (3) 19, 25; дек. 27
Варнава янв. 4; фев. 17; мая. 19; іюн. (2) 11; іюл. 11; авг. 12, 18; окт. 30
Варсава дек. 11
Варсанофій мар. 2, 15; апр. 1, 11; сен. 2; окт. (2) 4, 10
Варсануфій фев. 6; окт. 10
Варсима янв. 24
Варсимей янв. 29
Варсисъ авг. 25
Варулъ ноя. 18
Варухъ сен. 28
Варѳоломей янв. 28; іюн. 11, 30; авг. 25; сен. 26
Василидъ янв. 20; апр. 1; дек. 23
Василискъ мар. 3; мая. 22; дек. 29
Василій (2) сс; янв. (3) 1, 2, 3, 6, 8, 14, 25, 30; фев. 1, 3, 4, 9, 10, 12, (2) 13, 16, (2) 20, 28; мар. (3) 1, (2) 4, 7, 11, 20, (2) 22, (2) 23, 26, 28; апр. (2) 12, 15, 18, 25, 26, 29, 30; мая. 2, 9, 13, 18, 19, 27, (2) 30; іюн. 1, 8, 10, (2) 18, 22, (2) 25, 28; іюл. 1, (4) 3, (2) 4, 6, 10, 15, 28, 31; авг. (2) 2, 7, 11, 12, 13, 14, 22, 27; сен. 2, (2) 3, 4, 7, (2) 9, (2) 10, (2) 21, (2) 24, 30; окт. 4, 8, 15, (2) 21, 22, 29, (2) 31; ноя. 2, (2) 3, 6, 7, (3) 14, 16, 17, 20, 22, 25, (3) 26, 27, (3) 28; дек. 4, 7, 9, 13, 15, 23, 26
Васой мар. 6
Вассіанъ сс; фев. 12, 20; мар. 23; іюн. 5, 10, 11, 12; сен. 12; окт. 10; дек. 14
Вассъ янв. 20
Вастъ іюл. 6
Вата мая. 1
Вахтангъ ноя. 30
Вахтисій мая. 18
Ваѳусій мар. 26
Велиміръ іюл. 11
Венацій дек. 14
Вендеміанъ фев. 1
Венедиктъ сс; фев. 11; мар. 14
Венедимъ мая. 18
Венерій янв. 30

Венигнъ ноя. 1, 9
Веніаминъ нп; сс; янв. 14; мар. 1, 31; апр. 4; іюн. 7; іюл. 31; сен. 18, 22; окт. (2) 13; ноя. 7, 19; дек. 29
Венусть мая. 29
Вериссимъ окт. 1
Веркъ мар. 26
Ветранъ янв. 25; апр. 20
Веттій іюл. 25
Вивіанъ мар. 9
Викентій мая. 24; ноя. 3, 11, 28
Викторинъ янв. 31; фев. 24; мар. 7, 10; ноя. 2; дек. 15, 18
Викторъ янв. 8, 31; фев. 18, (2) 22, 24; мар. 10, 17, 20; апр. 15, 18, 19; мая. 19; іюн. 7, 18; іюл. 21; авг. 26; сен. 2, 11, 16; окт. 8, 24, 29; ноя. 9, 11, 14, 16, 17, 18, 25
Вилибрордъ ноя. 7
Вильфридъ апр. 24; окт. 12
Вилъ окт. 28
Винвало мар. 3
Виннибальдъ дек. 18
Виннокъ ноя. 6
Виргилій мар. 5
Вириладъ іюл. 10
Виринъ дек. 3
Виръ дек. 30
Виссаріонъ сс; апр. 18; іюн. 6; іюл. 29; авг. (2) 12; сен. 15, окт. 21
Висъ фев. 27
Виталій сс; янв. 25; апр. 22, 28; іюн. 20; сен. 24; окт. 24
Витимій сс; дек. 24
Витъ мая. 16; іюн. 15
Виѳоній апр. 3
Віаноръ іюл. 10
Владиміръ янв. 8, (2) 11, 18, 25, 28, 30; фев. 3, 13, 18, 22; мар. 8, 12, 21, 24; мая. 19, 22; іюн. 7, 27; іюл. 5, 7, 15, 31; авг. (2) 14, 20, 25, 27, 31; сен. 2, (2) 3, 18, 21, 26; окт. 4, 8, (5) 15, 21, 22, 23; ноя. 3, 12, 20, 22, 27; дек. 2, (2) 9, 13, (2) 16, 18
Владиславъ іюл. 30; сен. 24
Власи фев. 3, 11, 18; мар. 31
Вонифатій дек. (2) 19, 21
Врисій ноя. 13
Всеволодъ фев. 11; апр. 22; сен. 6; окт. 31; ноя. 27
Вукашинъ мая. 16
Вуколъ фев. 6
Вукославъ іюл. 11, 25
Вульфилаихъ ноя. 17

Вячеславъ янв. 1; мар. 4; авг. 3, 10, 12; сен. 28, 30
Гаведдай сен. 29
Гавиній авг. 11
Гавріилъ янв. 15, 22, 25, 26; фев. 2, 3, 11, 13; мар. 17, 26; апр. 7, 9, 20, 22; мая. 9, 13; іюн. 1, 5, 22; іюл. 12, 13; авг. 22, 30; сен. 10, 24; окт. 5, 18, 19,20; ноя. 5, (2) 6, 8, 14, 27; дек. 3, (2) 13
Гадъ нп
Гаіанъ мая. 5
Гай сс; янв. 4; мар. 9; мая. 5; іюн. 23; авг. 11; окт. 4, 21; ноя. 5; дек. 31
Галактіонъ янв. 12; іюн. 22; сен. 24; ноя. 5; дек. 7
Галатій фев. 22
Галикъ апр. 3
Галлъ іюл. 1; окт. 16
Галликанъ іюн. 26
Гамаліилъ авг. 2
Гаспаръ дек. 25
Гатіанъ дек. 18
Гауденцій окт. 25
Гедеонъ нп; сен. 26; дек. 30
Геласій сс; фев. 20, 27; іюн. 30; дек. 23, 31
Гелерій іюл. 16
Гемеллъ дек. 10
Геминіанъ сен. 17
Геминъ ноя. 17
Геннадій сс; янв. 23; фев. 9, 10; апр. 6; мая 19; іюл. 5; авг. 19, 31; ноя. 10, 17, 19; дек. 4, 5
Георгій янв. 8, 14, 17, 22; фев. 4, 7, 11, 13, 14, 21; мар. 10, (2) 11, 26, 28; апр. 1, 2, 4, 5, (2) 7, 19, (3) 23, 24, 26; мая. 9, (2) 13, 16, 19, 24, 26; іюн. 5, 14, 21, 26, 27, 31; іюл. 3, 4, 10, (3) 20, 28; авг. 18, 24, 26, 28; сен. 8, 28; окт. 1, 2, 16, 24, 28; ноя. (2) 3, 7, 10, 14, (3) 26; дек. (2) 3, 29
Герасимъ сс; янв. 2, 15, 24, 29; мар. (2) 4; апр. 7; мая. 1, 19; іюн. 7, 24; іюл. 3; авг. 16; сен. 15; окт. 20; ноя. 19, 22
Гервасій окт. 14
Геркулинъ янв. 30
Германъ (2) сс; фев. 10, 22, 29; мая. 12, 19, 28; іюн. 23, 28; іюл. 3, 7, 27, 30, 31; авг. 12; сен. 2, 11, 25, 27; окт. 20, 22, 30; ноя. 6, 13, 22; дек. 12
Геронтій апр. (2) 1; мая. 28; іюл. 26; авг. 12
Геронъ окт. 17
Гигантій ноя. 7
Гимнасій сен. 27

Гликерій апр. 23; іюн. 15; дек. 28
Глѣбъ мая. 2; іюн. 20; іюл. 24; сен. 5, 10
Гоаръ іюл. 6
Гобронъ ноя. 17
Гоммеръ окт. 11
Гоноратъ янв. 16
Гонорій сен. 30
Гораздъ іюл. 27; авг. 22
Горгіанъ фев. 22
Горгій іюн. 5
Горгоній мар. 9; сен. 3; дек. 28
Гордіанъ мая. 9; сен. 13
Гордій янв. 3
Гормиздъ авг. 8
Госпитій мая. 21
Гоѳоніилъ нп
Григорисъ мар. 6
Григорій (3) сс; 2-я нед. В.П.; нед. предъ Воздв.; янв. 1, 5, (3) 8, 10, 19, (2) 25, 30; фев. 10, 21; мар. (2) 4, 12, 13; апр. 2, 6, 10, 20; мая. 24; іюн. 7, 15, 22, 27, 28; іюл. 12; авг. (2) 8, 18, 25, 30; сен. 4, 7, 9, 15, 16, (2) 30; окт. 1, 5, 22; ноя. 5, 14, 15, (3) 17, 20, (2) 23, 24, 25, (2) 28; дек. 7, 10, 13, 19, 26
Губертъ ноя. 3
Гурій мар. 17; іюн. 20; авг. 1; окт. 4; ноя. (2) 15; дек. 5, 7
Гуссинъ мая. 29
Гутлакъ апр. 11
Давидъ нп; нед. Богоотецъ; сс; нед. пр. 6 сен.; янв. 26; фев. 20; мар. 1, 5; апр. 12; мая. 2, 7, 18; іюн. 1, 25, (2) 26; іюл. 24; сен. 5, 6, 19, 24; окт. 2, 18; ноя. 1; дек. 23
Давиктъ окт. 4
Дада апр. 28; сен. 29
Далматъ сс; іюн. 25; іюл. 25; авг. 3
Дамаскинъ янв. 16; сен. 2; ноя. 13
Даміанъ фев. (3) 23; мая 18, 23; іюл. 1, 11; окт. 5, 17, 21; ноя. 1
Даміонъ апр. 11
Данактъ янв. 16; мая. 6, дек. 2
Даніилъ нп; (2) сс; фев. 16, 21; мар. 4, 18; апр. 7, 15; іюн. 7; іюл. 10, 29; авг. (2) 30; сен. 11, 12, 21; ноя. 18, 26, 28; дек. 11, 16, (2) 17, 18, 20, 30
Данъ нп
Дасій окт. 21; ноя. 1, 20
Деогратій мар. 22
Дидимъ мая 27; сен. 11

Димитріанъ іюн. 20; сен. 11; ноя. 6
Димитрій янв. 8,14, 25, 27, 29, 30; фев. 3, (3) 4, 6, 11, 19; мар. 9, 10, 12, 18, 19; апр. 10, 13, 14, 22; мая. 4, 9, 15, 19, 28; іюн. 2, (2) 3, 13; іюл. 4, 8, 11, 20; авг. 1, 4, 7, 9, 11, 12, (2) 17, 18, 26, 27, 31; сен. 6, 9, 11, 15, 21, 26, 27; окт. 4, 8, 9, (3) 15, 21, (3) 26, 28; ноя. 1, 9, 10, 12, (3) 14, 15, 16, 19, 26, 27; дек. 2, 4, 15, 22, 26
Димитріонъ мая. 6
Димъ апр. 10
Дисанъ апр. 9
Дисидерій апр. 21
Дифригъ ноя. 14
Діадохъ сс; авг. 31
Діодоръ янв. 31; фев. 3; мар. 10, 19; апр. 29; іюл. 6; сен. 11; ноя. 20, 27
Діодотъ ноя. 7
Діомидъ іюл. 3; авг. 16
Діонисій (2) янв. 4, 24; фев. 4, 20; мар. (2) 10, (2) 15, 28; апр. 21; мая. 6, 12, 18, 28; іюн. 1, 3, 25, 26; іюл. 31; авг. 4, 18, 24; окт. (3) 3, 5, 15, 22; ноя. 1, 10, 23, 29; дек. 17
Діонъ іюл. 6
Діоскоръ апр. 21; мая. 11, 28
Дій сс; апр. 3; іюл. 19
Доброславъ іюл. (2) 11
Довмонтъ мая. 20
Додо среда 7-я по Пасхѣ; мая. 23
Доментіанъ апр. 15
Дометіанъ сс; янв. 10; мар. 9; мая. 7; окт. 10
Дометій сс; мар. 8, 23; іюн. 25; авг. (2) 7
Домнинъ окт. 1; ноя. 5
Домній апр. 11
Домнъ янв. 2, 14; мар. 9
Донатъ апр. 9, 23, 30; мая. 22; іюл. 4
Доннанъ апр. 17
Доримедонтъ сен. 19
Дороѳей фев. 18; іюн. (3) 5; сен. 3, 16; ноя. 5, 7; дек. 10, 28
Досиѳей фев. 19; сен. 9, 12; окт. 8; дек. 13, 31
Драгутинъ окт. 30
Дракона ноя. 11
Дросданъ іюл. 11
Дубтахъ окт. 7
Дука апр. 24
Дукитій ноя. 7
Дула іюн. (2) 15

Дунстанъ мая. 19
Душанъ іюл. 11
Евагрій янв. 4; фев. 4, 5; мар. 6; апр. 3
Евангелъ іюл. 7
Еварестъ дек. 23, 26
Еввентій окт. 9
Еввіотъ дек. 18
Еввулъ фев. 3, 28 мар. 6, 30
Евгеній янв. 18, 21, 31; фев. 12, 13, 19; мар. 7; іюл. 4; авг. 18; сен. (2) 7, 10; окт. 16, 29; ноя. (2) 7, 11, 24; дек. 10, 13
Евграфъ ноя. 24; дек. (2) 10
Евдемонъ окт. 4
Евдокимъ іюл. 31; окт. 5
Евдоксій сен. 6; ноя. 3
Евелпистъ іюн. 1
Еверъ нп
Евиласій фев. 6
Евкарпій мар. 18
Евклей авг. 1
Евкулъ дек. 30
Евлалій сс; авг. 30
Евлампій мар. 5; іюл. 3; окт. 10
Евлогій сс; фев. 13; мар. 5, 11; апр. 27; авг. 2, 25
Евменій іюл. 10; сен. 18; окт. 7
Евникіанъ дек. 23
Евноикъ мар. 9
Евной окт. 20
Евнъ фев. 27
Еводъ янв. 4; сен. 1, 7; дек. 22
Еворъ окт. 20
Евплъ авг. 11
Евпоръ дек. 23
Евпрепій сен. 20
Евпсихій апр. 9; сен. 7; ноя. 5
Евсевій сс; янв. 14, 20, 23, 30; фев. 15; апр. 2, 28; іюн. 22; іюл. 3; сен. (2) 21; окт. 4, 7, 23; ноя. 28; дек. 10
Евсевонъ авг. 1
Евсигній авг. 5
Евстаѳій сс; янв. 4; фев. 4, 21; мар. 14, 29; апр. 14, 22; мая. 31; іюл. 28, 29; авг. 16, 30; сен. 20; ноя. 20
Евстратій янв. 9; мар. 28; дек. 13
Евстохій іюн. 23; ноя. 15
Евсхимонъ мар. 14
Евтихіанъ авг. 17; дек. 22
Евтихій янв. 20; мар. 9; апр. 3, 6, 21; мая. 28; авг. 23, 24; ноя. 7, 20, 22
Евтихъ авг. 24
Евтропій фев. 11; мар. 3; апр. 30; іюн. 16;

окт. 17
Евфрасій апр. 28; ноя. 13
Евфросинъ мар. 2, 20; мая. 13, 15; сен. 11; окт. 31
Евхарій фев. 20; ноя. 16
Евѳасій янв. 12
Евѳерій фев. 22; мар. 7
Евѳимій сс; нед. предъ Воздв.; янв. 3, 4, 19, (5) 20, 22; мар. 11, 22; апр. 1, 11, 18; мая. 1, 5, 13; іюл. 4, 6, 20; авг. 5, 8, (2) 12; сен. 2, (2) 3, 5, 9; окт. 10, 15; ноя. 9, 10; дек. 26, 28
Егезиппъ апр. 7
Едесій апр. 2
Ездра нп
Езекія нп; авг. 28
Екдикій мар. 9
Ексакустодіанъ авг. 4; окт. 22
Елеазаръ нп; янв. 13; іюн. 4; авг. (2) 1; сен. 2; ноя. 23
Елевсиппъ янв. 16
Елевѳерій фев. 20; мая. 26; апр. 13; авг. 4, 8, 14; окт. 3; дек. (2) 15
Елезвой окт. 24
Еленъ ноя. 23
Елизбаръ сен. 18
Елиссей нп; іюн. (2) 14; авг. 7; окт. 23
Елладій сс; янв. 8; фев. 5; мая. 28; окт. 4; ноя. 9
Еллій іюл. 14
Елпидифоръ апр. 3; ноя. 2
Елпидій мар. 7; сен. 2; ноя. 15
Еміліанъ янв. 8; мар. 7; іюл. 18; авг. 8; авг. 18; окт. 23; ноя. 12, 20; дек. 13
Емилій іюн. 20
Енда мар. 21
Еносъ нп
Енохъ нп
Епагаѳъ іюл. 25
Епархій іюл. 1
Епафрасъ янв. 4
Епафродитъ янв. 4; мар. 30; дек. 8
Епенетъ янв. 4; іюл. 30
Епиктетъ іюл. 7
Епимахъ мар. 11; мая. 9; окт. 31
Епиподъ апр. 22
Епифаній сс; мая. 12; авг. 25; ноя. 7
Епполоній сен. 2
Еразмъ фев. 24; мая. 4, 10; іюн. 2
Ерастъ янв. 4; ноя. 10
Ермилъ янв. 13; авг. 30
Ермінингельдъ ноя. 1
Ермиппъ іюл. 26; авг. 18

Ермій янв. 4; мая. (2) 31; іюл. 6; ноя. 4
Ермогенъ фев. 17; мая. 12; іюн. 16; авг. 12, 20; сен. 1; окт. 5; ноя. 24; дек. 10
Ермократъ іюл. 26
Ермолай іюл. 26
Ермъ янв. 4, 30; мар. 8; апр. 8; мая. 31; авг. 18; ноя. 5
Еросъ іюн. 24
Есперъ мая. 2
Етимасій ноя. 28
Ефивъ іюл. 30
Ефремъ нп; сс; янв. 18, (3) 28; мар. 7, 27; апр. 17; мая. 5, 16; іюн. 8, 11, 15, 16; авг. 23, 2, 30; сен. 26; ноя. 1
Еѳерій іюн. 18
Жери авг. 11
Завулонъ нп; мая. 20
Закхей нед. предъ мытаря и фарисея; апр. 22; ноя. 18
Заниѳанъ мар. 28
Захарія нп; сс; янв. 20; фев. 8, 21; мар. 15, (2) 24, 30; мая. 22, 28; сен. 5, 9; ноя. 17; дек. 5
Зевинъ фев. 23; окт. 20
Зигфридъ авг. 22
Зина янв. 4; іюн. 22; сен. 27
Зиновій янв. 10; окт. 30
Зинонъ сс; янв. (2) 30; мар. 3; апр. 10, 12, 18, 28; мая. 7; іюн. 19, 22; авг. 22, сен. 3, 6, 17, 21; дек. 26, 28
Зоилъ сс; мар. 3; апр. 13
Зола дек. 3
Зоровавель нп
Зорсисъ янв. 2
Зосима сс; янв. 4, 24; фев. 13; мар. 30; апр. 3, (2) 4, 15, 17; мая. 1, 6, 8; іюн. 4, 8, 19; іюл. 15; авг. (2) 8; сен. 19, 28; окт. 20, 24; ноя. 7
Зотикъ апр. 18; іюл. 21; авг. 22; сен. 13; окт. 21; дек. 23, 30
Ивистіонъ сс; авг. 26
Ивхиріонъ апр. 15
Игаѳраксъ мар. 26
Игнатій сс; янв. 28, (2) 29; фев. 3, 20; апр. 30; мая. 1, 19, (2) 28; іюн. 7; авг. 21, 30; сен. 15, 27; окт. 8, 14, 23; ноя. 19; дек. (2) 20, 28
Игорь іюн. 5; іюл. 5; сен. 19
Икуменій мая. 3
Иларій янв. 14; мая. 5; іюл. 12
Иларіонъ сс; фев. 14; мар. (2) 28; апр.

27; іюн. 6, 30; іюл. 11, 24; авг. (2) 18, 22, 28; сен. 18, 20, 28; окт. (2) 10, (4) 21; ноя. 7, 19, 20, 25; дек. 14, 15
Иліанъ мар. 9
Илій нп; мар. 9
Иліодоръ авг. 20; сен. 9, 28; ноя. 19
Илія нп; сс; янв. 4, 8, 14, 21, 31; фев. 16, 27; мар. 23, 28; апр. 4, 24; іюл. 4, (3) 20; авг. 12, 17; сен. 3, 4, 7, 13, 17; ноя. 3, 9, 22, 26; дек. 5, 16, 18, (2) 19
Иллидій іюн. 5
Иллирикъ апр. 3
Индисъ сен. 3; дек. 28
Инна янв. 20; іюн. 20
Иннокентій фев. 3, 9; мар. 19, 31; апр. 24; мая 25; іюл. 4, 6; сен. 9; окт. 5, 10, 13, 31; ноя. 16, 26; дек. 24
Ипатій янв. 14; мар. (3) 31; іюн. 3, 18; сен. 21; ноя. 20
Иперехій іюн. 5
Иперихій сс; янв. 29
Ипполитъ янв. 30; мая. 19; авг. 13
Ираклемонъ іюн. 12; дек. 2
Ираклидъ сен. 17
Ираклій мар. 9; мая. 5, 18, 28; окт. 22
Ираклъ іюл. 14; дек. 4
Иреніонъ дек. 16
Иринархъ янв. 13; іюл. 17; ноя. 28
Ириней мар. 26; авг. 13, 22, 23
Ириній іюн. 5
Иродіонъ янв. 4; апр. 8; іюл. 3; сен. 28
Исаакій фев. 14; мар. 22; апр. 21; мая. 30; авг. 3, 22; сен. 21; окт. (2) 10; ноя. 20; дек. 26
Исаакъ нп; янв. 14, 28; апр. 12; мая. 4, 18; іюн. 17; сен. 16; ноя. 20
Исавръ іюл. 6
Исаія нп; сс; янв. 14; фев. 16; мая. 9, (2) 15; іюл. 3; авг. 21
Исе мая. 7; дек. 2
Исидоръ янв. 8; фев. (2) 4; мая. 7, (2) 14; іюл. 6; ноя. 20; дек. 30
Исихій сс; фев. 19; мар. 2, 5, 9, 28; мая. 10; іюн. 15; іюл. 7; окт. 3; ноя. 7
Иской мар. 26
Исмаилъ іюн. 17; сен. 10; окт. 1; ноя. 4
Иссахаръ нп
Истукарій ноя. 3
Исхиріонъ сс; ноя. 23
Іадоръ фев. 4
Іакинѳъ іюл. 3, 18; окт. 17; дек. 24
Іакисхолъ апр. 28

Іаковъ нп; нед. Богоотецъ; янв. 1, 4, 13, 22, 29; фев. 3, 6, 27; мар. 4, 21, 24; апр. 4, 6, 10, (2) 11, 15, 21, 30; мая. 5, 22, 30; іюн. 24, (2) 30; іюл. 16, 26; авг. 9, (2) 12, 13, 16, 17, 30; сен. 15; окт. 4, 8, 9, (2) 10, 13, (2) 21, (2) 23, 31; ноя. (3) 1, (2) 19, 22, 26, (2) 27; дек. 10, 13
Іамвлихъ авг. 4; окт. 22
Іаникита іюл. 10
Іаннуарій янв. 25; апр. 16, 21, 28; сен. 19
Іаредъ нп
Іарлафъ іюн. 6
Іасонъ янв. 4; мар. 19; апр. 28
Іафеѳъ нп
Іегудіилъ ноя. 8
Іезекіиль нп; іюл. 21
Іераксъ сс; мая. 8; іюн. 1; окт. 28
Іереміилъ ноя. 8
Іеремія сс; нп; янв. 14; фев. 16; апр. 6; мая. 1, 19; окт. 5
Іеронимъ сс; іюн. 15; авг. 17; окт. 3
Іеронъ ноя. 7
Іероѳей сс; мая. 31; авг. 7, 22; сен. 13; окт. 4; ноя. 28
Іессей нп; мая. 7; дек. 2
Іефѳай нп
Іисусъ Навинъ нп; мар. 6; мая. 29; сен. 1
Іоадъ мар. 30
Іоакимъ янв. 18; фев. 10; мар. 2; іюл. 3; авг. 16, 19; сен. (3) 9, 17; окт. 4
Іоанникій апр. 26; іюн. 4, 7, 23; авг. 16, 30; сен. 3, 9; окт. 10; ноя. 4, 10; дек. 1,
Іоаннъ (4) сс; 4-я нед. В.П.; янв. (2) 1, 7, (2) 8, 14, 15, 16, (5) 22, 24, (2) 26, 27, 29, 30, 31; фев. 3, (5) 4, (2) 6, 9, 10, (3) 13, (2) 15, (3) 20, 21, (4) 22, (2) 23, 24, (3) 26, (2) 29; мар. 1, 3, (2) 5, 8, 9, 10, 11, 12, 19, 20, 27, (2) 28, 29, (3) 30, 31; апр. 1, (2) 4, 6, 8, 11, 12, 14, 16, (3) 18, 19, 21, 23, 26, (3) 27, 29; мая. 4, (2) 7, 8, (2) 12, 13, 14, 18, (3) 19, 20, 22, 24, 25, 26, 27, (4) 29; іюн. 2, 4
9, 10, (3) 12, 13, 14, (2) 19, 21, (5) 24, (2) 26, 28, (2) 30; іюл. 1, (2) 3, (2) 4, 5, (2) 11, (2) 12, 14, (4) 16, (2) 18, 20, 21, 23, 24, 27, (3) 28, (2) 30, (2) 31; авг. 3, 4, 5, 7, 9, 11, (3) 12, 13, (2) 18, (3) 22, (2) 23, 25, (2) 27, 28, 29, (2) 30, 31; сен. (4) 2, 3, (2) 4, 6, (2) 7, 8, (2) 10, 12, 13, 14, (4) 15, 17, 18, (2) 20, (4) 21, (4) 23, (2) 26, (2) 29; окт. (2) 1, 3, 5, 6, (2) 8, (2) 12, (3) 15, (2) 16, (3) 19, (3) 20, (4) 21, 22, (2) 24, (2) 28, (3) 29, 31; ноя. 1, 3, 4, 7, 9, (2) 10, (2) 12, 13, 16, 17, (4) 19, (3) 20, (2) 22, 23, 24, (3) 25, 26,

(4) 27, (2) 28, 30; дек. (3) 2, 3, (3) 4, (3) 7, 10, 11, 12, 13, 17, 18, (2) 20, 29

Іоасафъ мар. 4, 9; апр. 20; іюл. 27; авг.12, 13; сен. 4, 10; окт. 10, 26; ноя. (3) 19, 22, (2) 27; дек. 10

Іовъ нп; янв. 14; мар. 6; апр. 5; мая. (3) 6, 17, 29; іюн. 19; іюл. 15; авг. 5, 28; окт. 5, 9, 10, 28; дек. 29

Іоиль нп; окт. 19

Іокундъ мая. 29

Іона нп; янв. 9, 29; фев. 20; мар. 9, 28, 29, 31; мая. 4, 27; іюн. 5, (2) 6, 12, 15, 21; сен. 21, (3) 22; окт. 5, 7, 8; ноя. 5; дек. 15, 23

Іоноөанъ нп

Іорданъ фев. 2; апр. 15

Іосифъ нп; нед. Богоотец; сс; вел. пон.; 3-я нед. по Пасхѣ; янв. 5, (2) 14, 22, 26; фев. 4, 22; мар. 31; апр. (2) 4, 8, 24; мая. 7, 9, 11, 19, 20; іюн. 3, 14, 17, 23; іюл. 10, 31; авг. 8, 26, 28; сен. (2) 9, (2) 15, 16, 21; окт. 7, 10, 17, 18, 30; ноя. 3, 7, 9, 20

Іосія нп; янв. 4: мар. 20; апр. 8

Іувеналій сс; іюл. 2, 20; окт. 11; дек. 12

Іувентинъ сен. 5

Іуда нп; іюн. 19, 30

Іуліанъ янв. 8, 29; фев. 6, 16, 27; мар. 6, 16; іюн. 3, (2) 21; іюл. 13, 28; авг. 9; сен. 4, 12, 13; окт. 7, 18, 30

Іулій мая. 27; іюн. 21; іюл. 1

Іустиніанъ ноя. 14; дек. 5

Іустинъ сс; іюн. (3) 1

Іустъ янв. 4; іюн. 6; іюл. 14; окт. 30

Кадокъ сен. 25

Каинанъ нп

Кайминъ мар. 24

Кайхосро іюн. 16

Калантій апр. 26

Каллимахъ мая. 6; ноя. 7

Каллиникъ мая. 24; апр. 11; іюл. 29; авг. 23; ноя. 7; дек. 14

Каллистратъ сен. 27; дек. 30

Каллистъ сс; мар. 6; іюн. (2) 20; окт. 17; ноя. 22

Калліопій апр. 7

Калуоъ мая. 19

Кандидъ янв. 21; мар. 9

Канидій янв. 21

Канидъ іюн. 10

Кантидіанъ авг. 5

Кантидій авг. 5

Капикъ іюл. 6

Капитонъ мар. 7; авг. 12

Карелъ мая 29

Каріонъ сс; дек. 5

Карпъ янв. 4; мая. 26; сен. 11; окт. 13 Картерій янв. 8; ноя. 5

Кассіанъ сс; фев. (2) 29; мая. 6, 16, 21; іюн. 15; окт. 2; дек. 3

Кассій апр. 3

Кастинъ янв. 25

Касторій дек. 18

Касторъ сс; фев. 13; авг. 12; сен. 18

Кастрихій ноя. 7

Кастулъ дек. 18

Катерій ноя. 3

Катунъ авг. 1

Квадратъ мар. 4

Квартилозія фев. 24

Квартъ янв. 4; ноя. 10

Квентинъ окт. 31

Квинтиліанъ апр. 28

Квинтиніанъ ноя. 13

Кевинъ іюн. 3

Кеддъ окт. 26

Кедманъ фев. 11

Келестинъ мая. 25; апр. 8

Кельсій янв. 8; окт. 14

Кенельмъ іюл. 17

Кеннеөъ окт. 11

Кенсоринъ янв. 30

Кентигернъ янв. 14

Кердонъ іюн. 15

Кесарій мар. 9; апр. 18; авг. 27; окт. 7; ноя. 1

Кесарь мар. 30; дек. 8

Киби ноя. 5

Кіліанъ іюл. 9

Киндей фев. 20; іюл. 11; авг. 1

Киннудій апр. 3

Кинтіонъ ноя. 15

Кипріанъ сс; фев. 20; мар. 10; мая. 10, 27; іюн. 3; іюл. 5, 22; авг. 17, 26, 31; сен. 16, 29; окт. (2) 2, 10, 21; ноя. 2

Кипръ янв. 30

Кирикъ мар. 27; іюл. 15

Кириллъ (2) сс; янв. (2) 18; фев. 4, 14; мар. 9, (2) 18, 21, 29; апр. (2) 28; мая. 4, 11, 19, 21, 29; іюн. (2) 9, 17, 27; іюл. 6, 9, 22; сен. 6, 28; окт. 10; ноя. (2) 7; дек. 2, 8

Киринъ янв. 30; іюн. 4, 7; іюл. 6

Киріакъ Фев. 22; апр. 22, 28; мая. 2; іюн. 7, 20, 24; авг. 1; сен. 6, 29; окт. 27, 28, 30

Киріонъ мар. 9; іюн. 27
Киръ янв. 8, 31; мар. 12; іюн. 28
Кифа мар. 30; дек. 8
Кіеранъ мар. 5; сен. 9
Кіонъ сен. 4
Клавдіанъ фев. 3; іюл. 3; ноя. 7
Клавдій янв. 31; мар. 9, 10, 19; іюн. 3, 6, 7; авг. 11; окт. 29; дек. 18
Клеоникъ мар. 3
Клеопа янв. 4
Климентъ (2) сс; янв. 4, 23; апр. 22, 30; мая. 4; іюн. 17; іюл. 4, 27; сен. 10; ноя. 22, (2) 25
Клодоальдъ сен. 7
Кодратъ янв. 4; мар. (2) 10; апр. 15, 21; авг. 17; сен. 21
Кодръ мая. 22
Коинтъ іюл. 6
Колманъ фев. 18; іюн. 7; іюл. 9; окт. 29; дек. 12
Коломбанъ ноя. 21
Колумба іюн. 9; дек. 13
Комасій ноя. 28
Комгаллъ мая. 11
Коммодъ янв. 30
Конитъ фев. 8
Конкордій іюн. 4
Конлетъ мая. 10
Кононъ фев. 19, 20; мар. (2) 5, (2) 6; мая. 19; іюн. 5
Константинъ янв. 29; фев. 14; мар. 5, 6; апр. 16; мая. 11, 12, (2) 21, 30; іюн. 2, 5, 8, 16; іюл. 3, 5, 9, 14, 30, (2) 29, 31; авг. 13, (2) 16; сен. 3, 6, 10, 18, (2) 19, 21; окт. 2, (2) 9, 21, 22, 28; ноя. 2, 6, 7, (2) 9, 10, 12, 14, 19; дек. 2, 10, 26
Констанцій дек. 26
Коприй сс; фев. 4; іюл. 9; сен. 24
Коривъ дек. 15
Кормидолъ окт. 18
Корнилій фев. (2) 20; мая. (2) 19; іюл. 22; авг. 21; сен. 13; ноя. 24; дек. 28
Корнутъ сен. 12
Коронатъ авг. 17
Косма янв. 2; фев. 18; апр. 18; іюл. 1, 18, 20, 29; авг. 3, 24; сен. 22; окт. 5, 10, 12, 17, 29; ноя. (2) 1, 3, 25; дек. 2, 3, 5
Крискентіанъ іюн. 7
Крискентъ янв. 4; мар. 10; апр. 13; мая 28; іюл. 30
Криспиніанъ окт. 25
Криспинъ іюн. 20; окт. 25

Криспъ янв. 4
Кронанъ апр. 28
Кронидъ мар. 23; сен. 11, 13; ноя. 27
Кроніонъ фев. 27; окт. 30
Ксанѳій мар. 9; ноя. 7
Ксенофонтъ сс; янв. 26; апр. 24; іюн. 28; ноя. 27
Куартъ янв. 4; ноя. 10
Кукуфасъ іюл. 25
Кукша авг. 27; сен. 16; дек. 11
Кутоній іюл. 6
Куфій авг. 1
Куѳбертъ мар. 20
Лаврентій сс; янв. 20, 29; фев. 3; мар. 7; мая. 10, 16; авг. (2) 10, 28; окт. 12, 24; дек. 10, 29
Лавръ авг. 18
Лазарь суб. Ваий; фев. 23; мар. 8, 28; апр. 23; мая. 4; іюн. 15; іюл. 11, 17; сен. 6; окт. 17; ноя. 7, 17
Ламбертъ сен. 17
Ламехъ нп
Лампадъ іюл. 5
Лампръ іюл. 2
Лаодикій мая. 13
Ларгій іюн. 7
Левій нп
Левкій іюн. 20; авг. (2) 17; дек. 14
Левъ янв. 20; фев. (2) 18, 20; авг. 18 20; сен. 7, 23; окт. 10, 11; ноя. 12
Леодегарій окт. 2
Леонардъ ноя. 6
Леонидъ мар. 5, 10; апр. 15, 16, 22; іюн. 5; іюл. 17; авг. 8, 12; сен. 30; окт. 15, 20, 29, 30, 31; ноя. 19; дек. 26, 28
Леоніанъ ноя. 13
Леонтій (2) сс; янв. 13, 22, 28, 29; фев. 13, 20; мар. 9; апр. 24; мая. 4, 14, 23; іюн. (3) 18, 23; іюл. 1, 10, 18; авг. 1, 9, 28; сен. 11, 13; окт. 17, 19; дек. 11, 21
Леонтъ янв. 22
Ливаній дек. 29
Ливерій авг. 27
Ликаріонъ фев. 6
Лимній фев. 22
Линъ янв. 4; мар. 11; ноя. 5
Лисимахъ мар. 9
Литорій сен. 13
Лоллій іюн. 23
Лолліонъ апр. 27
Лонгинъ сс; фев. 10; апр. 24; іюн. 24; іюл. 3; окт. (3) 16; ноя. 7, 17

Лотъ нп; сс; окт. 9, 22
Луарсабъ іюн. 21
Лудгеръ мар. 26
Лука янв. 4, 29; фев. 7, 10, 12, 20; мар. 5, 23; апр. 22, 24; мая. 3, 29; іюл. 30; сен. 7, 9; окт. 13, 18; ноя. 4, (2) 6, 24; дек. 11, 27
Лукилліанъ іюн. 3
Лукіанъ фев. 22; апр. 15; іюн. 3; іюл. 6, 7; сен. 8, 13; окт. (2) 15
Лукій янв. 4; фев. 11, 24; авг. 20; сен. 10
Лупиціанъ мар. 21
Лупицинъ янв. 24
Луппъ іюл. 29; авг. 23; сен. 25; окт. 26
Луцій іюн. 6
Маврикій фев. 22; іюл. 10; сен. 21
Мавръ янв. 30; мар. 19; іюн. 7
Мавсима янв. 23
Магнъ апр. 29
Магъ мая. 31
Маелъ фев. 6
Маиръ янв. 11
Маіоръ фев. 15
Макарій (2) сс; янв. 10, 14, 17, (5) 19, 22, 30; фев. 5, 8, 16, 19, 27; мар. 17, 23; апр. (2) 1, 10, 17; мая. 1, (3) 13, 18, 22, 26, 28; іюл. 25; авг. 9, 15, 18, 22, 30; сен. 4, 6, (2) 7, 9, 14, 22; окт. (2) 5, 6, 10, 12, 30; ноя. 16, 20, 23; дек. 16, 21, 23, 30
Македоній янв. 24; апр. 25; сен. 12
Македонъ мар. 23
Макровій мая. 4; сен. 13
Максимиліанъ авг. 4; окт. 12, 14, 22
Максиміанъ апр. 21; ноя. 7
Максимъ сс; янв. 13, 15, 16, 18, (2) 21, (2) 30; фев. 6, 19; апр. 9, 28, 30; мая. 14, (2) 19, 22; іюн. 17, 21; іюл. 30, 31; авг. 11, (2) 13, 24; сен. 5, 15; окт. 9, 28; ноя. 11, 17, 22, 27; дек. 6, 27
Максіанъ іюн. 3
Малахія нп; янв. 3; сен. 29
Малаѳгеній окт. 21
Малелеилъ нп
Малхъ сс; мар. 26, 28; ноя. 24
Малъ окт. 16; ноя. 14, 15
Мамай мая. 3
Мамантъ сен. 2; ноя. 7
Маммій апр. 28
Манассія нп
Мануилъ янв. 22; мар. 15, 27; іюн. 17; окт. 28
Маппаликъ апр. 18
Мардарій мар. 5; ноя. 29; дек. (2) 13

Мардоній сен. 3; дек. 28
Маринъ мар. 17, 28; іюл. 6; авг. 7; окт. 18; дек. 16
Маріавъ апр. 9
Маріанъ мар. 19
Маркеллинъ іюн. 3, 7; іюл. 14; дек. 18
Маркеллъ сс; фев. 9; мар. 1; мая. 22; іюн. 7; авг. 1, 12, 14; окт. 30; ноя. 1, 15; дек. 29
Маркіанъ сс; янв. (2) 10, 18; фев. 17; іюн. 5, 8; іюл. 13; авг. 9; окт. 3, 25, 30; ноя. 2
Маркъ (2) сс; янв. 2, (4) 4, 14, 19; мар. 5, (2) 29; апр. 5, 25; мая. 14, 19; іюн. 5; іюл. 3, 11; авг. 2; сен. 27, 28; окт. 22, 27, 30; ноя. (3) 22; дек. 18, 29
Маронъ фев. 14
Марсалій апр. 28
Мартиніанъ сс; янв. 12; фев. 13; апр. 11; авг. 4; окт. 7, 10, 22
Мартинъ мар. 20, 24; апр. 14; мая. 5; іюн. 27; іюл. 4; окт. 12; ноя. 11, 12
Мартирій фев. 10; мар. 1; апр. 12; мая. 6; іюн. 20; авг. 24; сен. 9; окт. (3) 25; ноя. 1
Мартіанъ ноя. 10
Мартій апр. 13
Маруѳа фев. 16
Маруѳанъ мар. 28
Марціалъ янв. 25
Маръ янв. 25
Матой сс
Маттуръ іюл. 25
Матѳей янв. 5; мая. 14; іюн. 30; авг. 12, 14, 16; сен. 30; окт. 5, 15, 30; ноя. 12, (2) 16; дек. 2
Матѳій мая. 19; іюн. 30; авг. 9
Махаръ ноя. 12
Маѳусалъ нп
Медардъ іюн. 8
Медимнъ сен. 5
Мекаръ фев. 27
Меланъ янв. 6
Меласиппъ ноя. 7
Мелевсиппъ янв. 16
Мелетій сс; янв. 14, 19; фев. (2) 12; мая. 24; сен. 1, 3, 10, 21, 30; окт. 13
Мелиссенъ мар. 6
Мелитонъ мар. 9; апр. 1
Мелхиседекъ нп; мая. 22; окт. 1
Мелхіонъ окт. 28
Мелхіоръ дек. 25

Мемнонъ апр. 29; авг. 20; дек. 16
Менандръ мая. 19
Меней іюл. 10
Менингъ ноя. 22
Меркурій авг. 7; ноя. 4, (3) 24
Мертій янв. 12
Месиръ мая. 6
Метрій іюн. 1
Меѳодій фев. 4; апр. 6; мая. 11; іюн. 4, (2) 14, 20; іюл. 9; авг. 27; окт. 5
Мигдоній сен. 3; дек. 28
Миладенъ іюл. 11
Миланъ мая. (2) 26; іюн. 17; іюл. (3) 11
Милій ноя. 10
Милорадъ іюл. 11
Мильтіадъ апр. 10
Милютинъ окт. 30
Милъ сс
Мимненосъ апр. 15
Мина янв. 5, 30; фев. 17; апр. 12; іюн. 20; авг. 25; окт. 10, 22, 25; ноя. 11; дек. 10
Минеонъ авг. 1
Минсиѳей авг. 1
Мираксъ дек. 11
Миріанъ окт. 1
Мирко іюл. 11, 21
Миронъ мар. 20; авг. 8, 17, 31; сен. 17
Мисаилъ нп; апр. 10; дек. (2) 17
Митридатъ іюл. 8
Митрофанъ сс; мая. 19; іюн. 4, 11, 23; авг. 7; сен. 4; ноя. 23, 24
Михаилъ сс; янв. 1, (2) 8, 11, 15, 18; фев. 3, 4, 5, 13, 14, 15, (2) 17, (2) 22, 23, 27; мар. 1, 3, 9, 10, 13, 14, 15, 20, 21, 29; апр. 16, 17; мая. 1, 2, 3, 7, 11, 18, (2) 19, 21, 22, (2) 23, 27, 31; іюн. 3, 5, 7, 15, 16, 24, 30; іюл. 3, (2) 9, 11, 12, 22, 23, 29; авг. 4, 7, 12, 18, 22, 27, 31; сен. 2, 3, 4, (2) 6, 7, 18, 20, 27, 30; окт. (2) 1, 4, 14, (2) 15, 20; ноя. 4, (2) 7, 8, 10, (2) 14, (2) 16, 17, (2) 19, (2) 22, 24, 26, 28; дек. 7, (3) 10, 18, 21, (2) 26, 31
Милей нп, янв. 5, мая. 6, авг. 12, 14, окт. 10
Міанъ сен. 4
Мнасонъ окт. 18
Моби окт. 12
Модестъ мая. 16; іюн. 15; дек. 18
Моисей нп; сс; янв. (2) 14, 25; фев. (3) 23; мая 21; іюн. 16; іюл. 26, 28; авг. 25, 28; сен. 4; окт. 10, 21

Мокій янв. 29; мая. 11; іюл. 3
Момчило іюл. 11
Монагрей янв. 30
Монтанъ фев. 24; мар. 26
Мстиславъ апр. 15; іюн. 14
Муко іюл. 30
Муринъ апр. 28
Муртахъ авг. 12
Навкратій сс; іюн. 8
Назарій фев. 23; іюн. 4; авг. 14; окт. 14; ноя. 28
Наркиссъ янв. 4; авг. 7; окт. 31
Нарсинъ мар. 28
Наталій мая. 30
Наумъ нп; іюн. 20; іюл. 27; окт. 29; дек. 1, 23
Наѳанаилъ сс; апр. 22; ноя. 27
Наѳанъ нп; дек. 29
Неаниксъ іюн. 10
Неархъ апр. 22
Неемія нп
Нектанъ іюн. 17
Нектарій сс; янв. 15; апр. 3, 29; мая. 17; іюл. 11; авг. 21; окт. 10, 11; ноя. 9, 29; дек. 5, 15
Немезій дек. 19
Неонъ янв. 16; апр. 24, 28; сен. 28; окт. 29
Неотъ іюл. 31
Неофитъ янв. (2) 21, 24; мая. 5; авг. 22; окт. 17, 21, 28; ноя. 9
Нерангіосъ апр. 15
Неставъ сен. 21
Несторъ фев. 28; мар. 1, 7; мая 6; іюл. 10, 11; окт. (3) 27; ноя. 9, 10
Нефѳалимъ нп
Никандръ мар. (2) 15; іюн. 5, 8, 29, 30; іюл. 15; сен. (2) 24; окт. 21; ноя. (2) 4, 7
Никаноръ янв. 4; іюн. 18; іюл. 28; дек. 28
Никита янв. 31; фев. 19; мар. 20; апр. 2, 3, 4, 29, 30; мая. 4, 14, 20, 24, 28; іюн. 17, (2) 21, 24; сен. 9, (2) 15; окт. 13; ноя. 6, 15; дек. 17, 21
Никифоръ сс; янв. 31; фев. (2) 9; мар. 10, 13; апр. 4, 19; мая. 1, (3) 4, 8; іюн. (2) 2, 16, 17; окт. 23; ноя. 13, 28; дек. 7, 11
Никодим 3-я нед. по Пасхѣ; мая. 11; іюн. 5; іюл. 1, 3, (2) 11; авг. 2, 8, 16, 30; сен. 17; окт. 20, 31; дек. 26, 28
Никола окт. 14
Николай сс; янв. 1, 4, 11, 14, 16, 18, 19, 22, 24; фев. 1, 3, (3) 4, 12, 13, 14, 15, 17, 18, 20, 22, 23, 25, 28; мар. (2) 5, 7, (2) 9, 13, 19, (2)

28; апр. 4, 5, 6, 9, 11, 20, 21,24, 26, 27; мая. 3, 4, (3) 9, (2) 16, 17, (2) 19, 28, (3) 31; іюн. 5, (3) 7, 13, (2) 14, 20, 21; іюл. 4, 8, 14, 24, 25, 27, 28, 31; авг. 3, 4, 8, 12, 13, 14, 19, 20, 23, 26, 27, 30; сен. 1, 2, 3, (3) 4, 7, 10, (2) 11, 12, 13, (2) 15, 19, 23, 25, 26, 30; окт. 1, 4, 7, (2) 8, 12, 13, (3) 15, 18, 19, 21, (2) 22, (2) 23, 24, 28, 29, 31; ноя. (3) 3, 4, (2) 6, (3) 7, 10, 12, (3) 14, 15, 16, 18, (2) 20, 25, (2) 26, (4) 27, 28; дек. (3) 2, 3, 4, (3) 6, (2) 10, 11, 13, 14, 16, (2) 17, (2) 18, 24, (2) 26, 28

Никонъ сс; мар. (2) 23; іюн. 25; іюл. 4; сен. 28; окт. 10; ноя. 7, 17, 26, 27; дек. 11

Никостратъ дек. 18

Никтополіонъ ноя. 3

Нилъ сс; мар. 7; апр. 7; мая. (2) 7, 27; іюн. 26; іюл. 4; авг. 16; сен. 17, 19, 26; ноя. (2) 12; дек. 7

Нимфа фев. 28

Нимфанъ фев. 28

Ниніанъ сен.16

Нирса ноя. 20

Нисѳерой сс

Нитъ окт. 28

Нифонтъ фев. 20; апр. 8; іюн. 14; авг. 11; ноя. 10; дек. 23

Ной нп

Ноннъ сс; ноя. 10

Одо іюн. 2

Олафъ іюл. 29

Олвіанъ мая. 25, 29

Олегъ сен. 20

Олимпанъ янв. 4

Олимпій янв. 30; іюн. 12; іюл. 30

Олимпъ янв. 4; ноя. 10

Омврій дек. 30

Омиръ апр. 19

Онисимъ янв. 4; фев. 15; мая. 10; іюл. 14, 21; окт. 4

Онисифоръ янв. 4; фев. 14; сен. 7; ноя. (2) 9; дек. 8

Онисій мар. 5

Онуфрій сс; янв. 4; мая. 19; іюн. (4) 12; іюл. 21; сен. 9, 29

Опрій окт. 21

Оптатъ іюн. 4

Орентій іюн. 24

Орестъ ноя. 10; дек. 13

Оропсъ авг. 22

Орсисій сс; іюн. 15

Оръ нп; сс; авг. 7, 22

Освальдъ фев. 29

Освинъ авг. 20

Осія нп; авг. 27; окт. 17

Ослябя сен. 7

Острихій ноя. 7

Отаръ авг. 12

Оффа дек. 15

Павелъ (2) сс; янв. 4, 9, 10, (2) 14, 15, 20, 24; фев. 3, 13, 15, 16, 17, 22; мар. 4, (2) 7, (2) 10, 17, 22, 27, (2) 29; апр. (2) 6, 27; мая. 18, (2) 19, (2) 22, 28; іюн. 1, 3, (2) 7, 8, 14, 20, 21, 26, 28, 29; іюл. 7, 16, 28; авг. 17, 21, 23, 27, (2) 30; сен. (2) 2, 4, (2) 10, 17, 24; окт. 4, 8, 10, 20, 22, (2) 29; ноя. (2) 3, 4, 6, 7, 9, 22, 25; дек. 2, 7, 15, 16, (2) 23

Павлинъ янв. 23; мая. 18; авг. 31; окт. 10, 21; ноя. 7; дек. 30

Павсикакій мая. 13

Павсилиппъ апр. 8

Павсирій янв. 24

Паисій янв. 8; апр. 17; мая. 23; іюн. 6, 7, (2) 19; іюл. 19; ноя. 17; дек. 17

Пактовій ноя. 3

Паламонъ сс; авг. 12

Палатинъ фев. 22

Палладій сс; янв. 28; сен. 10; ноя. (2) 27

Памва (2) сс; іюл. (2) 18

Памвонъ іюн. 5

Памфалонъ мая. 17

Памфамиръ мая. 17

Памфилъ фев. 16; авг. 12; ноя. 5

Панагіотъ апр. 5; іюн. 24

Панаретъ мая. 1

Панкратій фев. (2) 9; мая. 12; іюл. 9

Пансофій янв. 15

Пантелеимонъ іюл. (2) 27; ноя. 14, 16

Пантенъ іюл. 7

Панхарій мар. 19

Папа мар. 16;

Папила окт. 13

Папиринъ янв. 13

Папиръ окт. 24

Папій янв. 31; фев. 3, 22; мар. 10; іюн. 7; іюл. 7

Парамонъ ноя. 29

Пардъ дек. 15

Паригорій янв. 29; фев. 18

Парменій іюл. 30

Парменъ янв. 4; іюл. 28

Пародъ янв. 22, мар. 28
Парѳеній фев. 7, 13; мар. 17, 24; мая. 19; іюл. 10; сен. 3, 4; окт. 10; ноя. 9
Пасикратъ апр. 24
Пассаріонъ сс; авг. 11
Патамонъ мая. 18
Патапій дек. 8
Патермуфій сс; іюл. 9; сен. 17
Патіентъ сен. 11
Патрикій мар. 11, 17, 20; апр. 3; мая. 19
Патровъ янв. 4; ноя. 5
Патроклъ авг. 17; ноя. 19
Пафнутій сс; янв. 8, фев. (2) 15, 25; мар. 27; апр. 19; мая. 1; сен. 11, 25; ноя. 25
Пахомій сс; янв. 13; фев. 20; мар. 21; апр. 1; мая. 6, 7, (2) 15, 21; іюл. 24, 29; сен. 7; окт. 8
Пелагіанъ сен. 27
Пелагій іюн. 26
Пелій сен. 17
Пеонъ іюн. 1
Перегринъ іюл. 6, 7
Пересвѣтъ сен. 7
Петроній сс; сен. 4; окт. 23
Петръ сс; нед. пр. 6 сен.; янв. 1, (2) 9, 10, 12, 13, 14, 16, 19, (2) 22, 25, 26, 27, 30; фев. 1, 4, 7, 8, 9, 10, (2) 27; мар. 1, 4, 24, 28; апр. 6, 26; мая. 3, 12, 14, 16, 18, 28; іюн. (2) 4, 5, 7, 12, 16, 23, 25, 27, 29, (2) 30; іюл. 1, 9, 10, 15, 16, 20, 21; авг. 7, 9, (2) 12, 14, 24, (2) 26, (2) 30; сен. 2, (2) 3, (3) 4, 5, 7, (3) 10, 13, 15, 18, 21, 22, 23, 27, (2) 30; окт. (2) 4, (2) 5, (2) 8, (2) 9, 14, 15, 18, 20, 24, 31; ноя. 1, (2) 3, 10, 14, 15, (2) 19, 21, (2) 25, (2) 26, (3) 28, 30; дек. 7, 10, 12, 16, 17, 21, 28, (2) 31
Пигасій ноя. 2
Пименъ сс; фев. 10, 20; мар. 16; мая. 8; авг. (2) 7, 17, (3) 27; сен. 3; ноя. 3
Пинна янв. 20; іюн. 20
Пинуфрій сс; ноя. 27
Пирръ мая. 7
Пистъ авг. 21
Питиримъ янв. 29; іюл. 28; авг. 19
Питирунъ сс; ноя. 29
Піерій іюн. 27
Піоній мар. 11
Піоръ сс; іюн. 17; окт. 4
Плакида сен. 20

Платонъ янв. 1; апр. 5, 22; іюл. 27; авг. 2; ноя. 18
Полидоръ сен. 3
Поликарпъ фев. (2) 23; апр. 2; іюл. 24
Полихроній фев. (2) 23; іюл. 30; окт. 7
Поліевктъ янв. 9; фев. 5; апр. 15; дек. 19
Поліенъ мая. 19; авг. 18
Полувій мая. 12
Помпій апр. 10; іюл. 7; окт. 28; дек. 23
Помпіонъ іюн. 22
Понтикъ іюл. 25
Понтій авг. 5
Поплій янв. 25
Попліонъ апр. 27
Портіанъ ноя. 24
Порфирій фев. 10, 16, 26; сен. 15; окт. 15; ноя. 4, 9, 14, 19, 24
Поссидій мая 16
Потитъ іюл. 1
Поѳинъ іюн. 2; авг. 23
Прилидіанъ сен. 4
Примолъ мая. 29
Примъ ноя. 1
Прискъ мар. 9, 28; сен. 21
Провій іюн. 23
Провъ окт. 12; дек. 19
Прокессъ апр. 11
Проклъ сс; янв. 14; іюл. 12; ноя. 20
Прокопій нед. предъ Воздв.; фев. 27; апр. 1; іюн. 25; іюл. (3) 8; сен. 16, 30; ноя. 10, 22; дек. 21
Прокулъ апр. 21; іюл. 30
Протасій окт. 14; нов. 24
Протерій фев. 28
Протогенъ авг. 25
Протолеонъ апр. 23
Протъ дек. 24
Прохоръ янв. 4, 15; фев. 10, 12; апр. 6; іюл. 28; сен. 7 окт. 19
Псой сс; авг. 9
Пудъ янв. 4; апр. 15
Пуплій сс; мар. (2) 13, 15; апр. 5
Равула сс; фев. 19
Радолюбъ іюл. 11
Раду авг. 16
Ражденъ авг. 3
Разумникъ дек. 12
Ратоміръ іюл. 11
Рафаилъ фев. 27; апр. 9; іюн. 6, (2) 9, 20; авг. 16, 21; ноя. 8, 28
Реасъ мар. 26

Ревокатъ фев. 1
Релье іюл. 11
Ремакль сен. 3
Ремигій окт. 1
Ренъ фев. 24
Реститутъ дек. 9
Ригинъ фев. 25
Риксъ іюл. 6
Римма янв. 20; іюн. 20
Рихарій апр. 26
Рогатъ окт. 24
Родіанъ мар. 20
Родіонъ янв. 4; ноя. 10
Родолюбъ іюл. 25
Родопіанъ апр. 29
Романъ янв. 5, 6, 29; фев. 3, 16, 17, 24; мая. 1, 2, 6, 30; іюл. 19, 21, 24, 29; авг. 10, 16, 26; сен. 3; окт. 1; ноя. (2) 18, 24, 27
Ромилъ янв. 11, 16; мар. 15; мая. 6; сен. 6
Ромуальдъ іюн. 19
Ростиславъ мар. 14; мая. 11
Руадханъ апр. 15
Рувимъ нп
Рустикъ янв. 30; окт. 3
Руфинъ мар. 10; апр. 7; іюл. 6
Руфъ сс; янв. 4; апр. 3, (2) 8, 29; іюл. 6; окт. 22
Савва сс; янв. 12, 14, 19; фев. 8, 20; мар. 2, 25, 28; апр. 2, 15, (3) 24; мая. 6; іюн. 4, 13, 14; іюл. 4, (2) 11, 20, 26, 27; авг. 10, 12, 27, 28, (2) 30; окт. 1, 5, 10, 13; ноя. 1, 12, 22; дек. 3, 5
Савватій мар. 2; іюл. 4; авг. 8; сен. 19, 27
Савелъ іюн. 17
Саверій ноя. 20
Савиніанъ ноя. 1
Савинъ янв. 30; мар. 13, 16; мая. 12; окт. 15
Сагарисъ окт. 6
Садокъ фев. 20; окт. 19
Саисъ янв. 5
Сакердонъ мар. 9
Сакердосъ сен. 12
Сактъ іюл. 25
Саламанъ янв. 23
Салафіилъ ноя. 8
Салонъ мая. 23, 30
Сальвій сен. 10
Самегаръ нп
Самей янв. 9
Самонъ фев. 20; ноя. 15
Сампсонъ нп; іюн. 27; іюл. 28; дек. 30

Самуилъ нп; фев. 16; авг. 9, 20; ноя. 30
Сарвилъ окт. 15, 28
Сарматъ сс; авг. 30
Сармеанъ авг. 21
Сасоній ноя. 20
Сатиръ фев. 1
Саторинъ мар. 10
Саторнилъ фев. 1
Саторнинъ іюл. 7; дек. 23
Саторній апр. 28
Сатурнинъ іюн. 3, 7, 22; ноя. 29
Сатуръ іюл. 6
Сверъ іюл. 5
Свитбертъ мар.1
Свитхунъ іюл. 15
Святославъ фев. 3
Себби авг. 29
Севастіанъ фев. (2) 26; мар. 20; апр. 6; окт. 9; ноя. 17; дек. (2) 18
Северинъ іюн. 4; окт. 23
Северіанъ фев. 21; мар. 9; апр. 18; іюн. 4; авг. 22; сен. 9
Северъ окт. 24
Севиръ мар. 24; іюн. 27; авг. 20; дек. 30
Сегинъ авг. 12
Секуанъ сен. 19
Секундъ фев. 1; мая. 21
Селевкъ фев. 16; сен. 13; окт. 31
Селиній іюн. 5
Синесій мая. 23
Сенисъ іюл. 30
Сеннуфій мар. 24
Сенохъ окт. 24
Септиминъ апр. 16
Серапіонъ сс; янв. 31; фев. 20; мар. 10, 16, (2) 21; апр. (2) 7; мая. 12, 14, 15, 24; іюн. 27; іюл. 12, 13, 17; авг. 12, 18, 24; сен. 7, 11, 13; окт. 29, 30; ноя. 14
Серафимъ янв. 2, 23; фев. 4, 13; мар. 21; іюл. 11, 19, 29; авг. 13, 24, 28; сен. (3) 9, 17, (2) 30; окт. 8, 15, 22; ноя. 10, 23, 25, 27, 28; дек. 4
Серванъ іюл. 1
Серватій мая. 13
Сервилъ сен. 5
Сергій янв. 2, 5, (2) 14, 18; фев. 4, 8, 20; (2) 22, 23, 26, 27; мар. (2) 9, 12, 20, 23; апр. 1, 8, (2) 12, 24, 25, 27; мая. 12, 13, 19; іюн. 18, (2) 28; іюл. (2) 5, 20, 26, 31; авг. 5, 8, (2) 12, (2) 28; сен. 3, 4, 9, 11,

16, 18, 24, 25; окт. (3) 7, 10, 15, (2) 18, 19, (2) 21, 27, 31; ноя. (2) 3, (2) 7, (4) 14, 16, 19, (2) 27, (2) 28, 29, 30; дек. (2) 2, 5, (3) 7, 8, 10, 17, 18, 21, 24
Секунделлъ авг. 1
Серидъ сс; авг. 13
Серіолъ фев. 1
Сивелъ авг. 5
Сивсиѳинъ мар. 28
Сигицъ мар. 26
Сикстъ авг. 10
Сила янв. 4; мар. 26; іюл. 30
Силанъ іюн. 4
Силванъ сс; янв. 18, 25, 29; мая. 4, 15; окт. 14; ноя. 5
Силуанъ сс; янв. 4; мая. 15; іюн. 10; іюл. (2) 10, 30; сен. 11
Сильвестръ янв. (2) 2; фев. 13, 20; апр. 25; іюл. 3
Симеонъ нп; (3) сс; янв. (3) 4, 5, 26; фев. (2) 3, 8, 10, 13, 15; мар. (2) 12, (2) 19; апр. 5, 17, 19, 27; мая. 12, 18, 24; іюн. 15, 25; іюл. 21; авг. 4, 14, 21, 27; сен. 1, 4, 10, 12, 15, 30; окт. 15; ноя. 3, 9, 19, 25; дек. 16, 18
Симо іюл. 11, 21
Симонъ нп; мая. (3) 10; іюн. 30; іюл. 12; авг. 5, 12; сен. 24; окт. 10; ноя. 4, 24; дек. 28
Симфоріанъ авг. 22; дек. 18
Симъ нп
Сина ноя. 10
Синесій мая. 10
Синетосъ дек. 12
Сисиній мар. 9; іюн. 7; іюл. 10, 27; окт. 11; ноя. 23
Сисой сс; мая. 6; іюл. (2) 6; окт. 24
Сиѳъ нп
Сіоній янв. 22
Слободанъ іюл. 11
Смарагдъ мар. 9; іюн. 7
Созонтъ авг. 7; сен. 7; окт. 23
Сократъ мар. 18; апр. 21; ноя. 28
Соломонъ нп; іюн. 17, дек. 2
Солохонъ мая. 17
Сонирилъ мар. 26
Сосипатръ янв. 4; апр. 28; ноя. 9, 10
Сосиѳей дек. 9
Соссій апр. 21
Сосѳенъ янв. 4; мар. 30; сен. 16; дек. 8
Софоній нп; дек. 3

Софроній сс; мар. (3) 11, 21, 30; мая. 11, 12, 28; іюн. 30; іюл. 17; авг. (2) 18; сен. 8; окт. (2) 21; дек. 9
Спевсиппъ янв. 16
Спиридонъ сс; іюн. 15; авг. 30; сен. 24; окт. 31; дек. 12
Стаматій авг. 16
Станко апр. 29
Стахій янв. 4; окт. 31
Стефанъ янв. (2) 4, 11, (2) 14, 25, 30; фев. 22, 27; мар. 12, 13, 23, 24, 28; апр. 25, 26, 27; мая. 7, 17, 20, 24; іюн. 12, 30; іюл. 1, 5, 10, 13, 14, 18, 19; авг. (2) 2, 5, 7, 16, 27, 28; сен. (2) 2, (2) 4, 7, 13, 15, 24; окт. 4, 9, 28, 30; ноя. 11, 22, (2) 28; дек. 2, 9, 10, 15, 17, 27
Стиліанъ ноя. 26
Стиракинъ янв. 30
Стратоникъ янв. 13; мар. 4; авг. 17; сен. 13; окт. 31
Стратонъ авг. 17
Страторъ сен. 9
Стремоній ноя. 1
Студій іюн. 20; дек. 30
Суимвлъ мар. 26
Сухій апр. 15
Тавріонъ мая. 25; ноя. 7
Талале апр. 15
Тарасій сс; фев. 25; мар. 9; окт. 12
Тарахъ окт. 12
Таричанъ мая. 18
Тассахъ апр. 14
Татіанъ сен. 12
Татіонъ авг. 24
Тейло фев. 9
Телесфоръ фев. 22
Телетій мая. 30
Терентій мар. 13; апр. 10; іюн. 21; окт. (2) 28
Тертій янв. 4; іюн. 21; окт. 30; ноя. 10
Тетрикъ мар. 18
Тибальдъ апр. 28
Тивуртій ноя. 22; дек. 18
Тигрій іюн. 16
Тимолай мар. 15
Тимоній іюл. 10
Тимонъ янв. 4, 21; іюл. 28; дек. 30
Тимоѳей сс; янв. 4, 22, 24; фев. 3, 13, 21; мая. 3, 20; іюн. (2) 10, 12, 30; іюл. 20, 30; авг. 1, 16, 19; окт. 29; ноя. 5, 19, 28; дек. 19
Тираннъ мар. 6
Тиридатъ ноя. 29

Тисиліо ноя. 8
Титъ янв. 4; фев. 20, 22, (2) 27; апр. 2; іюн. 4; авг. 25
Тифой сс; авг. 26
Тифунъ іюл. 11
Тихикъ янв. 4; дек. 8
Тихонъ фев. 9, 20; мар. 25; мая. 14; іюн. (3) 16, 26; іюл. 4, 20; авг. 13; сен. 26; окт. 4, 5; ноя. 5, 26; дек. 27
Товитъ нп
Товія нп; дек. 17
Тотманъ іюл. 9
Транквиллинъ дек. 18
Тредентій мая. 29
Тривимій мар. 1
Тривунъ янв. 30
Трифиллій іюн. 13
Трифонъ фев. (2) 1, 14; апр. 19; сен. 7; окт. 8; дек. 15, 19
Тріандафилъ авг. 8
Троадій мар. 2
Трофимъ янв. 1, 4; мар. 16, 18; апр. 15; іюл. 23; сен. 19; дек. 29
Трудо ноя. 23
Трумвинъ фев. 10
Тудвалъ ноя. 30
Турвонъ янв. 16
Уаръ сен. 10; окт. 19
Уврикій дек. 30
Уиро мая. 8
Ульрихъ іюл. 4
Ульфіанъ апр. 3
Умврій дек. 30
Урванъ янв. 4; фев. 12; іюн. 23; сен. 4, 5; окт. 31
Уріилъ ноя. 8
Урошъ ноя 11; дек. 2
Урпасіанъ мар. 9
Урсикій авг. 14
Усѳазанъ апр. 17
Фавій авг. 5
Фавстіанъ апр. 28
Фавстъ апр. 21; мая. 24; авг. 3; сен. 6, 28; окт. 4
Фантинъ авг. 30
Фанурій авг. 27
Фармуѳій сс; апр. 11
Фарнакій іюн. 24
Федимъ сс
Феликиссимъ авг. 10
Феликсъ янв. 25; апр. 16, 18; іюн. 20; іюл.

6; окт. 24; ноя. 2
Феліціанъ янв. 24
Феринъ мая. 6
Филагрій фев. 9
Филадельфъ мая. 10
Филаретъ фев. 22; авг. 8, 9; сен. 9; окт. 5, 10, 11, 12; ноя. 19; дек. 1, 21, 30
Филастрій іюл. 18
Филей фев. 4
Филибертъ авг. 20
Филикъ окт. 7
Филиклъ янв. 30
Филимонъ янв. 4, фев. 19; апр. 29; ноя. 22; дек. 14
Филиппикъ янв. 24
Филиппъ янв. (2) 4, 9, 25; фев. 20, 22; апр. 3, 11; мая. 12; іюн. 30; іюл. 3; авг. (2) 17; сен. 2, 3; окт. 5, 11, 29; ноя. (2) 14, 15, 23; дек. 24
Филитъ мар. 23
Филлъ мар. 26
Филогоній дек. 20
Филоктимонъ мар. 9
Филологъ янв. 4; ноя. 5
Филонидъ іюн. 17
Филонъ янв. 24
Филоромъ фев. 4; мар. 9
Философъ мая. (2) 31
Филоѳей янв. 29; мая. 31; сен. 15; окт. 11, 21; дек. 5
Филуменъ ноя. 16, 29
Финанъ фев. 17
Финбаръ сен. 25
Финеесъ мар. 12
Финіанъ сен. 10; дек. 12
Финодъ мая. 29
Финтанъ окт. 21
Фирмиліанъ окт. 28
Фирминъ іюн. 24
Фирмосъ іюн. 24
Фирмъ іюн. 1
Фирсъ янв. 20; авг. 17
Флавіанъ сс; фев. 18, 24; іюл. 20; сен. 27
Флавій мар. 9; окт. 24
Флегонтъ янв. 4; апр. 8, 10
Флорентій фев. 22; авг. 23; окт. 13; дек. 30
Флорибертъ апр. 27
Флоріанъ мая. 4
Флоръ авг. 18; окт. 19; дек. 18

Фока сс; апр. 15; іюл. 22; сен. (2) 22
Фольквинъ дек. 14
Форвинъ апр. 5
Фортунатъ янв. 4; апр. 9, 16; іюн. 15
Фостирій янв. 5
Фотинъ фев. 22
Фотій фев. 6; мая. 27; іюл. 2; авг. 9, 12
Фотъ окт. 28
Фридолинъ мар. 6
Фридрихъ іюл. 18
Фріардъ авг. 1
Фронтасій іюн. 4
Фронтонъ апр. 14
Фронтъ окт. 25
Фруктуозъ авг. 2
Фрументій ноя. 30
Фульвіанъ ноя. 16
Фульгентій янв. 1; мая. 6
Фусикъ апр. 17
Халевъ нп
Харалампій фев. 10
Харисимъ авг. 22
Харитонъ сс; апр. 11; іюн. 1; авг. 15; сен. 9, (2) 28; ноя. 28
Херимонъ сс; авг. 16; окт. 4
Хибальдъ дек. 14
Хризостомъ нед. предъ Воздв.; авг. 27
Хрисанѳъ янв. 4; мар. 19; апр. 10
Хрисафій окт. 25
Хрисогонъ дек. 22
Христесія мая 11
Христодулъ фев. 26; мар. 16; іюл. 27; авг. 18
Христосъ ноя. 28
Христотелъ іюл. 30
Христофоръ апр. 14, 16, 19; мая. 9, 11, 13; іюн. 5; іюл. 25; авг. 18, 30
Христъ фев. 12; апр. 3; авг. 5
Худіонъ мар. 9
Чадъ мар. 2
Чолфридъ сен. 25
Шалва іюн. 17; сен. 18
Шіо мая. 7, 9; іюн. 1
Эбрульфъ дек. 29
Эгбертъ апр. 24; ноя. 19
Эгвинъ дек. 30
Эгульфъ 3 сен.
Эдбертъ 6 мая.
Эдмундъ окт. 12; ноя. 20
Эдуардъ мар. 18
Элигій дек. 1

Эммерамъ сен. 22
Энгусъ мар. 11
Эрконвальдъ апр. 30
Эта окт. 26
Эѳельбертъ фев. 25; мая. 20; окт. 17
Эѳельредъ мая. 4; окт. 17
Эѳильвалдъ фев. 12; авг. 1
Ярополкъ ноя. 22
Ярославъ фев. 20, 28; мая. 21; ноя. 25
Ѳавмасій апр. 29
Ѳаддей янв. 4; мая. 7; іюн. 7, 30; авг. (2) 21; окт. 13; дек. 18, 29
Ѳала мар. 16
Ѳалалей фев. 27; мая. 20
Ѳалассій сс; фев. 22; мая. 20
Ѳемелій ноя. 7
Ѳемистоклій дек. 21
Ѳеогенъ янв. 2 ; іюн. 30; ноя. 7
Ѳеогній фев. 15; авг. 21
Ѳеогностъ мар. 14; мая. 19; іюл. 29
Ѳеодардъ сен. 10
Ѳеодоритъ мар. 8; апр. 15; авг. 17; сен. 10
Ѳеодоръ (4) сс; 1-я суб. вел. поста; янв. (2) 11, (2) 19, 26, 28, (2) 30; фев. 4, 8, 14, (4) 17, 19, 20, 22; мар. 5, 6; апр. 15, 17, 20, (2) 21, 22; мая. 10, (2) 12, 16, 21, 22, 24, 31; іюн. (2) 5, (3) 8, 15, 22; іюл. 4, 5, 6, 8, 9, 12, 16, (2) 20, 23; авг. 2, (2) 11, 12, 14, (2) 22, 30; сен. 4, 5, (2) 12, (2) 19, (2) 20, 25, 27; окт. (2) 2, 4, 10, 21, 22; ноя. 1, 7, 9, 11, (2) 14, 16, 22, 23, 27, (4) 28; дек. 2, 3, 22, (2) 27
Ѳеодосій сс; янв. 1, (3) 11, 17, 28; фев. 4, 5, 17; мар. 9, 27; апр. 20; мая. 3, 12; іюл. 5, 9, 26, 29; авг. 7, 14, 28; сен. (2) 2, 5, 9, 17, 22, 24; окт. 12; ноя. 27; дек. 9, 16, 21, 29
Ѳеодотіанъ янв. 24
Ѳеодотъ янв. 1; фев. 19; мар. 2; апр. 29; мая. 18; іюн. 7; іюл. 4; сен. (2) 2, 9, 15, 27; ноя. 2, (2) 7
Ѳеодохъ ноя. 7
Ѳеодулъ сс; янв. 14; фев. 16, 18; мар. 9; апр. 5; мая. 2; іюн. 18; сен. 12; окт. 28; ноя. 7; дек. (2) 3, 23
Ѳеоидъ янв. 5
Ѳеоктистъ сс; мая. 19; сен. 20; ноя. 20; дек. 23
Ѳеолиптъ нед. 2-я по Пят.
Ѳеолитъ дек. 1
Ѳеотекнъ окт. 10
Ѳеоктистъ янв. 4, 23; мар. 12; авг. 5; сен. 3; дек. 23, 28

Ѳеона сс; янв. 5; апр. 4, 5, 19; авг. 23
Ѳеопемптъ янв. 2, 5
Ѳеопистъ янв. 2; сен. 20
Ѳеопрепій мар. 23; авг. 22
Ѳеостириктъ фев. 29; ноя. 10
Ѳеостихъ апр. 29
Ѳеотимъ апр. 20; ноя. 5
Ѳеотихъ дек. 14
Ѳеофанъ сс; янв. 5, 10; мар. 5, 12; мая. 3, 17; іюн. 8, 10, 16; авг. 19; сен. 3, 9, 29; окт. (2) 11; дек. 11, 29
Ѳеофилактъ мар. 8; мая. 11; дек. 31
Ѳеофилъ янв. 8, 30; фев. 6, 20; мар. 5, 6, 9; іюн. 8, 12; іюл. 8, 14, 23, 24; сен. 3; окт. 10, 21, 24, 26, 28; ноя. 5, 7; дек. 2, 6, 28, 29
Ѳеохарій свѣтлый вторникъ
Ѳерапонтъ мая. 25, (3) 27; дек. 12, 27
Ѳеринъ апр. 23
Ѳермъ мар. 26
Ѳеспесій іюн. 1; ноя. 20; дек. 30
Ѳирсъ дек. 14
Ѳифаилъ сен. 5
Ѳома фев. 20; мар. 21, 24; апр. 24; мая. 16; іюн. 20, 30; іюл. 3, 7; авг. 17; окт. 6, 10; ноя. 1, 15, 28; дек. 10
Ѳрасей окт 5

ЖЕНСКІЯ ИМЕНА

Августа ноя. 24; дек. 26
Авреліа окт. 15
Агапія апр. 16
Агаѳія фев. 4, 5; окт. 29; дек. 28
Агаѳоклія сен. 17
Агаѳоника окт. 13
Аглаида мар. 22; дек. 19
Агнія янв. 14, 21; іюл. 5
Агриппина іюн. 23; дек. 26, 29
Агриппа фев. 18
Акилина апр. 7; мая. 9; іюн. 13; сен. 27
Алевтина іюл. 16
Александра фев. 5; мар. 1, 3, 9, 20; апр. 23; мая. 18; іюн. 13; іюл. 4; сен. 17, 30; ноя. 6; дек. 10
Алла мар. 26
Анастасія (2)) сс; свѣт. четвертокъ; мар. 10, 23; апр. 10, 15, 27; іюн. 21; іюл. (2) 4, 28; окт. 20, (2) 29, 30; дек. 4, 22
Анатолія мар. 20
Ангелина іюл. 1, 30; дек. 10
Анимаиса мар. 26

Анисія ноя. 28; дек. 30
Анна нп; фев. 3, 4, 10, 13, 17, 26, 28; мар. 1, 7, 26; апр. 28; іюн. 12, 13; іюл. 4, 5, 21, 23, 25, 31; авг. 16, 28; сен. 9, 28; окт. 2, 4, 22, 28, 29; ноя. 3, 10, 14, 20, 28; дек. (2) 9, (2) 10, (2) 29
Антига фев. 22
Антонина мар. 1, 7; іюн. 10, 13; дек. 2, 27
Антоніаны фев. 22
Анѳиса іюл. 27; авг. 27; дек. 8, 26
Анѳія дек. 15
Анѳуса апр. 12; авг. 22
Аполлинарія янв. 5; мар. 22; сен. 30
Аполлонія фев. 9
Апфія фев. 19
Аргира апр. 30
Аріадна сен. 18
Арсенія янв. 10
Артема окт. 30
Артемія іюн. 7
Архелая іюн. 6
Аскитрея апр. 17
Асклипіодота фев. 19; сен. 15
Аскліада сен. 15
Афра авг. 7
Аѳанасія янв. 31; апр. 12; окт. 9; ноя. 6
Батильда янв. 30
Бега сен. 6; окт. 31
Бландина іюл. 25
Бригитта фев. 1
Бургундофара апр. 3
Валентина фев. 10; іюл. 16
Вальбурга фев. 25
Варвара фев. 22; мар. 23; іюл. 5; дек. 4, 29
Василисса янв. 8; мар. 10, 22; апр. 15, 16; сен. 3
Василія апр. 22
Василла дек. 24
Васса мар. 19; апр. 16; авг. 21; дек. 7
Верана сен. 1
Вербурга фев. 3
Вероника іюл. 12; окт. 4
Вивея окт. 15
Вивлія іюл. 25
Викторина фев. 22
Викторія окт. 24; ноя. 17; дек. 8
Вильфрида сен. 9
Винифреда ноя. 3
Виринея окт. 4

Вріенна сс; авг. 30
Вульфхильда сен. 9
Вѣра фев. 13; іюн. 1; сен. 17; дек. 2, 18
Гааѳа мар. 26
Гаіанія сен. 30
Гала мар. 10
Галина мар. 10; апр. 16
Геласія авг. 29
Геновефа янв. 3
Гермогена мая. 28
Гертруда мар. 17
Глафира апр. 26
Гликерія мая. (2) 13; окт. 22
Голиндуха іюл. 3, 12
Горгонія фев. 23
Гуделія сен. 29
Дарія мар. 1, 19, 22; мая. (2) 23; (2) 5 авг.
Датива фев. 22
Деввора нп
Динара іюн. 30
Домитилла мая. 7
Домна сен. 3; окт. 16; дек. 28
Домника янв. 6, 8; фев. 28; мая. 28; окт. 12; ноя. 27
Домнина янв. 5; мар. 1, 20; окт. 4
Донатулла фев. 22
Дороѳея фев. (2) 6; сен. 24
Доса авг. 20
Досиѳея сен. 25
Дота фев. 22
Дросида мар. 22; іюл. 28
Дуклида мар. 26
Ева нп: авг. 14
Еванѳія сен. 11
Евгенія янв. 5; ноя. 4; дек. 24
Евдокія янв. 23; мар. (2) 1, 7; мая. 12, 17, 19, 23; іюл. 7, 29; авг. 4, 5, 13, 14; сен. 15; ноя. 3; дек. (2) 29
Евдоксія янв. 31
Евлалія авг. 22; дек. 10
Евлампія окт. 10
Евникія окт. 28
Евпраксія (2) сс; янв. 12; мая 3; іюл. 25; окт. 16
Евстелла апр. 30
Евстолія ноя. 9
Евстохіума ноя. 2
Евстохія сен. 28
Евтропія мар. 16; іюн. 25; окт. (2) 30
Евфимія мар. 20; сен. 16

Евфрасія янв. 19; мар. 20; мая. (2) 18
Евфросинія сс; нед. пр. 6 сен.; фев. 15; мая. 17, 19, 23; іюн. 25; іюл. 3, 7; сен. 18, (2) 25; окт. 16, 23; ноя. 6; дек. 9, 29ы
Евѳалія мар. 2
Евѳимія янв. 4; іюл. 11
Екатерина янв. 23; фев. 4; мар. 7; іюл. 4, ноя. 24; дек. 4
Елена мар. 23; мая. (2) 21, 25, 26, 28; іюл. 11, 28; сен. 4; окт. 30; ноя. 1, 18
Елеса авг. 1
Еликонида мая. 28
Елима іюл. 30
Елисавета фев. 22; апр. 24; іюл. 5, 31; авг. 30; сен. 5; окт. 8, 18, 22; ноя. 1, 7
Емерита фев. 22
Емилія янв. 1; мая. 8
Еннаѳа фев. 10
Епистима ноя. 5
Епихарія сен. 27
Ермилиндисы окт. 29
Ерміонія сен. 4
Еротіида окт. 6, 27
Есія іюн. 7
Есѳирь нп; дек. 20
Зевина окт. 20
Зинаида окт. 11
Зиновія окт. 30
Злата окт. 13, 18
Зоя фев. 13; мая. 2; дек. 18
Иларія мар. 19
Ираида мар. 5; іюл. 25; сен. 5, 23
Ирина фев. 13, 18, 22; апр. 9, (2) 16; мая. 5, 13; іюл. 28; авг. 13; сен. 17, 18
Исидора сс; мая. 10
Іаиль нп
Іароя іюл. 4
Іерія сс; іюн. 3
Іоанна 3-я нед. по Пасхѣ; іюн. 27; дек. 15
Іоанникія ноя. 20
Іовилла янв. 16
Іудиѳь нп; сен. 7
Іулитта сс; іюн. 14; іюл. 15, 31
Іуланія янв. 2; фев. 10; мар. 4, 20; мая. 3; іюн. 2, 22; іюл. 6; авг. 17; ноя. 1; дек. 4, (2) 21
Іулія мая. 18; іюл. 16; окт. 1
Іунія мая. 17
Іуста сс; фев. 22; апр. 26
Іустина окт. 2
Ія сен. 11

Каздоя сен. 29
Калерія іюн. 7
Калиса мар. 10; апр. 16
Каллиника мар. 22; мая. 9
Каллиста фев. 6; сен. 1
Каллисѳенія окт. 4
Каллія фев. 12; окт. 25
Кандида авг. 29
Капитолина окт. 27
Касинія ноя. 7
Кассіана сен. 7
Кассія сен. 7
Каста фев. 22
Кастула фев. 22
Квитерія мая. 22
Керкира апр. 28
Кетевань сен. 13
Кикилія ноя. 22
Киприлла іюл. 4
Кира фев. 28; дек. 4
Кирилла іюл. 5
Киріакія мар. 20; іюн. 7; іюл. 7
Киріена ноя. 1
Клавдія мар. 20; мая. 18; ноя. 6; дек. 24
Клеопатра окт. 19
Клотильда іюн. 3
Комита фев. 22
Конкордія авг. 13
Крискентія мая. 16; іюн. 15
Криспина дек. 5
Ксанѳипа сен. 23
Ксенія янв. 18, (2) 24; мар. 7; мая. 3; авг. 13; сен. 2, 11
Лариса мар. 26
Леонида іюн. 15, 25
Леонилла янв. 16
Либоза фев. 22
Ливія іюн. 25
Лидія янв. 6; мар. 23
Лія нп
Лукина іюн. 7
Лукія іюл. 4, 6; сен. 17; дек. 13
Любовь фев. 8; сен. 17
Людмила сен. 15, 16
Мавра мая. 3; іюл. 28; окт. 31
Магдалина 3-я нед. по Пасхѣ; іюл. 22; ноя. 25
Магна ноя. 18
Макарія дек. 26
Македонія мар. 11
Макрина мая. 30; іюл. 19

Максимы фев. 22; мар. 26; окт. 1
Мамелхѳа окт. 5
Мамика мар. 26
Мамфуса мар. 22
Манеѳа іюл. 29; ноя. 13
Марана сс
Маргарита іюл. 17; авг. 9; дек. 2
Марина фев. 22, 28; іюн. 18; іюл. 17
Маріамна фев. 17
Маріамъ нп
Маріонилла янв. 8
Марія (2) сс; 5-я нед. В.П.; суб. Ваій; (4) 3-я нед. по Пасхѣ; янв. 6, 18, 26; фев. 4, 6, 12; мар. 7, 18, 19; апр. 1, 4, 27; мая. 1, 4, (2) 23, 29; іюн. 4, 7, 9, 19; іюл. 4, 12, 20, 22; авг. 5, 9, 26; сен. (2) 15, 19, 28, 29; окт. 8, 29; дек. (3) 2, 26, 30
Маркелла янв. 31; іюл. 22
Маркеллина фев. 22
Марѳа суб. Ваій; 3-я нед. по Пасхѣ; фев. 6; мар. 3, 19; апр. 13; мая. 24; іюн. 4, 9; іюл. 4, 6; авг. 21; сен. (2) 1; ноя. 8
Мастридія фев. 7; ноя. 24
Матрона сс; фев. 22; мар. 1, 7, 19, 20, 27; апр. 19; мая. 18; іюл. 16; окт. 20, 25; ноя. 6, 9; дек. 2, 29
Мелангелла мая. 17
Меланія сс; іюн. 8; дек. 31
Мелитина сен. 16
Мессалина янв. 24
Меуриса дек. 19
Мигдонія окт. 6
Милдреда іюл. 13
Милица іюл. 19
Минодора сен. 10
Миропія дек. 2
Митродора сен. 10
Михаилы сен. 28
Моико мар. 26
Монака мар. 30
Монегунда іюл. 2
Моника мая. 4
Морвенна іюл. 5
Мстислава фев. 25
Муза мая. 16
Надежда мар. 1, 7; сен. 17; окт. 8
Нана окт. 1
Наталія мар. 9, 18; авг. 26; сен. 1; дек. (3) 29
Неонила окт. 28

Ника мар. 10; апр. 16
Никоса фев. 22
Нимфодора сен. 10
Нина янв. 14; мая. 1; ноя. 6
Нонна авг. 5
Нунехія мар. 10; апр. 16
Ода окт. 23; ноя. 27
Одилія дек. 13
Одрады ноя. 5
Олда нп; апр. 10
Олдама нп; апр. 10
Олимпіада мая. 20, іюл. 25; авг. 6
Ольга янв. 28; фев. 21; мар. 1; іюл. 4, 11; ноя. 10
Ореозилла іюл. 26
Осиѳа окт. 7
Павла янв. 26; фев. 10, 22; іюн. 3, 20
Пансемія іюн. 10
Параскева фев. 22; мар. 20, 26; іюн. 23; іюл. 26; сен. 22; окт. 14, 17, 28; ноя 22, 28
Пелагія сс; янв. 30; мая. 4; іюн. 13, 17; окт. 7, (2) 8, 21; дек. 3
Перегрена фев. 22
Перожавра янв. 15
Перпетуя фев. 1; іюл. 5
Піама мар. 3
Плакилла сен. 15
Платонида сс; апр. 6
Полактія ноя. 6
Поликсенія сен. 23
Поплія окт. 9
Потаміена іюн. 7
Потамія авг. 7
Препедигна авг. 11
Прискилла фев. 13; іюн. 7
Прокла окт. 27
Просдока окт. 4
Проскудія окт. 4
Пульхерія фев. 17; сен. 10
Пятница окт. 28
Раавъ нп
Радегонда авг. 13
Раиса сен. 5
Рафаила фев. 4
Рахиль нп; сен. 27
Ревекка нп
Регина фев. 22
Репарата окт. 8
Рипсимія сен. 30
Рогатіана фев. 22

Руфина сен. 2
Руѳь нп
Сабина мар. 11
Сабіана дек. 31
Саломія 3-я нед. по Пасхѣ; янв. 15; іюл. 20; авг. 3
Сарра нп; сс; іюл. 13
Свѣтлана нед. 5-я по Пасхѣ; фев. 13; мар. 20
Севастіана іюн. 28; сен. 16
Секундула фев. 22
Серафима іюл. 29; сен. 2; ноя. 6
Сидонія окт. 1
Сильвія ноя. 4
Синклитикія сс; янв. 5; окт. 24
Сира авг. 24
Снандулія ноя. 3
Соломія нп
Соломонія авг. 1; дек. 16
Сосанна мая 20; іюн. 7; авг. 11; дек. 15
Софія фев. 15; мар.19, 22, 24; апр.23, 28; мая. 22; іюн. 4; авг. 1; сен. 17, 18; дек. 16
Стефанида ноя. 11
Сусанна нп; 3-я нед. по Пасхѣ; іюн. 6; дек. 19
Схоластика фев. 10
Тавиѳа нед. 4-я по Пасхѣ; окт. 25
Таисія сс; мар. 22; мая. 10; окт. 8
Талида янв. 5
Тамара нед. 3-я по Пасхѣ; апр. 18; мая. 1: дек. 2
Таора янв. 5
Татіана янв. 5, 12; іюл. 4; сен. 1, 10, 28; окт. 8; ноя. 20; дек. (2) 10
Текуса мая. 18; ноя. 6
Тертіана окт. 6
Трифена янв. 31
Уирко мар. 26
Урвана фев. 22
Урсула окт. 21
Фавста фев. 6; іюл. 16
Фаина мая. 18
Февронія сс; нед. пр. 6 сен.; іюн. (2) 25; окт. 28; дек. 3
Феликилана іюн. 20
Фелицитата фев. 1
Фервуѳа апр. 4
Фива сен. 3
Филикита іюл. 5
Филиппія апр. 21
Филицата янв. 25

Филонилла окт. 11
Филоѳея фев. 19; дек. 7
Флавія фев. 22
Фотида мар. 20
Фотина нед. 5-я по Пасхѣ; мар. 20
Фотинія фев. 13
Фото мар. 20
Фридесвида окт. 19
Фурната фев. 22
Харита іюн. 1
Харитина окт. (2) 5
Харіесса мар. 10; апр. 16
Хильда авг. 25; ноя. 17
Хіонія апр. 16; іюл. 16; окт. 4
Хриса окт. 13, 18
Хрисія янв. 30
Христина фев. 6; мар. 13; мая. 18; іюл. 24
Христодула сен. 4
Хье сент. 2
Цицилія ноя. 22
Шушаника авг. 28; окт. 17
Эбба авг. 23
Эдиѳа сен. 16
Энсвиѳа авг. 31
Эѳельдреда іюн. 23
Юлія іюн. 14
Яздундокта ноя. 3
Ѳекла іюн. 6, 9; авг. 19; сен. 24; окт. 15; ноя. 20; дек. 10
Ѳеодора сс; фев. 11; мар. 10, 11; апр. 5, (2) 16; мая. 27; авг. 7; сен. 11; ноя. 14; дек. (2) 30
Ѳеодосія мар. 20; апр. 3; мая. (2) 29; іюл. 8
Ѳеодота янв. 2
Ѳеодотія сс; янв. 31; іюл. 4, 29; сен. 17; окт. 22; ноя. 1; дек. 22
Ѳеодула сс
Ѳеодулія фев. 5
Ѳеозва янв. 10
Ѳеоклита авг. 21
Ѳеоктиста янв. 31; ноя. 9, 10
Ѳеопистія сен. 20
Ѳеотима мая. 19
Ѳеофанія дек. 16
Ѳеофила дек. 28
Ѳессалоникія ноя. 7
Ѳея дек. 19
Ѳивея сен. 5
Ѳома янв. 10
Ѳомаида сс; янв. 3, апр. 13

СПИСОКЪ

архіереевъ, священнослужителей и приходовъ
Русской Зарубежной Церкви съ ихъ адресами

DIRECTORY

of the Hierarchy, Clergy and Parishes
of the Russian Orthodox Church Abroad

2020 г.

(На основѣ данныхъ Сентябрь 2019 года)

Работа по составленію контактной информаціи о приходахъ и священникахъ находится въ процессѣ уточненія. Всѣ епархіальные епископы предоставили намъ списки своихъ приходовъ и священниковъ, но невозможно было связаться со всѣми указанными священниками для уточненія деталей до отправки въ печать этого буклета. Смотрите: http://directory.stinnocentpress.com/

(Based on data from September 2019)

The work of compiling this contact data for parishes and clergy is an ongoing process. All diocesan bishops did give us their lists of parishes and clergy. It was not possible to contact all clergy listed for confirmation of address details before going to print with this booklet. See: http://directory.stinnocentpress.com/

Содержаніе - Contents

Организаціи находящіяся въ непосредственномъ вѣдѣніи Архіерейскаго Синода
Stavropegial Organizations ... 368

Церкви, подчиненныя непосредственно Предсѣдателю Архіерейскаго Синода
Stavropegial Parishes ... 368

Церкви Западнаго обряда
Western Rite Parishes ... 370

ВОСТОЧНО-АМЕРИКАНСКАЯ ЕПАРХІЯ
The Eastern American Diocese ... 373

ЧИКАГСКАЯ И СРЕДНЕ-АМЕРИКАНСКАЯ ЕПАРХІЯ
The Chicago and Mid-America Diocese ... 394

ЗАПАДНО-АМЕРИКАНСКАЯ ЕПАРХІЯ
The Western American Diocese ... 402

КАНАДСКАЯ ЕПАРХІЯ
The Canadian Diocese ... 409

ГЕРМАНСКАЯ ЕПАРХІЯ
The German Diocese ... 414

ВЕЛИКОБРИТАНСКАЯ И ЗАПАДНО-ЕВРОПЕЙСКАЯ ЕПАРХІЯ
The Diocese of Great Britain and Western Europe ... 422

ЗАПАДНО-ЕВРОПЕЙСКАЯ

Азія / Asia ... 428

ЮЖНО-АМЕРИКАНСКАЯ ЕПАРХІЯ
The Diocese of South America ... 430

АВСТРАЛІЙСКО-НОВОЗЕЛАНДСКАЯ ЕПАРХІЯ
The Diocese of Australian & New Zealand ... 432

СПИСОКЪ АРХІЕРЕЕВЪ РУССКОЙ ПРАВОСЛАВНОЙ ЦЕРКВИ ЗАГРАНИЦЕЙ
The Hierarchs of the Russian Orthodox Church Outside of Russia

Иларіонъ, Митрополитъ Восточно-Американскій и Нью-Іоркскій, Первоіерархъ Русской Православной Церкви Заграницей и Предсѣдатель Архіерейскаго Собора и Синода.

His Eminence, The Most Rev. Metropolitan Hilarion
First Hierarch of the Russian Church Abroad
and Chairman of the Council and Synod of Archbishops
75 East 93rd St., New York, NY 10128-1390, U.S.A.
Tel: (212) 534-1601 • Fax: (212) 534-1798 • met.hilarion@gmail.com

Архіепископъ Сиднейскій и Австралійско-Новозеландскій
His Eminence, The Most Rev. Metropolitan Hilarion
20 Chelmsford Ave., P.O. Box 38, Croydon, N.S.W. 2132, Australia
Tel:61(2)9747-5892 61(2)9747-2301
Fax: 61 (2) 9747-5109 • met.hilarion@gmail.com

Маркъ, Архіепископъ Берлинскій и Германскій. Первый Замѣститель Предсѣдателя Синода.
Seine Eminenz Erzbischof Mark
Orthodoxes Männerkloster des Hl. Hiob, Hofbauernstr.26, D-81247 München Germany
Tel: 49 (89) 2031 9085• Fax: 49 (89) 886 777 • hiobmon@googlemail.com

Кириллъ, Архіепископъ Санъ-Францисскій и Западно-Американскій. Второй Замѣститель Предсѣдателя Синода. Секретарь Архіерейскаго Синода.
His Eminence, The Most Rev. Archbishop Kyrill,
109 - 6th Ave., San Francisco, CA 94118, U.S.A.
Tel: (415) 412-9440 • archbishopkyrill@pacbell.net

Гавріилъ, Архіепископъ Монреальскій и Канадскій.
Son Eminence l'Archevêque Gabriel,
425 Avenue Edouard-Charles, Outremont, Que. H2V 2N3, Canada
Tel: (514) 277-0969 • Fax: (514) 279-5404 • bp_gabriel@yahoo.com

Петръ, Архіепископъ Чикагскій и Средне-Американскій.
His Eminence, The Most Rev. Archbishop Peter
P.O. Box 1367, Des Plaines, IL 60017, U.S.A.
Tel: (847) 373-4002 • Fax: (847) 298-5380 • BpPeterChicago@gmail.com

Іоаннъ, Епископъ Каракасскій и Южно-Американскій.
Su Eminencia Obispo Juan
Nuñez 3541, 1430 Buenos Aires, Argentina
Tel: 54 (11) 4541-7691 • episkop.ioann@gmail.com

Агапитъ, Архіепископъ Штуттгартскій, Викарій Германской Епархіи.
Seine Eminenz, Erzbischof Agapit
Orthodoxes Männerkloster des Hl. Hiob, Hofbauernstr. 26, D-81247 München, Germany • Tel: 49 (89) 2031 9085 • Fax: 49 (89) 886 777 • agapit@rocor.de

Ириней, Епископъ Лондонскій и Западно-Европейскій, Секретарь Архіерейскаго Синода по межправославнымъ отношеніямъ.
His Grace, The Right Rev. Bishop Irenei
58 Shrewsbury Rd., Prenton, Wirral, CH43 2HY, United Kingdom
Tel: + 44 7539 413 130 • irenei.lyons@icloud.com

Θеодосій, Епископъ Сеаттлійскій, Викарій Западно-Американской Епархіи.
His Grace, The Right Rev. Bishop Theodosius
598 — 15th Ave., San Francisco, CA 94118, U.S.A.
Tel: (415) 221-0234 • bishoptheodosy@sbcglobal.net

Георгій, Епископъ Канберрскій, Викарій Австралійско-Новозеландской Епархіи.
His Grace, The Right Rev. Bishop George
20 Chelmsford Ave., Croydon, NSW 2132, Australia
Tel: (02) 9747-5892 (02) 9747-2301 Fax: (02) 9747-5109 • Cell: 0412 535 120
bpgeorges@gmail.com

Николай, Епископъ Манхеттенскій, Викарій Восточно-Американской Епархіи, Замѣститель Секретаря.
His Grace, The Right Rev. Bishop Nicholas
75 E. 93rd St., New York, NY 10128
Tel: (212) 534-1601 (Synod) • (609) 462-4604 (cell) • nolhovsky@aol.com

Александръ, Епископъ Вевейскій, Викарій Западно-Европейской Епархіи.
Son Excellence Monseigneur Aleksandr
12, rue des Communaux, CH-1800 Vevey, Switzerland
Tel: +41 78 244 72 72
E-mail: episkop.aleksandr@orthodoxie.ch

Лука, Епископъ Сиракузскій, Викарій Восточно-Американскій Епархіи, Настоятель Свято-Троицкаго монастыря и ректоръ семинаріи при немъ въ Джорданвиллѣ.
His Grace, The Right Rev. Bishop Luke
1407 Robinson Rd., P.O. Box 36, Jordanville, NY 13361, USA
Tel: (315) 858-0940 • lukamonk@gmail.com

Архіерей на покоѣ:
Retired:
Іона, Митрополитъ.
His Eminence, Metropolitan Jonah
916 Beverley Drive, Alexandria, VA 22302
Tel: (214) 991-0876 • Metjonah@gmail.com

Михаилъ, Архіепископъ
Son Eminence l'Archevêque Michel,
18, rue de Beaumont, CH-1206 Genève, Suisse
Tel/Fax: 41 (0) 223464709 • Cell: 41 (0) 788984411 • episkop.mikhail@gmail.com

Іеронимъ, Епископъ.
His Grace, Bishop Jerome
Hermitage of Our Lady of Kursk, 1050 Route 6, Mahopac, NY 10541-3403
Tel: (845) 621-1876 • bpjerome@gmail.com

Николай, Епископъ.
His Grace, Bishop Nikolai,
5170 Evaline Street, Las Vegas, NV 89120
Tel: (702) 858-7801 • Vladika.Nikolai@gmail.com

Архіерейскій Синодъ
РУССКОЙ ПРАВОСЛАВНОЙ ЦЕРКВИ ЗАГРАНИЦЕЙ
SYNOD OF BISHOPS
OF THE RUSSIAN ORTHODOX CHURCH OUTSIDE OF RUSSIA
75 East 93rd St., New York, NY 10128-1390, U.S.A.
Tel: (212) 534-1601 • Fax: (212) 534-1798 • synod@superlink.com • .synod.com

Предсѣдатель Синода>
Митрополитъ Иларіонъ, Восточно-Американскій и Нью-Іоркскій, Первоіерархъ Русской Православной Церкви Заграницей.

Члены Синода>
Архіепископъ Маркъ, Берлинскій и Германскій. Первый Замѣститель Предсѣдателя Синода.
Архіепископъ Кириллъ, Санъ-Францисскій и Западно-Американскій. Второй Замѣститель Предсѣдателя Синода. Секретарь Синода.
Архіепископъ Гавріилъ, Монреальскій и Канадскій.
Архіепископъ Петръ, Чикагскій и Средне-Американскій.
Епископъ Ириней, Лондонскій и Западно-Европейскій.
Епископъ Николай, Манхеттенскій, Замѣститель Секретаря.
Запасной членъ: **Епископъ Іоаннъ,** Каракасскій и Южно-Американскій.

Chairman:
His Eminence, The Most Rev. Metropolitan **Hilarion**
Members:
Seine Eminenz Erzbischof **Mark**;
His Eminence, The Most Rev. Archbishop **Kyrill**;
Son Eminence l'Archevêque **Gabriel**;
His Eminence, The Most Rev. Archbishop **Peter**;
His Grace, The Right Rev. Bishop **Irenei;**
His Grace, The Right Rev. Bishop **Nicholas**;
Alternate Member: Su Eminencia Obispo **Juan**

Организаціи находящіяся
въ непосредственномъ вѣдѣніи Архіерейскаго Синода
Organizations directly under the direction of the Synod of Bishops

Русская Духовная Миссія въ Іерусалимѣ — Административное управленіе.
Russian Ecclesiastical Mission in Jerusalem, New York Administrative Office,
    75 E. 93rd St., New York, NY 10128   Tel: (212) 534-1601   Fax: (212) 426-1517

Православное Палестинское Общество — Верховный Совѣтъ.
Orthodox Palestine Society - Supreme Council,
    75 E. 93rd St., New York, NY 10128   Tel: (212) 534-1601   Fax: (212) 426-1517

Православное Палестинское Общество — Сѣверо-Американское отдѣленіе.
Orthodox Palestine Society/USA Section, Att: A.D. Kulesha, Treasurer.
    75 E. 93rd St., New York, NY 10128   Tel: (201) 325-1442

Попечительство о нуждахъ Р.П.Ц.З.
    Fund for the Assistance of the ROCOR, Att: Mark Selawry, President & Executive Director,
    75 E. 93rd St., New York, NY 10128
    Alena Plavsic, Development Manager
    e-mail: contact@fundforassistance.org/ Fax: (212) 534-1798

Церковно-Музыкальная Комиссія при Архіерейскомъ Синодѣ.
Synodal Liturgical Music Advisory Board, Att: V. Rev. Andre Papkov, Chairman,
    1110 Prospect Ln., Des Plaines, IL 60018   Tel: (847) 299-2585

Архитектурно-Художественная Комиссія при Архіерейскомъ Синодѣ.
Arts and Architecture Commission, Atten. Alexander Levitsky, P.A., sSecretary
    35 Church St., Fair Haven, NJ 07704   Tel: (732) 747-0234 e-mail: Levitsky@surfnj.net

Комитетъ Русской Православной Молодежи.
Russian Orthodox Youth Committee, Inc.,
    Archbishop Gabriel - Chairman, V. Rev. Andrei Sommer - Administrator
    75 E. 93rd St., New York, NY 10128   Tel: (212) 534-1601   Fax: (212) 426-1086
    Order Office, Manager - Nadia Mokhoff   www.royc.info
    35-07 155 St., Flushing, NY 11354   Tel: (718) 445-5799 e-mail:calendars2@verizon.net

Комитетъ по Устроенію Св.-Германовскихъ Съѣздовъ.
St. Herman's Executive Committee, Att: V. Rev. Alexis Duncan, executive director
    e-mail: fr.alexis.duncan@gmail.com   www.sthermanconference.com

Церкви, подчиненныя непосредственно
Предсѣдателю Архіерейскаго Синода.
Parishes directly subject to the President of the Synod of Bishops

Нью-Іоркъ, Н.І. Синодальный соборъ Знаменія Божіей Матери и церковь преп. Сергія Радонежскаго. Настоятель — Митрополитъ Иларіонъ; Зам. настоятеля — Епископъ Николай, Прот. Андрей Соммеръ - ключарь, протод. Николай Моховъ, Приписаны — прот. Эдуардъ Червинскій, протод. Вадимъ Ганъ и діаконъ Павелъ Руденко.
Свято-Сергіевская англоязычная миссія при Синодальномъ Соборѣ. Игуменъ Зосима (Крамписъ), священникъ Ричардъ Стокеръ и діаконъ Матѳей Кайль.
    Synodal Cathedral of the Mother of God of the Sign,
    75 East 93rd St., New York City, NY 10128-1390, USA
                                Tel: (212) 534-1601 • Fax: (212) 534-1798
    V. Rev. Andrei Sommer, 505 E 82nd St., Apt. 2D, New York, NY 10028
        Tel: (212) 744-1585• Cell: (646) 320-7382• e-mail: rev.a.sommer@synod.com

    Rev. Protodeacon Nicolas Mokhoff, 35-07 155 St., Flushing, NY 11354
                                                Tel: (718) 445-5799

V. Rev. Archpriest Edward Chervinsky, 75 East 93rd St., New York, NY 10128
Rev. Protodeacon Vadim Gan, 75 E. 93rd St., New York, NY 10128
Rev. Deacon Pavel Roudenko, 147 Plauderville Ave., #2, Garfield, NJ 07026
Tel: (201) 417-4745 • proudenko@gmail.com

Нью-Іоркъ, Н.І. Храмъ преп. Сергія Радонежскаго. Англоязычныя богослуженія по воскресеніямъ и праздникамъ. Services in English on Sundays and great feasts.
75 East 93rd St., New York, NY 10128.
V. Rev. Igumen Zosimas (Krampis), 75 E. 93rd St., New York, NY 10128
Tel: (631) 246-9020 • e-mail: HmkZosimas@gmail.com
Rev. Richard Stoecker, 859 Van Antwerp Place, Oradell, NJ 07649
Tel: (201) 240-6454 • e-mail: fr.richard.stroecker@gmail.com
Rev. Deacon Matthew Keil, 45-76 163rd St., Flushing, NY 11358   Tel: (718) 496-5974

Букаса, Уганда. Благовѣщенская церковь. Протоіерей Христофоръ Валусимби.
Holy Annunciation Church of Bukasa Island, V. Rev. Christopher Walusimbi,
P.O. Box 287, Entebbe, Uganda. Tel: 256 (0)77 686772 • e-mail: fr.chris_bukasa@yahoo.com

Ири, Пенсиль. Церковь Рождества Христова. Старообрядческій приходъ. Настоятель — прот. Пименъ Саймонъ, прот. Ѳеодоръ Юревичъ, свящ. Іероѳей Поповъ, діак. Митрофанъ Саймонъ, діак. Филиппъ Поповъ, діак. Стефанъ Климчукъ, діак. Маркеллъ Василь.
Nativity of Christ Church, 247 East Front St., Erie, PA 16507
Tel•Fax: (814) 459-8515 • wesite: www.churchofthenativity.net
V. Rev. Pimen Simon, 247 East Front St., Erie, PA 16507.
Tel: (814) 454-8618 • e-mail: pimensimon@gmail.com
V. Rev. Theodore Jurewicz, 925 W. 9th St., Erie, PA 16502-1130.
Tel: (814) 459-2107 • e-mail: jurewicz@velocity.net
Rev. Hierotheos Popoff, 142 E 35 St., Erie, PA 16504   Tel / Fax: (814) 459-8515
Rev. Deacon Mitrophan Simon, 643 E. Grandview Blvd., Erie, PA 16504   Tel: (814) 323-7094
Rev. Deacon Philip Popoff, 116 Parade St., Erie, PA 16507   Tel: (814) 455-0585
Rev. Deacon Stephan Klimczak, 204 Walton Creek Dr., Erie, PA 16511
Tel: (814) 459-851 5 • e-mail: stefan.klimczak@gmail.com
Rev. Deacon Markel Wassyl, 4336 Valencia Ct., Erie, PA 16506
Tel•Fax: (814) 459-8515 • e-mail 4sports@adelphia.nett

Канны, Франція. Храмъ св. Архистратига Божія Михаила, нижній храмъ св. велмуч. Екатерины и св. благов. князя Александра Невскаго. Ставропигіальный. Непосредственно подчиняется Первоіерарху Р.П.Ц.З. Іерей Антоній Одайскій, іерей Маркъ Лопневъ.
Eglise Saint Archange Michel, 36-40, bd. Alexandre III, F-06400 Cannes, France.
На кладбищѣ Абади _ Успенская часовня.
Мѣсто богослуженій Архангело-Михайловской приходской общины РПЦЗ въ Каннахъ:
Chapelle Saint-Roch, 9, rue Saint-Dizier, 06400 Cannes, France • http:// stmichelcannes.fr
Свящ. Антоній Одайскій + 33 6 - 01-519894
Rev. Antony Odaysky • anton.odaysky@gmail.com • p.antony@stmichelcannes.fr
Свящ. Маркъ Лопневъ
Rev. Mark Lopnev • Tel: + 33- 6 - 11-43-19-90 • marks.lopnevs@gmail.com

Санктъ-Петербургъ, Флорида. Церковь св. муч. Андрея Стратилата. Прот. Игорь Шитиковъ, діаконъ Игорь Тарасовъ. Приписной — митроф. прот. Стефанъ Романчакъ.
St. Andrew's Russian Orthodox Church, 6465 54th Ave., N, St. Petersburg, FL. 33709
www.standrewsroch.com
V. Rev. Igor Chitikov, 437 65th St., N., St. Petersburg, FL 33710
Tel: (727) 347-0672 • e-mail: protopop@yahoo.com
Rev. Deacon Igor Tarasov, 26608 Castle View Way, Wesley Chapel, FL 33544
Tel: (813) 994-4381• cell: (813) 528-5600 • e-mail: igor.tarasov@ultrasonictech.com

Финексъ, Аризона. Монастырь преп. Антонія Великаго. Схи-игуменъ Антоній (Агіоантонидесъ).
    Holy Stavropegial Monastery of St. Anthony the Great, Schema-Abbot Anthony (Agioantonides), 3044 N. 27th St., Phoenix, AZ 85016-7926
                                        Tel: (602) 957-3054 • e-mail: admin@saintanthonymonastery.com

Харперъ Вудсъ, Мичиганъ. Монастырь преп. Саввы Освященнаго. Митрополитъ Иларіонъ, архимандритъ Пахомій (Бѣлковъ) - намѣстникъ.
    St. Sabbas the Sanctified Orthodox Monastery. Metropolitan Hilarion, Archimandrite Pachomy (Belkoff)   18745 Old Homestead Dr., Harper Woods, MI 48225
                    Tel: (313) 521-5256   stsabbasorthodoxmonastery@gmail.com   www.stsabbas.org

Церкви Западнаго обряда
Непосредственно подъ омофоромъ Предсѣдателя Архіерейскаго Синода
Western Rite Parishes

UNITED STATES

Atlanta, GA. All Saints of North America   Website: https://www.allsaintsatl.org/
2289 N. Decatur Rd. Decatur, Georgia 30033   Email: allsaints.atla@gmail.com
Clergy: The Rev. Benedict Simpson, Rector • Phone (404) 543-1289 • Email:Frbenedict@priest.com
Subdeacon Joseph Zurmuehl
Subdeacon Patrick Bell

Aylett, VA. Holy Trinity Orthodox Church, 6250 Richmond/Tappahannock Hwy, Aylett VA 23009
Email: Holytrinityorthodoxwesternrite@gmail.com
Priest Mark Grant, Phone: 804-925-5888 • Email: grants3@peoplepc.com

Bush, LA. Monastery of Our Lady and Holy Forerunner and Baptist John (with the Convent of St. Mary Magdalene) 77370 Pete Richardson Rd. Bush, LA 70431
Hieromonk Ezekiel Vieages, • Phone: 985-886-5512 • Email: frjohnv2000@yahoo.com

Davenport, IA. Saint Athanasius Orthodox Church, 228 West 15th Street Davenport, Iowa 52803
Website: http://qcorthodox.com • Email: qcorthodox@gmail.com
Priest Thomas Janikowski, 1109 Berg Place, Davenport IA, 52804 Phone: Cell: 563-505-1016

Chattanooga, TN. Saint Bartholomew Orthodox Church, Meeting at Grace Episcopal Church, 20 Belvoir Ave Chattanooga TN 37461 • Priest David Prestridge • Email: metroc@epbfi.com
Priest Richard Kalbfleisch

Dayton, TN. Saint Mary the Virgin, Our Lady of Walsingham Orthodox Church and Skete
889 Walker Rd. Dayton, TN 37321 • Abbot David Colburn, 889 Walker Rd. Dayton, TN 37321
Phone: 423-775-0509 • Cell: 423-618-3884 • Fax: 503-961-8343 • Email: colburnd@me.com
Deacon Richard Daugherty, 889 Walker Rd. Dayton, TN 37321
Phone: 423-618-0259 • Email: daugherr@aol.com

Des Moines, IA. Saint John the Wonderworker Orthodox Church, 3120 East 24th Street
Des Moines, IA 50317   Phone: 515-343-9500 • www.stjohndsm.org • stjohndsm@gmail.com
Priest Lev Smith, 5133 Twana Dr. Des Moines, IA 50310
                                    Phone: 515-343-9700 • Email: frlev@me.com
Priest Maximos Herman, 3200 NE 150th Ave. Cambridge, IA 50046
                                  Phone: 515-778-3610 • Email: maximos.father@gmail.com
Hieromonk Abraham Myer, 625 NE 4th Grimes, IA 50111
                                    Phone: 515-326-2874 • Email: hieromonkabraham@gmail.com
Deacon John Woolman, 9643 Quail Ridge Urbandale, IA 50322
                                    Phone: 515-326-2874 • Email: FrDeaconJohnDM@gmail.com
Sub-deacon James R. Prickett 14412 Greenbelt Drive Urbandale, IA 50323
                                    Phone: 515-480-4050 • Email: k3n77@yahoo.com

Fernley, NV. Saint Columba Orthodox Church, Worship: 1320 Mission Way Fernley, NV 89408 Mailing: P.O. Box 1661 Fernley, NV 89408 • www.netministries.org/seee/churches/ch05703 Priest William E. Bauer, 1364 Canal Drive Fernley NV, 89408 • Phone: 775-835-6915
Email: bauerfam@oasisol.com

Gastonia, NC. Holy Wisdom Orthodox Church, 316 Windsong Dr. Gastonia, NC 28056 Priest Cyprian Craig 3885 Graywood Dr. Gastonia, NC 28052 • www.holywisdomrocor.com Phone: 980-289-2822 • Emails: frcraig2012@gmail.com • holywisdom2015@gmail.com

La Porte, IN. Saint Joseph Of Arimathea House, 402 Niesen Street Laporte, IN 46350 Phone: 219-324-8364/888-896-5709 • www.arimatheachurch.com
Priest James V. Rosselli • Email: arimatheachurch@yahoo.com

Kapa'au, HI. Our Lady of the Angels. Na Pua Li'I Hermitage, PO Box 481 Kapa'au HI 96755 Priest Columba (Stephen) Lally   Email: frcolumba@pualii.org

Keystone, WV. Saint Leonard Orthodox Church, 32254 Coal Heritage Rd. Keystone, WV 24868 Priest Adam Trent • 681-239-2010 • fradam@mcdowellorthodox.org • www.mcdowellorthodox.org

Midland City, AL. Holy Trinity Orthodox Church
Priest Aristibule Adams • Phone: 850-248-2903 • Email: ari.adams@gmail.com

Mountain Home, AR. Holy Transfiguration Orthodox Church, 292 Co Road 390 Mountain Home, AR 72653 • Phone: 870-421-2986 • www.ozarksorthodox.com
Rector: Archpriest Mark Rowe • fr.markrowe@gmail.com
Priest Seraphim Byrd, 235 W. 2nd Street Mountain Home, AR 72653
Phone: 301-734-6948 • Email: marc.byrd@gmail.com
Priest James Casper, Phone: 870-421-2986 • Email: jamesrcasper@gmail.com

Deacon Adam Warrenfels • Email: adam.warrenfels@gmail.com

Madison, GA. Saint Mary the Virgin Orthodox Church, 502 Wellington Street, Madison GA 30650 Priest Irenaeus Watson • Email: penseurque@yahoo.com

Northville, MI. Christ the Savior Orthodox Church, 42186 Farragut Court Northville, Michigan 48167 • westernriteorthodox.org • Email: christthesavior.contact@gmail.com
Phone: 248-348-5888 • 313-515-4000 (Alternate)
Priest Patrick Lowery, Phone: 248-3485888 • Email: fr.patrickjames@gmail.com

Omaha, NE Ss. Peter and Paul
Priest Kevin Kirwan • Phone: 712-253-7114 • Email: Kevin@kirwanagency.com
Deacon Seraphim (Joseph) Cervantes Email: joe@joecervantes.com

Providence, RI. Saint Cuthbert Orthodox Church, PO BOX 40038 Providence, Rhode Island Phone: 804-293-0155 • saintcuthbertorthodoxchurch@gmail.com • saintcuthbertorthodoxchurch.org
Priest David Kinghorn • Email: Stcuthbertorthodoxchurch@gmail.com
Deacon Richard Fillon

Reno, NV. Saint Andrew the Apostle Orthodox Church, 7689 South Virginia Street, Suite G, Reno, NV 89511-1148 • www.renoorthodox.org • Email: info@renoorthodox.org
Priest John Longero • Phone: 775-342-4711

Richmond, VA. Saint Tikhon Orthodox Church, Worship: 1307 Lakeside Ave. Richmond, VA 23228 • Mail: P. O. Box 5341 Midlothian, VA 23112 • Email: rector@orthodoxrva.org
Phone: 804-293-0155 • www.orthodoxrva.org

Priest John Cook, 209 Hale Drive Ruther Glen, VA 22546
Phone: 443-602-1820 • Email: revfrjoncook@gmail.com
Sub-Deacon David Johnson, 7003 Deer Thicket Dr. Midlothian, VA 23112
Phone: 804-433-6873 • Email: dgj23112@gmail.com

St. Louis, MO. Saint Genevieve of Paris Orthodox Church,
1148 So. Benton Ave, St. Charles MO, 63301 • netministries.org/churches/stgen73
Priest Germain Hoernschemeyer • 636-459-0420 • Email: mshoernschemeyer@gmail.com

San Diego, CA. Holy Resurrection Orthodox Church,
5710 Kearny Villa Road Ste 204 San Diego, California 92111
Priest Joseph Bien Mai, 6749 Tait Street San Diego, California 92111
Phone: 619-252-1851 • Email: jbmaisr@gmail.com

San Diego, CA. St. Joseph of Arimathea Orthodox Church
Priest Theodore Jacobsen, • Email: frleigh@att.net

Sarasota, FL. Saint Joseph Orthodox Church, 4123 N. Tamiami Trail Suite 206 Sarasota, FL 34234
www.orthodoxsarasota.org
Rector: Archpriest Mark Rowe, 2422 Gulf Gate Drive Sarasota, FL 34231
Phone: 941-914-2890 • Email: fr.markrowe@gmail.com
Priest Brendan Dougherty, 49 Jeffrey Drive Sarasota, FL 34233
Phone: 248-330-9591 • Email: fddough51@yahoo.com
Priest Andrew Gomez Phone: 609-284-8080 Email: fr.andrewgomez@gmail.com
Priest George Fuchs • Email: georgef58@hotmail.com

South Bend, IN. Saint Nectarios Orthodox Church, 410 Chamberlin Dr. South Bend, IN 46615
Priest Robert Bower, 410 Chamberlin Dr. South Bend, IN 46615
Phone: 574-850-7982 • Email: frrobert@stnectarios.org • www.stnectarios.org

Stanwood, WA. Saint Patrick of Ireland Orthodox Church, Worship: 9124 27th Street NW
Stanwood, WA 98292 • Mailing: PO BOX 602 Stanwood, WA 98292
Priest Matthieu Trinque 24128 24th Avenue NE Arlington, WA 98223
Priest Theodore Obrastoff • Phone: 206-735-5168 • Email: matthieu@priest.com

Staten Island, NY. St. Leo the Great
Archpriest Mark Rowe fr.markrowe@gmail.com
Deacon Joseph Brousseau, Phone: 702-812-4351 Email: joeapd771@msn.com

Tullytown, PA. Christ the King Orthodox Church, and Holy Family Benedictine Oblate,
465 Main St. Tullytown, PA 19007 • 215-945-2886 • king640@hotmail.com • www.ctkalive.org
Archpriest Bernard Andracchio • Phone: 215-945-2886 • Email: king640@hotmail.com
Priest Daniel Austin Francis • Email: khushnoodaustin@hotmail.com
Deacon Daniel Brown • Email: danbrown58@msn.com

Waterville, ME. Holy Archangels Orthodox Church, 21 College Avenue, Waterville, ME 04901
Phone: 207-737-4378 • www.holyarchangelsmaine.org
Archpriest Mark Rowe fr.markrowe@gmail.com
Priest Nicholas Poulin, 20 Western Ave Waterville, ME 04901
Phone: 207-593-8370 • Email: Frnicholas.poulin@gmail.com
Priest Abraham Fortier, 25 Gardiner St. Richmond, ME 04357
Phone: 207-737-4378 • Email: abrahamfortier@yahoo.com

Western Rite Parishes — Outside the United States — Canada
Great Britain — Nottingham, England. Saint Edmund The Martyr Orthodox Church, 7A Victoria St. Nottingham, England NG4 3JE • www.westernriteorthodoxuk.org.uk/
Priest Thomas Cook, 7A Victoria St. Nottingham, England NG4 3JE
Phone: 44-115-938-4742 • Email: fr.thomascook@gmail.com
Reader Gildas Meal, 32 Wentworth Close Bournemouth, England BHS 2DZ
Phone: 44-120-242-7575 • Email: gmeal@tiscali.co.uk

Scandinavia — Stockholm, Sweden. Protection of the Theotokos Orthodox Church, Upplandsgatan 81 113 44, Stockholm • www.nordiskortodox.org/
Hieromonk Serafim Furemalm • 011-46-070-725 78 79 • serafim@nordiskortodox.org
Deacon Petrus Michael Catenacci • 011-46-070-725 78 79 • petrus.michael@nordiskortodox.org

Sweden — Goethenburg, Saints Nikolaus & Halvards Orthodox Church, Vastra Hamngatan 15, Gothenburg • www.nordiskortodox.org
Hieromonk Lazarus • 011-46-070-082 51 63 • Email: lazarus@nordiskortodox.org
Deacon Andreas Eraybar • 011-46-072-210 89 15 • Email: andreas@nordiskortodox.org

ВОСТОЧНО-АМЕРИКАНСКАЯ ЕПАРХІЯ
The Eastern American Diocese

Митрополитъ Иларіонъ, Восточно-Американскій и Нью-Іоркскій, Первоіерархъ Русской Православной Церкви Заграницей.
His Eminence, The Most Rev. Metropolitan Hilarion,
75 East 93rd St., New York, NY 10128-1390, U.S.A.
Tel: (212) 534-1601• Fax: (212) 534-1798 • e-mail: met.hilarion@gmail.com

Епископъ Николай, Манхеттенскій, Викарій Восточно-Американской Епархіи.
His Grace, The Right Rev. Bishop Nicholas,
75 E. 93rd St., New York, NY 10128
Tel: (212) 534-1601 (Synod) • (609) 462-4604 (cell) • E-mail: nolhovsky@aol.com

Секретарь Епархіальнаго Управленія: Епископъ Николай.
Казначей Епархіальнаго Управленія: vподіаконъ Григорій Левитскій.
Епархіальный Совѣтъ: Предсѣдатель — Митрополитъ Иларіонъ.
Члены Совѣта: отъ духовенства — митр. прот. В. Потаповъ, митр. прот. Сергій Лукьяновъ, прот. Давидъ Страутъ, прот. Маркъ Манкюсо, прот. Александръ Анчутинъ, іерей Георгій Темидисъ; отъ мірянъ — діак. Михаилъ Венгринъ, vпод. Адріанъ Ѳедоровскій и чтецъ Николай Покровскій.
Ревизіонная Комиссія: Іосифъ Колларъ — предсѣдатель Левъ Пиви и Марина Захарьина.
Духовный Судъ: Предсѣдатель: прот. Георгій Зеленинъ; члены: прот. Илія Горскій, прот. Петръ Куницкій, и прот. Сергій Ледковскій (секретарь).
Тростисты: по должности: Митрополитъ Иларіонъ и Епископъ Николай.
Адресъ Епархіальнаго Управленія:
Diocesan Administration, 210 Alexander Ave., Howell, NJ 07731.
Website: www.eadiocese.org • Fax: (732) 961-1916
Секретарь Епархіальнаго Управленія: Прот. Сергій Лукьяновъ.
Tel: (732) 961-1917 • e-mail: eadiocese@gmail.com

ПЕРВЫЙ БЛАГОЧИННИЧЕСКІЙ ОКРУГЪ / NEW YORK CITY DEANERY
Митр. прот. Александръ Бѣля — благочинный / V. Rev. Alexander Belya - Dean
Нью-Іоркъ, Бруклинъ. Церковь свв. Новомуч. и исп. Россійскихъ. Настоятель — Митр. прот. Сергій Лукьяновъ, прот. Петръ Куницкій, протодіаконъ Петръ Уткинъ.

Holy New Martyrs and Confessors of Russia Church,
8645 18th Ave., Brooklyn, NY 11214
      Tel: (718) 234-3448 • Fax: (718) 234-8313 • website: www.brooklynchurch.org
V. Rev. Serge Lukianov, 4 Country Ln., Howell, NJ 07731
      Cell: (732) 948-9939• Fax: (732) 961-1916• e-mail batushkaoc@gmail.com
V. Rev. Petro Kunitsky, 1569 70th St., Apt. 3-R, Brooklyn, NY 11219 • Tel: (929) 238-298
Protodeacon Petr Utkin, 2820 W. 32nd St., Apt. 12C, Brooklyn, NY 11224
      Tel: (917) 757-8625 • e-mail: 522tatiana@verizon.net

Нью-Іоркъ, Бруклинъ. Соборъ св. Іоаннъ Крестителя. Митр. прот. Александръ Бѣля, прот. Василій Деякъ, прот. Василій Юрина, протод. Ростиславъ Задорожный и діаконъ Евгеній Григорякъ, діаконъ Георгій Геро.
St. John the Baptist Cathedral, 2016 Voorhies Ave., Brooklyn, NY 11235
      Tel: (347) 452-0466 • (347) 962-2544
V. Rev. Alexander Belya, 3030 Ocean Ave., Apt. 2G, Brooklyn, NY 11235
V. Rev. Vasyl Deiak, 2536 E 25th St., 2nd Fl. Brooklyn, NY 11233
V. Rev. Vasyl Yurina, 3051 Ocean Ave., Apt. B-1, Brooklyn, NY 11236
Protodeacon Rostislav Zadorozhny, 2387 Ocean Ave., 6C, Brooklyn, NY 11229
      Tel: (707) 879-8161
Deacon Eugene Grigoriak, 3142 Coney Island Ave., Apt. D7, Brooklyn, NY 11235
      e-mail: egrigoriak@gmail.com

Нью-Іоркъ, Бруклинъ. Церковь свят. Іоасафа Бѣлгородскаго. Прот. Борисъ Опаринъ.
St. Joasaph of Belgorod Church, 2477 65th St., Brooklyn, NY 11204
      Tel: (646) 541-4344 • website: www.stjoasaphchurch.com
V. Rev. Boris Oparin, 350 65th St., Apt. 26-A, Brooklyn, NY 11220
      Tel: (646) 541-4344 • e-mail: frboris92@mail.ru

Нью-Іоркъ, Бруклинъ. Храмъ святыхъ Женъ-Мѵроносицъ. Прот. Павелъ Ивановъ.
Church of the Holy Myrrhbearing Women.
2527 Cropsey Ave., Brooklyn, NY 11214
      Tel: (347) 974-1133 • holymyrrhbearingwomen@gmail.com www.brooklynmir.org
V. Rev. Paul Ivanov, 1600 Ocean Parkway, Apt. 2G, Brooklyn, NY 11230
      Cell: (315) 868-4745 • e-mail: otetspavel@yahoo.com

Нью-Іоркъ, Манхэттенъ. Приходъ свят. Григорія Богослова. Свящ. Сергій Тростянскій.
Parish of St. Gregory the Theologian at Union Theological Seminary
3041 Broadway @ 121st Street, New York, NY 10027
Priest Sergey Trostyanskiy, 122 W. 137 St., Apt. 2B, New York, NY 10030
      e-mail: st2399@utsnyc.edu

Нью-Іоркъ, Н.І. Свято-Отеческая церковь. Прот. Александръ Бочаговъ.
Holy Fathers Church, 524 W. 153rd St., New York, NY 10031
      Tel: (212) 281-3992
V. Rev. Alexander Botschagow, 4 Roselawn Rd., Highland Mills, NY 10930.
      Tel: (845) 928-3588 • e-mail: fralexander@optonline.com

Статенъ-Айлендъ, Н.І. Община иконы Пресв. Богородицы «Нечаянная Радость». Игуменъ Владиміръ (Згоба), свящ. Виталій Лялюковъ.
Church of the Mother of God "Unexpected Joy," 585 Lincoln Ave., Staten Island, NY 10305
V. Rev. Abbot Vladimir (Zgoba), 585 Lincoln Ave., Staten Island, NY 10305
      Tel: (347) 863-6845 • e-mail: p.zgoba@gmail.com
Priest Vitaliy Lalyukov, 113 Abbey Court, 3rd Floor, Brooklyn, NY 11229
      Tel: (718) 971-4704 • vitasik80@mail.ru

ВТОРОЙ БЛАГОЧИННИЧЕСКІЙ ОКРУГЪ
LONG ISLAND & HUDSON VALLEY DEANERY
Прот. Александръ Анчутинъ / V. Rev. Alexandre Anchoutine - Dean

Вудборнъ, Н.І. Часовня свв. апп. Петра и Павла. Лагерь НОРР. Прот. Константинъ Семянко. Богослуженія бываютъ въ іюлѣ мѣсяцѣ.
Camp NORR, 2408 Ulster Heights Rd., Woodbourne, NY 12788
Tel: (845) 434-0093 • www.campnorr.com
V. Rev. Constantine Semyanko, 888 Suffield St, Suffield, CT 06078-2224
Tel: (860) 668-4336 • e-mail: constantine.semyanko@hs.utc.com

Гленъ-Ковъ, Н.І. Церковь Покрова Пресв. Богородицы.
Прот. Александръ Анчутинъ, игум. Фотій (Улановъ), протод. Никифоръ Франклинъ, протодіаконъ Сергій Михайловъ. Tel: (516) 565-9823
Church of the Intercession of the Holy Virgin & St. Sergius,
14 Alvin St., Glen Cove, NY 11542, Tel: (516) 676-2183 www.omophor.org
V. Rev. Alexandre Anchoutine, 62 Dosoris Wy., Glen Cove, NY 11542 Tel: (516) 629-6453
Cell: (516) 669-1450 • Fax: (516) 656-0308 • e-mail: revantchoutine@aol.com
V. Rev. Abbot Photius (Oulanov), 14 Alvin St., Glen Cove, NY 11542
Tel: (516) 343-0271 • e-mail: epistolean@yahoo.com
Rev. Protodeacon Nikifor Franklin, 2 Madison Pl., Jericho, NY 11753
Tel: (585) 467-0446; (545) 489-1979 • nikifor.franklin@gmail.com
Rev. Protodeacon Serguei Mikhailov, 401 East 154th St., Apt. 4D, Bronx, NY 10455
Tel: (718) 585-8920

Сентъ-Джеймсъ, Н.І. Свято-Діонисіевскій мужской монастырь. Архимандритъ Максимъ (Веймаръ), архимандритъ Іоаннъ (Эриксонъ); игуменъ Зосима (Крамписъ); іеромонахъ Силуанъ (Джустиніано); іеродіаконъ Михаилъ (Уэллсъ), іеродіаконъ Парѳеній (Миллеръ), іеродіаконъ Даніилъ (Джустиніано), іеродіаконъ Василій (Виллардъ).
Monastery of St. Dionysius the Areopagite, Archimandrite Maximos (Weimar) - abbot (frmaximos@gmail.com), Archimandrite John Erickson; Abbot Zosimas (Krampis), Hieromonk Silouan (Justiniano); Hierodeacon Michael (Wells), Hierodeacon Parthenios (Miller), Hierodeacon Daniel (Justiniano), Hierodeacon Vasilios (Willard),
481 N. Country Rd. St. James, NY 11780
Tel: (631) 246-9020 • Abbot's Tel: (770) 401-4600 • holycrossmonasterysetauket.blogspot.com

Нью-Іоркъ, Асторія. Свято-Троицкая церковь. Іером. Тихонъ (Гайфудиновъ).
Holy Trinity Church, 2536 37th St., New York, NY 11103
Rev. Hieromonk Tikhon (Gayfudinov), 75 E. 93rd St., New York, NY 10128
Tel: (347) 573-2607 • E-mail: rocor.tikhon@gmail.com

Нью-Іоркъ, Бруклинъ. Храмъ ик. Божіей Матери «Неупиваемая чаша», «Ставропигіальное Митрополичье подворье» Прот. Александръ Анчутинъ, архим. Елевѳерій (Скиба), іеромонахъ Лавръ (Соломоновъ).
Church of The Mother of God "Inexhaustable Cup", "Stavropegial Metropolitan Methochion", 3117 Coney Island Ave., Brooklyn, NY 11235 Tel: (718) 769-0983

V. Rev. Alexandre Anchoutine, 62 Dosoris Wy., Glen Cove, NY 11542 Tel: (516) 629-6453
Cell: (516) 669-1450 • Fax: (516) 656-0308 • e-mail: revantchoutine@aol.com
V. Rev. Archimandrite Elevferiy (Skiba), 3033 Brighton 14 St., Apt. B5, Brooklyn, NY 11235
Tel: (516) 353-3650 • e-mail: elevferiy75@gmail.com
Rev. Hieromonk Laurus (Solomonov), 3117 Coney Island Ave., Brooklyn, NY 11235
Tel: +49-163-897-9336 • lavr.solomonov.mail.ru

Нью-Іоркъ, Флашингъ. Благовѣщенская церковь. Настоятель — Прот. Іоаннъ Арама, діаконъ Матѳей Кайль. annunciation-church-flushing.org
  Holy Annunciation Church, 42-67 147th St., Flushing, NY 11355.
    Tel: (718) 359-5373 • e-mail: postmaster@annunciation-church-flushing.org
  V. Rev. Ion Arama, 42-67 147th St., Flushing, NY 11355.
    Tel: (516) 629-6453 • Tel: (718) 359-5373 • Cell: (646) 639-7912
  Rev. Deacon Matthew Keil, 4576 163rd St., Flushing, NY 11358
    e-mail: matthewadamkeil@gmail.com

Нью-Іоркъ, Ричмондъ Хиллъ. Успенская церковь. Епископъ Николай.
  Russian Orthodox Church of the Assumption,
  11902 94th Ave., Richmond Hill, New York, NY 11419
  His Grace, The Right Rev. Bishop Nicholas, 75 E. 93rd St., New York, NY 10128

Нью-Іоркъ, Рокавей-Бичъ. Община во имя Св. Апостола и Евангелиста Марка. Прот. Михаилъ Владиміровъ.
  Parish of the Holy Apostle & Evangelist Mark, 154 Beach 84th St. Rockaway Beach, NY 11693
    Tel: (718) 300-2622 • www.saintmarkschurch.org
  V. Rev. Michael Vladimirov, 2171 E. 18th St., Apt. A2, Brooklyn, NY 11229

Магопакъ, Н.І. Новая Коренная Пустынь. Церковь Рождества Пресвятой Богородицы, въ непосредственномъ вѣдѣніи Митрополита Иларіона, какъ Предсѣдателя Архіерейскаго Синода. Епископъ Іеронимъ (на покоѣ), іерей Георгій Темидисъ, игуменъ Корнилій (Апухтинъ), діаконъ Алексій Пневъ. Приписанъ — прот. Василій Расковскій.
  Russian Orthodox Monastery, 1050 Route 6, Mahopac, NY 10541
  Rev. George Temidis, 12 Cathy Ct., Wallkill, NY 12589, Tel: (845) 564-7615 • (845) 616-1100
  V. Rev. Igumen Korniliy, (address of Mahopac Hermitage)
  V. Rev. Vasily Raskovsky (address of Mahopac Hermitage)
  Rev. Deacon Alexey Pnev, 265 Neds Mountain Rd., Ridgefield, CT 06877
    Tel: home: (203) 403-7247 cell: (203) 948-6625 • E-mail: apnev@hotmail.com

Наякъ, Н.І. Покровская церковь. Прот. Илія Горскій, протодіак. Димитрій Темидисъ, діак. Андрей Подымовъ. Митр. прот. Георгій Ларинъ — на покоѣ.
  Holy Virgin Protection Church, 51 Prospect at Cedar Hill Ave., Nyack, NY 10960.
    Church and school Tel: (845) 353-1155 • Fax: (845) 353-4341 • www.hvpc.us
  V. Rev. Ilya Gorsky, 7 Calvert Dr., Washingtonville, NY 10992
    Tel: (845) 915-4876 • Fax: (845)497-7963 • e-mail: frilya@egcon.com
  V. Rev. George Larin, 38 S. Mill St., Nyack, NY 10960.
    Tel: (845) 358-3080 • Fax: (845) 353-4241 • e-mail: frglarin@verizon.net
  Rev. Protodeacon Dimitri Temidis, 66 Leber Rd., Blauvelt, NY 10913
    Tel: (845) 359-9280• cell: (845) 406-1196 • e-mail: dtemidis@optonline.net
  Rev. Deacon Andrew Podymow, 47 Poplar St., Nanuet, NY 10954
    Tel: (845) 623-2102 • cell: (518) 334-3783 • e-mail: apodymow@gmail.com

Новое Дивѣево. Спрингъ Валлей-Нануэтъ, Н.І. Ставропигіальный Успенскій Женскій монастырь, Соборъ преп. Серафима Саровскаго въ непосредственномъ вѣдѣніи Митрополита Иларіона, какъ Предсѣдателя Архіерейскаго Синода. Настоятельница — Игуменія Макарія. Митр. прот. Александръ Ѳедоровскій (ключарь собора), прот. Маркъ Бурачекъ — старшій священникъ, прот. Георгій Зеленинъ, игуменъ Фотій (Улановъ) — духовникъ, свящ. Артемій Сысъ, протодіак. Сергій Арліевскій, діаконъ Николай Ильинъ.
  Russian Orthodox Convent "Novo Diveevo", 100 Smith Rd., Nanuet, NY 10954
    Office Tel: (845) 356-0425 • Fax (845) 356-8250 • website: www.novo-diveevo.org
  V. Rev. Alexander Fedorowski (Cathedral dean), 99 Fairview Ave., Spring Valley, NY 10977
    Tel: (845) 356-2985 • e-mail: pomracs@aol.com

V. Rev. Mark Burachek (Senior priest), 78 Heller Parkway, Newark, NJ 07407
Tel: (973) 485-7008 • Cell: (973) 508-7651• e-mail: paterasmarkos@hotmail.com
V. Rev. George Zelenin, 1458 Alps Rd., Paterson, NJ 07502
Tel: (973) 595-6674 • Cell: ((862) 763-1434 • Fax: (973) 595-5816 • georgezel@msn.com
V. Rev. Abbot Photius (Oulanov) (Confessor to the Sisterhood),
14 Alvin St., Glen Cove, NY 11542
Tel: (516) 343-0271• e-mail: epistolean@yahoo.com
Rev. Artem Siss, 100 Smith Rd., Nanuet, NY 10954
Tel: (845) 729-1281 • frartemii@novo-diveevo.org
Rev. Protodeacon Serge Arlievsky, 3 Jockey Ln., New City, NY 10956
Tel: (845) 634-4035 • e-mail: frserge@optonline.net
Rev. Deacon Nicholas Ilyin, 22 Foxhill Lane, Ringwood, NJ 07456
Tel: (201) 563-5852 • e-mail: nick.ilyin@gmail.com

Поукипси, Н.І. Свято-Николаевская церковь. Прот. Александръ Донченко.
St. Nicholas Church, 100 Livingston St., Poughkeepsie, NY 12601
V. Rev. Alexander Donchenko, 100 Livingston St., Poughkeepsie, NY 12601
Tel: (914) 454-6822 • e-mail: adonchenko@ymail.com

Спрингъ Валлей, Н.І. Часовня въ честь чудотворной иконы Божіей Матери «Отрада и Утѣшеніе». Въ помѣстьи общества «Отрада». Обслуживается духовенствомъ монастыря «Новое Дивѣево».
Chapel of the icon of the Mother of God "Joy and Comfort",
Community "Otrada", 385 S. Pascack Rd., Spring Valley. NY 10977   Tel: (845) 623-4696

Си-Клифъ, Н.І. Св.-Серафимовскій храмъ-памятникъ Возстановленію единства внутри Русской Православной Церкви. Прот. Серафимъ Ганъ, протодіак. Павелъ Волковъ, протодіак. Евгеній Каллауръ.   www.stseraphimschurch.org
St. Seraphim of Sarov Memorial Church to the Re-Establishment of Unity within the Russian Orthodox Church, 131A Carpenter Ave., Sea Cliff, NY 11579
V. Rev. Serafim Gan, 1623 3rd Ave., Apt. 19C, New York, NY 10128
Tel: (212) 828-0298 • Cell: (917) 543-5199 • Fax: (212) 538-1798 • revsgan@hotmail.com
Rev. Protodeacon Paul Wolkow, 72 Downing Ave., Sea Cliff, NY 11579
Tel: (516) 759-0440 • Cell: (516) 263-0714 • e-mail: pavelwolkow@aol.com
Rev. Protodeacon Eugene Kallaur, 133 Carpenter Ave., Sea Cliff, NY 11579.
Tel: (516) 676-0890 • e-mail: ekallaur@gmail.com

Хайдъ-Паркъ, Нью-Іоркъ. Община св. Евангелиста Луки. Свящ. Григорій Патсисъ.
Evangelist Luke Mission, 49 Patricia Lane, Hyde Park, NY 12538
Rev. Gregory Patsis   Tel: (845) 475-5673 • gocpriest@hotmail.com • www.elomc.org

ТРЕТІЙ БЛАГОЧИННИЧЕСКІЙ ОКРУГЪ
DEANERY OF UPSTATE NEW YORK
Прот. Григорій Науменко — благочинный / V. Rev. Gregory Naumenko - Dean.

Баффало, Н.І. Церковь свв. великомучч. Ѳеодора Тирона и Ѳеодора Стратилата. Свящ. Іоаннъ Боддекеръ и діак. Андрей Хаммондъ, діак. Георгій Хаммондъ.
Sts. Theodore Church, 96 Los Robles St., Williamsville, NY 14221
Tel: (716) 634-6712 • www.ststheodore.org
Rev. John Boddecker, 96 Los Robles St., Williamsville, NY 14221
Tel: (716) 634-6712, (716) 531-2236 • e-mail: frjohnboddecker@gmail.com
Rev. Deacon Andrew Hammond, 86 Leydecker Rd., West Seneca, NY 14224
Tel: (716) 955-0522 • e-mail: achammond3@yahoo.com

Rev. Deacon George Hammond, 86 Leydecker Rd., West Seneca, NY 14224
Tel: (703) 967-4427 • e-mail: bdhammond4@yahoo.com

Бингемтонъ-Эндикотъ, Н.І. Св.-Николаевскій приходъ. Свящ. Матѳей Смитъ, приписанъ митроф. прот. Ставросъ Русосъ.
St. Nicholas Church, 308 N. Page Ave., Endicott, NY 13760   Tel: (607) 754-0881
Rev. Matthew Smith, 3109 Cortland Dr., Vestal, NY 13850
Tel: (607) 770-0135 cell: (423) 667-2597 • e-mail: mgsmith@gmail.com
V. Rev. Stavros Rousos (attached).   Cell: (423) 883-4680 • e-mail: fatherstavros@gmail.com

Франклинъ, Н.І. Церковь Живоначальной Троицы при приходскомъ центрѣ свят. Иннокентія Московскаго. Настоятель — прот. Михаилъ Владиміровъ.
Church of the Holy Life-Creating Trinity at St. Innocent of Moscow Retreat Center,
678 Henry Edwards Rd., Franklin, NY 13775
Tel: (607) 829-2879 • website: www.stinnocentsretreat.org
V. Rev. Michael Vladimirov, 2171 E. 18th St., Apt. A2 Brooklyn, NY 11229
cell: (516) 582-3100• Fax: (516) 908-7671 • e-mail: fr.michael.vladimirov@gmail.com

Джорданвиллъ, Н.І. Ставропигіальный Св.-Троицкій монастырь. Настоятель — Епископъ Лука Сиракузскій. Архимандриты: Іовъ (Котенко) и Нектарій (Хардингъ); Игумены: Ѳеофилактъ (Клапперъ-Дуэллъ) и Кипріанъ (Александру); Іеромонахи: Анатолій (Жилинъ) и Гавріилъ (Астраханкинъ); протод. Викторъ Лохматовъ; приписные: свящ. Дмитрій Донъ, свящ. Ефремъ Виллмартъ, свящ. Фотій Эрдманъ; протодіаконы Владиміръ Барросъ и Петръ Маркевичъ; діаконы: Андрей Псаревъ, Андрей Даблдей и Николай Котаръ.
Holy Trinity Monastery, The V. Rev. Archimandrite Luke (Murianka) - Abbot (lmurianka@hts.edu). Archimandrites Iov (Kotenko) and Nektarios (Harding); Abbots: Theophylact (Clapper-Dewell) (fathertheophylact@jordanville.org) and Cyprian (Alexandrou) (cyprian@hts.edu), Hieromonks: Anatoly (Zilin) (hierom.anatoly@gmail.com) & Gabriel (Astrakhankine);
1407 Robinson Rd., P.O. Box 36, Jordanville, NY 13361-0036.
Main Office Tel: (315) 858-0940 • Abbot's office: (315) 858-0507 • Fax: (315) 858-0505
Bookstore: (315) 858-3817 • www.jordanville.org • e-mail: info@jordanville.org
Guesthouse: (315) 858-0131 • Publications: 315-858-0940 x 222 • holytrinitypublications.com
Clergy attached to Holy Trinity Monastery:
Rev. Dmitri Don, 1909 Jordanville Rd., Jordanville, NY 13361
Tel: (973) 652-9168 • e-mail: dmytrodon@yahoo.com
Rev. Ephraim Willmarth, 838 State Rt. 167, Richfield Springs, NY 13439
cell: (415) 816-8254 • e-mail: ejwillmarth@hts.edu
Rev. Photie Erdman, 586 Round Top Rd., Franklin, NY 13775
Tel: (607) 353-5550 • e-mail: fr.photie@gmail.com
Protodeacon Victor Lochmatov   lochmatow@yahoo.com
Protodeacon Peter Markevich, 2848 County Highway 33, Cooperstown NY 13407
Tel: (315) 858-2325 • e-mail: htb.peter@gmail.com
Deacon Andrei Psarev, P.O. Box 85, Jordanville, NY 13361-0085
Tel: (315) 858-0407 • cell: (315) 985-8196 • e-mail: apsarev@gmail.com
Deacon Andrew Doubleday, 325 Springer Rd., Richfield Springs, NY 13439
Tel: (315) 858-0689 • e-mail: whitebirchescd@hotmail.com
Deacon Nicholas Kotar, P.O. Box 607, Richfield Springs, NY 13439
e-mail: nicholas.kotar@hts.edu

Джорданвиллъ, Н.І. Свято-Троицкая Духовная Семинарія. Епископъ Лука — ректоръ, д-ръ Николай Ю. Шидловскій, деканъ; Архим. Нектарій — инспекторъ; іерей Ефремъ Виллмартъ — помощникъ декана и начальникъ пріемной комиссіи и регистраторъ; Михаилъ Перекрестовъ — завѣдующій архивомъ и библіотекой.
Преподаватели: Еп. Лука, прот. Георгій Драгасъ, игум. Ѳеофилактъ, игум. Кипріанъ, свящ. Іоаннъ Боддекеръ, свящ. Іоаннъ Малкомъ, протодіак. Викторъ Лохматовъ, протодіак. Петръ

Маркевичъ, діак. Андрей Псаревъ, діак. Николай Котаръ, В.А. Пермяковъ, Э. Новисъ, Лаэренъ Джэдлэнъ; д-ръ Николай Адаму, Елизавета Пурди, Андрей Любимовъ — администраторъ библіотеки.
Holy Trinity Orthodox Seminary, P.O. Box 36, Jordanville, NY 13361-0036
Tel/Fax: (315) 858-0945• info@hts.edu • www.hts.edu • Dormitory: (315) 858-9978

Джорданвиллъ, Н.І. Женскій скитъ преподобномученицы Елизаветы Өеодоровны. Игуменія Елисавета (Цвикла).(подъ духовной власти Первоіерарха и Свято-Троицкаго монастыря.) (Under the spiritual authority of the First Hierarch and Holy Trinity Monastery.)
St. Elizabeth Skete, V. Rev. Abbess Elizabeth (Czwikla), 1520 State Rte 167, Mohawk, NY 13407
Tel (315) 858-2208 • www.saintelizabethskete.org • saintelizabethskete@gmail.com

Ричфилдъ Спрингсъ, Н.І. Женскій скитъ Пресвятыя Богородицы «Скоропослушницы». (подъ духовной власти Первоіерарха и Свято-Троицкаго монастыря.) Обслуживается духовенствомъ Св.-Троицкаго монастыря.
The Convent of The Mother of God «Quick to Hear», Sister Martha.
(Under the spiritual authority of the First Hierarch and Holy Trinity Monastery.)
235 Cole Hill Dr., Richfield Springs, NY 13439 • (865)805-6803
Services conducted by clergy of Holy Trinity Monastery.

Олбани, Н.І. Церковь Рождества Пресвятой Богородицы. Прот. Алексій Дунканъ, прот. Михаилъ Фрицъ, протодіаконъ Михаилъ Соловьевъ.
Holy Virgin Mary Russian Orthodox Church, 617 Sand Creek Rd., Albany, NY 12205
Tel: (518) 869-3932 • website: www.albanyrocor.org
V. Rev. Alexis Duncan, 2232 Fairlawn Parkway, Niskayuna, NY 12309
Tel: (518) 925-9165 • e-mail: fr.alexis.duncan@gmail.com
V. Rev. Michael Fritz, 7 Brundige Rd., Valley Falls, NY 12185 Tel: (518) 753-7550
Rev. Protodeacon Michael Soloviev, 231 Stonington Hill Rd., Voorheesville, NY12186
Tel: (518) 765-2871

Рочестеръ, Н.І. Покровская церковь. Прот. Григорій Науменко, протодіаконъ Андрей Страпко.
Protection of the Mother of God R. O. Church,
100 Stanford Dr., Rochester, NY 14610 Tel: (585) 654-7736/ website: www.pomog.org
V. Rev. Gregory Naumenko, 110 Wendover Rd., Rochester, NY 14710
Tel: (585) 224-0554 • cell: (585) 705-1884 • e-mail: pomogpriest@gmail.com
Rev. Protodeacon Andrej Strapko, 17 Neuchatel Ln., Fairport, NY 14450-4623
Tel: (585) 425-2833 • e-mail: astrapko@rochester.rr.com

Сиракузы-Джеймсвилль, Н,І. Церковь Введенія во Храмъ Пресвятой Богородицы. Митрофорный протоіерей Николай Ткачевъ.
Entrance into the Temple of the Holy Virgin Church,
V. Rev. N. Tkatschow, 607 Tecumseh Rd., Jamesville, NY 13078 Tel: (315) 446-1781

Ютика, Н.І. Церковь преп. Іоанна Рыльскаго — Храмъ-памятникъ св. прав. Іоанна Кронштадтскаго чуд. Прот. Михаилъ Таратухинъ, протод. Іосифъ Ярощукъ, діак. Николай Колашъ, приписной — діак. Виталій Кичаковъ.
St. John of Kronstadt Church, 1009 Conkling Ave., Utica, NY 13501 www.stjkutica.org
V. Rev. Michael Taratuchin, 41 Marshall Ave., Mohawk, NY 13407-1126
Tel: home: (315) 985-9054 • cell: (315) 723-7475 • e-mail: frmichaelt@msn.com
Rev. Protodeacon Joseph Jarostchuk, 111 Woodruff Terr., Utica, NY 13502
Tel: (315) 732-1432 • e-mail: papajoeandirina@adelphia.net
Rev. Deacon Nicholas Kolasz, 5967 Old Oneida Rd., Rome, NY 13440
Tel: (315) 336-8564 • e-mail: SKolasz@twcny.rr.com

Rev. Deacon Vitaly Kichakov, 405 Bellinger Ave., Herkimer, NY 13350

Ютика, Н.І. Фондъ имени св. прав. Іоанна Кронштадтскаго. Предсѣдатель: Архіепископъ Петръ; секретарь: протодіаконъ Викторъ Лохматовъ. e-mail: stjkmemfund.org
Memorial Fund of St. John of Kronstadt, Inc., P. O. Box 56, Utica, NY 13501-0056

ЧЕТВЕРТЫЙ БЛАГОЧИННИЧЕСКІЙ ОКРУГЪ / NEW ENGLAND DEANERY
Прот. Михаилъ Кравлей / V. Rev. Michael Crowley - Dean

Бостонъ-Розлиндэйлъ, Масс. Богоявленскій храмъ. Прот. Викторъ Болдевскулъ, прот. Ѳома Рески, свящ. Кевинъ Калишъ, протодіак. Александръ Ярощукъ, протодіак. Викторъ Гансонъ, діак. Александръ Куренковъ.
Russian Orthodox Church of the Epiphany, 963 South St., Roslindale, MA 02131
Tel/Fax: (617) 327-3663 • website: www.bostonrusschurch.org
V. Rev. Victor Boldewskul, 47 Cerdan Ave., West Roxbury, MA 02132
Tel: (617) 323-0969; cell: (617) 780-1786 • e-mail: frvictor@comcast.net
V. Rev. Thomas Reske, P.O. Box 545, Ipswich, MA 01938
Tel: (978) 356-2848 • e-mail: frthos@hotmail.com
Rev. Kevin Kalish, 8½ Mechanic St., Attleboro, MA 02703
Tel: (315) 824-3524 • e-mail: kjkalish@gmail.com
Rev. Protodeacon Alexander Jarostchuk, 79 Harris St., Acton, MA 01720
Tel: (978) 266-1339
Rev. Protodeacon Victor Ganson, 62 Webster St., Westwood, MA 02090
Tel: (781) 326-3697 • e-mail: v_ganson@hotmail.com
Rev. Deacon Alexander Kurenkov, 19 Davis Road, Apt. A15, Acton, MA 01720
Tel: (978) 760-0142 • e-mail: alx.koor@gmail.com

Витопитлокъ, Мэнъ. Община свят. Іоанна Шанхайскаго. Обслуживается духовенствомъ Восточно-Американской епархіи.
St. John of Shanghai Mission and "Surety of Sinners" Chapel,
53 Andrews Rd., Wytopitlock, ME 04497
Reader David Smalley Tel: (207) 456-7575 • e-mil: ssmalley70@gmail.com

Зап. Брукфильдъ, Масс. Покровская миссіонерская община.
Свящ. Максимъ Макинтайръ.
Holy Protection Orthodox Mission at Holy Protection Chapel & Orthodox Christian Education Center, 280 New Braintree Rd., West Brookfield, MA 01585
Mailing Address: 7 Mayfair Dr., Millbury, MA 01527 • Tel: (508) 641-5672
www.holyprotectionorthodoxmissionblogspot.com
Rev. Maximos McIntyre, 7 Mayfair Dr., Millbury, MA 01527
Tel: (508) 641-5672 • (508) 867-4220 • e-mail:frmaximosmcintyre@gmail.com

Карибу, Мэнъ. Миссіонерская община свят. Спиридона Тримифунтскаго. Іерей Гавріилъ Риденуръ.
St. Spyridon Mission, 186 Washburn Rd., Caribou, ME 04736
https://www.facebook.com/StSpyridonCaribou/
Rev. Gabriel Ridenour, 186 Old Washburn Rd., Caribou,ME 04736
Tel: (207) 498-8803 • fr.gabriel@gmx.com

Ипсвичъ, Масс. Храмъ св. прав. Іоаннъ Русскаго. Прот. Спиридонъ Шнейдеръ.
Church of St. John the Russian, 16 Mt. Pleasant Ave., Ipswich, MA 01938
Tel: (978) 380-6499 • website: www.stjohntherussian.com
V. Rev. Spyridon Schneider, 14 Mt. Pleasant Ave., Ipswich, MA 01938
Tel: (978) 380-6499 • cell: (978) 808-6024 • e-mail: frspyridon@verizon.ne

Метуенъ, Масс. Церковь Св. Блаженной Ксеніи. Прот. Михаилъ Кравлей, свящ. Константинъ Дерозье, свящ. Іоаннъ Рутосъ, діаконъ Александръ Духовской, діаконъ Димитрій Духовской, діаконъ Іоаннъ Сарантакисъ.

St. Xenia of St. Petersburg Church, 170 N Lowell St., P.O. Box 147, Methuen, MA 01844
Tel: (978) 688-1211 • website: www.stxenia.org
V. Rev. Michael Crowley, 16 Channel Rd., South Portland, ME 04106
Tel: (207) 767-0667 • cell: (978) 204-0428 • e-mail: tcrowley@maine.vv.com
Rev. Constantine Desrosiers, 10 Chestnut St., Apt. 2210, Exeter Mill, Exeter, NH 03833-1878
Rev. John Routos, 178 Brunelle Ave., Manchester, NH 03103
Tel: (603) 860-6728 • e-mail: frjohnr@my fairpoint.net   Tel: (603) 775-0320
Rev. Deacon Alexander Doohovskoy, 21 Brooks St., Concord, MA 01742
Tel: (978) 369-4486 • (978) 835-2458 • e-mail: apdooh@gmail.com
Rev. Deacon Dimitry Doohovskoy, 9 Davis Court, Concord, MA 01742,
Tel: (978) 835-1637 • ddskoy@gmail.com
Rev. Deacon John Sarantakis, 17 Joy Terrace, Methuen, MA 01844
Tel: (978) 621-8742 • johnald82@gmail.com

Норвичъ, Конн. Храмъ свв. Новомучч. и исп. Россійскихъ. Свящ. Іоаннъ Малкомъ, протодіак. Николай Дроботъ, діак. Кириллъ Грегуаръ.
The Orthodox Church of the Holy New Martyrs and Confessors of Russia.
364 Canterbury Turnpike, Norwich, CT 06360
Tel: (860) 822-6688 • website: www.holynewmartyrs.com
Rev. John Malcom, PO Box 726, Tully, NY 13159
Tel: (315) 663-7408 • praywithoutend@yahoo.com
Rev. Protodeacon Nicholas Drobot, PO Box 802, Framingham, MA 01701
Tel: (508) 524-2523
Rev. Deacon Cyril Gregoire, 5 Joseph Ct., East Hampton, CT 06424
Tel: (860) 918-8738 • e-mail: cyril.gregoire8@gmail.com

Ричмондъ, Мэнъ. Церковь св. благ. вел. кн. Александра Невскаго. Храмъ-памятникъ павшимъ воинамъ Русскаго Корпуса. Прот. Чадъ Уильямсъ, прот. Андрей Руденко, свящ. Наѳанъ Уильямсъ, діаконъ Антоній Уильямсъ, діаконъ Іосифъ Кимбаллъ. Приписной: свящ. Іоаннъ Тигъ.
St. Alexander Nevsky Church, 15 Church St., Richmond, ME 04357
V. Rev. Chad Williams, 1001 River Ave., Gardiner, ME 04345.
Tel: (207) 582-8656 • Fax: (207) 588-2048 • e-mail: FrChad7@gmail.com
V. Rev. Andrei Rudenko,   Tel: (607) 547-5191, (607) 437-5136 • da.rudenko@yahoo.com
Rev. Nathan Williams, 19 Heselton St., Gardiner, ME 04345
Tel: (207) 504-1601 • e-mail: ocrb@ocrb.org • alt. e-mail: scmtranslation@gmail.com
Rev. John Teague, 18 Oak Bluff Rd., Kennebunk, ME
Rev. Deacon Anthony Williams, 124 School St., Apt. 1, Gardiner, ME 04345
e-mail: tonefour@gmail.com
Rev. Deacon Joseph Kimball, 45 Elm Ave., Augusta, ME 04330
Tel.: (347) 898-8250 • e-mail: rkimball@roadrunner.com

Саутбэрри (Чураевка) Конн. Часовня преп. Сергія Радонежскаго. Прот. Константинъ Семянко.
St. Sergius Chapel, Russian Village Rd., Southbury, CT 06488
V. Rev. Constantine Semyanko, 888 Suffield St, Suffield, CT 06078-2224
Tel: (860) 668-4336 • e-mail: constantine.semyanko@hs.utc.com

Энфильдъ, Конн. Свято-Николаевская церковь. Прот. Бренданъ Кравлей, діак. Іоаннъ Мартинъ.
St. Nicholas Church, 343 North Maple St., Enfield, CT 06082
website: www.stnicholasorthodox.org

V. Rev. Brendan Crowley, 177 St. James Ave., Chicopee Falls, MA 01020
Tel: (413) 598-0118 • e-mail: fbcrowley@gmail.com
Rev. Deacon John Martin, 174 College St., Apt. 3, Amherst, MA 01002
Tel: (413) 461-2368 • e-mail: gavaisky@gmail.com

Стратфордъ, Конн. Срѣтенская церковь. Прот. Константинъ Семянко.
Church of the Presentation of Christ in the Temple,
5 Wheeler Terrace, Stratford, CT. 06497   Tel: (203) 375-8342
V. Rev. Constantine Semyanko, 888 Suffield St., Suffield, CT 06078-2224
Tel: (860) 668-4336 • e-mail: constantine.semyanko@hs.utc.com

Стратфордъ, Конн. Свято-Николаевская церковь. Прот. Димитрій Якимовичъ, протодіаконъ Павелъ Гіатасъ.
St. Nicholas Church, 1 Honeyspot Road, Stratford, CT 06497-6402
Tel: (203) 386-9516 • website: www.stnicholasstratford.org
V. Rev. Dimitri Jakimowicz, 71 Maplevale Dr. Woodbridge, CT 06525
Tel: (203) 553 9557; cell: (415) 533-4406 • e-mail: FrDimitriJ@gmail.com
Rev. Protodeacon Paul Giatas, 51 Franklin St., Ansonia, CT 06401
Tel: (203) 735-5544; (203) 954-9149 • Email: paulinoakland@aol.com

Хартфордъ, Конн. Церковь св. велмуч. и цѣлит. Пантелеимона. Прот. Діонисій Налитовъ, діак. Евгеній Утнюхинъ.   http://www.RussianChurchCT.org
St. Panteleimon's Church, 19 Becket St., Hartford, CT 06114
Tel: (860) 956-8899 • Mail@RussianChurchCT.org • www.RussianChurchCT.org
V. Rev. Dionysy Nalitov, 373 N. Main St., Winstead, CT 06098
(860) 956-0561• e-mail: DNalitov@RussianChurchCT.org
Rev. Deacon Eugene Utnyukhin, 122 N. Granby Rd., Granby, CT 06035
Tel: (347) 898-8250 • Eugene.ut@gmail.com

ПЯТЫЙ БЛАГОЧИННИЧЕСКІЙ ОКРУГЪ / NEW JERSEY DEANERY
Митрофорный протоіерей Сергій Лукьяновъ — благочинный / V. Rev. Serge Lukianov - Dean

Вайнландъ, Н.Дж. Свято-Троицкая церковь. Прот. Любо Милошевичъ, протодіак. Сергій Охотинъ. Приписные — Прот. Николай Мандюкъ.
Holy Trinity Church, V. Rev. Liubo Milosevich,
2211 West Landis Ave., Vineland, NJ 08360.   Tel: (856) 696-1979
www.holytrinitychurch.us • e-mail: oca33@ad.com
Rev. Protodeacon Serge Ohotin, 933 N Mill Rd., Vineland, NJ. 08360
Tel: (856) 558-0610 • e-mail: sohotin@yahoo.com
V. Rev. Nicholas Manduke, 2113 W. Main St., Millville, NJ 08332
Tel: (856) 825-7952• Cell: (609) 774-6344 • e-mail: frnikolai@stnichloasroc.org

Вейнъ, Н. Дж. Архангело-Михайловскій храмъ. Прот. Георгій Зеленинъ, діаконъ Андрей Логвиненко.
St. Michael's Church, 171 Colfax Rd., Wayne, NJ 07470
V. Rev. George Zelenin, 1458 Alps Rd., Paterson, NJ 07470
Tel: (973)595-6674 • Cell: (862)763-1434 • Fax: (973) 595-5816 • georgezel@msn.com
Rev. Deacon Andrei Logvinenko, 786 Peachtree Ln., Franklin Lakes, NJ 07417
Tel: (201) 895-5359 • E-mail: doctorandrei@hotmail.com

Джексонъ, Н.Дж. Ставропигіальный Свято-Владимірскій храмъ-памятникъ въ непосредственномъ вѣдѣніи Митрополита Иларіона; замѣститель — прот. Сергій Ледковскій, діаконъ Ростиславъ Войтенко.   www.stvladimirnj.org
St. Vladimir Memorial Church, P.O. Box 143, 134 Perrineville Rd., Jackson, NJ 08527

V. Rev. Serge Ledkovsky, 134 Perrineville, Rd., Jackson, NJ 08527
Tel: (732) 928-1248 • e-mail: srgldkvsky@yahoo.com
Deacon Rostislav Wojtenko, 23 Stonelea Dr., Princeton Junction, NJ 08550
Tel: (609) 903-4733 • e-mail: r_wojtenko@comcast.net

Джексонъ, Н.Дж. Св. Іоанно-Предтеченская кубанско-казачья кладбищенская часовня. Обслуживается духовенствомъ Св. Георгіевскаго кубанско-казачьяго храма въ Ховеллѣ.
St. Vladimir's Cemetery, 316 Cassville Rd., Jackson, NJ 08527

Китатини, Н.Дж. Часовня Св. Велмуч. Пантелеимона. Обслуживаетъ духовенство Св. Серафимовскаго храма въ Си-Клифѣ въ лѣтнее время.
St. Panteleimon Chapel (services during summer),
67 Mountain Trail, Kittatinny Lake, Branchville, NJ 07826   Tel: (973) 948-5392

Лейквудъ (Ховеллъ) Н.Дж. Св. Александро-Невскій каѳедральный соборъ и церковь Тихвинской иконы Божіей Матери. Настоятель — Митр. прот. Сергій Лукьяновъ, прот. Серафимъ Чемодаковъ — ключарь, прот. Рафаилъ Мелендезъ, прот. Борисъ Слуцкій, іерей Георгій Каплановъ, протодіак. Николай Лукьяновъ, протод. Леонидъ Рожковъ, протод. Павелъ Дроздовскій. Приписные: прот. Петръ Гнаткивскій, іерей Сергій Силва и іерей Сергій Свѣшниковъ.
St. Alexander Nevsky Diocesan Cathedral and Church of our Lady of Tikhvin.
200 Alexander Ave., Howell, NJ 07731   www.nevskys.com

Русская церковно-приходская школа прихода св. благов. вел. кн. Александра Невскаго
St. Alexander Nevsky Parish School
Tel: (732) 364-3330 • talexanderparishschool.org • stalexanderparishschool@gmail.com

Cathedral Bookstore: Tel: (732) 364-3330, ext. 710 • e-mail: nevskybooks@gmail.com

V. Rev. Serge Lukianov–Rector, 4 Country Ln., Howell, NJ 07731
Cell: (732) 948-9939 • Fax: (732) 961-1916 • e-mail batushkaoc@gmail.com
V. Rev. Seraphim Chemodakov–Dean, 32 Irene Boulevard, Howell, NJ 07731
Tel: (732) 580-1586 • e-mail: fr.seraphim.chem@gmail.com
V. Rev. Rafael Melendez, 269 Phalanx Rd., Colts Neck, NJ 07722
Tel: (732) 670-3419 • protopresbyter@aol.com
V. Rev. Boris Slootsky, 2B Pembroke Ln., Whiting, NJ 08579
Tel: (732) 350-9588; (908) 910-6337 • e-mail: bosloot41@yahoo.com
V. Rev. Petro Hnatkivskyy, 200 Alexander Ave., Howell, NJ 07731
Tel: (267) 438-9990 • e-mail: 7000-@ukr.net
Rev. George Kaplanov, 22 Alexander Ave, Howell, NJ 07731
Tel: 908-910-3495 • kaplanov.georgii@gmail.com
Attached: V. Rev. Luka Novakovic, 335 Fairmount Ave., Philadelphia, PA 19123
Tel: (219) 702-9211 • dr.lukanovakovic@gmail.com
Rev. Sergio Silva • revsergiosilva@gmail.com
Rev. Protodeacon Nicholas Lukianov, 419 Alexander Ave., Howell, NJ 07731
Tel: (732) 364-7163 • e-mail: lukianov@optonline.net
Rev. Protodeacon Leonid Roschko, 29 Cherry Ln., Howell, NJ 07731
Cell: (732) 236-1471 • e-mail: lroschko@gmail.com
Rev. Protodeacon Paul Drozdowski, 8 Deptford Ct., #6, Freehold, NJ 07728
Tel: (609) 923-5890 • E-mail: zarubiezhnik@yahoo.com

Новая Кубань, Бьюна, Н.Дж. Свято-Покровскій мужской скитъ. Настоятель—игуменъ Тихонъ (Гайфудиновъ), личный секретарь Первоіерарха РПЦЗ, свящ. Анатолій Ревицкій, діак. Валентинъ Ревицкій, діаконъ Димитрій Креницкій.

Hermitage of the Protection of the Mother of God, 333 Weymouth Rd., Buena, NJ 08310.
V. Rev. Abbot Tikhon (Gayfudinov), 333 Weymouth Rd., Buena, NJ 08310
e-mail: rocor.tikhon@gmail.com
Rev. Anatoliy Revitskyy, 13029 Blakeslee Coury, Apt. B, Philadelphia, PA 19116
Tel: (215) 715-6329 • e-mail: setruta@mail.ru
Rev. Deacon Valentyn Revitskyy, 13029 Blakeslee Coury, Apt. B, Philadelphia, PA 19116
Rev. Deacon Dimitri Krenitsky, 905 Cable Hill Dr., Springfield, PA 19064
Tel: (610) 541-6738, (610) 585-2685 • E-mail: pharm316@comcast.net

Ньюаркъ, Н.Дж. Церковь Казанской иконы Божіей Матери. Прот. Маркъ Бурачекъ, протодіаконъ Сергій Шумиловъ. Tel: (973) 485-5699 • www.ourladyofkazan.org•index.html
Our Lady of Kazan Church, 70-78 Heller Parkway, Newark, NJ 07104.
Tel: (973) 485-5699 • www.ourladyofkazan.org•index.html
V. Rev. Mark Burachek, 70-78 Heller Parkway, Newark, NJ 07407
Tel: (973) 485-7008 • Cell: (973) 508-7651 • e-mail: paterasmarkos@hotmail.com
Rev. Protodeacon Sergei Shoomiloff, 1 Sanders Place, Butler, NJ 07405
Tel: (650) 483-1918 • e-mail: sergio.shoomiloff@gmail.com

Нью-Брансвикъ, Н.Дж. Покровская церковь. Прот. Леонидъ Гоферманъ.
Holy Virgin Protection Church, 301 Handy St., New Brunswick, NJ 08901.
Postal address: 43 Cedar Grove Ln., Somerset, NJ 08873
Tel: (732) 271-8737 • Fax: (732) 247-4621 • website: www.pokrovchurch.com
V. Rev. Leonid Goferman, 43 Cedar Grove Ln., Somerset, NJ 08873
Tel: (732) 271-8737 • Cell: (908) 510-2714 • e-mail: rev.leonid@pokrovchurch.com

Пассейкъ, Н.Дж. Церковь свв. Космы и Даміана. Игуменъ Арсеній (Манько).
Sts. Cosmas & Damian Church, 42 Van Buren St., Passaic, NJ 07055   Tel: (973) 471-4485
V. Rev. Abbot Arseny (Manko), 180 Maplewood Ave., Clifton, NJ 07013
Tel.: (201) 873-5353 • e-mail: russian.nicholas.cathedral@gmail.com

Роки-Хиллъ, Н.Дж. Община преподобномуч. Елизаветы. Прот. Давидъ Страутъ, протодіаконъ Серафимъ Комлескій, діаконъ Стефанъ Баркеръ, діаконъ Стефанъ Бибасъ.
St. Elizabeth the New Martyr Church, 38 Princeton Ave., Rocky Hill, NJ 08553
(mail should be sent to address of Fr. David Straut)
Tel: (908) 203-1252 • Fax: (908) 203-8888 • website: www.saint-elizabeths.org
V. Rev. David Straut, 88 Eastern Ave., Somerville, NJ 08876
Tel: (908) 203-1252 • e-mail: FrDavidStraut@gmail.com
Rev. Protodeacon Seraphim Komleski, 62 Preston Rd., Colonia, NJ 07067   Tel: (732) 669-9588
Rev. Deacon Steven Barker, 908 Kathy Dr., Yardley, PA 19067   Tel: (908) 203-1252
Rev. Deacon Stephanos Bibas, 1913 Brandywine St., Philadelphia, PA 19130
Tel: (267) 519-0473 • E-mail: stephanos.bibas@gmail.com

Трентонъ, Н.Дж. Церковь Успенія Божіей Матери. Ваканція.
Church of the Assumption, 106 Jackson St., Trenton, NJ 08611

Фривудъ-Эйкерсъ (Ховеллъ) Н.Дж. Кубанско-казачья церковь св. великомуч. Георгія.
Митр. прот. Сергій Лукьяновъ.
St. George's Church, 57 E 3rd St., Howell, NJ 07731
V. Rev. Serge Lukianov, 4 Country Ln., Howell, NJ 07731
Cell: (732) 948-9939• Fax: (732) 961-1916 • e-mail batushkaoc@gmail.com

ШЕСТОЙ БЛАГОЧИННИЧЕСКІЙ ОКРУГЪ / PENNSYLVANIA DEANERY
Митр. прот. Іоаннъ Сорочка / V. Rev. John Sorochka - Dean
Беллъ-Вернонъ, Пенсиль. Храмъ свят. Василія Великаго. Діаконъ Іосифъ Романчакъ.

St. Basil the Great Orthodox Church, Tel: (724) 341-1607
1449 Ridge Rd., P.O. Box 661, Belle Vernon, PA 15012
 Rev. Deacon Joseph Romanchak, 2074 Aiken Miller Rd., Accident, MD 21250
 Tel: (240) 321-6142; (301) 746-9746 • joero81@gmail.com

Индіана, Пенсиль. Церковь Христа Спасителя. Митрофорный прот. Георгій Митчеллъ.
Christ the Saviour Orthodox Church,
6221 Tanoma Rd., P.O. Box 1101, Indiana, PA 15701 Tel: (724) 463-1535
 V. Rev. George Mitchell, 153 Sterling Hills Dr., Indiana, PA 15701
 Tel: (724) 465-2505• e-mail: kafra@comcast.net

Люисбургъ, Пенсиль. Община свят. Іоанна, Американскаго чудотворца. Митр. прот. Клавдій Винъярдъ, свящ. Георгій Шароновъ.
St. John the Wonderworker of America Mission, Services at: Lewisburg Club, Pine Room, 131 Market St., Lewisburg, PA 17837. Mailing address: P.O. Box 591, Lewisburg, PA 17837
 Tel: (570) 215-5885 • holyprotectionparish@gmail.com • holyprotectionchurch.net
 V. Rev. Claude Vineyard, 490 Kipps Run Rd., Danville, PA 17821
 Tel: (570) 284-4050, (570) 764-5221 • e-mail: frjack8989@pdt.net
 Rev. George Sharonoff, 125 Covey Lane, Drums, PA 18222
 Tel: (570) 751-9063 • e-mail: g-runnin@hotmail.com

Макиспортъ, Пенсиль. Успенскій храмъ. Прот. Димитрій Ермаковъ.
Dormition Church, 330 Shaw Ave., McKeesport, PA 15132
 www.holyvirgindormitionmckeesportpa.com
 V. Rev. Dimitri Ermakov, 452 Lisa Dr., W. Mifflin, PA 15122
 Tel: (412) 672-3444, (412) 469-8879 • e-mail: ddermakov@aol.com

Мэйфилдъ, Пенсиль. Соборъ св. Іоанна Крестителя. Митр. прот. Іоаннъ Сорочка, протодіак. Григорій Петрочко, протодіак. Стефанъ Гованецъ, діак. Наѳанаилъ Сорочка и діак. Михаилъ Павукъ.
St. John the Baptist Church, 700 Hill St., Mayfield, PA 18433 www.stjohnsroc.com
 V. Rev. John Sorochka, 706 Hill St., Mayfield, PA 18433
 Rectory Tel: (570) 876-0730 • Fax: (570) 876-2534 • e-mail: otch@icontech.com
 Rev. Protodeacon Gregory Petrochko, 141 Annetta St., Vestal, NY 13750
 Tel: (607) 729-7659 • e-mail: dcngregory@yahoo.com
 Rev. Protodeacon Stephen Howanetz, 604 E. Lackawanna St., Olyphant, PA 18447
 Tel: (574) 489-3797 • e-mail: showan@verizon.net
 Rev. Deacon Nathaniel Sorochka, 900 Hill St., Mayfield, PA 18433
 Tel: (570) 876-1876; (570) 466-5399 • e-mail: otch@verizon.net
 Rev. Deacon Michael Pavuk, 21 Electric St., Peckville, PA 18452
 Tel: (570) 487-4287; (570) 487-4287 • e-mail: pavuk@verizon.net

Олдъ-Форджъ, Пенсиль. Церковь св. первомуч. Стефана. Игуменъ Германъ (Чуба).
St. Stephen's Church, West Oak St., Old Forge, PA. 18518. Tel: (570) 457-5954
 Mailing address: P.O. Box 181, Old Forge, PA 18518
 V. Rev. Abbot German (Ciuba), 536 Hickory St., Old Forge, PA 18518
 Tel: (570) 457-2953 • e-mail: gciuba@email.com

Симпсонъ, Пенсиль. Церковь свят. Василія Великаго. Митроф. прот. Давидъ Грицко, діаконъ Михаилъ Венгринъ.
St. Basil's Church, V. Rev. David Hritcko, 33 Midland St., Simpson, PA 18407
 Tel: (570) 282-2314
 Rev. Deacon Michael Wengrin, 326 Spruce St., Apt. 701 Scranton, PA 18503
 Tel: (570) 687-1473 • e-mail: 1penncrest@gmail.com

Филадельфія, Пенсиль. Церковь иконы Божіей Матери «Всѣхъ скорбящихъ Радости». Свящ. Валерій Сухолобовъ.
Church of Our Lady "The Joy of All in Sorrow",
560 N. 20th St., Philadelphia, PA 19130   website: www.churchofourlady.net
Rev. Valery Sukholobov, 630 N 22nd St., Philadelphia, PA 19130
Tel: (215) 718-4794 • e-mail: valsukholobov@verizon.net

Шугаръ-Нотчъ, Пенсиль. Община Христа Спасителя. Митр. прот. Клавдій Виньярдъ, свящ. Георгій Шароновъ.
Christ the Saviour Church, 558 Main St., Sugar Notch, PA 18706   Tel: (717) 822-3358
V. Rev. Claude Vineyard, 490 Kipps Run Rd., Danville, PA 17821
Tel: (570) 284-4050, (570) 764-5221 • E-mail: frjack8989@pdt.net
Rev. George Sharonoff, 125 Covey Lane, Drums, PA 18222
Tel: (570) 751-9063 • e-mail: g-runnin@hotmail.com

СЕДЬМОЙ БЛАГОЧИННИЧЕСКІЙ ОКРУГЪ / CAPITOL REGION DEANERY
Митрофор. прот. Викторъ Потаповъ — благочинный / V. Rev. Victor Potapov - Dean.

Балтиморъ, Мэрил. Преображенская церковь. Прот. Іоаннъ Барбусъ.
Holy Transfiguration Church,   www.holy-transfiguration.org
2201 E. Baltimore St., Baltimore MD 21231   Tel: (202) 386-2561
V. Rev. Ion Barbus, 2201 E. Baltimore St., Baltimore, MD 21231-2002
Tel: (202) 386-2561 • ivanbarbus@yahoo.com

Белтсвиллъ, Мэрил. Община святыхъ Апостоловъ. Прот. Георгій Джонсонъ, свящ. Христофоръ Джонсонъ, діак. Христофоръ Каппъ. Прот. Владимиръ Данилевичъ — приписной.
Holy Apostles Church, 10760 Baltimore Ave., Beltsville, MD 20705
Tel: (301) 931-3400 • www.holyapostlesorthodoxchurch.org
V. Rev. George Johnson, 13209 Belleview St., Silver Spring, MD 20904
Tel: (301) 572-5738 • e-mail:apostlebird@aol.com
V. Rev. Vladimir Danylevich, 10920 Bangor Pl., Kensington, MD 20895   Tel: (301)946-0740
Rev. Christopher Johnson, 11758 S. Laurel Dr., Apt. 3D, Laurel, MD 20708-2950
Tel: (443) 472-0512 • zeroqwest@gmail.com
Rev. Deacon Christopher Capp, 6510 Jodie St., New Carrollton, MD 20784
Tel: (919) 452-7197 • sibaweh@gmail.com

Бристовъ, Вирджинія. Храмъ свв. Младенцевъ и св. равноап. Нины. Прот. Нектарій Тревино.
Holy Innocents & St. Nina Church, 9535 Linton Hall Rd., Bristow, VA 20136
Tel: (703) 629-0514 • opriest@gmail.com • www.redpriest.net
V. Rev. Nectarios Trevino, 4641 Bee Court, Warrenton, VA 20187
Phone & e-mail address same as church.

Бристолъ, Вирджинія. Община свят. Тихона, исповѣдника. Прот. Матѳей Уильямсъ.
St. Tikhon the New-Martyr Mission. 1800 Euclid Ave., Bristol, VA 24201
V. Rev. Matthew Williams, 17633 Federal Rd., Hiltons, VA 24258
Tel: (276) 299-0212 • mgwilliams@gmail.com

Вашингтонъ, О.К. Свято-Іоанно-Предтеченскій соборъ. Митрофорный прот. Викторъ Потаповъ, прот. Александръ Вебстеръ, прот. Іоаннъ Джонсонъ, прот. Давидъ Праттъ, свящ. Александръ Рѣзниковъ, свящ. Викторъ Клименко, свящ. Даміанъ Дантиннъ, протодіаконъ Леонидъ Михайличенко, протодіак. Патрикій Митчеллъ, діак. Іоаннъ Динъ, діак. Григорій Трубецкой.
St. John the Baptist Cathedral, 4001 — 17th St. NW (Corner of Shepherd St.),
Washington, DC 20011   Tel: (202) 726-3000 • Fax: (202) 723-5981 • www.stjohndc.org

V. Rev. Victor Potapov, 7424 Piney Branch Rd., Takoma Park, MD. 20912
Tel: (202) 726-4989 • Home Tel: (301) 565-0848 • Fax: (301) 565-0937
Cell: (202)288-0392 • vpotapov@comcast.net
Fr. Alexander Webster, 20931 Glenburn Terrace, Ashburn, VA 20147
Tel: 703-297-7744 • chaplain.webster@gmail.com
V. Rev. David Pratt, 113 Healy Hall, Box 571250, Washington, DC 20057-1250
Tel: (301) 515-0919 • davidpratt@hotmail.com
Rev. Alexander Resnikoff, 612 Hawkesbury Terr., Silver Spring, MD 20904
Tel: (301) 388-0801, (301) 325-4771 • resnikoffs@gmail.com
Rev. Victor Klimenko, 1912 Pice Pl., Falls Church, VA 22043
Tel: (703) 893-5784 • victor_klimenko@yahoo.com
Rev. Damian Dantinne, 1761 Aberdeen Cir., Crofton, MD 21114
Tel: (301) 931-3400 • damian.dantinne@comcast.net
Rev. Protodeacon Leonid Mickle, 7102 Arlington Blvd., Falls Church, VA 22042
Tel: (703) 573-4075 • l82mickle@cox.net
Rev. Protodeacon Patrick Mitchell, 448 Argyll Dr., Alexandria, VA 22305
Tel: (703) 549-7254 • cell: (202) 203-9185 • mitchellmailbox@aol.com
Rev. Deacon John Dean, 19025 Raines Dr., Derwood, MD 20855
Tel: (301) 963-3083 • johnedean@comcast.net
Rev. Deacon Gregory Trubetskoy, 414 Old Courthouse Rd. NE, Vienna, VA 22180
(703) 255-3877 • trubetskoy@gmail.com

Вашингтонъ, О.К. Иверская кладбищенская часовня. Обслуживается духовенствомъ Св. Іоанно-Предтеченскаго собора.
Iveron Mother of God Cemetery Chapel at St. Paul's Rock Creek Cemetery
201 Allison St., NW, Washington, DC 20011

Вейнъ, Западная Вирджинія. Церковь Христа Спасителя. Свящ. Іона Кампбеллъ, протодіак. Іеремія Дэвисъ, діак. Андрей Темплъ.
Church of Christ the Saviour, 6378 US Route 152, Wayne, WV 25570
Tel: (304) 523-9700 • www.christthesavior.net
Rev. Jonah Campbell, 1373 Left Fork of Millers Fork, Wayne, WV 25570
Tel: (304) 849-3928 • Cell: (828) 279-8862 • frjonah@gmail.com
Rev. Protodeacon Jeremiah Davis, 2379 Left Fork of Millers Fork, Wayne, WV 25570
Tel: (304) 849-2736, (304) 563-7872 • jeremiahdavis@gmail.com
Rev. Deacon Andrew Temple, 221 Riverview Dr., Barboursville, WV 25504
Tel: (412) 401-2644 • ktemplepe@aol.com

Вейнъ, Западная Вирджинія. Монастырь Воздвиженія честнаго Креста. Архимандритъ Серафимъ (Вопелъ) — настоятель; Игуменъ Андрей (О'Лири), Іеромонахи: Нектарій (Мерри), Гавріилъ (Хутенъ), Паисій (Лэйблинъ) и Макарій (Ругемеръ); архидіаконъ Сергій (Вилсонъ), іеродіаконъ Василій (Блевинсъ).
Holy Cross Monastery. Archimandrite Seraphim (Voepel) - Abbot (frseraphim@holycross-hermitage.com). Abbot Andrew (O'Leary), Hieromonks: Nektarios (Merry), Gabriel (Hooten), Paisios (Laiblin) and Macarius (Ruegemer), Archdeacon Sergius (Wilson), Hierodeacon Basil (Blevins). www.holycross-hermitage.com
Holy Cross Monastery, 505 Holy Cross Rd., Wayne, WV 25570-9755
Tel: (304) 849-2072• Fax: (304) 849-2016 • fr.seraphim@juno.com
Orders for Incense: Tel: (304) 849-4726 • Fax: (304) 849-4727
Hieromonk Gabriel (Hooten), RR2, Box 2350, Wayne, WV 24670 • Tel: (304) 849-2736

Вейнъ, Западная Вирджинія. Женская обитель Рождества Пресвятыя Богородицы.
Convent of Nativity of the Virgin Mary,
P.O. Box 698, Wayne, WV 25570-0698   Tel: (304) 849-4697

Вирджинія Бичъ, Вирджинія. Церковь преп. Іосифа Оптинскаго. Свящ. Сергій Косовъ. Прот. Серафимъ Стивенсъ — приписной.
    St. Joseph of Optina Church, 3311 Galberry Rd., Chesapeake, VA 23323
                                                    Tel: (757) 479-1926 • www.stjosephofoptina.org
    Rev. Sergei Kosov, 2312 Wood Beach Landing, Virginia Beach, VA 23455
                                                    Tel: (718) 207-0231 • kosovfamily@gmail.com
    V. Rev. Seraphim Stevens, 5600 Albright Dr., Virginia Beach, VA 23464
                                                    Tel: (757) 479-1714 • fr.seraphim@cox.net

Кенсингтонъ, Мэрилендъ. Храмъ св. первомуч. Ѳеклы. Прот. Іоаннъ Джонсонъ, діаконъ Петръ Гарднеръ.
    St. Thecla Church, 10335 Kensington Parkway, Kensington, MD 20895
                                  Tel: (240) 776-2959 • www.st-thecla.org • frjohn@st-thecla.org
    V. Rev. John Johnson, 10711 Eastwood Ave., Silver Spring, MD 20901
                                 Tel: (301) 681-3444 • Cell: (240) 997-7276 • frjohn@casajohnson.net
    Rev. Deacon Peter Gardner, 5926 Bryn Mawr Rd., College Park, MD 20740
                                         Tel: (703) 508-5175 • peter.n.gardner@gmail.com

Натуралъ Бриджъ Стейшонъ, Вирджинія. Часовня Пресвятой Богородицы "Неупиваемая Чаша". Свящ. Христофоръ Лепутре.   Tel: (540) 676-7484 • orthodoxpsychotherapy@gmail.com
    Chapel of the Mother of God "Inexhaustible Cup"
    2562 Forest Oaks Rd., Natural Bridge Station, VA 24579
    Rev. Christophe Lepoutre, 1950 Forest Oaks Rd., Natural Bridge Station, VA 24579
                                  Tel: (540) 676-7484 • orthodoxpsychotherapy@gmail.com

Ричмондъ, Вирджинія. Миссіонерская община свят. Григорія Паламы. Прот. Павелъ Каламарасъ.
    Mission of St. Gregory Palamas, 404 Beecham Drive, Richmond, VA 23227
    V. Rev. Paul Kalamaras, 404 Beecham Drive, Richmond, VA 23227
                                                        Tel: (804) 272-6736 • orth62@verizon.net

Стаффордъ, Вирджинія. Храмъ преп. Германа Аляскинскаго. Митрополитъ Іона, діаконъ Александръ Леймонъ, Діаконъ Іосифъ Сирко.
    St. Herman of Alaska Church, 60 Clifton Chapel Lane, Stafford, VA 22555.
    Mailing address: P.O. Box 1295, Stafford, VA 22555-1295
    Rector: Metropolitan Jonah (Paffhausen) 916 Beverley Drive, Alexandria, VA 22302
                                                      Tel: 214-991-0876 • Metjonah@gmail.com
    Rev. Alexander Laymon, 9034 Gold Date Rd., Locust Grove, VA 22508
                                                      Tel: (540) 212-1655 • laymonwm@yahoo.com
    Deacon Joseph Sirko
    Retired: Fr. Alexander Webster, 20931 Glenburn Terrace, Ashburn, VA 20147
                                                      Tel: 703-297-7644 • chaplain.webster@gmail.com

Харрисонбургъ, Вирджинія. Церковь свв. Женъ-Мѵроносицъ. Свящ. Гавриилъ Веллеръ, свящ. Ричардъ Ридъ, діаконъ Ѳома Опіокъ.
    Holy Myrrhbearers Mission, 2870 D S. Main St., Harrisonburg, VA 22801
                                                      Tel: (540) 908-2094 • www.valleyorthodox.org
    Rev. Gabriel Weller, 161 Brook Court, McGaheysville, VA 24441
                                Tel: (540) 887-8280• Cell: (506) 490-7177 • fr.gabriel@rocketmail.com
    Rev. Richard Reed, 202 Martin Lane, Massanutten, VA 22840
                                                  Tel: (352) 586-5996 • rickocr2005@yahoo.com
    Rev. Deacon Thomas Opyoke, 3 Chesnut Ct., Palmyra, VA 22963
                      Tel: (410) 908-0373 • FrDcnThomas@gmail.com • william.opyoke@gmail.com

ВОСЬМОЙ БЛАГОЧИННИЧЕСКІЙ ОКРУГЪ
CAROLINAS & TENNESSEE DEANERY
Прот. Маркъ Манкюсо - благочинный / V. Rev. Mark Mancuso - Dean

Вейнсвилль, Сѣв. Каролина. Свято-Германовская миссіонерская община. Прот. Стефанъ Вэбъ. (No permanent address.0
  Tel: (828) 681-8080 • fr.steven.rocor@gmail.com • www.sthermannoc.com
  V. Rev. Steven Webb, 5 Park Ridge Dr., Asheville, NC 28732   Tel: (727) 348-8237

Колумбія, Юж. Каролина. Церковь св. новомученицы Елизаветы. Прот. Маркъ Манкюсо, протодіак. Колумба Вильсонъ.
  St. Elizabeth the New-Martyr Church, 1615 Shull St, West Columbia, SC 29169
  Mailing address: P.O. Box 5379, West Columbia, SC 29171-5379
  Tel: (803) 600-0001 • www.stelizabeth.net
  V. Rev. Mark Mancuso, 165 Bridleridge Rd., Lexington, SC 29073-7323
  Tel: (803) 600-0001 • (803) 917-3036 • e-mail: frmark@stelizabeth.net
  Rev. Protodeacon Columba Wilson, 258 Old Gate Rd., Lexington, SC 29073
  Tel: (803) 892-0010• Cell: (803) 477-4449 • frcolumba@stelizabeth.net

Колумбусъ, Сѣв. Каролина. Часовня св. праведной Анны.
  Chapel of Righteous Anna at Chapel Hills Winery
  2662 Green Creek Dr., Columbus, NC 28722
  Andrey Medvedev • www.russianchapelhill.com
  Tel: (828) 817-7260 • 4medvedev@gmail.com

Леноръ-Сити, Теннесси. Церковь свят. Нектарія Пентапольскаго. Прот. Іовъ Ваттсъ, діаконъ Айданій Грисвольдъ.
  St. Nektarios of Pentapolis Mission, 11525 Highway 321 N, Lenoir City, TN 37771
  V. Rev. Job Watts, 258 Meadow Rd., Friendsville, TN 37737
  Tel: (423) 902-1484 • presbyterjob@gmail.com
  Rev. Deacon Aidan Griswold, 7192 Crestfield Circle, Hixson, TN 37343
  Tel: (423) 843-0291, (423) 243-7690 • chasm636@msn.com

Соммервилль, Юж. Каролина. Община свв. Кирилла и Меѳодія. Прот. Анастасій Ятрелисъ, свящ. Даніилъ Грегуаръ.
  Sts. Cyril and Methodius Church, 122 S Main St., P.O. Box 932, Summerville, SC 29484-0932
  Tel: (843) 871-1160
  V. Rev. Anastasy Yatrelis, 123 W. Richardson Ave., Summerville, SC 29483
  Tel: (843) 873-3718 • fr_anastasy@bellsouth.net
  Rev. Daniel Gregoire, 119 Scrapbook Ln., Summerville, SC 29483
  Tel: (571) 294-8225 • daniel.l.gregoire@gmail.com

Флетчеръ, Сѣверная Каролина. Церковь Свят. Николая чуд. Свящ. Стефанъ Вэбъ. На покоѣ — прот. Онуфрій Киѳъ.
  St. Nicholas Church, 5 Park Ridge Dr., Fletcher, NC 28732
  Tel: (828) 681-2810 • website: www.saintnicholasroc.org
  Rev. Steven Webb, 5 Park Ridge Dr., Asheville, NC 28732   Tel: (727) 348-8237
  V. Rev. Onouphry Keith, 512 Mill Pond Rd., Winstom-Salem, NC 27106
  Tel: (828) 231-0212 • onouphar@gmail.com

Мебанъ, Сѣверная Каролина. Свято-Троицкій храмъ. Іеромонахъ Никонъ (Кашковаловъ).
  Holy Trinity Church,
  6803 US Highway 70, Mebane, NC 27302   Tel: (919) 388-3467
  Rev. Hieromonk Nikon (Kashkovalov), 407 Roma Rd.,Haw River, NC 27258

Нашвилль, Теннесси. Община свят. Иннокентія Московскаго.
St. Innocent of Moscow Mission. (Services are temporarily held at Holy Trinity Greek Orthodox Church.)
4905 Franklin Pike, Nashville, TN 37220　　　　　　　　　　Tel: (615) 867-7522
st.innocentmission@yahoo.com • stinnocentsnashville.org

Пидженъ-Форджъ, Теннесси. Община св. пророка Иліи. Прот. Маркъ Тайсонъ.
Holy Prophet Elijah Mission, 2541 McGill St., Pigeon Forge, TN 37863
V. Rev. Mark Tyson, 1800 Euclid Ave., Bristol, VA 24201
Tel: (304) 888-4576 • www.orthodoxpigeonforge.org • fathermark677@yahoo.com

Уинстонъ-Сейлемъ, Сѣв. Каролина. Свято-Николаевская миссіонерская община. Прот. Онуфрій Киѳъ.
St. Nicholas Mission, 106 Woodbury Rd., King, NC 27021　　　Tel: (336) 985-5279
V. Rev. Onouphry Keith, 512 Mill Pond Dr., Winston-Salem, NC 27106
Tel: (828) 231-0212 • onouphar@gmail.com

Шарлоттъ, Сѣв. Каролина. Храмъ ик. Божіей Матери «Державныя». Прот. Александръ Логуновъ, діаконъ Іоаннъ Макаровъ. Приписной — прот. Александръ Степаненко.
Church of the "Reigning" Icon of the Mother of God,
5310 Statesville Rd., Charlotte, NC 28269
V. Rev. Alexander Logunov, 614 Foxwood Dr., SE, Concord, NC 28025
Tel: (251) 406-1814 • alogunov@msn.com
V. Rev. Alexander Stepanenko, 9205 Otter Freck Dr., Apt. H, Charlotte, NC 28277
Tel: (704) 906-0006 • oleksandr.stepanenko@yahoo.com
Deacon Ivan Makarow, 33664 Ivy Rd., Albermarle, NC 28601 • jmakarow57@gmail.com

ДЕВЯТЫЙ БЛАГОЧИННИЧЕСКІЙ ОКРУГЪ
GEORGIA, ALABAMA & MISSISSIPPI DEANERY
Митр. прот. Іоаннъ Таунсендъ - благочинный / V. Rev. John Townsend - Dean

Каммингъ (Атланта), Джорджія. Община Всѣхъ скорбящихъ Радости. Свящ. Евгеній Антоновъ, діаконъ Антоній Кузнецовъ.
Our Lady, the Joy of All Who Sorrow Mission,
6728 Campground Rd., Cumming, GA 30040　　　　　　　www.orthodoxinfo.biz
Rev. Eugene Antonov, 6728 Campground Rd., Cumming, GA 30040
Tel: (678) 576-6176 • parish@orthodoxinfo.biz
Rev. Deacon Anton Kouznetsov, 8415 Waldrip Rd., Gainesville, GA 30506
Tel: (404) 857-7169 • designcover2006@yahoo.com

Ресака, Джорджія. Монастырь Преславнаго Вознесенія. Архимандритъ Максимъ (Веймаръ) - игуменъ, свящ. Іосифъ Гальяно - духовникъ, діаконъ Михаилъ Уэллсъ, діаконъ Іустиніанъ Бурнеттъ. Приписной — діак. Тимоѳей Нейлоръ.
Monastery of the Glorious Ascension, V. Rev. Maximos (Weimar), Abbot
PO Box 397, Resaca, GA 30735
Tel:(770) 401-4600• e-mail: frmaximos@gmail.com • www.monastery.org
Rev. Joseph Gagliano–Chaplain, 268 Stoney Trail, Maylene, AL 35114
Tel: (205) 767-5604 • joseph.gagliano2010@gmail.com
Rev. Deacon Timothy Naylor, 2945 Cobb Pkwy, Kennesaw, GA 30152
Tel: (678) 779-4070 • naylor77@gmail.com
Rev. Deacon Michael Wells, 5052 Highway 41 N, Resaca, GA 30735
Tel: (770) 315-0266
Rev. Deacon Justinian Burnett, 3385 Lindsey Loop Rd., Bessemer, AL 35022
Tel: (205) 230-2855 • justinian.burnett@gmail.com

Розвелъ (Атланта), Джорджія. Церковь преп. Маріи Египетской. Настоятель — Митр. прот. Іоаннъ Таунсендъ, іером. Александръ (Лисничукъ), свящ. Даніилъ Иліевъ, свящ. Михаилъ Бѣляковъ, діак. Іуда Раунтри, діак. Исаакъ Аталла. Приписной: Митр. прот. Димитрій Оселинскій.

St. Mary of Egypt Church, 1765 Woodstock Rd., Roswell, GA 30075
Tel: (770) 640-1780 • www.stmaryofegypt.org
V. Rev. John Townsend, 1225 Berkeley Rd., Avondale Estates, GA 30002
Tel: (404) 909-3541 • proprstjohn@gmail.com
V. Rev. Dimitri Oselinsky (attached) (no contact info)
Rev. Hieromonk Alexander (Lisnichuk), 223 Edinburgh Ln., Woodstock, GA 30188
Tel: (404) 664-8041 • sashalisnichuk@yahoo.com
Rev. Daniel Iliev, 3180 Westfield Walk NE, Roswell, GA 30075
Tel: (406) 671-5431 • iliev.daniel.iliev@gmail.com
Rev. Mikhail Beliakov, 10470 Windsor Park Drive, Alpharetta, GA 30022
Rev. Protodeacon John Hanson, 912 Rabun Dr. NW, Lilburn, GA 30047
Tel: (779) 931-8785
Rev. Deacon Jude Rountree, 4184 Greenwood Trace, Roswell, GA 30075
Tel: (404) 217-5682 • samrountree@gmail.com
Rev. Deacon Isaac Atalla, 8110 Royal Drive, Chattanooga, TN 37421
Tel: (423) 316-5397 • isaacatalla16@gmail.com

Бессемеръ, Алабама. Часовня преп. Іоанна Кассіана. Архим. Максимъ (Веймаръ) — настоятель. (Ministered by the clergy of Glorious Ascension Monastery in Resaca, GA)

St. John Cassian Chapel, 3385 Lindsey Loop Rd., Bessemer, AL 35020
V. Rev. Archimandrite Maximos (Weimar)– Rector   fr.maximos@gmail.com
Rev. Deacon Justinian Burnett, 3385 Lindsey Loop Road, Bessemer, AL 35022
Tel: 205-230-2855 • justinian.burnett@gmail.coRectorm

Монтгомери, Алабама. Миссіонерская община свят. Мартина Турскаго. Свящ. Илія Краудеръ.

St. Martin of Tours Mission
Rev. Elias Crowder, 1101 Taylor Oaks Circle, Apt. 301, Montgomery, AL 36116
Tel: (334) 220-0789 • frelias@orthodoxalabama.org

Хантсвиллъ, Алабама. Часовня им. св. блаж. Ксеніи Петербургской. Свящ. Михаилъ Дунстанъ.   Tel: (256) 797-4755

Chapel of St. Xenia the Blessed, 3000 Governors Dr., SW, Huntsville, AL 358018
Rev. Michael Dunstan, 103 Oktibbeha Dr., Starkville, MS 39759
Tel: (662) 615-5380 • saxon1@bellsouth.net

ДЕСЯТЫЙ БЛАГОЧИННИЧЕСКІЙ ОКРУГЪ / FLORIDA DEANERY
Временно и.о. благочиннаго митр. прот. Викторъ Потаповъ /
Mitred Archpriest Victor Potapov - Acting Dean

Данія-Бичъ (Майями) Флорида. Соборъ св. блаж. Матроны Московской. Временно и.о. настоятель — митр. прот. Викторъ Потаповъ архим. Стефанъ (Хильчукъ), архим. Силуанъ (Лембей), прот. Сергій Прискару.

St. Matrona of Moscow Cathedral, V. Rev. Victor Potapov, acting rector.
113 S. Federal Hwy, Dania Beach, FL 33004
Tel: (305) 965-6307 • e-mail: SaintMatrona@gmail.com • www.stmatrona.com
V. Rev. Archimandrite Stefan (Hilchuk), 113 S. Federal Hwy, Dania Beach, FL 33004
V. Rev. Archimandrite Siluan (Lembei), 113 S. Federal Hwy, Dania Beach, FL 33004
V. Rev. Serge Prisacaru, 113 S. Federal Hwy, Dania Beach, FL 33004

Дейтона-Бичъ, Флорида. Община св. ап. Андрея Первозваннаго. Прот. Андрей Пастухъ, діак. Василій Бабаевъ.
　　St. Andrew Orthodox Mission, 91 Pilgrim Dr., Daytona Beach, FL 32114
　　V. Rev. Andrei Pastukh, 16 Flemingwood Lane., Palm Coast, FL 32137-9288
　　　　　　　　　　　　　　　　　　　　　　　　　　　　　　　Tel: (727) 858-9794
　　Rev. Deacon Vasil Balbay, 4660 Nicole Ave., Cocoa, FL 32927
　　　　　　　　　　　　　　　　　　　Tel: (321) 639-0250　•　vbalbay@gmail.com

Кій-Вестъ, Флорида. Община св. равноап. Нины. Прот. Даніилъ Маккензи.
　　St. Nina the Equal-to-the Apostles Mission, 3850 N. Roosevelt Blvd., Key West, FL 33040
　　　　　　　　　　　　　　　　　　　　　　　　　　　　　www.orthodoxkeywest.com
　　V. Rev. Daniel McKenzie, 101 N.W. 46th Ave., Miami, FL 33126.
　　　　　　　　　　　　　　　　　　　Tel: (305) 448-7087　•　frdanmck@yahoo.com

Клирвотеръ-Санктъ-Петербургъ. Община св. великомуч. Екатерины. Прот. Стефанъ Заремба.
　　St. Catherine Mission, www.stcatherinestpete.org
　　V. Rev. Stephen Zaremba, 8122 15th Way N., St. Petersburg, FL 33702
　　　　　　　　　　　　　　　　　　　Tel: (727) 239-9186　•　frstevofl@gmail.com

Коконатъ-Крикъ, Флор. Община свят. Луки Крымскаго исповѣдника. Свящ. Димитрій Ромео.　　　　　　　　　　　　　　　　　　　　　　Tel: (954) 600-1834
　　St. Luke the Blessed Surgeon Mission, 2370 Hammock Blvd., Coconut Creek, FL 33063
　　Rev. Demetrio D. Romeo, 160 NW 37th Way, Deerfield Beach, FL 33342
　　　　　　　　　　　　　　　　　　　Tel: (954) 600-1834　•　frdemetrioromeo@gmail.com

Майами, Флорида. Свято-Владимірская церковь. Прот. Даніилъ Маккензи, свящ. Михаилъ Михайленко.　　　　　　　　　　　　　　　　　www.saintvladimirmiami.com
　　St. Vladimir Church, 101 N.W. 46th Ave., Miami, FL 33126
　　V. Rev. Daniel McKenzie,　　　　　　　Tel: (305) 448-7087　•　frdanmck@yahoo.com
　　Rev. Mykailo Mykhailenko, 95 NW 46th Ave., Miami, FL 33126
　　　　　　　　　　　　　　　　　　　Tel: (786) 354-8081　•　mikhailenko.mikhail@gmail.com

Нортъ Фортъ-Майерсъ, Флорида. Св.-Николаевскій женскій монастырь. Временно и.о. игумена — игуменъ Евтихій (Довганъ) — архимандритъ Стефанъ (Хильчукъ).
　　St. Nicholas Monastery, Abbot Eutychius (Dovgan) Acting Abbot.
　　1340 Piney Rd., North Fort Myers, FL 33903　　　　　　　　　Tel: (239) 997-2847
　　V. Rev. Archimandrite Stefan (Hilchuk), 1340 Piney Rd., North Fort Myers, FL 33903

Палмъ-Костъ, Флорида. Община Св. Николая чуд. Свящ. Владиміръ Кайдановъ, діаконъ Іоаннъ Кернъ, діаконъ Левъ Опи.
　　St. Nicholas Mission, 703 E. Lambert St., Bunnell, FL 32110　　　Tel: (517) 499-8642
　　Rev. Vladimir Kaydanov, 28 Riddle Dr., Unit A, Palm Coast, FL 32164
　　　　　　　　　　　　　　　　　Tel: (929) 238-2981　•　e-mail: kaydanovart@gmail.com
　　Rev. Deacon Leo Opie, 9243 Inverrary Ct., Jacksonville, FL 32256
　　　　　　　　　　　　　　　　　　　Tel: (904) 307-5232　•　e-mail: fr.lev@live.com
　　Rev. Deacon John Kern, 1400 S. Nova Rd., Apt. 256, Daytona Beach, FL 32114
　　　　　　　　　　　　　　　　　　　Tel: (407) 257-1916　•　e-mail: jkern1964@live.com

Уэстъ-Пальмъ-Бичъ. Св. Пантелеимоновская миссіонерская община. Прот. Николай Баргутъ.
St. Panteleimon Mission.
V. Rev. Nicholas Bargoot, 7533 Ironbridge Cir., Delray Beach, FL 33446
　　　　　　　　　　　　　　　　　　Tel.: (561) 504-5030　•　e-mail: bargoot@rcn.com

ИСПАНОЯЗЫЧНОЕ МИССІОНЕРСКОЕ БЛАГОЧИНІЕ
SPANISH MISSIONS DEANERY
Прот. Петръ Джексонъ — благочинный / V. Rev. Peter Jackson - Dean

Киссимми, Флорида. Община Св. Софіи. Архимандритъ Стефанъ (Хильчукъ). діаконъ Андрей Пералта. Приписной: свящ. Михаилъ Кришелла
1603 N. Thacker Ave., Youth Education Building, Kissimmee, FL 34741
Tel: (407) 301-2380 • e-mail: hptheotokosm@aol.com
V. Rev. Archimandrite Stefan (Hilchuk) • e-mail: stefanhilchuk@mail.ru
Rev. Michael Criscella, 8825 Stillwaters Landing Dr., Riverview, FL 33578
Tel: (941) 218-1822 • criscella10@gmail.com
Rev. Deacon Andrew Peralta, 209 Wyoming Ct., St. Cloud, FL 34769
Tel: (321) 438-8291 • e-mail: frdandrew@aol.com

Майами, Флорида. Миссіонерская община свв. Апостоловъ (Mision Apostolica de Cristo). Прот. Петръ Джексонъ.
Apostolic Mission in Christ, under the protection of the Holy Apostles,
61 NE 23rd St., Miami, FL 33137   Tel: (305) 573-2590
V. Rev. Peter Jackson, 1501 NE Miami Gardens Dr., #141, Miami, FL 33179
Tel: (716) 817-3775 • e-mail: frpeterjackson@yahoo.com

Никарагуа, Испано-язычная Свято-Троицкая православная миссія. Іеромонахъ Маркъ (Калдеронъ).
Holy Trinity Orthodox Mission, Nicaragua.
Hieromonje Marcos (Calderon)   Tel: 846-88228 • e-mail: monje.marcos@yahoo.es

Пуэрто-Рико, Санъ-Германъ. Община преп. Іоанна Лѣствичника. Прот. Григорій Джустиніано, діак. Серафимъ Джустиніано.   Tel: (787) 371-4788
San Juan Climaco Mission, Carrepera #330 (1.3 km-INT), Sector Duey Alto, San German, PR 00683
Mailing address: PO Box 2621, San German, PR 00683
V. Rev. Gregorio Justiniano, PO Box 2621, San German, PR 00683
Tel: (787) 892-8267 • e-mail: asriel555@yahoo.com
Rev. Deacon Seraphim Justiniano, PO Box 2621, San German, PR 00683

КАРИБСКАЯ МИССІЯ / CARIBBEAN MISSIONS
Прот. Даніилъ Маккензи — благочинный / V. Rev. Daniel McKenzie - Dean

Доминиканская Республика, Пунта Кана. Община преп. Серафима Саровскаго. Свящ. Рафаилъ Мартинезъ-Гонзалезъ.
Mision Ortodoxa Rusa de San Serafimo de Sarov, Calle Las Brisas 451, Bávaro, La Altagracia
Rev. Rafael Martinez-Gonzalez, Calle #1, Maz. #350, casa # 9,
Urbanizacion Batlle., Puerto Plata, Dominican Republic
Tel: (809) 261-3622• (829) 261- 3627 • e-mail: padre@fe.do

Доминиканская Республика, Пуэрто Плата. Община «Казанская» ик. Божіей Матери. Свящ. Рафаилъ Мартинезъ-Гонзалезъ.
Mision Ortodoxa Rusa Icon Nuestra Sra. Madre de Dios de Kazan
Calle #1, Edificio #1 • Sosúa, Puerto Plata
Rev. Rafael Martinez-Gonzalez, Calle #1, Maz. #350, casa # 9,
Urbanizacion Batlle., Puerto Plata, Dominican Republic
Tel: (809) 261-3622• (829) 261- 3627 • e-mail: padre@fe.do

Гаити, Еншъ. Община свят. Иринея Ліонскаго. Обслуживается духовенствомъ изъ Портъ-о-Принцъ. Свящ. Клавдій Пьеръ.   **Paroisse Saint Irenee de Lyons, Hinche, Haiti**

Гаити, Жакмель. Община свят. Августина Иппонiйскаго. Обслуживается духовенствомъ епархiи. Дiаконъ Германъ Абрахамъ.
   Paroisse St. Augustin, Jacmel, Haiti
   Rev. Claude Pierre   Tel: 509 3322-0357 • E-mail: 7tclaudy@yahoo.fr

Гаити, Капъ-Аицiан. Община свят. Николая чуд. Обслуживается духовенствомъ изъ Портъ-о-Принцъ.   **Paroisse Saint Nicolas,** Cap-Haitien, Haiti

Гаити, Ле-Кей. Община свят. Iоанна Шанхайскаго и Санъ-Францисскаго чуд. дiаконъ Германъ Абрахамъ.   **Paroisse Saint Jean de Shanghai et de San Francisco,** Les Cayes, Haiti
   Diacre Germain Abraham,   Tel: (509) 3805-4010 • E-mail: germainabraham@hotmail.com

Гаити, Леоганъ. Община свв. апп. Петра и Павла. Обслуживается духовенствомъ изъ Портъ-о-Принцъ.   **Paroisse Saints Pierre et Paul,** Leogane, Haiti

Гаити, Портъ-о-Принцъ. Церковь Рождества Пресвятой Богородицы. Свящ. Iоаннъ Дюмэ, свящ. Iулiй Дюмэ. Богослуженiя по-французски.   www.orthodoxhaiti.org
   Paroisse Notre Dame de la Nativite, Dumorney, Port-au-Prince, Haiti
   Pere Jean Chenier-Dumais, Boite postale 1555, Port-au-Prince, Haiti
                       Tel: (509) 554-0423 • (509) 402-4642 • e-mail: perejean08@yahoo.fr
   Pere Jules Dumé, Boite postale 1555, Port-au-Prince, Haiti
                                                  Tel: (509) 554-0423/ (509) 402-4642

Гаити, Фонтамара. Община преп. Моисея Мурина. Обслуживается духовенствомъ изъ Портъ-о-Принцъ. Свящ. Петръ Лагерръ.
   Paroisse Saint Moise le Noir, Fontamara, Haiti
   Pere Pierre Laguerre   Tel: (509) 3753-9935

Сентъ-Джордесъ, Гренада. Православная миссiя. Iеромонахъ Амвросiй (Ситало).
Orthodox Mission. Hieromonk Ambrose (Sitalo). alexey.sitalo@gmail.com

Коста-Рика, Санъ-Хозе. Община Владимiрской иконы Богородицы. Свящ. Георгiй Каплановъ. **Misión Ortodoxa Rusa en Costa Rica de Nuestra Señora Virgen de Vladimir,**
   Rev. George Kaplanov, Aprdo. 188-2200, Coronado, Costa Rica
         Tel: (506) 2229-3340 • e-mail: kaplanov.georgii@gmail.com • costaricaorthodox.org

ЧИКАГСКАЯ И СРЕДНЕ-АМЕРИКАНСКАЯ ЕПАРХIЯ
The Chicago and Mid-America Diocese

Архiепископъ Петръ, Чикагскiй и Средне-Американскiй.
   The Most Rev. Archbishop Peter, P.O. Box 1367, Des Plaines, IL 60017, U.S.A.
                      Tel: (847) 373-4002 • Fax: (847) 789-8885 • e-mail: dcma.rocor@gmail.com
      Адресъ епархiальной канцелярiи.
      Diocesan Office: Diocese of Chicago and Mid-America, P.O. Box 1367, Des Plaines, IL 60017-1367
                                    Tel: (847) 373-4002 • e-mail: dcma.rocor@gmail.com

Епархiальный Совѣтъ: Архiепископъ Петръ.
Члены Епархiальнаго Совѣта: Прот. Андрей Папковъ, прот. Василiй Кузьмичъ, прот. Григорiй Джойсъ (секретарь), дiаконъ Петръ Лонганъ (помощникъ секретаря), прот. Илiя Марзевъ, прот. Мартинъ Свансонъ, прот. Iоаннъ Вайтфордъ; отъ мiрянъ: Андрея Эдельманъ, Вѣра Игнатьева, Николай Родзянко, Меркурiй Мейеръ, Эмма Мичетъ (запасной членъ), Елена Преглъ (запасной членъ), Кэролъ Сургантъ.**Духовный судъ:** Предсѣдатель свящ. Христофоръ Алленъ, члены: прот. Викторъ Тротскiй, свящ. Сергiй Алексѣевъ (секретарь), свящ. Леонтiй Найдзiонсъ.

Казначей Епархіальнаго Управленія: упод. Андрей П. Уртьевъ.
Ревизіонная Коммисія: Діаконъ Прокопій Нааско, Георгій Вилльямсъ, Джонъ Оклей, Владиміръ Эдельманъ. **Епархіальная пастырская училище.** Деканъ: Прот. Григорій Джойсъ. Деканъ въ отставкѣ: Прот. Мартинъ Свансонъ.
Diocesan Pastoral School
Dean: V. Rev. Gregory Joyce   Tel: (734) 649-5746 • orthodoxtheologicalschool.org
Dean Emeritus: V. Rev. Martin Swanson

Военное духовенство. Свящ. Христофоръ Алленъ. Military Clergy
LCDR Christopher Allen, CHC, USNR
12130 Arbor Mesa, San Antonio, TX 78249 • Cell:(210)305-1854 • frchristopher37@hotmail.com

ПЕРВЫЙ БЛАГОЧИННИЧЕСКІЙ ОКРУГЪ / FIRST DEANERY
Прот. Андрей Папковъ — благочинный / V. Rev. Andre Papkov - Dean
Штаты Айова, Иллиной, Индіана, Небраска / Illinois, Indiana, Iowa, Nebraska

Витонъ, Илл. Храмъ Свят. Иннокентія Московскаго. Настоятель — Свящ. Іоаннъ Мишей, діак. Григорій Финланъ, прот. Іеремія Лохъ.
St. Innocent of Moscow Church, 1N07S Woods Ave., Carol Stream, IL 60188
Tel: (630) 784-1400 • www.saintinnocent.net
V. Rev. Tarasiy Maximtsev, 9064 Olcott Ave., St. John, IN 46373
Tel: (773) 850-8131 • e-mail: fr.tarasiy@yahoo.com
V. Rev. Jeremiah Loch, 446 Somonauk St., Sycamore, IL 60178
Tel: (815) 895-2919 • e-mail: frjeremiah@comcast.net
Rev. John Michet, 202 North Myrtle Ave., Elmhurst, IL 60126
Rev. Deacon Gregory Finlon, 443 Arbor Ave., West Chicago, IL 60185

Гошенъ, Индіана. Покровская церковь. И. о. настоятеля — Іеромонахъ Рафаилъ (Тадросъ). На покоѣ — свящ. Василій Мельникъ. www.orthodoxgoshen.org
Holy Virgin Protection Church, Box 61355, County Rd. 21, Goshen, IN 46528
Hieromonk Raphael (Tadros), 127 S. Dickson St., Michigan City, IN 46360
Tel: (219) 872-0210 • Cell: (219) 210-9592 • e-mail: pravoslavney@yahoo.com
Rev. Vasily Melnik (ret.), 3319 Kim St., St. Joseph, MI 49085.   Tel: (269) 429-0133

Мичиганъ Сити, Индіана. Церковь св. великомуч. Георгія Побѣдоносца. Іерей Іоаннъ Комисарчукъ.
St. George Orthodox Church, 303 Grace St., Michigan City, IN 46360.
Rev. Ioann Komisarchuk
127 S. Dickson St., Michigan City, IN 46360-5203 (church mailing address)
Tel: Cell: (269) 816-4625 • ivan.komissarchuk@gmail.com

Пеорія, Илл. Община Преображенія Господне. Обслуживаетъ прот Андрей Папковъ. Староста — діак. Веніаминъ Брайантъ.
Holy Transfiguration Mission, services held at 3701 N. Sheridan, Suite C Peoria, IL 61614.
www.orthodoxpeoria.org
Mailing address: P.O. Box 3005, Peoria, IL 61612-3005
Rev. Deacon Benjamin Bryant, 6811 North Grand Fir Dr., Edwards, IL 61528
Tel.: (281) 658-5157 • orthodoxpeoria.org

Рокъ Сити-Владиміровo, Илл. Свято-Владимірская церковная община (Епархіальное имѣніе). Прот. Лука Нелсонъ. На покоѣ — прот. Іоаннъ Щикалюкъ .
St. Vladimir Church, 4963 St. Seraphim St., Rock City, IL 61070.
V. Rev. John Sykaluk, 4859 Huxley Dr., Rockford, IL 61101   Tel: (815) 968-6351
Summer residence of bishop   Tel: (815) 449-9021

Рокъ Сити-Владиміровo, Илл. Лѣтній лагерь ОРПР. Подъ покровительствомъ епархіи.
ORPR Youth Camp, PO Box 256, Rock City, IL 61070.
Tel: (815) 449-2765 • website: www.orprcamp.org
ORPR Youth Camp (business office), co Mrs. Helen Pregl,
4991 Perkisville Rd., Maple Plain, MN 55359.
Tel: (763) 479-196 • e-mail: Helen15@comcast.net

Фортъ-Вейнъ, Индіана. Св.-Троицкая церковь. Свящ. Ѳома Спрунгеръ.
Holy Trinity Church, PO Box 25643, Fort Wayne, IN 46825. www.orthodoxfw.com
Rev. Thomas Sprunger
Cell: (260) 466-5994 • thomas.sprunger@orthodoxtheologicalschool.org

Чикаго, Илл. Покровскій каѳедральный соборъ. Настоятель — Архіепископъ Петръ; Прот. Андрей Папковъ, прот. Тарасій Максимцевъ, прот. Василій Вовковскій, свящ. Леонтій Найдзіонсъ, протодіак. Александръ Кичаковъ, діаконъ Николай Лохматовъ, заштатный діаконъ Александръ Тихоновъ.
Holy Virgin Protection Cathedral, 1800 Lee St., Des Plaines, IL 60018
Mailing address: P.O. Box 1367, Des Plaines, IL 60017
Tel: (847) 824-0971 • www.holyvirginprotection.org • Tel: (847) 824-6531
The Most Rev. Archbishop Peter, P.O. Box 1367, Des Plaines, IL 60017
Tel. (847) 373-4002 • Fax: (847) 789-8885 • e-mail: dcma.rocor@gmail.com
V. Rev. Andre Papkov, 1110 Prospect Ln., Des Plaines, IL 60018
Tel: (847) 299-2585 • Cell: (847) 257-2579 • e-mail: musicschool@msn.com
V. Rev. Valeri Vovkovsky, 1800 Lee St., Des Plaines, IL 60018
Tel: (847) 297-4523 • e-mail: father.valeri@gmail.com
V. Rev. Tarasiy Maximtsev, 9064 Olcott Ave., St. John, IN 46373
Tel: (773) 850-8131 • e-mail: fr.tarasiy@yahoo.com
Rev. Leonardo Naidzions, 2622 W. Cortez St., Apt. 3, Chicago, IL 60622
Tel: (847) 971-2469 • e-mail: lnaidzions@gmail.com
Protodeacon Alexander Kichakov, 2400 N. Crescent Ln., Aurora, IL 60504
Tel: (630) 340-3403• Cell: (630) 857-8979 • e-mail: alexkichakov@yahoo.com
Deacon Nikolai Lochmatow, 2133 W. Haven St., Mt. Prospect, IL 60056,
cell: (978) 500-0267 • email: lochmatow@gmail.com
Deacon Alexander Tihonow (attached)
При соборѣ: **Русская школа им. свят. Іоны Ханкоускаго.** Директоръ—прот. Андрей Папковъ.
Tel: (847) 299-2585

ВТОРОЙ БЛАГОЧИННИЧЕСКІЙ ОКРУГЪ / SECOND DEANERY
Прот. Василій Кузьмичъ — благочинный / V. Rev. Vasyl Kuzmych - Dean
Штаты Висконсинъ, Миннесота, Сѣверная Дакота, Южная Дакота
Wisconsin, Minnesota, North Dakota, South Dakota

Апелтонъ, Висконсинъ. Миссіонерская община Рождества Пресвятыя Богородицы. Обслуживается духовенствомъ епархіи. Староста — упод. Аѳанасій Креснеръ.
Nativity of the Mother of God Orthodox Mission,
525 N. Bateman St., Appleton, WI 54911 • Tel: (920) 738-9548 • e-mail: nmgom@earthlink.net
Mission warden–Subdeacon Afanassy Kressner
Tel: (920) 738-9548 • e-mail: nmgom@earthlink.net

Блю Риверъ, Висконсинъ. Церковь св. Іоанна Крестителя. Прот. Ѳома Кулпъ, свящ. Димитрій Кулпъ.
Nativity of St. John the Baptist Church,
V. Rev. Thomas Kulp, 18426 Chezik Rd., Blue River, WI 53518.
Tel: (608) 537-2978 • e-mail: frthomas1@yahoo.com • www.stjohnsblueriver.org

Rev. Dimitri Kulp, 18972 Lake Rd., Blue River, WI 53518.
Tel: (608) 537-2814, Cell: (907) 654-7207 • e-mail:frdimitrikulp@gmail.com

Ваузау-Вестонъ, Висконсинъ. Община ик. Божіей Матери Знаменія «Курско-Коренной».
Обслуживается духовенствомъ епархіи.   orthodoxwisconsin.org
Kursk Icon of the Mother of God Mission, 626 E. 21 St., Edgar WI 54426

Мадисонъ, Висконсинъ. Община ик. Божіей Матери «Умиленія». Прот. Василій Кузьмичъ.
Our Lady of "Tenderness" Mission,
Services held at: Dormition Greek Church, 11 N. 7th St., Madison, WI 53704
V. Rev. Vasyl Kuzmych, 11002 W. Church St., Franklin, WI 53219
Tel: (414) 383-1477 • Cell: (248) 764-0237 • fr.vasyl.k@gmail.com

Мильвоки, Виск. Св.-Троицкая церковь. Прот. Василій Кузьмичъ, іерод. Гораздъ (Камоловъ).
Holy Trinity Church, 8635 W. Warnimont Ave., Milwaukee, WI 53228
V. Rev. Vasyl Kuzmych, 11002 W. Church St., Franklin, WI 53219
Tel: (414) 383-1477 • Cell: (248) 764-0237 • fr.vasyl.k@gmail.com
Rev. Hierodeacon Gorazd (Kamolov), 1006 Cascade Cir., Hartford, WI 53027
Cell: (262) 365-8930 • frdimitri@mac.com

Миннеаполисъ-Сэйнтъ Паулъ, Минн. Церковь св. великом. Пантелеимона. Обслуживается духовенствомъ епархіи. Протодіаконъ Василій Гилиландъ.
St. Panteleimon Church, 2210 S.E. Franklin Ave., Minneapolis, MN 55414
Tel: (612) 379-7335 • Website: www.stpanteleimon.org
Protodeacon Basil Gilliland, 975 Lincoln Ave., St. Paul, MN 55105
Tel: (651) 224-8391 • e-mail: fr.basil@comcast.net

Миннеаполисъ-Фридли, Минн. Церковь и скитъ Воскресенія Христова; часовня преп. Серафима Саровскаго и старцевъ Оптинскихъ. Настоятель — Архіепископъ Петръ, намѣстникъ — Архимандритъ Іоаннъ (Маграммъ), протодіаконъ Іоаннъ Кавинъ, бр. Іаковъ — казначей.
Resurrection of Christ R. O. Ch. and Skete, V. Rev. Archimandrite John (Magramm),
1201 Hathaway Ln., NE, (2 blocks East of Moore Lake), Fridley-Minneapolis, MN 55432-5720
Tel: (763) 574-1001 • Fax: (763) 57 4-7560 • rusmnch@msn.com • resurrectionskete.org

Chapel of St. Seraphim of Sarov and Holy Elders of Optina
991 Hathaway Ln. NE, Fridley-Minneapolis, MN 55432-5720   Tel: (763) 574-1001

Фарго, Сѣверная Дакота. Община и храмъ Всѣхъ Святыхъ. Прот. Василій Кузьмичъ.
All Saints Orthodox Church and Mission, 2415 Broadway North, Fargo, ND 58102
V. Rev. Vasyl Kuzmych, 11002 W. Church St., Franklin, WI 53219
Tel: (414) 383-147 • Cell: (248) 764-0237 • fr.vasyl.k@gmail.com • all-saints-fargo.org
Anatoly Kovalev (contact person), 621 9th St. S., Fargo, ND 58103   Tel: (701) 729-7778

ТРЕТІЙ БЛАГОЧИННИЧЕСКІЙ ОКРУГЪ / THIRD DEANERY
Прот. Григорій Джойсъ — благочинный / V. Rev. Gregory Joyce - Dean
Штатъ Мичиганъ / Michigan

Аннъ-Арборъ-Декстеръ, Мич. Церковь Св. равноапостоль. Владиміра. Прот. Григорій Джойсъ, свящ. Моисей МакъФирсонъ, діак. Петръ Лонганъ, діак. Дмитрій Кашченко. діак. Владиміръ Пироженко, діак. Захарій Мартинчекъ.
St. Vladimir Orthodox Church, 9900 Jackson Rd., Dexter, MI 48130
Tel: (734) 475-4590 • einfo@stvladimiraami.org • stvladimiraami.org
V. Rev. Gregory Joyce, P.O.Box 658, Saline, MI 48176
Tel: (734) 649-5746 • Fax: (734) 429-9025 • ogrisha@stvladimiraami.org

Rev. Moses McPherson 98 East Forest Ave., Ypsilanti, MI 48198
Tel: (301) 591-0416 • priestmoses@gmail.com
Deacon Vladimir Pyrozhenko, 5860 New Medow Dr., Ypsilanti, MI 48197
Cell: (315) 744-6639 • vpirozhenko@yahoo.com
Deacon Peter Longan, 9900 Jackson Rd., Dexter, MI 48130
Tel: (734) 475-4590 • peterlongan@gmail.com
Deacon Zacharius Martinchek (attached) 9900 Jackson Rd., Dexter, MI 48130
Tel: (734) 475-4590
Deacon Dmitri Kashchenko, 1201 Marlborough Dr., Ann Arbor, MI 48104
Tel: (734) 834-4785 • dkashchenko@gmail.com
Rev. Joseph Towne (attached), 9900 Jackson Rd., Dexter, MI 48130   Tel: (734) 475-4590

Детройтъ, Мич. Успенскій соборъ. Прот. Викторъ Троцкій, свящ. Даніилъ Щиракъ, діак. Іоаннъ Фелонюкъ.

Assumption-Dormition Cathedral, 2101 Livernois St., Ferndale, MI 48220.
V. Rev. Victor Trotskyy, 4839 Mayflower Ct., Bloomfield Hills, MI 48302
Tel: (248) 478-0270 • vtrotskyy@yahoo.com
Rev. Daniel Shirak, 5946 Cooper St. Taylor, MI 48180
Cell: (313) 918-7152 • dshir313@aol.com
Deacon Ioann Feloniuk, 45786 Sheffield Dr., Novi, MI 48374
Tel: (734) 395-2434 • vyfeloniuk@yahoo.com

Детройтъ-Даунъ-Риверъ, Мич. Община Всѣхъ Святыхъ. Обслуживается прот. Григоріемъ Джойсъ, староста упод. Михаилъ Бояръ.

All Saints Orthodox Mission, 30111 Marr Street, Gibraltar, MI 48173 (warden's address)
allsaintsorthodoxchurch.org. • allsaintsdownriver@gmail.com
V. Rev. Gregory Joyce, P.O.Box 658, Saline, MI 48176
Tel: (734) 649-5746 • Fax: (734) 429-9025 • ogrisha@stvladimiraami.org
Warden: Subdeacon Michael Boyer • cell: (734) 934-6337

Лансингъ, Мич. Община преп. Серафима Саровскаго. И. о. настоятеля — прот. Григорій Джойсъ, приписанъ: прот. Павелъ Уотерсъ, староста — Михаилъ Каннонсъ.

St. Seraphim of Sarov Mission, 2627 N. East St., Lansing, MI 48906
Mailing address: P.O. Box 81, Okemos, MI 48805   http://stseraphimmichigan.org
V. Rev. Gregory Joyce, P.O. Box 658, Saline, MI 48176 (See above for contact informaton.)
V. Rev. Paul Waters, 740 West Barry Rd., Jackson, MI 49201
Tel.: (517) 569-3116 • Cell: (217) 556-3728
Warden–Subdeacon Michael Cannons–Tel: (517) 554-0123

Лейкъ Одесса, Мич. Церковь преп. Германа Аляскинскаго. Прот. Михаилъ Карни.
St. Herman of Alaska Church, 216 Maple St., Lake Odessa, MI 48849
Mailing address:
126 Reese St., Lake Odessa, MI 48849
V. Rev. Michael Carney   Tel: (616) 374-8596 • villagepriest@gmail.com • stherman.net

Хотонъ-Атлантикъ Майнъ, Мич. Церковь преп. Сергія и Германа Валаамскихъ. Настоятель — Архіепископъ Петръ. діак. Прокопій Нааско, монхъ Алексѣй (Диксонъ).

Sts. Sergius and Herman of Valaam Church, 17745 Erickson Dr., Atlantic Mine, MI 49905
ss-sergius-herman-valaam.org
Rev. Joseph Towne, 9900 Jackson Rd., Dexter, MI 48130   Tel: (734) 475-4590
Rev. Deacon Procopius Naasko, 42259 Old Rink Rd., Toivola, MI 49765
Tel.: (906) 288-3193 • Cell: (906) 231-9954 • benjamin.maasko@gmail.com
Monk Alexei (Dixon)   Tel: (906) 487-7013 • e-mail: monkalexei@icloud.com

ЧЕТВЕРТЫЙ БЛАГОЧИННИЧЕСКІЙ ОКРУГЪ / FOURTH DEANERY
Прот. Илія Марзевъ — благочинный / V. Rev. Ilia Marzev - Dean
Штатъ Охайо / Ohio

Кливлендъ-Парма, Охайо. Св.-Сергіевскій соборъ. Настоятель — Прот. Илія Марзевъ, прот. Петръ Зеленой, свящ. Николай Правицкій, свящ. Сергій Чеботаръ, протодіак. Сергій Чеботаръ, діак. Матѳей Каминсій.
St. Sergius Cathedral, 6520 Broadview Rd., Parma, OH 44134.
Tel: (216) 447-1015 • Fax: (216) 524-3633 • www.saintsergius.org
V. Rev. Ilia Marzev, 6517 Waxberry Dr., Brunswick, OH 44212
Tel: (330) 225-5615 • Cell: (440) 382-9763 • dean@saintsergius.org
V. Rev. Peter Selenoi, 2030 Hathaway Dr., Brunswick, OH 44212.
Tel: (330) 225-5615
Rev. Nickolay Pravitsky, 1703 Staunto Rd. Parma, OH 44134
Tel: (216) 526-0781 • pravitsky@yahoo.com
Rev. Sergey Chebotar, 6290 Greenwood Parkway #203, Sagamore Hills, OH 44067
regent.pochaev@mail.ru
Deacon Matthew Kaminsky, 6520 Broadview Rd., Parma, OH 44134.
Tel: (216) 447-1015 • E-mail: kaminsky29@yahoo.com

Колумбусъ, Охайо. Община свят. Іоанна Шанхайскаго. И. о. настоятеля — прот. Илія Марзевъ. Староста — Борисъ Лившицъ.
St. John of Shanghai Mission (services held at St. Gregory of Nyssa Ch.)
2219 Summit St., Columbus, OH 43201
V. Rev. Ilia Marzev, 6517 Waxberry Dr., Brunswick, OH 44212
Tel: (330) 225-5615 • Cell: (440) 382-9763 • dean@saintsergius.org
Warden - Boris Livchits (church mailing address) 621 Riverby Ln., Delaware, OH 43015
Tel: (740) 513-2700 • boris43017@yahoo.com

Урбана, Охайо. Церковь Казанской иконы Божіей Матери. Прот. Іаковъ Роръ.
Kazan Icon Mother of God Church,
V. Rev. James Rohrer, 218 W. Market St., Urbana, OH 43078
Tel: (937) 653-5179 • drjamesrohrer@yahoo.com

Хайрамъ, Охайо. Скитъ ап. и еванг. Іоанна Богослова (подворье Кресто-Воздвиженскаго монастыря въ Вейнъ, Западной Вирджиніи). Намѣстникъ — Іером. Нектарій (Мерри).
Skete of St. John the Theologian, - dependency of the Holy Cross Monastery in Wayne, WV
Rev. Hieromonk Nektarios (Merry),
5862 Allyn Road, Hiram, OH 44234 www.stjohnskete.com
Tel: (330) 274-2052 • Cell: (330) 569-8753 • frnektarios@stjohnskete

Цинциннати-Ловландъ, Охайо. Церковь св. великом. Георгія. Свящ. Даниілъ Маршалъ, Діак. Александръ Петровскій. Приписанъ — свящ. Павелъ Акмолинъ.
St. George the Great-Martyr Russian Orthodox Church,
118 N. Lebanon Rd., Loveland, OH 45140
Tel: (513) 791 6540 • www.stgeorgeroc.org
Rev. Daniel Marshall, 1066 Rainbow Trail, Milford, OH 45150
Tel: (513) 248-2293 • cell: (574) 312-0384 • frdanielm@yahoo.com
V. Rev. George Lardas
Tel: cell: (203) 209-9374 • frglardas@gmail.com
Rev. Paul Akmolin, 7902 Heally Dr., Maineville, OH 45039
Tel: (513) 748-2871 • pakmolin@yahoo.com
Protodeacon Alexander Petrovsky, 2335 Gibbs Rd., Goshen, OH 45122
Tel: (216) 571-4084 • pyc988@gmail.com

ПЯТЫЙ БЛАГОЧИННИЧЕСКІЙ ОКРУГЪ / FIFTH DEANERY
Прот. Мартинъ Свансонъ — благочинный / V. Rev. Martin Swanson - Dean
Штаты Аркенсасъ, Кансасъ, Мизури, Оклахома, Иллиной (югъ) /
Arkansas, Kansas, Missouri, Oklahoma, Illinois (south)

Де Квинъ, Аркансасъ. **Храмъ Всѣхъ святыхъ Америки.** Прот. Георгій Бруксъ, діак. Давидъ Кардеръ. Заштатный діаконъ Николай Олсенъ.
    All Saints of America Orthodox Church, V. Rev. George Brooks,
       193 Brooks Rd., De Queen, AR 71832
               Tel: (870) 642-3973 • allsaintsofamerica.com • frgeorgebrooks@gmail.com
    Deacon Nicholas Olsen (attached)
    Rev. Deacon David Carder, 1809 McCain Blvd., North Little Rock, AR 72116
                       Tel: (501) 590-9564 • Carder501@gmail.com

Кансасъ Сити, Кансасъ. **Храмъ свв. Петра и Февроніи.** Свящ. Захарія Роузъ.
    Church of Sts. Peter and Fevronia
    10024 W. 49th St., Merriam, KS 66203
           Tel: (913) 383-8000 • stspeterandfevronia.org • stspeterandfevronia@gmail.com
    Rev. Zachary Rose, 13830 W. 207th St., Bucyrus, KS 66013.
                         Tel: (678) 549-9150 • zrrose@bellsouth.net

Колумбія, Мизури. Община преп. Марія Египетскія. Обслуживаетъ прот. Мартинъ Свансонъ.
    St. Mary of Egypt Mission, V. Rev. Martin Swanson   Tel: (314) 835-1569
    Warden - Gennady Baraptarlo, 2709 Bayonne Ct., Columbia, MO 65203 *(church mailing address)*
                                 Tel: (573) 882-9454 • gene.cerceau@gmail.com

Мадди, Илл. **Храмъ свят. Іоасафа Бѣлгородскаго.** Обслуживаетъ преп. Мартинъ Свансонъ.
    St. Ioasaph of Belgorod Russian Church, Muddy, IL 62965
    V. Rev. Martin Swanson, 127 E Clinton (Unit 2A), Kirkwood, MO 63122
                                       Tel: (314) 835-1569 • rmswanson@primary.net
    Church warden: Madeline Pisani, 5424 Columbia, St. Louis, M O 63139   Tel: (314) 647-5061

Стылвоутръ, Оклахома. Община св. Равноап. Нины. Свящ. Матѳей Флойдъ. Староста Ѳома Мылетъ.
    St. Nino Equal-to-the-Apostles Orthodox Mission
    Located at the intersection of West Lakeview Rd. and Cottonwood Rd., Stillwater, OK 74075
    Mailing address: 1819 W 5th Ave., Stillwater, OK 74074
    Rev. Matthew Floyd   StillwaterOrthodox@gmail.com • StillwaterOrthodox.org
    Warden: Toma Millet

Оклахома Сити, Оклахома. Церковь преп. Венедикта Нурсійскаго. Прот. Антоній Нэльсонъ, діак. Ааронъ Тейлеръ.
    St. Benedict Orthodox Church, 3900 Jones Bl., Oklahoma City, OK 73135
        Tel: (405) 672-1441 • Church hall: (405) 601-2310 • stbenedict.orthodox.org
    Deacon Aaron Taylor, 605 W. Eubanks St., Oklahoma City, OK 73118
                                   Tel: (405) 314-9101 • fr.aaron@orthodox.org

Сэйнтъ Луисъ, Мизури. Церковь свят. Василія Великаго. Прот. Мартинъ Свансонъ, свящ. Сергій Алексѣевъ, діак. Ефремъ Галловей. Приписной: прот. Радоміръ Чукатовичъ - на покоѣ.
    St. Basil the Great Orthodox Church, 205 Highland Ave., Des Peres, MO 63122
                               Tel: (314) 605-1905 • website: stbasilthegreat.org
    V. Rev. Martin Swanson, 127 E Clinton (Unit 2A), Kirkwood, MO 63122
                    Tel: (314) 835-1569 • Cell: (314) 402-8664 • rmswanson@primary.net
    Rev. Sergii Alekseev, 1624 Country Hill Lane, Ballwin, MO 63021
                                   Tel: (724) 557-2088 • senechka71@gmail.ru

V. Rev. Radomir Chkautovich - Retired (attached)   Tel: (618) 281-8051
Deacon Ephraim Galloway, 7941 Royal Arms Ct., St. Louis, MO 63123
                                        Tel: (314) 443-8614 • ephrempalma@gmail.com

Хаузъ Спрингсъ, Мизури. Церковь свят. Іоанна Златоуста. **Монастырь Святыхъ Архангеловъ.**
Настоятель — Архіепископъ Петръ. Прот. Христофоръ Стаде - на покоѣ.
   St. John Chrysostom Orthodox Church. Holy Archangels Monastery
   3774 Gravois Rd., House Springs, MO 63051 *Mailing address:* P.O.Box 11, House Springs, MO 63051
          Tel: (314) 341-3260 • archangelsmonastery2@gmail.com • russianorthodox-stl.org
   Archbishop Peter, Rector, PO Box 11, House Springs, MO 63051
                            Tel: (314) 341-3260 • archangelsmonastery2@gmail.com
   V. Rev. Christopher Stade (retired) 8234 Laurel Ln., Cedar Hill, MO 63016
                  Tel:(636) 274-1478 • Cell:(314) 520-244 1• Fax:(636) 376-3223
                                       frchristopher@chrysostompress.org

ШЕСТОЙ БЛАГОЧИННИЧЕСКІЙ ОКРУГЪ / SIXTH DEANERY
Прот. Іоаннъ Вайтфордъ — благочинный / V. Rev. John Whiteford - Dean
Штаты Луизіана, Техасъ / Louisiana, Texas

Батонъ Ружъ-Ст. Франсисвилъ, Луизіана. Община имени ап. Іоанна Богослова. Прот. Іоаннъ
Вайтфордъ.   saintjohnmission.org
   St. John the Theologian Orthodox Mission, 4603 Old Hwy 61, St. Francisville, LA 70775
   V. Rev. John Whiteford, 4510 Fitzwater, Spring, TX 77373
                     Tel: (281) 353-5430 • cell: (281) 467-0264 • frjohnwhiteford@prodigy.net

**Брайанъ-Колледжъ Стэйшіонъ, Техасъ. Миссіонерская община ик. Божіей Матери
«Живоносный Источникъ».** Свящ. Кассіанъ Сыбли.
   Theotokos of the "Life-Giving Spring" Mission, 1009 Winter St., Bryan, TX 77803
   Rev. Cassian Sibley, 1009 Winter St., Bryan, TX 77803.
                Tel: (979) 422-9886 • frcassian@yahoo.com • theotokos-lifegiving-spring.org

Далласъ, Техасъ. Церковь Св. Николая. Свящ. Серафимъ Холландъ, свящ. Николай Паркъ.
   St. Nicholas Russian Orthodox Church, 708 S. Chestnut, McKinney, TX 75069
   Mailing address: PO Box 37 McKinney, TX 75070   www.orthodox.net
   Rev. Seraphim Holland, 2102 Summit, McKinney, TX 75071
                                  Tel: (972) 658-5433 • seraphim@orthodox.net
   Rev. Nicholas Park, 1405 Fairfield Dr., Plano TX 75074
                                    Tel: (972) 839-2479 • frnicholas@orthodox.net

Остонъ, Техасъ. Церковь Покрова Пресвятыя Богородицы. Іеромонахъ Айденъ (Келлеръ).
   Protection of the Holy Theotokos Church,
   1701 Peridot Rd., Pflugerville, TX 78660
                                                  www.orthodoxaustin.org
   Rev. Hieromonk Aidan (Keller), 1701 Peridot Rd., Pflugerville, TX 78660
                        Tel: (512) 696-6890 • hieromonachusaidanus@yahoo.com

Санъ Антоніо, Техасъ. Община свв. праведныхъ Іоакима и Анны. Свящ. Христофоръ
Алленъ, свящ. Даниілъ Франзенъ.   stsjoachimandannaorthodox.org
   Sts. Joachim and Anna Mission, 4930 Research Dr., San Antonio, TX 78249
   Rev. Christopher Allen,
   12130 Arbor Mesa, San Antonio, TX 78249 (mission mailing address)
                                Cell: (210) 305-1854 • frchristopher37@hotmail.com
   Rev. Daniel Franzen, Tel.: (210) 382-9180

Хьюстонъ, Техасъ. Свято-Владимірская церковь. Свящ. Любоміръ Купецъ, .
St. Vladimir's Orthodox Church, 24 E. Tidwell Rd., Houston, TX 77022
Tel: (713) 695-3223 • www.stprincevladimir.org
Rev. Lubomir Kupec, 13314 Holston Hills Dr., Houston, TX 77069
Tel: (281) 580-4374 • agapit_irineos@yahoo.com

Хьюстонъ-Спрингъ, Техасъ. Церковь свят. Іоны Ханькоускаго. , свящ. Бениньо Пардо, свящ. Давидъ Компаникъ, діаконъ Сергій Барановъ, діаконъ Давидъ Шепердъ, діаконъ Владиміръ Трушинъ.
St. Jonah Orthodox Church, 2910 Spring Cypress Rd., Spring, TX 77388
Mailing address: P.O. Box 1427, Spring, TX 77383 www.saintjonah.org
Rev. Benigno Pardo, P.O. Box 12785, Houston, TX 77217
Tel: (281) 484-4710 • padropriest@yahoo.com
Rev. David Companik, 117 W. Rainbow Ridge Cir, Spring, TX 77381
Tel: (832) 791-3644 • david@davidcompanick.com
Deacon Sergei Baranov, 2910 Spring Cypress Rd., Spring, TX 77388
arkansovich@yahoo.com
Deacon David Shepherd, 4475 Wilson Rd., Apt. 2303, Humble, TX 77396
Tel: (810) 853-2227 • shep4569@gmail.com
Deacon Vladimir Trussin, 2654 Tacoma Springs Dr., Conroe, TX 77304
Home: (936) 217-1517 • cell: (352) 871-5996 • trussinv@gmail.com

ЗАПАДНО-АМЕРИКАНСКАЯ ЕПАРХІЯ
The Western American Diocese

Архіепископъ Кириллъ, Санъ-Францисскій и Западно-Американскій.
The Most Rev. Archbishop Kyrill, 109 — 6th Avenue, San Francisco, CA 94118.
Tel: (415) 412-9640 • archbishopkyrill@pacbell.net

Епископъ Ѳеодосій, Сеаттлійскій, Викарій Западно-Американской Епархіи.
The Right Rev. Bishop Theodosius, 598 — 15th Ave., San Francisco, CA 94118.
Tel: (415) 412-4047 / Fax: (628) 256-2922 • e-mail: bishoptheodosy@sbcglobal.net
Епархіальное управленіе: Western American Diocese,
598 15th Ave., San Francisco, CA 94118 www.wadiocese.org
Tel: (415) 387-8757 • Fax: (628) 256-2922 • e-mail: sfdiocese@gmail.com

Епархіальный Совѣтъ: Предсѣдатель — Архіепископъ Кириллъ. Первый зам. предсѣдателя — Епископъ Ѳеодосій, Второй зам. предсѣдателя - Епископъ Ириней.
Члены Совѣта: отъ духовенства — митроф. прот. Стефанъ Павленко (второй замѣститель предсѣдателя), архим. Іаковъ (Корацца) (казначей), митроф. прот. Петръ Перекрестовъ (секретарь), прот. Сергій Котаръ; запасные члены: прот. Павелъ Волменскій; отъ мірянъ — Д.А. Бобровъ, В.В. Красовскій и Д. Свобода.
Ревизіонная Комиссія: Маріанна Соннъ - предсѣдатель, игуменъ Іаковъ (Корацца), чтецъ Тихонъ Томпсонъ.

ПЕРВЫЙ БЛАГОЧИННИЧЕСКІЙ ОКРУГЪ
SAN FRANCISCO BAY AREA DEANERY
Прот. Мартинъ Персонъ — благочинный / V. Rev. Martin Person - Dean

Бурлингеймъ, Калиф. Церковь Всѣхъ Святыхъ въ землѣ Россійской просіявшихъ. Митрофорный прот. Стефанъ Павленко. Приписанъ діаконъ Александръ Сарандинаки.
Church of All Russian Saints, 744 El Camino Real, Burlingame, CA 94010.
Tel: (650) 343-7935 • allrussiansaintsburlingame.org
V. Rev. Stefan Pavlenko, 1136 Palm Dr., Burlingame, CA 94010.
Tel: (650) 344-4355 • Fax: (650) 347-9620 • StefanVPavlenko@netscape.net
Rev. Deacon Alexandre Sarandinaki, 40 Bloomfield Rd., Burlingame, CA 94010
Tel: (650) 787-8655 • sarandinakiap@gmail.com

Гернивиллъ, Калиф. Церковь «Казанской» иконы Богоматери на Русской рѣчкѣ. (Приписана къ каѳедральному собору). Обслуживаетъ духовенство епархіи.
Kazan Icon of the Mother of God Church,
17370 Neely Rd., Guerneville (Vacation Beach), CA 95446
V. Rev. Alexander Krassovsky, 1559 Gretchen Ct., Rohnert Park, CA 94928
                                     Tel: (707) 585-8330 • fr.a.krassovsky@gmail.com

Калистога, Калиф. Церковь св. прав. Симеона Верхотурскаго. Настоятель - ваканція. Администраторъ: Архидіаконъ Петръ (Каракозовъ).
St. Simeon Verkhotursky Church, 1421 Cedar St., Calistoga, CA 94515
     Rev. Archdeacon Peter (Karakozoff), 2041 Lyon St., San Francisco, CA 94115
                                     Tel: (415) 503-7705 • pakarakozoff@gmail.com

Кастро Валлей, Калиф. Больница для престарѣлыхъ и домовая церковь св. прав. Іоанна Кронштадтскаго. Обслуживаетъ митрофорный прот. Стефанъ Павленко.
St. John of Kronstadt Nursing Home, 4432 James Ave., Castro Valley, CA 94546
                      Tel: (650) 430-9805 • Fax: (510) 889-7622 • stjohns510@aol.com
     V. Rev. Stefan Pavlenko, 1136 Palm Dr., Burlingame, CA 94010
                 Tel: (650) 344-4355 • Fax: (650) 347-9620 • StefanVPavlenko@netscape.net

Лэйтонвиллъ, Калиф. Лагерная земля Западно-Американскаго Отдѣла ОРЮР-НОРС. Храмъ въ честь святой Равноапостольной Княгини Ольги. Службы во время лагеря. Обслуживается духовникомъ прот. Александромъ Красовскимъ.
St. Olga Chapel, St. George Pathfinders Camp,
General Delivery, 8601 Branscomb Rd., Laytonville, CA 95454
                                        Tel: (707) 984-8967 • website: sgpsf.org

Монтерей, Калиф. Церковь преп. Серафима Саровскаго. Прот. Георгій Куртовъ, діак. Симеонъ Нунъ.
St. Seraphim of Sarov Church, Canyon Del Ray Blvd. and Francis Ave., Seaside, CA
Mailing address: P.O. Box 1003, Seaside, CA 93955
                                    Tel: (831) 394-1611 • www.noon.org•stseraphims
V. Rev. George Kurtow, 1127 Rockhaven Ct, Salinas, CA 93906
                                          Tel: (831) 444-5059 • jamkeg@aol.com
     Rev. Deacon Symeon Noon, 2231 Leo Pl., Aromas, CA 95004
                                        Tel: (831) 726-9127 • vatersymeon@gmail.com

Пало Алто, Калиф. Церковь Пресвятой Богородицы. Прот. Владиміръ Дерюгинъ, свящ. Іоанъ Команеску, свящ. Сергій Корнійчукъ, діак. Алексій Витвицкій.
Protection of the Holy Virgin Church, 3475 Ross Rd., Palo Alto, CA 94303
                                                           Tel: (650) 494-1099
     V. Rev. Vladimir Derugin, 3455 Ross Rd., Palo Alto, CA 94303
                                             Tel: (650) 494-1099 • ovgdnaderu@gmail.com
     Rev. John Comanescu, 2144 Raven Rd., Pleasonton, CA 94566
                                             Tel: (925) 398-8413 • scomanescu@comcast.net
     Rev. Sergiy Korniychuk, 1050 Crestview Dr., Apt. 28, Mountain View, CA 94040
                                             Tel: (650) 215-0062 • sergkorney@gmail.com
     Rev. Deacon Alexey Vitvitskyy, 484 Paiute Ln., San Jose, CA 95123
                                             Tel: (310) 699-5977 • stanlslav.vitvitskiy@gmail.com

Пласервиллъ, Калиф. Церковь Св. пророка Иліи. Прот. Іаковъ Стиллъ, свящ. Филиппъ Плауманъ.
St. Elias Orthodox Mission, 4253 Fowler Ln., Diamond Springs, CA 95619
                                               Tel: (530) 295-1341 • www.saintelias.info
     V. Rev. James Steele, 3099 Springer Rd., Placerville. CA 95667
                                                 Tel: (530) 363-8146 • frjsteele@gmail.com
     Rev. Phillip Plowman, 4725 Sky Ridge Rd., Diamond Springs, CA 95619
                                                 Tel: (530) 401-1865 • pbwplowman@gmail.com

Рино, Невада. Община свв. Царственныхъ мучениковъ. Настоятель: Прот. Андрей Кудрявцевъ. www.russianrenoorthodox.com
    Community of the Royal Martyrs, 1020 Pyramid Way, Sparks, NV 89431
    Tel: (775) 544-5863 • churchreno@gmail.com
    V. Rev. Andrii Kudriavtsev, 1020 Pyramid Way, Sparks, NV 89431
    Tel: (510) 513-2065 • churchreno@gmail.com
    Rev. Deacon Alexander Gousev, 2230 Almond Creek Rd., Reno, NV 89523
    Tel: (775) 747-1229 • Fax: (775) 322-1847 • deacongousev@hotmail.com

Сакраменто, Калиф. Церковь Вознесенія Христова. Прот. Павелъ Волменскій, діак. Николай Ленковъ, діак. Николай Штольцъ. www.holyascensionchurch.com
    Holy Ascension Church, 714 13th St., Sacramento, CA 95814   Tel: (916) 443-2271
    V. Rev. Paul Volmensky, 714 — 13th St., Sacramento, CA 95814
    Tel: (916) 730-2680 • Fax: (916) 443-5079 • frpaul81@gmail.com
    Rev. Deacon Nicholas Lenkoff, 1008 Hobson Ave., West Sacramento, CA 95605
    Tel: (916) 882-0316
    Rev. Deacon Nicholas Stoltz, 1408 Dobros Dr., West Sacramento, CA 95605
    Tel: (916) 531-7919 • stoltz.nick@gmail.com

Саннивейлъ, Калиф. Община преп. Германа Аляскинскаго. Прот. Мартинъ Персонъ, діаконъ Діонисій Миллиганъ, діаконъ Андрей Глига. Приписные — прот. Іоаннъ Оканья и протодіаконъ Георгій Балабанъ, діак. Георгій Калусекъ.
    St. Herman Mission, 161 N. Murphy Street, Sunnyvale, CA 94086
    Office Tel: (408) 805-6570 • www.sainthermanmission.org
    V. Rev. Martin Person, 161 N. Murphy St., Sunnyvale, CA 94086
    Tel: (408) 805-6570 • frmartinp@gmail.com
    Rev. Deacon Dionysi Milligan, 5126 Earle St. Fremont, CA 94536
    Tel: (650) 862-6711 • dfmslm@gmail.com
    Rev. Deacon Andrew Gliga, 916 Sakura Dr., San Jose, CA 95112
    Tel: (408) 250-0486 • agliga4@gmail.com
    V. Rev. John Ocaña, 510 Sunnymount Ave., Sunnyvale, CA 94087
    Home Tel: (408) 733-9475 • frjohnocana518@yahoo.com
    Rev. Protodeacon George Balaban, 4029 Acapulco Dr., Campbell, CA 95008
    Tel: (650) 279-2399 • georgebalaban@gmail.com
    Rev. Deacon George Kalousek, 1885 Oakdell Dr., Menlo Park, CA 94025
    Tel: (650) 561-5634 • geokalousek@sbcglobal.net

Санта Роза, Калиф. Церковь свв. апп. Петра и Павла. Прот. Александръ Красовскій, діаконъ Аѳанасій Фэргусонъ. www.stspproca.org
    St. Peter and Paul Church, 850 St. Olga Ct., Santa Rosa, CA 95407   Tel: (707) 584-4092
    Parish office telephone: (707) 588-0501 • Fax: (707) 588-0502
    V. Rev. Alexander Krassovsky, 1559 Gretchen Ct., Rohnert Park, CA 94928
    Tel: (707) 585-8330 • Fax: (707) 585-2765 • fr.a.krassovsky@gmail.com
    Rev. Deacon Athanasius Ferguson, 1012 Borrette Ln., Napa, CA 94558
    Tel: (707) 812-4125 • wendellferg.wf@gmail.com

Санъ-Франциско, Калиф. Каѳедральный соборъ Пресвятой Богородицы «Всѣхъ скорбящихъ Радости». Настоятель — Архіепископъ Кириллъ. Митрофорный прот. Петръ Перекрестовъ (ключарь), прот. Сергій Котаръ, свящ. Сергій Кирюхинъ, архидіаконъ Петръ (Каракозовъ), протодіаконъ Георгій Хребтовъ, Приписанъ: діаконъ Андрей Гаринъ, діаконъ Эдуардъ Андерсонъ.
    Holy Virgin Cathedral, 6210 Geary Blvd., San Francisco, CA 94121   Tel: (415) 221-3255
    www.sfsobor.com • info@sfsobor.com • sfsobor@gmail.com

V. Rev. Peter Perekrestov, 475 - 26th Ave. #2, San Francisco, CA 94121
Tel: (415) 387-5164 • ruspast@sbcglobal.net
V. Rev. Sergei Kotar, 451 - 27th Ave., San Francisco, CA 94121
Tel: (415) 751-4623 • frsergekotar@yahoo.com
Rev. Sergey Kiryukhin, 478 - 27th Ave., San Francisco, CA 94121
Tel: (415) 577-4257 • s_kiryukhin@yahoo.com
Rev. Archdeacon Peter (Karakozoff), 2041 Lyon St., San Francisco, CA 94115
Tel: (415) 503-7705 • pakarakozoff@gmail.com
Rev. Protodeacon George Chrebtow, 475 - 26th Ave., #1, San Francisco, CA 94121
Tel: (415) 933-0172 • fr.dcn.george@gmail.com
Rev. Deacon Andrei Garin, 884 - 31st Ave., San Francisco, CA 94121
Tel: (415) 425-9607 • deacon.andrei@gmail.com
Rev. Deacon Edward Anderson, 5617 Villagio Ln., Rapid City, SD 57702
Tel: (406) 671-1336 • andersonwbradley@gmail.com
При соборѣ: **Свято-Кирилло-Меѳодіевская церковная гимназія.**
Tel: (415) 752-5122 • www.gymnazia.org
Лицей свят. Іоанна Шанхайскаго и Санъ-Францисскаго.
St. John's Orthodox Academy.
Tel: (415) 221-3484 • Fax: (415) 386-4368 • www.stjohnacademysf.org
Книжный магазинъ собора.
Holy Virgin Cathedral Bookstore (415) 668-5218 • www.hvcbookstore.com

Санъ-Франциско, Калиф. Старый соборъ Пресв. Богородицы «Всѣхъ скорбящихъ Радости». Настоятель — Архіепископъ Кириллъ. Архимандритъ Іаковъ (Корацца).
Old Holy Virgin Cathedral, P.O. Box 15658
V. Rev. Archimandrite James (Corazza), 864 Fulton St., San Francisco, CA 94117
Tel: (415) 571-3539 • stariisobor@gmail.com

Санъ-Франциско, Калиф. Церковь Воскресенія Христова. Резиденція высокопреосвященнаго Кирилла, архіепископа Санъ-Францисскаго и Западно-Американскаго. Подворье Братства свят. Игнатія Брянчанинова.
The Most. Rev. Archbishop Kyrill, 109 — 6th Ave., San Francisco, CA 94118.
Tel: (415) 412-9440 • Fax: (415) 276-1935

Санъ-Франциско, Калиф. Церковь «Казанской» иконы Божіей Матери. Игуменъ Ювеналій (Херринъ).
Church of the Mother of God of Kazan 5725 California St., San Francisco, CA 94121
V. Rev. Abbot Juvenal (Herrin), 5725 California St., San Francisco, CA 94121.
Tel: (415) 752-2502 • FrJuvenal@gmail.com • www.kazanchurch.org

Санъ-Франциско, Калиф. Церковь преп. Сергія Радонежскаго. Прот. Владиміръ Морозовъ.
St. Sergius of Radonezh Church. 1346 — 12th Ave., San Francisco, CA 94122
Tel: (415) 664-8442

Санъ-Франциско, Калиф. Церковь Святителя Тихона Задонскаго. Настоятель —епископъ Ѳеодосій, іером. Анатолій (Кимбирскій), діаконъ Николай Жарковъ.
St. Tikhon of Zadonsk Church, The Rt. Rev. Bishop Theodosius,
598 — 15th Ave., San Francisco, CA 94118
Tel: (415) 412-4047 • bishoptheodosy@sbcglobal.net
Rev. Deacon Nikolai Sharkov, 17570 Orchard Ave., Guerneville, CA 95446
Tel: (415) 752-2355 • nikolai_sharkov@yahoo.com

Сонора, Калиф. Монастырь Св. Силуана. Игуменъ монастыря архим. Іаковъ (Корацца).
St. Silouan Monastery, 21285 Old Sonora Columbia Rd., Sonora, CA 95370-8807

ВТОРОЙ БЛАГОЧИННИЧЕСКІЙ ОКРУГЪ / NORTH DEANERY
Прот. Алексій Котаръ — благочинный / V. Rev. Alexei Kotar - Dean

Бойзи, Айдахо. Храмъ преп. Серафима Саровскаго. Прот. Давидъ Мозеръ, свящ. Матѳей Гарретъ.
St. Seraphim Orthodox Church, 872 N. 29th St., Boise ID 83702.
Tel:/Fax: (208) 345-1553 • www.stseraphimboise.org
V. Rev. David Moser, 2810 W. Moore St., Boise, ID 83702.
Tel: (208) 424-7878 • Fax: (208) 345-1553 • archprdavid@gmail.com
Rev. Matthew Garrett, 10100 W. King Arthur Dr., Boise, ID 83704.
Tel: (208) 859-9698 • matthew@holy-icons.com

Валла Валла, шт. Вашингтонъ. Церковь преп. Силуана Аѳонскаго. Свящ. Даніилъ Ризъ, діак. Іоаннъ Лайблинъ. Приписанъ свящ. Іоаннъ Калбомъ.
St. Silouan R. O. Church, 601 Newell St., Walla Walla, WA 99362   www.saintsilouan.org
Mailing address: P.O. Box 247, Walla Walla, WA 99362
Rev. Daniel Reese, 1546 Last Chance Rd., Walla Walla, WA 99362
Tel: (509) 386-3844 • fr.daniel@pocketinet.com
Rev. Deacon John Laiblin, 908 Frazier Dr., Walla Walla, WA 99362
Tel: (509) 386-7649 • claiblin@charter.net
Rev. John Calbom, 3702 E. Sky Harbor Dr., Coeur d'Alene, ID 83814
Tel: (208) 664-2951 • trinityretreat@aol.com

Вашонъ Айлендъ, шт. Вашингтонъ. Обитель Всемилостиваго Спаса. Игуменъ Трифонъ (Парсонсъ), іером. Павелъ (Килманъ).
All-Merciful Saviour Monastery, V. Rev. Abbot Tryphon (Parsons), Rev. Hieromonk Paul (Kilman). 26621 99th Ave. SW, Vashon Island, WA 98070   www.vashonmonks.com
Mailing Address: P.O. Box 2420, Vashon Island, WA 98070-2420.
Tel: (206) 463-5918 • Fax: (206) 463-3461 • frtryphon@vashonmonks.com

Денверъ, Кол. Церковь Всѣхъ Свв. въ землѣ Россійской просіявшихъ. Прот. Борисъ Хендерсонъ. Приписаны свящ. Михаилъ Преображенскій и свящ. Іоаннъ Веселакъ.
Church of All Russian Saints, 3274 E. Iliff Ave., Denver, CO 80210
Tel: (303) 757-3533 • www.rocadenver.org
V. Rev. Boris Henderson, 8006 South Marion Ct., Centennial, CO 80122
Tel: (303) 753-1401 • bhend60@gmail.com
Rev. Michael Preobrazhensky, 4524 S. Meadow Dr., Boulder, CO 80301
Tel: (303) 530-4161 • frmp@comcast.net
Rev. Jan Veselak, 1418 Roslyn St., Denver, CO 80220
Tel: (303) 718-6853 • janveselak@yahoo.com

Кенневикъ, шт. Вашингтонъ. Община свят. Іоанна Шанхайскаго и Санъ-Францисскаго. Свящ. Іессей Файло, свящ. Матѳей Харрингтонъ.   saintjohnorthodoxchurch.org
St. John the Wonderworker Orthodox Mission, 283 Reata Rd., Kennewick, WA 99338.
Rev. Jesse Philo, 111 Peachtree Ln., Richland, WA 99352
Tel: (509) 301-1691 • fatherjesse@gmail.com
Rev. Matthew Harrington, 1411 Putham St., Richland, WA 99354
Tel: (225) 772-7058 • fr.matthewharrington@gmail.com

Корваллисъ, Орегонъ. Община св. Мартина Турскаго. Прот. Іаковъ Багліенъ.
St. Martin the Merciful Church, 925 NW Camellia Dr., Corvallis, OR 97330
Mailing address: P.O. Box 157, Corvallis, OR 97339-0157
Tel: (541) 738-0600 • stmartinorthodoxchurch@gmail.com
V. Rev. James Baglien, 928 NW Camellia Dr., Corvallis, OR 97330
Tel: (541) 753-4812 • jbaglien@gmail.com

Мулайно, Орегонъ. Церковь свв. Новомучениковъ и Исповѣдниковъ Россійскихъ. Прот. Олегъ Шульгинъ, діаконъ Владиміръ Назаренко.
New Russian Martyrs Church, 13820 South Union Hall Rd., Mulino, OR 97042.
Tel: (503) 632-7040 • www.RussianChurch.ws
V. Rev. Aleh Shulhin, 13792 South Union Hall Rd., Mulino, OR 97042
Tel: (929) 434-6921 • aleh_shulhin@tut.by
Rev. Deacon Vladimir Nazarenko, 12112 SE 19th Ave., Milwaukie, OR 97042
Tel: (503) 659-0085 • nazrph@earthlink.net

Роугъ Риверъ, Орегонъ. Община св. Иннокентія Иркутскаго. Прот. Серафимъ Кардоза.
Church of St. Innocent of Irkutsk, *Mailing address:* P.O. Box 1141, Rogue River, OR 97537-1141
V. Rev. Seraphim Cardoza, P.O. Box 1141., Rogue River, OR 97537.
Tel: (541) 582-2128 • Fax: (541) 582-2144 • jcardoza1@earthlink.net

Сеаттль, шт. Вашингтонъ. Св.-Николаевскій каѳедральный соборъ. Настоятель — Епископъ Ѳеодосій. Замѣститель настоятеля — прот. Алексій Котаръ, свящ. Даніилъ Миллвудъ, свящ. Павелъ Волковъ, протод. Павелъ Билибинъ. www.saintnicholascathedral.org
St. Nicholas Cathedral, 1714 — 13th Ave., Seattle, WA 98122
V. Rev. Alexei Kotar, 1712 — 13th Ave., Seattle, WA 98122
Tel: (206) 321-9432 • Fax: (630) 214-8426 • fralex@comcast.net
Rev. Daniil Millwood, 9001, 17th Ave. NE, Seattle, WA 98116
Tel: (425) 697-0243 • frdaniil@hotmail.com
Rev. Paul Volkoff, 3405 79th Ave. NW, Gig Harbor, WA 98335
Tel: (253) 509-3374 • pvolkoff@gmail.com
Rev. Protod. Paul Bilibin, 1716 — 216th St. SW, Lynnwood, WA 98036
Tel: (425) 308-5339 • otpavel@comcast.net

Солтъ-Лейкъ Сити, шт. Юта. Приходъ св. великомуч. Георгія Побѣдоносца. Прот. Михаилъ ванъ Општаллъ. www.stgeorgeslc.org
St. George Russian Orthodox Church, 6790 S 1300 W, West Jordan, UT 84084-4105
V. Rev. Michael van Opstall, 5556 Hollow Springs Dr., Murray, UT 84123
Tel: (801) 259-8481 • m.van.opstall@gmail.com

Силвердейлъ, шт. Вашингтонъ. Приходъ свят. Иннокентія Аляскинскаго. Настоятель — свящ. Стефанъ Кларкъ, діаконъ Арсеній Блэйнъ.
St. Innocent of Alaska Orthodox Church, 3382B NW Carlton St., Silverdale, WA 98383
Tel: (360) 377-6376 • clergy@stinnocentsilverdale.org • www.stinnocentsilverdale.org
Rev. Steven Clark, 3504 Marion Court C5, Bremerton WA 98312
Tel: (360) 377-6376 • ancienttraditionalfish@gmail.com
Rev. Deacon Arsenios Blain, 19448 Cherry Blossom Loop NE, Poulsbo, WA 98370
Tel: (360) 967-2791 • lwblain@embarqmail.com

ТРЕТІЙ БЛАГОЧИННИЧЕСКІЙ ОКРУГЪ / SOUTH DEANERY
Протопресвитеръ Александръ Лебедевъ — благочинный
Protopresbyter Alexander Lebedev - Dean

Гонолулу, Гаваи. Приходъ въ честь Мѵроточивой «Иверской» иконы Божіей Матери. Свящ. Аѳанасій Конъ, діаконъ Нектарій Янгсонъ. Приписанъ прот. Анатолій Левинъ.
Iveron Mother of God Community, 845 Queen St., Suite #101, Honolulu, HI 96813
www.orthodoxhawaii.org
Rev. Athanasius Kone, 1525 Halekoa Dr., Honolulu, HI 96821.
Tel: (808) 256-9482 • fr.a@iveron.org
Rev. Deacon Nectarios Yangston, 95-500 Koauka Loop, Apt. 16g., Alea, HI 96701
Tel: (808) 255-3488 • nectarios@iveron.org
V. Rev. Anatole Lyovin, 500 University Ave., Apt. 310, Honolulu, HI 96826
Tel/Fax: (808) 947-9093 • lyovin@hawaii.edu

Ласъ Вегасъ, Невада. Община Всѣхъ Святыхъ. Обслуживается духовенствомъ Третьяго благочинническаго округа.
    Orthodox Mission of All Saints, 11 N. Mojave Rd., Las Vegas, NV 89101-4801

Лейкъ Форестъ, Калиф. Свято-Варваринская Миссія. Обслуживаетъ прот. Георгій Гулинъ.
    St. Barbara Russian Orthodox Mission,
    25 Spectrum Pointe Dr., Unit 403, Lake Forest, CA 92630
    V. Rev. George Gulin, 33362 Nottingham Way, Apt. A, Dana Point, CA 92629-1807
    Tel: (949) 488-7062 • ggulin1@msn.com

Лосъ-Анжелосъ, Калиф. Спасо-Преображенскій соборъ. Настоятель — Протопресвитеръ Александръ Лебедевъ, прот. Михаилъ Орловъ, прот. Алексѣй Поляковъ, свящ. Сергій Новичковъ, протодіак. Андрей Коробковъ.
    Holy Transfiguration Cathedral, 5432 Fernwood Ave., Los Angeles, CA 90027
    Tel: (323) 469-0366 • www.russianchurch.org
    V. Rev. Alexander Lebedev, 122 Saddlebow Rd., Bell Canyon, CA 91307
    Tel: (818) 887-7032 • Fax: (818) 475-1597 • lebedeff11@gmail.com
    V. Rev. Michael Orloff, 23524 Magic Mountain Pkwy. #802, Valencia, CA 91355
    Tel: (818) 799-6693 • e-mail: m.orlov@yahoo.com
    V. Rev. Alexei Poliakov, 435 W. Los Feliz Rd., Unit 302, Glendale, CA 91204
    Tel: (818) 244-5437 • losalexei@gmail.com
    Rev. Sergii Novichkov, 2049 Argyle Ave., Los Angeles, CA 90068
    Tel: (626) 722-9549 • frsergeyn@hotmail.com
    Rev. Protodeacon Andre Karobkoff, 5800 Winnetka Ave., Woodland Hills, CA 91367
    Tel: (818) 592-0711 • akarobkoff@go.com

Лосъ-Анжелосъ, Калиф. Церковь Покрова Пресвятой Богородицы. Настоятель — митрофорный протоіерей Викторъ Цешковскій. Приписанъ — свящ. Христофоръ Хорсли, діак. Сергій Жуковъ.
    Protection of Holy Virgin Russian Orthodox Church,
    2041 Argyle Ave., Hollywood, CA 90068   Tel: (323) 466-4845 • www.pokrovchurch.org
    V. Rev. Viktor Tseshkovsky, 2041 Argyle Ave., Hollywood, CA 90068
    Tel:(310) 951-3778 • vrevviktor@gmail.com
    Rev. Christopher Horsley, 436 E Groverdale St., Covina, CA 91722
    Tel: (626) 966-0620 • frchorsley@aol.com
    Rev. Deacon Sergey Zhukov, 11723 Goshen Ave. Apt. #203, Los Angeles, CA 90049
    Tel: (310) 490-0670

Санта Барбара, Калиф. Церковь Воскресенія Христова. Обслуживаетъ архимандритъ Гедеонъ (Марзевъ).   holyresurrectionchurchsb.com
    Holy Resurrection Church, 411 W. Victoria St., Santa Barbara, CA 93101.
    Mailing address: P.O. Box 91859, Santa Barbara, CA 93190   Tel: (805) 965-4660
    V. Rev. Archimandrite Gideon (Marzev), 411 W. Victoria St., Santa Barbara, CA 93101.
    Tel: (805) 965-4660

Санта-Фе, Нью-Мексико. Церковь св. прав. Іуліаніи Лазаревской. Настоятель — свящ. Давидъ Старръ, діак. Антоній Райдеръ.
    St. Juliana of Lazarevo Church, 3877 A, W Alameda St., Santa Fe, NM 87507
    Tel: (505) 310-2805 • www.stjuliana.com
    Rev. David Starr, 1110 N. Luna Circle, Santa Fe, NM 87501
    Tel: (505) 310-2805 • iereidavid@yahoo.com
    Rev. Deacon Anthony Ryder, 3331 Avenida de San Marcos, Santa Fe, NM 87507
    Tel: (505) 474-3369 • anthonyjryder@mac.com

Санъ-Діего, Калиф. — Церковь Св. прав. Іоанна Кронштадтскаго. Настоятель — прот. Евгеній Грушецкій.

St. John of Kronstadt Church, 5131 Rex Ave., San Diego, CA 92105-3118.
  Tel: (619) 282-3304 • www.orthodox-sandiego.net
V. Rev. Eugene Grushetsky, 5922 Kantor St., San Diego, CA 92122.
  Tel: (619) 371-0197 • grush002@yahoo.com

Саффордъ, Ариз. Монастырь Святаго Паисія. Игуменія Михаила (Ридъ).
St. Paisius Monastery, 10250 S. Sky Blue Road, Safford, AZ 85546
Mailing address: P.O. Box 1075, Safford, AZ 85548   stpaisiusmonastery.org
V. Rev. Abbess Michaila (Reed)   Tel: (928) 348-4900 • Fax: (928) 348-490

Тусонъ, Ариз. Церковь преп. Германа Аляскинскаго чудотворца. Свящ. Іоаннъ Маккюинъ изъ Финикса.
  Orthodox Church of St. Herman of Alaska the Miracleworker.   Tel: (602) 565-2725

Фениксъ, Ариз. Свято-Архангельскій храмъ. Свящ. Іоаннъ Маккюинъ.
  Holy Archangels Church, 2037 E. Desert Ln., Phoenix. AZ 85042   orthodoxphoenix.org
  Mailing address: PO Box 91492, Phoenix, AZ 85066   Tel: (602) 323-9505
  Rev. John McCuen, 6804 S. 14th Way, Phoenix, AZ 85042-5658.
    Tel: (602) 276-6338 • frjohnmcc@cox.net

ЧЕТВЕРТЫЙ БЛАГОЧИННИЧЕСКІЙ ОКРУГЪ / DEANERY OF MEXICO
Архимандритъ Нектарій — благочинный • V. Rev. Archimandrite Nektariy - Dean

Мексико Сити, Мексика. Скитъ Живоначальной Троицы. Архимандритъ Нектарій (Хаджи-Петропулосъ), іеромонахъ Христофоръ (Зимнисъ-Нерсесянъ) и іеромонахъ Арсеній (Васкезъ).   comunidadrusa.org•pravoslavie.mx
  Sagrado Skiti de la Santisima Trinidad,
    Rio Danubio 42, Cuauhtemoc, 06500, Mexico City, Mexico
    Rt. Rev. Archimandrite Nektariy (Hadji-Petropoulos), Rev. Hieromonk Christophor (Zymnis-Nersesian),   Rev.Hieromonk Arseniy (Vazquez).
      Tel: (52) (55) 5208-8945 • Fax: (52) (55) 5511-2204 • orthodoxskete@yahoo.com

КАНАДСКАЯ ЕПАРХІЯ
The Canadian Diocese

Архіепископъ Гавріилъ, Монреальскій и Канадскій.
  H.E., The Most Reverend Archbishop Gabriel of Montreal and Canada
  Son Eminence l'Archevêque Gabriel, de Montréal et Canada
  425 Avenue Edouard-Charles, Outremont, Que. H2V 2N3, Canada
    Tel:(514) 277-0969 • Cell: (917) 733-3773 • Fax:(514) 279-5404 • bp_gabriel@yahoo.com

Епархіальный Совѣтъ: Предсѣдатель — Архіепископъ Гавріилъ.
Члены Совѣта: отъ духовенства — митроф. прот. Владиміръ Мальченко (благочинный на Вост. Канаду), прот. Сергій Овертъ (благочинный на Зап. Канаду),іерей Маркъ Люмесъ (казначей), іерей Алексѣй Піявка (секретарь), протодіак. Василій Милоновъ. Отъ клира и мірянъ — упод. Андрей Анищенко, Петръ Антоновъ, зап. членъ: упод. Юрій Милославскій.
Духовный Судъ: Митроф. прот. Владиміръ Мальченко (предсѣдатель), свящ. Максимъ Аброскинъ (секретарь), свящ. Евгеній Щукинъ.
Ревизіонная Комиссія: Предсѣдатель: Игуменъ Николай (Перекрестовъ), протодіаконъ Христофоръ Берчеллъ.
Епархіальное Управленіе. Архіерейское подворье. Управляющій дѣлами канцеляріи — упод. Юрій Милославскій.
  Diocesan Chancery Administrator - Subdeacon Yuri Miloslavsky,
    Mailing and Correspondence Address: 8011 Champagneur Ave., Montreal, Que. H3N 2K4
      Tel: (514) 279-8330 • canadian.diocese@gmail.com

Офиціальный Интернетъ-журналъ Епархіи: http://mcdiocese.com
Главный редакторъ: Архіепископъ Гавріилъ, редакціонная коллегія: прот. Вячеславъ Давиденко, іерей Евгеній Щукинъ, упод. Юрій Милославскій, (замѣститель гл. редактора).
Молодежный Комитетъ. Прот. Вячеславъ Давиденко.
Учебный Комитетъ. Упод. Юрій Милославскій.

ПРИХОДЫ ЕПАРХІИ
ВОСТОЧНЫЙ БЛАГОЧИННИЧЕСКІЙ ОКРУГЪ / EASTERN DEANERY
Митрофорный прот. Владиміръ Мальченко — благочинный /
V. Rev. Vladimir Malchenko - Dean

Квебекъ

Лашинъ, Квеб. Церковь св. велмуч. Іоанна Сочавскаго. Церковь обслуживается священникомъ изъ Монреаля.
St. John the Martyr Church, 660 — 6th Ave., Lachine, Que. H8S 2Y3. Tel: (514) 637-4189

Мансонвилль, Квеб. Преображенскій мужской скитъ. Настоятель — вакансія.
Russian Orthodox Monastery, 83 Chemin du Monastère, Mansonville, Que. J0E 1X0.
Tel: (514) 279-8350

Монреаль, Квеб. Св.-Николаевскій каѳедральный соборъ. Настоятель — Архіепископъ Гавріилъ. Прот. Георгій Лагодичъ, прот. Валерій Чемскій, игуменъ Николай (Перекрестовъ), прот. Михаилъ Метни, протодіаконъ Борисъ Сидоренко, діаконъ Даніилъ Боневъ, діаконъ Дмитрій Матенинъ.
St. Nicholas Cathedral, 422 St. Joseph Blvd. W., Montreal, Que. H2V 2P5
Tel: (514) 276-8322 • Fax: (514) 276-6001 • www.saintnicholasmontreal.com
Rector: Archbishop Gabriel
V. Rev. George Lagodich, 6783 32nd Ave., Montreal, Que. H1T 3C9
Tel: (514) 725-0060 • Fax: (514) 593-5691 • revgeorgelagodich@sympatico.ca
V. Rev. Valery Chemsky (Valriu Cemschi), 40 Rue Payette, Longueuil, Que. J4l 1Y5
Cell: (514) 452-8523 • Res: (450) 462-4153 • e-mail: valer3020@mail.ru
V. Rev. Abbot Nikolai (Perekrestov), 1106-725 place Fortier, Saint-Laurent, QC H4L 5B9
Cell: (514) 828-4960 • e-mail: revnikolai@gmail.com
V. Rev. Michael Metni, 55 Woodhaven, Dollard-des-Ormeaux, Que. H9B 1W5
Tel: (514) 421-2473 • platmet@videotron.ca
Protodeacon Boris Sidorenko, 2200 Ward St., App. 612, Ville St. Laurent, Que. H4M 2R1
Res: (514) 744-6259 • Cell: (514) 829-06266 • bsidorenko@yahoo.com
Deacon Daniel Bonev, 8-24, 76 ave 0, Blainville, QC J7C 3G4
Tel: (514) 871-2659 • e-mail: dmitri.dim@abv.bg
Deacon Dmitri Matenine, 4905 av. Borden, Montreal, QC, H4V 2S9
Tel: (514) 273-0309 • e-mail: dmitri.matenine@gmail.com

Приходская школа им. А.С. Пушкина при Св.-Николаевскомъ каѳедральномъ соборѣ. Директоръ — Архіепископъ Гавріилъ.
Parish Pushkin Russian School   Tel: (514) 279-8350 • www.pushkinschool.org

Борисоглѣбскій дѣтскій лѣтній епархіальный центръ. Директоръ—Архіепископъ Гавріилъ.
Youth Summer Camp of the Holy Princes Boris and Gleb. Tel: (514) 279-8350

Монреаль, Квеб. Архіерейское подворье и домовая церковь преп. Серафима Саровскаго. Настоятель - вакансія.
8011 Champagneur Ave., Montreal, Que. H3N 2K5
Tel/Fax: (514) 279-8350 • canadian.diocese@gmail.com

Ровдонъ, Квеб. Церковь Казанской иконы Божіей Матери. Обслуживается священникомъ изъ Монреаля.
Église Notre Dame de Kazan, 3836 Sunshine Ave., C.P. 1277, Rawdon, Que. J0K 1S0
Tel: (450) 834-6613

Ровдонъ, Квеб. Рождество-Богородицкая молдавская община. Окормляетъ — іерей Алексѣй Миронасъ.
  Église Notre Dame, Rev. Alexei Mironas,
  6831 des Roseraies, ap. 403, Rawdon, Que. H1M 3N3   Tel: (514) 355-6180

Онтаріо / Ontario

Брейсбриджъ, Онт. Молодежный лагерь «Рускока». Храмъ въ честь св. Царевича-Мученика Алексѣя Николаевича. Службы во время работы лагеря. Обслуживается прот. Вячеславомъ Давиденко.
  "Ruskoka" Youth Camp, (president - Alex Sakuta)
  St. Alexis Chapel, 1312 Colony Rd, Bracebridge Ontario P1L 1X3
              Tel: (416) 232-0829 • info@ruskoka.com • www.ruskoka.com

Кембриджъ, Онт. Приходъ свят. Тихона, патр. Московскаго. Настоятель: іерей Евгеній Щукинъ.
  Parish of St. Tikhon of Moscow, 100 Pollock Ave., Cambridge, Ont. N1R 2B7.
                              Tel: (519) 574-4529 • www.stikhon.org
  Rev. Eugene Shchukin, 142 Cavelletti Crt., Waterloo, Ont. N2K 3X3
                              Tel: (519) 574-4529 • fr.eugene@sttikhon.org

Виндзоръ, Онт. Св.-Троицкая церковь. Настоятель: прот. Ѳеодоръ Гачанинъ.
  Holy Trinity Church, 1420 Druillard Road, Windsor, Ont. N8Y 2R9.
                      Tel: (519) 945-2862 • holytrinitywindsor@yahoo.co.uk
  V. Rev. Theodore Gacanin, 1769 Winfield Dr., La Salle, Ont., N9H 2H5.
          Tel: (519) 972-3865• Fax: (519) 972-4961 • tgacanin@hotmail.com

Гамильтонъ, Онт. Покровская церковь. Настоятель: прот. Петръ Шашковъ, іерей Маркъ Люмесъ, діак. Константинъ Ястребъ.   Tel: (905) 529-7043
  Holy Veil of Holy Mother Church, 77 Sanford Ave. S., Hamilton, Ont. L8M 2G7
  V. Rev. Peter Shashkov, 8 Ross St., St. Catherines, Ont., L2N 3S3
                      Tel: (289) 214-1285 • fr.petershashkoff@gmail.com
  Rev. Mark Luimes, 7816 Mud Street West, Grassie, ON L0R 1M0
                      Tel: (905) 512-0763 • mark@luimes.ca
  Deacon Constantine Yastreb, 405 Spring Blossom Crescent, Oakville, ON L6H 0C2
                      Tel: (416) 889-4295 • cell: Kostyantyn.Yastreb@gmail.com

Джексонсъ Пойнтъ, Онт. Русскій Православный Домъ для престарѣлыхъ Смоленской иконы Божіей Матери. Обслуживаютъ митроф. прот. Владиміръ Мальченко и прот. Вячеславъ Давиденко изъ Торонто.
  Our Lady of Smolensk Russian Orthodox Retirement Centre.
  5 Birch Rd., P.O. Box 73, Jackson's Point, Ontario, Canada L0E 1L0   Tel: (905) 722-4331

Лондонъ, Онт. Церковь Нерукотвореннаго Спаса. Настоятель: прот. Владиміръ Моринъ.
  Christ the Saviour Church, 140 Fairview Ave., London, Ont. N6C 4T8
                      Tel: (226) 270-2807 • www.rocorlondon.org
  V. Rev. Vladimir Morin, 1049 Fraser Ave., London, Ont. N5Y 2Y9 •   Tel: (519) 438-4777
                      Fax: (519) 642-3378 • ovm89@rogers.com
  Іерей Матѳей Пенни - Rev. Matthew Penney   father.matthew.p@gmail.com

Барри, Онт. Община во имя Свв. Апостоловъ. Настоятель — Іерей Павелъ Гомаръ
  Chapel of the Holy Apostles
  Rector - Rev. Pau Ruiz-Gomar, 271 Dunsmore Lane, Barrie, ON L4M 7A7
                      Cell: (705) 333-0826 • e-mail: father.pau@gmail.com

Оттава, Онт. Храмъ-памятникъ Покрова Пресвятой Богородицы. Настоятель — Архіепископъ Гавріилъ. Іерей Алексѣй Піявка, Протодіаконъ Василій Милоновъ.
Protection of the Holy Virgin Memorial Church Rector: Archbishop Gabriel.
99 Stonehurst Ave., Ottawa, Ont. K1Y 4R6
Tel: (613) 729-1362 • www.memorialchurch.ca
Rev. Alexis Pjawka, 2644 Conn St., Apt. 1, Ottawa, ON K2B 7C5
Tel: (613) 828-5200 • (613) 316-9820 • fr.alexis@memorialchurch.ca@yahoo.com
Rev. Protodeacon Basil Milonow, 26 Belleview Dr., Kanata, Ont. K2L 1W3
Tel: (613) 592-3887 • Fax: (613) 592-4893 • wmilonow@sympatico.ca

Оттава, Онт. Св.-Владимірскій русскій домъ для престарѣлыхъ.
St. Vladimir's Russian Senior Residence, 89 Stonehurst Ave., Ottawa,Ont., K1Y 4R6

Торонто, Онт. Св.-Троицкій соборъ. Митрофорный прот. Владиміръ Мальченко, прот. Вячеславъ Давиденко, протодіаконъ Александръ Моринъ, діак. Дмитрій Чемерисъ.
Holy Trinity Church, 23 Henry St., Toronto, Ont. M5T 1W9
Tel: (416) 979-2700 • www.holytrinity.ws
V. Rev. V. Malchenko, 9 Montvale Dr., Scarborough, Ont. M1M 3E5 • Tel: (416) 265-5651
Fax: (416) 265-2444 • Cell: (416) 805-7438 • e-mail: vmalchenko@yahoo.com
V. Rev. Vyacheslav Davidenko, 72 Lena Drive, Richmond Hill, Ont., L4S 2V1
Tel: (905) 884-8793 • cell: (647) 505-9930 • e-mail: fr.viatcheslav@gmail.com
Rev. Protodeacon Alexander Morin, 24 Tarlton Rd., Toronto, Ont. M5P 2M7
Tel: (416) 488-0048 • cell: (647) 449-5866 • e-mail: dcnalexander@gmail.com
Deacon Dmitry Chemeris, 9642 Sideroad 5, Erin, ON, N0B 1T0 Res:(519)833-0367
cell:(647)273-5659 • dehemeris@suncor.com • dmitry.chemeris@petrocanadalsp.com

Джесконсъ Пойнтъ, Онт. «Березки». Церковь Смоленской иконы Божіей Матери. Настоятель — іерей Максимъ Аброскинъ, діаконъ Димитрій Матвѣевъ.
Часовня-памятникъ во имя Св. Царственныхъ Страстотерпцевъ
Russian Orthodox Church of "Our Lady of Smolensk" www.berezkihram.com
Memorial Chapel of the Holy Royal Passion-Bearers
5 Birch Rd., Box 2-6, Jackson Point, Ont. L0E 1L0 Tel: (647) 328-1925
Rev. Maxim Abroskine, 75 Brule Lakeway, Jacksons Point, ON L0E 1L0
Tel: (416) 574-1221 • fr.maxim.a@gmail.com
Rev. Deacon Dimitri Matveev, 14 Gilbank Dr., Aurora, ON, L4G 5G1, Canada
Tel: (905) 751-0186 • Cell (905) 751-7314 • dmatee@mail.ru / dmatee1104@primus.ca

ЗАПАДНЫЙ БЛАГОЧИННИЧЕСКІЙ ОКРУГЪ / WESTERN DEANERY
Прот. Сергій Овертъ — благочинный / V. Rev. Sergei Overt - Dean

Манитоба / Manitoba
Винипегъ, Ман. Воскресенская церковь. Игуменъ Рафаилъ (Верещакъ)
Holy Resurrection Church, V. Rev. Abbot Raphael (Vereschak)
732 Alfred Ave., Winnipeg, Man. R2W 1Y9 Tel: (204) 586-4152 • frraphver@shaw.ca

Альберта/Alberta
Блюффтонъ, Альберта. Покровская женская обитель.
Holy Virgin Protection Convent, RR #2, Bluffton, AB, T0C 0M0

Вайльвудъ, Альберта. Церковь св. велмуч. Георгія Побѣдоносца. Настоятель — ваканція.
Church of the Great-Martyr George Tel/Fax: (780) 325-2357

Калгари, Альберта. Церковь Всѣхъ Святыхъ. Настоятель — Іерей Дмитрій Григорьевъ, діаконъ Георгій Миску.

All Saints Church,
905—8th Ave. N.E., Calgary, AB, T2E 0S2 — Tel: (403) 230-7015
Rector - Rev. Dmitry Grygoryev, 598 Evergreen Circle SW, Calgary, AB, T2Y 0C1
Tel: (403) 714-3525 • dgrig1409@gmail.com
Rev. Deacon Gheorghe Miscu, #3 1737 26th Ave., SW, Calgary, AB T2T 1C9
Tel: (403) 399-2122 • ghmiscu@yahoo.com

Калгари, Альберта. Церковь свят. Іоанна Шанхайскаго и Санъ-Францисскаго. Настоятель: Іеромонахъ Сергій (Гусаковъ), діак. Александръ Савицкій. www.russian-orthodox.ca
Russian Orthodox Church of St. John of Shanghai and San Francisco
12112 Canfield Road SW.Calgary, AB T2W 1V2
Rector: Rev. Hierom. Sergiy (Gusakov) — Cell: (587) 288-8488 • sergiy.gusakov@gmail.com
Deacon Alexander Savitsky — Tel: (403) 689-5226 • savsavich@yahoo.ca

Лейтбриждъ, Альберта. Успенская церковь. Настоятель — іерей Антоній Чіобану.
Holy Dormition of Our Lady Church, 907 - 9th Ave. North, Lethbridge, AB, T1H 1E9
Tel: (403) 381-6452
Rev. Anthony Ciobanu, 123 15th St. N, Lethbridge, AB T1II 2X3
Tel: (403) 320-9035 • antonieceban@gmail.com

Нортвилль, Альберта. Успенскій скитъ. Настоятель — ваканція.

Эдмонтонъ, Альберта. Св.-Владимірскій Соборъ. Настоятель: ваканція.
St. Vladimir Cathedral, 6824 128th Ave., Edmonton, AB T5C 1S7
Tel: (514) 277-0969 • bp_gabriel@yahoo.com

Эдсонъ, Альберта. Церковь св. ап. Андрея Первозваннаго. Настоятель — ваканція.
Church of St. Andrew the First-called, 4740 - 7th Ave. Edson, AB T7E 1E1
Tel: (514) 277-0969 • bp_gabriel@yahoo.com

Редъ Диръ, Альберта. Община св. велмуч. Георгія Побѣдоносца. Настоятель: іерей Викторъ Крамаренко
Community of St. George the Great-Martyr, Red Deer, AB
Rev. Victor Kramarenko, 20, Elwell Red Deer, AB T4R 2J6
Tel: (403) 401-0801 • kramarenkovn3@gmail.com

Британская Колумбія/British Columbia

Ванкуверъ, Б.К. Св.-Троицкая церковь. Прот. Сергій Овертъ, діак. Георгій Жариковъ.
Holy Trinity Church, 710 Campbell St., Vancouver, BC, V6A 3K1
Tel: (604) 254-2571 • www.russianorthodoxvancouver.org
V. Rev. Sergei Overt, *(church mailing address)* 2733 E. 2nd Ave., Vancouver, BC, V5M 1E2
Tel/Fax: (604) 254-2571 • frsovert@3web.com
Rev. Deacon George (Yuri) Zharikov, Box 675, Ucluelet, BC, V0R 3A0
Tel:(250) 726-2768 • e-mail: ytzharikov@gmail.com

Ванкуверъ, Б.К. Церковь Свят. Николая. Настоятель: Протоіерей Евстафій Хрипуновъ, Протодіаконъ Христофоръ Берчеллъ.
St. Nicholas Church
V. Rev. Evstafij Hriponov • 810 13th Ave. E., Vancouver, BC, V5T 2L5
Tel: (604) 873-8110 • www.stnicholaschurch.ca • evstafij@gmail.com
Rev. Protodeacon Christopher Birchall, 280 Nelson St., Box 322, Vancouver, BC, V6B 2E2
Tel: (778) 772-7202 • Fax: (801) 729-8608 • cjbirchall2@gmail.com

Викторія, Б.К. Приходъ Св. Софіи. Настоятель: Протоіерей Іоаннъ Адамсъ, іерей Философъ Ульманъ, протодіак. Гордій Брюсъ.
  St. Sophia Church, V. Rev. John Adams, 191 Joseph St., Victoria, BC, V8S 3H6
  Tel: (250) 382-7898 • frjohnadams@shaw.ca • www.saintsophia.ca
  Rev. Philosoph Uhlman, 702-2365 Lam Circle, Victoria, BC V8N 6K8
  Tel: (250) 590-8137 • fatherphilosoph@shaw.ca
  Rev. Protodeacon Gordian Bruce, 2316 Victor St., Victoria, BC V8R 4C7
  Tel: (250) 598-7500 • frgbbruce@shaw.ca

Саскачеванъ/Saskatchewan

Саскатунъ, СК. Община Св. Равноапостольнаго Великаго Князя Владиміра. Настоятель — свящ. Андрей Майеръ.
  Parish of Saint Vladimir of Russia, Rev. Andreas Maier - Rector
  215 Egbert Avenue, Saskatoon, SK S7N 1X2
  Tel: (306) 653-1393 • Cell: (306) 491-6361 • fr.andreysaskatoon@gmail.com

ГЕРМАНСКАЯ ЕПАРХІЯ
The German Diocese

Архіепископъ Маркъ, Берлинскій и Германскій.
  Seine Eminenze Erzbischof Mark, Hofbauernstr. 26, D-81247 München, Germany.
  Tel: 49 (0) (89) 2031 9085 • Fax: 49 (0) (89) 88 67 77
  or 49 (0) (89) 690 07 16 • Fax: 49 (0) (89) 699 18 12 • hiobmon@gmail.com
Архіепископъ Агапитъ, Штуттгартскій, Викарій Германской Епархіи.
  Seine Eminenze Erzbischof Agapit, Hofbauernstr. 26, D-81247 München. Germany
  Tel: 49 (0) (89) 2031 9085 • Fax: 49 (0) (89) 886 77 • agapit@rocor.de
Епархіальное Управленіе: Hofbauernstr. 26, D-81247 München, Germany
Tel:49(0)89)2031 9085 • Fax:49(0)(89)88 677• eparhia@gmail.com • russian-church.de • sobor.de

Епархіальный Совѣтъ: Предсѣдатель — Архіепископъ Маркъ; замѣститель предсѣдателя — Епископъ Агапитъ.
Члены Совѣта: отъ духовенства — прот. Николай Артемовъ (секретарь), прот. Георгій Харловъ, прот. Илія Лимбергеръ; отъ мірянъ — упод. Михаилъ Горачекъ, Эдуардъ Марковскій, др. Александръ Кравченко, отъ молодежи — Екатерина Хорсунъ. **Ревизіонная Комиссія:** Свящ. Владиміръ Бошманнъ, Татіана Шпаковичъ, Г. Венцель.
Епархіальный казначей: упод. Григорій Кобро
Духовный Судъ: Прот. Іосифъ Вовнюкъ, свящ. Валерій Михѣевъ, свящ. Викторъ Мешко.

ПРИХОДЫ/ PARISHES

Амбергъ. Церк. свв. апп. Петра и Павла. Свящ. Константинъ Суворовъ.
  Kirche d. Hll. Apostel Peter und Paul, Breslauerstr. 15, D-92224 Amberg
  Tel: 49 (0) (9621) 789 258
  Priester Konstantin Suvorov Tel: 49 (0) 9621 785258 • e-mail: kon.suvorov@mail.ru

Аугсбургъ. Храмъ иконы Божіей Матери «Всѣхъ скорбящихъ Радости». Свящ. Александръ Ролоффъ, діаконъ Владиміръ Ветцель.
  Kirche d. Ikone Allerheiligsten Gottesmutter "Freude aller Trauernden",
  Stadtbergerstr. 26a, D-86157 Augsburg Tel: 49 (0) (821) 55 49 65 • www.rocor-augsburg.de
  Priester Alexander Roloff, Tylestr. 7, Ausburg, D-86156
  Tel: 49 (0) (821) 240 14 38 • alexroloff@gmx.de

Баденъ-Баденъ. Храмъ Преображенія Христова. Настоятель — Архіепископъ Маркъ, замѣститель — свящ. Александръ Шпулингъ.

Christi-Verklarungskirche, Lichtentaler Str. 76, D-76530 Baden-Baden
Tel: 49 (0) (7221) 373 2138 • www.russische-kirche-baden-baden.de
info@russische-kirche-baden-baden.de
Priester Alexander Spuling, Cold-Lake Str. 1, 76549 Hügelsheim
Tel: 497229 1847797 • oaspuling@googlemail.com

Бадъ Гомбургъ. Храмъ Всѣхъ Святыхъ. Настоятель — прот. Димитрій Игнатьевъ.
Allerheiligen-Kirche, Am Kurpark, 61348 Bad Homburg,
Erzpriester Dimitrij Ignatiew, Am Elisabethenbrunnen 4, D-61348 Bad Homburg
Tel: 49 (0) (6172) 45 62 09 • Fax: 49 (0) (6172) 456 209 • dimitri_ignatiew@yahoo.de

Бадъ Киссингенъ. Храмъ преп. Сергія Радонежскаго. Свящ. Алексій Леммеръ, діаконъ Игорь Тайхревъ, діаконъ Евгеній Окуневъ.
Tel: 49 (0) (971) 5443
Kirche d. Hl. Sergius von Radonezh, Salinenstr. 20, D-97688 Bad Kissingen
Tel: 49 (0) (971) 5443
Priester Alexej Lemmer, Salinenstr. 20, D-97688 Bad Kissingen
Tel: 49 (0) 1523 4140208 • a.lemmer@mail.ru
Diakon Igor Teichrew, Drosselweg 37, D-63688 Dedern.
Tel: 49 (0) 6045952489 • westwelt@mail.ru

Бадъ Наугеймъ. Храмъ свят. Иннокентія Иркутскаго и преп. Серафима Саровскаго. Свящ. Викторъ Зозуля.
Kirche d. Hl. Innokenti u. d. Hl Seraphim v. Sarov,
Rheinhardstr. 12, D-61231 Bad Nauheim Tel: 49 (0) (69) 789 63 91
Priester Viktor Zozoulia, Strombergerstr. 36, D-55411 Bingen
Tel: 49 (0) 177 527 4856 • 49 (0) (6724) 94 12 74 • limanda@online.de

Бадъ Эмсъ. Храмъ св. мученицы Александры. Прот. Борисъ Здробѣу.
Hl. Alexandra-Kirche, Wilhelmsallee 12, D-56130 Bad Ems Tel: 49 (0) (2603) 4491
Erzpriester Boris Zdrobau, Wilhelmsallee 13, D-56130 Bad Ems
Tel: 49 (0) (2644) 809 578 • 49 (0) (2603) 509 9961 • moldweinproduct@mail.ru

Берлинъ. Храмъ Покрова Пресвятыя Богородицы. Настоятель Архіепископъ Маркъ, прот. Андрей Сикоевъ, діак. Мартинъ Валчановъ. www.pokrov.de
Maria-Schutz-Kirche, Wintersteinerstr. 24, D-10587 Berlin.
Tel: 49 (0) (30) 688 357 22 • Fax: 49 (0) (30) 688 357 25 • pokrov@arcor.de
Erzpriester André Sikojev, Kranzallee 22, 14055 Berlin
Tel: 49 (0) (30) 802 086575 • 49 (0) (30) 343 89 372 • 49 (0) 783 6905 • sikojev@icones.de
Diakon Martin Valchanov, Sodtkeststrasse 16, 10409 Berlin.
Tel: 49179 • 9626926 • mvalchanov@hotmail.com

Билефельдъ-Зеннештадтъ. Храмъ Преображенія Христова. Прот. Димитрій Исаевъ, діаконъ Александръ Стояновъ, діак. Алексѣй Тиссенъ.
Christi-Verklarungskirche, Am Beckhof 44, D-33689 Sennestadt
Tel: 49 (0) (1799) 706 915 • www.russische-kirche-bielefeld.com
Erzpriester Dimitrij Isaev, Am Beckof 16, D-33609 Bielefeld
Tel: 49 (0) (5205) 754 9808 • 49 (0) (5205) 871 290 • bikirche@gmail.com
Diakon Alexander Stojanov, Flachsrottenweg 4, 32657 Lemgo
Tel: 49 (0) (5261) 779 845 • da.stojanow@googlemail.com

Бохумъ. Св.-Георгіевская церковь. Свящ. Виталій Сазоновъ.
Hl. Geors-Kirche, Erlenstr. 35, D-44795 Bochum
Tel: 49 (0) (30) 6883 5722 • Fax: 49 (0) (30) 6883 5923
Priester Vitalij Sazonov, Old Watsche 9a, D-44866 Bochum
Tel: 49 (0) (2327) 309 338 • 49 (0) (176) 2375 2828 • o.vitalyBochum@gmx.de

Бухендорфъ. Скитъ преподобномуч. вел. кн. Елисаветы. Настоятельница — Игуменія Марія (Сидиропулу). Обслуживаетъ Іеромонахъ Авраамій (Дирксъ), свящ. Андрей Губка.
  Skit der H. Elisabeth, Forstenrieder-Park-Str. 2, D-82131 Buchendorf
              Tel: 49 (0) (89) 637 3520 • Fax: 49 (0) (89) 8935 7925
                  hl.elisabeth@orth-frauenkloster.de • www.orth-frauenkloster.de

Висбаденъ. Храмъ св. прав. Елисаветы - Усыпальница великой княгини герцогини Нассауской Елизаветы Михайловны. Настоятель — Архіепископъ Маркъ, обслуживаетъ свящ. Александръ Калинскій.
  Kirche d. Hl. Elisabeth, Christian-Spielmann-Weg 1, 65193 Wiesbaden
                    Tel: 49 (0) (611) 528 494 • www.roc-wiesbaden.de
  Priester Alexander Kalinski, Haupstr. 407, D-51143 Köln-Westhoven
           Tel: 49 (0) (2203) 565 8229 • 49 151 6785 1736 • alexander-kalinsky@yandex.ru

Гамбургъ. Храмъ св. блаж. Прокопія Устюжскаго. Прот. Іосифъ Вовнюкъ, прот. Николай Вольперъ, свящ, Германъ Вайнбергеръ (Priester Herman Weinberger).
  Kirche D. Hl. Prokopij, Erzpriester Josef Wowniuk, Hagenbeckstr. 10, D-22527 Hamburg
           Tel: 49 (0) (40) 406 060 • 49 (0) (40) 409 797 • www.prokopij.de • antoni-p@gmx.net
  Erzpriester Nikolai Wolper, Heinrich-Barth-Str. 13, D-20146 Hamburg
                                Tel: 49 (0) (40) 41 85 76 • Zerkov@Prokopij.de
  Priester Hermann Weinberger, Lüttwisch 1, 22523 Hamburg,   Tel: 49 (0) 15752587175

Ганноверъ. Храмъ Рождества Христова. Прот. Серафимъ Корфъ, свящ. Сергій Ивановъ-Панковъ.
  Christi-Geburt-Gemeinde, Plüschowstr. 2, D-30163 Hannover
  Erzpriester Seraphim Korff, Klewergarten 12, D-30449 Hannover,   Tel: 49 (0) (511) 45 67 38
  Priester Sergij Ivanov-Pankov, Goltermannstr. 1 30926 Seelze
                    Tel: 49 (0) 176 4168 2833 • ivanov-pankov@gmx.de

Ганноверъ. Храмъ иконы Божіей Матери «Знаменіе» Курская-Коренная. Свящ. Владиславъ Чайка.
  Kirche d. Ikone Allerheiligsten Gottesmutter. Konigswortherstr. 12, D-30167 Hannover
  Priester Vladislav Chajka, Voltastr. 25 D-30165 Hannover,
                    Tel: 49 (0) (511) 388 1506 • vladislav.iglesia@googlemail.com

Герольштайнъ. Приходъ во имя свят. Аѳанасія Александрійскаго. Свящ. Димитрій Свистовъ. Sarresdorfer Str. 15, 54568. Gerolstein.

Дармштадтъ. Церковь Св. Маріи Магдалины. Настоятель — Архіепископъ Маркъ, замѣститель — прот. Іоаннъ Гринчукъ, прот. Константинъ Гринчукъ.
  Kirche d. Hl. Maria Magdalena, Mathildenhöhe, D-64287 Darmstadt
                    Tel: 49 (0) (6151) 42 42 35 • www.darmstadt.russian-church.de
  Erzpriester Ioann Grintschuk, Heidelbergstr. 47a, D-64285 Darmstadt
     Tel: 49(0) (6151)951 07 85 • 49(0) (176)3139 5941 • erzpriester.ioann@darmstadt-church.de
  Erzpriester Konstantin Grinchuk, Pupinweg 14, D-64295 Darmstadt
                    Tel: 49 (0) (6151) 629 6459 • 49 (0) (160) 28 65 395
                                        erzpriester.konstantin@darmstadt-church.de

Деггендорфъ. Приходъ св. великомуч. и Цѣлителя Пантелеимона. Свящ. Георгій Гернеръ.
  Friedenskirche. Am Stadtpark 1, 94469 Deggendorf   Tel: 09919 959999
  Priester Georgiy Herner   Tel: 49 (0) (9421) 330108
                                                              ogeorg@gmx.net

Дингельфингъ. Община Всѣхъ святыхъ. Архимандритъ Маркъ (Гимчукъ).
  Oberdingolfinger str. 27,84130 Dingolfing. Archim. Mark (Ghemcing).

Дюренъ. **Община во имя св. прав. Анны, матери Пресвятой Богородицы.** Прот. Андрей Остапчукъ.
Bismarkstr. 24, Dürer.

Дюссельдорфъ-Нойсъ. **Храмъ свят. Николая чуд.** Настоятель прот. Андрей Остапчукъ.
Hl. Nikolaus-Kirche, (Kapelle des Krankenhauses), Alexanderplatz 1, 41464 Neuss
                                                    Tel: 49 (0) (2104) 45 390
Erzpriester Dr. Andrej Ostapchuk, Berensbergerstr. 32, D-52134 Herzogenrath
                                    Tel: 49 (0) (241) 401 70 67 • a.ostapchuk@mail.ru
Зальцгиттеръ. **Храмъ свят. Николая чудотворца.** Свящ. Сергiй Ивановъ-Панковъ.
Hl. Nikolaus-Kirche, Salzgitter D-38226
        Tel: 49 (0) (2104) 45 390 • 49 (0) (5205) 87 04 74 • 49 (0) (179) 97 06 915
Priester Sergij Ivanov-Pankov, Goltermannstr. 1 30926 Seelze
                            Tel: 49 (0) 176 4168 2793 • ivanov-pankov@gmx.de
Зигенъ. **Церковная община.** Свящ. Кириллъ Крепсъ.
    Priester Kirill Kreps, Am Klostergarten 3A, D-53121 Bonn. Tel: 02203 5658229 • dikirij@mail.ru
    Priester Sergei Woinkoff, Ankerstrasse 15, 53757 Sankt Augustin   si.woinkoff@t-online.de

Идаръ-Оберштайнъ. **Община во имя свят. Іоанна Шанхайскаго.** Свящ. Димитрiй Свистовъ.
Hauptstr. 317, 55743 Idar-Oberstein.

Ингольштадтъ. **Храмъ свят. Николая чудотворца.** Свящ. Валерiй Михеевъ.
Hl. Nikolaus-Kirche, Esplanade 38., D-85049 Ingolstadt.   www.rokingolstadt.de
    Priester Walerij Micheew, Kirchgasse 250, D-84028 Landshut
                            Tel: 49 (0) (871) 143 36 44 • omofor@rambler.ru

Карлсруэ. **Приходъ въ честь свят. Іоанна Шанхайскаго.** Свящ. Александръ Шпулингъ, свящ. Сергiй Соловьевъ.
    Bernhard-Lichtenberg-Straße 46, 76189 Karlsruhe
    Priester Alexander Spuling, Cold-Lake Str. 1, 76549 Hügelsheim
                            Tel: 497229 1847797 • oaspuling@googlemail.com
    Priester Sergei Soloviev,   Tel: 491789 779490

Кассель. **Приходъ св. Пантелеимона.** Обслуж. прот. Іоаннъ Гринчукъ.
    Gemeinde d. Hl. Panteleimon, Alte Bruder Kirche, Steinweg, Kassel, 34117
    Erzpriester Ioann Grintschuk, Heidelbergstr. 47a, D-64285 Darmstadt
    Tel: 49(0) 6151)951 07 85 • 49(0)(176)3139 5941 • erzpriester.ioann@darmstadt-church.de

Кельнъ. **Храмъ св. великомуч. Пантелеимона.** Настоятель Прот. Андрей Остапчукъ, свящ. Сергiй Воинковъ, свящ. Андрей Германъ, діак. Александръ Лавренюкъ.
    Gemeinde d. Hl. Panteleimon, Neue Strasse 1, D-51149 Köln-Westhoven
                            Tel: 49 (0) (163) 185 83 16 • www.rocor-koeln.de
    Erzpriester Dr. Andrej Ostapchuk, Berensbergerstr. 32, D-52134 Herzogenrath
                                    Tel: 49 (0) (241) 401 70 67 • a.ostapchuk@mail.ru
        Priester Andrii Herman 015786854943,   andrii.german@gmail.com

Кирхаймъ-унтеръ-Тэкъ. **Приходъ въ честь свв. Кирилла и Меѳодія.** Свящ. Борисъ Майданикъ
    Limburger str. 85, 73230 Kircheim unter Teck

Клоппенбургъ. **Храмъ Преп. Серафима Саровскаго.** Прот. Олегъ Никифоровъ.
Kirche d. Hl. Seraphin v. Sarov, Brookweg 26, D-49661 Cloppenburg.   russische-gemeinde.de
    Erzpriester Oleg Nikiforov, Nei Str., D-49661 Cloppenburg.
                            Tel: 49 (0) (4471) 184 38 71 • pr.nikiforov@gmail.com

Концъ. **Храмъ святыхъ равноапп. Константина и Елены.** Свящ. Димитрій Свистовъ.
Gemeinde d. Hil. Konstantin u. Helena, St. Nikolaus, Martinstraße. 22, D-54329 Konz
Priester Dimitrij Svistov, Tel: 49163 2586 298 • ak@amus.de

Коттбусъ. **Община свят. Іоанна Шанхайскаго.**
Am Poll 4, 03046 Cottbus.

Кюнцензау. Свящ. Владиміръ Бошманъ.
Stutgarter str 34, 74653 Kunrelsay

Ландсбергъ, Храмъ св. Анастасіи. Прот. Георгій Кобро.
Landsberg, Kirche Am Moosfeld 20, 86929 Penzing

Ландсхутъ. Храмъ Свят. Николая чудотворца. Свящ. Валерій Михеевъ, діак. Андрей Бѣлякъ.
Hl. Nikolaus-Gemeinde, Regierungsplatz 541, D-84028 Landshut
Tel. 49 (0) (871) 966 87 99 • www.rus-kirche-landshut.de
Priester Walerij Micheew, Kirchgasse 250, D-84028 Landshut
Tel: 49 (0) (871) 143 36 44 • omofor@rambler.ru

Любекъ. Церковь преп. Прокопія Любекскаго и Устюжскаго. свящ. Германъ Вайнбергеръ, діаконъ Евгеній Волковъ.
Kirche d. Hl. Prokopij v. Ustijug, Glockengießerstr. 2, D-23552 Lübeck
Diakon Eugen Volkov Tel: (49) (0) (157) 50660862 • eugenvolkov1988@gmail.com

Майенъ. Община свят. Луки Крымскаго. Свящ. Димитрій Свистовъ.
St. Veitstr. 41, 56727. Mayen.

Маннгеймъ. Церковь св. кн. Александра Невскаго. Прот. Сергій Маношкинъ.
Kirche d. Hl. Alexander Nevskij, Gärtnerstr. 10, D-68169 Mannheim
Tel: 49 (0) (621) 748 13 21 • mannheim.russian-church.de
Erzriester Sergij Manoschkin, Weiherstr. 21, D-76694 Forst
Tel: 49 (0) (7251) 864 54 • manoschkin@mail

Мерцъ. Община св. муч. царицы Александры. Свящ. Димитрій Свистовъ.
Hochwaldstr, 36,66663 Merzg.

Минденъ. Храмъ св. равноап. Владиміра. Прот. Димитрій Исаевъ.
Gemeinde d. Hl. Vladimir, D-32423 Minden
Erzriester Dimitrij Isaev, Am Beckof 16, D-33689 Bielefeld
Tel: 49 (0) (5205) 754 9808 • 49 (0) (5205) 871 290 • bikirche@gmail.com

Мюнстеръ. Община ик. Божіей Матери «Казанская». Свящ. Аркадій Дубровинъ.
Gemeinde d. Ikone d. Allerheiligsten Gottesmutter v. Kazan,
Kapelle des Collegium Marianum, Frauenstr. 3-6, D- 48143 Münster
Priester Arkadij Dubrovin, Burgwal 21, D-48165 Münster.
Tel: 49 (0) (2501) 441 87 70 • 49 (0) (173) 855 96 57 • Adubrovin@freenet.de

Мюнхенъ. Соборъ Свв. Новомучениковъ и Исповѣдниковъ Россійскихъ и Свят. Николая. Настоятель — Архіепископъ Маркъ. Ключарь — прот. Николай Артемовъ, свящ. Андрей Березовскій, діак. Михаилъ Фастовскій, свящ. Ѳома Дицъ, протод. Варѳоломей Базановъ, діаконъ Викторъ Слюсарь.
Kathedrale der Hll. Neomaertyrer und Bekenner Russlands und des Hl. Nikolaus,
Lincolnstr. 58, D-81549 München
Tel: 49 (0) (89) 690 07 16 • Fax: 49 (0) (89) 699 18 12 • www.sobor.de

Erzpr. Nikolai Artemoff,
Tel: 49 (0) (89) 690 42 95 • 49 (0) (89) 690 07 16 • prot.na@gmail.com
Priester Andrej Berezovskij, Pennstr. 54, 81549 München
Tel: 49 (0) (89) 6937 8222 • 49 (0) 177 639 88 49 • andberez@gmail.com
Priester Thomas Diez   Tel: 49 (0) 157 76268 334
Priester Viktor Meshko, Max-Josef-Park 2, D-82319 Starnberg
Tel: 49 (0) (8151) 550-8850 • 49 (0) (152) 3359 3590 • viktormeshko@yahoo.de
Diakon Michael Fastovskiy, Großhadernerstr. 36, D-81375 München
Tel: 49 (0) (89) 7005 9912 • umzugsangebot@muenchen-umzug.de
Erzdiakon Varfolomes Bazanov   Tel: 017618348969 • vb@sobor.de

Мюнхенъ-Людвигсфельдъ. Церковь св. Архистратига Божія Михаила. Настоятель Свящ.Андрей Березовскій, свящ. Ѳома Дицъ.   amichaelskirche.de
Kirche d. Hl. Erzengels Michael
Achatstr. 14, D-80995 München
Priester Andrej Berezovskij, Cincinnatistr. 56/4, D-81549 München
Tel: 49 (0) (89) 6937 8222 • 49 (0) 177 639 88 49 • andberez@googlemail.com
Priester Thomas Diez   Tel: 49 (0) 157 76268 334

Мюнхенъ-Оберменцингъ. Обитель преп. Іова Почаевскаго. Архіепископъ Маркъ, Архіепископъ Агапитъ, іеромонахъ Корнилій (Литвиченко), іеромонахъ Іовъ (Бандманнъ), іеромонахъ Анатолій (Трегубенковъ).
Klöster d. Hl. Hiob von Pocaev, Erzbischof Mark, Erzbischof Agapit, priestermonch Kornilij (Litwitschenko) kornilij@hiobmon.org), priestermonch Anatoli (Tregubenkov), priestermonch Hiob (Bandmann) hiob@hiobmon.org. Hofbauernstr. 26, D-81247 München
Tel: 004 917 618348965 • Fax: 49 (0) (89) 88 67 77• hiobmon@googlemail.com

Мюнхенъ. Приходъ св. ап. Ѳомы. Свящ. Ѳома Дицъ.
Apostel Thomas Gemeinde in München, Achatstr. 19, 80895 München

Ноемюнстеръ. Община Св. Троицы.
Am Alten Kichhof 4, 24534 Neumünster.

Нюрнбергъ. Община Рождества Пресвятыя Богородицы. Свящ. Анатолій Акулиничевъ.
Gemeinde d. Geburt d. Allerheiligsten Gottesmutter, Kolpinggasse, D- 90489 Nürnberg
Priester Anatolii Akulinitschev, Heidestr. 7b, 90552 Rothenbach der Pegnitz
Tel: 49 (0) (911) 956 999 38 • nastoyatel@rodnik.eu

Ольденбургъ. Храмъ Покрова Пресв. Богородицы. Прот. Олегъ Никифоровъ, діак. Александръ Соколовъ.
St.-Peter-Kirche, Ammerlander Heerstr. 40, D-26129 Oldenburg

Регенсбургъ. Покровская церковь (въ городскомъ паркѣ). Прот. Викторъ Вдовиченко, діаконъ Вадимъ Зубикъ.
Maria-Schutz-Kirche, Prüfeningerstr., D-93049 Regensburg   www.pokrova.de
Erzpriester Viktor Wdowiczenko, Karl Esser Str. 1, D 93049 Regensburg
Tel: 49 (0) (941) 28040744 • viktor@pokrova.de
Diakon Vadim Zubyk, Buchenweg 4, 93095 Hagelstadt
049 94128040744 • vadym-zubyk23@yandex.ua

Родингъ. Приходъ свят. Спиридона Тримифунтскаго. Свящ. Александръ Дьячковъ.
Ludwigstr. 5 1, 93426 Roding
Priester Alexander Djatschkov, Obermaierstr 14a., D-94315 Straubing
Tel: 49(0) (9421) 974 9669 • 49(0) (152) 0736 6760 • alexander.djatschkov@gmail.com

Розенхаймъ. Православная Община. Обслуживаетъ прот. Георгій Харловъ.
Russisch-Orthodoxe Gemeinde, c/o Altkatholische Gemeinde, Kaiserstr. 44-46, D-83022
Erzpriester Georgij Kharlov, Staufenstr. 36a, D-83395 Freilassing, Germany
Tel: 49(0)(841) 127 2231 • 49(0)(176) 4120 8802 • 43(0)(664) 871 6415
e-mail: yukharlov@gmail.com

Ройтлингенъ. Общинах храма Успенія Богородицы. Свящ. Сергій Соловьевъ.
Am Heilbrunnen 148, 72766 Reutlingen.

Саарбрюкенъ. Храмъ преподобномученицы Евгеніи. Свящ. Димитрій Свистовъ.
Kirche d. Hl. Maertyrerin Eugenia, Friedenskirche, Wilhelm-Heinrich-Str.,
D-66117 Saarbrücken   www.saar-orthodox.de • ak@amus.de
Priester Dimitrij Svistov,   info@rier.orthodox.de

Унтеркирнахъ/Филлингенъ. Храмъ Казанской иконы Божіей Матери. Прот. Евгеній
Скопинцевъ.
Gemeinded. Ikone d. Allerheiligsten Gottesmutter von Kazan,
Maria Tann Kirnachtal 3-5, D-78089 Unterkirnach
Erzpriester Evgenij Skopinzev, Im Kloster 23, D-78112 Georgen-Brigach.
Tel: 49 (0) (7724) 82 828 • 7sokrat@googlemail.com

Фленсбургъ. Община свв. апп. Петра и Павла. Прот. Іосифъ Вовнюкъ.
Bauer Landstr. 17 24534 Flensburg.

Франкфуртъ-на-Майнѣ. Св.-Николаевская церковь. Прот. Димитрій Игнатьевъ, свящ. Викторъ
Мешко, свящ. Георгій Полочекъ.
Hl. Nikolaus-Kirche, Am Industriehof 18, D-60487 Frankfurt-Hausen
Tel: 49 (0) (69) 789 41 40 • www.frankfurt.russian-church.de
Erzpriester Dimitrij Ignatiew, Am Elisabethenbrunnen 4, D-61348 Bad Homburg
Tel: 49 (0) (6172) 45 62 09 • Fax: 49 (0) (6172) 456 209 • dimitri_ignatiew@yahoo.de
Priester Viktor Meshko, Max-Josef-Park 2, D-82319 Starnberg
Tel: 49 (0) (8151) 550 8850 • 49 (0) (152) 3359 3590 • viktormeshko@yahoo.de
Priester Georg Poloczek, In der Römerstadt 168, D-60439 Frankfurt am Mai
Tel: 49(0)(69)6724 941274 • 49(0)(152)2858 1065 • Fax: 49(0)(69)9573 6038 • gespolo@arcor.de

Фройденштадтъ. Приходъ въ честь преп. Евфросиніи кн. Московской. Свящ. Александръ
Шпулингъ.   Kirchenplatz 3, 72250 Freudenstadt.
Priester Alexander Spuling,   Tel: 497229 1847797 • oaspulinggooglemail.com

Хайльброннъ. Храмъ св. равноап. Константина и Елены. Свящ. Владиміръ Бошманнъ.
Goppelstr. 5, Heilbronn 74076

Хамбургъ. Община св. равноап. кн. Ольги. Свящ. Димитрій Свистовъ.
Badelschwinghstr. 5, 66424 Hamburg

Хильдесхаймъ. Православная Община. Обслуживаетъ свящ. Владиславъ Чайка.
Russisch-Orthodoxe Gemeinde, St. Mauritius Kapelle, Bergstr. 57, D-31137 Hildesheim
Priester Vladislav Chajka, Philipsbornstr. 23, D-30165 Hannover,
Tel: 49 (0) (511) 388 1506 • vladislav.iglesia@gmail.com

Штраубингъ. Храмъ св. Іоанна Крестителя. Свящ. Александръ Дьячковъ, діаконъ Іоаннъ
Щерба.   Tel: 49 (0) (9421) 923 772
Kirche Hl. Johannes d. Taeufers, Regensburgerstr, 5, D-94315 Straubing
Tel: 49 (0) (9421) 923 772
Priester Alexander Djatschkov, Obermaierstr 14a., D-94315 Straubing
Tel:49 (0) (9421) 974 9669 • 49 (0) (152) 0736 6560 • alexander.djatschkov@gmail.com

Diakon Ivan Shcherba, Gabelsbergerstr. 48, 94315 Straubing
Tel: 49 (0) (175) 891 8827 • 49 (0) (9421) 963 5031 • sherba88@gmail.com

Штуттгартъ. Храмъ свят. Николая чудотворца. Настоятель — Архіепископъ Агапитъ. Прот. Илія Лимбергеръ, свящ. Владиміръ Бошманнъ, свящ. Александръ Бошманнъ, свящ. Борисъ Майданикъ, свящ. Сергій Соловьевъ, свящ. Стефанъ Митковъ-Тафровъ, діак. Виталій Фельхле, діак. Александръ Ганъ, діак. Андрей Шевцовъ, діак. Андрей Бошманъ, діак. Александръ Риффель.
    Hl. Nikolaus-Kirche, Seidenstr. 69, D-70174 Stuttgart
Tel: 49 (0) (711) 22 11 55 • www.rok-stuttgart.de
    Erzpriester Ilya Limberger, Reinsburgstr. 162, D-70197 Stuttgart
Tel: 49 (0) (711) 221 221 • 49 (0) (1609) 687 9549 • limberger@googlemail.com
    Priester Alexander Spuling, Cold-Lake Str. 11, 76549 Hugelsheim
Tel: 49(0)(7229)185 1986 • 49(0)(173)798 8048 • 49(0)(7229)184 7797 • oaspuling@gmail.com
    Priester Wladimir Boschmann, Hahnenäcker 126•1, D-74219 Möckmühl
Tel: 49 (0) (6298) 366 564 • 49 (0) (6298) 16 98 • w.boschmann@gmail.com
    Priester Alexander Boschmann, Hahnenacker 116•1, D-74219 Möckmühl
Tel:49 (0) (6298) 44 55 • alexander.boschmann@online.de
    Priester Borys Maydanyk, Storrstr. 4, D-70190
Tel: 49 (0) (151) 1838 0918 • 49 (0) (711) 221 221 • borys@may-soft.de
    Priester Sergey Soloviev
Tel: 017 8977 9490 • e-mail: solowjew@yandex.ru

Штуттгартъ-Ротенбергъ. Св.-Николаевскій храмъ. Усыпальница королевы Екатерины Павловны Вюртембергской. Обслуживается клиромъ изъ Штуттгарта.
    Hl. Nikolaus-Grabkapelle, Rotenberg, D-70327 Stuttgart
    Erzpriester Ilya Limberger, Reinsburgstr. 162, D-70197 Stuttgart
Tel: 49 (0) (711) 221 221 • 49 (0) (1609) 687 9549 • limberger@aol.com

Цвейбрюкенъ. Приходъ свят. Николая Сербскаго. Свящ. Димитрій Свистовъ.
    Karlstr. 3, 66482 Zweibrücken.

Энгенъ/Констанцъ. Храмъ иконы Божіей Матери «Всѣхъ скорбящихъ Радости». Свящ. Михаилъ Бондарь.
    Kirche d. Ikone Allerheiligsten Gottesmutter "Freude aller Trauernden",
    Jahnstr. 3a, D-78234 Engen.
    Priester Mikhail Bondar, mischa73@gmx.de, 07444 9568122

Эрлангенъ. Храмъ Пресвятыя Троицы. Свящ. Анатолій Акулиничевъ.
    Dreifaltigheitskirche, Stintzingstr. 20, D-91052 Erlangen.
    Priester Anatolii Akulinitschev, AM Heckacker 60, D-90562 Kalchreuth
Tel: 49 (0) (911) 956 999 38 • nastoyatel@rodnik.eu

Эттрингенъ. Приходъ свв. мучц. Вѣры, Надежды, Любви и Софіи. Прот. Георгій Кобро.
    Gemeinde der Hl. Sofia, Friedhofweg. 1, D-86583 Ettringen.
    Erzpriester Dr. Georg Kobro, Am Moosfeld 20, D-86929 Penzing
Tel: 49 (0) (81) 91 04 04 • Гал. 49 (0) (8191) 80 291 • Kobro@uni-mainz.de

АВСТРІЯ / AUSTRIA

Зальцбургъ. Соборъ Покрова Пресвятой Богородицы. Обслуживаетъ прот. Георгій Харловъ, староста: Павелъ Ябсъ. Tel: 43 (662) 44-10-71
    Christian-Doppler-Str. 3a, A-5020 Salzburg, Austria
    Erzpriester Georgij Kharlov, Staupenstr. 36a, D-83395 Freilassing, Germany
Tel:49(0) (841) 127 2231 • 49(0) (176) 4120 8802
43(0) (664) 871 6415 • hram@pokrovsky.eu

Филлахъ. Храмъ св. благ. кн. Александра Невскаго.
Лiенцъ. Казачье кладбище съ памятникомъ выдачи казаковъ въ 1945 г. и часовня въ честь Покрова Пресвятыя Богородицы. - Прот. Георгiй Кобро, lienz-orthodoxie.at
  Kosakenfriedhof Peggetz, A-9900

Клангенфуртъ (Klagenfurt) - Koufmangasse 11, Markus Kirche, 9020, Klagenfurt
Шпитталь (Spittal)
  Erzpriester Dr. Georg Kobro, Am Moosfeld 20, D-86929 Penzing
          Tel: 49 (0) (81) 91 84 84 • Fax: 49 (0) (8191) 80 291 • Kobro@uni-mainz.de

ДАНIЯ / DENMARK
Копенгагенъ. Церковь св. кн. Александра Невскаго. Прот. Сергiй Плеховъ.
  Erzpriester Sergij Plekhov, Bredgade 53, Kobenhavn, Denmark
          Tel: 45 (33) 13 60 46 • Fax: 45 (33) 13 28 85 • ruskirke@ruskirke.dk

ВЕЛИКОБРИТАНСКАЯ И ЗАПАДНО-ЕВРОПЕЙСКАЯ ЕПАРХIЯ
The Diocese of Great Britain and Western Europe

Епископъ Ириней, Лондонскiй и Западно-Европейскiй
  The Right Reverend Bishop Irenei of London and Western Europe (Ruling Bishop)
  Diocesan Cathedral, 57 Harvard Road, London W4 4ED.
  c/o Diocesan Chancellor, 58 Shrewsbury Road, Prenton, Wirral, CH43 2HY, UK.
          Tel. +44 7539 413 130 • irenei.lyons@icloud.com

Епископъ Александръ, Вевейскiй (викарiй)
  The Right Reverend Bishop Alexander of Vevey (Vicar Bishop)
  12, rue des Communaux, CH-1800 Vevey, Switzerland.
          Tel. +41 78 244 72 72 • episkop.aleksandr@orthodoxie.ch

Епархiальная канцелярiя / Diocesan Chancellery:
  58 Shrewsbury Road, Birkenhead CH43 2JJ, United Kingdom.
          Tel. +44 151 653 7768 • Diocesan Web Site: www.orthodox-europe.org

Канцлеръ приходовъ въ Великобританiи и Ирландiи, и управляющiй дѣлами епархiи
Chancellor for Great Britain and Ireland and Administrative Secretary of the Diocese: Прот. Павелъ Эллiоттъ (Archpriest Paul Elliott). Tel: +44 7926 194 031 • frpaulelliott@aol.com

Канцлеръ приходовъ въ Западной Европѣ / Chancellor for Continental Western Europe: Прот. Емилiанъ Починокъ (Archpriest Emilian Pochinok).
          Tel: +41 76 223 02 49 • emilian.pocinoc@gmail.com

ПРИХОДЫ ЕПАРХIИ / PARISHES OF THE DIOCESE
АНГЛIЯ / ENGLAND:

Ашфордъ. Миссiя свв. Царственныхъ Мучениковъ. Прот. Андрей Филлипсъ.
Ashford: Mission Parish of the Holy Royal Martyrs.
St Christopher's Church, Faversham Road, Boughton Lees, Ashford TN25 4HP.
V. Rev. Archpriest Andrew Phillips.
          Tel: +44 1394 273 820 • frandrew_anglorus@yahoo.co.uk

Биркенхедъ. Церковь преподобномученицы Елизаветы. Прот. Павелъ Эллiоттъ.
Birkenhead: St Elisabeth the New Martyr Orthodox Church.
Rake Lane Cemetery, Rake Lane, Liscard Wallasey, CH45 5DE.
V. Rev. Paul Elliott, 58 Shrewsbury Rd, Prenton, Wirral, Merseyside CH43 2HY.
          Tel: +44 7926 194 031 • frpaulelliott@aol.com

Бури Сэйнтъ Эдмундзъ. Приходская община Святаго Эдмундскаго. Прот. Андрей Филлипсъ.
Bury St Edmunds: St Edmund's Community, worshipping in St John's Church.
St John Street, Bury St Edmund's, Suffolk, IP33 1 SJ.
V. Rev. Archpriest Andrew Phillips. Tel: +44 1394 273 820 • frandrew_anglorus@yahoo.co.uk

Клактонъ-онъ-Си. Монастырская часовня Великомученика и Цѣлителя Пантелеимона. Игуменъ Сергій (Армстоунъ).
Clacton-on-Sea: Monastic Chapel of the Holy Unmercenary Healer Panteleimon.
70 Jaywick Lane, Clacton-on-Sea, Essex, CO16 8BB.
V. Rev. Igumen Sergei (Armstone), Superior. (Public services by arrangement.)

Колчестеръ. Церковь свят. Іоанна Шанхайскаго и Санъ-Францисскаго. Прот. Андрей Филлипсъ, свящ. Іоаннъ Іана.
Colchester: St John the Wonderworker Orthodox Church, Military Road, Colchester CO1 2AN.
V. Rev. Andrew Phillips, Seekings House, 12 Garfield Rd, Felixstowe, Suffolk IP11 7PU.
Tel: +44 1394 273 820 • frandrew_anglorus@yahoo.co.uk
Rev. Ioann Iana, 23 Ransom Ct, Chase Rd West, Great Bromley, Colchester CO7 7UA.
Tel: +44 7983 204 844 • ovi.iana@yahoo.com

Ливерпуль. Миссія Святаго Николая. Прот. Павелъ Элліоттъ.
Liverpool: Russian Orthodox Mission of St Nicholas.
Parish Church of Our Lady and St Nicholas, Pier Head, Liverpool.
V. Rev. Paul Elliott, 58 Shrewsbury Rd, Prenton, Wirral, Merseyside CH43 2HY.
Tel: +44 7926 194 031 • frpaulelliott@aol.com

Лондонъ. Каѳедральный Соборъ Рождества Пресвятой Богородицы и Свв. Царственныхъ Мучениковъ.
Настоятель — Епископъ Ириней Лондонскій и Западно-Европейскій. Священнослужители: прот. Виталій Серапинасъ, прот. Ярославъ Гудыменко, прот. Петръ Болкъ, прот. Ѳома Харди, діак. Андрей Борисасъ.
London: Diocesan Cathedral of the Nativity of the Most Holy Mother of God and the Holy Royal Martyrs. 57 Harvard Rd, London W4 4ED. Web: www.russianchurchlondon.org
V. Rev. Vitaly Serapinas, 57 Harvard Rd, London, W4 4ED.
Tel: +44 7935 700 721 • fathervitaly12@gmail.com
V. Rev. Yaroslav Hudymenko, 57 Harvard Rd, London, W4 4ED.
Tel: +44 7563 407 991 • otyar@mail.ru
V. Rev. Peter Baulk, 57 Harvard Rd, London, W4 4ED.
Tel: +44 7590 336 020 • pbaulk@aol.com
V. Rev. Thomas Hardy, Meadow View, Standgate, Oxfordshire, OX29 7SB.
Tel: +44 7935 567 401 • otyetsfoma@btinternet
Rev. Deacon Andrei Borisas, 14 Templecombe Way, Morden, SM4 4JG, Surrey.
Tel: +44 7876 474 358 • andrejusbor@gmail.com

Меттингхэмъ. Церковь Пресвятой Богородицы «Всѣхъ скорбящихъ Радости». Свящ. Антоній Вардсли, діаконъ Андрей Бондъ, діаконъ Маркъ Таттумъ-Смитъ.
Mettingham: The Church of the Mother of God 'Joy of All Who Sorrow'.
Low Road, Mettingham, Suffolk NR35 1TP.
Rev. Antony Bardsley, The Burrow, 43 Earsham Street, Bungay, Suffolk, NR35 1AF.
Tel: +44 1986 892 077 • +44 7500 927 571
Rev. Deacon Andrew Bond, The White House, Mettingham, Suffolk, NR35 1TP.
Tel +:44 1986 895 176
Rev. Deacon Mark Tattum-Smith, Long View, 38A Ravensmere, Beccles, NR34 9BE.
Tel: +44 1502 716 914 • tattumsmith@gmail.com

Норвичъ. Храмъ св. Благовѣрнаго князя Александра Невскаго. Свящ. Спасимиръ Ивановъ.
Norwich: Parish of St Alexander Nevsky, 134-138 Oak Street, Norwich, Norfolk NR3 3BP.
Rev. Priest Spasimir Ivanov, 20 Sandy Lane, Norwich NR1 2PB.
Tel: +44 7746 272 011 • frspasimir.norwich@gmail.com

Телфордъ. Миссія св. Чеда Личфилдскаго. Свящ. Спиридонъ Бейли.
Telford: Mission Parish of St Chad of Lichfield.
Meeting in St Nicholas Church, 18 Wellington Road, Muxton, Telford TF2 8NQ.
Rev. Spiridon Bailey, 3 Tecla, Llandegley, Llandrindod, Wells, LD1 5UF.
Tel: +44 1597 851 026 • fatherspyridonbailey@gmail.com

Челтенхамъ. Приходская община Святаго равноапостольнаго великаго князя Владиміра. Іеромонахъ Маркъ (Ундервудъ).
Cheltenham: Parish Community of the Holy Prince St Vladimir.
Lady Chapel, All Saints Church, All Saints Rd, Cheltenham, Gloucestershire GL52 2HG.
Web: russianchurchcheltenham.org.uk • Tel: +44 7467 510 339
Hieromonk Mark (Underwood), 21 New Road, Llanelli, Carmarthenshire, SAT4 8LS Wales.
Tel: +44 7593 239 947 • otetzmark@hotmail.com

Валзингхемъ. Всеправославная Часовня Живоноснаго Источника
Walsingham: Pan-Orthodox Chapel of the Life-Giving Spring.
A Pan-Orthodox Chapel on the grounds of the Walsingham Shrine, Walsingham, NR22 6BP.
Our Diocese serves in this Chapel on approximately a monthly basis. For details, contact:
Hieromonk Mark (Underwood), 21 New Road, Llanelli, Carmarthenshire, SAT4 8LS Wales.
Tel: +44 7593 239 947 • otetzmark@hotmail.com

БЕЛЬГІЯ / BELGIUM:

Брюссель. Храмъ св. прав. Іова Многострадальнаго, въ память св. Царя-Мученика Николая II, Царской Семьи и всѣхъ въ смутѣ убіенныхъ. Настоятель — Епископъ Ириней, прот. Леонидъ Грилихесъ, свящ. Василій Орѣховъ.
Brussels: Eglise de Saint Job à la mémoire du Saint Tsar Martyr Nicolas II, la Famille Impériale et de toutes les victimes des troubles. 8, rue du Manoir (av. De Fré), B-1180 Bruxelles, Belgique.
Web: www.egliserussememorial.be
Archiprêtre Léonide Grilikhès, 8, rue du Manoir (av. De Fré), B-1180 Bruxelles.
Tel: +32 483 47 68 07 • grlen@mail.ru
Prêtre Vassili Orekhoff, 64, Chemin Bosquet del Vau, B-1420 Braine-l'Alleud.
Tel: +32 478 11 42 67 • pretrevassili.orekhoff@live.be

Брюссель. Церковь Воскресенія Христова. Прот. Стефанъ Веертсъ.
Brussels: Eglise de la Résurrection du Christ.
42, rue des Drapiers, B-1050 Bruxelles. Web: www.pravoslavie.be • Tel: +32 251 423 39
Archiprêtre Stefan Weerts, Rue des Drapiers 42-1, B-1050 Brussels.
Tel: +32 486 10 34 91 • rsw2000@yandex.ru

ИРЛАНДІЯ (республика) / IRELAND (Republic of):

Страдбалли. Храмъ св. Колмана. Свящ. Сергій Мироненко.
Stradbally: St Colman's Orthodox Church.
Stradbally Hall, Stradbally, County Laios, Eire. Tel: + 353 50 225 160
Rev. Sergey Mironenko, 15 Gort Na Greine, Ballinabranna, Co. Carlow R93 K188, Eire.
Tel: +353 86 190 6005 • mirsergey1@gmail.com
V. Rev. Peter Baulk, c/o London Cathedral, 57 Harvard Rd, London, W4 4ED.
Tel: +44 7590 336 020 • pbaulk@aol.com

ИСПАНІЯ / SPAIN:

Аликанте. Приходъ преп. Симіона Новаго Богослова и св. Иннокентія Московскаго. Прот. Оссиосъ Ферреръ.
Alicante: Parroquia de San Simeón Nuevo Teólogo y S. Innokentii de Moscú.
Calle Tato 6, 03005 Alicante.   Web: https://sites.google.com/view/parroquiaortodoxaalicante/
V. Rev. Ossios Ferrer   Tel: 602 484 956 • padreosio47@gmail.com

Елче. Миссія преп. Серафима Саровскаго и св. Викентія. Прот. Оссіосъ Ферреръ.
Elche: Misión parroquial ortodoxa de San Serafín de Sarov y San Vicente Mártir.
Carrer Antonio Machado, 63, Elche.
V. Rev. Ossios Ferrer   Tel: 602 484 956 • padreosio47@gmail.com

ИТАЛІЯ / ITALY:

Санъ-Ремо. Храмъ Христа Спасителя, святой великомученицы Екатерины и преп. Серафима. Свящ. Діонисій Байковъ.
San Remo: Church of Christ the Saviour, St Katherine and St Seraphim.
Via Nuvoloni, 2, 18038 Sanremo IM, Italy.
Web: www.chiesarussasanremo.it • Tel: +39 0184 531 807
Rev. Dionysi Baikov   Tel: +39 327 705 5806 • baikovdenn@gmail.com

Флоренція. Приходъ Рождества Христова и св. Николая Чудотворца. Прот. Георгій Блатинскій, свящ. Олегъ Цурканъ.
Florence: Parish of the Nativity of Christ and St Nicholas.
Via Leone X, 8 - 50129 Firenze FI, Italy.   Web: www.chiesarussafirenze.org
V. Revd. Georgiy Blatinsky   Tel: +39 348 277 6694 • yblatinskiy@icloud.com

Бари. Храмъ св. Николая Мѵръ Ликійскихъ чудотворца и церковь св. Спиридона Тримифунтскаго чудотворца. Подворье Западно-Европейской епархіи. Настоятель — Епископъ Ириней.
Bari: Chiesa Russa Ortodossa di San Nicola, Corso Benedetto Croce 130, 70125 Bari.
Tel: +39 389 649 22 84

ЛЮКСЕМБУРГЪ / LUXEMBOURG:

Люксембургъ. Церковь свв. апп. Петра и Павла. Свящ. Георгій Машталеръ.
Luxembourg: Eglise des Saints Apôtres Pierre et Paul.
10, Rue J.-P. Probst, Luxembourg L-2352.
Prêtre Georges Machtalère, 4, rue de Bragance, L-1255 Luxembourg.
Tel: +352 661 113 437 • gmachtalere@hotmail.com

НИДЕРЛАНДЫ (ГОЛЛАНДІЯ) / THE NETHERLANDS:

Амстердамъ. Община преп. Маріи Египетской. Окормляется духовенствомъ епархіи.
Amsterdam: Communauté Sainte Marie l'Egyptienne.
Oosteinclweg. 394, 1432 BG Aalsmeer, Holland.   Served by Diocesan Clergy.
Contact: John Andersen, Nicolaas Beetsstraat 112-2-1054 XT Amsterdam, Holland.
Tel: +31 644 488 537 • rocorned@gmail.com

Арнемъ. Церковь Покрова Пресв. Богородицы. Приходъ временно не обслуживается.
Arnhem: Eglise de la Protection de la Mère de Dieu.
Amsterdamsche Weg 96, NL-6814 G G Arnhem, Holland.

СѢВЕРНАЯ ИРЛАНДІЯ / NORTHERN IRELAND:

Белфастъ. Церковь свят. Іоанна Шанхайскаго и Санъ-Францисскаго.
Belfast: The Orthodox Church of St John of Shanghai.
202-204 Antrim Rd, Belfast, BT15 2AN - Northen Ireland.

Served by V. Rev. Archpriest Paul Elliott, 58 Shrewsbury Rd, Prenton, Wirral, CH43 2HY.
Tel. +44 7926 194 031 • frpaulelliott@aol.com

УЭЛЬС / WALES:

Кардиффъ. Церковь Казанской иконы Божіей Матери. Іеромонахъ Маркъ (Ундервудъ), прот. Лука Холдэнъ.
Cardiff: Church of the Kazan Icon of the Mother of God.
The University Church, Nazareth House, Colum Road, Cardiff CF10 3UN.
Web: russianorthodoxchurchcardiff.co.uk • russianorthodoxcardiff@gmail.com
Hieromonk Mark (Underwood), 21 New Road, Llanelli, Carmarthenshire, SAT4 8LS Wales.
Tel: +44 7593 239 947 • otetzmark@hotmail.com
Archpriest Luke Holden, 11 New Road, Dafen, Llanelli, Carmarthenshire, SA14 8LS Wales.
Tel: +44 7895 991 056 • occwales@yayoo.co.uk

Ланефли. Часовня св. Давида и св. Николая. Іеромонахъ Маркъ (Ундервудъ).
Llanelli: Chapel of St David and St Nicholas.
11 New Road, Dafen, Llanelli, Carmarthenshire SA14 8LS.
Hieromonk Mark (Underwood), 21 New Road, Llanelli, Carmarthenshire, SAT4 8LS Wales.
Tel: +44 7593 239 947 • otetzmark@hotmail.com
Archpriest Luke Holden, 11 New Road, Dafen, Llanelli, Carmarthenshire, SA14 8LS Wales.
Tel: +44 7895 991 056 • occwales@yayoo.co.uk

ФРАНЦІЯ / FRANCE:

Аннэси. Община всѣхъ святыхъ. Окормляется духовенствомъ епархіи. Отвѣтственный — Лидія Георгіевна Юзбашева.
Annecy: Communauté de Tous les Saints.
12, place Notre Dame, F-74000 Annecy.
Responsable: Lydia Yuzbashev, 21, avenue du Stade, F-74000 Annecy.
Tel: +33 450 088 571 • marina_oganova@mail.ru

Виши. Церковь свв. апп. Петра и Павла. Прот. Квентин де Кастельбажакъ.
Vichy: Eglise des SS apôtres Pierre et Paul.
Archiprêtre Quentin de Castelbajac, 239, rue Emile-Zola, F–69210 L'Arbresle.
Tel: +33 608 34 18 16 • quentindecastelbajac@orange.fr

Ліонъ. Церковь св. Іоанна Русскаго, исповѣдника. Прот. Квентинъ де Кастельбажакъ.
Lyon: Eglise Saint Jean le Russe.
4, Petite rue de la Viabert, F-69006 Lyon, France.
Web: www.paroissestjeanlerusse.fr • saintjeanlerusse@gmail.com
Archiprêtre Quentin de Castelbajac, 239, rue Emile-Zola, F–69210 L'Arbresle.
Tel: +33 608 34 18 16 • quentindecastelbajac@orange.fr

Марсель. Храмъ св. велмуч. Георгія. Приходъ временно не обслуживается.
Eglise Saint Georges, Marseilles. 16, rue Clapier, F-13001 Marseille, France.

Медонъ. Церковь Воскресенія Христова. Прот. Михаилъ Гудковъ, діак. Александръ Болдыревъ. На покоѣ — Архіепископъ Михаилъ.
Meudon: Eglise de la Résurrection du Christ.
8, rue des Bigots, F-92190 Meudon, France.
Web: egliseorthodoxerussemeudon.wordpress.com
Archiprêtre Michel Goudkoff, 24, rue Maurice-Reichsteiner, F-95100 Argenteuil, France.
Tel: +33 637 97 41 15 • michel.goudkoff@gmail.com

Ментонъ. Церковь иконы Божіей Матери «Всѣхъ скорбящихъ Радости». Іерей Евгеній Никитинъ.
Menton: Eglise de l'icône de la Mère de Dieu «Joie de tous les Affligés».
14, rue Paul-Morillot, F-06500 Menton, France.
Rev. Evgeny Nikitin, 2,route de Gorbio, 06500 Menton, France.
                                    Tel: +33 755 04 96 30 • o.evgeny.nikitin@gmail.com

Нильванжъ. Церковь Св. Троицы - Св. Николая.
Eglise de la Sainte-Trinité - Saint Nicolas, 22 rue de Verdun, F-57240 Nilvange, France.

Парижъ. Церковь всѣхъ Святыхъ въ землѣ Россійской просіявшихъ. Приходъ временно не обслуживается.
Paris: Eglise de Tous les Saints glorifiés en Terre Russe, 19, rue Claude Lorrain, 75016 Paris.

По. Церковь св. благ. кн. Александра Невскаго. Окормляется духовенствомъ епархіи. Староста: Ольга Почиталова.
Pau: Eglise Saint Alexandre Nevsky. 18, rue Jean-Réveil, 64000 Pau.
Served by clergy of the Diocese. Marguillier: Olga Potchitaloff
                                  Tel: +33 559 02 58 46 • paul.pochitaloff@bbox.fr

Руанъ. Община свят. Іоанна, Архіепископа Шанхайскаго и Санъ-Францисскаго. Служба разъ въ мѣсяцъ. Служитъ прот. Михаилъ Гудковъ.
Rouen: Communauté de Saint Jean, Archevêque de Changhai et de San-Francisco.
Ile Lacroix 8, rue de l'Industrie 76000, Rouen, France.
                              michel.goudkoff@gmail.com • Tel: 33 (0) 6 37 97 41 15
Archiprêtre Michel Goudkoff, 24, rue Maurice-Reichsteiner, F-95100 Argenteuil, France.
                                Tel: +33 637 97 41 15 • michel.goudkoff@gmail.com

ШВЕЙЦАРІЯ / SWITZERLAND:

Базель. Церковь Святителя Николая. Свящ. Павелъ Голинскій.
Basel: Kirche des Hl Nikolai. Amerbachstr. 72, Hammerstri. 167, 4057 Basel.
Prêtre Pavel Golynsky, Bäumelweg 6, Grenzach-Wyhlen, 79639 Deutschland.
                                  Tel: +41 762 29 67 55 • pavel.golynsky@gmail.com

Бернъ. Свято-Троицкая церковь. Свящ. Іоаннъ Чуринъ.
Bern: Eglise de la Sainte-Trinité.
Postgasse 62, CH-3011 Bern.   Web: russischekirchebern.ch
Prêtre Ioan Ciurin, rue Joseph Piller 4, CH-1700 Fribourg.
                                  Tel: +41 76 264 48 34 • ciurinioan@yahoo.com

Вевей. Церковь св. великомуч. Варвары. Настоятель — Епископъ Александръ, протодіаконъ Михаилъ Верна.
Vevey: Eglise Sainte Barbara (Seat of the Diocesan Vicar Bishop).
12, rue des Communaux, 1800 Vevey.
Rt. Revd. Bishop Alexander of Vevey, 12, rue des Communaux, CH-1800 Vevey.
                                  Tel. +41 78 244 72 72 • episkop.aleksandr@orthodoxie.ch
Protodiacre Michel Vernaz, Chemin Neuf 15, CH-1028 Préverenges.
                                  Tel: +41 79 250 19 05 • protodiacremichel@orthodoxie.ch

Женева. Крестовоздвиженскій каѳедральный соборъ. Настоятель — Епископъ Ириней Лондонскій и Западно-Европейскій. Священнослужители: митрофорный прот. Павелъ Цвѣтковъ, митрофорный прот. Емиліанъ Починокъ, архидіаконъ Дометіанъ Рѣдко, протодіак. Георгій Жоннере, діаконъ Владиміръ Свистунъ. На покоѣ: протодіак. Петръ Фигурекъ.
Geneva: Cathédrale de l'Exaltation de la Sainte Croix.

9, rue Toepffer, CH-1206 Genève, Suisse. Web: www.egliserusse.ch
Archiprêtre mitré Paul Tzvetkoff, 17, rue Garennes F-74100 Ville le Grand, France.
Tel: +41 79 740 25 06
Archiprêtre mitré Emilian Pocinoc, 76, Chemin de la Gr. Pièce, FR- 74100 Étrembières, France.
Tel: +41 76 223 02 49 • emilian.pocinoc@gmail.com
Archidiacre Dometien Redko, 25, route D'Etrembieres, FR-74100 Annemasse, France.
Tel: +41 78 658 42 77 • redco.dumitru@gmail.com
Protodiacre Georges Jonneret, 18, rue Jean Jaquet. CH- 1201 Genève.
Tel: +41 79 291 37 03
Diacre Vladimir Svistun, 27, Prevost-Martin, CH-1205 Genève.
Tel: +41 76 268 71 66 • svistun@hotmail.com

Лейзенъ. Домовая церковь св. велмуч. Пантелеимона.
Обслуживается причтомъ изъ Женевы.
Maison "Riant-Val", CH-1854 Leysin. Tel: +41 244 94 28 60

Цюрихъ. Покровская церковь. Прот. Петръ Штурмъ.
Zurich: Kirche Hl. Pokrov.
Haldenbachstrasse 2, CH-8006 Zürich. Web: www.pokrov.ch
Erzpriester Peter Sturm, Engi, CH-9533 Kirchberg.
Tel/Fax: +41 71 923 53 15 • v.peter.sturm@gmx.ch

Азія - Asia
Церкви, непосредственно подчиненныя Предсѣдателю Архіерейскаго Синода

Русская Духовная Миссія въ Іерусалимѣ — Русской Православной Церкви Заграницей.
Начальникъ Миссіи и настоятель всѣхъ храмовъ обителей Миссіи — архимандритъ Романъ (Красовскій). Братія Миссіи: архимандриты: Василій (Дружинецъ) и Иннокентій (Середа); іеромонахи: Іона (Галишниковъ) и Мисаилъ (Мининъ); іеродіаконъ Герасимъ (Котовскій), діаконъ Вячеславъ Батальскій; монахъ Харитонъ (Буровъ), рясофорные-монахи: Авениръ (Заруцкій) и Кипріанъ (Холинъ). Приписной: священникъ Романъ Гультяевъ. На покоѣ — архимандритъ Серафимъ (Бобичъ).
The Russian Ecclesiastical Mission in Jerusalem
of the Russian Orthodox Church Outside of Russia, Convent of the Holy Ascension, 9-7 Rub'a el Adawiya St., A-Tur, Jerusalem
Postal address: P.O. Box 20164, Jerusalem 91200, Israel jerusalem-mission.org
V. Rev. Archimandrite Roman (Krassovsky) - Head of the Mission,
P.O. Box 20164, Jerusalem 91200, Israel.
Tel: 972 (2) 628-30-88 • (54) 394 0858 • otetsroman@yahoo.com
V. Rev. Archimandrite Vasily (Druzhinets), P.O. Box 20164, Jerusalem 91200, Israel.
Tel: 972 54 460 7328 • missioneleon@mail.ru
V. Rev. Archimandrite Innokenty (Sereda), P.O. Box 20164, Jerusalem 91200, Israel.
Tel: 972 55 665 2871 • ssinnokentiy@gmail.com
Rev. Hieromonk Iona (Galishnikov), P.O. Box 20164, Jerusalem 91200, Israel.
Tel: 972 54 324 3622
Rev. Hieromonk Misail (Minin), P.O. Box 19229, Jerusalem 91191, Israel,
Tel: 972 55 987 6051 • nika.i.h.amin@gmail.com
Hierodeacon Gerasim (Kotovsky), P.O. Box 20164, Jerusalem 91200, Israel.
Tel: 972 53 203 1409 • yurikotovsky@hotmail.com
Deacon Vyacheslav Batalsky, P.O. Box 20164, Jerusalem 91200, Israel.
Tel: 972 54 742 5421
Rev. Priest Roman Gultiaev, P.O. Box 20164, Jerusalem 91200, Israel.
Tel: 972 54 482 3459 • romrom3@gmail.com

Monk Hariton (Burov), P.O. Box 19771, Jerusalem 91200, Israel.
Tel: 972 52 539 9075

Судныя Врата, съ храмомъ св. бл. кн. Александра Невскаго. Обслуживается духовенствомъ миссіи.
St. Alexander's Church at Excavations, Dabbagah St. 25, Jerusalem, Israel.

ОБИТЕЛИ МИССІИ / MONASTERIES OF THE MISSION

Елеонъ. Спасо-Вознесенскій женскій монастырь на вершинѣ г. Елеонской. Настоятельница — игуменія Варвара (Новикова), намѣстница — монахиня Рафаила. На покоѣ: — игуменія Моисея (Бубнова).
Russian Convent of the Ascension of Christ on the Mt. of Olives, 9-7 Rub'a el Adawiya St., A-Tur, Jerusalem.
Postal address: P.O. Box 19229, Jerusalem 91191, Israel.
Tel: 972 (2) 628 4373 • Fax: 972 (2) 628 2367 • eleon.monastery@outlook.com
Abbess Barbara (Novikova): Tel: 972 54 211 8906
Abbess Moisseia (Bubnova): Tel: 972 52 524 4053 • abbess.moisseia@gmail.com

Геѳсиманія. Женская обитель съ храмомъ св. равноап. Маріи Магдалины въ Геѳсиманскомъ Саду. Настоятельница — игуменія Елизавета (Шмельцъ).
Gethsemane Convent, P.O. Box 19238, Jerusalem, 91191 Israel — russgefsimania.com
Abbess Elisabeth (Smelic)
Tel: 972 (2) 628-43-71 • Fax: 972 (2) 628-63-81 • abbessee@yahoo.com

Виѳанія. Община Воскресенія Христова и Православная школа для дѣвочекъ, съ храмомъ св. прав. Лазаря четверодневнаго и пещерой св. Николая, Мѵръ-Ликійскихъ чуд. Старшая сестра и завѣдующая школы — инокиня Марѳа (Уаллъ).
Bethany School, P.O. Box 20607, Jerusalem 91205, Israel.
Sister Martha (Wall) Tel: 972 (2) (0) 52 804 0977• Fax: 972 (2) 279-88-40
School: 972 (2) 279-97-97 • bethany.girls.school@gmail.com

Фара. Монастырь на мѣстѣ Лавры преп. Харитона исповѣдника. Пещерный храмъ преп. Харитона исповѣдника и храмъ святителя Николая чудотворца. Монахъ Харитонъ (Буровъ).
Tel: 972 (0) 52 539 9075
Wadi Faran. Monastery of St. Chariton,
Monk Hariton (Burov), P.O. Box 19771, Jerusalem, 91200 Israel

Іерихонъ. Часовня св. пророка и предтечи Іоанна на мѣстѣ исцѣленія слѣпыхъ. Инокиня Параскева (Пасечникъ).
Jericho. Chapel of St. John the Forerunner P.O. Box 20164, Jerusalem 91700, Israel.
Sister Parasceva (Pasechnik) Tel: 972 (0) 52 964 5527

Іорданъ-рѣка. Часовня на прибрежномъ участкѣ Миссіи.

ТУРЦІЯ/ TURKEY

Истамбулъ. Храмъ св. апостола Андрея Первозваннаго.
Адресъ: Mumhane caddesi No. 63, Karakoy, Istambul, Turkije.

ЮЖНО-АМЕРИКАНСКАЯ ЕПАРХІЯ
The South American Diocese

Епископъ Іоаннъ, Каракасскій и Южно-Американскій.
  Su Eminencia Obispo Juan, Nuñez 3541, 1430 Buenos Aires, Argentina
  Tel/Fax: (11) 4541-7691 • episkop.ioann@gmail.com
Епархіальное управленіе: Nuñez 3541, 1430 Buenos Aires, Argentina Tel: 54 (11) 4541-7691
Епархіальный Совѣтъ: Предсѣдатель — Епископъ Іоаннъ. Прот. Павелъ Волковъ, отъ мірянъ — Е. Анциборъ.

АРГЕНТИНА/ ARGENTINA
Буэносъ—Айресъ

Воскресенскій каѳедральный соборъ. Настоятель — Епископъ Іоаннъ. Протодіаконъ Николай Радышъ, іерей Борисъ Гладышевъ, іерод. Игнатій. Tel: 54 (11) 4541-7691
  Catedral Ortodoxa Rusa de la Resurrección, Nuñez 3541, 1430 Buenos Aires, Argentina.
  Rev. Nicolas Radysh   Tel: 54 (11) 4825-9973
  Rev. Boris Gladyshev   Tel: 54 (15) 6913-2214
Св.-Сергіевская церковь. Настоятель — ваканція.
  Iglesia Ortodoxa Rusa San Sergio, San Lorenzo 155, 1653 Villa Ballester, Buenos Aires.
Св.-Владимірская церковь. Настоятель — ваканція.
  Iglesia Ortodoxa Rusa de San Vladimiro, San Martin 344, 1653 Villa Ballester, Buenos Aires.
Покровская церковь. Исполн. должность настоятеля преп. Игорь Булатовъ.
  Iglesia Ortodoxa Rusa de la Virgen del Amparo, Anchorena 665, 1834 Temperley, Buenos Aires.
  Rev. Igor Bulatov, Estados Unidos 829, ler piso, Depto 5, 1101 Buenos Aires
                                                               Tel: 54 (11) 4300-0318
Св.-Гермогеновская церковь. Прот. Игорь Булатовъ.
  Iglesia Ortodoxa Rusa de San Germogen,
  Velez Sarsfield y Lavalleja, Colonia Rusa 1, 1878 Quilmes, Buenos Aires.
  Rev. Igor Bulatov, Estados Unidos 829, ler piso, Depto 5, 1101 Buenos Aires Tel: 54 (11) 4300-0318

Св.-Троицкій соборъ. Настоятель — ваканція.
  Calle Brasil 315, 1154 Buenos Aires, Argentina.

Церковь Всѣхъ святыхъ въ Россіи просіявшихъ. Настоятель — ваканція.
  Iglesia Ortodoxa Rusa de Todos los Santos de Rusia, Malabia 1253, Villa Ariza, 1714 Ituzaingó, Buenos Aires.   Tel: 54 (11) 4768-5476

Церковь и Усыпальница преп. Іоанна Многострадальнаго Печерскаго. Управляющій Усыпальницей — ваканція.
Церковь въ память Страшнаго Суда.

Кордоба
Св.-Никѣюзжонннеклаевская часовня. Настоятель — ваканція.
  Capilla Ortotrtrdoxa Rusalk San Nicolás, Villa El Descanso, 5189 La Bolsa, Córdoba.

Провинція Місіонесъ
Тресъ Капонесъ. Храмъ Покрова Пресвятой Богородицы. Настоятель — ваканція.
Обера. Храмъ Воздвиженія Креста Господня. Настоятель — ваканція.
Санъ Исидро. Церковь св. велмуч. Димитрія Солунскаго. Настоятель — ваканція.

Провинція Ріо Негро
Баралочи. Община св. равноап. кн. Владиміра. Настоятель — ваканція.
  Peninsula San Pedro, San Carlos de Bariloche, Prov. de Neuquen, Argentina

БРАЗИЛІЯ/ BRAZIL

Нитерой. Покровская церковь. Настоятель — ваканція.
Адресъ церкви: **Paroquia da Protecao de Nossa Senhora**
Av. An. Nilo Pecanha, 87 - Saco São Francisco CEP Niteroi - R.J. - Brasil

<u>Санъ Пауло</u>. **Св.-Николаевскій соборъ.** Настоятель — ваканція.
Paroquia da Catedral Ortodoxa de São Nicolau.
Rua Tamandaré 710, CEP 01525-000, São Paulo S.P., Brasil.

<u>Санъ Пауло-Вила Алпина</u>. **Св.-Троицкій храмъ.** Настоятель — ваканція.
Paroquia da Santissima Trindade. Rua Paratinguara 151,
CEP 03209-040, Vila Alpina — São Paulo, S.P.

<u>Санъ Пауло-Вила Зелина</u>. **Покровская церковь.** Настоятель — ваканція.
Paroquia da Proteção de Nossa Senhora.

<u>Санъ Пауло-Индіанополисъ</u>. **Церковь преп. Сергія Радонежскаго.** Настоятель — ваканція.
Paroquia de São Sergio Radonejky.
Rua Gaivota 898, CEP 04522-032, Indianópolis, Sáo Paulo, Brasil

<u>Санъ Пауло-Карапикуиба</u>. **Храмъ преп. Серафима Саровскаго.** Настоятель — ваканція.
Paroquia de São Serafim de Sarov.

<u>Санъ Пауло-Педрейра</u>. **Покровскій храмъ.** Настоятель — ваканція.
Paroquia de Nossa Senhora da Protecão. Rua Mariana Borges 229, CEP 04463-190, Balneario Mar Paulista, São Paulo, S.P. Brasil.

ВЕНЕСУЭЛА / VENEZUELA

<u>Каракасъ.</u> **Соборъ Свят. Николая.** Епископъ Іоаннъ. Прот. Павелъ Волковъ - ключарь.
Los Dos Caminos, 1-ra Transversal c/ Av. Avila, Caracas 1071, Venezuela.
Rev. Pablo Volkov   Tel: 58 (212) 977-28-83
Av. P-pal del Bosque, Edif. Dampater, ap. 7B, Chacaito, Caracas, Venezuela.

<u>Каракасъ</u>. **Храмъ Успенія Пресвятой Богородицы.** Свящ. Кириллъ Жолткевичъ.
Адресъ храма: Calle Guayaquil 16, Alta Vista, Catia, Caracas 1030.   Tel: 58 (2) 862-42-38
Rev. Kiril Joltkevitch, Calle El Mirador, Qta. Maria, La Campiña, Caracas 1050, Venezuela
                                                         Tel: 58 (212) 730-61-08

<u>Каракасъ</u>. **Храмъ Покрова Пресвятой Богородицы.** Окормляется духовенствомъ Николаевскаго собора. Адресъ храма: Calle Del Club 23, Alta Vista, Catia, Caracas 1030.

<u>Валенсія</u>. **Храмъ Знаменія Божіей Матери.** Свящ. Кириллъ Жолткевичъ.
Arvelo 10240, Santa Rosa, Valencia, Edo Carabobo.   Tel: 58 (212) 977-28-83
Rev. Kiril Joltkevitch, Calle El Mirador, Qta. Maria, La Campiña, Caracas 1050, Venezuela
                                                         Tel: 58 (212) 730-61-08

<u>Маракай</u>. **Церковь свв. первоверх. апп. Петра и Павла.** Приписанъ къ храму въ Валенсіи. Окормляется духовенствомъ Николаевскаго собора.
Barrio Libertad, Av. Girardot No. 88, Maracay, E-do Aragua.

<u>Баркисименто</u>. **Храмъ свят. и чудотв. Николая.** Окормляетъ свящ. Кириллъ Жолткевичъ.
Carrera 17, con Calle 12-13, Barquisimento, E-do Lara.

ПАРАГВАЙ / PARAGUAY

<u>Асунсіонъ</u>. **Покровская церковь.** Настоятель — Епископъ Іоаннъ,
іеромонахъ Павелъ (Журавскій)
Iglesia Ortodoxa Rusa de la Virgen del Amparo,
Hieromonje Pablo, Nuestra Señorade la Asunción 1143, Asunción, Paraguay.   Tel: (21) 445-708

<u>Энкарнасіонъ</u>. **Св.-Николаевская церковь.** Настоятель: ваканція.

Iglesia Ortodoxa Rusa de San Nicolás
General Artigas 194 (Ex Carlos A. Lopez), Encarnación, Paraguay.

УРУГВАЙ/ URUGUAY

Монтевидео. Воскресенская церковь. Настоятель — ваканція.
Iglesia Ortodoxa Rusa de la Resurrección   Tel: 598 (2) 91713639
       Ramón del Valle Inclán 2761, esq. Colorado, Montevideo, Uruguay.

Монтевидео. Домовая церковь Богоявленія Господня. Настоятель прот. Алексѣй Демидовъ.
Rev. Alexey Demidov   Tel: (598) 91713639
Uruguay, Montevideo 11300, José Ellauri 819, a. 201.

ЧИЛИ/ CHILE

Консепсіонъ. Община преп. Силуана Аѳонскаго. Свящ. Алексій Аедо Вилюгронъ.
Misión Ortodoxa "San Siluan del Monte Athos".
Estadio Árabe. La Alhambra s/n Chiguayante. Concepión. Chile
       misionortodoxa@gmail.com • www.freewebs.com•san_siluan
Rev. Alex V. Aedo Vilugrón, Carrera Pinto 2010 Ñuñoa, Santiago, Chile
       Tel: 56 (2) 356-5319 • Cell: 56 (09) 9426-3532 • atietalex@gmail.com

Сантьяго. Храмъ Св. Троицы и Казанской иконы Божіей Матери. Настоятель — ваканція.
Avenida Holanda 3576, Santiago, Chile.   Tel: 56 (2) 995 055 983
Diacono Roberto Leon Ramirez, tel. 950 244286

Сантьяго. Община святителя Нектарія, еп. Пентапольскаго. Свящ. Алексій Аедо Вилюгронъ.
       www.freewebs.com•san_nectario
Parroquia Ortodoxa "San Nectario de Pentápolis"
Rev. Alex V. Aedo Vilugrón, Carrera Pinto 2010 Ñuñoa, Santiago, Chile
       Tel: 56 (2) 356-5319 • Cell: 56 (09) 9426-3532 • atietalex@gmail.com
Diacono Roberto Leon Ramirez   Tel. 950 244286

Пуэнте Альто (пров. Сантьяго). Православное русское кладбище. Зарегистрировано какъ религіозное благотворительное общество. Предсѣдатель кладбищенскаго общества — Константинъ Николаевичъ Акентіевъ.

АВСТРАЛІЙСКО-НОВОЗЕЛАНДСКАЯ ЕПАРХІЯ
The Diocese of Australia and New Zealand

Митрополитъ Иларіонъ, Архіепископъ Сиднейскій и Австралійско-Новозеландскій.
The Most Rev. Metropolitan Hilarion,   Tel: 61 (0) (2) 9747-5892 • 61 (0) (2) 9747-2301
20 Chelmsford Ave., P.O. Box 38, Croydon, NSW 2132, Australia
       Fax: 61 (0) (2) 9747-5109

Епископъ Георгій Канберрскій, викарій Австралійско-Новозеландской епархіи.
The Right Rev. Bishop George of Canberra,
    20 Chelmsford Ave., Croydon, NSW 2132, Australia
       Tel: (02) 9747-5892; cell: 0412 535 120 • bpgeorges@gmail.com

Епархіальный Совѣтъ: Предсѣдатель — Митрополитъ Иларіонъ, Еп. Георгій, вице-предсѣдатель. *Члены Совѣта: отъ духовенства* — Митроф. прот. Михаилъ Протопоповъ, прот. Николай Карыповъ, прот. Гавріилъ Макаровъ, прот. Георгій Лапардинъ, прот. Петръ Хилъ, протодіак. Александръ Абрамовъ, протодіак. Александръ Котляровъ, діак. Василій Константинидисъ. *Отъ мірянъ:* Іулія Карелъ, Николай Куликовъ.

Diocesan Administration of the Russian Orthodox Church Outside of Russia
in Australia and New Zealand,   Tel: 61 (0) (2) 9747-5892 or 61 (0) (2) 9747-2301
P.O. Box 38, Croydon, NSW 2132, Australia.   Fax: 61 (0) (2) 9747-5109
anzdiocese@iinet.net.au • www.rocor.org.au

БЛАГОЧИННИЧЕСКІЕ ОКРУГИ

1. Штатъ Но. Юж. Уэльсъ — благочинный прот. Никита Чемодаковъ.
2. Штатъ Квинслендъ — благочинный прот. Гавріилъ Макаровъ.
3. Штатъ Викторія — благочинный прот. Михаилъ Протопоповъ.
4. Новая Зеландія — благочинный прот. Владиміръ Бойковъ.
5. Индонезія — благочинныйархим. Даніилъ (Бамбангъ Дви Бянторо)

АВСТРАЛІЯ / AUSTRALIA

Аделаида, Ю.А. Храмъ Св. Николая Чудотворца. Прот. Владиміръ Дѣдюхинъ, діаконъ Павелъ Токаревъ.
    St. Nicholas Church, 41-42 Greenhill Road, Wayville (Adelaide), S.A. 5034
    V. Rev. Vladimir Deduhin, 9 Short Street, Wayville, S.A. 5034
                                               Tel: 61 (0) (8) 8271-2653 • deduhins@internode.on.net
    Rev. Deacon Paul Tokareff, PO Box 3446 Norwood, SA 5067
                                               Tel. 0416223885 • paul.tokareff@gmail.com

Аделаида, Ю.А. Храмъ св. новомученицы Елизаветы.
    Saints Elizabeth and Barbara Orthodox Church. Jade Crescent and Hay street, Happy Valley, SA 5159
    Rev. Barnabas Jellings, c/o 18 Renwick St., Flagstaff Hill, SA 5159
                                               Tel: (08) 8270 5056 • brjellings@bigpond.net
    Rev. Deacon Daniel Jellings, 17 Kakada Dr., Morphett Vale, SA 5162
                                               Tel: 0438899316 • djellings@gmail.com

Бомбала, Н.Ю.У. Спасо-Преображенскій скитъ. Настоятель — архим. Алексій (Розентулъ), іером. Макарій (Эриксонъ), іером. Евѳимій (Саморуковъ).
    Holy Transfiguration R. O. Monastery, Archimandrite Alexei (Rosentool), Rev. Hieromonk Makarius (Erikson), Hieromonk Evfimy (Samorukoff).
    Richardson's Road, Bombala, NSW 2632
                               Tel: 61 (0) (2) 6458 3009 • htmonastery@holytransfigurationmonastery.org.au

Бонгарби, Н.Ю.У. Введенская женская монашеская община. Игуменія Анна (Карыпова).
    Presentation Sisterhood, V. Rev. Abbess Anna (Karipoff),
    Rennie's Road, Bungarby, NSW 2630   Tel: 61 (0) (2) 6453-6272**Брисбенъ, Квинсл. Св.-Николаевскій каѳедральный соборъ.** Прот. Гавріилъ Макаровъ, діаконъ Владиміръ Бигданъ.
    St. Nicholas Cathedral, 344 Vulture St., Kangaroo Point, Brisbane, Qld 4169
                                                      Tel: 61 (0) (7) 3391-2137
    V. Rev. Gabriel Makarov (address of cathedral)
                               Tel:/Fax: 0419308338 • frgabmak@gmail.com
    Rev. Deacon Vladimir Bigdan,   Tel. 0438 141 989 • vladimir.bigdan@gmail.com
    Rev. John Weir, 14a Douglas St. Rocklea, Qld, 4102 tel: 0438007837 rev.john.weir@rocor.org

Брисбенъ, Квинсл. Благовѣщенскій храмъ. Богослуженія на англійскомъ языкѣ. Іерей Андрей Смитъ, діаконъ Матѳей Уайтъ.
    Orthodox Church of the Holy Annunciation, 163 Park Road, Woolloongabba, Qld. 4102
    Services are in English   holyannunciation.net
    Rev. Andrew Smith, 163 Park Road, Woolloongabba, Qld. 4102
                                                Tel: 0450 078 882 • frandrew@holyannunciation.net

Брисбенъ, Квинсл. Храмъ Св. Серафима Саровскаго. Свящ. Гавріилъ Лапардинъ, приписной — архимандритъ Ѳеодосій (Клэръ).
    St. Seraphim Church, 60 Hawthorne St., Woolloongabba, Qld. 4102
                                                     roq.org.au • st-seraphims-parish.html
    Rev. Gabriel Lapardin, 12 St. Clair Cres, Wishart, Qld., 4122
                                                 Tel: 61 (0) (7) 3219-1575 • glapa1@outlook.com
    Archimandrite Theodosius, 60 Hawthorne St., Woolloongabba, Qld. 4102
                                                 Tel: 0432 688928 • geoffreyclare@gmail.com

Брисбенъ-Роклеи, Квинсл. Богородице-Владимірскій приходъ. Свящ. Александръ Бородинъ, приписной — свящ. Іоаннъ Виръ.
    Our Lady of Vladimir Church, 14A Douglas Str., Rocklea, Qld 4106
                                     www.roq.org.au/vladimir-icon-of-the-mother-of-god.html
    Rev. Alexander Borodin, 81 Tarragindi Road, Tarragindi, Qld. 4121
                                                   Tel: 0447 289381 • amborodin@gmail.com
    Rev. Deacon Matthew White, 109 Railway Pde, Darra Qld 4076
                                          Tel: 07 3217 0029 • frmatthew@holyannunciation.net

Варнамбулъ, Викторія. Община Свв. Отцовъ. Обслуживаетъ духовенство благочинія шт. Викторіи. Староста — Іоанна Маликова.
    Holy Fathers Community, Frank St., Allansford, Vic. 3277
    c/o Joan Malikoff (Church Warden), 15 Roslyn Close, Warrnambool, Vic. 3280.
                                                                 Tel: 61 (0) (3) 5562-4925

Воллонгонгъ, Н.Ю.У. Успенская община. Свящ. Симеонъ Некипѣловъ.
    Holy Dormition Community, 61 Wilford St., Corrimal, Woollongong, NSW 2500.
    Fr. Dionysios Halim, P.O. Box 321, Leumeah, NSW 2560
                                        Tel: 2560, 0458163 881 • dionysius_sh@yahoo.com.au

Ганнингъ, Н.Ю.У. Миссія для австралійскихъ туземцевъ.
    St. John Orthodox Indigenous Community
    50 Grosvenor St., P.O. Box 55, Gunning, NSW 2581
    Твидъ Хэдсъ Н.Ю.У.

Св.-Кирилло-Меѳодіевская община / Приходъ Св. Блаженной Ксеніи Петербургской. Іерей Александръ Парамоновъ, протод. Германъ Полоротовъ.
    Sts. Cyril and Methodius Community / Church of Blessed Xenia of Petersburg,
    5 Megan St., Tweed Heads South, NSW 2486   Tel: 61 (0) (7) 5578-600
    Rev. Alexander Paramonov, 113 KP McGrath Drive, Elanora, Qld. 4224
                                             Tel: 0421 670616 • fr.paramonov@gmail.com
    Rev. Protodeacon German Polorotov, 19 Monomeeth Ave., Bilambil Heights, NSW 2486
                                                    Tel: 0412-168-727 • xenmar@bigpond.com

Госфордъ, Н.Ю.У. Св.-Пантелеимовская церковь. Свящ. Іаковъ Карлесъ, діаконъ Мартинъ Нефъ.
    St. Panteleimon Church, Rev. James Carles, PO Box 123., Woy Woy, NSW 2256
                                         Tel: 0428 639 156 • rev.james.carles@rocor.org.au
    Deacon Martin Naef, 5 Pennant Ave., Gordon, NSW 2072
                                                     Tel: 0431 459582 • naefma4@gmail.com

Данденонгъ, Викторія. Успенская церковь. Митрофорный прот. Михаилъ Протопоповъ. Приписанъ — свящ. Іоаннъ Димитровъ, свящ. Алексій Жуковъ, діак. Павелъ Бакшѣевъ.
    Church of Our Lady's Dormition, 1-3 Morwell Ave., Dandenong, Vic 3175
    Tel: 61 (0) (3) 9706-7903 • Fax: 61 (0) (3) 9706-3298 • russianchurchindandenong.com.au
    V. Rev. M. Protopopov, 52 Fenton Ct., Keysborough Vic. 3173   Tel: 61 (0) (3) 9706-3122
                                      Fax: 61 (0) (3) 9706-3298 • fr.michael@ruscare.com.au
    Rev. John Dimitrov, 17 Nesting Court, Epping, Vic. 3076   Tel: 61 (0) (3) 9408 8574

Rev. Alexei Jukoff, 3 Glendeadie Close, Hampton Park, Vic, 3976
alexeijukoffau@yahoo.com.au
Deacon Pavel Baksheev, 5 Goodall Court, Berwick, VIC 3806
Tel: 0449080826 • pnbaksheev@gmail.com

Джилонгъ, Викторія. Скорбященскій приходъ. Епископъ Георгій - настоятель, протодіаконъ Василій Козулинъ.
Church of Joy of All Who Sorrow, 17 Yaraan St., Bell Park, Geelong, Vic. 3215
Protodeacon Basil Kozulin, 11 Korakin St., Bell Park, Vic. 3215
Tel: 61 (0) (3) 5277-9941 • fr.basil.kozulin@rocor.org.au

Кабраматта, Н.Ю.У. Покровскій приходъ. Прот. Борисъ Игнатіевскій, іерей Давидъ Ллойдъ, діак. Василій Константинидисъ.
Intercession of the Holy Virgin Church, 136 John St., Cabramatta, NSW 2166
cabrapokrov.org
V. Rev. Boris Ignatievsky, 24 Athel Tree Cres., Bradbury, NSW 2560
Tel: 61 (0) (2) 4625-7743 • ignatievsky@live.com.au
Rev. David Lloyd, 3 Wilga St., Blacktown, NSW 2148.
Tel. (02) 8096-3006 • alex13@tpg.com.au
Deacon Bill Konstantinidis, 20 Wonoona Parade, West Oatley NSW 2223
Tel: 0408 445 070 • bill_konstantinidis@hotmail.com

Канберра, А.К.Т. Соборъ Св. Іоанна Предтечи. Епископъ Георгій — настоятель. Прот. Алексндръ Морозовъ — ключарь, діак. Стивенъ Давидъ.
St. John the Forerunner Cathedral, 1 Matina Pl., Canberra, A.C.T. 2604
V. Rev. Alexander Morozov, 22 Dominion Crt., Forrest, A.C.T. 2603
Tel: 61 (0) (2) 6295-7798 • morozow@bigpond.com
Deacon Stephen David 17/30 Cunningham St. Kingston ACT 2604
stephen.david1976@gmail.com

Кэнтлинъ, Н.Ю.У. Женская обитель «Новое Шамординo». Настоятельница — игуменія Марія. Іеромонахъ Дорофей (Урусовъ), протод. Василій Хадаринъ.
Our Lady of Kazan Convent, 32 Smith St., Kentlyn, NSW 2560
V. Rev. Abbess Maria
Tel: 61 (0) (2) 4625-3535
Fax: 61 (0) (2) 4625-148 • kazanconvent.org • igummaria@yahoo.au
Rev. Hieromonk Dorofei (Urusan), 32 Smith St., Kentlyn, NSW 2560
Tel: 0452-427-708 • dorofei7@list.ru
Rev. Protodeacon Basil Hadarin, 4 Plato Place, Wetherill Park, NSW 2164
Tel: (02) 9609-2976

Кэнтлинъ, Н.Ю.У. Мужской скитъ Св. Іоанна Предтечи. Іеромонахъ Іоаннъ (Россъ). Приписные — іерей Діонисій Халимъ, діаконъ Стефанъ МкКай. Службы на англійскомъ языкѣ.
Skete of St. John the Baptist, 10 Harrison Rd., Kentlyn, NSW 2560
Rev. Hieromonk Joachim (Ross), P.O. Box 321, Leumeah NSW 2560
Tel: 61 (0) (2) 4626-3945 • kosovo_au@yahoo.com.au
Rev. Dionysios Halim, P.O. Box 321, Leumeah, NSW 2560
Tel: 0459-361-233 • dionysios_sh@yahoo.com
Rev. Deacon Stephen McKay, 102 Kellerman Drive, St. Helens Park, NSW 2560
Tel: (02) 8004-6963 • steve.a.mckay@icloud.com

Лансестонъ, Тасманія. Община въ честь Всѣхъ Святыхъ. Обслуживаетъ свящ. Георгій Морозовъ. **All Saints Community,** Lot 15, Doughboy Dr., Kettering, Tasmania 7155
Rev. George Morozoff
Tel: 61 (0) (3) 6267-4832 • fr.g.morozoff@gmail.com

Мельбурнъ, Викторія. Покровскій каѳедральный соборъ. Прот. Николай Карыповъ, прот. Николай Далинкевичъ, прот. Петръ Шеко, протодіак. Александръ Абрамовъ, діак. Маркъ Волошинъ.
Cathedral of Our Lady's Protection, 1-7 Albion Street, Brunswick East, VIC 3057.
  Tel: 61 (0) (3) 9417-4462 • www.pokrov.com.au
  V. Rev. N. Karipoff, Unit 207/42-44 Harrison St., Brunswick East VIC,
  Tel: 61 (0) 3057 9306-8497 • Fax: 61 (0) (3) 9300-3818 • fr.karipoff@gmail.com
  V. Rev. N. Dalinkevich, 56 Power St., St. Albans, Vic. 3021
  Tel: (0) (3) 9362-1289 • dalinkn@gmail.com
  V. Rev. Peter Sheko, 20 Powley Parade, Watsonia, Vic. 3087
  Tel: 61 (0) (3) 9435-6806 • peter.sheko@gmail.com
  Rev. Protodeacon Alexander Abramoff, 18 North St., Brunswick, Vic. 3056
  Tel: 61 (0) (3) 9415-6444 • 61 (0) (3) 0419-519-027 • revfralex@hotmail.com
  Rev. Mark Woloszyn, 322 Elliotts Road, Broadford, VIC. 3658
  m.h.woloszyn@gmail.com

Мельбурнъ, Викторія. Вознесенская православная миссія. Іеромонахъ Кириллъ (Гаврасъ), діаконъ Эмилъ Мишрики. c/o P.O. Box 754, Carlton South, Vic. 3053
  Rev. Priestmonk Kyril (Gavras) Tel: 0447 737-317 • frkyril@ascensionorthodox.org
  Rev. Deacon Emil Mishriky Tel: 0400 880 654 • dcnemil@gmail.com

Монарто, Ю.А. Монастырь св. пророка Иліи. Игуменъ Веніаминъ (Форбсъ).
Monastery of the Prophet Elias, Frahns Farm Road, Monarto, SA 5254
  Mailing address: Abbot Benjamin, P.O. Box 14, Monarto, SA 5254
  Tel: 0401 501-315 • benofelimon@bigpond.com

Монкери, Н.Ю.У. Св.-Троицкая монашеская община. Епископъ Георгій.
  Holy Trinity Community, Monkerai Road Fire Trail, Dungog, NSW 2420
  Bishop George, T Tel: 0412 535 120 • bpgeorges@gmail.com

Морфеттвиллъ, Ю.А. Община Преп. Патрикія Ирландскаго. Свящ. Петръ Хиллъ.
  St. Patrick Mission,
  Rev. Peter Hill, 9 Deptford Street, Elizabeth Grove, SA 5112
  Tel: 0466 720 088 • frpalhill@gmail.com

Ньюкастль, Н.Ю.У. Св.-Николаевскій приходъ. Обслуживаетъ свящ. Іаковъ Карлесъ.
  St. Nicholas Church, 3 Irving St., Wallsend, NSW 2287 Tel: 61 (0) (2) 4950-1353
  Rev. James Carles, PO Box 123, Woy Woy, NSW 2256
  Tel: 61 (0) (2) 4342-0015 • rev.james.carles@rocor.org.au

Пертъ, З.А. Св.-Петропавловскій приходъ. Прот. Сергій Окуневъ, діаконъ Владиміръ Ивлевъ. Tel: 61 (08) 9272 6864 • saintpeterandpaul.info/
  Sts. Peter & Paul Church, 161 Whatley Cres., Bayswater, W.A. 6053
  V. Rev. Sergei Okunev, 17 Napa Ct., Caversham, W.A. 6055
  Tel/Fax: 61 (0) (8) 9378-7604 • seokunev@yahoo.com.au
  Deacon Vladimir Ivlev, 4 / 167 Edward St., Osborne Park, WA 6017
  Tel: 0450351106 • 1usa@ukr.net

Сидней-Блэктаунъ, Н.Ю.У. Храмъ Св. Архангела Михаила. Свящ. Адріанъ Августусъ, свящ. Андрей Морганъ.
  Archangel Michael Church, 9A Kempsey St., Blacktown, NSW 2148.
  Rev. Adrian Augustus, P.O. Box 661, Ashfield, NSW 1800
  Tel: 0422 536 044 • aaugustus77@gmail.com
  Priest Andrew Morgan, 5 Mosely St., Strathfield, NSW 2135
  Tel: 04 1963 1446 • andmorg@gmail.com

Сидней-Карлтонъ, Н.Ю.У. Св.-Георгіевскій приходъ. Свящ. Александръ Корженевскій, іерей Люпчо Двояковскій, діак. Михаилъ Матисъ.
    St. George Church, 15 Garfield St., Carlton, NSW 2218   Tel: 61 (0) (2) 9587-1100
    Rev. Alexander Korjenewski, 17 / 37 Oak St., Ashfield, NSW 2131
        Tel: 61 (0) (2) 9798-4051 • alkor@mail.com
    V. Rev. Ljupco Dvojakovski, 9•4 Hayburn Ave., Rockdale, NSW 2216
        Tel: (02) 9599-8570 • lupco.dvojakovski@gmail.com
    Deacon Michal Matys, 17 Burns St., Croydon, NSW, 2132   michas.matys@gmail.com

Сидней-Кройдонъ, Н.Ю.У. Архіерейская Крестовая церковь во имя Всѣхъ Святыхъ въ землѣ Россійской просіявшихъ. Настоятель — Митрополитъ Иларіонъ.. іерей Симеонъ Некипѣловъ, діаконъ Константинъ Мошеговъ.
    Church of All Russian Saints, 18 Chelmsford Ave., Croydon, NSW 2132
    Mailing address: P.O. Box 194, Croydon, NSW 2132
    Rev. Simeon Nekipelov, P.O. Box 579, Strathfield, NSW 2135
        Tel: 029 746 7316 • simonmasha@yahoo.com.au
    Rev. Protodeacon Constantine Moshegov,
        Level 2, Park House, 187 Macquarie St., Sydney, NSW 2000
        Tel: 0412 118 538 • PrDnConstantine@gmail.com

Сидней-Марриквиллъ, Н.Ю.У. Монастырь св. Архистратига Михаила. Игуменъ Косма, іеромонахъ Іустинъ.
    Monastery of Archangel Michael, P.O. Box 554, Marrickville, NSW 2204
    V. Rev. Abbot Kosmas, Rev. Hieromonk Justin,
        Tel: 61 (0) (2) 9558-2207 • Fax: 61 (0) (2) 9558 6751

Сидней-Сентенніалъ Паркъ, Н.Ю.У. Св.-Владимірскій приходъ. Свящ. Даніилъ Метленко, діаконъ Маркъ Шигельскій, діак. Иванъ Тодоровскій.
    St. Vladimir Church, 31 Robertson Rd., Centennial Park, NSW 2021
    Rev. Daniel Metlenko, 31 Robertson Rd., Centennial Park, NSW 2021
        Tel: 61 (0) (2) 9663-3341 • daniel.metlenko@gmail.com
    Deacon Mark Shigelski, 5 Deymour St., Croydon Park, NSW, 2133
        0402 883 347 • mkshigelski@optusnet.com.au
    Rev. Ivan Todoroski, PO Box 2134, World Square, NSW
        0424032402 • frivanski@gmail.com

Сидней-Стратфильдъ, Н.Ю.У. Св.-Петропавловскій каѳедральный соборъ. Настоятель — Митрополитъ Иларіонъ. Прот. Георгій Лапардинъ, свящ. Михаилъ Сторожевъ, протодіак. Александръ Котляровъ, протод. Константинъ Мошеговъ.   Tel: 61 (0) (2) 9746-1737
    Sts. Peter & Paul Cathedral, 3-5 Vernon St., Strathfield, NSW 2135
    V. Rev. George Lapardin, 20C Lyne Rd., Cheltenham, NSW 2119
        Tel: 0413018067 • aglapardin@gmail.com
    Rev. Michael Storozhev, c/o 3-5 Vernon St., Strathfield NSW 2135
        Tel: 0406574225 • michael.storozhev@gmail.com
    Rev. Protodeacon Alexander Kotlaroff, 10 Hibbertia Place, Westleigh, NSW 2120
        Tel: 61 (0) (2) 9980-7537 • dakx2@hotmail.com
    Rev. Protodeacon Constantine Moshegov,
        Level 2, Park House, 187 Macquarie St., Sydney, NSW 2000
        Tel: 0412 118 538 • PrDnConstantine@gmail.com

Сидней-Ферфильдъ, Н.Ю.У. Храмъ Св. Николая. Прот. Никита Чемодаковъ.
    St. Nicholas Church, 13-15 Barbara St., Fairfield, NSW 2165   Tel: 61 (0) (2) 9724-3061
    V. Rev. Nikita Chemodakov, 53 Burns Rd., Wakeley, NSW 2176
        Tel/Fax: 61 (0) (2) 9604-7528 • frnikita@tpg.com.au

Rev. Constantine Tzortzis, 6 Gosse Court, St. Clair, NSW 2759

Tel: 61 (0) (2) 9834-5619

Хобартъ, Тасманія. Крестовоздвиженскій приходъ. Настоятель — Прот. Михаилъ Протопоповъ, діак. Давидъ Гулдъ.
Exaltation of the Holy Cross Church,
3 Augusta Road, Lenah Valley, Hobart, Tasmania 7008
V. Rev. M. Protopopov, 52 Fenton Ct., Keysborough Vic. 3173

Tel: 61 (0) (3) 9706-3122 • Fax: 61 (0) (3) 9706-3298 • mproto2000@gmail.com

Deacon David Gould 67 Sinclair Ave. Moonah, TAS, 7009   dbgoul@gmail.com

НОВАЯ ЗЕЛАНДІЯ / NEW ZEALAND

Благочинный Новозеландскихъ приходовъ — прот. Владиміръ Бойковъ.
V. Rev. Vladimir Boikov, 129b Taylors Road, Mt. Albert, N.Z.

Mobile: 0212 609-9247 • frvlad@xtra.co.nz

Веллингтонъ. Храмъ Христа Спасителя. Протоіерей Владиміръ Бойковъ, свящ. Алексѣй Попковъ.
Christ the Saviour Church, 62 Darlington Rd., Miramar, Wellington, New Zealand
Rev. Aleksei Popkov, c/o 62 Darlington Rd., Wellington, New Zealand

zvonkolokolov@yandex.ru

Крайстчерчъ. Св.-Николаевскій Храмъ. Свящ. Валентинъ Басюкъ.
St. Nicholas Church, 297 Broughman St., Christchurch 8015, New Zealand.

stnicholaschurch.org.nz

Rev. Valentin Basyuk, 9 Caldwell Lance, Huntsbury, Christchurch 8022, New Zealand

Tel: 65 4 3332 0514 • valentinebasyuk@gmail.com

Окландъ. Храмъ Воскресенія Христова. Прот. Владиміръ Бойковъ,

orthodox.net.nz

Christ the Saviour Church, 447 Dominion Road, Mt. Eden 1024, N.Z.
V. Rev. Vladimir Boikov, 129b Taylors Road, Mt. Albert, N.Z.

e-mail: frvlad@xtra.co.nz

ИНДОНЕЗІЯ / INDONESIA

Бали. Община св. Николая. Свящ. Александръ Кобеси.
Community of St. Nicholas. Perumahan Puri Sukasada A/39, Kelurahan Sukasada 81161 Kabupaten Buleleng, Singaraja-Bali, Indonesia

Tel: 62 (0) 81-353-306-095 • alexorthodoxkobesi@yahoo.com

Бойолали. Центральная Ява. Община св. апостола Марка. Свящ. Маркъ Війоно.
Holy Apostle Mark Mission, Jl. Tentara Pelajar Dk. Tlatar RT 01/RW 02 Kel. Kebonbimo Priest Markus Wiyono,   P.O. Box 111, Boyolali, Central Java, Indonesia

Cell: 62 081 548 452 741 • markus_wiyono@yahoo.com

Гресикъ, Восточная Ява. Община преп. Серафима Саровскаго. Свящ. Кириллъ Жунанъ Сисуажа, свящ. Ириней Вивитъ Буди Прійоно.
St. Seraphim of Sarov Mission, Rev. Kyrillos Junan Siswaja,
Jl. Kertajaya Indah Timur XV, Blok P118, No. 46A, Surabaya, Indonesia

Tel: 62 031 594 0052 • Cell: 62 0819 3161 9599 • goi_sby@yahoo.com

Rev. Irenaios Wiwit Budi Priyono,
Gading RT 01•RW 05 Cangkir-Driyorejo-Gresik, East Java, Indonesia

Cell: 62 081 553 171 059 • ienaioswbp@telkom.net

Джакарта. Церковь св. апостола Ѳомы. Свящ. Борисъ Сетіаванъ.
St. Thomas Orthodox Church, Jl.K.H. Syafii Hadzami,

1 (Gandaria Terusan), Kebayoran Lama-Jakarta Selatan, DKI Jakarta 12230
Tel: 62 21 7395302 • Fax: 62 21 7234880
Rev Boris Bambang Rahadi Setyawan, Jln. Salak no. 12
RT04/RW, 07 Pesanggrahan - JackSel 12320 (Kodam Bintaro), DKI Jakarta - Indonesia.
Mobile phones: 6281212744130 • 6281804501305 • fr.boris@yahoo.com

Камъ-Ки-Абепура, Жайапура, Папуа. Православная община. Papua Orthodox Community
PKBM Petra Jl. Nuri 36, Kam-Key-Abepura Jayapura, Papua, Indonesia
Cell: 62 081 344 515 347

Лангованъ-Манадо, Сѣверная Сулавези. Община Пресв. Богородицы. Ваканція.
St. Mary the Theotokos Mission, vacancy. Kupang, West Timor, Indonesia

Малангъ. Община св. равноап. Космы Аетольскаго. Свящ. Кириллъ Жунанъ Сисужа.
St. Cosmas of Aitolia Mission, Rev. Kyrillos Junan Siswaja,
Jl. Kertajaya Indah Timur XV, Blok P118, No. 46A, Surabaya, Indonesia
Tel: 62 031 594 0052 • Cell: 62 081 931 619 799 • goi_sby@yahoo.com

Меданъ. Община преп. Сергія Радонежскаго. Свящ. Константинъ Тунгтай Быцко Гултомъ.
St. Sergius of Radonezh Mission, Rev. Kostantinus Adrianus Tunggai Bycko Gultom,
Jl. Tomat No. 16/7 Medan 20153, Sumatra Utara, Indonesia
Cell: 62 081 163 9814 • kostantinusgultom@yahoo.com

Минахаса Утара. Православный храмъ. Іерей Моисей Крістіанто.
Romo Moses Kristianto.
Perumahan Mapanget Griya Indah I Blok. N. no. 23, Desa Mapanget, Kecamatan Talawaan.
Minahasa Utara. Sulawesi Utara, INDONESIA
Tel: 082194218505 • moses_kriatian@yahoo.com

Можокерто, Восточная Ява. Община св. великомуч. Пантелеймона. Свящ. Кириллъ Жунанъ Сисужа, свящ. Ириней Вививитъ Буди Прійоно.
St. Panteleimon Mission,
Rev. Kyrillos Junan Siswaja, Jl. Kertajaya Indah Timur XV, Blok P118,No.46A, Surabaya, Indonesia   Tel: 62 031 594 0052 • Cell: 62 081 931 619 799 • goi_sby@yahoo.com
Rev. Irenaios Wiwit Budi Priyono,
Gading RT 01 / RW 05 Cangkir-Driyorejo-Gresik, East Java, Indonesia
Cell: 62 081 553 171 059 • ienaioswbp@telkom.net

Салатига, Центральная, Ява. Община преп. Антонія Великаго. Свящ. Антоній Бамбангъ Сетіатмоджо. **St. Anthony the Great Orthodox Community**
Rev. Antonius Bambang Setiatmodjo, antbsa@yahoo.com
Jl. Gelathik 12 RT 02/ RW 02 Klaseman, Salatiga 50721, Indonesia

Семарангъ, Центральная Ява. Православная община. Свящ. Антоній Бамбангъ Сетіатмоджо. antbsa@yahoo.com
Kaliwungu Orthodox Community,
Rev. Antonius Bambang Setiatmodjo, Semarang, Central Java, Indonesia

Сурабайа. Община свят. Іоны, еп. Ханкаускаго. Свящ. Кириллъ Жунанъ Сисужа.
St. Jonah of Manchuria Orthodox Mission, Rev. Kyrillos Junan Siswaja,
Jl. Kertajaya Indah Timur XV, Blok P118, No. 46A, Surabaya, Indonesia
Tel: 62 031 594 00 52 • Cell: 62 081 931 619 799 • goi_sby@yahoo.com

КОРЕЯ / KOREA

Сеулъ. Корейская Православная Миссія. Община Рождества Пресвятой Богородицы. Свящ. Павелъ Юнгъ-Гуангъ Кангъ.
Korean Orthodox Mission,
Rev. Paul Young-Gwang Kang
1-201, Kukje Apt. 612 Daechi-dong, Gangnam, Seoul Korea.
Tel: 82 (10) 2205-4580 • paulkang7@gmail.com

Сеулъ. Храмъ Св. прав. Анны.
Orthodox Hermitage and St. Anna Church.
451-1, Yonghwa-Ri, Geunduk-Myun, Samchok-Si, Kangwon-Do, Korea.

ФИЛИППИНЫ / THE PHILLIPINES

ФИЛИППИНСКОЕ БЛАГОЧИНІЕ - Deanery in the Philippines
Іером. Филиппъ (Балингитъ) - благочинный

Hieromonk Philip (Dr. Felipe S. Balingit, Jr.) - Dean
Cell: +639279838870 (Manila) • +79168750339 (Moscow) • felipe.balingit@yahoo.com

Свящ. Силуанъ Ѳомпсонъ - **Priest Silouan (Philip Thompson)** Rector
Cell: +639298245628 • silouan@gmail.com

Филиппины. Миссія Русской Православной Церкви. Свящ. Силуанъ Ѳомпсонъ.
Philippine Mission of the Russian Orthodox Church (ROCOR)
Priest Silouan Thompson, P.O. Box 247, Walla Walla, WA 99362

Санта Марія. Миссія свят. Іоанна Максимовича. Свящ. Силуанъ Ѳомпсонъ.
Santa Maria, Philippines. Mission of St. John Maximovitch.
St. John of Shanghai and San Francisco Parish, Kapehan, Sta. Maria, Davao del Sur
Priest Silouan Thompson,
Lambino Village St., Santa Maria, Davao Occidental, 8011, Philippines
Tel: 63 9298245628 • silouan@gmail.com

Манила. Православное общество свят. Николая. Іером. Филиппъ (Балингитъ).
Manila, Philippines. Orthodox community of St. Nikolai.
Hieromonk Felipe (Balingit), 2485 Crisolita Street, San Andres Bukid, Manila, Pbilippines 1017
Tel: 639094637347 • 639278938870 • felipe.balingit@yahoo.com

Лейте. Церковь св. Николая Зичи.
Leyte. St. Nikolai of Zicha Orthodox Church. Barangay Barayong, Palo, Leyte.

Самаръ. Часовня Мѵроточивой Иверской иконы Божіей Матери.
Samar. Iveron Mother of God Mission Chapel.
Barangay San Juan, Tubabao Island, Eastern Samar

ПАКИСТАНЪ / PAKISTAN

Саргода, Пакистанъ. Храмъ св. архангела Михаила. Іерей Іосифъ Фарукъ — настоятель.
St. Michael the Archangel Orthodox Mission, Pakistan
Rev. Joseph Farooq (Rector).
Tel: (0092) 321-6599752 • fr.joseph.rocpk@gmail.com • farooqjp@yahoo.com